Mike Ashley (Hg.)

Von Rittern, Hexen und anderem Gelichter

Historische Kriminalgeschichten

BASTEI-LÜBBE-TASCHENBUCH
Band 13 802

Erste Auflage
Oktober 1996

Deutsche Lizenzausgabe 1996
Bastei-Verlag Gustav H. Lübbe
GmbH & Co., Bergisch Gladbach
Originaltitel: The Mammoth Book
Of Historical Whodunnits
Übersetzernachweis jeweils am
Ende der einzelnen Geschichten
Lektorat: Iris Schmidt
Titelbild: Miralles/Norma
Agency, Barcelona
Umschlaggestaltung:
Quadro Grafik, Bensberg
Satz: KCS GmbH,
Buchholz/Hamburg
Druck und Verarbeitung:
Cox & Wyman Ltd.
Printed in Great Britain

ISBN 3-404-13802-3

Der Preis dieses Bandes
versteht sich einschließlich der
gesetzlichen Mehrwertsteuer

Inhalt

Teil III: Elisabethanisches Zeitalter bis zur Viktorianischen Ära

Teil IV: Sherlock Holmes und die Zeit danach

Einführung
Eine Chronik des Verbrechens

Diese Anthologie ist in ihrer Art einmalig. Sie bietet zum erstenmal eine Auswahl an Detektivgeschichten aus der gesamten Geschichte der zivilisierten Welt.

Die Gattung der historischen Detektivgeschichte ist relativ neu, wenngleich auch nicht so neu, wie manch einer denken mag. Für viele brach die Welle erst richtig mit den Bruder-Cadfael-Romanen von Ellis Peters los. Es besteht kein Zweifel daran, daß Ellis Peters' hervorragende Arbeiten eine eigene kleine Nische schufen, in der mittelalterliche Detektivgeschichten auch heute noch blühen und gedeihen. Doch historische Detektivgeschichten gibt es schon eine Weile länger, wenngleich sie vor Ellis Peters kein eigenes Genre bildeten.

Was versteht man also unter einer historischen Detektivgeschichte? Ganz einfach gesagt, ist es die Verbindung von zwei sehr alten literarischen Gattungen – der des historischen Romans und der der Detektivgeschichte, doch die Betonung liegt auf der Detektivgeschichte, sonst wäre es nur eine historische Geschichte, die einzelne Krimielemente enthält. Bei der Zusammenstellung dieser Anthologie war ich, schon um ihr eine Art Struktur zu verleihen, recht streng in meiner Definition von einer historischen Detektivgeschichte. Eigentlich müßte jede Detektivgeschichte, die in einem Zeitraum spielt, der vor ihrer Entstehung liegt, als historisch angesehen werden. Aber ich persönlich glaube, daß jeder Schriftsteller, der auf seine persönlichen Erinnerungen aus der Vergangenheit zurückgreift, immer noch – in seinen eigenen Gedanken nämlich – eine vergleichsweise zeitgenössische Geschichte schreibt. Ich bin deshalb sehr restriktiv gewesen und habe beschlossen, daß eine historische Detektivgeschichte zumindest in einer Zeit vor der Geburt des Autors spielen muß, und das bedeutet im Grunde: vor dem 20. Jahrhundert.

Ich habe bei dieser selbstauferlegten Regel nur eine Ausnahme gemacht, und das aus einem speziellen Grund, der augenscheinlich ist, sobald Sie auf die Geschichte stoßen. Wie sie aus dem Inhaltsverzeichnis ersehen können, reichen die Geschichten, die ich ausgewählt habe, von 1400 v. Chr. bis hin zur Zeit von Sherlock Holmes. Sie streifen dabei das antike Griechenland und Rom, den mystischen Orient, das Mittelalter und die Elisabethanische Zeit bis hin zur Regentschaftszeit von König Georg im frühen 19. Jahrhundert und der Viktorianischen Ära. Die Anthologie bietet also über dreitausend Jahre historischer Detektivgeschichte.

Es ist vielleicht etwas merkwürdig, daß die Bereiche Historischer Roman und Kriminalgeschichte nicht früher zusammenkamen, als sie es tatsächlich taten, aber noch das gesamte 19. Jahrhundert hindurch gingen sie jeweils getrennte Wege.

Die Detektivgeschichte wurde nahezu im Alleingang von dem tragischen amerikanischen Genie Edgar Allan Poe erfunden, und zwar mit seiner gruseligen Geschichte *Die Morde in der Rue Morgue*, die im April 1841 in *Graham's Magazine* veröffentlicht wurde. Er führte damit den ersten fiktiven Detektiv in die Geschichte der Kriminalliteratur ein, nämlich C. Auguste Dupin. Poe schrieb zwei weitere Geschichten mit der Figur Dupins: *Das Geheimnis der Marie Roget* (1842) und *Der entwendete Brief* (1844). Da diese Geschichten zur Zeit Poes spielen, standen sie für diese Anthologie nicht zur Diskussion, obwohl sie sicherlich historische Kriterien erfüllen. Wie auch immer, 120 Jahre später schrieb der Autor Michael Harrison eine Serie von Geschichten über Dupin, und diese kommen natürlich in Frage. Ich freue mich also, eine Geschichte aufnehmen zu können, in der der erste fiktive Detektiv der Kriminalliteratur eine Rolle spielt.

Dupin war ein Meister der logischen Schlußfolgerung, eine Kunst, die mit Sherlock Holmes, dem Nestor der Detektion, ihren Höhepunkt fand. In der Tat gehörte Dupin zu den vielen Einflüssen, die auf Arthur Conan Doyle einwirkten, als dieser die Figur des Sherlock Holmes schuf. Ich frage mich, warum Doyle keinen historischen Detektiv schuf, da er eigentlich lieber historische Romane schrieb und in späteren Jahren die Zeit bereute, in der er sich dazu verpflichtet fühlte, neue Holmes-Geschichten zu schreiben. Weshalb er nicht einfach beides miteinander kombinierte, entzieht sich meiner Kenntnis.

Bei der Recherche für diese Anthologie versuchte ich herauszufinden, ob Doyle eine Geschichte geschrieben hätte, die in der Vergangenheit spielt und eine Figur mit detektivischen Fähigkeiten aufweist. Einige seiner Brigadier-Gerard-Geschichten, die in der Napoleonischen Zeit spielen, beinhalten zwar Kriminalfälle, jedoch keinen Detektiv. Mit Hilfe von Christopher und Barbara Roden von der *Arthur Conan Doyle Society* gelang es mir wenigstens, *The Silver Hatchet* aufzufinden. Diese Geschichte wurde 1883 geschrieben, spielt aber 1861, also zu einer Zeit, als Doyle zwei Jahre alt war, und sie eignet sich somit mehr oder weniger für diesen Band. Doch obwohl die Hauptfigur ein Polizeidetektiv ist, bedient sich diese nur sehr wenig der Kunst der Detektion.

Ich hätte fast gemogelt! Die Sherlock-Holmes-Geschichten spielen oftmals vor der Zeit, in der sie geschrieben wurden, wenn Watson einen weiteren Papierstapel aus seinem Archiv entstaubt und von einem alten Fall erzählt. Die Geschichte, die das älteste Abenteuer von Sherlock Holmes erzählt, ist *Die Geschichte der ›Gloria Scott‹*. Sie wurde 1893 veröffentlicht, spielt aber etwa zwanzig Jahre früher, zu einer Zeit, als Holmes das College besuchte. Doch die Geschichte weist einen zeitgenössischen Rahmen auf. Holmes berichtet hier Watson von seinem ersten Fall. Damit qualifiziert sich die Geschichte also nicht ganz für diese Anthologie. Dennoch macht es Spaß, herauszufinden, wieviel Zeit zwischen der Veröffentlichung und dem eigentlichen Handlungsrahmen einer Holmes-Geschichte liegt. In der Tat hat Doyle eine ganze Reihe von Sherlock-Holmes-Geschichten geschrieben, die erst im 20. Jahrhundert veröffentlicht wurden, aber zwischen 1880 und 1890 spielen. Den größten zeitlichen Unterschied fand ich bei der Geschichte *Die verschleierte Mieterin*, die 1896 spielt, aber nicht vor 1927 veröffentlicht wurde.

Dennoch beschloß ich, mich streng an meine Vorgaben zu halten. Seit Conan Doyle die Feder aus der Hand gelegt hat, sind viele Sherlock-Holmes-Geschichten geschrieben worden, darunter einige von seinem Sohn Adrian. Diese sind oft völlig unberechtigt ignoriert worden, und da es sich bei ihnen um echte historische Kriminalgeschichten handelt, habe ich eine daraus für diesen Band ausgewählt.

Der erste Autor, der eine Geschichte schrieb, in der ein echter historischer Detektiv auftritt, war ein amerikanischer Anwalt namens Melville Davisson Post. Mit Uncle Abner schuf Post einen überzeugenden, aufrichtigen, gottesfürchtigen Mann, der eine phänomenale Beobachtungsgabe und die Fähigkeit logischen Denkens besitzt und in seinem Scharfsinn bisweilen an Holmes heranreicht. Die erste Uncle-Abner-Geschichte, *Angel of the Lord*, wurde 1911 in der *Saturday Evening Post* veröffentlicht, und Post schrieb in den darauffolgenden Jahren noch um die zwanzig weitere Geschichten. *Der Fall Doomdorf*, in diesem Band abgedruckt, gehört meiner Meinung nach zu den besten aus dieser Serie.

Einige werden sagen, daß es einen früheren historischen Detektiv gab, keinen Geringeren nämlich als Scarlet Pimpernel, geschaffen im Jahre 1905 von Baroneß Orczy. Beliebtheit und Einfluß der Figur lassen sich nicht leugnen, doch Sir Percy Blankeney, der sich in den Tagen der Französischen Revolution als Pimpernel verkleidete, war eigentlich ein Geheimagent, und der Purist in mir läßt einen Geheimagenten nicht als echten Detektiv durchgehen.

Posts Uncle-Abner-Geschichten blieben nahezu dreißig Jahre lang einzigartig, obwohl gelegentlich hier und da eine Kurzgeschichte veröffentlicht wurde, die man mit gutem Willen dem Genre der historischen Detektivgeschichte zuordnen könnte. Dazu gehören zum Beispiel einige Erzählungen Rafael Sabatinis, des großen Schöpfers verwegener Säbelraßler und Schaumschläger. Dann, in den vierziger Jahren dieses Jahrhunderts, entdeckte die intellektuelle amerikanische Autorin Lilian de la Torre den berühmten britischen Lexikographen Dr. Samuel Johnson als Detektiv für ihre Kriminalgeschichten. Diesem stand sogar schon ein ›Watson‹ als Chronist zur Seite: der langjährige, treue Freund Johnsons, James Boswell. 1942 begann de la Torre mit dem Schreiben der Serie um Dr. Sam Johnson, die sich als die langlebigste im Genre der Detektivliteratur herausstellen sollte.

Ungefähr zur gleichen Zeit fand Agatha Christie Gefallen daran, einen Detektivroman zu schreiben, der im alten Ägypten spielt. Die Idee geht auf die Anregung eines Freundes zurück, eines Ägyptologen namens Professor Stephen Glanville, dem das Buch auch gewidmet ist. Bis zu jener Zeit hatte niemand einen vollständigen Detektivroman geschrieben, der in einer historischen Periode spielte, geschweige denn 2000 Jahre v. Chr.

Es dauerte nicht lange, bis ein weiterer großer Autor damit begann, die historische Detektivgeschichte zu etwas ganz eigenem zu machen. John Dickson Carr, der Meister des unmöglichen Verbrechens, hatte sich einige Jahre lang mit historischen Kriminalfällen im Rahmen von Kurzgeschichten befaßt, bis er 1950 *The Bride of Newgate* fertigstellte. Die Geschichte, die gegen Ende der Napoleonischen Ära spielt, handelt von Richard Darwent, der unschuldig in Newgate gefangengehalten wurde und sich schließlich, nach seiner Begnadigung, daranmacht, den wahren Schuldigen zu finden. Es ist einer der besten Romane von Carr. Er stellte ihn in etwa zur gleichen Zeit fertig, in der er die Geschichte *Der Letzte Wille der Madame Thevenet* schrieb, die in dieser Anthologie enthalten ist.

Carr schrieb insgesamt zehn historische Kriminalgeschichten. Einige mit einer zeitgenössischen Figur, die in eine vergangene Zeit zurückversetzt wird. Die beste davon ist *Einen Namen für den Mörder* (1955), wo sich einem Professor durch einen scheinbaren Pakt mit dem Teufel die Möglichkeit bietet, in der Vergangenheit einen Mordfall zu lösen, bevor der Mord überhaupt begangen wird.

Josephine Teys *The Daughter of Time* geht auf einen tatsächlichen historischen Kriminalfall zurück. Auf der Bestenliste der britischen *Crime Writers Association* rangiert er als beliebtester Kriminalroman aller Zeiten. Trotzdem bleibt er vom Aufbau her keine typische Detektivgeschichte. Im Mittelpunkt steht Teys zeitgenössischer Detektiv Alan Grant, der während eines Krankenhausaufenthaltes einen Bekannten bittet, ihm bei der Aufklärung der Todesfälle der Prinzen im Tower, der beiden Neffen Richards III. behilflich zu sein – dieselbe Methode, die auch Colin Dexter in seinem preisgekrönten Inspektor-Morse-Roman, *The Wench is Dead*, anwandte.

Während der fünfziger Jahre dieses Jahrhunderts widmete sich eine ganze Reihe von Autoren der Gattung des historischen Detektivromans. Wallace Nichols, Dichter und Romanschriftsteller, startete im *London Mystery Magazine* eine erfolgreiche Serie über Sollius, den Sklavendetektiv. Sein erster Fall ist in dieser Anthologie abgedruckt.

Robert van Gulik, einst niederländischer Botschafter in Japan, war fasziniert von *Dee Goong An*, einem chinesischen Kriminalroman aus dem 18. Jahrhundert, in dem die Fälle einer authentischen historischen Figur namens Dee Goong, eines chinesischen Friedensrichters, aus dem 17. Jahrhundert, geschildert werden. Als van Gulik sich während des Krieges im Pazifik aufhielt, übersetzte er die Geschichten ins Englische. Das Buch erschien unter dem Titel *Die merkwürdigen Kriminalfälle des Richters Di* (1949). Da die Figur des Friedensrichters ihn zunehmend fesselte, schrieb er in den darauffolgenden zwanzig Jahren weiterhin Geschichten über ihn und schuf dabei eine unterhaltsame Serie von Romanen und Erzählungen, von denen eine in diesem Buch abgedruckt ist.

In Amerika kam Theodore Mathieson auf die Idee, historische Berühmtheiten mit der Aufklärung schwieriger Kriminalfälle zu betrauen. Die Geschichten wurden in einer Anthologie mit dem Titel *The Great Detectives* (1960) zusammengefaßt und zeigten den kriminalistischen Scharfsinn eines Alexander des Großen, Leonardo da Vinci, Captain Cook, ja sogar einer Florence Nightingale. Da mehrere dieser Geschichten im Mittelalter spielen, könnte man sagen, daß Mathieson der erste war, der mittelalterliche Detektivgeschichten geschrieben hat.

In den sechziger und siebziger Jahren gab es eine Reihe von Autoren, deren Romane während des 19. Jahrhunderts spielen. Läßt man die vielen Geschichten mit Sherlock Holmes außer acht, so gab es eine Reihe von viktorianischen Polizeigeschichten, unter denen Peter Loveseys Bücher über Sergeant Cribb herausragen. Außerdem gab es mehrere Romane mit den Bow Street Runners, wie zum Beispiel die von Richard Falkirk und Jeremy Sturrock.

Wie wir also sehen, hatte das Genre der historischen Detektivgeschichte bereits die ersten Gehversuche unternommen, bevor Bruder Cadfael sich erstmals um seinen Kräutergarten in Shrewsbury kümmerte. Wenngleich jene Geschichten nicht auf vergleichbar fruchtbaren Boden fielen. Andererseits war Ellis Peters, wenn ich noch einmal eine Metapher verwenden darf, auf eine besonders ergiebige Goldader gestoßen. Zum ersten Mal widmete sich hier eine Autorin dem Genre, deren Begabung nicht nur im Bereich des Kriminalromans, sondern auch – unter ihrem richtigen Namen Edith Pargeter – im Bereich des historischen Romans lag. Sie verstand es also, beide Gattungen nahtlos miteinander zu verknüpfen. Hinzu kam die Fähigkeit, Figuren meisterhaft zu charakterisieren und die Vergangenheit wiederaufleben zu lassen, wie es zuvor keinem Autor gelungen war.

Weiteren Auftrieb erhielt der historische Detektivroman mit der Veröffentlichung von Umberto Ecos *Der Name der Rose* (1980), einem hervorragenden Mittelalterkrimi, der in einem entlegenen italienischen Kloster spielt, wo Bruder William mehrere bizarre Mordfälle aufklärt. Trotz der mittelalterlichen Kulisse verdankt der Roman viel den Sherlock-Holmes-Geschichten. Es geht um ein faszinierendes Rätsel, und der Roman wurde mit einem überzeugenden Sean Connery in der Hauptrolle ausgesprochen erfolgreich verfilmt.

Auf diesen Erfolg von Peters' Bruder-Cadfael-Geschichten und Ecos *Der Name der Rose* folgten weitere: Die Bruder-Athelstan-Romane von Paul Harding, die Hugh-Corbett-Bücher von Paul Doherty, die Matthew-Stock-Geschichten von Leonard Tourney und die Nicholas-Bracewell-Romane von Edward Marston.

In der vorliegenden Anthologie habe ich versucht, neue Geschichten von vielen der heute in dieser Literaturgattung führenden Autoren zu vereinen, ohne dabei einige der Klassiker des Genres zu vernachlässigen. Ich freue mich außerdem sehr darüber, daß Ellis Peters sich dazu bereit erklärt hat, ein Vorwort für diese Sammlung zu schreiben. Da sie eine neuartige Gattung im Bereich der Kriminalliteratur eröffnet hat, kann ich mir nichts Besseres wünschen, als daß sie auch diese Anthologie eröffnet.

Mike Ashley
März 1993

Vorwort
Ellis Peters

Als ich meinen ersten Bruder-Cadfael-Roman schrieb, hätte ich nie gedacht, daß ich damit ein neues Genre erschließen oder entwickeln würde. Tatsächlich habe ich mich vorher kaum mit historischen Krimis beschäftigt, in erinnere mich lediglich daran, ein paar Kurzgeschichten gelesen zu haben, darunter eine, in der Aristoteles als Detektiv fungierte. Normalerweise achte ich darauf, nichts zu lesen, das sich vom Thema oder von der Epoche her mit dem überschneiden könnte, woran ich gerade arbeite, um von vornherein jeglichen Einfluß zu vermeiden.

1976 verbrachte ich viel Zeit mit Büchern, während ich über meinen nächsten Roman nachdachte, und so ergab es sich, daß ich mich in die umfangreiche *History of Shrewsbury* vertiefte, die im neunzehnten Jahrhundert von zwei Geistlichen, Owen und Blakeway, verfaßt worden war; ich besaß diese Bücher seit meinem fünfzehnten Lebensjahr und kannte sie sehr gut.

Die Geschichte einer Reise vom Kloster aus nach Wales, um dort die Reliquien einer Heiligen zu erstehen, war mir durchaus vertraut, doch plötzlich kam mir die Idee, daß sie sich gut als Stoff für eine Kriminalgeschichte eignen würde und eine neue Möglichkeit bot, eine Leiche verschwinden zu lassen. So war *A Morbid Taste for Bones* zunächst eher als Kriminalgeschichte gedacht denn als historischer Roman. Die Schauplätze, Shrewsbury und Nordwales, waren durch historische Fakten festgelegt – historisch zumindest, was das Leben der heiligen Winifred angeht, das nachträglich von Prior Robert Pennant schriftlich niedergelegt wurde. Er hat es mit der Beschreibung seiner eigenen Reise nach Wales auf der Suche nach den Reliquien ergänzt. Übrigens befindet sich das Buch in der *Bodleian*, falls sich jemand näher dafür interessieren sollte; ich selbst habe es allerdings nicht gelesen.

Bei so vielen schriftlich belegten Fakten wollte ich nicht allzusehr in die Geschichte eingreifen, wenngleich ich zugeben muß, etwas von der historischen Vorlage abgewichen zu sein, was den Ausgang der Reise betrifft. Die Ausgabe, Fiktion und Fakten miteinander zu vermischen, ohne der Historie Abbruch zu tun, faszinierte mich sehr. Die Schwierigkeiten, die sich dabei ergaben, machten – wie bei einem verschlüsselten Kreuzworträtsel – für sich schon einen Teil des Reizes aus.

Als ich anfing zu schreiben, hatte ich nicht vor, eine Serie daraus zu machen. Der erste Roman war in sich abgeschlossen. Aber ungefähr ein Jahr später, nachdem ich ein weiteres Buch geschrieben hatte, erwachte mein Interesse an der überlieferten Sage von der Belagerung Shrewsburys durch König Stephen, und da sich diese lediglich kurze Zeit nach der Überführung der sterblichen Überreste der heiligen Winifred ereignet hatte, konnte ich dieselben Charaktere wie in meiner ersten Geschichte verwenden. Von da an setzten die Romane sich nach ihrem eigenen Rhythmus fort.

Die Figur des Bruder Cadfael entstand nicht sofort. Die Besetzung des Romans war begrenzt auf die Gemeinschaft der Mönche aus Shrewsbury und die Einwohner von Gwytherin. Somit mußte mein Protagonist einer der Brüder sein: einer mit größerer Lebenserfahrung, als man sie bei jemandem erwarten könnte, der früh mit einem geistlichen Amt betraut worden war. Er mußte also mittleren Alters sein und mit einer gewissen Lebenserfahrung aufwarten können. Es mußte jemand sein, der Walisisch sprechen konnte, um als Mönch, der ansonsten eher bescheidene Dienste ausübte, in solch eine Gemeinschaft aufgenommen zu werden. Und so nahm er allmählich Konturen an: mittleren Alters, weitgereist, von natürlicher Neugierde getrieben, was seine Mitmenschen betrifft, und ein Waliser. Ich suchte nach einem Namen, der auch in Wales selten war, und fand lediglich zwei Hinweise auf den Namen Cadfael in Lloyds *History of Wales*. Also beschloß ich, diesen zu verwenden. Und so entstand Bruder Cadfael.

All die weltlichen und kirchlichen Magnaten in den Romanen sind authentisch – die Äbte, Bischöfe und walisischen Prinzen. Es gab einen Abt Radulfus, wie es vor seiner Zeit einen Abt Heribert gab, der, wie beschrieben, von dem päpstlichen Gesandtenrat abgesetzt wurde, der anschließend Radulfus an seiner Stelle ernannte. Prior Robert war ebenfalls eine authentische Figur, wie ein von ihm verfaßtes Buch zur Genüge belegt. Hugh Beringar ist eine meiner Erfindungen. Zu jener Zeit war FitzAlan Sheriff, doch er floh, als Shrewsbury von König Stephen erstürmt wurde, und ich fand keinen Hinweis auf den Mann, den Stephen an seiner Stelle ernannt haben muß. So erlaubte ich mir, diese freie Stelle nach eigenen Vorstellungen zu besetzen, und ging davon aus, daß der ebenfalls von mir erfundene Gilbert Prestcote rechtzeitig starb, um Sheriff Hugh Beringar sein Amt abzutreten.

Der stetige Fortgang der Geschichte hat mich selbst überrascht und dazu geführt, daß ich den Jahreszeiten, dem Wetter und der religiösen Abfolge des Jahres unbewußt eine besondere Bedeutung zukommen ließ. Als ich dies erkannte, wurde mir jedoch auch klar, wie folgerichtig diese Entwicklung war, ging es doch um die Schilderung des alltäglichen Lebens einer kleinen Gemeinschaft. Ich glaube, daß eben diese Tatsache die Bücher so erfolgreich macht.

Seit ich vor Jahren mit dem Schreiben der Cadfael-Romane begann, habe ich nicht allzu viele andere historische Kriminalgeschichten gelesen, so daß ich von der wundervollen Vielfalt fasziniert bin, die die vorliegende Anthologie enthält. Ich habe auch Lindsey Davis' Romane gelesen, die im Rom zur Zeit Vespasians spielen, geschrieben in der Umgangssprache eines leicht abgerissenen Detektivs, und die ich für erstklassig halte. Sie erweckt das Rom der Kaiserzeit zu neuem Leben, erzählt aus der Sicht der Straße, der Wäscherinnen, kämpfender Gladiatoren und vieler mehr und bietet uns dabei einen äußerst sympathischen jungen Protagonisten. Vielleicht besteht darin das Geheimnis einer erfolgreichen historischen Kriminalgeschichte: die Fähigkeit zu besitzen, eine sympathische Detektivfigur in einen Hintergrund zu integrieren, der zu neuem Leben erwacht und dadurch dem heutigen Leser ebenso wirklich erscheint wie den Menschen, die in all den vergangenen Jahrhunderten gelebt haben.

Das Geheimnis der verschlossenen Grabkammer

Elizabeth Peters

Elizabeth Peters (*1927) ist eine Autorin, mit der sich die vorliegende Anthologie ideal eröffnen läßt. Unter ihrem richtigen Namen Barbara Mertz *hat sie mehrere Studien über das alte Ägypten verfaßt, darunter* Temples, Tombs and Hieroglyphs (1964), *eine Geschichte der Ägyptologie. Unter Pseudonym – neben Elizabeth Peters auch als Barbara Michaels – veröffentlichte sie eine ganze Reihe von Kriminal- und Detektivgeschichten. Hierzu gehört auch* The Curse of the Pharaos (1981), *in dem erstmals die viktorianische Archäologin Amelia Peabody und deren Ehemann Radcliffe Emerson auftreten, die es auf ihren Reisen nach Ägypten mit zahllosen sonderbaren Verbrechen zu tun bekommen.*

Über den fiktiven Detektiv in der folgenden Kurzgeschichte sagt Elizabeth Peters selbst: »Amenhotep Sa Hapu hat im 14. Jahrhundert vor Christus tatsächlich gelebt. Von späteren Generationen wurde er als weiser Gelehrter verehrt; er scheint mir ein logischer Anwärter auf die Rolle eines Detektives im alten Ägypten zu sein.«

Im ganzen südlichen Thebes sprach man nur noch über Senebtisis Begräbnis. Natürlich war es nicht mit den Beisetzungen der hohen Würdenträger und Pharaonen zu vergleichen, deren Häuser der Ewigkeit mit Gold, feinen Stoffen und kostbaren Edelsteinen geschmückt waren, doch lebten in unserem Viertel schließlich auch keine reichen Leute; bei uns gab es Handwerker und kleine Kaufleute, die sich eine Grabkammer und einen Sarg und einige Sätze zur Abwehr der Gefahren leisten konnten, die auf der Straße von Westen lauerten, mehr aber auch nicht. So etwas wie die Beerdigung der alten Frau, die so lange unsere Nachbarin gewesen war, hatten wir noch nie gesehen.

Am Abend nach der Beisetzung gab es für die Besucher in Nehis Schenke nur ein Gesprächsthema. Ich kann mich noch gut an diesen Abend erinnern. Das liegt zum Teil daran, daß ich gerade meine erste Stellung als Tempelschreiber bekommen hatte. Ich freute mich schon darauf, ein wenig damit anzugeben und vielleicht auch eine Runde Bier auszugeben, wenn meine Freunde mein Glück entsprechend zu würdigen wüßten. Drei von ihnen waren schon dort, als ich mit einem Leinentuch um den Hals die Schenke betrat. Selbst dafür, daß es Winter war, herrschten eisige Temperaturen, und es wehte ein beißender, trockener Wind, der einem den aufgewirbelten Sand ins Gesicht trieb.

»Mach schnell die Tür wieder zu«, sagte Senu, der Zimmermann. »Was für ein Wetter! Ich frage mich, ob es auf der Fahrt in den Westen auch so wird – die Kälte geht einem ja durch Mark und Bein.«

Darauf konnte sich Rennefer, der Weber, einen deftigen Kommentar über die Folgen des Frosts für bestimmte lebenswichtige Organe der alten Senebtisi nicht verkneifen. »Nicht daß man einen Unterschied feststellen würde«, fügte er hinzu. »Wärme hat die alte Hexe sowieso nie ausgestrahlt. Was für eine Mutter ist denn das, die ihr ganzes Hab und Gut in die nächste Welt mitnimmt und ihren Sohn mittellos zurückläßt?«

»Also stimmt es doch?« fragte ich und bedeutete Nehi, er möge den Bierkrug holen. »Ich habe so etwas gehört …«

»Stimmt alles«, sagte Baenre, der Töpfer. »Schade, Wadjsen, daß du bei der Beerdigung nicht dabeisein konntest; sie war großartig!«

»Ach, du bist hingegangen?« fragte ich. »Sehr nett von dir, wo sie doch bei dir überhaupt nichts für ihr Begräbnis bestellt hat.«

Baenre ist von kleiner Gestalt. Er hat langes dünnes Haar und ist so mager, daß seine Knochen spitz hervorstehen. Es heißt, daß er ein Haustyrann sei und seine Frau sich versteckt, wenn er grölend von der Taverne nach Hause kommt, doch wenn er mit uns zusammen ist, spricht er so leise, daß er beinahe flüstert.

»Meine groben Behältnisse wären nicht gut genug für ihren Wein und das feine Öl, das sie mit ins Grab genommen hat. Das hättest du mal sehen sollen, Wadjsen, all diese Kisten und Krüge und Körbe – Dutzende davon. Wie man sagt, hat sie eine Maske aus Gold getragen, so wie es bei großen Würdenträgern üblich ist, und außerdem soll ihr Schmuck ausnahmslos aus massivem Gold gewesen sein.«

»Das stimmt«, bestätigte Rennefer. »Ich kenne jemanden, der einen der Diener von Bakenmut kennt, dem Goldschmied, der den Schmuck angefertigt hat.«

»Wie hat es ihr Sohn aufgenommen?« wollte ich wissen. Ich kannte Minmose flüchtig; er war ein zurückhaltender, ernster Mensch, der das Handwerk seines Vaters übernommen hatte und Steinmetz geworden war. Sein ganzes Leben lang hatte er bei der Mutter gewohnt, die gierig seinen Verdienst an sich raffte, obwohl sie über eigenes Geld verfügte, das sie von ihren Eltern geerbt hatte.

»Wie man es von ihm erwarten würde«, sagte Senu mit einem Schulterzucken. »Hast du vielleicht schon einmal gehört, daß er zu jemandem grob war? Und zu seiner Mutter ganz bestimmt nicht. Sie war eine alte Ziege, die ihn wie einen kleinen Jungen behandelt hat, der noch nicht trocken hinter den Ohren ist; aber von ihm hat man doch immer nur ›Ja, Mutter‹ und ›Wie du meinst, Mutter‹ zu hören bekommen. Nicht einmal heiraten wollte sie ihn lassen.«

»Wie soll er darüber hinwegkommen?«

»Nun, er hat ja das Geschäft. Er kann gut arbeiten, er wird's überstehen.«

In den folgenden Monaten hörte ich gelegentlich etwas über Minmose. Den Gerüchten zufolge ging es ihm gut, denn er hatte begonnen, seine Freizeit in einem örtlichen Freudenhaus zu verbringen – ein Vergnügen, dem er zu Lebzeiten seiner Mutter nicht nachzugehen gewagt hatte. Das Objekt seiner Begierde war Nefertiry, das schönste und teuerste der Mädchen, und Rennefer meinte, daß sie wohl ein gutes Herz haben mußte, denn sie hätte auch Preise verlangen können, die für Minmose unbezahlbar gewesen wären. Im Laufe der Zeit jedoch vergaß ich Minmose und Senebtisi und die prächtigen Beisetzungsfeierlichkeiten. Es dauerte fast ein ganzes Jahr, bis mir die Angelegenheit wieder ins Gedächtnis gerufen wurde.

Die Gerüchte nahmen ihren Ursprung auf dem Marktplatz zu der Zeit, da die Flüsse über die Ufer getreten und die Bauern wegen des Hochwassers auf ihren Feldern zum Nichtstun verurteilt waren. Für sie ist diese Zeit ein Genuß, für die Polizei in der Stadt nicht, denn Nichtstun verleitet zum Verbrechen, und eines der häufigsten Verbrechen ist das Ausrauben von Grabkammern. Im kleinen Maßstab hören diese Raube das ganze Jahr über nicht auf, doch wenn der Pharao streng ist und die Gesetze strikt durchgesetzt werden, ist es ein sehr risikoreiches Geschäft. Wer gefaßt wird, der läuft Gefahr, mehr als nur eine Hand oder ein Ohr zu verlieren. Außerdem riskiert er, wenn er in seinem eigenen Grab liegt, die Verdammung; aber es gibt eben Menschen, die den Göttern einfach nicht den richtigen Respekt entgegenbringen.

König Nebmaatre (möge ihm ewiges Leben beschieden sein!) war zu jener Zeit auf dem Höhepunkt seiner Macht, so daß es schon seit einiger Zeit zu keinem Grabraub mehr gekommen war – zumindest war keiner entdeckt worden. Aber es waren, so ging das Gerücht, drei Männer aus dem westlichen Thebes bei dem Versuch festgenommen worden, Schmuckstücke zu verkaufen, die den Toten beigegeben worden waren. Das Gerücht stellte sich zur Abwechslung einmal als wahr heraus. Die Männer wurden unter entsprechender Behandlung ihrer Fußsohlen befragt und gestanden, mehrere Gräber ausgeraubt zu haben.

Wer am Westufer Angehörige zu Grabe getragen hatte – und das waren die meisten von uns –, war von dieser Nachricht natürlich beunruhigt, und wohl die Hälfte der nervös gewordenen Matronen in unserer Gegend eilte über den Fluß, um sich davon zu überzeugen, daß die Familiengruft ungeöffnet war. Es überraschte mich nicht, als ich hörte, daß der treue und gehorsame Sohn Minmose sich ebenfalls verpflichtet gefühlt hatte, sich zu vergewissern, daß seine Mutter nicht gestört worden war.

Überraschend kam für mich allerdings die Neuigkeit, die mich bei meinem nächsten Besuch in Nehis Schenke erwartete. Ich hatte die Taverne kaum betreten, als die anderen auch schon auf mich einredeten; jeder wollte mir die schockierenden Tatsachen als erster erzählen.

»Ausgeraubt?« wiederholte ich, als ich mich in dem Stimmengewirr endlich zurechtfand. »Wollt ihr mich auf den Arm nehmen?«

»Ich wüßte nicht, warum du es anzweifeln solltest«, entgegnete Rennefer. »Die ganze Stadt hat doch darüber gesprochen, welche Reichtümer sie mit ins Grab genommen hat. Das erfreut doch jedes Grabräuberherz! Sie haben alles Gold mitgehen lassen und die Mumie der armen alten Hexe in Stücke geschnitten.«

In diesem Augenblick gesellte sich Merusir, ein anderer Stammgast, zu uns. Er ist ein fetter Wichtigtuer, der sich für etwas Besseres hält, weil er Fünfter Prophet von Amon ist, aber da er manchmal Neuigkeiten aus den Gerichtssälen bringt, lassen wir uns seine herablassende Art gefallen. An jenem Abend war nicht zu übersehen, daß er vor Aufregung schier platzte. Mit einem spöttischen Lächeln lauschte er der sensationellen Neuigkeit, die wir ihm zu erzählen hatten. »Ich weiß, ich weiß«, sagte er gedehnt. »Ich habe es schon viel früher erfahren – und außerdem die andere Neuigkeit, die im Palast nur Eingeweihten bekannt ist.«

Er hielt inne, wie um seinen Krug zu leeren. Natürlich reagierten wir so, wie er gehofft hatte, und baten ihn inständig, uns in das Geheimnis einzuweihen. Schließlich ließ er sich dazu herab, uns in Bild zu setzen.

»Tja, das Erstaunliche ist nicht der Raub an sich, sondern die Art der Durchführung. Der Eingang zur Begräbnisstätte war unberührt, die Siegel unversehrt. Die Grabstätte selbst war vollständig aus dem Fels gehauen, und weder an den Wänden noch am Boden oder an der Decke gab es auch nur die leiseste Beschädigung. Und trotzdem fand Minmose, als er die Kammer betrat, den Sarg geöffnet und die Mumie verstümmelt vor, und der Schmuck war verschwunden.«

Wir sahen ihn mit offenem Mund an.

»Höchst ungewöhnlich«, sagte ich.

»Ob ihr es glaubt oder nicht«, sagte Merusir, der die Sprache der höflichen Beleidigung ebensogut beherrscht wie ich, »es gab einen Zeugen – oder besser zwei, wenn man Minmose mitzählt. Pater Wennefer war auch dabei.«

Dieser Hinweis brachte jegliche Kritik zum Verstummen. Wennefer war uns allen bekannt. Im ganzen südlichen Theben gab es keinen zweiten Mann von seinem Ruf. Sogar Senebtisi, die nicht an vielen etwas fand, hatte ihn leiden können. Er hatte den Beisetzungsgottesdienst für sie gehalten.

Zufrieden mit der Wirkung seiner Mitteilung, setzte Merusir

seinen Bericht so aufgeblasen fort, wie er nur konnte. »Der König ist persönlich an der Aufklärung des Falles interessiert. Er hat Amenhotep Sa Hapu mit den Untersuchungen beauftragt.«

»Amenhotep?« Merusirs Pausbacken fielen in sich zusammen wie Blasen, in die man ein Messer sticht.

Zwar war Amenhoteps Name damals noch nicht in aller Mund, doch hatte er bereits die ersten Stufen auf der Leiter einer erstaunlichen Karriere hinter sich gebracht, in deren Verlauf er ein enger Freund des Pharaos wurde. Bei unserem Kennenlernen war er ein armer, unbedeutender Priester in einer örtlichen Grabkapelle gewesen. Man hatte mich zu ihm geschickt, um ihn zum Haus meines Herrn zu bringen, der an einer Stichwunde gestorben war. Vermutlich war er ermordet worden. Es war dieser Fall gewesen, auf den sich Amenhoteps Ruhm gründete, denn er fand die Wahrheit heraus und bewahrte einen Unschuldigen vor der Hinrichtung. Seitdem hatte er zahlreiche andere Fälle gleichermaßen erfolgreich gelöst.

Mit meinem Ausruf hatte ich Merusir den Wind aus den Segeln genommen. Er hatte gehofft, uns mit etwas beeindrucken zu können, was wir noch nicht wußten. Statt dessen war ich es, der die anderen über Amenhoteps Glanztaten aufklären konnte. Doch als ich geendet hatte, schüttelte Rennefer den Kopf.

»Wenn das stimmt, was du uns über diesen klugen Mann erzählst, Wadjsen, würde seine Einladung ja bedeuten, mit Kanonen auf Spatzen zu schießen. Er wird herausfinden, daß es für alles eine ganz einfache Erklärung gibt. Ohne Zweifel haben sich die Diebe von oben oder von der Seite durch den Fels in die Gruft gegraben. Minmose und Wennefer waren so entsetzt, daß sie das Loch übersehen haben, das ist alles.«

Wir diskutierten eine Weile darüber. Unsere Gemüter erhitzten sich um so mehr, je weiter der Bierpegel in unserem Krug sich senkte. Es war ein törichter Streit, denn niemand von uns kannte die Tatsachen; und sich zu streiten, ohne zu wissen, worum es eigentlich geht, ist wie Nähen ohne Garn.

Das fiel mir allerdings erst auf, als ich mich auf halbem Weg nach Haus befand und durch den kühlen Nachtwind wieder einen klaren Kopf bekam. Ich beschloß, Amenhotep einen Besuch abzustatten. Dann wäre ich es, der bei meinem nächsten Gang in die Schankwirtschaft die Neuigkeiten bringen würde, und Merusir hätte nichts zu vermelden!

Die meisten ehrbaren Bürger waren bereits zu Bett gegangen, doch in der Straße der Prostituierten und in einigen Tavernen brannte noch Licht. Auch ein Fenster des Hauses, in dem Amenhotep wohnte, war noch erleuchtet. Wie eine Eule zog er die Nachtarbeit vor, und wie eine Eule sah er mit seiner Hakennase und den großen, eng beieinanderliegenden Augen auch aus.

Da sich das Fenster im Erdgeschoß befand, klopfte ich an den Holzladen, der zum Schutz vor bösen Nachtgeistern natürlich geschlossen war. Kurz darauf wurde der Fensterladen geöffnet, und die vertraute Nase erschien. Nachdem ich meinen Namen genannt hatte, kam Amenhotep zur Tür und öffnete.

»Wadjsen! Lange nicht gesehen!« rief er. »Soll ich fragen, was dich herführt, oder soll ich meine hellseherischen Fähigkeiten unter Beweis stellen und es dir sagen?«

»Dazu bedarf es wohl keiner großen Fähigkeiten«, entgegnete ich. »Im ganzen Bezirk spricht man von nichts anderem mehr als von Senebtisis Grabkammer.«

»So hatte ich es mir gedacht.« Er bot mir einen Platz an und zeigte gastfreundlich auf den Krug mit Wein, der in der Ecke stand. Ich schüttelte den Kopf.

»Ich habe in der Schänke schon zuviel Bier getrunken. Entschuldige, wenn ich so spät noch störe …«

»Ich freue mich immer, dich zu sehen, Wadjsen.« Der Widerschein der Lampe in der Tiefe seiner großen dunklen Augen erweckte den Eindruck, als ständen Sterne darin. »Ich habe meinen Assistenten vermißt, der mir bei meiner ersten Untersuchung geholfen hat, die Wahrheit herauszufinden.«

»Na ja, eine große Hilfe war ich nicht gerade«, sagte ich lächelnd. »Und in diesem Fall weiß ich sogar noch weniger. Es ist alles ein großes Rätsel, auf das nur die Götter eine Antwort wissen.«

»Aber nein!« Er klatschte in die Hände, was er immer tat, wenn er sich über die Dummheit seiner Zuhörer ärgerte. »Da gibt es kein Geheimnis. Ich weiß, wer die Grabstätte von Senebtisi ausgeraubt hat. Das einzig Schwierige ist, zu beweisen, wie er es gemacht hat.«

Auf Amenhoteps Vorschlag hin übernachtete ich in seinem Haus, damit ich ihn am nächsten Morgen, wenn er sich auf die Suche nach den benötigten Beweisen begab, begleiten konnte. Dazu bedurfte es keiner besonderen Überzeugungskraft, denn ich brannte geradezu vor Neugier. Ich drängte ihn, mir mehr zu sagen, doch er schwieg beharrlich und gab nur zu bedenken: »Ein Mann kann an seiner Zunge zugrunde gehen; wenn eine beiläufige Bemerkung voreilig ist und weiterverbreitet wird, macht man sich Feinde.«

Diesem klugen Satz konnte ich kaum widersprechen, doch der Glanz in Amenhoteps schwarzen Augen ließ mich argwöhnen, daß er sich diebisch über meine Verwirrung freute.

Nach dem Frühstück gingen wir zum Tempel von Khonsu, wo Pater Wennefer im Registeramt arbeitete. Er schrieb Berichte von Tonscherben auf ein Stück Papyrus ab, das auf seinem Schoß lag. Bei allen Schreibern entwickelt sich vom ständigen Beugen über die Schriftstücke eine gebückte Haltung; Wennefer saß mit dem Gesicht nur wenige Zentimeter über dem Papyrus und sah aus wie in der Mitte gefaltet. Als Amenhotep sich räusperte, fuhr der alte Mann zusammen. Die Tinte verschmierte. Er tat unsere Entschuldigung mit einer Handbewegung ab und säuberte den Papyrus mit einem Knäuel Scharpie.

»Es ist ja nichts passiert«, sagte er mit leiser, piepsender Stimme. »Ich habe von Euch gehört, Amenhotep Sa Hapu; es ist mir eine Ehre, Euch kennenzulernen.«

»Auch ich habe mich darauf gefreut, Euch kennenzulernen, Wennefer. Allerdings hätte ich einen weniger traurigen Anlaß vorgezogen.«

Wennefers Lächeln verschwand. »Ach ja, Senebtisis Grab. Was für eine Tragödie! Zumindest kann die Arme jetzt ein anständiges Neubegräbnis erhalten. Wenn Minmose nicht darauf bestanden hätte, die Grabkammer zu öffnen, wäre ihre *ba* hungrig und durstig durch die Unendlichkeit geirrt.«

»Dann war der Eingang zur Grabkammer also wirklich versiegelt und unberührt?« fragte ich skeptisch.

»Ich habe selbst nachgesehen«, sagte Wennefer. »Minmose hatte mich gebeten, ihn nach der Arbeit zu begleiten. Als wir an der Grabstätte eintrafen, ging die Sonne gerade unter, aber das

Licht war noch gut. Ihr müßt wissen, daß ich den Bestattungsgottesdienst für Senebtisi abgehalten habe. Ich habe gesehen, wie der Eingang zugemauert wurde und habe mit meinen eigenen Händen geholfen, die Grabsiegel auf den feuchten Putz zu drücken. Es war alles genauso wie ein Jahr zuvor.«

»Und trotzdem bestand Minmose darauf, die Grabkammer zu öffnen?« fragte Amenhotep.

»Nun ja, wir fanden beide, daß sie geöffnet werden sollte«, antwortete der Alte sanft. »Wie ihr wißt, graben Räuber manchmal von oben oder von der Seite einen Tunnel und lassen den Eingang unversehrt. Minmose hatte Werkzeug mitgebracht. Den Großteil der Arbeit hat er erledigt, denn meine alten Hände hier können besser mit dem Stift als mit dem Meißel umgehen. Nachdem der Eingang freigelegt war, zündete Minmose eine Lampe an, und wir gingen hinein. Hinter der Öffnung ist ein Gang, dem wir bis zu dem Saal dahinter folgten, und als wir diesen Saal durchquerten, schrie Minmose plötzlich auf. ›Meine Mutter, meine Mutter‹, – rief er – ach, er war zu bedauern! Dann sah ich es auch. Das – das Ding auf dem Boden …«

»Ihr meint wohl die Mumie«, sagte Amenhotep. »Die Diebe hatten sie aus dem Sarg in den Saal gezogen?«

»Und sie dort beraubt«, flüsterte Wennefer. »Die Gestalt war von der Kehle bis zum Unterleib aufgerissen, durch das Leichentuch und die Verpackung und das Fleisch.«

»Seltsam«, meinte Amenhotep leise, wie zu sich selbst. »Sagt mir, Wennefer, wie ist die Gruft aufgebaut?«

Wennefer rieb seinen Pinsel auf dem Tintenbeutel ab und begann, auf der Rückseite einer der Tonscherben eine Zeichnung anzufertigen.

»Es ist eine schöne Grabstätte, Amenhotep, vollkommen aus Fels gehauen. Hinter dem Eingang liegen eine Treppe und ein kurzer Gang, der zu einem Saal mit zwei Säulen führt, der breiter als lang ist. Dahinter folgt ein weiterer kurzer Gang, und dann kommt die eigentliche Grabkammer. Die Mumie lag hier.«

Bei diesen Worten zeichnete er einen sauberen Kreis am Anfang des zweiten Gangs.

»Aha«, sagte Amenhotep mit einem genauen Blick auf den Plan. »Ja, verstehe. Weiter, Wennefer. Was habt Ihr dann getan?«

»Gar nichts«, sagte der Alte nur. »Die Hand von Minmose zitterte so sehr, daß er die Lampe fallen ließ. Es wurde dunkel. Ich spürte die Anwesenheit der bösen Geister, die die Tote entweiht hatten. Meine Zunge klebte mir am Gaumen, und …«

»Ja, schrecklich«, sagte Amenhotep. »Aber Ihr befandet Euch ja nicht weit vom Eingang entfernt; konntet Ihr wieder hinausfinden?«

»Doch, ja, es waren nur ein paar Schritte; und bei Amon, mein Freund, noch nie habe ich einen Sonnenuntergang so genossen! Ich ging sofort die Grabstättenwache holen. Als ich mit den Männern wieder am Grab eintraf, hatte Minmose seine Lampe wieder angezündet …«

»Hattet Ihr nicht gesagt, die Lampe sei zerbrochen gewesen?«

»Heruntergefallen, aber zum Glück nicht zerbrochen. Minmose hatte einen der Ölkrüge geöffnet – und die Lampe wieder aufgefüllt. Die Mumie hatte er zurück in den Sarg gelegt. Er saß betend daneben. Ich habe noch nie einen so frommen Sohn gesehen!«

»Und dann haben die Wachen die Grabkammer wohl durchsucht«.

»Wir haben alle gesucht«, sagte Wennefer. »Die Kammer befand sich in einem schrecklichen Zustand; Kisten und Körbe waren aufgebrochen, der Inhalt überall verstreut. Alles, was Senebtisi an Edelmetall mitgenommen hatte, war gestohlen, auch die Amulette, die sie am Körper trug.«

»Und was war mit dem Öl, den Stoffen und den anderen Wertsachen?« wollte Amenhotep wissen.

»Das Öl und der Wein lagerten in großen Krügen, die sich nur schwer bewegen lassen. Über den Rest kann ich nichts sagen, es herrschte ein solches Durcheinander – und außerdem weiß ich nicht, was überhaupt alles dort war. Nicht einmal Minmose wußte es mit Gewißheit; seine Mutter hatte die meisten Kisten selbst gefüllt und verschlossen. Allerdings weiß ich, was von der Mumie entfernt wurde, denn ich hatte die goldenen Amulette und Schmuckstücke daran gesehen, als sie von den Einbalsamierern verpackt wurde. Ich spreche nicht gern schlecht über jemanden, aber Ihr wißt ja, Amenhotep, daß die Einbalsamierer …«

»Ja«, pflichtete Amenhotep ihm mit verdrießlicher Miene bei.

»Deshalb habe ich die Verpackung meines Vaters selbst überwacht; wenn man verhindern will, daß der Schmuck bei der Mumie bleibt und nicht in die Geldsäckel der Einbalsamierer wandert, hat man keine andere Wahl. Hat Minmose das bei seiner Mutter denn nicht gemacht?«

»Doch, natürlich. Er bat mich sogar, ihm dabei Gesellschaft zu leisten, und ich habe gerne zugestimmt. Er ist der frommste …«

»Das habe ich auch schon gehört«, unterbrach Amenhotep ihn. »Sagt mir, Wennefer, in welchem Zustand war die Mumie? Ihr habt sie doch untersucht?«

»Ich war dazu verpflichtet. Ach, Amenhotep, was für ein trauriger Anblick! Das Totenhemd war immer noch fest um den Leichnam gewickelt; die Diebe hatten mitten durch das Hemd und die Binden darunter geschnitten. An den Armen waren die Knochen gebrochen, so grob hatten die Räuber die schweren goldenen Armbänder heruntergerissen.«

»Und die Maske?« fragte ich. »Sie soll eine Maske aus massivem Gold getragen haben.«

»Auch die hat gefehlt.«

»Furchtbar«, sagte Amenhotep. »Wennefer, wir haben Euch lange genug von der Arbeit abgehalten, deshalb nur noch eine Frage. Wie sind die Räuber Eurer Meinung nach in die Grabkammer hineingekommen?«

Der Alte senkte den Blick. »Durch mich«, sagte er leise.

Ich sah Amenhotep erschrocken an. Er schüttelte warnend den Kopf.

»Euch trifft keine Schuld«, sagte er und legte Wennefer die Hand auf die bucklige Schulter.

»Doch. Ich habe getan, was ich konnte, aber ich muß einen wichtigen Teil der Zeremonie vergessen haben. Wie sonst hätten die bösen Geister in das Grab eindringen können?«

»Ach so.« Amenhotep strich sich über das Kinn. »Böse Geister also.«

»Es kann nichts anderes gewesen sein. Die Siegel am Eingang waren unversehrt, der Mörtel unberührt. In den Wänden, der Decke oder dem Fußboden gab es auch nicht die Spur einer Beschädigung.«

»Aber …«, begann ich.

»Und dann noch etwas. Als der Eingang freigelegt war und Licht in die Kammer fiel, konnte man die Staubschicht auf dem Boden sehen. Die einzigen Spuren darin waren die Abdrücke des Besens, mit dem Minmose nach der Beisetzung, wie es Brauch ist, die Grabstätte vor dem Verlassen gekehrt hat.«

Mir lief ein Schauer über den Rücken. »Möge Amon uns beistehen«, sagte ich.

Amenhoteps Blick wanderte von Wennefer zu mir und wieder zurück. »Das klingt überzeugend«, murmelte er.

»Ja«, stimmte Wennefer ihm stöhnend bei. »Und ich bin schuld daran – ich, ein Priester, der bei seiner Aufgabe versagt hat.«

»Nein«, widersprach Amenhotep. »Ihr habt nicht versagt. Kopf hoch, mein Freund. Es gibt noch eine andere Erklärung.«

Wennefer schüttelte niedergeschlagen den Kopf. »Das hat Minmose auch gesagt, aber er wollte nur freundlich sein. Der Arme! Es hat ihn so getroffen, daß er kaum noch gehen konnte. Die Wachen mußten ihn an den Armen aus der Grabstätte führen. Ich habe sein Werkzeug getragen. Es war das mindeste, was …«

»Das Werkzeug«, unterbrach Amenhotep ihn. »War es in einer Tasche oder in einem Sack?«

»Weder noch. Er hatte nur einen Meißel und einen Holzhammer dabei. Ich habe sie in der Hand getragen, genauso wie er.«

Amenhotep dankte ihm nochmals, dann gingen wir. Beim Überqueren des Hofs wartete ich darauf, daß er etwas sagen würde, aber er schwieg. Nach einer Weile konnte ich mich nicht mehr zurückhalten.

»Glaubst du immer noch, daß du weißt, wer die Grabstätte ausgeraubt hat?«

»Aber ja, es liegt doch auf der Hand.«

»Und böse Geister waren es nicht?«

Amenhotep blinzelte mich an wie eine Eule, die von der Sonne geblendet wird.

»Böse Geister kommen immer dann ins Spiel, wenn man nicht mehr weiter weiß.«

Er lächelte süffisant wie jemand, der glaubte, etwas Kluges gesagt zu haben; doch für mich roch seine Bemerkung nach Ketzerei, und ich sah ihn zweifelnd an.

»Schon gut, schon gut«, sagte er ungeduldig. »Senebtisi war eine selbstsüchtige, gierige alte Frau, und wenn es in der nächsten Welt Gerechtigkeit gibt, wie unser Glaube es verlangt, dann wird ihr Weg durch die Unterwelt nicht leicht sein. Aber warum sollten teuflische Mächte sich an ihrer Mumie vergehen, wo sie doch ihren Geist quälen könnten? Dämonen haben keinen Bedarf an Gold.«

»Gut, aber ...«

»Dein Verstand war früher nicht so träge. Was ist denn deiner Meinung nach passiert?«

»Wenn es keine bösen Geister waren ...«

»Es waren keine.«

»Dann muß jemand gewaltsam eingedrungen sein.«

»Genial«, sagte Amenhotep grinsend.

»Ich glaube, daß es eine Öffnung geben muß, in der Wand oder im Fußboden, die Wennefer übersehen hat.«

»Wennefer vielleicht. Aber nicht die Grabwachen. Die Kammern der Grabstätte waren aus massivem Fels gehauen. Eine Öffnung darin ließe sich unmöglich tarnen, selbst wenn Grabräuber sich die Mühe machten, sie wieder zu schließen – was sie nach allen Erfahrungen noch nie getan haben.«

»Dann sind die Diebe durch den Eingang ins Innere gelangt und haben ihn wieder verschlossen. Ein betrügerischer Handwerker könnte eine Kopie des Grabsiegels anfertigen ...«

»Gut.« Amenhotep klopfte mir auf die Schulter. »Jetzt fängst du an zu denken. Ein glänzender Einfall, aber falsch. Grabräuber arbeiten aus Angst vor den Wachen unter großem Zeitdruck. Sie würden sich nicht damit aufhalten, Steine und Mörtel und Siegel zu ersetzen.«

»Dann weiß ich nicht, wie man es gemacht hat.«

»Ach, Wadjsen, was bist du beschränkt! Es gibt nur einen einzigen Menschen, der das Grab ausgeraubt haben kann.«

»Daran habe ich auch schon gedacht«, gab ich, von seiner Beleidigung verletzt, scharf zurück. »Minmose war der letzte, der die Grabstätte verlassen hat, und der erste, der sie wieder betrat. Er hatte allen Grund, sich das Gold zu wünschen, das seine Mutter ihm hätte hinterlassen sollen. Aber er kann die Mumie bei keiner der beiden Gelegenheiten beraubt haben,

Amenhotep, es blieb ihm keine Zeit dazu. Du kennst die Beisetzungszeremonie genausogut wie ich. Priester und Trauergäste verlassen die Grabstätte immer zusammen. Wäre Minmose in der Grabkammer zurückgeblieben, und sei es nur für ein paar Minuten, hätte man sein Fehlen bemerkt und sich Gedanken gemacht.«

»Vollkommen richtig«, sagte Amenhotep.

»Außerdem«, fuhr ich fort, »war das Gold nicht nur schwer, sondern auch sperrig. Minmose hätte es nicht fortschaffen können, ohne daß es jemand bemerkt.«

»Auch richtig.«

»Wenn also Wennefer nicht mit Minmose gemeinsame Sache macht …«

»Dieser brave, einfache Mann? Du überraschst mich, Wadjsen. Wennefer ist die Ehrlichkeit in Person.«

»… dann haben böse Geister …«

Amenhotep unterbrach mich mit dem rauhen, sirenenartigen Ton, der in seinen Augen ein Lachen bedeuten sollte. »Hör auf, von bösen Geistern zu faseln. Es gibt außer mir noch einen Mann, der weiß, wie Senebtisis Grab geschändet wurde. Gehen wir zu ihm.«

Er beschleunigte den Schritt, seine Sandalen schlappten über den Staub. Ich folgte ihm und versuchte nachzudenken. Seine Spötteleien waren wie Gewichte, die an meinem Verstand hingen und ihn bis an die Grenzen seiner Möglichkeiten zogen. Allmählich bekam ich eine leise Ahnung davon, was sich wirklich abgespielt hatte, aber es ergab für mich keinen Sinn. Ich schwieg und sagte auch dann nichts, als wir in die Gasse südlich des Tempels einbogen, die zum Haus von Minmose führte.

An der Tür stand kein Diener, und auf unser Rufen öffnete uns Minmose selbst. Ich begrüßte ihn und stellte ihm Amenhotep vor.

Minmose hob überrascht die Hände. »Welche Ehre für mein Haus, Amenhotep. Kommt herein und setzt Euch.«

Amenhotep schüttelte den Kopf. »Ich will mich nicht lange aufhalten, Minmose. Ich bin nur gekommen, um Euch zu sagen, wer das Grab Eurer Mutter geschändet hat.«

»Wie bitte?« Minmose sah ihn mit großen Augen an. »Ihr wißt es schon? Aber wie? Es ist ein großes Rätsel, und außerdem …«

»Ihr wart es, Minmose.«

Minmose wurde noch eine Spur blasser. Allerdings war das nichts Ungewöhnliches; selbst Unschuldige werden bei einer solchen Anschuldigung aschfahl im Gesicht.

»Ihr seid ja verrückt«, sagte er. »Vergebt mir, Ihr seid mein Gast, aber …«

»Es gibt keine andere Erklärung«, sagte Amenhotep. »Ihr habt das Gold gestohlen, als Ihr vor zwei Tagen in das Grab gestiegen seid.«

»Aber, Amenhotep«, rief ich. »Wennefer war doch bei ihm, und der hat doch gesehen, daß die Mumie schon beraubt war, als …«

»Wennefer hat die Mumie nicht gesehen«, sagte Amenhotep. »In der Grabkammer war es dunkel; das einzige Licht kam von einer kleinen Lampe, die Minmose sofort fallen ließ. Wennefer kann schlecht sehen. Hast du denn nicht bemerkt, wie er sich über seine Schriften gebeugt hat? Er hat nur einen kurzen Blick auf eine weiße Gestalt von der Größe einer verpackten Mumie erhascht, bevor das Licht ausging. Als Wennefer die Mumie ein zweites Mal sah, lag sie in ihrem Sarg, und dieser Anblick setzte sich in seinem verwirrten Gedächtnis so fest, daß er glaubte, sie auch zuvor gesehen zu haben. Es gibt nur wenige, die gut beobachten können. Die Menschen sehen, was sie zu sehen erwarten.«

»Was hat er denn gesehen?« wollte ich wissen. Es war, als wäre Minmose gar nicht anwesend. Amenhotep vermied es, ihn anzusehen.

»Ein Stück Leintuch, das von demjenigen, der die Grabkammer als letzter verließ, so hingelegt wurde, das es aussah wie die groben Umrisse eines menschlichen Körpers. Der Betreffende hätte dafür nur einen Augenblick gebraucht, bevor er den Besen nahm und mit dem Kehren begann.«

»Also war die Grabstätte verschlossen und versiegelt«, sagte ich. »Er wartete fast ein Jahr lang …«

»Bis zu dem Zeitpunkt, zu dem wieder einmal ein Grabraub stattfand. Minmose konnte davon ausgehen, daß es früher oder später dazu kommen würde; das passiert immer wieder. Und er hielt es für einen klugen Schachzug, wenn er Wennefer bitten würde, ihn zu begleiten – einen Zeugen von untadeligem Charakter, der bestätigen konnte, daß der Eingang zum Grab unversehrt war. Er war einfach zu sehr bemüht, sich nicht selbst als verdächtig erscheinen zu lassen; das hätte bei mir sogar dann Zweifel an seiner Unschuld geweckt, wenn die Logik der Tatsachen nicht direkt auf ihn gedeutet hätte. Die Bitte an denselben tugendhaften Mann, ihm bei der Verpackung der Mumie Gesellschaft zu leisten aus Angst davor, der gemeinsamen Sache mit den Einbalsamierern verdächtigt zu werden; das Vortäuschen eines Schwächeanfalls, so daß die Grabwachen ihn stützen mußten und somit hätten beschwören können, daß er das Gold nicht bei sich verstecken konnte. Nur ein Schuldiger wäre so darauf bedacht, unschuldig zu erscheinen. Trotzdem gab es guten Grund für seine Vorsichtsmaßnahmen. Irgendwann in der näheren Zukunft, wenn der liebende Sohn Minmose im Haus einen versteckten Goldschatz entdeckt, den seine Mutter übersehen hat – alte Menschen sind ja manchmal etwas vergeßlich – dann könnte es, da viele ja schlechte Gedanken hegen, notwendig werden, daß Minmose unwiderlegbar beweisen kann, daß er auf keinen Fall Hand an die Totenschätze seiner Mutter legen konnte.«

Minmose schwieg weiter, den Blick starr auf den Boden gerichtet. Statt seiner war ich es, der widersprach und Zweifel vorbrachte.

»Aber wie hat er das Gold fortgeschafft? Die Wachen und Wennefer haben die Grabstätte doch durchsucht. Dort war es also nicht, und um es draußen zu vergraben, blieb Minmose keine Zeit.«

»Nein, aber er hatte reichlich Zeit für das, was in der Grabkammer zu tun war, nachdem Wennefer sich entfernt hatte, um die Wachen zu holen. Er warf Kisten und Körbe um, öffnete den Sarg, schlitzte die Mumienverpackung mit seinem Meißel auf und nahm das Gold. Es dauerte nicht lang, vor allem nicht für jemanden, der genau wußte, wo sich die einzelnen Schmuckstücke befanden.«

Der Ausdruck in Minmoses verhärmtem Gesicht war gleichbedeutend mit einem Schuldbekenntnis. Er blickte weder auf, noch sprach er, auch dann nicht, als Amenhotep ihm eine Hand auf die Schulter legte.

»Ihr tut mir leid, Minmose«, sagte Amenhotep ernst. »Nach

Jahren der Hingabe und der Selbstverleugnung zu sehen, wie Ihr um Euer Erbe gebracht werdet … Und dann war da ja auch noch Nefertiry. Ihr hattet sie heimlich besucht, sogar schon vor dem Tod Eurer Mutter, nicht wahr? Ach, Minmose, Ihr hättet Euch der Weisen entsinnen sollen, die da sagen: ›Gehe nicht zu der Frau hinein, die eine Fremde ist; es ist ein großes Verbrechen, das den Tod verdient.‹ Sie hat Euch den Euren gebracht, Minmose. Ihr wußtest, daß sie sich von Euch abwenden würde, wenn Eure Mutter Euch nichts hinterläßt.«

Minmose war grau im Gesicht. »Werdet Ihr mich der Polizei melden? Man wird mich foltern, um mich zu einem Geständnis zu zwingen.«

»Jeder gesteht, wenn er gefoltert wird«, sagte Amenhotep mit gekräuselten Lippen. »Nein, Minmose, ich werde Euch nicht melden. Das Gericht des Großwesirs verlangt Fakten, keine Theorien, und Ihr habt jede Spur fein säuberlich verwischt. Aber der Gerechtigkeit werdet Ihr nicht entgehen. Nefertiry wird Euer Gold so schnell verzehren, wie Wasser im Wüstensand versickert, und Euch dann verlassen; und die ganze Zeit werden Anubis, der Führer der Toten, und Osiris, der Göttliche Richter, auf Euch warten. Sie werden Euch das Herz nehmen, Minmose, und Euer Geist wird bis in alle Ewigkeit hungern und dürsten. Ich glaube, daß Eure Strafe schon begonnen hat. Träumt Ihr, Minmose? Habt Ihr gestern nacht das Gesicht Eurer Mutter gesehen, Minmose, vertrocknet und runzlig, dessen eingefallene Augen Euch anklagen, so wie es war, als Ihr die Goldmaske an Euch genommen habt?«

Minmose bebte am ganzen Körper, und das Beben schien kein Ende zu nehmen. Sogar seine Haare schienen zu zittern. Amenhotep winkte mir. Wir gingen fort. Minmose starrte uns mit leichenblassem Gesicht nach.

Nachdem wir ein kurzes Stück gegangen waren, meinte ich: »Aber eines muß noch gesagt werden, Amenhotep.«

»Es gibt noch vieles zu sagen.« Amenhotep seufzte tief. »Von einem guten Menschen, der zu einem bösen wurde; von zwei Frauen, die ihn, jede auf ihre Art, zu einem Verbrechen getrieben haben; von dem schmalen Grat, der die Untadeligen von den Sündern trennt …«

»Das meine ich nicht. Daran will ich gar nicht denken. Es beschleicht mich so ein eigenartiges Gefühl dabei ... Nein, Amenhotep, ich meine das Gold – wie hat es Minmose vom Begräbnis fortgeschafft?«

»Er hat es im Ölkrug versteckt«, antwortete Amenhotep. »Und zwar in dem, aus dem er neues Öl für seine Lampe genommen hat. Wen würde es verwundern, wenn er in seiner Erregung dabei etwas Öl auf den Boden verschüttete? Sicher hat er es inzwischen entfernt. Er hatte ja reichlich Gelegenheit dazu, wo er im Grab mit Gegenständen, die repariert oder ersetzt werden mußten, ein und aus ging.«

»Und das Stück Leintuch, das er wie eine Mumie auf dem Boden ausgebreitet hatte?«

»Wie du ja weißt«, antwortete Amenhotep, »wird für das Einpacken einer Mumie eine Unmenge Tuch benötigt. Er hätte das Stück zusammenknüllen und zu den zerrissenen Stücken werfen können. Ich glaube aber, daß er etwas anderes getan hat. Es war ein kalter Abend, es war Winter, und Minmose wird einen Mantel aus Leinen getragen haben. Er nahm den Stoff auf demselben Weg wieder mit hinaus, auf dem er ihn hineingebracht hatte. Wem würde eine zusätzliche Lage Stoff über den Schulten schon auffallen?

Ich wußte sofort, daß Minmose der Schuldige sein mußte, weil er der einzige war, der Gelegenheit zu der Tat hatte, aber mir war nicht klar, wie er es bewerkstelligt hatte, bis Wennefer mir zeigte, wo die angebliche Mumie lag. Es gab keinen Grund für einen Dieb, sie so weit vom Sarg und der Grabkammer wegzuziehen – aber Minmose konnte es sich nicht erlauben, Wennefer auch nur den kleinsten Blick in die Kammer werfen zu lassen, die zu diesem Zeitpunkt noch unberührt war. In diesem Augenblick wurde mir klar, daß der Alte keine Mumie gesehen hatte, sondern eine Fälschung.«

»Dann kommt Minmose also ungestraft davon.«

»Ich habe gesagt, daß er bestraft würde. Und das ist die Wahrheit.« Amenhotep seufzte noch einmal.

»Du willst ihn also nicht dem Pharao melden?«

»Ich werde meinem Herrn die Wahrheit sagen. Aber er wird nichts unternehmen. Es wird nicht nötig sein.«

Mehr sagte er nicht. Sechs Wochen später jedoch wurde Minmoses Leichnam aus dem Fluß geborgen. Er hatte begonnen, sehr stark dem Alkohol zuzusprechen, und es hieß, er sei ertrunken. Doch ich wußte es besser. Anubis und Osiris hatten ihm das Herz genommen, wie Amenhotep es vorher gesagt hatte.

Originaltitel: *The Locked Tomb Mystery*
Ins Deutsche übertragen von Uwe Brinkmann

Der Schatz des Rhampsinitus

Herodot

Während die anderen Geschichten in dem vorliegenden Band aus diesem Jahrhundert stammen und viele sogar neu sind, ist die folgende Geschichte 2400 Jahre alt. Es handelt sich um eine echte historische Kriminalgeschichte.

Herodot, der ungefähr von 490 bis 425 vor Christus lebte, wird zu recht als Vater der Geschichtsschreibung bezeichnet. Er wurde in Halicarnassus in Kleinasien geboren. Seine Reisen nach Griechenland und Ägypten inspirierten ihn, Material und Geschichten zu sammeln. Im Jahre 440 v. Chr. ließ er sich nieder und begann sein Geschichtswerk zu verfassen. Herodot glaubte zwar nicht alles, was man ihm erzählte, doch er hatte ein Gespür für gute Geschichten. So zeichnete er für die Nachwelt die Geschichte des ägyptischen Pharaos Rhampsinitus auf. Dieser entsprach vermutlich der im 12. Jahrhundert v. Chr., also 700 Jahre früher, regierenden historischen Figur des Ramses III.

Man sagte, König Rhampsinitus besäße große Silberschätze – und zwar von solchem Ausmaße, daß keiner der Prinzen, seiner Thronfolger, je seinen Wohlstand würde erreichen oder gar übertreffen können. Um sein Geld sicher zu verwahren, kam er auf die Idee, eine große Kammer aus geschlagenem Stein bauen zu lassen, die in die Außenwand seines Palastes einzulassen sei. Der Baumeister hatte es auf die Schätze abgesehen und entwarf eine Konstruktion, bei der ein Stein in die Mauer eingelassen wird, der von einem oder zwei Männern bewegt werden kann.

Die Schatzkammer wurde fertiggestellt und das Geld des Königs darin verwahrt.

Die Zeit verging, und der Baumeister wurde krank; als er sein Ende nahen sah, rief er seine beiden Söhne zu sich und vertraute ihnen seine Erfindung in der königlichen Schatzkammer an. Er sagte ihnen, er habe es für sie getan, damit sie weiterhin ein gutes Leben führen könnten. Dann erklärte er den beiden, wie der Stein herauszuholen sei, gab ihnen die genauen Maße und beschwor sie, das Geheimnis für sich zu behalten, auf daß sie auf Lebzeit die Rechnungsprüfer des königlichen Schatzamtes sein würden. Kurze Zeit später verstarb der Vater, und die Söhne zögerten nicht lange und machten sich an die Arbeit. Eines Nachts suchten sie den Palast auf, fanden den Stein, den sie mit Leichtigkeit herauslösten, und plünderten einen Teil des Schatzes.

Als der König das nächste Mal den Raum aufsuchte, war er erschüttert darüber, daß die Gefäße, in denen das Geld verwahrt wurde, nicht mehr voll waren. Er wußte jedoch nicht, wen er beschuldigen konnte, denn die Siegel waren unversehrt und der Raum sicher verschlossen. Doch von Besuch zu Besuch fand er weniger Geld in der Schatzkammer vor. Die Diebe hörten nicht auf, den Schatz weiter zu plündern.

Schließlich ordnete der König an, Fallen neben den Gefäßen aufzustellen, die das Geld enthielten. So geschah es. Als die Diebe das nächste Mal zur Schatzkammer kamen und einer von ihnen durch die Öffnung Zutritt erlangte und sich direkt an die Gefäße machen wollte, fand dieser sich plötzlich in einer der Fallen gefangen. Ihm wurde sofort klar, daß er verloren war. Er rief seinen Bruder zu sich, sagte ihm, was geschehen war, und wies ihn an, so schnell wie möglich hereinzukommen und ihm den Kopf abzuschneiden. So könne man ihn nicht identifizieren, wenn man seine Leiche fände, denn sonst wären beide ruiniert. Der andere befand diesen Rat für gut und ließ sich überreden, ihn zu befolgen. Dann steckte er den Stein an die richtige Stelle zurück und ging mit dem Kopf seines Bruders nach Hause.

Bei Tagesanbruch kam der König in den Raum und staunte nicht schlecht, als er die enthauptete Leiche des Diebes in der Falle vorfand, ohne daß das Gebäude beschädigt worden war und kein Ein- oder Ausgang zu sehen war. In seiner Verblüffung befahl er, den Leichnam an der Mauer des Palastes aufzuhängen und eine Wache davor abzustellen, die den Befehl hatte, jede trauernde oder weinende Person in der Nähe des Palastes sofort festnehmen und zu ihm bringen zu lassen. Als die Mutter davon erfuhr, war sie schwer getroffen. Sie sprach mit ihrem verbliebenen Sohn und beschwor ihn, einen Plan zu schmieden, um den Leichnam irgendwie zurückzubekommen. Sie drohte ihm an, selbst zum König zu gehen und ihn als den Dieb anzuzeigen, sollte er sich nicht darum kümmern. Der Sohn tat sein Bestes, die Mutter davon zu überzeugen, die Sache ruhen zu lassen, doch es nutzte nichts. Er mußte sich ihrer Hartnäckigkeit beugen und entwarf folgenden Plan: Er füllte einige Schläuche mit Wein und lud sie auf Esel, die er vor sich hertrieb, bis zu dem Palast kam, wo die Wachen auf den Leichnam aufpaßten. Dort zog er zwei oder drei Schläuche an sich heran und entknotete die Hälse, die an den Eseln herunterbaumelten. Der Wein begann zu fließen.

Daraufhin fing er an, so laut zu schreien wie er konnte, scheinbar ohne zu wissen, welchem Esel er sich zuerst zuwenden müsse. Als die Wächter den Wein fließen sahen, rannte einer nach dem anderen auf die Straße, um die Gelegenheit zu nutzen, den Wein mit irgendwelchen Gefäßen aufzufangen. Der Treiber gab vor, wütend zu sein, und überhäufte sie mit Flüchen, woraufhin die Wächter sich bemühten, ihn zu beruhigen. Schließlich ließ er vom Schimpfen ab und schien seine gute Laune wiedergefunden zu haben. Er führte seine Esel an die Seite der Straße und machte sich daran, die Last wieder in Ordnung zu bringen. Während er mit den Wächtern plauderte, gelang es einem der Wächter, ihn zu erheitern und sogar zum Lachen zu bringen, woraufhin er ihm einen Schlauch Wein schenkte. Nun änderten sie ihre Meinung und setzten sich nieder, um sich an Ort und Stelle zu betrinken und drängten darauf, daß er ihnen Gesellschaft leistete und mit ihnen tränke. Der Mann war leicht überredet und blieb.

Das Trinken ging immer weiter, und es wurde immer freundschaftlicher, und so gab er ihnen noch einen Schlauch Wein, den sie so reichlich genossen, daß sie von der Wirkung des Alkohols schließlich schläfrig wurden und auf der Stelle einschliefen. Der Dieb wartete bis tief in die Nacht und holte dann den Leichnam seines Bruders herunter; dann schnitt er den Wächtern zum Spott die rechte Seite der Bärte ab und ließ sie derart verunstaltet liegen. Den Leichnam seines Bruder legte er auf einen Esel und brachte ihn heim zu seiner Mutter, womit er ihrem Willen entsprochen hatte.

Der König war äußerst verärgert, als ihm zu Ohren kam, daß der Leichnam des Diebes gestohlen worden war. Er wollte den Mann erwischen, der ihn vorgeführt hatte, koste es, was es wolle, und überlegte (so der Priester), einen Köder zu legen, was unglaublich klingen mag. Der König verkündete, dem Mann die Hand seiner Tochter zu versprechen, der ihr die beste Geschichte seiner listigsten und seiner schlimmsten Tat erzählte. Sollte ihr jemand die Geschichte des Diebes erzählen, so solle sie ihn festhalten und nicht fortkommen lassen.

Die Tochter folgte dem Wunsch ihres Vaters, woraufhin der Dieb, der die Absicht des Königs längst durchschaut hatte, das Verlangen verspürte, ihn in seiner List und Tücke noch zu übertreffen. Deswegen dachte er sich folgenden Plan aus: Er beschaffte sich den Leichnam eines kürzlich verstorbenen Mannes, schnitt ihm einen Arm von der Schulter ab, verbarg diesen unter seinem Mantel und machte sich auf den Weg zur Tochter des Königs. Als sie ihm nun die gleiche Frage stellte wie all den anderen, gab er zur Antwort, das Schlimmste was er je getan habe, sei gewesen, den Kopf seines Bruders, der in des Königs Schatzkammer in eine Falle geraten war, abzuschneiden, und das Listigste, die Wachen betrunken zu machen und dann den Leichnam seines Bruder mitgenommen zu haben. Während er sprach, versuchte die Prinzessin ihn festzuhalten, doch der Dieb nutzte die Gunst der Dunkelheit, und reichte ihr die Hand des Toten. Da sie vermeinte, seine wirkliche Hand zu halten, griff sie zu und hielt sie fest. Der Dieb ließ sie gewähren und entkam durch die Tür. Als der König nun vom erneuten Erfolg dieses Mannes erfuhr, bewunderte er dessen Klugheit und Kühnheit und sandte Boten in alle Städte seines Reiches, um die Straffreiheit für den Dieb zu verkünden und ihm eine reiche Belohnung in Aussicht zu stellen, wenn er zu ihm käme und sich ihm zu erkennen gebe. Der Dieb nahm den König beim Wort und war so kühn, sich ihm vorzustellen. Dafür bewunderte ihn der König sehr. Er nannte ihn einen der weisesten Männer des Landes und versprach ihm die Hand seiner Tochter. »Die Ägypter,« so sprach er, »haben den Rest der Welt stets in Weisheit übertroffen, dieser Mann aber war noch weiser als alle anderen Ägypter.«

Originaltitel: *The Thief versus King Rhampsinitus*
Ins Deutsche übertragen von Johannes Rumpf

Die göttliche Alecto

Bréni James

Von den Athener Philosophen war Sokrates einer der herausragendsten. Seine religiösen Überzeugungen begründeten seinen Streit mit den griechischen Herrschern und führten letztendlich zu seinem Tod. Sokrates ist die ideale Besetzung für einen Detektiv, da er Zeit seines Lebens alles anzweifelte und immer versuchte, die Unwissenheit zu verbannen.

Er wurde in dieser Rolle in zwei Erzählungen von Bréni James in den fünfziger Jahren porträtiert. Die hier abgedruckte war ihre erste Erzählung und wurde bei dem jährlichen Wettbewerb des Ellery Queen's Mystery Magazine, *mit einem besonderen Preis ausgezeichnet. Ich kann Ihnen nicht mehr zu ihrer Person mitteilen, als daß ihr richtiger Name Brenie Pevehouse lautet, unter dem sie auch ihre dritte Erzählung bei* Ellery Queen's *veröffentlichte.*

Aristodemus wurde vor dem Morgengrauen von dem Geschrei der Hähne geweckt, und als er aufwachte, schliefen die anderen entweder noch oder waren bereits fortgegangen; nur Sokrates, Aristophanes und Agathon waren noch da ... Zuerst ging Aristophanes weg, dann, als es bereits dämmerte, Agathon. Sokrates, der sie zum Schlafen gedrängt hatte, stand auf, um sich auf den Weg zu machen; wie üblich folgte ihm Aristodemus ... zum Tempel.

Plato, symposium.

Sokrates hatte seine Sandalen bei Agathon liegenlassen und ging barfuß davon. Aristodemus, wie immer barfuß, eilte seinem Freund hinterher, bis er ihn schließlich einholte.

Aristodemus: Hier, Sokrates, du hast deine Schuhe vergessen.

Sokrates: Du scheinst mehr an den Dingen interessiert zu sein, die ich vergessen habe, als an denen, die du gelernt haben solltest.

Aristodemus: Ja, es stimmt, daß meine Aufmerksamkeit ein

wenig zu wünschen übrig ließ und ich deine Reden zum Teil verpaßt habe, aber deinen Schlußfolgerungen habe ich trotzdem zugestimmt.

Sokrates: Mein lieber Freund, dein Vertrauen gleicht dem eines Mannes, der aus einem Kelch mit Essig trinkt, weil der Gastgeber einen Lobgesang auf die Köstlichkeit des Weines angestimmt hat.

Nach dieser abfälligen Bemerkung tat der Philosoph seinem Gefährten einen Gefallen, indem er anhielt und seine Sandalen anzog; anschließend setzten sie ihren Weg durch die Stadt fort und gingen durch die beiden östlichen Stadttore hinaus. Die Sonne ging über dem Berg Pentelicus auf, und Hymettus lag in purpurfarbenen Schatten vor ihnen, leuchtend wie der Thymian, der an seinen Hängen blühte.

Sie kletterten zügig die leichte Steigung hinauf, die sie zu dem Altar des Apollotempels führte, einem kleinen anmutigen Tempel, dessen Säulen und Pfeilerfiguren aus strahlend weißem Marmor gehauen worden waren.

Über dem Tempel auf der Kuppe des Hügels sahen sie dahinziehende Rauchschwaden, die von seinem östlichen Altar aufstiegen. Die Priesterin hatte ihre Opferzeremonie beendet und stieg die Stufen hinauf, um durch die goldenen Türen ihr Heiligtum zu betreten. Sie war mit dem fließenden weißen Gewand ihres Amtes bekleidet, das Haar fiel ihr in einem Gewirr aus glänzenden schwarzen Locken über die Schultern, und ein Kranz aus Lorbeerblättern rankte ihr über die Stirn. Ihre grauen Augen waren klar, und auf ihren Lippen spielte ein nicht gerade freundliches Lächeln.

Sokrates: Was wird vorausgesagt, Alecto?

Alecto: Für manche Gutes. Für manche Schlechtes. Der Rauch zog zunächst nach Westen, aber jetzt eilt er zu den Göttern, du siehst es ja selbst.

Tatsächlich, während sie sprach, wehte ein sanfter Windstoß über den vor ihnen liegenden Hang und trieb den Rauch zum Altar hinüber.

Alecto verschwand, und die beiden Männer gingen den schmalen Pfad hinab auf den Tempel zu und weiter in Richtung ihres eigentlichen Ziels, der Badeanstalt.

Zunächst schien es, als wäre ihr einziger Gefährte die Statue neben dem Becken, ein wunderschöner Eros, der auf Zehenspitzen stand, als sei er im Begriff, mit zitternden Flügeln über dem Wasser emporzusteigen, das kleine Wellen unter ihm schlug.

Die Statue war nicht groß – selbst mit ihrem Sockel höchstens fünf Fuß hoch; aber ihre Glieder waren so filigran und die Flügel so luftig, scheinbar geschmeidig, daß der Eindruck entstand, sie erhebe sich hoch hinaus. Der rechte Arm des Gottes war ausgestreckt, und in der aufgehenden Sonne sah es so aus, als sei er mit feinen blauen Venen versehen worden. Die Handfläche zeigte nach oben, und das Gesicht, in dem ein zugleich schelmisches und unschuldiges Lächeln lag, blickte gleichermaßen gen Himmel.

Als Sokrates und Aristodemus sich langsam dem Rand des Schwimmbeckens näherten, nahmen sie zum erstenmal den Jüngling wahr, der sich vor der Statue zu einem Gebet niedergekniet hatte. Sie konnten seine Worte nicht hören, aber er flehte den Liebesgott offensichtlich mit großer Inständigkeit an.

Gerade als sie den unerwartet Anwesenden bemerkt hatten, brach ein Getöse greller Stimmen vom angrenzenden Palast aus, und eine Gruppe von etwa einem Dutzend Jünglinge tauchte auf. Sie alle rannten lachend zum Beckenrand und sprangen einer nach dem anderen mit einem Platschen und Glucksen ins Wasser.

Sokrates führte seinen Begleiter zu einer wenige Schritte vom Becken entfernten Marmorbank und bat ihn, Platz zu nehmen.

Aristodemus runzelte die Stirn. »Aber ich dachte, wir seien zum Schwimmen hierhergekommen. Du hast doch nicht plötzlich Angst vor dem kühlen Wasser und der Morgenluft bekommen?«

»Nein«, antwortete sein Freund und verschränkte die Hände auf seinem Wanst, »aber ich halte es für klüger, in einer Gruppe zu diskutieren und allein zu schwimmen.«

Sokrates wandte sich von Aristodemus ab, um die geschmeidigen Jünglinge im Wasser zu beobachten, und er lauschte mit einem nachsichtigen Lächeln auf seinem satyrischen Gesicht ihren lautstarken Neckereien.

Plötzlich erklang ein durchdringendes *Eee-Eee, Eee-EEE* vom südlichen Ende des Beckens, wo der fromme Jüngling von der Statue kniete.

»Ein Falke!« Sokrates zeigte auf einen Schatten, der auf der zarten Hand des Eros saß. Der Vogel, der nicht sonderlich groß war, wirkte gigantisch auf dem so zerbrechlichen Bildnis.

Die Jünglinge im Wasser hatten sein Kreischen nicht gehört – ihr Lachen war unpassend und furchterregend, als der marmorne Eros auf seinem Podest schwankte und dann am Beckenrand zu Boden stürzte, wodurch er den feindlichen, kreischenden Vogel der Sonne entgegenschickte.

Die beiden Freunde eilten dem jungen Mann zur Hilfe, der den Vogel nur kurz angestarrt hatte und dann mit seinen Gebeten fortgefahren war. Eros' Körper war ganz und gar zerstört, aber seine Flügel – die so lebendig, wie zum Flug bereit, ausgesehen hatten, waren wie Hackmesser nach unten gestürzt. Ein Flügel hatte den Kopf des Jünglings sauber durchtrennt.

Sokrates kniete sich neben die zerschmetterten Körper aus Marmor und Fleisch, der eine in kristallinen Fragmenten schillernd, der andere zuckend mit dem falschen Leben eines neuerlichen Todes. Er strich vorsichtig eine dunkle Locke aus der blassen Stirn des Jünglings und blickte eine ganze Weile in die leeren blauen Augen, bevor er die Lider schloß.

Aristodemus, der vor Entsetzen und Angst vollkommen außer sich war, schrie: »Sokrates, kennst du ihn? Es ist Tydeus, der Pythagoreaner. Was für ein Dummkopf war er, mit Eros zu feilschen! Der Gott hat Gerechtigkeit walten lassen – und ihn bestraft!« Der Philosoph erhob sich langsam. »Eros spendet Liebe, nicht Gerechtigkeit«, murmelte er. Sein Blick wanderte über die Trümmer, die langsam farbig wurden – durch die Röte des Sonnenlichtes und das tiefere andere Rot. Ein Stück weißen Fetts hing an den zerschmetterten Fingern des Gottes.

»Das Opfer«, sagte Aristodemus, der seinem Blick gefolgt war. »Tydeus wollte ein Stück Lamm opfern.«

In diesem Moment kam die Gruppe von Schwimmern, glitzernd und zitternd, herbeigeeilt, um zu sehen, was passiert war. Sie schnatterten wie Vögel durcheinander, und ihre Stimmen klangen schrill im Angesicht des Todes.

»Jemand muß sofort seinen Freund Euchekrates benachrichtigen«, rief Aristodemus.

Ein unangenehmes Schweigen breitete sich aus. Sokrates schaute absichtlich jeden der Jünglinge einzeln an. »Ihr seid nicht bereit«, sagte er sanft, »einen Mann über den Tod seines Freundes zu informieren?«

Schließlich meldete sich einer der Jünglinge zu Wort: »Wir haben letzte Nacht alle gemeinsam gegessen, einschließlich Tydeus und Euchekrates. Unser Seminarleiter schlug vor, über das Thema Treue zu diskutieren, da wir alle wußten, wie schwer es Tydeus fiel, seinem Freund Euchekrates treu zu bleiben. Der Seminarleiter hatte wohl die Absicht, ihn deswegen aufzuziehen.«

»Aber Tydeus«, schaltete sich ein anderer ein, »griff das Thema sofort auf und redete, als hätte er und nicht Euchekrates unter der Treulosigkeit zu leiden gehabt!«

Der erste Redner nickte. »Es kam zu einem persönlichen Streit zwischen den beiden, statt sich zu einer Diskussion unter Freunden zu entwickeln. Sie begannen, sich wegen Geldgeschenken, Kampfhähnen und ich weiß nicht was noch gegenseitig zu beschimpfen. Tydeus' Worten nach ging es um angemessene Umgangsformen.«

Sokrates: All diese Geschenke hat also unser toter Freund Tydeus Euchekrates gemacht?

Jüngling: Ja, Sokrates, und Tydeus war wütend, weil Euchekrates sie an jemanden weiterverschenkt hat.

Sokrates: An wen hat Euchekrates denn Tydeus' Geschenke weitergegeben?

Wieder entstand ein unangenehmes Schweigen, und die Jünglinge tauschten betretene Blicke aus. Aber ein gebräunter Athlet, der abseits der Gruppe gestanden hatte, platzte heraus: »Tydeus wußte selbst nicht, wer es war!«

Sokrates: Wieso bist du dir da so sicher?

Athlet: Weil ich vor den anderen zum Palast ging, schon bei Sonnenaufgang, und ich traf Tydeus auf seinem Weg zu dem Gott. Ich erinnere mich, daß ich ihn frage, ob er schwimmen gehen wolle, und er sagte, nein, er habe die Absicht, Eros ein Gebet für eine Missetat darzubringen. Dann habe ich ihn wegen der verlorenen Geschenke aufgezogen …

Sokrates: Und hast ihn gefragt, wem Euchekrates' Bewunderung galt?

Athlet: Ja, aber Tydeus wurde sehr wütend und begann, wie von Sinnen über ›die Person‹ zu sprechen – »Wer immer es auch sein mag«, wie er sich ausdrückte. Ich wollte gerade mit ihm über deren Identität rätseln, als Tydeus sagte, er müsse sich beeilen, weil er mit dem Gebet für Eros fertig sein wolle, bevor die Sonne am Horizont stehe.

Sokrates: Und sonst hat er nichts erzählt? Nun, würdest du dann jetzt bitte zu Euchekrates' Haus gehen und ihm erzählen, was seinem Freund Tydeus widerfahren ist, und ihn bitten, sich mit Sokrates am Altar des Apollotempels zu treffen?

Der gebräunte Jüngling nickte, und Sokrates faßte seinen Begleiter Aristodemus am Arm und führte ihn zurück auf den Weg zum Tempel. »Ich werde Wasser für euch holen«, sagte er, als sie durch die Menschenmenge gingen, »damit diejenigen, die Tydeus' Körper berührt haben, sich reinigen können.«

Als die Jünglinge sie nicht mehr hören konnten, sagte Aristodemus leise: »Ich weiß, Sokrates, daß du immer durch höchst abwegige Fragen nach Antworten suchst, aber es ist mir ein Rätsel, was du mit dem anfangen willst, was du von diesen Jünglingen erfahren hast.«

Sokrates: Du hast sicherlich vermutet, daß dieses Stück Fett, das wir in den Trümmern entdeckt haben, von einem Opferlamm stammte?

Aristodemus: Ich denke schon. Und schließlich haben wir gesehen, daß Tydeus etwas opferte, oder?

Sokrates: Wir haben gesehen, daß er ein Gebet sprach. Erinnerst du dich, daß der gebräunte Jüngling uns erzählt hat, er habe Tydeus gefragt, ob er schwimmen gehen wolle, als er ihn traf?

Aristodemus: Natürlich erinnere ich mich daran.

Sokrates: Und wäre das nicht eine recht merkwürdige Frage an einen Mann gewesen, der eine Opfergabe bei sich trug?

Aristodemus: Das ist schon richtig, Sokrates, aber worauf willst du hinaus?

Sokrates: Du erinnerst dich außerdem, daß du Tydeus einen Pythagoreaner genannt hast?

Aristodemus: Ja, ich weiß, daß er einer war.

Sokrates: Dann wirst du vielleicht auch wissen, daß es unter Pythagoreanern nicht üblich ist, den Göttern Lebewesen zu opfern oder Tiere zu töten, die für den Menschen ungefährlich sind?

Aristodemus: Das hatte ich ganz vergessen, Sokrates. Und mir leuchtet jetzt ein, warum es nicht sein konnte, daß Tydeus etwas opfern wollte.

Sokrates: Trotzdem haben wir ein Stück Lammfleisch gesehen, nicht wahr? Wie sonst könnten wir uns das erklären, wenn es nicht als Opfergabe gedacht war?

Aristodemus: Es scheint keine logische Erklärung dafür zu geben.

Sokrates: Weißt du noch, wo du es entdeckt hast?

Aristodemus: Es befand sich auf Eros' Hand.

Sokrates: Und genau dort saß auch der Falke. Legt das nicht eine andere Erklärung für das Stück Fleisch nahe?

Aristodemus: Himmel, ja! Jemand muß es als Köder für den Vogel dorthin gelegt haben!

Sokrates: Sicher, das war die Absicht. Und ich denke, daß es dort irgendwie befestigt worden ist, denn der Falke hat es nicht aufgepickt und ist weggeflogen, sondern balancierte vielmehr auf Eros' Fingerspitzen und zerrte an dem Köder, bis die Statue das Gleichgewicht verlor.

Bei diesen Überlegungen waren die beiden an den Stufen, die zum Altar des Apollotempels führten, angelangt. Die östlichen Tore des Heiligtums aus Marmor standen noch offen, so daß sie den Gott im Inneren erblicken konnten – golden und elfenbeinern glänzte er jetzt sanft im hellen Mondlicht.

Aber in diesem Moment hörten sie Schreie von einem Pfad zu ihrer Rechten und sahen den gebräunten Athleten auf sich zurennen. Er blieb abrupt stehen und keuchte heftig.

»Er ist tot, Sokrates! Euchekrates ist tot! Ich habe ihn im Eingang von Tydeus' Haus gefunden. Er hat sich an einem Balken auf der Veranda erhängt!«

Sokrates: Bist du sicher, daß Euchekrates Selbstmord begangen hat?

Athlet: Ganz sicher, Sokrates. Er hat eine Nachricht an die Wand gekritzelt – ich habe seine Handschrift erkannt.

Sokrates: Was ist das für eine Nachricht?

Athlet: »Versteckt mich an einem geheimen Ort.« Bedeutet das nicht, daß er sich geschämt hat?

Sokrates: Das ist richtig.

»Wer möchte versteckt werden?« fragte eine Frauenstimme,

und die drei Männer drehten sich um und sahen Alecto, die Priesterin des Tempels, langsam und graziös die Marmortreppe hinuntersteigen.

Sokrates: Euchekrates. Er hat sich das Leben genommen, Alecto.

Alecto: Das ist wahrlich eine schreckliche Nachricht, Sokrates.

Aristodemus: Oh, und das ist noch nicht alles! Sieh, die Statue ist umgestürzt, und Tydeus liegt tot daneben.

Alecto: Er muß Eros gehörig mißfallen haben, wenn er vom Abbild des Gottes niedergeschlagen wurde.

Aristodemus: Nein, ich glaube, Eros stürzte, weil Euchekrates es so geplant hatte.

Alecto: Wie sollte so etwas geplant worden sein?

Sokrates: Alecto, wir sind gekommen, um dich um etwas Wasser zu bitten, das wir zum Tempel bringen wollen, denn dort warten noch einige von uns, die sich noch nicht gereinigt haben.

Die Priesterin nickte und verschwand. Kurze Zeit später kam sie mit einem Krug Wasser zurück.

Sokrates: Ich hätte ebenso für diesen Jüngling fragen sollen, damit er es zu dem Ort bringen kann, wo er Euchekrates gefunden hat.

Athlet: Nein, das ist nicht nötig – es war schon Wasser dort.

Sokrates: Tatsächlich? Wer ist uns denn mit einer solchen Bitte zuvorgekommen, Alecto?

Alecto: Um Wasser? Niemand, warum?

Sokrates: Kann reinigendes Wasser einfach aus einem Brunnen, einem Schwimmbecken oder einer ähnlichen leicht zugänglichen Quelle entnommen werden?

Alecto: Nein, es muß selbstverständlich von einem Priester oder einer Priesterin überreicht werden.

Sokrates: Aber es gibt keinen Priester und keine Priesterin außer die in der Nähe des Hauses von Tydeus, wo Euchekrates ja liegt?

Alecto: Nein, ich bin die einzige.

Sokrates: Müssen wir dann nicht annehmen, daß das Wasser hier übergeben worden ist? Erinnerst du dich an eine derartige Bitte?

Alecto: Nur an die von Tydeus – vor ein paar Stunden. Ich

wußte nicht, warum er um Wasser bat, aber mittlerweile scheinen die Gründe ja auf der Hand zu liegen.

Sokrates: Und wir wissen jetzt auch, daß Euchekrates schon tot war, als Tydeus zu Eros betete, nicht wahr, Aristodemus? Sag uns, Alecto, als Tydeus wegen des Wassers kam, erinnerst du dich daran, ob er noch um etwas anderes bat.

Alecto: Ich erinnere mich an nichts weiter.

Sokrates: Tydeus hatte diesem Jüngling erzählt, daß er keine Zeit habe, sich mit ihm zu unterhalten, da er seine Gebete vor dem Sonnenaufgang beendet haben wolle. Bedeutet das nicht, daß Tydeus von Anfang an wußte, daß seine Gebete einige Zeit in Anspruch nehmen würden?

Alecto: Ja, das ist sicherlich richtig.

Sokrates: Und da er immer noch betete, als die Sonne bereits aufgegangen war, und sich von seinem Vorhaben nicht einmal durch die Anwesenheit und das Kreischen des Vogels ablenken ließ, welche Schlußfolgerung liegt da nahe?

Aristodemus: Meiner Meinung nach mußte er noch ein ganz bestimmtes Gebet beenden.

Sokrates: Exzellent. So lautet auch meine Schlußfolgerung. Nun, Alecto, hältst du es für wahrscheinlich, daß ein Jüngling, der noch wütend von einem Streit ist – oder vielmehr bestürzt –, sich hinsetzt und ein längeres Gebet verfaßt?

Alecto: Er würde vermutlich eher spontan beten.

Sokrates: Aber diese Dinge passen nicht zusammen. Wir können wohl davon ausgehen, daß sein Gebet im voraus geplant war. Gleichwohl war der junge Mann nicht darauf vorbereitet, das Gebet zu planen. Was dürfen wir also vermuten?

Alecto: Daß jemand anderer das Gebet für ihn geschrieben hat?

Sokrates: Ich glaube schon. Und wer wird das wahrscheinlich getan haben?

Alecto: Es wird ohne Zweifel jemand gewesen sein, der sich mit solchen Dingen auskennt.

Sokrates: Wie ein Priester oder eine Priesterin?

Alecto: Ja, so muß es sein.

Sokrates: Und da Tydeus sich an dich wandte, wie du uns gesagt hast, Alecto, erscheint es da nicht naheliegend, daß er dich bat, das Gebet zu verfassen?

Alecto: Ich bin gezwungen, zuzugeben, daß er genau das tat, Sokrates.

Sokrates: Und nun eine letzte Frage: Hast du hier in der Dämmerung ein Lamm geopfert?

Alecto: Ja, Lamm und Honig.

Sokrates: Und wo ist das Fett des Lamms, das du heute morgen geopfert hast, Alecto? Während Tydeus im Tempel sein Gebet auswendig gelernt hat, bist du da nicht zu der Statue hinuntergegangen und hast etwas Fett an der ausgestreckten Hand von Eros befestigt?

Alecto: Du mußt einen dämonischen Berater haben, Sokrates!

Aristodemus: O nein, Alecto. Es ist so, wie Cebes einmal gesagt hat: Sokrates vermag eine Person in einer Art und Weise zu befragen, daß nur die wahre Antwort ans Licht kommt! Aber, Alecto, wie konnte Tydeus es wagen, zu dir zu kommen?

Alecto: Er wußte nicht, daß sein Freund Euchekrates die Geschenke an mich weitergegeben hatte. Aber als Tydeus mir beichtete, daß er am Selbstmord meines Liebhabers schuld war, konnte ich nicht anders, als den Tod zu rächen!

Die Priesterin sah Sokrates stolz mit ihren kalten Augen an. »Man hat mir nicht ohne Grund den Namen Alecto gegeben«, fügte sie mit wildem Triumph hinzu; »denn wie die göttliche Alecto, die Wohlgesinnte, sehe auch ich mich von den Göttern auserwählt, um Rache zu üben!«

»Aber erinnere dich«, warnte Sokrates ruhig, »wir nennen die göttliche Alecto nur ›Wohlgesinnte‹, um sie versöhnlich zu stimmen. Sie bleibt dennoch eine der Furien. Sie treibt die Blutschuldigen immer noch in den Tod oder den Wahnsinn. Und vergiß nicht, Alecto: Du bist nur eine Sterbliche, und du hast einen Mord begangen.«

Alectos Augen weiteten sich bei der plötzlichen, furchtbaren Einsicht in ihr Schicksal.

Dann begann die Priesterin zu weinen und zog sich die schweren schwarzen Locken wie ein Leichentuch über das Gesicht.

Originaltitel: *Socrates Solves a Murder*
Ins Deutsche übertragen von Nicola Bartels

Mächtiger als ein Schwert

John Maddox Roberts

John Maddox Roberts (geb. 1947) ist der Autor von mehr als zwanzig Romanen, die meisten davon aus dem Fantasy-Bereich, von denen einige die von Robert F. Howard geschaffene Figur Conan der Barbar, den mächtigen Helden, zum Protagonisten haben. Doch Roberts ist auch ein profunder Kenner der Welt des alten Roms, das auf ihn eine große Faszination ausübt. In einer Reihe von historischen Romanen, angefangen mit SPQR (1990), vermittelt er uns durch seine Figur Decius Caecilius Metellus ein lebendiges Bild des Lebens der Römer.

Roberts über den Hintergrund seiner Geschichten: »Es gebietet sich an, über Decius Metellus zu schreiben, da er lange gelebt und eine Menge Abenteuer erlebt hat. Er wurde vermutlich um 93–91 v. Chr. geboren. Die Geschichten sind in der Form von Memoiren geschrieben, die er als sehr alter Mann zu Zeiten des Kaisers Augustus verfaßt hat. Er hat die meisten seiner Feinde und Rivalen überdauert, und es ist ihm mittlerweile egal, was Augustus (den er verabscheut), ihm anzutun gedenkt.«

Die ersten vier Romane spielen zu Beginn von Decius' Karriere, als er noch ein junger und unbedeutender Beamter war. Die vorliegende Geschichte, die speziell für diese Anthologie geschrieben wurde, macht einen Zeitsprung ins Jahr 53 vor Christus. Die Stadt ist in Aufruhr. Die drei Triumvire sind außer Landes, und die Banden von Claudius, Milos und anderen Politikern liefern sich tägliche Straßenkämpfe. Decius hat das Amt einer plebejischen Aedils inne und versucht, jeglichem Ärger aus dem Wege zu gehen, indem er die Tage in den Kellern von Rom verbringt – eine seiner Aufgaben ist die Untersuchung von Verstößen gegen die Bauvorschriften. Doch es dauert nicht lange, bis er schließlich über einen Mord stolpert.

Das Wunderbare am Beruf des *Aedils* ist, daß man die Tage damit verbringt, die stinkigen, gefährlichen, von Ratten überlaufenen und von der Pest erfüllten Keller Roms zu durchstöbern. Die Inspektion von Gebäuden war Teil meiner Arbeit, und man hätte das ganze Jahr damit zubringen können, Verstöße gegen die Bauvorschriften zu verfolgen. Ein weiterer Arbeitsbereich bestand darin, Spiele zu veranstalten und die Freudenhäuser zu inspizieren, was ich ganz gerne tat. Ich hatte die Stelle in einem Jahr angetreten, in dem ein Plebejer nicht zu einem kurulischen *Aedil* aufsteigen konnte. Der kurulische Beamte trug einen purpurfarbenen Streifen auf seiner Toga und saß, unterstützt von einem Liktor, den ganzen Tag lang auf einem Klappstuhl auf den Märkten herum und trieb Strafgelder für Verstöße gegen die Marktgesetze ein. Nein, Marcus Aemilius Lepidus bekam diesen Posten. Nicht, daß aus ihm je etwas geworden wäre. Es gibt also doch Gerechtigkeit in dieser Welt. Trotz alledem wurde er einige Jahre später Triumvir, aber wenn man in Betracht zieht, daß die anderen beiden Antonius und Oktavian waren, hätte er genausogut etwas unangenehm Klebriges am Absatz von Oktavians Sandale sein können.

Und das Schlimmste war, daß man nicht einfach *Aedil* sein konnte, um sich für höhere Posten zu bewerben! Man hatte einfach keine Möglichkeit, zum *Praetor* gewählt zu werden, es sei denn, man beglückte das Volk mit fantastischen Spielen. Bot man ihnen Hunderte von Wagenrennen, Theater- und Historienspiele, öffentliche Festgelage und Gladiatoren, erinnerten sie sich vielleicht wohlgesinnt an einen, wenn man sich um einen höheren Posten bewarb. Natürlich beteiligte sich der Staat nur mit einer lächerlichen Summe an den Kosten der Spiele, das heißt, man mußte sie aus eigener Tasche finanzieren, den Bankrott riskieren und sich über Jahre hin verschulden. Das bedeutete es, *Aedil* zu sein.

Deshalb hatte ich schlechte Laune, als ich die Leiche fand. Dabei war es gerade in diesem Jahr keine Seltenheit, in Rom auf Leichen zu stoßen, denn es war eines der schlimmsten Jahre in der Geschichte der Stadt. Die Wahlskandale des vergangenen Jahres waren so aufsehenerregend gewesen, daß zwei von unseren Konsuln beinahe der Amtsantritt versagt geblieben wäre. Der Rest des Jahres wurde noch schlimmer. Mein guter Freund Titus Annius Milo, Politiker und Bandenführer, und der ebenso anrüchige Plautius Hypsaeus kandidierten zum nächsten Jahr für das Amt des Konsuls. Der gemeinsame Todfeind von Milo und mir,

Publius Claudius Pulcher, kandidierte als *Praetor*. Ihre Anhänger lieferten sich Tag und Nacht Straßenkämpfe, und es gab so viele Tote wie Tauben im Tempel des Jupiter.

Doch das geschah auf den Straßen. Ein anderer plebejischer *Aedil*, an dessen Namen ich mich nicht erinnern kann, hatte die Aufgabe, die Straßen sauberzuhalten. Es ärgerte mich, Tote in meinen schönen, friedlichen, wenn auch übelriechenden Kellern zu finden. Schließlich war es nicht einer dieser ekelhaften und abstoßenden Mietshauskeller, die seit Jahrzehnten nicht inspiziert worden waren und in denen sich der Dreck durch Armut und Mißachtung der hygienischen Bestimmungen angesammelt hatte.

Vielmehr war es ein sauberer, neuer Keller in einem Stadthaus auf dem Aventin, das gerade erst fertiggestellt worden war.

Ich hatte dort zu tun, weil aufrichtige Bauunternehmer ungefähr so zahlreich waren wie freiwillige Minenarbeiter in den sizilianischen Sulfatgruben. Mein Sklave Hermes ging mit der Lampe voran. Zu dieser Zeit war er ein gutaussehender strammer junger Mann, der seine kriminellen Tendenzen sehr gut unter Kontrolle hatte. In diesem Keller roch es ungewöhnlich gut: nach frischgeschlagenem Holz und dem trockenen, staubigen Duft von neuem Stein aus dem Steinbruch. Doch da war noch ein anderer, weniger angenehmer Geruch. Hermes hielt inne, und ein gelber Lichtstrahl fiel auf eine konturlose Gestalt zu seinen Füßen.

»Herr, hier liegt ein Toter.«

»Oh, glänzend. Und ich dachte schon, heute hätte ich einmal einen angenehmen Arbeitstag. Es ist wohl nicht zufällig ein armer Bettler, der nur Zuflucht suchte und eines natürlichen Todes starb, oder?«

»Nur wenn es heutzutage schon im Senat Bettler gibt«, sagte Hermes.

Ich verspürte ein Jucken am Kopf. Es gab wenige Dinge, die ich mehr haßte, als die Leiche eines Höhergestellten zu finden.

»Tja, einige von uns wären arm genug, um dafür qualifiziert zu sein. Mal sehen, wen wir da haben.«

Ich kniete mich neben den Toten, und Hermes hielt die Lampe näher an sein Gesicht. Tatsächlich trug der Mann die Tunika mit dem purpurnen Streifen, die ihn als Senator auswies. Er hatte mindestens einen Feind, nämlich den, der ihm das Messer ins Herz gestoßen hatte. Es war eine winzige Wunde. Nur etwas Blut war aus dem handflächengroßen Fleck auf seiner Tunika ausgetreten, doch das hatte ausgereicht, seinem Leben ein Ende zu bereiten. Drei schmale Blutspuren formten sich zu einem Muster, das dem seiner Rangabzeichen ähnelte.

»Kennt Ihr ihn?« fragte Hermes.

Ich schüttelte den Kopf. Trotz aller Verbannungen und Säuberungen der Zensoren gab es immer noch mehr als vierhundert Senatoren, die mir nicht alle bekannt sein konnten.

»Hermes, lauf zur Kurie, und hole Junius, den Sekretär. Er kennt jedes Gesicht im Senat. Dann informiere den *Praetor* Varus. Er hält heute Gericht in der Basilica Aemilia und freut sich über jede Abwechslung. Danach suchst du Asklepiodes in der statilianischen Schule.«

»Aber das ist auf der anderen Seite des Flusses!« protestierte Hermes.

»Du kannst Bewegung gebrauchen. Beeile dich. Ich möchte, daß Asklepiodes einen Blick auf ihn wirft, bevor er zum Leichenbestatter gebracht wird.«

Er rannte los und überließ mir die Lampe. Ich untersuchte den Körper weiter, doch ohne Erfolg. Ich seufzte, kratzte mich am Kopf und wünschte, ich hätte Hermes aufgetragen, mir einen Schlauch Wein mitzubringen. Ich hatte nicht einmal die Hälfte meines Lebens hinter mir und sollte schon eines meiner schlimmsten Jahre erleben.

Es hatte alles so vielversprechend angefangen. Die Großen Drei waren außerhalb Roms: Caesar schlachtete in Gallien erfolgreich die Barbaren ab, Crassus tat Ähnliches in Syrien, und Pompeius schmollte in Spanien, während seine Lakaien an den Senat appellierten, ihn zum Diktator zu machen. Dieses Mal war ihre Ausrede, daß nur ein Diktator das Durcheinander in der Stadt in den Griff bekäme.

Sicherlich war es nötig, Ordnung zu schaffen, doch ein Diktator wäre eine sehr drastische Lösung. Mein Leben war nach Einbruch der Dunkelheit in der Stadt keinen Pfifferling wert. Der Gedanke machte mich etwas nervös, während ich hier nur in

Gesellschaft einer Leiche wartete. Ich mußte mich für die Ausübung meines Amtes so schwer verschulden, daß ich mir nicht einmal einen Leibwächter leisten konnte. Milo hätte mir bestimmt ein paar kräftige Männer ausgeliehen, doch meine Familie wollte nichts davon wissen. Die Leute würden denken, die Metelli würden sich in der alten Rivalität zwischen Clodius und Milo auf die Seite von Milo schlagen.

Lieber einen unbedeutenden Metellus verlieren, als die vielgepriesene Neutralität der Familie aufs Spiel zu setzen.

Nach ungefähr einer Stunde erschien Varus in Begleitung seiner Liktoren. Kurze Zeit später kam Junius, mit seinem Stilus, einem Schreibgriffel, hinter dem Ohr, in Begleitung eines Sklaven, der eine Tasche voller Wachstafeln trug.

»Guten Tag, *Aedil*«, sagte Varus. »Ihr habt also einen Mordfall, um meinen Tag zu retten?«

»Ihr habt nicht zufällig Wein mitgebracht?« fragte ich ohne große Hoffnung.

»Ihr habt euch kein bißchen verändert, Metellus. Wen haben wir denn hier?« Seine Liktoren hatten genügend Kerzen mitgebracht, um den Keller so hell wie das Forum zur Mittagszeit zu erleuchten. Der Qualm war allerdings schwer zu ertragen.

Junius beugte sich vor. »Das ist Aulus Cosconius. Er kommt nur drei- bis viermal im Jahr in den Senat. Ihm gehören große Besitztümer in der Stadt, darunter auch dieses Gebäude, glaube ich. Hat auch viel Grundbesitz in Tuszien.« Er hielt eine Hand auf, und sein Sklave öffnete die Blätter einer hölzernen Platte, deren Vertiefungen auf der inneren Seite mit feinstem Bienenwachs ausgefüllt waren, und legte sie ihm in die ausgestreckte Handfläche. Junius nahm den Stilus hinter seinem Ohr hervor und benutzte das spachtelartige Ende, um die Worte von der Wachsoberfläche abzukratzen. Es war ein elegantes Instrument, und, ebenso wie das hochwertige Wachs, seinen Tätigkeiten im Senat angemessen. Mit einer geschickten Bewegung drehte er ihn um und begann mit dem spitzen Ende zu schreiben. »Wünscht Ihr einen Bericht für den Senat zu schreiben, *Praetor*?«

Varus zuckte mit den Schultern. »Was gibt es zu berichten? Noch ein toter Senator. Das ist nicht gerade wie Besuch vom Olymp, oder?«

Ja, so waren die Zeiten damals.

»Ich habe Asklepiodes suchen lassen«, sagte ich. »Er könnte vielleicht etwas über den Zustand des Körpers sagen.«

»Ich bezweifle, daß er dieses Mal noch etwas herausfinden kann«, sagte Varus, »aber wenn Ihr wollt, könnt Ihr die Nachforschung übernehmen. Notiere das bitte, Junius.«

»Werdet Ihr mir einen Liktor abstellen?« fragte ich. »Ich werde Zeugen anhören müssen.«

Varus zeigte auf einen seiner Gehilfen, und der Mann seufzte. Die Tage der gemütlichen Arbeit in der Basilica waren gezählt. Ich sagte: »Geh und informiere die Familie des früheren Senators Aulus Cosconius über den Todesfall, und sag ihnen, daß sie den Leichnam hier abholen können. Junius wird dir sagen können, wo sie wohnen. Danach gehe zu dem Erbauer dieses Hauses. Sein Name ist …« Ich öffnete eine meiner eigenen Wachstafeln. »… Manius Varro. Er hat ein Holzlager beim Circus Flaminius, neben dem Bellona-Tempel. Sag ihm, er soll morgen früh in meinem Büro im Ceres-Tempel vorbeikommen.«

Der Mann übergab seinem Kameraden die Lampe und beriet sich mit Junius, dann schulterte er sein Bündel und machte sich wichtigtuerisch auf den Weg.

Asklepiodes kam just in dem Moment, als Junius und Varus gingen. Zwei seiner ägyptischen Sklaven, die Werkzeuge und Gepäck trugen, trotteten hinter ihm her. Hermes, der einen Schlauch Wein mitgebracht hatte, begleitete ihn. Ich hatte ihn gut erzogen.

»Ah, Decius«, sagte der Grieche. »Ich kann mich immer darauf verlassen, daß Ihr etwas Interessantes für mich habt.« Sein Gesichtsausdruck war voller Erwartung. Manchmal geriet ich ins Staunen über Asklepiodes.

»Die Sache hier kommt mir ziemlich schmutzig vor, doch der Mann hatte eine bedeutende Stellung inne, und jemand hinterließ ihn in einem Gebäude, das ich inspizierte. So was gefällt mir nicht.« Hermes reichte mir einen vollen Becher Wein, den ich sofort leerte und ihm zurückgab.

Asklepiodes nahm die Lampe und ließ den Lichtschein kurz über den Toten gleiten, dann hielt er inne, um die Wunde eingehend zu betrachten. »Er starb innerhalb des letzten Tages, genauer kann ich das nicht sagen, der Stich kommt von einer Waffe mit einer sehr dünnen Klinge. Die Klinge ist im Querschnitt dreieckig.«

»Vielleicht der Dolch einer Frau?« fragte ich. Prostituierte hielten solche Waffen oft in ihrem Haar versteckt, um sich vor gewalttätigen Freiern zu schützen, und manchmal auch, um Streitigkeiten mit anderen Prostituierten zu regeln.

»Möglich. Was ist das hier?« Er sagte etwas Unverständliches zu einem seiner Sklaven. Der Mann griff in seine voluminöse Tasche und holte eine lange, bronzene Pinzette mit goldenen Laubverzierungen und eine einfache verstöpselte Flasche hervor. Asklepiodes nahm das Instrument und machte sich an der Wunde zu schaffen. Er holte damit ein ekliges kleines Klümpchen von der Größe einer Erbse heraus. Dieses Etwas stopfte der Grieche dann in die Flasche, die er wieder mit dem Stöpsel verschloß. Die Pinzette und die Flasche reichte er dann dem Sklaven, der die Utensilien in seiner Tasche verstaute.

»Für mich sieht das wie getrocknetes Blut aus«, sagte ich.

»Nur auf den ersten Blick. Ich werde es mitnehmen und morgen früh, wenn es wieder hell ist, in meiner Praxis untersuchen.«

»Meint Ihr, daß er womöglich an anderer Stelle umgebracht und dann hier hingebracht wurde? Hier ist nicht viel Blut für ein durchstochenes Herz.«

»Nein, bei einer derartigen Wunde gibt es eher innere Blutungen, daher denke ich, er ist hier gestorben. Seine Kleidung ist auch kaum durcheinander.« Er stieß gegen die Füße des Toten.

»Sieh doch, die Absätze seiner Sandalen sind gar nicht abgeschliffen, was normal der Fall ist, wenn eine Leiche weggeschleift wird.«

Ich sah ein, daß er recht hatte. Als Arzt der Gladiatoren hat er sicher alle erdenklichen Verletzungen zu Gesicht bekommen. Er verabschiedete sich mit dem Versprechen, mir am nächsten Tag einen Bericht zu schicken.

Einige Minuten später traf die Familie ein, zur gleichen Zeit wie die Leichenbestatter. Der Sohn des Toten vollführte das übliche Ritual; er schnappte nach Luft und rief dreimal hintereinander laut den Namen seines Vaters. Daraufhin hoben die Bestatter den Leichnam hoch und trugen ihn fort. Dann fingen die Frauen mit einem außerordentlichen Gejaule an. Das war zwar nichts gegen das Heulen der professionellen Klageweiber, die für Begräbnisse angeheuert werden, aber in der abgeschlossenen Enge des Kellers war es laut genug. Ich wandte mich an den jungen Mann, der das Schlußritual aufgeführt hatte.

»Ich bin Decius Caecilius Metellus der Jüngere, plebejischer *Aedil*. Ich habe die Leiche Eures Vaters gefunden und wurde vom *Praetor* zum Ermittler für diesen Fall bestimmt. Würdet Ihr mich bitte nach draußen begleiten?«

»Quintus Cosconius«, stellte er sich vor, »einziger Sohn des Aulus.« Er war ein dunkler, selbstbeherrschter junger Mann. Er wirkte nicht sehr mitgenommen vom Tod seines Vaters, was auch nicht so ungewöhnlich war für jemanden, der gerade erfährt, daß er ein Vermögen geerbt hat.

Irgendwie kam mir der Name bekannt vor. »Kandidiert Ihr nicht nächstes Jahr für das Amt des Volkstribuns?«

»Da bin ich nicht der einzige«, sagte er. Das stimmte wirklich, denn damals war Tribun das Amt überhaupt. Sie verabschiedeten die Gesetze, die bestimmten, wer was bekam im großen Intrigenspiel des Imperiums. Da dieses Amt nur für Plebejer zugänglich war, ist der Patrizier Claudius so weit gegangen, sich von einer plebejischen Familie adoptieren zu lassen, nur um Tribun werden zu können.

»Hatte Euer Vater Feinde? Hatte einer der befehdeten Demagogen es auf ihn abgesehen?« Ich hoffte, er würde Claudius' Namen nennen.

»Nein, in den letzten Jahren hat er den Senat gemieden. Sein Magen vertrug die Fraktionskämpfe nicht.« Ich vermeinte, etwas Spöttisches in seiner Bemerkung gehört zu haben.

»Wen hat er unterstützt?«

»Wenn überhaupt, dann Crassus. Sie waren Geschäftsfreunde.« Das paßte zusammen. Crassus hat den größten Grundbesitz in Rom. Wer mit Immobilien handelte, kam an ihm nicht vorbei.

»Ich nehme an, Ihr selbst seid kein Anhänger von Crassus?« Er zuckte mit den Schultern. »Das ist kein Geheimnis. Wenn ich Tribun bin, werde ich Pompeius unterstützen. Das habe ich schon Anfang des Jahres auf dem Forum gesagt. Was hat das mit dem Mord an meinem Vater zu tun?«

»Oh, Politik hat heutzutage eine Menge mit Mord zu tun. Die Straßen sind voll von den Leichen derer, die sich bei den Rivalitäten um Posten für die falsche Seite entschieden haben. Aber wenn Euer Vater bestenfalls ein gemäßigter Vertreter der Crassus-Fraktion war, hat das wahrscheinlich wirklich keinen Bezug zu seinem Tod.«

»Das denke ich auch. Allerdings solltet Ihr etwas gegen die ungehinderte und unbestrafte Gewalt in der Stadt unternehmen. Ich halte es für grotesk, daß unsere Senatsgewalt ganze Provinzen befrieden kann, es aber nicht fertigbringt, aus Rom eine sichere Stadt zu machen.« In seinem Gesicht las ich einen neuen Gedanken. »Decius Caecilius Metellus der Jüngere? Ihr seid doch ein Freund von Milo, oder nicht?«

Es war nicht das erste Mal, daß mir diese Verbindung zur Last gelegt wurde.

»Ja, aber dabei verhält es sich genau wie mit den politischen Verbindungen Eures Vaters; es hat keinen Einfluß auf meine Entscheidungen. Falls Milo verantwortlich gemacht werden sollte, würde ich ihn genausoschnell dem *Praetor* ausliefern wie jeden anderen Übeltäter.«

»Rom braucht eine richtige Polizeitruppe!« sagte er aufgebracht. »Und strenge Gesetze!«

Ich wurde dessen langsam müde. »Wann habt Ihr Euren Vater das letzte Mal gesehen?«

»Gestern morgen. Er sprach zu mir auf dem Forum. Er hatte außerhalb der Stadt seine Landgüter besucht.« Ich bemerkte seinen zufriedenen Gesichtsausdruck. Jetzt gehörten sie *ihm*! »Aber ich kehrte zurück, um eines seiner Stadthäuser zu besichtigen. Und zwar dieses hier, denke ich.«

»Zweifellos ist er hier geendet. Was waren seine Pläne für dieses Gebäude?«

Er zuckte mit den Achseln. »Das Übliche, schätze ich. Das Erdgeschoß an einen wohlhabenden Mieter und die oberen Stockwerke an die weniger Reichen zu vermieten. Er hatte viele solcher Häuser.« Er glättete eine Falte auf seiner makellosen weißen Toga. »Gibt es sonst noch etwas?«

»Im Moment nicht. Aber es ist möglich, daß ich Euch noch einmal sprechen muß.«

»Ich tue alles für jemanden, der im Dienst des Senats und des Volkes von Rom steht«, sagte er nicht allzu herzlich.

Als alle weg waren, wandte ich mich wieder meinen Inspektionsaufgaben zu, doch meine Aufmerksamkeit ließ zu wünschen übrig. So sehr mir die Einstellung dieses Mannes auch mißfiel, mußte ich doch zugeben, daß Quintus Cosconius die Wahrheit aussprach, als er sagte, was Rom brauchte, sei eine Polizeitruppe. Unsere altertümlichen Gesetze untersagten die Präsenz von bewaffneten Soldaten innerhalb der heiligen Mauern, und das galt auch für alle Bürger, die in der Stadt Waffen trugen. Von Zeit zu Zeit schlug jemand vor, nach dem Modell des alten Athens eine Polizeitruppe aus Sklaven zu formieren. Doch das hätte bedeutet, den Sklaven Macht über die Bürger zu verleihen, und das wäre schlicht undenkbar gewesen. Das Problem war, daß jede bewaffnete Truppe in der Stadt schnell zu der Privatarmee eines der politischen Kriminellen, von denen es in der Stadt nur so wimmelte, geworden wäre. Früher ging es auch gut ohne Polizei, denn die Römer waren ein gesetzestreues Volk, das die bürgerliche Ordnung respektierte.

Doch seit den Gracchen hat der Mob überhand genommen, und jeder aufstrebende Politiker schloß Absprachen mit kriminellen Banden, die die schmutzige Arbeit erledigten und als Gegenleistung vor Gericht straffrei ausgingen. Die Republik krankte, und entgegen meiner tiefsten Hoffnungen gab es kein Heilmittel.

»Du hast getrunken«, sagte Julia, als ich nach Hause kam.

»Das war eben so ein Tag.« Ich erzählte ihr von dem toten Senator, während wir im Hof zu Abend aßen.

»Du hast doch nicht zu vermitteln, wenn du eigentlich ein anderes Amt ausübst«, sagte sie. »Varus sollte einen Richter ernennen.«

»Das kann Jahre dauern, bevor ein Strafgericht berufen wird, um die Morde dieses Jahres zu untersuchen. Die geschehen reihenweise. Aber in diesem Fall war es mein Territorium.«

»Du schnüffelst doch nur gerne herum. Außerdem hoffst du, Claudius etwas anhängen zu können.«

»Was würde ein weiterer Mord auf seinem Konto schon ausmachen? Nein, ich bezweifle, daß Claudius etwas damit zu tun hat.« Zum Glück war meine Julia eine der Lieblingsnichten des großen Gaius Julius Caesar, des Lieblings der öffentlichen Versammlungen. Claudius war einer von Caesars Männern und wagte es nicht, offen gegen mich vorzugehen. Zu dieser Zeit hielt er sich für den wahren ungekrönten König von Rom, der freigebig verteilte und Truppen in königlicher Manier kommandierte. Daher waren Meuchelmorde einfach unter seiner Würde. Sollte man meinen.

Damals gab es zwei Arten von Männern, die um die Macht rangen: Die Großen Drei waren die einzig Übriggebliebenen derer, die versucht hatten, über die letzten Jahrzehnte hinweg die Kontrolle über das Imperium zu erlangen. Dann gab es noch Männer wie Claudius und Milo, die nur über die Stadt selbst regieren wollten. Da die großen Eroberer die Stadt manchmal für Jahre verlassen mußten, brauchten sie alle einen Statthalter ihrer Interessen in Rom.

Claudius vertrat Caesars Interessen. Milo handelte im Auftrag von Crassus, obwohl er auch eng mit Cicero verbunden war, und mit dem Ende des Sommers verblaßte das Glück des Crassus. Als ob wir es gewußt hätten.

Plautius Hypsaeus gehörte der Pompeius-Fraktion an. Und so ging es immer weiter.

»Erzähle mir was darüber«, sagte Julia, die eine Orange in Scheiben zerschnitt. Sie war davon überzeugt, daß sie meine mühsamen Überlegungen mit ihrer weiblichen Intuition bereichern konnte. Manchmal hatte sie recht, auch wenn ich es ihr vorsichtshalber nicht eingestehen wollte.

»Du meinst also, eine Prostituierte hätte ihn umgebracht?« fragte sie, nachdem sie mich angehört hatte.

»Ich sagte lediglich, das hätte zu der Waffe gepaßt. Ich habe noch nie davon gehört, daß ein Mann eine solche Waffe benutzt haben soll, um einen Feind loszuwerden.«

»O doch. Männer mögen scharfe Klingen und jede Menge Blut.«

»Ganz genau. Aber dieses kleine Messer läßt eine Finesse erkennen, die ich unseren gemeinen Verbrechern nicht zutrauen würde.«

»Aber wenn dieser Mann über die ganze Stadt verteilt Häuser besaß, warum sollte er dann eine bezahlte Begleitung in den Keller eines leeren Hauses mitnehmen?«

»Gute Frage«, mußte ich zugeben. »Dabei hört man heutzutage von den seltsamsten Geschichten. Wie war das mit deinem Onkel Gaius Julius, dem man nachsagte, er möge es …«

»Verschone mich damit«, vermochte sie trotz fest zusammengebissener Zähne noch deutlich hervorzubringen.

Im Ceres-Tempel teilte ich mir ein winziges Büro mit einem anderen *Aedil*. Ein Mann wartete auf mich, als ich die Treppen hochstieg. »*Aedil* Metellus?« Er war ein kleiner Glatzkopf, dessen besorgter Gesichtsausdruck sich in einer tiefen Furche zeigte, die sich von den Augenbrauen bis zur Mitte eines Schädels hinzog. »Ich bin Manius Varro, der Bauunternehmer.«

»Ah, ja. Ihr habt vor kurzem ein Haus in der Stadt für Aulus Cosconius fertiggestellt?«

»Das stimmt«, sagte er, immer noch besorgt. »Und ich habe nur die besten …«

»Ihr werdet froh sein, zu erfahren, daß ich keinen Verstoß gegen die Vorschriften für Materialien und Konstruktionen finden konnte.«

Die Erleichterung stand ihm ins Gesicht geschrieben. »Ach so, dann geht es nur um den Toten?« Voller Reue schüttelte er den Kopf und versuchte, betroffen auszusehen. »Der arme Aulus Cosconius. Ich habe mit ihm über Jahre zusammengearbeitet.«

»Gab es einen Streit wegen Eurer Bezahlung?« Die Frage schien ihn zu überraschen. »Er zahlte für diesen Auftrag schon vor Monaten alles auf einmal. Außerdem hatte er geplant, ein großes Mietshaus in Subura zu bauen, doch vor ein paar Tagen machte er den Auftrag rückgängig.«

»Nannte er einen Grund dafür?«

»Nein. Er sagte nur, wegen der unsicheren Zukunft wolle er nichts Großes mehr anfangen. Ich glaube, er meinte, wir könnten nächstes Jahr einen Diktator bekommen. Man kann nie wissen, was das bedeuten würde.«

»Wie wahr«, sagte ich, und mein Auge wanderte über den Circus Maximus, der eine der spektakulärsten Aussichten über das zu unseren Füßen liegende Rom bot. Für einen geborenen Römer war dieser Anblick sehr befriedigend, denn er stand für drei unserer größten Leidenschaften: Wagenrennen, Glücksspiel und großartige Bauten. Er folgte meinem Blick.

»Übrigens, *Aedil*. Ich habe gehört, Ihr organisiert nächsten Monat die Wagenrennen?«

»Zu meinem großen finanziellen Unglück, ja.«

»Wißt Ihr, wer in dem ersten Rennen fährt?«

»Victor für die Roten, Androcles für die Grünen, Philip für die Blauen und Paris für die Weißen.« Ich hätte auch die Namen aller sechzehn Pferde herunterleiern können. In diesen Dingen war ich sehr gut.

»Ihr Caecilier seid die Roten, nicht wahr?«

»Seit Romulus«, sagte ich und wußte genau, was jetzt käme.

»Ich bin für die Blauen. Fünfzig Sesterzen auf Philip im ersten Rennen.« Zweifellos wußte er auch die Namen aller Pferde.

»Schwalbe hat einen lahmen Vorderhuf«, sagte ich; damit meinte ich das Zugpferd auf der Beifahrerseite der Roten. »Gib mir Drei zu Zwei.«

»Geht in Ordnung«, sagte er grinsend. Wir holten unsere Tafeln für die Wetten heraus, die halb Rom immer bei sich trug. Mit unseren Stili schrieben wir unsere Namen und Wetten auf die jeweilige Tafel. Er machte sich pfeifend auf den Weg, und auch ich fühlte mich besser. Victor hat mir persönlich versichert, daß Schwalbes Huf bis zu dem Rennen wieder genesen würde. Ich schnippste das angesammelte Wachs von meinem Stilus, und meine Gedanken wandten sich wieder der Leiche von Cosconius zu.

Varro kam für mich als Verdächtiger nicht in Frage. Bauunternehmer sind gewöhnlich eher Schwindler denn Mörder, und auch sein Verhalten paßte nicht zu einem, der getötet hat. Doch unsere kleine Wette brachte mich auf einen vielversprechenden neuen Gedanken. Mein ausgeliehener Liktor saß auf dem Fuß der Proserpina-Statue, die vor dem Tempel stand, bevor sie dann später von Maecenas restauriert wurde. Er sah zu Tode gelangweilt aus. Ich rief ihn zu mir.

»Wir gehen zum Forum.« Das munterte ihn auf. Alles wirklich

Interessante passierte auf dem Forum, dort wo Liktoren noch als Symbole des *Imperiums* geachtet wurden.

Mit ihm voran gingen wir den Hügel hinunter über den alten Viehmarkt in Richtung Forum. Der Platz war wie immer von einer Menschenmenge erfüllt. In diesem unglückseligen Jahr umgab ihn die Aura einer unausgesprochenen Gefahr, aber er wurde vom Volk, das dem Liktor den Weg freigab, immer noch als Symbol der *fasces* respektiert. Ich machte einen kleinen Rundgang um das Areal, um zu sehen, wer dort, und vor allem, wer nicht dort war. Zu meiner großen Erleichterung waren weder Claudius noch Milo und ihre Leibwächter zu sehen. Von den Kandidaten für die Ämter des kommenden Jahres sah ich den jungen Quintus Cosconius. Im Gegensatz zu den anderen, die als Aspiranten auf das Tribunat strahlend weiße Togen trugen, war seine Toga zum Zeichen seiner Trauer braun und schmuddelig; außerdem war er ungekämmt und unrasiert.

Auf den Stufen der Basilica Opimia fand ich Cicero, wie immer von Freunden und Mandanten umringt. Normalerweise hätte ich auf ein Zeichen von ihm gewartet, aber wegen meines Amtes und der Begleitung des Liktors war es mir erlaubt, ihn direkt anzusprechen.

»Guten Morgen, *Aedil*«, begrüßte er mich, wie immer sehr korrekt in Amtsangelegenheiten. Er zog eine Augenbraue hoch, als er den Liktor erblickte. »Arbeitet Ihr jetzt für das *Imperium*? Ich muß wohl während der letzten Senatssitzung eingenickt sein.«

»Guten Morgen, Marcus Tullius. Nein, ich führe nur die Ermittlungen für Varus. Ich würde Euren Rat sehr zu schätzen wissen.«

»Selbstverständlich.« Wir machten eine halbe Drehung, die signalisierte, daß wir uns nun privat unterhielten, und die anderen wandten sich ab.

»Geht es um den Mord an Aulus Cosconius? Eine erschütternde Geschichte.«

»In der Tat. Wie war seine politische Gesinnung, falls er überhaupt eine hatte?«

»Er war ein furchtbar altmodischer Mensch. Einer von denen, die alles ablehnten, was unsere Vorfahren nicht für rechtens gefunden hätten. Wie die meisten der Leute, die mit Grundbesitz in der Stadt handelten, unterstützte er Crassus. Bevor er nach Syrien abreiste, wies Crassus seine Leute an, Pompeius, der Diktator werden wollte, zu bekämpfen. Das war ein guter Rat, auch wenn er von Crassus kam. Ich habe Monate damit zugebracht, die Tribunen davon zu überzeugen, dieses Gesetz zu verhindern.

»Und was ist mit den Tribunen für das nächste Jahr?«

»Nächstes Jahr? Ich habe mit den diesjährigen schon genug Ärger.«

»Gesetzt den Fall, Pompeius wird nicht zum Diktator ernannt, wird er mit Sicherheit einer der Konsuln. Wenn die Tribunen des nächstes Jahres auf seiner Seite stehen, wird er fast diktatorische Macht und außerdem eine prokonsularische Provinz seiner Wahl besitzen. Wenn er wollte, könnte er dann Syrien von Crassus oder Gallien von Caesar einfordern.«

Cicero nickte. »Das war schon immer der Stil von Pompeius. Er läßt die anderen kämpfen und wartet auf den richtigen Zeitpunkt, um von den Tribunen den Befehl zum Todesstoß zu erhalten.« Er sah mich scharf an. »Worauf wollt Ihr hinaus, Decius?«

»Habt Geduld mit mir, Marcus Tullius. Ich habe …« In diesem Moment erblickte ich einen Sklaven, einen von Asklepiodes' stummen Gehilfen, der langsam auf mich zukam. In der Hand hielt er ein gefaltetes Stück Papyrus, daß er mir übergab. Ich öffnete den Papyrus, las das einzige Wort darauf, und grinste. »Marcus Tullius«, sagte ich, »wenn ein Mann, der für ein öffentliches Amt aufgestellt worden ist und bei einem Verstoß gegen die Gesetze des alten Roms überführt würde, – wenn er innerhalb der von Romulus geschaffenen Grenzen Waffen trüge –, müßte er dann seine Kandidatur zurückziehen?« Meine eigene Lösung für das Gesetz wäre ein *Caestus*. Der Boxhandschuh mit Nägeln war, technisch gesehen, mehr Sportausrüstung denn eine richtige Waffe.

»Das ist ein sehr häufiger Verstoß in diesen schlechten Zeiten, aber wenn ich gegen diesen Mann aufgestellt wäre, würde ich gegen ihn klagen und ihn in einem Prozeß dermaßen festnageln, daß er sein Amt nie antreten könnte.«

»Genau das wollte ich wissen. Marcus Tullius, wenn ich Euch weiter belästigen darf, würdet Ihr Euch heute nachmittag mit mir im *ludus* von Statilius Taurus treffen?«

Jetzt war er völlig ratlos, ein Zustand, in den ich Cicero selten versetzen konnte. »Nun, mein Freund Balbus schreibt mir seit Monaten aus Afrika, daß ich ihm bei den Spielen, die er nach seiner Rückkehr halten wird, helfen soll. Das ließe sich gleichzeitig einrichten.«

»Danke, Marcus Tullius.« Bereit zu gehen, wandte ich mich von ihm ab.

»Und, Decius?«

Ich drehte mich um. »Ja?«

»Sei unterhaltsam. Es wird ein langer Weg.«

»Ich verspreche es.«

Am Boden der Stufen nahm ich eine der Tafeln vom Gürtel des Sklaven und schrieb mit meinem Stilus auf das Wachs. »Bring das deinem Herrn«, trug ich ihm auf. Er nickte wortlos und ging. Asklepiodes' Sklaven konnten zwar sprechen, aber nur ägyptisch, und das war in Rom ungefähr so hilfreich, wie taub zu sein. Dann gab ich dem Liktor Befehle. »Geh zu Quintus Cosconius, dem trauernden Mann dort drüben bei den Kandidaten, und sag ihm, er ist vorgeladen, mich an der statilianischen Schule zu treffen, und zwar in« – ich sah nach dem Stand der Sonne – »drei Stunden.«

Er lief los, und ich machte mich auf den Weg zum Archiv. Ich sprach mit Calpurnius, dem freigelassenen Sklaven, der die Grundbucheintragungen verwaltete. Er brachte mir einen Stapel von Tafeln und Schriftrollen mit den Aufzeichnungen der Aktivitäten des früheren Aulus Cosconius, die allesamt mit dicken wächsernen Siegeln versehen waren. Die Aufzeichnungen über das Haus auf dem Aventine, wo ich den Toten entdeckte hatte, waren in einem schönen Diptychon aus Holz mit bronzenen Scharnieren. Darin fand ich ein Blatt, das mit schwarzer Tinte beschrieben war.

Das andere Blatt hatte eine kreisförmige Vertiefung mit einem Wachssiegel, um es vor Beschädigung zu schützen.

»Ich nehme das hier mit, wenn Ihr nichts dagegen habt.«

»Das kann ich nicht zulassen«, sagte Calpurnius. »Ihr habt keine Ermächtigung vom *Praetor* zur Aushändigung von hiesigen Dokumenten.« Im öffentlichen Dienst muß man sich immer mit Leuten wie ihm herumplagen. Nach einigem Hin und Her und

Gesprächen mit seinen Vorgesetzten und dem Ableisten einer Reihe von Schwüren auf den heiligen Altar des Staates bekam ich das verdammte Dokument. Wenn ich es am nächsten Morgen nicht zurückbringen würde, hätte ich mein Leben verwirkt.

So ausgestattet, machte ich mich lässig auf den Weg in Richtung Fluß und überquerte die Brücke zum Trans-Tiber-Distrikt. Dort befanden sich neben den Hafenanlagen von Roms neuestem Distrikt auch der *ludus* von Statilius Taurus, wo die besten Gladiatoren außerhalb der Campania trainiert wurden. Ungefähr eine Stunde lang sprach ich mit Statilius über die Organisation der Spiele, die mich bereits ruiniert hatten.

Dann kam Cicero und tat dasselbe im Namen seines Freundes Balbus. Er wurde von fünf oder sechs Männern begleitet, die alle in ihrem Gebiet herausragend waren.

Nachdem wir den geschäftlichen Teil erledigt hatten, gingen wir hinaus auf die Tribüne über dem Trainingsplatz.

Über eine Stunde lang trainierten nur die besten Kämpfer, während die Anfänger von der Peripherie aus zusahen. Diese Männer verabscheuten Übungswaffen, sie trainierten lieber mit scharfen Stahlklingen. Ihr Können war wirklich erstaunlich. Selbst Cicero, der wenig für öffentliche Schauveranstaltungen übrig hatte, war beeindruckt.

Asklepiodes traf wie verabredet ein. Er hielt ein gefaltetes Kleidungsstück in der Hand. »Das war eine der seltsamsten Aufgaben, um die Ihr mich je gebeten habt«, sagte er, »aber Ihr seid schon immer sehr amüsant gewesen, und so hoffe ich, großzügig belohnt zu werden.« Er übergab mir das Kleidungsstück.

»Fantastisch!« sagte ich. »Ich hatte befürchtet, der Bestatter hätte es vielleicht weggeworfen.«

»*Aedil*«, sprach Cicero ein wenig gereizt. »Ich hoffe, das hier führt uns auf eine Spur. Meine Zeit ist kostbar.«

Ich sah einen Mann in einer dunklen Toga durch den Bogen schreiten, der zum Trainingsfeld führte. »Ich verspreche, Euch nicht zu enttäuschen. Hier kommt unser Mann.«

Der junge Cosconius blickte sich um und sah mich in der kleinen Gruppe auf der Tribüne gestikulieren. Würdevoll stieg er die

Stufen empor. Er war überrascht, Cicero und sein Gefolge zu sehen. Er konnte aber sein Erstaunen durch einen Gesichtsausdruck überspielen, der jemandem anstand, der gerade seinen Vater verloren hatte und außerdem für ein hohes Amt kandidierte.

Er begrüßte Cicero, den Ex-Konsul, derzeit einer der wichtigsten Männer Roms.

»Ich bin geschäftlich hier«, sagte Cicero. »Ich nehme an, Ihr habt mit dem *Aedil* zu reden«, sagte Cicero.

»Ich bitte um Verzeihung, daß ich Euch hierherbestellt habe«, sagte ich. »Ich weiß, Ihr werdet mit dem Leichenbegängnis Eures verschiedenen Vaters sehr beschäftigt sein.«

Als ich ihn das letzte Mal sah, war er damit beschäftigt, Wähler zu gewinnen.

»Ich hoffe, Ihr habt auf der Suche nach dem Mörder meines Vaters Fortschritte gemacht«, sagte er sehr unterkühlt.

»Ich glaube schon.« Ich ließ meinen Blick über die im Hof trainierenden Männer streifen.

»Es ist eine echte Herausforderung, die Spiele zu organisieren, das werdet Ihr auch noch merken. Ich nehme an, Ihr werdet Begräbnisspiele für Euren Vater veranstalten?«

Er zuckte mit den Schultern. »In seinem Testament, das heute morgen verlesen wurde, stand nichts dergleichen. Aber wenn ich erst *Aedil* bin, kann ich diese Erfahrung immer noch machen.«

Selbstsicherer kleiner Bastard, dachte ich. Ich deutete auf zwei Männer, die mit Schwert und Schild kämpften. Einer hatte den großen, rechteckigen Legionärsschild und ein Schwert, der andere einen kleinen runden Schild und ein gebogenes Kurzschwert.

»Der mit der thrakischen Waffe ist Celadus«, sagte ich und meinte damit letzteren. »Seid Ihr für die großen oder für die kleinen Schilde?«

»Die großen Schilde«, sagte er.

»Mir gefielen immer die kleinen Schilde«, sagte ich ihm. »Celadus kämpft nächsten Monat bei den Spielen gegen Petraites von der Schule des Ampliatus.«

Petraites war einer der besten Kämpfer mit großen Schilden. Seine Augen bekamen diesen besonderen Glanz.

»Wollt Ihr mit mir eine Wette machen?«

»Hundert auf Celadus?« Das war mehr als vernünftig. Petraites hatte einen viel besseren Ruf.

»Einverstanden«, sagte er, holte Stilus und Tafel hervor und reichte mir die Tafel. Ich gab ihm meine und wühlte dann in meiner Toga und Tunika herum.

»Ich habe meinen Stilus verloren. Leiht Ihr mir Euren?«

Er reichte ihn mir. »Nun, Ihr habt mich hierhergerufen, um über den Tod meines Vaters zu sprechen, richtig?«

»O ja. Darauf werde ich noch eingehen, Quintus Cosconius. Ich klage Euch des Mordes an Eurem Vater, Senator Aulus Cosconius, an.«

»Ihr seid wahnsinnig!« sagte er, und sein dunkles Gesicht wurde plötzlich blaß. Aus gutem Grund. Von den vielen grausamen Bestrafungen, die unsere Gesetzesbücher vorsehen, ist die für den Vatermord eine der schlimmsten.

»Das ist eine sehr ernsthafte Anschuldigung, *Aedil*«, sagte Cicero. »Schlimmer als Vergiften, schlimmer als Verrat, sogar schlimmer als Brandstiftung.«

Cosconius zeigte mit dem Finger auf mich. »Vielleicht seid Ihr nicht verrückt. Ihr wollt nur ein weiteres Verbrechen Eures Freundes Milo vertuschen.«

»Asklepiodes fand heraus, daß die Todesursache eine Wunde war, die durch den Stoß einer sehr schmalen Klinge ins Herz entstand. Er fand eine fremdartige Substanz in der Wunde, die er in seiner Praxis untersuchte. Erst dachte ich, es handele sich um einen kleinen Dolch, wie Prostituierte ihn manchmal bei sich tragen, doch heute morgen kam mir der Gedanke, daß es auch ein Stilus hätte sein können, vorausgesetzt, er wäre aus Bronze.« Ich hielt das Stück Papier hoch, daß Asklepiodes mir zukommen ließ; darauf stand ein Wort: »Wachs.«

»Das bestätigte meinen Verdacht. Aulus Cosconius wurde mit einem Stilus erstochen, der von seinem Benutzer seit dem letzten Gebrauch nicht gesäubert wurde. An der Spitze war noch etwas Wachs, das auch in der Wunde gefunden wurde.«

»Was soll das«, schnaubte Quintus Cosconius. »Jeder Römer, der schreiben kann, besitzt einen Stilus!«

»In Wirklichkeit habe ich meinen Stilus gar nicht vergessen.«

Ich holte ihn hervor. »Wie Ihr sehen könnt, sind gewöhnliche Stili rund oder rechteckig. So ist meiner etwa im Querschnitt leicht oval.« Cicero und seine Freunde holten ihre Schreibinstrumente heraus und zeigten sie. Alle sahen aus wie beschrieben. Der von Cicero war aus Elfenbein, mit einer silbernen Spitze.

»Doch Asklepiodes fand heraus, daß die in Frage kommende Waffe dreieckig sein muß. Ihr werdet bemerkt haben, daß der Stilus von Quintus Cosconius diese geometrische Form hat, eine absolute Seltenheit bei Stili.«

Ich schüttelte dann die Tunika des toten Mannes aus. »Beachtet die drei parallel verlaufenden Blutstreifen.« Dort hatte er die Seiten seines Stilus abgewischt.

»Die Waffe eines Feiglings«, schnaubte einer von Ciceros Leuten.

»Aber Cosconius der Jüngere ist Kandidat für ein Amt«, erläuterte ich. »Er hätte es sich nicht leisten können, eine Waffe innerhalb der Stadtmauern bei sich zu führen. Doch die meisten Römer haben einen Stilus dabei. Es ist zwar keine großartige Waffe, aber niemand würde einen Stoß ins Herz damit überleben.«

»Warum sollte ich so etwas tun?« fragte Cosconius. Man konnte seine Angst förmlich riechen.

»Gestern«, sagte ich, »erzählet Ihr mir, Ihr wüßtest nicht, wozu Euer Vater dieses Haus nutzen wollte. Hier sind die Eintragungen aus dem Archiv.« Ich holte das Diptychon aus einer Falte meiner Toga.

»Hier heißt es ganz klar, daß es ›als Residenz für meinen einzigen überlebenden Sohn Lucius dienen soll.‹ Er scherte sich nicht darum, Euch den Eintrag zu zeigen oder Euer Siegel darauf zu bekommen, denn er war ein sehr altmodischer Mann. Dem Gesetz nach wart Ihr der Jüngere und konntet so nicht legal Eigentum besitzen, solange Euer Vater noch lebte. Er führte Euch zu Eurer neuen Unterkunft, es kam zu einem Streit, und Ihr brachtet ihn um.«

Alle starrten Cosconius an, der zu diesem Zeitpunkt bereits gemerkt hatte, daß es besser war, den Mund zu halten. »Er brachte ihn wegen des Erbes um, richtig?« sagte Cicero grimmig.

Ich schüttelte den Kopf. »Niemand bringt heutzutage jemanden des Geldes wegen um. Es geht immer um Politik. Aulus Cosconius war sehr großzügig mit seinem Reichtum. Weshalb sonst hätte er seinem Sohn ein ganzes Haus für sich allein schenken sollen? Doch er war ein Anhänger von Crassus, und Quintus ist einer von Pompeius' Leuten. Aulus hätte für Crassus nicht seinen Hals riskiert. Aber er konnte verhindern, Pompeius einen weiteren zahmen Tribun zu verschaffen, das dachte er zumindest.«

Ich wandte mich direkt an Cosconius. »Irgendwann während des Rundgangs durch das Haus untersagte er Euch, als Tribun zu kandidieren. Als Familienoberhaupt hatte er dazu das gesetzliche Recht. Oder war es so, daß er es Euch schon vorher eröffnet hatte, und Ihr abgewartet habt, um ihn an einem ungestörten Ort zu ermorden? Das Gesetz macht in einem solchen Fall keinen Unterschied.«

Cosconius hatte sich wieder gefaßt. Aber Cicero erschütterte ihn erneut. »Ich persönlich werde die Anklage übernehmen, wenn Ihr sie mir überlaßt, Decius Caecilius.«

»Ich werde wegen der Bilanz dieses Jahres viel zu beschäftigt sein.«

In diesem Moment wußte Cosconius, daß er ein toter Mann war. Cicero war der beste Ankläger in der Geschichte der Rechtssprechung Roms. Gerade deshalb hatte ich ihn gefragt. Obwohl er damals nur wenige Fälle annahm, würde ihm ein Vatermord in einer Senatorenfamilie den aufsehenerregendsten Prozeß des Jahres bescheren.

Ich richtete mich an den Besitzer der Schule. »Statilius, leiht mir ein paar Eurer Männer, die diesen Mann zur Basilica eskortieren. Ich möchte verhindern, daß er direkt in den Fluß springt.«

Cosconius erwachte aus seiner Benommenheit. »Gladiatoren? Ihr könnt nicht zulassen, daß solcher Abschaum einen freien Mann anfaßt!«

»Ihr werdet bald wesentlich unangenehmere Gesellschaft bekommen«, versprach Cicero. Dann an mich gerichtet: »*Aedil*, waltet Eures Amtes.« Ich nickte dem ausgeliehenen Liktor zu. Er stellte sich hinter Quintus Cosconius, legte ihm eine Hand auf die Schulter und sprach die alte Formel: »Kommt mit mir zum *Praetor*.«

Das ist das Schöne am Beruf des *Aedils*. Man kann Leute verhaften.

Das waren die Ereignisse im Jahre 703 nach der Gründung Roms unter den Konsuln Marcus Valerius Messala Rufus und Cnaeus Domitius Calvinus.

Originaltitel: *Mightier Than the Sword*
Ins Deutsche übertragen von Johannes Rumpf

Die Juwelen der Kaiserin

Wallace Nichols

Soweit ich weiß, war Wallace Nichols (1888-1967) der erste Autor, der eine Detektivgeschichte im alten Rom hat spielen lassen. Seine Geschichten über Sollius, den findigen Sklaven, wurden außerordentlich berühmt durch das ›London Mystery Magazine‹, in dem zwischen 1950 und 1968 über sechzig davon erschienen.

Michael Williams, ein Verleger aus Cornwall, der über dreißig Jahre lang mit Nichols befreundet war, nannte ihn ›den ungewöhnlichsten Mann, den ich je kennengelernt habe‹. Obwohl Nichols über sechzig Romane veröffentlicht hat, war er doch vor allem ein Poet. Sein erster Gedichtband wurde veröffentlicht, als er sechzehn war. In Birmingham, wo er auch geboren wurde, arbeitete er eine Zeitlang in der Redaktion des ›Windsor Magazine‹. 1934 zog er aus gesundheitlichen Gründen nach Cornwall. Außer seinen Gedichten und den Detektivgeschichten schrieb er historische Romane und Abenteuergeschichten für Jungen. Er kannte Churchill und Elgar, Dylan Thomas und Lawrence von Arabien. Er beherrschte fünf moderne Sprachen und verschiedene alte, einschließlich des Ägyptischen und Babylonischen. Er hatte eine Autobiografie verfaßt, die leider niemals veröffentlicht wurde und nun wahrscheinlich verschollen ist.

Wenigstens können wir uns immer noch an dem Zauber dessen, was er geschrieben hat, erfreuen. Seine ersten beiden Geschichten über Sollius sind so geschickt miteinander verwoben, daß ich sie hier in ganzer Länge als eine Geschichte vorstellen möchte. Dies ist das erste Mal seit über vierzig Jahren, daß sie wieder veröffentlicht werden.

1. Die Juwelen der Kaiserin

Senator Titius Sabinus fand den Imperator in niedergeschlagener Stimmung vor. Da er wußte, daß Mark Aurel Philosoph war, führte er diese Niedergeschlagenheit darauf zurück, daß der Kaiser entweder vergeblich nach der Lösung eines gedanklichen Problems gesucht hatte oder daß häuslicher Ärger seine gewöhnliche Gelassenheit durchbrochen hatte. Schließlich hatte auch er jene Gerüchte gehört, daß die Kaiserin Faustina eine sehr extravagante Person sei und ihr Sohn, der junge Commodus, ein sturer, schwieriger junger Mann, nur schwer zu kontrollieren. Aber Sabinus hatte gelernt, bei Gerüchten, speziell denen in Rom, größte Vorsicht walten zu lassen.

Als er nun das erschöpfte Gesicht des Imperators betrachtete, begann er sich mit leichtem Unbehagen zu fragen, warum man ihn so unerwartet in den riesigen kaiserlichen Palast auf dem Esquilin beordert hatte. Soweit er wußte, gab es im Moment keine öffentliche Krise, deretwegen sein Rat erforderlich sein könnte, und wie er mit einem Blick feststellte, war auch kein anderer Senator herbeigerufen worden, um an dieser Audienz teilzunehmen. Sein Erstaunen wuchs noch, als der Kaiser ihn sofort beiseite nahm und sich, wie es schien, mit dem größten Ernst nach einem bestimmten Vorfall im Haus des Senators erkundigte, wie er unbedeutender nicht hätte sein können.

»Ja, Herr, der Dieb wurde entdeckt«, erwiderte der Senator dem Kaiser. »Und das Geld …«, er rieb sich die Hände, »wurde auch wiedergefunden. »Ich habe nichts entbehren müssen – lediglich meinen Schlaf in einigen wenigen Nächten.«

»Also hat es sich, nehme ich an, um eine große Summe gehandelt, Sabinus?«

»In der Tat, Imperator. Mein Verwalter war gerade erst aus Sardinien zurückgekehrt, mit dem Geld, das mir der Verkauf meiner Bleiminen dort eingebracht hatte. Er kam aber so spät, daß ich keine Gelegenheit mehr hatte, es bei einem Wechsler zu deponieren, und am nächsten Morgen war es verschwunden!«

»Eine unerfreuliche Erfahrung«, meinte der Kaiser. »Aber du hast es zurückbekommen – und den Schuldigen gefunden?«

»Ja, beides, Imperator, dank der Gnade der Götter«, erwiderte Sabinus, und die Befriedigung darüber, ein reicher Mann zu sein, troff aus jeder Silbe.

»Es hat allerlei Gerüchte um diesen Vorfall gegeben«, sagte der Kaiser lächelnd.

»Oh, immer diese Gerüchte!« meinte Sabinus abfällig und spreizte die Hände.

»Dieses eine Mal jedoch« fuhr der Kaiser fort, »hoffe ich, daß die Gerüchte der Wahrheit entsprechen.«

»Herr?«

»Man sagte, du hast es der Klugheit eines deiner Sklaven zu verdanken, daß sowohl der Dieb als auch der Ort, an dem das Geld versteckt war, entdeckt wurden.«

»So ist es, Augustus«, bestätigte Sabinus, der sich immer noch über das offensichtlich so tiefe Interesse des Kaisers wunderte. »Es war jedoch nicht das erste Mal, daß der Verstand meines guten Sollius mir so hervorragend in einer solchen Angelegenheit gedient hat, wenn auch niemals zuvor in einer so wichtigen Sache; sonst hat es sich stets um unbedeutende Diebstähle in meinem Haus hier in Rom oder auf einem meiner Landgüter gehandelt.«

»Wie, sagtest du, heißt er?« wollte Mark Aurel wissen.

»Sollius, o Augustus!«

»Ich habe auch gehört«, fügte der Kaiser hinzu, »daß er einem oder zweien deiner Freunde nützlich dabei war, Dieberein aufzudecken.«

Sabinus, der nicht länger fähig war, sein Erstaunen über den Verlauf dieses Gespräches zu verbergen, sagte: »Ich habe ja nicht geahnt, daß das Verhalten eines meiner Sklaven die kaiserliche Aufmerksamkeit gefunden hat. Ich kann nur hoffen, daß er sich nicht in öffentliche Angelegenheiten eingemischt und sich vielleicht einer Verschwörung angeschlossen hat, Imperator!«

Mark Aurel lachte und legte dem anderen vertraulich eine Hand auf die Schulter.

»Ich wollte nur, daß du mir von ihm berichtest«, antwortete er. »Weil ich nämlich …«

Der Kaiser zögerte, dann lachte er wieder. »Weil ich ihn mir nämlich von dir ausborgen möchte.«

»O Herr!« rief Sabinus. Ihm war der Mund vor Erstaunen offenstehen geblieben.

»Hör mir zu, Sabinus«, begann Mark Aurel, dann zeigte er auf einen Stuhl aus Ebenholz, während er selbst sich auf eine kleine vergoldete griechische Liege setzte. »Hör mir zu, dann werde ich es dir erklären. Doch das, was ich dir anvertraue«, fügte er hinzu, und plötzlich schwang in seiner Stimme all die geheiligte kaiserliche Macht mit, »muß so geheim bleiben wie eins der alten Mysterien, bis ich selbst dich wieder vom Zwang der Verschwiegenheit befreie.«

»Aber natürlich, Imperator«, erwiderte Sabinus unterwürfig. Er war nicht wenig geschmeichelt durch das Vertrauen des Kaisers in seine Person, denn es war das erste Mal, daß ihm eine solche Ehre zuteil wurde.

»Nun, es handelt sich darum, daß einiges aus der kaiserlichen Schatzkammer entwendet worden ist«, berichtete der Kaiser.

»Die Götter mögen dies verhüten!« stieß Sabinus hervor. »Wer könnte so etwas getan haben?«

»Genau das ist das Problem«, sagte der Kaiser trocken. »Das ist der Grund, weshalb ich mir deinen klugen Sklaven auszuborgen wünsche.«

»Aber natürlich, Herr, natürlich; er steht zu deiner Verfügung, völlig zu deiner Verfügung, natürlich! Wenn ich das gewußt hätte, hätte ich ihn doch schon selbst hierhergebracht ...«

»Nicht so eilig, Sabinus«, unterbrach ihn Mark Aurel. »Warte noch ein wenig.«

»Verzeih mir, Herr!«

»Die Nachforschungen der Männer, die für den Schatz verantwortlich sind«, sagte der Imperator ernst, »haben nichts erbracht. Es gibt noch nicht einmal den leichtesten Verdacht, und wo kein Verdacht ist, kann es auch keine Beweise geben. Und außerdem hat die ganze Sache wahrscheinlich etwas mit jemandem, der sich in einer hohen Position befindet, zu tun. Deshalb muß ich sehr vorsichtig vorgehen. Ich darf mir keinen Fehler leisten, wenn ich Anklage erhebe – wen auch immer ich anklagen werde. Die ganze Affäre könnte politisch sehr gefährlich werden. Sie muß mit mehr als nur Verschwiegenheit, mit mehr als Diskretion behandelt werden – sie muß mit Weisheit gelöst werden.«

»Höchst wahr gesprochen, Herr«, beeilte sich der Senator zuzustimmen.

»Ich muß deshalb diesen Sklaven von dir, Sabinus, zunächst einer Prüfung unterziehen, bevor ich ihm gestatte, so gefährliche Nachforschungen zu beginnen.«

»Du wirst ihn vollkommen vertrauenswürdig finden.«

»Ist er ein junger Mann?«

»Nein, Imperator. Er ist ein Mann in mittleren Jahren.«

»Um so besser. Er ist gebildet, nehme ich an.«

»Er war der Lieblingssklave meines Onkels, von dem ich ihn geerbt habe«, antwortete Sabinus. »Er wurde schon als Junge ausgewählt, um meinem Onkel vorzulesen – und mein Onkel war ein großer Bewunderer der Philosophie und der Dichtkunst, Herr –, und so ließ er Sollius unterrichten und sorgfältig für diesen Zweck ausbilden.«

»Hervorragend!« bemerkte der Kaiser.

Er überlegte einen Moment, runzelte dabei die Stirn und strich sich über den Bart, und Sabinus schaute ihn erwartungsvoll an. Er fand, daß der Herrscher des römischen Reichs längst nicht so philosophisch-gelassen wirkte wie sonst, eher so, als wäre er ernsthaft besorgt. Er war blaß, und seine schwerlidrigen Augen ließen den üblichen Glanz vermissen. Sabinus war drauf und dran, dem Kaiser zu versichern, daß auf seinen Sklaven absoluter Verlaß war, als Mark Aurel plötzlich weiterredete.

»Diese Diebstähle aus der Schatzkammer – es waren mehr als nur einer – sind eine so heikle Angelegenheit, daß ich deinen Sollius, mein lieber Sabinus, erst auf die Probe stellen möchte, natürlich in einem weit weniger wichtigen Fall, bevor ich ihm eine so wichtige und vertrauliche Mission übertrage.«

»Natürlich, Augustus, das verstehe ich vollkommen«, erwiderte Sabinus und nickte.

»Der Fall muß schnellstens gelöst werden« fuhr Mark Aurel mit einem Anflug von Verlegenheit fort, »allein schon um meines Seelenfriedens willen. Der Kaiserin sind einige wertvolle Schmuckstücke abhanden gekommen, und auch diesmal haben alle, die beauftragt waren, sie wiederzufinden oder zumindest den Dieb zu entlarven, keinen Erfolg gehabt. Verrate deinem Sklaven nichts von jener sehr viel wichtigeren Angelegenheit; sag ihm nur, daß er dabei helfen soll, den Verbleib des Schmucks, den die Kaiserin vermißt, herauszufinden, und schicke ihn zu mir mit der ernsthaften Warnung, daß er Schweigen bewahren und Diskretion zeigen soll. Ich werde ihm höchstpersönlich die nötigen Instruktionen erteilen. Er soll morgen, eine Stunde nach Mittag, kommen und nach Alexias fragen, meinem griechischen Freigelassenen.«

»Ich werde in allem Gehorsam zeigen«, versprach Titius Sabinus und verabschiedete sich umständlich.

Kaum war er in sein eigenes Haus zurückgekehrt, ließ er nach Sollius schicken und erklärte ihm sogleich, welch ungeheure Ehre es für ihn sei, daß er dem Kaiser selbst dienen dürfe, dann schloß er eine ausführliche und höchst überflüssige Erklärung an, wie wichtig es sei, mit höchster Vorsicht und allergrößter Diskretion vorzugehen.

»Du darfst nicht einmal *mir* etwas erzählen«, meinte er schließlich, als sei dies der höchste Beweis vollkommener Diskretion.

Sollius der Sklave war ein kleiner Mann, der zur Körperfülle neigte. Sein Haar war dünn und ergraute schon, und er zeigte mehr als nur den Ansatz zu einer Glatze. Er hatte eine lange, leicht fleischige Nase und sehr dunkle, runde Augen. Er war glattrasiert, und wenn er ging, zeigte er ein leichtes Hinken, denn als Kind war er einmal mit dem linken Fuß in eine Wolfsfalle geraten. Er hatte eine sanfte Stimme und angenehme Manieren, und er achtete peinlich darauf, stets gepflegt zu wirken. Seine Aufgaben und seine Pflichten im Haushalt erledigte er stets mit dem offenen Blick eines übergroßen Kindes. Die anderen Sklaven behandelten ihn ohne besondere Freundlichkeit, aber auch nicht mit Feindschaft oder Mißtrauen; mit anderen Worten, er war jemand wie sie, denn ihnen allen war gemeinsam, daß sie nicht frei waren. Dennoch war er keiner von ihnen. Sie nahmen ihm nicht übel, daß er sich zurückhielt, und sie betrachteten dies auch nicht als Eitelkeit eines Sklaven, der von seinem Herrn bevorzugt wurde, denn er hatte eine natürliche Herzensgüte, und wurde einer von ihnen krank, so zeigte er bei der Pflege desjenigen ein ebenso großes Geschick und Können wie bei den Geheimnissen, die er löste.

Er hatte jedoch einen Freund unter ihnen, den Sohn einer Sklavin, die vor einigen Jahren gestorben war. Der Junge war inzwischen achtzehn Jahre alt und wurde Lucius genannt. Es schien, als hätte er Lucius unter seinen besonderen Schutz gestellt, und einige der anderen Sklaven pflegten sich anzustoßen, wenn sie beobachteten, wie freundlich sich der ältere Mann gegenüber dem jungen zeigte, und einander zuzutuscheln, daß sie schon wüßten, warum! Sollius hatte Lucius vieles von seinem eigenen Wissen gelehrt. Darüber hinaus hatte er entdeckt, wie nützlich der Junge ihm beim Lösen seiner Fälle sein konnte, denn Lucius hatte einen schnellen Verstand und flinke Augen. Er war ein kräftiger, gesunder und athletischer junger Mann und im Haushalt des Senators bei allen beliebt. Sollius hatte bereits beschlossen, den Jungen als seinen Assistenten einzusetzen, sollte er bei dem, was der Kaiser von ihm verlangte, Hilfe brauchen.

Als Sollius zur angegebenen Zeit den großen Palast des römischen Kaisers am Esquilin betrat, wurde er offensichtlich schon erwartet, denn er wurde sofort von einem Zenturio der Prätorianer, der kaiserlichen Wache, zu Alexias geführt, jenem Freigelassenen, der in der Gunst des Kaisers ganz oben stand. Er war ein schlanker, dunkler Grieche, mit einer kalten, hochmütigen Art, und er unterzog den Sklaven einer gründlichen, um nicht zu sagen eifersüchtigen Prüfung.

»Wie beginnst du normalerweise deine Nachforschungen?« fragte er, kaum daß der Zenturio sie wieder verlassen hatte. Er verschwendete kein Wort an eine Begrüßung.

»Indem ich versuche, die Umstände zu verstehen, unter denen der Diebstahl stattgefunden hat«, antwortete Sollius. Die Bescheidenheit in seinem Ton und Betragen hatte schon begonnen, die Mißbilligung des Freigelassenen darüber, daß einem Sklaven eine so wichtige Aufgabe übertragen worden war, zu besänftigen. Alexias war entschlossen gewesen, ihm keine unnötige Hilfestellung zu geben, aber nun bemerkte er, wie entwaffnend die Persönlichkeit Sollius' wirkte. Er räusperte sich, und ein kleines Lächeln stahl sich auf seine Lippen.

»Ich soll dich zum Kaiser bringen«, erklärte er und ging dann voraus zu den privaten Gemächern des Imperators, führte Sollius in einen kleinen Raum, der mit unzähligen Schriftrollen und Manuskripten gefüllt, ansonsten aber höchst karg und einfach eingerichtet war. Von diesem Raum aus blickte man auf eine kleine, marmorne Säulenhalle, von der schimmernde Stufen hinunter in die weitläufigen Palastgärten führten.

Der Kaiser war damit beschäftigt, Alexander, seinem griechischen Sekretär, etwas zu diktieren. Mit einer Geste bedeutete er Alexias und Sollius, an der Tür stehenzubleiben. Während der Kaiser auf und ab ging, formulierte er eine Depesche an den Anführer des Römischen Heers am Rhein, und Sollius entschied schon bald, daß diese Botschaft nicht von besonderer Wichtigkeit war, eine Aufforderung, eher wachsam zu sein, statt aktiv vorzugehen. Dennoch schien der Kaiser sich ungewöhnliche Mühe mit den Worten zu geben, in die er seinen Befehl kleidete. Zwischendurch, wenn er wieder zurückmarschierte, schaute er immer wieder zu dem Sklaven des Titius Sabinus hin, so daß er, als er den Brief beendete, schon eine erste Einschätzung des Mannes aus dessen Benehmen und seinen Gesichtszügen gewonnen hatte. Ihm war angenehm aufgefallen, daß der Sklave ihn mit dem gleichen offenen Interesse beobachtete, das auch er ihm entgegengebracht hatte, statt den Blick respektvoll oder furchtsam auf den Boden gerichtet zu halten.

»Komm näher«, sagte er unvermittelt. »Du bist Sollius?«

»Ich bin Sollius, o Augustus.«

»Man hat mir berichtet, daß du geschickt darin bist, Diebstähle aufzuklären und gestohlenes Eigentum wiederzufinden.«

»Ich hatte Glück, o Herr, und ja – ich habe auch eine Begabung für solche Dinge.«

Mark Aurel lächelte. Er gehörte nicht zu denen, die falsche Bescheidenheit schätzten, wenn die einfache Wahrheit ohne Eitelkeit ausgesprochen werden konnte. »Der Kaiserin sind einige ihrer Schmuckstücke abhanden gekommen«, sagte er.

»Wann?« fragte Sollius sofort.

Der Freigelassene und der Sekretär starrten ihn an. Es war nicht üblich, daß jemand so ohne Umschweife mit dem Kaiser redete – nicht einmal ein Senator oder ein siegreicher General, der seinen Abschied genommen hatte, hätte dies gewagt.

Mark Aurel zögerte und runzelte nachdenklich die Stirn. Sollius schaute ihn offen an.

»Vor drei Tagen«, antwortete der Imperator, indem er die kurze Pause mit kaiserlicher Entschlossenheit überbrückte.

Sollius senkte für einen Moment die Lider, dann blickte er wieder auf und fragte: »Sind sie aus ihrem Schlafzimmer entwendet worden?«

»Sie wurden zuletzt in ihrem Schlafzimmer gesehen«, formulierte der Kaiser vorsichtig.

»Wer hat sie als letzter gesehen?«

»Die Kaiserin selbst. Sie hatte sich einen Ring aus der Schatulle genommen. Da war alles noch da.«

»War das morgens oder abends?«

»Gegen Sonnenuntergang. Als sich die Kaiserin einige Stunden später zurückzog, um sich auszuruhen, und ihrer Dienerin den Ring gab, damit sie ihn wegräumte, entdeckten sie, daß die Schatulle leer war.«

»Ich würde gern den Raum, die Schatulle und die Dienerin sehen.«

»Sorg dafür, daß dies geschieht, Alexias«, befahl der Kaiser. »Und gib Anweisung, daß Sollius ohne Verzögerung zu mir vorgelassen wird, wann immer er es wünscht.«

Alexias und Sollius verbeugten sich.

»Komm!« flüsterte der Freigelassene, und als der Kaiser von neuem zu diktieren begann, waren sie schon in dem langen, mit Goldauflagen und Wandmalereien verzierten Korridor.

Das Gemach der Kaiserin Faustina war weitläufig, von wunderschönen Proportionen und, zumindest in Sollius' Augen, unglaublich luxuriös. Er blieb in der Tür stehen und schaute sich bewundernd um. Gleichzeitig jedoch, während er in alle Richtungen blickte, prägte er sich das Bild dieses Raumes genau ein. Er wußte, daß es fortan mit höchster Genauigkeit in seinem Gedächtnis bleiben würde.

»Dies ist Marcia«, murmelte der Freigelassene, und eine junge, hübsche Frau wandte sich von dem Schminktisch ab, auf dem sie gerade Ordnung geschaffen hatte. »Du wirst alle Fragen beantworten, die dir Sollius – dies hier ist Sollius, Marcia – stellt«, fuhr der Freigelassenen fort. »Es ist der Wille des Kaisers.«

Marcia fixierte Sollius mit einem klaren und ärgerlichen Blick.

»Du hast wohl schon beschlossen, daß ich sie gestohlen habe!« brach es aus ihr heraus. »Aber nicht einmal die Kaiserin denkt das, und ich werde nicht zulassen, daß ein Sklave das glaubt!«

»So bist du also eine Freigelassene?« fragte Sollius mit einem Lächeln.

»Du irrst dich«, antwortete sie stolz. »Ich bin eine freie Bürgerin, Tochter eines Freigelassenen und einer Freigelassenen, und ich bin eine gehorsame Dienerin der römischen Kaiserin.«

»Daran zweifle ich nicht im geringsten«, erwiderte Sollius. »Aber sag mir eins: Warst du dabei, als die Kaiserin den Ring aus der Schatulle nahm? Oh, ist das dort drüben die Schatulle?«

Sie nickte, und er ging hinüber zu dem zierlichen Frisiertisch aus Marmor, dessen Verzierungen vergoldet waren. Auch die Schatulle selbst war aus Gold. Er blickte darauf hinab, ohne sie zu berühren. Dann, ohne sich umzuwenden, wiederholte er seine Frage.

»Ja, ich war dabei, Sklave.«

»Hast du selbst gesehen, daß die Juwelen wie üblich in der Schatulle lagen?«

»Ich habe es gesehen. So war es, Sklave.«

»War die Schatulle nicht verschlossen?«

»Sie war immer verschlossen. Sie ist jetzt nur offen, weil sie leer ist. Sieh!«

Sie trat an seine Seite und öffnete die Schatulle, indem sie einfach einen bemalten Stift unter den Deckel drückte. Es gab keinen Zweifel daran, daß die Schatulle nicht ein Schmuckstück mehr enthielt.

»Wer hat diesen Raum betreten in der Zeit, nachdem die Kaiserin den Ring aus dieser Schatulle genommen und dann entdeckt hat, daß die restlichen Juwelen gestohlen worden waren?« wollte Sollius wissen.

»Ich selbst, zweimal«, erwiderte sie. »Sonst hat niemand das Recht und auch nicht die Möglichkeit, hier hereinzukommen.«

Sollius rieb sich das Kinn.

»Nicht einmal die Kaiserin selbst war hier – oder vielleicht einer ihrer Freunde?«

Marcia schüttelte den Kopf. »Die Kaiserin war zu einem Gastmahl eingeladen«, sagte sie. Dann, ein wenig boshaft, als machte es ihr Freude, die Schwierigkeiten für den Sklaven noch zu vergrößern, fügte sie hinzu: »Außerdem stand die ganze Zeit über eine Wache, ein Prätorianer, draußen auf dem Flur.«

»Gab es in dieser Zeit einen Schichtwechsel?«

»Er hatte gerade erst seine Wache angetreten, als die Kaiserin ihr Schlafgemach verließ, und er war noch nicht abgelöst worden, als sie zurückkehrte«, erwiderte Marcia.

»Kennst du diesen Prätorianer persönlich?« fragte Sollius scharf.

»Nicht besser«, erwiderte sie mit einem schwachen, verächtlichen Lächeln, »als ich die anderen Prätorianer kenne, die sich bei der Wache abwechseln. Er ist nicht, auch wenn du es vermuten magst, mein Geliebter! Ich habe mein Ziel höher gesetzt, Sklave, als einen Soldaten zu nehmen!«

»Ist derjenige, der nun Wache hält, derselbe?«

»Nein, es ist ein anderer Mann.«

Sollius wandte sich an Alexias. »Ich würde gern mit jenem Wachposten sprechen«, sagte er.

»Er wird herbeigeholt werden«, versprach Alexias.

Sollius richtete seinen Blick erneut auf Marcia und betrachtete sie einen Moment lang schweigend, aber sie zeigte nicht die geringste Nervosität unter seinem forschenden Blick, sondern erwiderte ihn mit der gleichen stolzen Verachtung wie zuvor.

»Hast denn du selbst keine Vermutung, wer der Dieb sein könnte?« wollte er wissen, und seine Stimme klang dabei weder anklagend noch mißtrauisch, sondern seltsam zwingend.

»Nein, o Sklave, ich weiß nichts, und ich vermute auch nichts.«

»Danke«, sagte er, verbeugte sich höflich und wandte sich zum Gehen.

»Ich muß diesen Wachposten so schnell wie möglich sprechen«, erklärte er Alexias, als sie den langen Gang hinuntergingen. »Ich würde auch gern eine Liste aller Schmuckstücke haben. Gemessen an der Größe der Schatulle, aus der sie entwendet wurden, müssen sie alle recht klein sein, und es können auch nicht viele gewesen sein.«

»Du wirst diese Liste bekommen«, antwortete Alexias. »Aber ich kann dir auch selbst sagen, daß es sich um Ringe, Ohrringe, Armbänder und Haarschmuck handelt – Stücke, die, auch wenn sie klein sein mögen und in eine solch kleine Schatulle passen, dennoch von großem Wert sind. Sonst würde die Kaiserin sie nicht tragen«, fügte er mit einem scharfen Blick hinzu.

»Das stimmt«, meinte Sollius ernst.

»Was möchtest du sonst noch sehen oder tun?« fragte der Freigelassene.

»Ich würde gern jenen Teil des Gartens unterhalb des Gemachs, das wir gerade verlassen haben, überprüfen«, erwiderte Sollius.

Alexias schaute zweifelnd drein. »Dies ist ein sehr privater Bereich des Gartens«, wandte er ein. »Ich müßte mir die Erlaubnis der Kaiserin einholen, um dich dorthin zu führen. Um diese Tageszeit befindet sie sich oft dort – und niemand darf sie dann ungestraft stören.«

»Sie ist nicht da«, sagte Sollius. »Ich habe kein Zeichen ihrer Anwesenheit bemerkt, als ich eben noch aus dem Fenster geschaut habe. Außerdem«, fügte er hinzu und nahm dabei eine Haltung an, die Alexias für einen Sklaven recht unziemlich fand, »habe ich die Erlaubnis des Kaisers selbst, zu tun, was ich wünsche – oder nicht? Du hast es aus seinem eigenen Mund gehört.«

»Er hat dir aber nicht die Erlaubnis gegeben, in die Privatsphäre der Kaiserin einzudringen«, sagte Alexias stur. »Davon habe ich nichts gehört. Sei vernünftig, Sollius.«

»Ich *muß* diesen Teil des Gartens sehen«, beharrte der Sklave des Sabinus. »Es ist ausgesprochen wichtig. Muß ich zum Kaiser selbst gehen, um mir seine Erlaubnis zu holen? Er würde sie mir geben, dessen bin ich mir sicher.«

»Also komm!« sagte der Freigelassene brüsk. »Ich werde das Risiko eingehen.«

Er führte den anderen durch versteckte Gänge nach draußen in die frische Luft und in das Sonnenlicht. Unterhalb von Faustinas Gemächern und an der Marmortreppe, die in den duftenden Luxus der Gärten führte, zeigte Sollius emsige Geschäftigkeit, untersuchte das Gras, die Sträucher, die Blumenbeete in der Nähe, die schimmernde Treppe selbst von der obersten bis zur untersten Stufe, kurz, das gesamte Gelände. Wie ein Hund, der herumschnüffelt, dachte Alexias angewidert, denn er konnte keinen Grund erkennen, warum Sollius sich so benahm; außerdem ärgerte es ihn, daß der Sklave ihn hatte zwingen können, ihn in die kaiserlichen Gärten zu führen. Aber der Imperator glaubte nun mal Verwendung für diesen Kerl zu haben ... Alexias zuckte mit den Schultern und beobachtete ihn weiter, wie er seine Nachforschungen unter den Fenstern der kaiserlichen Gemächer durchführte.

»Beeil dich« flüsterte er und schaute sich nervös um. »Die Kaiserin könnte uns dafür auspeitschen lassen – selbst mich!«

»Ich bin schon fertig«, antwortete Sollius. »Hier gibt es nichts zu sehen – was manchmal genausogut ist, mein Freund, als wenn man etwas gesehen hätte! Schließlich bilden die beiden Seiten einer Münze *ein* Geldstück, nicht zwei!«

Alexias zog die Brauen zusammen, als er sich bemühte, diese verwirrende Bemerkung zu verstehen. Aber da er es so eilig hatte, diesen Ort wieder zu verlassen, und weil er immer noch Zweifel hegte an den Fähigkeiten des Sklaven, versagte er sich jeden Kommentar und scheuchte seinen Begleiter zurück in den Palast.

»Was nun?« fragte er.

»Ich kehre nach Hause zurück«, antwortete Sollius. »Um nachzudenken. Ich werde morgen früh wieder hierherkommen und nach dir fragen – sorg dafür, daß der Prätorianer anwesend ist.«

Mit einem freundlichen Lächeln bat er dann den Freigelassenen, ihm den kürzesten Weg aus dem Palast zu zeigen, denn diese unzähligen Gänge und Passagen verwirrten ihn, zumindest behauptete er das.

Nachdem er ihn hinausgebracht hatte, blickte Alexias dem Sklaven noch hinterher und fragte sich, welches Ergebnis dessen Nachforschungen wohl haben mochten. Er hatte plötzlich ein kaltes Gefühl im Herzen und wandte sich seufzend um, um seinen anderen Pflichten nachzugehen.

Kaum war Sollius in das Haus seines Herrn zurückgekehrt, machte er sich auf die Suche nach Lucius. Er fand ihn, als der Junge gerade einen großen Korb mit Gemüse aus dem Garten in die Küche tragen wollte.

»Wenn du das dem Koch gebracht hast«, sagte er, »brauche ich dich.«

»Aber, Sollius, wenn der Koch möchte, daß ich noch andere Aufträge für ihn ...«

»Dies ist wichtiger, viel wichtiger«, unterbrach ihn Sollius. »Es betrifft, hm, eine Angelegenheit unseres Herrn, und du kannst Tuphus dem Koch ausrichten, daß du eine Zeitlang so etwas wie mein Sklave sein wirst!«

Lucius blickte ihn forschend an, dann breitete sich ein Lächeln auf seinem Gesicht aus.

»Gut, Sollius, oh, sehr gut!« rief er, dann schulterte er erneut seinen Korb und rannte zur Küche. Nur einen Augenblick später war er wieder da.

»Komm«, sagte Sollius und ging voran durch den düsteren Durchgang, der nahe beim Wagenschuppen und den Ställen endete.

Dahinter lag ein von einer Mauer umgebener Bereich, in dem sich ein rundes, steinernes Becken befand, worin sich Karpfen tummelten. Es war ein Ort, an dem sie im allgemeinen sicher sein konnten, daß niemand sie störte, wenn sie sich unterhielten. Sollius, der neben dem Becken stand und ausdruckslos auf die dunklen, dahingleitenden Formen hinunterblickte, begann zu sprechen. Er erzählte seinem jungen Gefährten alles. Er wußte, daß er ihm vertrauen konnte und daß er bei dieser neuen Aufgabe Hilfe brauchte; Hilfe, die ihm niemand anderer als Lucius geben konnte, der, wie er schon oft bewiesen hatte, über die entsprechende Begabung verfügte. »Ich nehme an«, meinte Lucius, der sehr genau zugehört hatte, »daß entweder die Dienerin – sagtest du, daß sie Marcia heißt? – oder die Wache die Juwelen genommen hat.«

»Was die Wache betrifft, so kann ich dazu noch nichts sagen«, erwiderte Sollius, »denn ich habe den Mann noch nicht befragen können. Aber ich bin sicher, daß Marcia nichts damit zu tun hat, denn ich glaube, sie ist ebenso verwirrt wie ich. Ich konnte es in ihren Augen lesen.«

»Und bist du wirklich verwirrt?« fragte Lucius ernst.

»Ich bin es«, antwortete Sollius mit einem Seufzer. »Die Anzeichen sind so gegensätzlich. Ich habe mich sogar schon gefragt, ob es überhaupt einen Diebstahl gegeben hat!«

Lucius starrte ihn mit offenem Mund an.

»Aber würde der Kaiser selbst dich beauftragt haben, das Rätsel zu lösen, wenn gar nichts gestohlen worden wäre?« fragte er.

»Nun, es könnte doch möglich sein, daß er selbst betrogen

worden ist«, sagte Sollius nachdenklich. Er blickte immer noch in das Becken. »Es gibt so viele Gerüchte«, murmelte er vor sich hin, »über die Schulden des jungen Commodus und daß seine Mutter ihn stets viel zu sehr verwöhnt hat.«

»Wenn du sagst, daß die Anzeichen so gegensätzlich sind, was meinst du damit?« wollte Lucius wissen.

»Ich meine damit«, erwiderte Sollius, »daß ich keine Kratzer am Schloß der Schatulle bemerkt habe; auch keine Spuren unterhalb der Fenster des kaiserlichen Gemachs. Daß Marcia eher verwirrt als verängstigt war, wo sie meiner Meinung nach eher verängstigt als verwirrt hätte sein sollen. Daß ich das Gefühl hatte, Alexias würde eine Rolle spielen, da er es für überflüssig hielt, daß ich mich um die Lösung dieses Rätsels bemühe, es aber nicht wagte, dies dem Kaiser zu sagen. All dies«, fügte er hinzu und breitete die Arme aus, deren Schatten auf das Wasser fiel und die sonst so schläfrigen Karpfen aufschreckte, »weckt in mir die Frage, ob ich nicht absichtlich auf eine falsche Fährte geführt worden bin. Aber, Lucius, ich muß zuerst noch diesen Prätorianer verhören, der am Abend des angeblichen Diebstahls Wache gehalten hat, bevor ich entscheide, ob der Diebstahl wirklich nur ›angeblich‹ stattgefunden hat.«

Er seufzte und verfiel dann für eine Weile in Schweigen, blickte wieder hinab in den Teich zu seinen Füßen. Unvermittelt sprach er wieder.

»Lucius, ich möchte, daß du etwas für mich erledigst.«

»Was denn, Sollius?« fragt Lucius mit funkelnden Augen.

»Ich möchte, daß du dich unter die Sklaven aus dem Geldwechsler-Viertel mischst. Hör ihrem Geschwätz zu und finde heraus, ob gestern oder heute Juwelen verpfändet oder für eine große Summe verkauft worden sind oder ob es Gerüchte gibt, daß plötzlich Juwelen an einem ungewöhnlichen Ort aufgetaucht sind.«

»Das ist kein Problem, Sollius«, erwiderte Lucius eifrig.

»In der Zwischenzeit werde ich mit diesem Prätorianer reden«, überlegte Sollius laut. »Aber ich bezweifle – ich bezweifle es wirklich –, daß ich viel von ihm erfahren werde.«

Er schüttelte den Kopf, dann kehrte er den Weg zu den Küchenquartieren zurück.

»Mach dich sofort an deine Aufgabe«, flüsterte er. »Ich werde alles mit Tuphus in Ordnung bringen – oder unser Herr wird es, falls es mir nicht gelingt. Steht nicht der Kaiser hinter uns?«

Lucius grinste und machte sich auf den Weg.

Früh am Morgen, wie er es gesagt hatte, eilte Sollius zum Palast und fragte nach Alexias. Er wurde zu einem kleinen, kargen Raum gebracht, der ein Stück entfernt von den kaiserlichen Gemächern lag und nur von einer schwachen, verstaubten Lampe erhellt wurde, deren blasses Licht durch Gitterwerk fiel. Er wirkte wie ein Wachraum, nur daß es keine militärischen Einrichtungsgegenstände hier gab. Eine ganze Weile blieb er allein dort, und er wurde schon ungeduldig, fast ein wenig ärgerlich, als schließlich Alexias herein eilte, der ein ängstliches Gesicht machte.

»Er ist verschwunden«, flüsterte er. »Ich habe selbst nach ihm gesucht, doch er war nicht in seinem Quartier. Er ist verschwunden«, wiederholte er. »Als wäre er ein Deserteur. Niemand kann es verstehen. Niemand!«

»Hat man es schon dem Kaiser gesagt?« fragte Sollius und zog seine Lippe zwischen die Zähne.

»Das ist keine Aufgabe, um die man sich reißt«, antwortete Alexias und machte eine schwache Geste.

Dann jedoch hellte sich sein Gesicht auf, als er hinter sich griff und Sollius eine Schriftrolle reichte. »Wenigstens habe ich die Liste der fehlenden Juwelen«, sagte er.

Sollius schob sie beiseite, und der Freigelassene des Kaisers starrte ihn verblüfft an. »Aber du hast sie doch haben wollen?« stammelte er.

»Ich weiß«, antwortete Sollius. »Vielleicht brauche ich sie – vielleicht aber auch nicht. Doch das Verschwinden dieses Prätorianers hat meine Pläne geändert. Je eher er gefunden wird, lebend oder tot ...«

»Tot?« rief Alexias entsetzt. »Glaubst du das wirklich?«

»Ich fürchte es«, sagte Sollius. »Hast du mit dem Zenturio des Mannes gesprochen?«

»Er weiß nichts.«

»Du meinst, er *sagt,* daß er nichts weiß«, verbesserte Sollius ihn. »Bring ihn hierher«, befahl er unvermittelt.

Der Freigelassene straffte die Schulter, doch als er Sollius' Blick begegnete, zog er die Schultern wieder ein.

»Wie du es wünschst«, antwortete er steif. »Der Kaiser hat uns befohlen, dir zu gehorchen.«

Er wandte sich schnell ab und ließ den Sklaven erneut allein. Sollius stand ganz still da und schloß die Augen. Er öffnete sie erst wieder, als er das Klirren von Metall vernahm, als Alexias den Zenturio hereinführte. Er sah den Mann eindringlich an.

»Dein Name?« fragte er.

»Decius«, antwortete der Zenturio mürrisch.

Er schien nur widerstrebend mitgekommen zu sein und keine Lust zu haben, sich von einem Sklaven befragen zu lassen. Er stand starr da, eine Hand auf dem eisernen Heft seines Kurzschwertes.

»Wie heißt der Soldat, der vermißt wird?« fragte Sollius weiter.

»Constans.«

»Wann hast du ihn das letzte Mal gesehen?«

»Gestern abend – in einer Taverne.«

»War er betrunken?«

»Constans hat einen harten Schädel«, antwortete Decius und hätte gelacht, wenn er sich nicht noch daran erinnert hätte, daß der, der ihn befragte, ein Sklave war. Er stand noch steifer da als vorher.

»Blieb er noch in der Taverne, als du gingst, oder kam er mit dir?«

»Ich sagte, ich habe ihn zuletzt *in* einer Taverne gesehen – nicht beim Hineingehen und auch nicht beim Herauskommen«, erwiderte Decius.

»Dann hast du dich also nicht von ihm an der Tür der Taverne getrennt – auf der Straße?«

»Als ich ging, hatte er ein Mädchen auf seinen Knien sitzen«, sagte Decius mürrisch.

»Welche Taverne war es?«

»›Die beiden Kraniche‹, in der Subura«, antwortete Decius ohne zu zögern.

Sollius rieb sich sein Kinn, während er kurz nachdachte. »Und du kannst dir überhaupt nicht vorstellen, was mit ihm passiert sein könnte?« fragte er.

»Ich weiß noch weniger darüber als über die Philosophie des Kaisers«, entgegnete der immer noch mißgestimmte Zenturio, wenn auch in seinen Augen flüchtig ein verächtlicher Humor aufblitzte, denn er war auf dem besten Weg, sich von dem ruhigen und sicheren Auftreten des Sklaven erweichen zu lassen.

»Ist schon jemand in die Taverne geschickt worden, um nachzuforschen?« wollte Sollius wissen.

»Der Tribun hat jemanden hingeschickt.«

»Ohne Erfolg?«

»Ohne Erfolg!«

»Hat sich niemand dort daran erinnert, wann er gegangen ist?«

»Niemand«, antwortete Decius. »Zumindest war niemand bereit zuzugeben, daß er sich an irgend etwas erinnern könnte«, fügte er ein wenig säuerlich hinzu.

»Aha«, meinte Sollius. »Hat diese Taverne einen guten Ruf?«

»Sie ist in der Subura«, meinte der Zenturio mit einem bedeutungsvollen Achselzucken.

»Selbst das schlimmste Viertel in Rom kann eine anständige Schenke haben«, sagte Sollius.

»Dann sind deine Erfahrungen ganz anders als meine«, erwiderte Decius, und diesmal verkniff er sich das Lachen nicht.

Er hatte ein glattrasiertes Gesicht, und Sollius, der ihn betrachtete, dachte, daß es auch ein ehrliches Gesicht war. Plötzlich faßte er einen Entschluß.

»Komm, Zenturio, wir werden jetzt zusammen dorthin gehen, du und ich.«

»Langsam, Sklave«, rief Decius. »Wer bist du, daß du mir Vorschriften machen willst? Ich habe deine Fragen beantwortet, weil Alexias mir gesagt hat, daß ich sie beantworten soll, und Alexias ist der Diener des Kaisers. Aber das ist etwas ganz anderes. Was wird mein Tribun sagen? Ein Soldat – und ganz besonders ein Prätorianer! – kann nur von seinen Offizieren Befehle annehmen.«

»Das geht schon in Ordnung«, sagte Sollius ruhig. »Alexias

wird dir bestätigen, daß in diesem Fall meine Befehle so gut wie die des Kaisers sind.«

»Hast du den Verstand verloren?« schrie Decius.

»Ruhig!« meinte Alexias und berührte den Zenturio am Arm. »Es ist, wie er sagt. Er hat die Vollmacht des Kaisers für alles, was er tut. Geh mit ihm. Ich werde es deinem Tribun erklären.«

»Castor und Pollux sollen mir die Haut abziehen!« rief Decius. »Das ist ja ganz was Neues: Ein Zenturio der Prätorianer soll Befehle von einem Sklaven annehmen!«

Da konnte er noch so aufbrausen, dieses eine Mal war es so, und er und Sollius brachen gemeinsam auf, Seite an Seite; der Prätorianer, sich aufrecht haltend und im Marschschritt, und der dickliche, schlurfende Sklave gaben ein komisches Paar ab für alle, denen sie in den engen, gewundenen und belebten Straßen begegneten.

Die Straßen Roms waren unmäßig schmutzig und unmäßig laut. Diejenigen, die sie benutzten, hatten nicht viel Freude daran; ständig wurden sie gegen die Hauswände gestoßen von den Sänften der Wichtigen oder der Reichen, die im Laufschritt von Sklaven getragen wurden, die normalerweise von kräftiger Statur waren, Neger und Kappadokier wurden für diese Aufgabe bevorzugt. Ganz Rom war schmutzig, verwinkelt, widerwärtig und überfüllt, aber kein Viertel war so schlimm wie die berüchtigte Subura, die Gosse der Stadt und der Schlupfwinkel für die übelsten Elemente unter der Bevölkerung. Sollius wußte das natürlich, und er betrat sie stets nur mit dem größten Widerwillen. Die Schenken und Hütten waren kaum mehr als Diebeshöhlen und Schlimmeres; sämtliche Laster und alle möglichen Schurkereien waren an der Tagesordnung. Dieses Viertel stank – nicht nur im wörtlichen, sondern auch im übertragenen Sinne.

Der Zenturio ging durch eine übelriechende Gasse voran, die zwischen hohen Wänden entlangführte, die sich schief und krumm einander entgegenlehnten, wie zwei betrunkene Männer, die versuchen, sich gegenseitig zu stützen, die es jedoch, weil sie so schwanken, niemals schaffen, einander tatsächlich zu berühren. Und obwohl es ein strahlender Tag war, war es in der engen Gasse so dunkel, daß Sollius immer wieder über die unebenen

Pflastersteine stolperte, die zudem schlüpfrig waren von allem möglichen übelkeiterregenden Unrat.

Die beiden sprachen auf dem Weg kein Wort miteinander. Aber es wäre auch schwierig gewesen, hätten sie sich bei all dem Lärm und Gerenne unterhalten wollen. Und nun, als es ruhiger wurde, räusperte der Zenturio sich, spuckte aus und sagte: »Wir sind fast da, o Sklave. Siehst du die offene Tür dort am Ende?«

Die Tür wirkte eher wie der Eingang in eine dunkle Höhle als der Eingang in eine Taverne, die eigentlich einladend auf ihre Besucher wirken sollte, und sie war sicher keine gute Werbung für die Freuden, die darin geboten wurden. In der Tat, dachte Sollius, brauchte man wohl eher Mut, um sich dort hineinzuwagen. In der Nacht würde sie sicher noch entmutigender auf einen furchtsamen Mann wirken, obwohl dann, ohne Zweifel, eine Fackel in dem eisernen Wandhalter seitlich neben dem Eingang steckte.

»Ich werde darauf achten, daß dir nichts passiert«, brummte der Zenturio, als hätte er die Gedanken seines Gefährten gelesen.

Er bewegte sich in den tiefsten Schatten der Gasse mit der Gelassenheit desjenigen, der daran gewöhnt ist, und er wollte gerade die schwarze Höhlung des Eingangs betreten, als ein Mann herausgeschossen kam, ihn gegen die Mauer stieß und schon fort war, bevor Decius oder Sollius ihn packen und festhalten konnten. Sie hörten seine Sandalen auf dem Pflaster klappern, während er die Gassen hinunterrannte, dann wurde auch dies verschluckt von den anderen Geräuschen um sie herum.

Der Zenturio brummte ärgerlich etwas vor sich hin, dann betrat er die Taverne ohne ein weiteres Hindernis. Sollius folgte ihm auf dem Fuße. Innen war es heller, als der Sklave erwartet hatte, denn zwei oder drei Tonlampen verteilten ein blasses Licht. Doch der winzige Vorraum, durch den man die Schenke betrat, war dunkel und leer. Der ganze Ort stank nach ranzigem Öl, saurem Wein, verfaultem Gemüse und bot auch sonst alle möglichen ›Wohlgerüche‹ jeder Sorte von Unrat und Korruption. Sollius schnüffelte hörbar.

»Du bist zu wählerisch«, meinte Decius, als er in den Innenraum voranging.

Aber Sollius hatte nicht versucht, die einzelnen unangenehmen Duftnuancen der abgestandenen Luft zu erschnuppern, sondern bemühte sich, sich zu erinnern, wo er schon einmal dieses Parfüm gerochen hatte, das in den Kleidern des Mannes gehangen hatte, der an ihnen vorbei nach draußen gestürzt war. Und dann fiel es ihm wieder ein. Es war im Schlafgemach der Kaiserin gewesen. Sein Verstand zeigte plötzlich Wachsamkeit. Sie hätten den Mann aufhalten sollen!

Er schaute sich schnell um, als sie in den Innenraum traten. An den Wänden entlang standen Bänke; an einem Ende des Raums waren Weinfässer in einem gemauerten, winkligen Gang untergebracht, zu klein, als daß man ihn einen Keller hätte nennen können, aber dennoch demselben Zweck dienend. Auf dem Boden lagen Hocker, wo sie in der vergangenen Nacht umgefallen waren, andere standen im Raum verteilt, damit die trinkenden Gäste sich darauf niederlassen konnten. Im Moment jedoch waren nur zwei Leute anwesend, die sich dem Zenturio und Sollius bei ihrem Eintritt zugewandt hatten: der Wirt und ein Flötenspieler, ein Junge noch, sehr blaß, mit verquollenen Augen und schläfrig. Schmale Steintreppen führten in das Obergeschoß. Sie waren mit Spinnweben verziert und mit Staub und Schmutz bedeckt. Seit man es erbaut hatte und das mochte wohl mindestens hundert Jahre her sein, war dieses Haus vermutlich nie gefegt oder geputzt worden.

»Was wollt ihr?« fragte der Wirt und starrte sie in dem trüben Licht an.

»Du sollst uns ein paar Fragen beantworten«, erwiderte der Zenturio unfreundlich. »Und paß auf, daß du uns keine Lügen erzählst!«

»Ich bin schon stundenlang mit Fragen geplagt worden«, brummte der Wirt. »Ich weiß nichts. Dein Kamerad ging durch diese Tür hinaus, wie er hereingekommen war – na ja, fast so«, fügte er mit einem frechen Grinsen hinzu. »Ich will ja nicht behaupten, daß er betrunken war.«

»Wer hat ihn hinausgebracht?« fragte Sollius.

»Und wer bist du, daß du mir diese oder andere Fragen stellen kannst?« wollte der Wirt wissen.

»Ich bin sein Onkel«, behauptete Sollius, ungeniert lügend. »Und seine Mutter, meine Schwester, liegt im Sterben. Er muß nach Hause kommen. Kannst du uns denn überhaupt nicht weiterhelfen?«

Seine Stimme hatte genau den richtigen Tonfall, nicht jammernd, nicht fordernd, sondern ängstlich bittend. Der Zenturio warf ihm einen verstohlenen Blick zu, in dem sich neue Achtung zeigte.

»Wenn ich schon einem Offizier der Prätorianer nichts zu sagen habe«, grunzte der Wirt, »warum sollte ich dann einem fetten Schurken wie dir etwas erzählen wollen, der mir noch nicht einmal das Zwinkern eines blinden Mannes bezahlen könnte?«

»Selbst das Zwinkern eines Blinden könnte mir verraten, was er mit seinen Ohren gehört hat«, meinte Sollius lachend.

»Ich habe nichts gehört, ich habe nichts gesehen, ich weiß von nichts«, sagte der Wirt, und seine Worte klangen endgültig. »Glaubt ihr, ich sei ein solcher Narr, daß ich nicht verstünde, mein Wissen an jemand zu verkaufen, der mir ein gutes Angebot macht? Oder ich sei zu dumm, meine Haut zu retten, weil ich mein Wissen für mich behalte, wenn ein Offizier der Prätorianer hier hereinkommt, herumschnüffelt und seine Nase in alles steckt? Ich habe nichts gehört, ich habe nichts gesehen, ich weiß von nichts«, wiederholte er und spuckte aus, ohne darauf zu achten, wohin.

»Hat es keinen Streit gegeben?« fragte Sollius verbissen weiter.

»Hier gibt's immer Streit«, erwiderte der andere. »So ist das Leben: trinken und streiten. Männer sind hier in der Subura noch Männer!«

»Da war noch ein Mädchen …«, meinte Sollius.

»Er hatte kein Geld«, erwiderte der Wirt kurzangebunden. »Sie ist nicht lange auf seinen Knien sitzengeblieben, das kann ich dir sagen. Ich erlaub's nicht, wenn einer kein Geld hat. Aber warum macht ihr eigentlich solch ein Aufhebens um einen Soldaten, der vermißt wird?« fragte er mißtrauisch, die Brauen zusammengezogen. »Was hat er gemacht? Das Leben des Kaisers bedroht? Dem jungen Commodus schlechte Manieren beigebracht? Na ja, jeder Lehrer, der ihm die beizubringen versuchte, würde schnell selbst zum Schüler des jungen Burschen werden, Prinz hin, Prinz her und egal, wie er erzogen wurde! Hab' mich schon immer gefragt, warum sein Vater ihn nicht besser im Auge behält. Ich würd' ihn gut beobachten lassen, ja, das würde ich – oder ihn an eine der Grenzen schicken, damit er das Kriegshandwerk lernt!«

»Still, du Schuft!« brüllte der Zenturio. »Willst du ausgepeitscht werden, wenn ich meinen Bericht gemacht habe?«

»Ich hab' doch nur gesagt, was alle hier sagen«, brummte der Wirt und machte eine obszöne Geste. »Der Kaiser ist viel zu gut für solche Hunde. Gute Männer sehen nie das, was sie alles sehen müßten, und hier in Rom gibt's vieles, worum man sich kümmern müßte – auch wenn ich hoffe, daß ich selbst das nicht mehr erlebe!« fügte er mit einem schmierigen Grinsen hinzu. »Schließlich muß ich meinen Lebensunterhalt verdienen.«

Sollius konnte die ganze Atmosphäre nicht länger ertragen, außerdem war er inzwischen sowieso davon überzeugt, daß der Wirt nichts wußte. Er wandte sich ab.

»Komm!« sagte er über die Schulter hinweg zu dem Zenturio. »Hier können wir nichts mehr erfahren.«

Er stolperte durch den dunklen Vorraum nach draußen auf die Gasse. Als sie ein Stück von der Taverne entfernt waren, legte er dem Zenturio eine Hand auf den Arm und flüsterte ihm zu: »Geh zurück und hol den Flötenspieler!«

Decius starrte ihn an, doch als er den Ausdruck auf Sollius' Gesicht sah, hielt er die spöttische Bemerkung, die er hatte machen wollen, zurück, machte auf dem Absatz kehrt und betrat noch einmal die Taverne. Er kam mit dem Flötenspieler zurück, noch bevor Sollius die Ecke erreicht hatte, wo die Gasse in eine breitere und belebtere Straße mündete. Der Junge schien von Angst erfüllt zu sein. Der Zenturio hielt ihn fest am Arm gepackt.

»Komm mit uns«, sagte Sollius, und seine Stimme klang sanft. »Wir wollen dir nichts Böses tun.«

»Was wollt ihr von mir?« stammelte der Junge. »Ich habe nichts getan. Ich bin ein anständiger Junge. Alle hier können euch sagen, daß ich einen guten Ruf habe.«

»Niemand hier hat einen guten Ruf«, meinte Sollius ein wenig pikiert. »Laß ihn nicht los, Zenturio!«

»Wohin bringt ihr mich?« jammerte der Junge.

»Wir können hier in all dem Lärm und Gerenne nicht reden«,

antwortete der Sklave und ging den anderen voran. Der Zenturio folgt ihm dicht auf, den Jungen immer noch festhaltend.

Er führte sie nicht zum kaiserlichen Palast, sondern zum Haus des Titius Sabinus, seines Herrn. Dort begab er sich mit ihnen zu jenem mauerumschlossenen Bereich hinter dem Wagenschuppen, wo er auch mit Lucius gesprochen hatte.

»Hier sind wir ungestört«, sagte er.

Und in der Tat war es ausgesprochen ruhig hier am Karpfenteich.

»Sag mir«, begann er, »wer war der Mann, der vorhin so eilig die Taverne verlassen hat, in der du die Flöte spielst?«

Der Junge zitterte vor Furcht und brachte kaum ein Wort heraus. »Er w-war die g-ganze Nacht da.«

»Hast du ihn früher schon mal in der Taverne gesehen?«

»Ein- oder zweimal – aber erst in letzter Zeit. Was wollt ihr von mir?«

»Nur ehrliche Antworten auf meine Fragen«, erwiderte Sollius sanft. »Dann kannst du wieder zurückkehren – so schnell du laufen kannst. Kennst du seinen Namen?«

Der Flötenspieler schüttelte den Kopf. »Er ist ein reicher junger Mann, aber niemand hat je seinen Namen erwähnt.«

»Hast du ihn mal aus der Nähe gesehen – im Licht vielleicht? Trägt er viel Schmuck: Ringe und goldene Ketten oder Ähnliches?«

»Das würde er in der Subura nicht wagen«, murmelte der Zenturio. »Jedenfalls nicht lange!«

»Antworte mir, Flötenspieler!«

»Ich habe nie welchen gesehen. Myrtis sagt …«

»Wer ist Myrtis?«

»Eins der Mädchen in der Taverne. Ich spiele, wenn sie tanzen.«

»Erzähl weiter.«

»Myrtis sagt, er ist ein Gladiator. Aber …«

»Weiter.«

»Ich glaube nicht, daß sie es wirklich weiß. Sie lügt doch immer.«

In diesem Augenblick gesellte sich Lucius zu ihnen. »Ich hörte, daß du zurückgekehrt bist«, sagte er. »Tuphus meinte, du hättest diese Richtung eingeschlagen.«

Sollius nahm ihn am Arm, und sie gingen auf die andere Seite des Karpfenteichs, damit die anderen sie nicht hören konnten.

»Was hast du herausgefunden?« fragte Sollius und senkte die Stimme.

»Nichts, Sollius. Nirgendwo sind in letzter Zeit irgendwelche Juwelen versetzt oder verkauft worden.«

»Auch nicht vom – vom Sohn der Kaiserin?«

Lucius wollte schon antworten, doch plötzlich wirkte er ängstlich. »Mir ist etwas über ihn zu Ohren gekommen«, flüsterte er. »Er hat hohe Schulden und hat versucht, sich Geld zu leihen.«

Sollius rieb sich das Kinn.

»Dann ist also kein Schmuck zu seinem Nutzen – hm – verschwunden«, sagte er nachdenklich vor sich hin. »Also hängt nun alles davon ab, daß wir diesen verschwundenen Prätorianer finden«, fügte er hinzu und gab dann eine kurze Zusammenfassung dessen, was er an diesem Morgen erfahren hatte. »Der Flötenspieler weiß also auch nichts, leider. Ich bin enttäuscht. Ich hatte mehr von ihm erwartet. Ich halte es für recht wahrscheinlich, daß der Mann, der an uns vorbeigestürzt ist, ein Gladiator war, wie Myrtis behauptet. Selbst daß er parfümiert ist, spricht nicht dagegen.«

»Ein *parfümierter* Gladiator?« rief Lucius aus. »Aber sie sind doch so harte Burschen – sie müssen es auch sein.«

»Viele von ihnen sind aber auch Lieblinge der Damen«, meinte Sollius trocken. »Aber das ist eine andere Sache.«

Er machte eine ungeduldige Geste, dann kehrte er zu dem Zenturio und dem Flötenspieler zurück.

»Du kannst gehen«, sagte er lächelnd zu dem Jungen und schlug ihm auf die Schulter. »Nimm ihn mit in die Küche«, wandte er sich an Lucius, »und geh dem Koch ein wenig um den Bart, damit er dem Jungen ein paar von seinen Aniskuchen gibt.«

Lucius führte den Jungen davon.

»Eine Frage noch oder zwei, dann kannst du auch gehen«, sagte Sollius zu dem Zenturio.

Decius murmelte etwas vor sich hin, schien aber dennoch bereit, Sollius zu antworten.

»Hat dieser Constans, der vermißt wird, Verwandte hier in Rom?«

»Seine Mutter und einen älteren Bruder, einen Schuhmacher. Die beiden haben nichts von ihm gehört. Man hatte mich zu ihnen geschickt, um sie zu fragen.«

Sollius runzelte die Stirn, und wieder einmal rieb er sich das Kinn. »Interessiert ihn irgend etwas anderes, außer Soldat zu sein?« fragte er, nachdem er einen Moment nachgedacht hatte.

»Trinken und Mädchen; von etwas anderem weiß ich nicht«, erwiderte der Zenturio unverblümt und ein bißchen verstimmt.

»Was für einen Charakter hat er – als Soldat, meine ich?«

»Als Soldat? Er wäre keiner von *uns,* wenn er keinen guten Ruf hätte und sich nicht tadellos führte«, antwortete der Zenturio der Prätorianer stolz.

»Könnte er desertiert sein?« schlug Sollius vor.

»Noch nie ist ein Prätorianer desertiert«, versicherte Decius. »Die Nebeneinkünfte sind zu gut!«

»Ich weiß, daß ihr die privilegierteste Truppe im ganzen Imperium seid«, sagte Sollius versöhnlich. »Aber ich bin sicher, daß du mir etwas erzählen kannst, was ich wissen sollte – vielleicht etwas, von dem dir gar nicht bewußt ist, daß du es weißt. Denk in aller Ruhe nach. Betrachte die Karpfen, während du nachdenkst, ihre ruhigen Bewegungen werden dir dabei helfen, deine Gedanken zu sammeln. Ich habe schon oft festgestellt, wie nützlich sie dabei sind. Und dann sprich das erste aus, was dir in den Sinn kommt, wenn du an Constans denkst, egal, wie unbedeutend oder dumm es dir erscheinen mag – das erste, was dir einfällt, Zenturio.«

Decius tat, wie ihm geheißen, und blickte hinunter auf die Karpfen, die Stirn gerunzelt, während er sich konzentrierte. Plötzlich begann er zu lachen.

»Was ist? Woran hast du dich erinnert?« fragte Sollius eifrig.

»Es ist nichts, überhaupt nichts«, meinte Decius, immer noch lachend. »Aber damals war es wirklich komisch. Wir alle haben darüber gelacht. Jedenfalls hat er vom Kaiser ein Goldstück dafür bekommen und das Versprechen, zum Gärtner ernannt zu werden, wenn seine Dienstzeit vorbei ist. Wir haben ihn nur noch den ›Gärtner‹ genannt, obwohl ich nie gesehen habe, wie er bei uns im Lager die Erde umgegraben hätte, seit ich in Rom bin, und das ist schon ziemlich lange, Sklave.«

»Warum hat der Kaiser ihm ein Goldstück gegeben? Erzähl schon, erzähl!« drängte Sollius ungeduldig.

»Es war so«, begann der Zenturio gemächlich, und immer noch lachte er, während er sprach. »Es war der Geburtstag der Kaiserin, und ihr zu Ehren veranstalteten wir eine Parade. Jeder von uns hatte eine Rose bekommen, und wir hatten den Befehl, wenn wir an ihr vorbeimarschierten, daß wir ihr die Rosen vor die Füße werfen sollten. Constans hatte eine ziemlich schwere Nacht in einer Schenke hinter sich, und weil er gleich zum Dienst gekommen war, ohne etwas essen zu können, hatte er sich ein Bund Radieschen unter die Tunika gesteckt. Er aß immer wieder eins davon, während wir darauf warteten, daß die Kaiserin erschien. Wir müssen immer schon Stunden vorher zur Parade antreten! Nun, nachdem die Rosen an uns ausgeteilt worden waren und wir sie uns an die Helme gesteckt hatten, hatte Constans irgendwie das Pech, daß er seine verlor, als wir ein wenig gedrillt wurden, damit die Zeit schneller verging. Es war wirklich Pech, denn er mußte ganz außen in der Reihe marschieren, wenn wir am Kaiser und an der Kaiserin vorbeigingen, und es wäre aufgefallen, wenn er nichts auf den Haufen geworfen hätte. Wäre er innen gegangen, wäre er vielleicht unbemerkt davongekommen, obwohl in der Reihe direkt hinter ihm ein Offizier marschierte. Nun ja, aber es war nicht so, und ihm ist ganz schön der Schweiß ausgebrochen, das kann ich dir sagen! Als er dann vor der Kaiserin stand, was konnte er da schon anderes tun, als ihr seine Radieschen zu Füßen zu werfen? Richtig dick und groß waren sie! Hätte er Glück gehabt, wären sie in dem Schauer von Rosen nicht aufgefallen. Aber Constans war noch nie ein Mann, dem das Glück hold war. Wir haben schon oft gesagt, daß immer er ein Opfer des bösen Blicks ist! Jedenfalls hat die Kaiserin es gesehen. Ihre Augen sind nicht nur schön, sondern auch scharf, und sie hat's dem Kaiser gesteckt. Nach der Parade wurde Constans vor die Kaiserin zitiert und angeklagt, keinen Respekt gezeigt und sich unsoldatisch benommen zu haben. Er wäre sicher ausgepeitscht worden, aber er hat schon immer ein loses Mundwerk gehabt, unser Constans, dreist wie britannische Gänsejungen! Ich habe in Britannien gedient, und du kannst es mir glauben! Nun, er hat sich rausreden können. Behauptete, er hätte sie selbst gezogen. Sagte, er hätte geglaubt, das sei eine bessere Würdigung der Kaiserin, wenn er ihr etwas von sich selbst gäbe und nicht einfach nur eine mickrige Blume, die ihm der Senat verordnet hätte. Der Kaiser mußte lachen, und nachdem die Kaiserin einen Blick auf sein Gesicht geworfen hatte, rang sie sich ein Lächeln ab – ich denke, sie hatte eigentlich nicht die Absicht gehabt, sich so freundlich zu zeigen. Damit war alles sicher überstanden – und dann gab der Kaiser Constans das Versprechen, ihn als Gärtner einzustellen, wenn seine Dienstzeit vorbei sei. Dabei hat er vom Gärtnern gar keine Ahnung! Was haben wir diese Nacht in den Baracken vor Lachen gebrüllt! Nun, das ist die Geschichte – doch sie kann nichts mit seinem Verschwinden zu tun haben! Schließlich ist das schon über ein Jahr her.«

»Danke, daß du sie mir erzählt hast«, erwiderte Sollius ruhig. »Und auch vielen Dank, daß du mich in die Taverne begleitet hast. Ich wäre nicht gern allein dorthin gegangen. – Ich denke, das ist im Moment alles.«

»Dann werde ich jetzt zurück ins Quartier gehen«, meinte der Zenturio. »Na ja, es war immerhin besser, als gedrillt zu werden, auch wenn nichts dabei herausgekommen ist. Wenn du wissen willst, was *ich* glaube, dann liegt Constans jetzt auf dem Grund des Tiber, das Messer eines eifersüchtigen Gatten im Leib. Warum seinetwegen so ein Theater veranstaltet wird – das ist *mir* ein Rätsel!«

Er nickte, dann ging er pfeifend davon.

Lucius fand Sollius immer noch am Karpfenteich stehend. »Der Flötenspieler ist gegangen«, sagte er.

Sollius antwortete nicht.

»Hast du etwas herausgefunden?« wollte Lucius nach einer Weile wissen.

Sollius seufzte. »Ich bin nicht sicher« antwortete er, und er wirkte dabei ernst und unglücklich. »Ich mag es nicht, wenn man mich – täuscht. Und wohin auch immer ich schaue, ich sehe nichts als Täuschung.«

Lucius starrte ihn an. »Das verstehe ich nicht«, meinte er.

»Ich auch nicht«, erwiderte Sollius kläglich. »Ist unser Herr zu Hause?«

Lucius nickte.

Sollius ging ins Haus, suchte seinen Herrn, den Senator, und stellte ihm eine einzige Frage.

»Aber ja, sicher«, erwiderte Sabinus. »Ungefähr drei Meilen außerhalb, an der Via Appia. Ich hatte einmal die Ehre, einen Besuch dort machen zu dürfen. Wie kommst du mit deinen Nachforschungen voran?« fragte er dann ängstlich. »Schließlich hat der Kaiser dich auf meine Empfehlung hin mit dieser Aufgabe betraut, und es würde mir nicht gefallen, wenn du versagst«, setzte er flüsternd hinzu.

Er sah den Sklaven fragend an, doch Sollius antwortete nicht so vertraulich, wie der Senator gehofft hatte.

»Ich habe bis jetzt kaum etwas herausgefunden«, murmelte Sollius. »Aber schließlich kann eine Schwalbe den Frühling schon riechen, bevor sie sich aufmacht, um von Afrika zurück nach Hause zu fliegen.«

Irritiert entließ Sabinus den Sklaven.

»Ich gehe in den Palast des Kaisers, Lucius«, verkündete Sollius am frühen Abend desselben Tages. »Ich muß Alexias noch eine weitere Frage stellen.«

Das Haus des Sabinus stand auf einem weitläufigen Grundstück, umgeben von ausgedehnten Gärten, und der Weg vom Haus zu den Toren war lang, gewunden und von Kastanienbäumen überschattet. Es dämmerte bereits, und am Himmel zeigten sich die ersten Sterne. Nahe bei den Toren wuchsen die Bäume dichter, und dort war es dunkler. Sollius schritt, tief in seine Gedanken versunken, über den schattigen Weg. Er war sich seiner Sache zwar sicher, aber dennoch auch verwirrt.

Etwas wie ein großer Kornsack wurde ihm plötzlich und heftig über den Kopf gezogen, die Beine wurden ihm unter dem Leib weggeschlagen, und während seine Hände ihm hinter dem

Rücken gebunden wurden, fesselte man ihn auch an den Knöcheln. Offensichtlich war er zwei Angreifern zum Opfer gefallen. Und nun packte ihn einer an den Schultern, der andere an den Füßen. Sollius wurde davongetragen, und halb erstickt von dem Sack, konnte er nicht erkennen, wohin.

Er hatte nicht gegen die Männer gekämpft, die ihn gefangengenommen hatten, denn er war kein Mann der Gewalt. Obwohl er natürlich überrascht gewesen war, hatte er keine Angst. Er war eher neugierig, sehr neugierig sogar, was als nächstes geschehen würde, denn er wußte, daß seine Entführung etwas mit seinen Nachforschungen zu tun haben mußte. Er wußte auch, daß man ihn sofort getötet hätte, hätte jemand seinen Tod gewollt.

Sie trugen ihn nicht sehr weit und legten ihn dann auf ein Gefährt, das, dem Klang nach, von zwei Pferden oder zwei Maultieren gezogen wurde. So, wie die vier hölzernen Räder knarrten, lag er wohl auf einem Bauernkarren.

Sie waren ziemlich lange unterwegs, aber Sollius konnte nicht erraten, in welche Richtung die Fahrt ging. Der Karren war bedeckt, denn alle Laute von außen klangen gedämpft – und das nicht allein wegen des Sacks über seinem Kopf –, selbst die Stimmen des Lenkers und seines Kumpans. Es war inzwischen ganz dunkel geworden, auch auf dem freien Land, das sie nun durchquerten. Die Nacht war schon recht weit vorangeschritten, als der Karren plötzlich anhielt und das wütende Gebell von Wachhunden, die an ihren Ketten zerrten, erklang. Sollius erkannte das ganz besondere Bellen eines dieser Hunde. Mit Sicherheit war dies ein gallischer Jagdhund. Auch Sabinus besaß einen, ein Geschenk des Kaisers. Sollius war sehr froh, daß die Hunde alle angebunden waren. Ihn in Stücke reißen zu lassen wäre eine geeignete Möglichkeit, ihn loszuwerden, und zwar so, daß es wie ein Unfall wirkte – wie entsetzlich, ein solcher Unfall! Aber je länger er darüber nachdachte – und er hatte wahrlich genug Gelegenheit dazu –, desto überzeugter wurde er, daß man nicht vorhatte, ihm etwas wirklich Übles zuzufügen.

Sollius wurde auf die gleiche Weise, wie man ihn auf den Karren gelegt hatte, auch wieder heruntergehoben und in einen Schuppen oder etwas Ähnliches getragen; einen Schuppen, der zu einem Gehöft gehörte. Er wurde gegen eine Wand gelehnt, und endlich zog man ihm auch den Sack vom Kopf; Hände und Füße blieben jedoch gefesselt. Eine einzige Tonlampe, die in einer Ecke auf dem Boden stand, erhellte den Schuppen nur spärlich. Einige Spaten und andere landwirtschaftliche Geräte lagen herum, und Sollius dachte, daß er mit seiner Vermutung, daß er sich auf einem Hof oder einem Landgut befand, offensichtlich recht gehabt hatte. Er betrachtete die beiden Männer, die ihn entführt hatten, doch er kannte keinen von beiden. Allerdings hatte er auch nicht erwartet, sie zu kennen. Draußen bellten die Hunde noch immer.

»Weißt du, warum du hierhergebracht worden bist?« fragte einer der beiden mit harter, rauher Stimme.

»Ich denke schon«, erwiderte Sollius ruhig und blinzelte in den Lichtschein der Lampe, die der andere Mann hochgehoben hatte und nun dicht vor das Gesicht des Gefangenen hielt. Sollius registrierte, daß dieser zweite Mann groß und schlank war und sich sehr gerade hielt.

»Du wärst auch ein Narr, wüßtest du es nicht!« schnarrte der erste. »Man hat uns befohlen, dir zu sagen, daß du aufhören sollst, den Dieb der … na, du weißt schon, wovon!, zu suchen.«

Während er sprach, ließ er Sollius erkennen, was er in der Hand hielt: ein kurzes Stück einer schon zusammengeknoteten Würgeschlinge.

»Nun, siehst du das, Sklave? Und verstehst du?«

Der andere Mann richtete sich auf und lachte. »Du kannst nicht entkommen«, sagte er und stellte die Lampe auf eine verstaubte Werkzeugbank neben sich.

Sollius schaute ihn an. »Natürlich, du kannst nur Constans sein«, sagte er.

»Oho!« Der Prätorianer lachte, nicht im geringsten aus der Fassung gebracht. »Du bist mir aber ein Schlauer!«

Er schien umgänglicher zu sein als sein Kumpan, der ihm, Sollius, gräßliche, furchterregende Blicke zuwarf, wie der Sklave fand. Wie weit würden sie gehen, um ihn einzuschüchtern? Er fragte sich, ob das, was er vermutete, auch stimmen konnte. Wenn, dann konnte er über dies hier lachen – wenn nicht, dann befand er sich in einer höchst unglücklichen und elenden Situation und würde niemals die Wahrheit herausfinden. Daß er sterben könnte, ohne die Hintergründe dieser Angelegenheit aufgedeckt zu haben – diese Vorstellung erschütterte seinen Gleichmut mehr als die Gefahr, in der er sich befand.

Es war Constans, der ihn schließlich mit einer Axt bedrohte; er schwang sie über Sollius' Kopf, und die Maske der Gutmütigkeit fiel abrupt, als sein Kumpan drohend sagte: »Jemand, der tot ist, kann nicht mehr nachforschen – das stimmt. Aber es kann ein Leben retten, wenn man zu falschen Ergebnissen kommt!«

»Hast du gehört, Sklave?« fragte Constans, die Axt immer noch hoch erhoben.

»Wieviel weißt du?« wollte der andere wissen und spielte dabei mit der Würgeschlinge.

»Antworte, Sklave!« zischte der Prätorianer.

»Das, was ich weiß, darf ich nur dem Kaiser anvertrauen«, erwiderte Sollius und hoffte, daß seine Stimme fest klang.

»Vergiß den Kaiser«, sagte der Mann mit der Würgeschlinge.

»Aber es ist eine Angelegenheit des Kaisers«, antwortete Sollius. »Wie also könnte ich ihn vergessen? Ich werde euch nichts erzählen«, fügte er mit soviel Tapferkeit hinzu, wie es ihm vorzutäuschen gelang, und selbst in diesem Augenblick wußte er nicht mit Sicherheit, ob seine Ängste berechtigt waren oder nicht. Nun, er würde es herausfinden, so oder so. »Ihr könnt mich töten«, sagte er rauh. »Aber es wird euch nicht gelingen, auch nur ein Wort aus mir herauszupressen. Und seid euch ja nicht zu sicher«, fügte er hinzu und blinzelte zu ihnen hinauf, »daß ich überhaupt etwas zu erzählen habe.«

»Etwas oder nichts, das ändert nichts an unseren Befehlen«, antwortete der Mann mit der Schlinge und schaute seinen Kumpan an.

Constans senkte die Axt, dann versetzte er Sollius einen wohlberechneten Hieb mit seiner Faust, die wie ein Hammer schien, und dann wußte der Sklave nichts mehr.

Als er wieder zu sich kam, stellte er fest, daß er nahe dem Tor vom Haus seines Herrn lag. Lucius beugte sich ängstlich über ihn, und zwei andere Sklaven standen neben ihm. Es war immer noch dunkel.

»Was ist passiert, Sollius?«

»Das«, antwortete Sollius, »sollte ich eigentlich fragen.«

»Wir hörten jemanden schreien«, berichtete Lucius, »und dann fanden wir dich bewußtlos hier auf dem Boden liegend.«

»Ich war aber nicht derjenige, der geschrien hat«, murmelte Sollius.

»Mehr wissen wir auch nicht.«

»Es war ein Trick, um euch herauszulocken«, flüsterte Sollius.

»Wer hat dich angegriffen?« wollte einer der beiden anderen wissen.

»Helft mir auf!« bat Sollius.

Sie führten ihn in die Sklavenquartiere im Haus und versorgten seine Verletzungen. Er fühlte sich schwindelig, und sein Kopf, sein Hals und sein Kinn schmerzten recht unangenehm. Er wurde ausgezogen und ins Bett gebracht. Lucius wachte bis zum Morgen über seinen unruhigen Schlaf. Eine lange Wache war es allerdings nicht.

Sabinus, den man über den ›Unfall‹ seines Lieblingssklaven informiert hatte, kam beim ersten Morgengrauen herbeigeeilt.

»Wie ist das nur passiert, mein guter Sollius?« wollte er wissen.

Sollius formulierte seine Antwort mit größter Vorsicht. »Ich kann mich nicht genau daran erinnern, Herr. Ganz in meine Gedanken versunken, war ich unterwegs zum Tor, als ich plötzlich überfallen wurde. Ich kann mich an nichts anderes erinnern als daran, daß Lucius und die anderen mich gefunden haben.«

Sabinus erhob sich von dem Hocker, auf dem er gesessen hatte, schlich sich auf Zehenspitzen zur Tür und schaute mit übertriebener Vorsicht hinaus auf den Flur vor dem Schlafraum des Sklaven. Dann kam er zurück und flüsterte Sollius zu: »So hast du also etwas herausgefunden, mein guter Sollius? Hat der Dieb versucht, dich zum Schweigen zu bringen? Wunderbar! Du mußt dem Kaiser noch heute alles berichten.«

»In der Tat, Herr«, antwortete Sollius schwach, »hatte ich vorgehabt, heute um eine Audienz zu bitten. Ich habe dir nicht alles erzählt, aber wenn ich es recht bedenke, Herr, dann will ich nicht länger schweigen. Ich wurde nicht nur überfallen«, sagte er, und seine Stimme gewann an Kraft, als er weitererzählte. »Ich wurde auch noch entführt.«

Sabinus rieb sich die Hände, nachdem er alles von Sollius' Abenteuer gehört hatte. »Wunderbar, Sollius, wunderbar!« rief er und strahlte. »Du bist ganz sicher auf der richtigen Spur. Ich bin sehr zufrieden mit dir. Ich werde dich selbst zum Kaiser begleiten!«

Mark Aurel empfing sie wieder in seinem kleinen, sparsam möblierten Arbeitszimmer, angefüllt mit unzähligen Büchern, Schriftrollen und Behältern dafür. Sie waren nur zu viert: der Kaiser, Sabinus, Alexias und Sollius.

»Du sagst also«, meinte der Kaiser, und ein leichtes Lächeln umspielte seine Lippen, »daß du herausgefunden hast, wer der Dieb ist, der den Schmuck der Kaiserin gestohlen hat. Das war schnelle Arbeit, Sabinus.«

Der Senator verbeugte sich. Freude und Selbstzufriedenheit hatten seine Wangen gerötet. Er hätte das Wort ergriffen, wenn der Kaiser ihm die Gelegenheit dazu gegeben hätte, aber Mark Aurel, der daran gewöhnt war, die Reden der Senatoren nicht zu ausschweifend werden zu lassen, wandte sich direkt wieder an Sollius.

»Hast du die Juwelen?«

»Nein, Imperator«, antwortete Sollius.

Der Kaiser runzelte die Stirn.

»Aber du kennst den Dieb?«

Sollius zögerte kurz, dann erwiderte er: »Wenn mir, o Augustus, gestattet sei, sämtliche Umstände darzulegen, dann, so glaube ich, wirst du selbst in der Lage sein, den Schuldigen zu benennen.«

»Jedes Wort, das du sagst, interessiert mich«, meinte der Kaiser. »Laß mich also hören.«

»Vieles erschien mir verdächtig«, begann Sollius, »und ich verfolgte die Spuren, wie ein Hund viele Hasen jagt. Zunächst verdächtigte ich Marcia, die Dienerin der Kaiserin, aber nichts bestätigte diesen Verdacht, und sowohl sie als auch Alexias schienen beide ehrlich verwirrt – ich hatte sogar mit der Idee gespielt, daß die beiden sich verbündet hätten, aber ich habe sie bald schon fallenlassen. Außer acht lassen durfte ich diese Vermutung jedoch nicht.«

Er schaute den Freigelassenen des Kaisers entschuldigungsheischend an, doch der gönnte ihm nur einen kühlen Blick. Sollius seufzte und fuhr fort: »Habe ich deine Erlaubnis, Imperator, wirklich alles auszusprechen? Du hast mir zwar befohlen, dir alles zu erzählen, doch wenn ich es tatsächlich tue ...« er spreizte die Hände, »dann könnte sich jemand beleidigt fühlen!«

»Ich bin weder Caligula noch Nero«, erwiderte der Kaiser ernst. »Sag mir alles, was du gedacht hast.«

»Herr, ich hatte mich gefragt, ob nicht die Kaiserin selbst den Schmuck heimlich verkauft haben könnte.«

»Die Kaiserin – heimlich verkauft!« rief Mark Aurel ungläubig aus.

»Wegen des Geldes«, sagte Sollius ruhig.

»Aber die Kaiserin«, wandte Faustinas Gatte ein, »braucht kein Geld.«

»Vielleicht, um die Schulden des jungen Commodus zu bezahlen«, schlug Sollius mit leiser Stimme vor.

Der Kaiser runzelte die Stirn. »Aber ich habe doch selbst erst heute morgen seine Schulden bezahlt«, antwortete er, und in seiner Stimme schwangen Abscheu und Ärger mit.

»Ich lege lediglich dar, welchen Weg meine Überlegungen genommen haben und welcher Gedanke dem anderen folgte. Auch bei dieser Vermutung fand ich bald heraus, daß sie falsch war.«

»Herausgefunden? Wie denn?« wollte der Kaiser wissen.

»Ich ließ Nachforschungen in den Quartieren der Geldwechsler anstellen«, antwortete der Sklave. »Aber niemand hat in den letzten Tagen Juwelen zum Kauf angeboten oder verpfändet. Außerdem hatte Commodus versucht, ein Darlehen zu bekommen; das hieß, kein Schmuck war verkauft worden, um ihm auszuhelfen. Und als dann der Prätorianer vermißt wurde, war ich nur noch mehr von der Unschuld der Kaiserin überzeugt. Das Verschwinden des Prätorianers war es schließlich, was mich auf die richtige Spur brachte. Denn, o Herr, ein Prätorianer ›verschwindet‹ nicht einfach so – die Disziplin bei der Wache ist zu ausgeprägt. War er ermordet worden – weil er etwas wußte, was dem Dieb geschadet hätte? Nein, wäre er ermordet worden, dann hätte man seine Leiche gefunden, wahrscheinlich nahe jener Taverne in der Subura, die ›Die zwei Kraniche‹ heißt. Aber es war offensichtlich, daß er sie unbehelligt verlassen hatte. Ich kam zu dem Schluß, daß man ihn nicht getötet, sondern ihn – nun ja, mir aus dem Weg geschafft hatte. Dies erinnerte mich wieder daran, daß es eigentlich überhaupt keine Anzeichen dafür gab, daß tatsächlich ein Diebstahl stattgefunden hatte.«

Er schwieg einen Moment und schaute dem Kaiser in die Augen.

»Aber die Juwelen fehlten doch in der Schatulle der Kaiserin«, erinnerte Mark Aurel ihn.

»Das stimmt, Imperator, sie fehlten – waren nicht mehr in der Schatulle. Aber ›stehlen‹ ist etwas anders. Ich habe den Boden draußen vor dem Gemach der Kaiserin untersucht, doch ich fand keine Spur eines Eindringlings. Jemand, der in diesen abgeschlossenen Teil des kaiserlichen Gartens eindringen wollte, brauchte Flügel, um sich vom Himmel herabfallen zu lassen. Er könnte niemals zu Fuß dorthin gelangen. Nichts war dort draußen zerstört, es gab keine Fußspuren. Ich gelangte zu der Erkenntnis, daß der Dieb nicht durch den Garten gekommen sein konnte. Und dann war dieser Prätorianer nicht mehr aufzufinden. Zuerst verstand ich es nicht und nahm tatsächlich an, daß man ihn ermordet hätte; doch als ich jener Taverne in der Subura, wo man ihn zuletzt gesehen hatte, einen Besuch abstattete, fand ich nichts, was auf einen Mord hingedeutet hätte. Ich schloß daraus, daß, was auch immer ihm zugestoßen sein mochte, nicht in der Taverne passiert war, sondern erst nachdem er sie verlassen hatte. Ich begegnete dort einem parfümierten Gladiator und stellte bestimmte Vermutungen an – aber keine davon betraf diesen Fall. Denn ein parfümierter Gladiator, o Imperator, ist jemand, über den man Erkundigungen einziehen sollte.« Wieder sah er den Kaiser offen an und fragte sich dabei, wieviel, oder besser, wie wenig dieser erhabene Mensch von den unfreundlichen Gerüchten wußte, die seine Frau betrafen. Er nahm an, daß jede kluge Frau ihn täuschen konnte, diesen edlen Mann, der so einfachen Herzens, so philosophisch gelassen war. Doch Mark Aurel ließ nicht erkennen, daß etwas ihn betrübte.

»Fahr fort«, war alles, was er sagte.

Die drei Zuhörer hingen an den Lippen des Sklaven, in den Bann gezogen von dem, was er berichtete: Sabinus, dessen Lächeln verriet, wie stolz er darauf war, der Herr dieses Sklaven zu sein; Alexias, der immer verwirrter wurde und auf einmal unbekannte Ängste zu empfinden begann; der Kaiser, der rätselhaft ruhig blieb.

Sollius, der den Kaiser immer betrachtete, fuhr fort: »Dann wurden diese Kerle auf mich angesetzt. Ich fürchtete, sogleich erschlagen zu werden. Aber man erschlug mich nicht, man entführte mich. Ich erwartete, gefoltert zu werden, damit ich alles verriet, was ich wußte, doch ich wurde nicht gefoltert, sondern nur bedroht. Dann wurde ich sehr geschickt bewußtlos geschlagen, und man brachte mich dorthin zurück, von wo man mich entführt hatte. Kein anderer Zweck konnte darin liegen, als mich in Angst zu versetzen. Und ich *hatte* auch Angst, natürlich. Ich bin nur ein nicht mehr junger Sklave, kein Mann des Kriegs oder des Abenteuers. Doch als mir nichts wirklich Schlimmes zugefügt wurde, begann ich noch einmal, all das zusammenzukratzen, was ich bemerkt hatte. Einer der Männer, die mich entführt hatten, war der vermißte Prätorianer. Wer konnte ihm diesen Auftrag gegeben haben, wenn nicht einer, dem er ohne zu fragen gehorchte? Auch seinen Kumpan erkannte ich, wenn auch nicht sofort: Er gehört zu einer Truppe von Schauspielern. Du, o Augustus, hast ihm deine Gunst gezeigt, als er in einem Stück des Plautus gespielt hat.«

»Das hört sich ganz nach einem der Streiche des Sicinius Malvus an«, meinte der Kaiser lächelnd.

»Dann fiel mir eine ganz bestimmte Art von Bellen unter den vielen Hunden auf, als man mich auf ein Landgut brachte. So bellt nur eine besondere Hunderasse – die gallischen Jagdhunde. Es gibt nur wenige davon in Rom. Mein Herr besitzt einen, ein großzügiges Geschenk von dir selbst, o Augustus. Gestern, das wird er dir sicher bestätigen, habe ich ihm eine Frage gestellt. Er antwortete mir, daß ein bestimmtes kleines Landhaus ungefähr drei Meilen außerhalb der Stadt an der Via Appia läge. Ich nahm an, daß man mich dorthin gebracht hatte – und wo sonst hätte man den Prätorianer so sicher verbergen können? Als ich wieder zu mir kam, in Sicherheit hinter den Toren meines Herrn, kannte ich die Wahrheit. Und diese Wahrheit werde ich erzählen, wenn du, Imperator, es mir befiehlst.«

»Brauchst du denn meinen Befehl, um die Wahrheit zu erzählen?« fragte der Kaiser und strich sich über den Bart.

»Ohne wage ich es nicht, o Augustus«, erwiderte Sollius.

Der Kaiser erhob sich und ging quer durch den Raum zu einer Nische, in die mehrere Marmorsimse eingelassen waren, auf denen eine Anzahl runder, aus Silber gefertigter Schriftrollenbehälter standen. Er nahm einen heraus, kehrte dann wieder auf seinen ursprünglichen Platz zurück und kippte den Inhalt des Behälters auf den kleinen Marmortisch vor sich. Heraus fielen die vermißten Juwelen in einer funkelnden Kaskade regenbogenfarbener Schönheit.

»Ich nahm sie mit Erlaubnis der Kaiserin an mich«, sagte er lächelnd, »um deine Fähigkeiten zu testen, Sollius, bevor ich dich mit einer viel ernsteren Aufgabe betraute. Ich scheine dich nicht sehr geschickt an der Nase herumgeführt zu haben. Ich hoffe nur, daß Constans und Malvus nicht zu rauh mit dir umgesprungen sind. Aber ich mußte nicht nur dein Können prüfen, sondern auch deinen Mut. Ich bin zufrieden. Sabinus, wirst du mir diesen klugen Sklaven so lange überlassen, wie ich seinen flinken Verstand benötige?«

»Alles, was ich habe, steht dir zur Verfügung, o Augustus!« rief Sabinus, der sich verbeugte und so zufrieden wirkte, als hätte er selbst und nicht Sollius dieses Geheimnis gelöst.

»Aber ich habe doch nur um Sollius gebeten«, meinte lachend der Kaiser. »Ich brauche ihn sehr. Wenn du mich nun mit ihm allein läßt, Sabinus, dann werde ich ihm jetzt sofort alles, was über die Diebstähle aus der Schatzkammer bekannt ist, erzählen, und dann kann er sich bei einem wirklichen Geheimnis an die Arbeit machen!«

2. Das Geheimnis

Die Gewölbe unterhalb des alten Tempels des Saturns, die den Staatsschatz des Römischen Imperiums beherbergten, waren weitläufig, düster und wirkten wie ein Gefängnis. Sollius erschauerte unwillkürlich, als man ihn dort hinunterführte, obwohl er in der Gesellschaft und unter dem Schutz von Alexias war, des bevorzugten Freigelassenen des Kaisers, und von Decius, einem Zenturio der Prätorianer, den man ihm als seinen offiziellen Beschützer zugewiesen hatte, solange diese Nachforschungen ihn beschäftigten. Der Kaiser hatte Sollius befohlen, die Diebstähle aufzuklären, die unter so mysteriösen Umständen hier stattgefunden hatten.

Sollius selbst hatte um Decius gebeten, den er kennengelernt hatte, als er einen anderen Fall gelöst hatte: den angeblichen Diebstahl des Schmucks der Kaiserin Faustina. Er hatte sofort Sympathie für den Zenturio empfunden, obwohl ihm bewußt war, daß der Mann ihn mit überlegener und halbwegs toleranter Verachtung betrachtete. Sollius seufzte; für den Zenturio, das wußte er, war er nichts anderes als ein ältlicher Sklave. Im Augenblick jedoch verlieh ihm der Auftrag des Kaisers eine gewisse Autorität, der sich der Prätorianer beugen mußte – genau wie die Verwalter des Schatzes.

Gennadius, der oberste Schatzmeister, begleitete sie, ein stämmiger Mann in mittleren Jahren, die Schultern leicht gebeugt von seinem Beruf. Er war der Sohn eines Freigelassenen und genoß die vollen Bürgerrechte; er war schon seit langem in den Diensten des Imperiums und stolz auf seine Position, hochmütig und herablassend gegenüber seinen Untergebenen, aber unterwürfig gegenüber denjenigen, bei denen ihm Unterwürfigkeit zum Vorteil gereichen mochte.

Als sie einander von Alexias vorgestellt worden waren, hatten sich Sollius und Gennadius forschend betrachtet, und falls der Schatzmeister eine geringere Meinung von dem Sklaven hatte als dieser von ihm, dann lag das allein daran, weil sie Männer von unterschiedlichen Charaktereigenschaften waren. Jeder zeigte sich jedoch in seinem Bereich gleichermaßen klug, und das zumindest erkannten sie ganz spontan. Sollius hatte den anderen ein weiteres Mal forschend betrachtet, als Gennadius und Alexias für einen Moment beiseite traten und sich flüsternd unterhielten, und er hatte sich gefragt, ob Gennadius sich nur von Amts wegen mit den Nachforschungen des Sklaven einverstanden erklärt hatte oder ob nicht auch ein Hauch ganz persönlicher Besorgnis zu spüren gewesen war. Aber nichts in der Haltung des Mannes oder in seinem Gesichtsausdruck hatte darauf hingewiesen.

Gennadius brach die geflüsterte Unterhaltung mit Alexias ab, und als er sich nun dem Sklaven zuwandte, zeigte er sich huldvoller, als er es anfangs getan hatte.

»Ich habe viel Lob über dich gehört«, sagte er, »aber ich würde mir auch nicht vorstellen können, daß der Kaiser dich mit einer so wichtigen Aufgabe betrauen würde, wenn du nicht der richtige Mann dafür wärst. Und nun komm!« fügte er lächelnd hinzu. Mit diesen Worten ging er voraus und führte die anderen die abgetretenen, sich windenden Stufen hinab, die in die weitläufigen, unterirdischen Gewölbe führten. Decius der Zenturio trug eine Fackel, durch deren flackernden Lichtschein ihr Abstieg ausreichend beleuchtet wurde.

»Frag mich, was immer du willst, und ich werde dir ehrlich antworten«, meinte Gennadius.

Er verhielt sich dem Sklaven gegenüber immer noch huldvoll, und er schien von soviel Neugier erfüllt zu sein, daß selbst sein üblicher hochtrabender Stolz es nicht verbergen konnte.

Sie gelangten an ein Eisengitter, das einen weiten Bereich der Tempelgewölbe abtrennte. Das Tor, das darin eingelassen war, war sowohl mit einem Schloß als auch mit Ketten gesichert. Gennadius öffnete dieses Tor umständlich-wichtig, und ein lautes, unangenehmes Quietschen erklang und hallte von den Wänden wider. Als sie alle die Tür passiert hatten, verschloß er sie mit der gleichen Umständlichkeit wie zuvor.

»Wir ölen das Schloß und die Scharniere nur selten«, erklärte er an Sollius gewandt. »Es kann also nicht, wie du gehört hast, leise geöffnet werden – und deshalb auch nicht, ohne daß man es bemerkt. Gefällt dir meine einfache Vorsichtsmaßnahme?«

Sollius verbeugte sich schweigend. Seine Blicke huschten geschäftig hin und her. Eine Tatsache hatte er bereits registriert:

Der Schlüssel zum Tor befand sich am Gürtel des obersten Schatzmeisters.

»Gibst du den Schlüssel jemals aus der Hand?« wollte er wissen. »Wo bewahrst du ihn auf, wenn du schläfst?«

Gennadius lächelte selbstzufrieden und antwortete Sollius, als spräche er mit einem Kind. Viele pflegten mit Sollius zu reden, als ob er ein Kind wäre – und bereuten es hinterher.

»Niemand außer mir selbst schließt dieses Tor auf«, antwortete er. »Ich habe keinen Stellvertreter. Nachts hänge ich den Schlüssel in meiner Kammer an einen Nagel am Kopfende meines Bettes, und niemand könnte ihn nehmen, ohne mich zu wecken.«

Es sei denn, dachte Sollius, man hätte dir eine Droge ins Abendessen gegeben.

»Und was ist, wenn du dienstfrei hast?« fragte Sollius weiter.

»Dann händige ich ihn dem Kaiser selbst aus, und er ernennt einen Wächter für ihn. Doch in der Zeit, als die Diebstähle passiert sind, hatte ich nicht frei«, erwiderte Gennadius, als machte es ihm Spaß, Sollius' Aufgabe noch zu komplizieren. »Hier entlang«, fügte er hinzu und führte sie durch einen Gang, in dem Wasser von den Wänden und von der Decke tropfte. Die Kammer jedoch, in die der Gang schließlich mündete, war trocken und von recht großen Ausmaßen. Sie ist, dachte Sollius, wie ein großer Weinkeller mit den tiefen Bronzebehältern, die an dreien der Seiten aufgereiht sind.

In einer Ecke stand in einer verstaubten Nische aus Marmor ein Schutzbildnis, eine Statuette aus Silber, die fleckig und angelaufen war, weil niemand sie pflegte und polierte. Es handelte sich um ein zierliches Kunstwerk, und Sollius betrachtete es voller Bewunderung im Fackelschein. Er erkannte, daß es ein Bildnis des jungen, toten Verus war, einst der hochgeschätzte Mitherrscher des Kaisers, doch so unwürdig seiner Zuneigung.

»Sie ist vor einem Jahr dorthin gestellt worden«, erklärte Gennadius. »Vom Kaiser höchstpersönlich. Als Schutzbildnis«, fügte er hinzu und hüstelte, »doch sie hat uns nicht besonders viel Glück gebracht!«

»Und warum steht sie ausgerechnet hier?« wollte Sollius wissen.

»Verus liebte Juwelen und kam oft hier herunter, um die Schätze aus Jahrhunderten zu betrachten. Wir haben ihn nie mit ihnen allein gelassen«, fügte er mit einem leichten Lächeln hinzu. »Es schien passend, daß Augustus den Geist des Toten zu ihrem Wärter gemacht hat.«

Sollius lächelte auch und verlor das Interesse.

»Du kannst die Fackel hier in diesen eisernen Ring setzen«, wies Gennadius den Zenturio an.

So hingestellt, erhellte die Fackel den gesamten Raum mit ihrem rötlichen Schein, und da es keinen Luftzug gab, brannte sie mit gleichmäßigem Glanz.

»Hier aus dieser Kammer sind das Geld und die Juwelen verschwunden«, erzählte Gennadius. »Aber ich muß das genauer erklären. Dies ist kein Bereich der Schatzkammer, in dem die für die laufenden Staatsausgaben notwendigen Gelder aufbewahrt werden; dieser Raum wird nur selten aus dienstlichen Gründen betreten, er ist eher so etwas wie ein Museum, obwohl der Wert dessen, was hier aufbewahrt wird, den des im Reich kursierenden Geldes übersteigt. Hier ist all das aufbewahrt, was Generationen von Völkern, die sich uns unterworfen haben, uns als Tribut geleistet haben; einiges davon stammt noch aus den Tagen der Republik. Natürlich ist alles noch verkäuflich, vor allem das reine Gold und Silber. Ich denke, der Dieb könnte das, was er gestohlen hat, mit großem Gewinn verkaufen.«

»Was schätzt du, wie groß der Verlust ist, den der Staat durch diese Diebstähle erlitten hat?« wollte Sollius wissen.

Gennadius nannte ihm eine Summe, die so hoch war, daß Sollius seinen Ohren nicht trauen wollte, dennoch wußte er, daß diese Auskunft zweifellos stimmte. Eine geringere Summe hätte den Kaiser auch sicher nicht so beunruhigt, und daß Mark Aurel ernsthaft beunruhigt war, war offensichtlich gewesen – der Klang seiner Stimme und der Ausdruck in seinen Augen, als er Sollius seine Anweisungen gegeben hatte, hatten es verraten.

»Wie viele Diebstähle hat es gegeben?«

»Soweit wir wissen, zwei.«

»Wie sind sie entdeckt worden?«

»Von Zeit zu Zeit kontrollieren wir den Bestand«, antwortete Gennadius. »Jeder dieser Bronzekästen ist entweder mit Gold,

Silber oder Juwelen gefüllt. Du kannst dich selbst davon überzeugen. Einige der Juwelen sind von ungeheurem Wert. Der dritte Kasten an der Wand zu deiner Linken und der siebte an der zu deiner Rechten sind leer. Die anderen sind noch voll und unberührt. Als ich vor zwei Monaten herunterkam, um sie zu überprüfen, bemerkte ich sofort, daß einer der Kästen – der linke –, in dem sich eine äußerst wertvolle Sammlung von Juwelen aus dem Osten befand, leer war. Manche behaupten, daß sie Teil der Beute waren, die Pompeius der Große nach Rom gebracht hat. Es war das erste Mal, daß hier ein Diebstahl bekannt wurde, doch wann er stattgefunden hat, entzieht sich unserer Kenntnis. Das Schloß schien nicht gewaltsam geöffnet worden zu sein, auch die Kette wurde nicht zerbrochen. Alles am Gitter war so, wie es sein sollte. Keiner von uns konnte es verstehen. Und dennoch sind die Juwelen verschwunden.«

»Was ist mit dem zweiten Diebstahl?« fragte Sollius. »Wenn ich mich recht erinnere, sagtest du, es hätte zwei Diebstähle gegeben.«

»Das stimmt«, antwortete der Schatzmeister. »Als ich am nächsten Tag erneut nach unten ging – ich wollte dabei sein, wenn die neue Kette angebracht wurde und auch ein neues Schloß, damit der Dieb, falls er einen Schlüssel dafür hatte, diesen nicht mehr verwenden könnte –, untersuchte ich noch einmal den leeren Kasten. Als ich mich umschaute, entdeckte ich zu meiner größten Bestürzung, daß ein zweiter Behälter – der zu deiner Rechten – ebenfalls leer war. Darin hatten sich Barren parthischen Goldes befunden. Nicht einer war übriggeblieben!«

»Und wieder waren das Schloß und die Kette offensichtlich unberührt geblieben?«

»Es gab nicht einen Hinweis darauf, daß das Tor im Eisengitter mit Gewalt geöffnet worden wäre«, antwortete Gennadius und warf die Hände hoch. »Es ist unglaublich!«

»Es ist eine Sache, durch das Gitter zu gelangen«, meinte Sollius, »und eine andere, das Diebesgut fortzuschaffen. Zumindest das Gold dürfte ziemlich schwer gewesen sein.«

»Sehr schwer«, stimmte Gennadius zu. »Aber die Juwelen hätte man leicht in einem Sack wegbringen können. Das heißt, in zwei Säcken.«

»Das bedeutet, bei diesem Unternehmen brauchte man mehr als einen Mann«, meinte Sollius und rieb sich das Kinn.

Gennadius nickte. »Und dennoch ist auf niemanden auch nur der Schatten eines Verdachts gefallen«, erwiderte der Schatzmeister mit leichter Verzweiflung. »Meine Helfer sind alle sorgfältig ausgewählte Männer; ich würde nicht einem von ihnen mißtrauen.«

»Hat einer erst vor kurzem hier angefangen?« wollte der Sklave wissen.

»Keiner. Sie sind alle schon lange dabei und diensterprobt«, war die Antwort. »Nur ehrliche Männer können eine solche Verantwortung tragen, und Ehrlichkeit ist die Grundvoraussetzung für diesen Dienst. Sie muß es sein.«

»Gibt es jemanden unter den Dienstboten, auf den man ein besonderes Augenmerk richten sollte? Vielleicht ein neuer Türwächter?« fragte Sollius.

»Allesamt vertrauenswürdige Männer – die meisten sind ehemalige Gladiatoren«, erwiderte Gennadius. »Und sie alle dienen mir schon lange. Es ist wirklich ein Rätsel«, sagte er mit einem Seufzer. »Ich habe mein Bestes getan, um es zu lösen. Aber wenn es nicht den geringsten Hinweis, welcher Art auch immer, auf einen Schuldigen gibt, wo soll man dann anfangen? Ich möchte dich wirklich nicht entmutigen – die Götter mögen dies verhüten! –, aber ich habe wenig Hoffnung, daß du Erfolg haben wirst, wo Alexias hier und ich einen solchen Mißerfolg hatten. Dennoch, Alexias erzählte, daß du in einer anderen Angelegenheit den Kaiser mit deinem Scharfsinn beeindruckt hast, also werde ich dich mit, hm, Interesse beobachten – mit sehr großem Interesse sogar, Sollius. So lautet doch dein Name?«

Sollius verschwendete keine Zeit damit, auf diese überflüssige Frage zu antworten, sondern begab sich zu den beiden leeren Geldkassetten – denn es handelte sich um nichts anderes, und untersuchte sie gründlich.

»Hier unten gibt es nichts mehr für mich zu tun«, sagte er mit einem Seufzer. »Selbst der geschickteste Jäger kann sich nicht an die Verfolgung machen, wenn es keine Spur gibt.«

Gennadius blieb der Mund offenstehen. »Du gibst auf – so bald schon?« fragte er.

»Nein«, erwiderte Sollius lächelnd. »Aber ich muß woanders anfangen. Ihr alle habt hier begonnen und seid damit nirgendwohin gelangt. Hätte es einen Hinweis in diesen Gewölben gegeben, dann hättet ihr ihn auch gefunden, dessen bin ich sicher. Daraus schließe ich, daß die Hinweise nicht dort zu suchen sind, wo das Gold und die Juwelen gestohlen wurden, sondern woanders. Und genau diesen Ort muß ich finden, und mich dann zurückarbeiten, um die Umstände des Diebstahls aufzudecken, und dann wieder vorwärts denken, um zu dem Dieb zu gelangen. Vielleicht werde ich mich dabei in einem Kreis bewegen, und dann treffen sich die Enden.«

Er wandte sich ab und ging zum Eisengitter zurück. Der Zenturio nahm die Fackel aus dem Ring, und während er wie ein Schatten hinter Sollius glitt, warf er selbst einen Schatten. Alexias und Gennadius, die verwirrte und leicht verächtliche Blicke austauschten, folgten ihnen. Als sie das Gitter erreicht hatten, blieb Sollius stehen, während Gennadius umständlich mit der Zeremonie des Aufschließens und Lösens der Kette begann. Plötzlich nahm der Sklave dem Prätorianer die Fackel aus der Hand und hielt sie hoch über seinen Kopf. Rauchschwaden kamen von der Gewölbedecke herab, während an den Stäben des Gitters feuriges Blut herunterzutropfen schien, als Sollius forschend die Fackel am oberen Gitterrand hin und her bewegte. Er brummte vor sich hin, als er die Fackel Decius zurückgab, und als das Gitter dann offen war, trat er durch das Tor in den Gang dahinter.

»Sag mir«, wandte er sich an Gennadius, der vor ihm ging, »welche Formalitäten sind erforderlich, damit jemand hierher bis ans Gitter gelangen kann? Es zu passieren verlangt besondere Erfordernisse, das habe ich gesehen, aber wie einfach ist es für jemanden, der lediglich bis hierhin und nicht auf die andere Seite vordringen will?«

Der Schatzmeister bedachte ihn mit einem lobenden Blick. »Das Schatzamt ist oben, im Tempel. Der einzige Weg nach unten in die Gewölbe führt über diese Stufen, die wir eben hinuntergestiegen sind und gleich wieder hochgehen werden. Sie werden oben ständig von Soldaten bewacht, wie du gesehen hast, als wir an ihnen vorbeigingen. Die Tür zu dieser Treppe wird nicht für einen Augenblick unbewacht gelassen. Man brauchte eine ganze Kohorte, wollte man sich den Weg hinunter erzwingen. Aber ...«

Er hielt inne, schaute sich um und nahm dann Sollius am Arm, um ihn beiseite zu führen. »Man munkelt – doch es ist nur ein Gerücht –, daß hinter dem Altar des Tempels ein Geheimgang hier hinunterführt, in andere Gewölbe«, flüsterte er. »Ich spreche nicht aus eigener Erfahrung. Falls ein solcher Gang existiert, ist er allein dem Priester des Saturn bekannt. Nein – unterbrich mich nicht. Wie ich gerade erklären wollte: Dieser Geheimgang führt *nicht* hinter das Gitter. Und es gibt in diesen Gewölben keinen anderen Weg zu dem Schatz als durch das Eisentor. Jeder Zentimeter der Wände ist sorgfältig untersucht worden.«

»Hat man den Priester des Saturn befragt?« wollte Sollius wissen.

»Der Kaiser selbst – aber ohne Ergebnis. Er weiß nichts.«

»Du meinst, er behauptet, nichts zu wissen!«

»Ich würde ihm jedes Wort glauben, das er sagt«, antwortete Gennadius. »Er ist schon alt und ein Mann von ehrenhaftem Ruf, gebildet, und er stammt aus einer vornehmen Familie. Ich gebe ungeniert zu, daß ich ihn nicht mag – er ist zu stolz. Wir pflegen nicht miteinander zu reden.«

»Wie viele Priester gehören zur Priesterschaft des Saturn?« fragte Sollius, ohne eine Bemerkung zu Gennadius' Worten zu machen.

»Lediglich drei«, erwiderte Gennadius. »Die Riten finden heute allein um der Tradition willen statt. Es gibt nur noch wenige Opfer. Der Tempel selbst dient lediglich als Schatzkammer. Aber es ist niemals ratsam, vollkommen mit dem Aberglauben der Vergangenheit zu brechen, denn man weiß nie, welche magische Wahrheit noch in den alten Kulten, die so lange das Denken der Menschen beherrscht haben, nachklingen mag. Der nun weitverbreitete Stoizismus scheint jedoch allmählich die Priester zu vernichten, und mit ihnen das Deuten der guten oder schlechten Vorzeichen und die Weissagungen der Götter.«

»Ich würde diesen Priester des Saturn gern sehen«, sagte Sollius.

»Alexias wird dich zu ihm führen, denn wie ich schon sagte, der Priester und ich, wir reden nicht miteinander. Seine Kammer befindet sich hinter den Vorhängen in dem westlichen Teil des Tempels.«

»Zeig mir einfach den Weg!« sagte Sollius fest. »Und ich werde unangemeldet zu ihm gehen.«

Der andere sah ihn scharf an. Er konnte nicht vergessen, daß Sollius nur ein Sklave war. Und doch hatte dieser Sklave die Vollmacht des Kaisers, zu handeln, wie es ihm beliebte! Gennadius zuckte mit den Schultern, und als sie wieder oben im Tempel waren, zeigte er dorthin, wo kostbare Vorhänge zwischen zwei alten Säulen drapiert waren.

»Dahinter wirst du eine kleine Tür finden«, meinte er, dann blieb er stehen und beobachtete den Sklaven, der die ganze Länge des Tempels durchquerte.

»Was für ein seltsamer Bursche«, sagte er zu Alexias. »Ist er wirklich so klug, wie man sagt?«

»Nicht wie *ich* sage«, erwiderte Alexias ein wenig gereizt. »Aber so klug, mein Freund, wie der Kaiser zu wünschen denkt.«

»Aber *was* denkst du von ihm, o Alexias? Das möchte ich wissen. Ich habe Vertrauen in dein Urteil über andere.«

»Er ist mit Sicherheit sehr scharfsinnig«, antwortete Alexias vorsichtig. »Aber er mußte noch nie zuvor eine so schwierige Aufgabe lösen, also werde ich mein Lob zurückhalten, Gennadius, bis er es sich schließlich verdient hat!«

»Wie weise! Wie philosophisch!« murmelte der Schatzmeister anscheinend voller Bewunderung, doch in Gedanken nannte er den Freigelassenen des Kaisers einen hohlen Opportunisten, obwohl diese Meinung ungerecht war, wie er sehr wohl selbst gewußt hätte, wenn er nicht so verärgert gewesen wäre.

Decius stand in der Zwischenzeit so starr wie eine militärische Statue, bis ihm ein Diener die Fackel abnahm. Dann marschierte er ein paar Schritte vorwärts, in die gleiche Richtung wie der Mann, den zu beschützen man ihm aufgetragen hatte, und als er ihn hinter den Vorhängen verschwinden sah, blieb er stehen, um Wache zu halten.

Die Kammer des Saturnpriesters war im Stil der längst vergangenen Tage des Augustus eingerichtet, streng und karg. Der Priester saß auf einem zusammenklappbaren Hocker aus Elfenbein und las in einer alten Schriftrolle. Er mochte an die siebzig Jahre sein, dünn, bleich und vornehm wirkend, mit schmalen, zusammengepreßten Lippen, einer Hakennase und durchdringenden schwarzen Augen. Sollius war ohne Umschweife in die Kammer getreten und hatte sein Kommen nur durch ein Räuspern angekündigt.

»Wer bist du? Was willst du?« fragte der Priester des Saturn und schaute Sollius dabei überrascht und mißbilligend an.

Sollius erklärte, wer er war, und zeigte schließlich seine Beglaubigung vor, ein kleines Wachstäfelchen, in das das persönliche Siegel des Kaisers gedrückt war.

»Ich bin schon vom Kaiser selbst befragt worden«, war die hochmütige Antwort, »und habe dir nichts zu erzählen.«

»Es gibt, wie ich gehört habe, einen geheimen Gang, der diesen Teil des Tempels mit den unterirdischen Gewölben verbindet«, beharrte Sollius.

»Darüber gibt es viele Gerüchte«, sagte der Priester mit einem leicht herablassenden Lächeln. »Aber niemand weiß, wo er zu finden ist. Dieses Wissen wird von Priester zu Priester weitergehen und ist nur ihnen bekannt. Ich darf es nicht verraten.«

Sollius sah ihn lange an. »Aber es gibt einen solchen Gang?« fragte er schließlich.

»Es gibt ihn«, bestätigte der andere. »Aber er führt nicht in jene Gewölbe, in denen der Staatsschatz gelagert wird«, fügte er hinzu. »Soviel kann ich dir immerhin sagen.«

»Wann bist du das letzte Mal in die Gewölbe hinabgestiegen?« forschte Sollius weiter.

»Vor vielen Jahren«, erwiderte der Priester, und in seinen Augen blitzte verächtliche Belustigung auf. »Ich bin ein alter Mann; die Stufen, die nach unten führen, sind nicht für Alte gemacht. Außerdem gibt es dort unten nichts als Dunkelheit und Feuchtigkeit, leere Kammern und Gänge. In den Tagen der Republik jedoch war es noch anders. Der Tempel des Saturn war damals von viel größerer Wichtigkeit. Aber nun …«

Er spreizte die Hände in einer Geste der Resignation. »Hast du die Gewölbe gesehen, in denen der Schatz lagert?« fragte er dann.

»Ja, ich habe sie gesehen«, erwiderte Sollius.

»Hast du irgendeinen Hinweis darauf gefunden, wie man sie betreten hat oder daß Gewalt angewendet worden wäre?«

»Ich darf nur dem Kaiser Antwort geben«, entgegnete Sollius.

»Du hast recht; ich hätte nicht fragen sollen. Hast du auch die silberne Statuette des Verus gesehen? Es ist eine Schande, daß etwas so Schönes nun so fleckig und angelaufen ist. Wäre *er* noch am Leben, dann hätte ich gewußt, wer es ist, der Gold und Juwelen viel mehr als andere liebt. Nein, nicht wegen ihres materiellen Wertes, sondern wegen ihrer Schönheit. Und du hättest nicht weiter zu suchen brauchen ... Aber er ist natürlich tot.«

»Ja, er ist tot«, sagte Sollius nachdenklich, und dann, mit einem Anflug von Humor, fügte er hinzu: »Ich habe ihn nie wirklich verdächtigt.«

Der andere lachte, und Sollius verbeugte sich. Es war besser, die Unterhaltung zu beenden und sich zurückzuziehen, denn er hätte sicher nichts Wissenswertes mehr erfahren können.

Die anderen warteten dort, wo er sie verlassen hatte, auf ihn; der Zenturio stand immer noch schweigend da, als müßte er tatsächlich Wache halten, Gennadius und Alexias unterhielten sich flüsternd. An der anderen Seite des Tempels standen lange Reihen von Pulten; eine beträchtliche Anzahl von Schreibern ging emsig ihren Geschäften nach.

»Was möchtest du sonst noch sehen, o Sollius?« fragte Gennadius und machte ein paar Schritte auf ihn zu. Aber sein Lächeln war falsch. Alexias, der alles sorgfältig beobachtete, damit er dem Kaiser auch jede Einzelheit wiedererzählen konnte, hatte sich bis zu diesem Moment nicht in die Nachforschungen eingemischt und gedachte es auch jetzt nicht zu tun. Er war Beobachter, kein aktiver Teilnehmer, vielleicht zu eifersüchtig als Freigelassener gegenüber einem Sklaven, um diesem zu willig zu helfen, doch nicht eifersüchtig genug – denn im Grunde seines Herzens war er ein gerechter Mann –, um ihm absichtlich Hindernisse in den Weg zu legen, und so wartete er auf die Antwort des Sollius mit einer einstudierten Mischung aus Gleichgültigkeit und Neugier.

»Ich glaube, ich habe alles gesehen, was es hier zu sehen gibt«, erwiderte der Sklave nach einem kurzen Zögern. Alexias merkte, daß er unwillkürlich den Atem angehalten hatte, und nun, als er ausatmete, klang es fast wie ein Seufzer der Erleichterung. »Vielleicht komme ich morgen noch einmal hierher«, fügte Sollius hinzu. »Aber nun will ich in das Haus meines Herrn zurückkehren und nachdenken. Seid mir gegrüßt!«

Er ging davon ohne weitere Höflichkeiten, und der Schatzmeister und der Freigelassene des Kaisers empfanden leichten Ärger über seine nachlässigen Manieren. Decius der Zenturio folgte ihm dicht auf den Fersen und brachte den Sklaven sicher zu dem Haus von Sabinus dem Senator. Auf Befehl des Kaisers hatte man ihn für die Dauer der Nachforschungen dort einquartiert, damit er stets zur Stelle wäre, wenn er gebraucht wurde, gleichgültig, zu welcher Tages- oder Nachtzeit.

»Wie war es?« erkundigte sich der junge Lucius, der Vertraute des Sklaven und manchmal sein Gehilfe.

Sollius berichtete ihm in allen Einzelheiten von dem Besuch im Tempel des Saturn, den er an diesem Morgen gemacht hatte. Darüber zu sprechen diente nicht nur dazu, Lucius über alles zu informieren, sondern auch dazu, seine Gedanken zu ordnen.

Sie hatten sich an jenen einsamen Ort zurückgezogen, wo sie so gern waren, neben dem Karpfenteich hinter dem Wagenhaus, und gingen dort auf und ab.

»Es ist in der Tat ein verwirrendes Rätsel!« rief Lucius. »Wie konnte irgend jemand durch das Tor gelangen, das verschlossen und mit einer Kette gesichert war?«

»Jemand hat es trotzdem getan«, sagte Sollius trocken. »Und wenn ich richtig vermute, dann waren es sogar zwei.«

»Glaubst du denn, daß sie den Schlüssel gestohlen haben? Aber wie hätten sie das bewerkstelligen sollen, wenn dieser Gennadius ihn immer bei sich hat?«

»Der Schlüssel wurde nicht gestohlen. Und weder wurde das Eisengitter aufgeschlossen noch die Kette gelöst, Lucius«, erklärte Sollius mit ruhiger Überzeugung. »Dessen bin ich ganz sicher.«

Lucius sah ihn mit offenem Mund an.

»Aber …«, begann er schließlich.

»Ich habe mir diese beiden Fragen auch gestellt«, unterbrach ihn Sollius und lächelte. »Wurde das Gittertor geöffnet? Wenn es nicht geöffnet wurde, gibt es dann einen anderen Eingang? Ich glaube fest daran, daß das Tor nicht geöffnet und daß auch die Kette nicht gelöst wurde; vom Tempel selbst führt ein anderer Weg nach unten. Der Priester des Saturns hat es nicht geleugnet. Aber er hat behauptet, daß er den geheimen Weg seit vielen Jahren nicht mehr benutzt hat, und ich glaube ihm.«

»Aber du hast doch gesagt, Sollius«, wandte Lucius ein, »daß der geheime Weg nicht in die Schatzkammer führt.«

»Das stimmt auch«, erwiderte Sollius. »Aber dem Priester ist ein Ausrutscher passiert. Hast du es nicht bemerkt und deine Folgerungen daraus gezogen?«

Lucius schaute seinen Gefährten verständnislos an.

»Er fragte mich, ob ich die Silberstatue des Verus gesehen hätte«, erinnerte ihn Sollius. »Diese jedoch befindet sich wie ich dir erzählt habe, hinter dem Eisengitter, und man kann sie von dort nicht sehen, weil der Gang einen Bogen macht. Und doch hat er selbst mir gesagt, daß er schon seit vielen Jahren nicht mehr unten in den Gewölben gewesen sei – und ich sage noch einmal, daß ich ihm glaube. Weiterhin, Lucius, ist diese Statuette erst vor einem Jahr in die Marmornische gestellt worden. Woher konnte er wissen, daß das Silber angelaufen ist? Weil man es ihm erzählt hat. Auf eine andere Weise kann er es nicht erfahren haben. Und deshalb muß er, obwohl er selbst die Schatzkammer nicht betreten hat, mit jemandem gesprochen haben, der dort unten war. Und eben diese Person muß ich finden.«

»Vielleicht hat er es von Gennadius gehört?« schlug Lucius vor.

»Die beiden reden nicht miteinander«, antwortete Sollius. »Auch das habe ich dir erzählt.« »Hast du ihn denn nicht gefragt, woher er das weiß?«

»Es war nicht der geeignete Zeitpunkt. Ich werde ihm diese Frage stellen, wenn ich es für richtig halte, darauf kannst du dich verlassen!«

»Dann ist ihm in der Tat ein Ausrutscher unterlaufen«, meinte Lucius.

Sollius schob die Lippe vor. »Ich bin mir dessen gar nicht so sicher«, murmelte er vor sich hin. »Vielleicht hat er versucht, mir irgend etwas mitzuteilen – auf eine subtile Weise, ohne es direkt auszusprechen. Er macht einen sehr klugen Eindruck. Wenn es gelänge, würde ich lieber durch andere Methoden als direktes Fragen herausfinden, wer es war, der ihm berichtet hat, das Silber der Statue sei angelaufen. Ich denke, daß es wirkungsvoller wäre. Denn ich ahne, daß direkte Fragen kein Ergebnis bringen würden. Seine Verschlossenheit hat das deutlich gezeigt – er blieb sogar dem Kaiser gegenüber verschlossen.«

»Und wie willst du vorgehen, Sollius?« fragte Lucius neugierig.

»Ich werde gar nichts machen«, erwiderte Sollius mit einem schlauen Lachen. »*Du* wirst etwas tun!«

»Ich?« rief Lucius aus, erstaunt und gleichzeitig erfreut, denn er liebte es, Sollius bei dessen Nachforschungen zu helfen, einmal wegen der Aufregungen, die diese mit sich brachten, zum anderen, weil es ihn von seinen Küchenpflichten befreite, denn als junger Sklave im Hause von Sabinus dem Senator gehörte es zu seinen Aufgaben, der Gehilfe des Kochs zu sein, eine Beschäftigung, die viel Plackerei bedeutete und wenig Spaß.

»Ja, du«, wiederholte Sollius. »Du wirst vor dem Tempel des Saturn herumlungern und versuchen, einen der Pförtner kennenzulernen. Berichte mir, was über den alten Priester des Saturn erzählt wird – zum Beispiel, ob er regelmäßig Besuch erhält oder ob erst in letzter Zeit irgend jemand zu ihm gekommen ist. Vielleicht hilft das dabei, meine Gedanken zu erhellen. Geh, Lucius, jetzt sofort. Ich werde Tuphus dem Koch alles erklären.«

Lucius gehorchte eifrig und schoß davon wie ein Stein von einer dakischen Schleuder.

Sollius verweilte noch ein wenig am Karpfenteich, umrundete ihn immer wieder, tief in seine Gedanken versunken. Er gab vor sich selbst zu, daß er irritiert war; noch nie hatte er ein Problem wie dieses lösen müssen, und er wußte nicht, ob sein Verstand ausreichen würde, um die Lösung zu finden. Doch obwohl er ein Sklave war, war er ein stolzer Mann, und so peitschte er seinen Verstand ein weiteres Mal. Er wußte, wie die Eindringlinge das Eisengitter überwunden hatten. Er hatte es nicht einmal Lucius anvertraut, geschweige denn Gennadius oder Alexias, und er würde es noch eine Weile für sich behalten. Das Wissen allein mochte schon gefährlich sein, ganz sicher aber war es gefährlich, damit herauszuplatzen, bevor er die ganze Angelegenheit gründlich durchdacht hatte und die Lösung vor dem Kaiser ausbreiten konnte. Er wurde aus seinen Gedanken gerissen, als einer der anderen Sklaven herbeigerannt kam.

»Unser Herr will dich sehen«, stieß der Sklave atemlos hervor. »Du sollst sofort in sein Privatgemach kommen.«

Sollius löste sich aus seinen Gedanken und folgte dem Boten ins Haus. Er ließ sich Zeit, obwohl der andere Sklave solche Eile gezeigt hatte; allein ging er dann weiter durch das kühle, schattige Atrium zu dem inneren Gemach des Sabinus, seines Herrn und Besitzers.

Einen Moment blieb er noch vor der Tür stehen, denn er hörte mehrere Stimmen, das Gemurmel gleichmäßig dahinfließender Unterhaltung. Sollius war überrascht und nicht wenig verärgert. Sabinus würde doch nicht so dumm sein und die Zeit eines Mannes, der in allergeheimster Mission für den Kaiser tätig war, dadurch verschwenden, daß er ihn, Sollius, einem Haufen müßiger Freunde als Kuriosität vorführte. Sollius wußte nur allzugut, wie schwatzhaft Sabinus war und wie er mit der ungewöhnlichen Fähigkeit seines Sklaven, Geheimnisse lösen zu können, zu prahlen liebte. Doch nun diente dieser Sklave in erster Linie dem Kaiser und dann erst seinem Herrn, was dem Senator doch bewußt sein mußte.

Sollius schnalzte ungeduldig mit der Zunge und trat ein, doch dann blieb er wie angewurzelt stehen, als er die Gesellschaft erblickte, die sein Herr unterhielt.

»Ah, da bist du ja!« rief Sabinus, der offensichtlich schon nervös nach ihm Ausschau gehalten hatte. »Das ist er, Caesar. Komm hierher, Sollius!«

Schweigen war eingetreten, als der Sklave in der Tür erschienen war, und aller Blicke waren ihm nun zugewandt, als er langsam dorthin ging, wo sein Herr neben einem jungen Mann stand, der nach der allerneuesten Mode gekleidet war, mit Juwelen geschmückt und parfümiert – ein dunkler, gutaussehender, schmollender junger Mann, die exakt geschnittenen Ponyfransen in die niedrige Stirn gekämmt. Das restliche Haar war kurz gehalten.

Obwohl Sollius den jungen Mann noch nie zuvor gesehen hatte, wußte er sofort, daß es der Sohn des Kaisers war, von seinem Vater, der ihn sehr liebte, schon eingebunden in die kaiserliche Macht, obwohl er gerade erst sechzehn war und keine besonderen Neigungen zeigte außer für sportliche Wettkämpfe und das Amphitheater.

Sollius und Commodus maßen einander, während sich der Sklave in scheinbarer Demut näherte: Commodus zeigte mehr als nur einen Hauch von Unverschämtheit in seiner Haltung, Sollius bedachte ihn mit einem offenen und durchdringenden Blick; einem Blick, wie ihn der andere offensichtlich nicht gewöhnt war, und unwillige Röte stieg plötzlich in die Wangen des jungen Cäsaren. Ein Lächeln unterdrückend fragte sich der Sklave, ob der junge Prinz jemals zuvor durch einen menschlichen Blick in Verlegenheit gebracht worden war – es sei denn, durch den seines Vaters. Doch Mark Aurel war dafür bekannt, ihm gegenüber eher väterliche Nachsicht walten zu lassen, im Gegensatz zu seiner sonstigen disziplinierten Haltung.

»Du bist der Sklave Sollius?« fragte Commodus. Seine Stimme klang heiser, als ob der Stimmbruch noch nicht sehr lange her sei.

»Ja, Caesar, dies ist mein Sollius«, mischte Sabinus sich ein, noch bevor sein Sklave antworten konnte.

»Ich habe schon von dir gehört«, fuhr Commodus fort, ohne auch nur im geringsten auf den Senator zu achten; er wandte seinem Gastgeber sogar den Rücken zu. »Du hast viel Klugheit gezeigt, was die Juwelen meiner Mutter betraf. Ich habe eine geschlagene Stunde lang gelacht! Ich bin bereit, einem Mann, der mich so artig amüsiert hat, meine Gunst zu schenken.«

Sollius verbeugte sich tief.

»Der höchst ehrenwerte Sabinus hat mir erzählt, daß er dich erneut meinem Vater ausgeliehen hat«, setzte Commodus hinzu.

Erneut verbeugte sich Sollius. Es fiel ihm wesentlich leichter, Ergebenheit in seine Haltung zu legen als in seine Blicke.

»Hat er vielleicht eine seiner kostbaren philosophischen Abhandlungen verloren?« fragte der Prinz lachend.

»Wenn dies so sein sollte, Caesar«, erwiderte Sollius ruhig, »so hat er nicht *mich* damit beauftragt, sie wiederzufinden!«

Die Belustigung erstarb in der Stimme und in den Augen des kaiserlichen Sohnes, ein Raubtierblick schlich sich ein, alles an ihm wirkte katzenhaft, als er entschieden wissen wollte, weshalb sein Vater den Sklaven mit Nachforschungen beauftragt hatte.

»Schließlich, Sklave, bin ich selbst ein wenig Kaiser«, erinnerte Commodus ihn, »und mein Interesse an dem, was meinen Vater berührt, ist legitim. Sollst du herausfinden, ob es eine Verschwörung gegen ihn gibt – oder vielleicht gegen mich?«

»Nein, Caesar«, antwortete Sollius.

Commodus schien nichts anderes zu erwarten, als daß der Sklave weiterredete, doch als seine Erwartung enttäuscht wurde, runzelte er die Stirn und fragte hochmütig: »Was hat er verloren? Selbst meine Mutter weiß nicht Bescheid!«

Einem Impuls gehorchend, fiel Sollius vor dem jungen Mann auf die Knie.

»Mein Gebieter!« sagte er. »Der Augustus hat mir Verschwiegenheit auferlegt wie ein Joch einem Paar pflügender Ochsen. Ich wage nicht, dir davon zu berichten.«

»Nicht zu berichten, nicht zu berichten!« rief Sabinus irritiert. »Aber wenn der junge Herr Commodus es doch fordert!«

Commodus selbst hatte nichts gesagt, er stand bewegungslos da, kaute an seinen bemalten Fingernägeln.

»Der Kaiser hat etwas anderes gefordert«, sagte Sollius. »Nicht einmal Commodus, unserem Herrn, darf ich davon erzählen!«

Sabinus stieß verärgert den Atem aus, als er merkte, daß er das Versprechen, das er dem jungen Prinzen gegeben hatte, nicht würde halten können.

»Deine Art gefällt mir nicht, Sollius«, brummte er. »Ich könnte dich dafür auspeitschen lassen.«

Langsam richtete sich der Sklave wieder auf.

»Im Augenblick, Herr, gehöre ich dem Kaiser, doch wenn ich als *dein* Sklave zurückkehre, will ich mich gern deiner Strafe unterwerfen«, erwiderte er mit Würde.

»Na, na, Sollius«, meinte Sabinus leicht beschämt. »Ich habe übereilt gesprochen. Natürlich zählt allein der Befehl des Kaisers.«

Neben Commodus stand einer der jungen Höflinge, die Commodus zum Haus des Senators begleitet hatten. »Es ist eine Schande«, sagte er nun, »daß du zu vergessen haben scheinst, daß auch Kaiser sterblich sind und daß es weise ist, an die

Zukunft zu denken. Offenbar kannst du genausogut Dinge wiederfinden wie sie verlieren«, fügte er mit einem boshaften Lächeln hinzu.

Sollius nahm diesen jungen Mann weniger mit den Augen als mit der Nase wahr. Er hatte jenes besonderes Parfüm, das den Kleidern des Höflings anhaftete, schon früher wahrgenommen, und er wußte auch genau, wo: einmal im Schlafgemach der Kaiserin Faustina, als er den angeblichen Diebstahl ihrer Juwelen untersucht hatte, das zweite Mal, als ein Mann an Decius und ihm vorbei aus einer der übelsten Kneipen der Subura herausgestürzt war. War dies jener Mann? Damals hatte er sein Gesicht nicht erkennen können.

»Friede, Gaius«, rief Commodus. »Der Sklave hat mich nicht beleidigt.«

Dennoch bedachte er Sollius mit einem mißtrauischen und giftigen Blick, dann wandte er sich mit gespieltem Gleichmut von diesem ab und wieder seinem Gastgeber zu. Sabinus entließ Sollius mit einer knappen Handbewegung, und dieser war nur allzu erleichtert, aus dem überfüllten Gemach entkommen zu können, genau wie den neugierigen Blicken jener, die mit höchster Aufmerksamkeit jede kaiserliche Geste und jedes kaiserliche Wort registrierten, damit sie ihre eigene Haltung in angemessen unterwürfiger Zustimmung dem berüchtigten Sklaven des Sabinus gegenüber demonstrieren konnten.

Draußen auf dem Korridor begegnete Sollius dem Aufseher des Haushalts seines Herrn, einem freigelassenen Apulier, denn Sabinus war Witwer.

»Ich wußte gar nicht, daß der Sohn des Kaisers für heute eingeladen war«, sagte Sollius und blieb einen Moment stehen.

»War er auch nicht«, erwiderte der andere, dann fluchte er auf griechisch vor sich hin. Er hat uns, beim Herakles, in verdammte Verlegenheit gestürzt! Der verwünschte Kerl hat sich selbst eingeladen!«

Sie gingen beide weiter ihres Wegs, und Sollius begab sich in sein eigenes Gemach. Dieses Zwischenspiel hatte ihn aus seiner Konzentration gerissen, und nun bemühte er sich mit einem tiefen Seufzer, sich wieder das zurückzurufen, worüber er vorhin nachgedacht hatte. Zwei neue Tatsachen jedoch tasteten sich spielerisch durch seine Gedanken, und Sollius versuchte, sie in das Muster seiner Gedankengänge einzufügen.

Lucius kehrte erst zurück, als es schon dunkelte. »Ich fürchte, Sollius«, begann er mutlos, »daß ich dir nur kleine, unwichtige Dinge zu berichten habe, und nichts davon scheint mir für uns hilfreich zu sein.«

»Die großen Dinge setzen sich stets aus vielen kleinen zusammen«, erwiderte Sollius mit einem freundlichen Lächeln. »Füge die kleinen Dinge, die du erfahren hast, wie Steine zu einer Mauer aneinander, und dann laß sie uns, eins nach dem anderen, daraufhin untersuchen, ob wir sie gebrauchen können oder nicht.«

»Also, der Priester des Saturn verläßt den Tempel so gut wie nie«, begann Lucius. »Er lebt wie ein Einsiedler.«

»Verläßt kaum den Tempel, lebt wie ein Einsiedler«, wiederholte Sollius wie ein Echo.

»Dann gibt es noch seine drei Hilfspriester«, fuhr Lucius fort. »Zwei sind es allerdings nur dem Namen nach, sie finden sich lediglich zu dem jährlichen Opfer, das vom Staat angeordnet ist, ein. Beide sind irgendwie mit der Kaiserin verwandt, und ihre Verbindung zum Kult des Saturn ist eher oberflächlich und formell. Keiner von ihnen hat den Tempel in den letzten sechs Monaten betreten.«

»Keiner von ihnen hat den Tempel in den letzten sechs Monaten betreten«, wiederholte Sollius auf dieselbe Weise wie zuvor. »Und was ist mit dem dritten Priester?« wollte er dann wissen.

»Der dritte Priester ist eher eine Art Diener, der sich im Tempel um die täglichen Obliegenheiten kümmert. Obwohl es ja eigentlich kein richtiger Tempel mehr ist, denn der größte Teil des Gebäudes untersteht dem Schatzmeister; nur ein kleiner Teil gehört noch dem Gott.«

»Das habe ich gesehen«, antwortete Sollius nachdenklich. »Aber sag mir, welche Besucher hat der Priester des Saturn?«

»So viele, wie ein richtiger Einsiedler sie nun mal hat«, entgegnete Lucius. »Wenn das, was der Türwächter sagt, stimmt, dann gab es seit vielen, vielen Monaten nur einen einzigen: den Neffen des Priesters.«

»Sein ... Neffe?« wiederholte Sollius.

»Ein junger Mann – so sagte jedenfalls der Türwächter –, der einen gewissen Ruf als Gladiator hat. Ein oder zwei der übersättigten Adelssprößlinge haben sich in die Arena gewagt und sich in den Wettkampf mit den professionellen Gladiatoren begeben.«

»Sehr zum Mißfallen des Kaisers«, meinte Sollius, »denn auch sein Sohn gehört dazu. Hast du den Namen des jungen Mannes erfahren können?«

»Rutilius Marcianus«, erwiderte Lucius.

Sollius schüttelte enttäuscht den Kopf.

»Diesen Namen kenne ich nicht«, murmelte er vor sich hin. Dann, nach einem Moment, wollte er unvermittelt wissen: »Hat jemals auch unser Herr Commodus den Priester des Saturn besucht?«

»Davon habe ich nichts gehört«, antwortete Lucius. »Und ich denke, es wäre mir erzählt worden, denn ein solches Ereignis wäre es wert gewesen, in der Erinnerung dieses schwatzhaften alten Türwächters zu bleiben!«

»Das denke ich auch«, meinte Sollius. »Besucht dieser Neffe seinen Onkel, den Priester des Saturn, regelmäßig, oder liegen größere Abstände dazwischen?«

Lucius grinste plötzlich. »Nun hab' ich doch etwas für dich«, sagte er. »Er hat erst vor ein paar Monaten angefangen, seinen Onkel zu besuchen. Bis dahin wußte niemand, daß der alte Priester überhaupt einen Neffen hat.«

»Das mag überhaupt nichts bedeuten«, erwiderte Sollius beiläufig. »Aber ich würde diesen jungen Mann gern sehen – ohne daß er erfährt, daß ich ihn sehe oder auch nur den Wunsch dazu habe.«

»Vielleicht sollten wir in die Arena gehen«, schlug Lucius vor, und in seinen Augen blitzte Vorfreude auf. »Vielleicht kämpft er ja gerade ...«

»Vielleicht aber auch nicht«, antwortete Sollius, »und dann hätten wir nur Zeit verschwendet. Nein, ich muß mir etwas Besseres ausdenken.«

Aber Sollius brauchte weder nachzudenken noch einen schlauen Plan zu ersinnen, um ein Treffen mit Rutilius Marcianus herbeizuführen; es fand schon am nächsten Tag statt, oder, um genau zu sein, in der folgenden Nacht. Sollius wurde durch einen Boten am späten Abend in den Tempel des Saturn befohlen.

Dieser Bote war ein gigantischer Kappadokier; Männer wie ihn setzte man meistens als Sänftenträger ein. Sollius hielt ihn für einen der Türhüter der Schatzkammer.

»Kommst du von Gennadius?« wollte er wissen.

Der Kappadokier nickte grinsend. Er scheint ein gemütlicher Kerl zu sein, dachte Sollius.

Sie brachen sofort zum Tempel auf. Der eilig geweckte Zenturio marschierte dicht hinter Sollius her, gestählt, sehnig, aufrecht und wachsam und so steif-korrekt wie bei einer Parade auf dem Marsfeld. Sie erreichten ihr Ziel ohne Verzögerung, und Sollius war überrascht und interessiert – vielleicht ein wenig mehr interessiert als überrascht –, daß der Kappadokier ihn nicht zu den großen bronzenen Eingangstüren in die Schatzkammergewölbe, sondern zu einer kleinen, versteckten Seitenpforte in einem anderen Teil des Tempels führte.

Diese Tür wurde gleich beim ersten Klopfen geöffnet, und Sollius wurde von dem Mann hineingebeten, der ihnen auf das Zeichen des Kappadokiers hin die Tür aufgetan hatte. Sollius trat als erster ein, dicht gefolgt von seinem prätorianischen Leibwächter, für den der Kappadokier mit eigenartiger Höflichkeit Platz machte. Hinter ihnen schloß sich leise und bestimmt die Pforte.

Eine einzige Lampe flackerte in einer Nische. Ihr Schein ließ Sollius erkennen, daß sie sich in einem absteigenden, aus Stein gehauenem Gang befanden, der ein beträchtliches Alter zu haben schien. Aber Sollius blieb nicht genug Zeit, sich seine Umgebung allzu genau zu betrachten.

»Geh weiter!« flüsterte der Kappadokier.

Nach einigen Metern bog der Gang abrupt im rechten Winkel ab und führte dann wieder geradeaus. Es ging immer noch abwärts. Auch dieser Teil wurde durch eine Lampe in einer Nische erleuchtet. Am Ende des Gangs befand sich eine kleine bronzene Tür, in die symbolische Bilder getrieben waren und die grün angelaufen war vor Feuchtigkeit und Alter. Als der Kappadokier sie mit seiner riesigen Hand aufdrückte, schien ein metallischer Seufzer durch den Gang zu hallen. Die Tür ist erst vor kurzem geölt worden, dachte Sollius, aber nicht sorgfältig genug. Dennoch würde man ihr Quietschen beim Öffnen nicht oben im Tempel hören, denn sie befanden sich mittlerweile tief unter der Erde.

Direkt hinter der Tür stieg eine Treppe an, mit alten, ausgetretenen, unebenen Stufen. Der Mann, der ihnen die Pforte geöffnet hatte, nahm die Lampe aus der Nische im Gang und führte sie den Weg nach oben. Oben befand sich ein schmaler Durchlaß, der von einer schweren Decke verhängt war und in eine kleine Kammer führte – in eben jene Kammer, in der Sollius dem Priester des Saturn seine Fragen gestellt hatte.

Es war ein langer Umweg, dachte Sollius trocken, der mich zurück hierher geführt hat! Es überraschte Sollius nicht, sich nun hier zu befinden, er hatte vermutet, wohin ihn der Weg führen würde; was ihn jedoch wirklich überraschte, war die Szene, die sich seinem Blick bot, als er die Kammer betrat: Zwei Männer befanden sich darin, und beide waren ihm bekannt. Der eine, der Priester des Saturn, lehnte in seinem Stuhl, als ob er schliefe. Aber mehr als nur ein Anzeichen verriet deutlich, daß dies kein natürlicher Schlaf war, sondern durch Drogen herbeigeführte Bewußtlosigkeit. Der andere Anwesende war jener parfümierte junge Mann, der am vergangenen Tag zusammen mit dem Sohn des Kaisers im Haus des Sabinus gewesen war. Sollius war nun sicher, daß er zugleich auch jener Mann war, dem er in einer der verrufensten Straßen der Subura begegnet war.

Sie waren also drei gegen zwei, der bewußtlose Priester des Saturn zwischen ihnen.

»Ich hatte erwartet, daß du ihn allein hierherbringen würdest«, sagte der parfümierte junge Mann zu dem Kappadokier.

»Der Kerl hat Befehl vom Kaiser, ihm überallhin zu folgen, wohin er auch geht«, kam die beleidigte Antwort. »Hätte ich ihm da befehlen können, zu bleiben, wo er war?«

»Bleib bei der Tür stehen, Balbus«, befahl der parfümierte junge Mann, und der andere Mann, der sie hereingelassen hatte, trat einen Schritt zurück und postierte sich zwischen dem Zenturio und dem Rückzug. Decius hielt den Blick auf den Sklaven gerichtet und fragte sich, was sein Schutzbefohlener nun wohl tun würde. Um sich selbst hatte er keine Angst. Er war Soldat, durchtrainiert und bewaffnet, und er hätte es jederzeit mit mehr als dreien von dieser Sorte aufgenommen, die sicherlich nicht viel Kampferfahrung hatten. Dennoch, der Kappadokier war von furchteinflößender Statur … Unwillkürlich langte der Zenturio nach dem Kurzschwert, das an seinem Gürtel hing; es schadete nie, wenn ein Mann bereit war.

Der parfümierte junge Mann wandte sich Sollius zu. »Du kennst mich?« fragte er.

»Ich erkenne dich wieder«, antwortete Sollius. »Du warst gestern im Haus meines Herrn.«

»Ich bin Gaius Rutilius Marcianus«, fuhr der parfümierte junge Mann fort. »Ich bin ein geübter Gladiator«, fügte er hinzu, während sein Blick zu dem Zenturio glitt. »Der Priester des Saturn ist mein Onkel«, erklärte er, wieder an Sollius gewandt. »Nein, du brauchst nicht zu fürchten, daß er vergiftet ist. Er ist lediglich eingeschlafen – nach einem Trunk Wein, in dem sich … nun ja, es ist völlig egal, was sich darin befand. Es wird ihm keinen Schaden zufügen. Er wird sich morgen nur ein wenig darüber ärgern, daß er so plötzlich unwohl war – und wird seinen Neffen höchst besorgt finden. Ich will, daß du eins begreifst, Sklave: Du bist nicht der einzige, der Nachforschungen durchführen kann; auch ich habe einige durchgeführt, und deshalb weiß ich heute sicher, was ich gestern nur vermuten konnte: daß du deine Nase in die Diebstähle gesteckt hast, die hier in der Schatzkammer stattgefunden haben. Es ist nicht nötig, daß du dies aus Pflichtgefühl dem Kaiser gegenüber leugnest«, fügte er drohend hinzu.

»Ich leugne es doch gar nicht.«

»Du bist nicht so schlau, wie du denkst, sonst hättest du dich von dem Boten nicht hierherführen lassen«, sagte Marcianus verächtlich.

»Vielleicht wollte ich mich führen lassen – wohin auch immer man mich zu bringen beabsichtigte«, antwortete der Sklave, und ihre Blicke prallten wie zwei Lanzen gegeneinander.

»Soll ich diesen parfümierten Kerl umbringen?« rief der Zenturio.

»Nein, o nein!«, erwiderte Sollius in entsetztem Ton. »Wir wollen doch nicht, daß hier jemand getötet wird!«

»Wer will nicht, daß jemand getötet wird?« fragte Marcianus lachend. »Du, Sklave? Oder will ich es nicht? Ich glaube, es besteht nur eine geringe Wahrscheinlichkeit, daß wir beide in dieser Beziehung das gleiche wollen. Dein Schweigen wollen wir, deshalb bist du hierhergebracht worden, und es gibt kein sichereres Schweigen als das des Todes!«

Der Zenturio zog sein Schwert, doch im selben Augenblick legte ihm der riesige Kappadokier einen Arm um den Hals und nahm ihn in einen Würgegriff, während Balbus ihm die Beine wegtrat und die Waffe, die ihm aus der Hand fiel, auffing. Ein Soldat, der in der üblichen Weise ausgebildet wird, befindet sich stets im Nachteil, wenn sein Gegner sich nicht an die Regeln halten will, das heißt, wenn er sich den üblichen Taktiken verweigert.

Wieder lachte Marcianus, dann verengten sich seine Augen in plötzlichem Erstaunen.

»Wie – du fällst nicht auf die Knie und winselst um Gnade?« fragte er.

»Selbst ein Sklave kann dem Tod hocherhobenen Hauptes gegenübertreten«, antwortete Sollius.

»Aber nicht hier«, sagte Marcianus. »Hier würde man deinen Körper finden. Ich kenne einen Ort, wo man ihn niemals entdecken wird.«

Er bewegte sich unvermittelt und packte Sollius am Arm, zog ihn mit Gewalt hinter sich her zu einer Stelle, wo die Wand eine Einbuchtung aufwies. Zu seinem Erstaunen wehrte der Sklave sich nicht, sondern erlaubte seinem Gefangenenwärter, ihn dorthin zu ziehen, wohin er ihn haben wollte.

»Folgt mir mit dem Soldaten«, befahl Marcianus über die Schulter hinweg und berührte einen der Mauersteine. Der hintere Teil der Wölbung schwang auf und gab den Blick frei auf Stufen, die hinab in die Dunkelheit führten. Dies also ist der geheime Gang hinunter in die Gewölbe, dachte Sollius, der Gang, den nur die Priester des Saturn kennen.

Marcianus, der ihn immer noch am Arm festhielt, blieb auf der obersten Stufe stehen und pfiff ein paar Noten. Von unten antwortete ebenfalls ein Pfeifen, und langsam breitete sich ein fahles Licht am Fuß der Treppe aus.

»Komm!« sagte Marcianus brüsk und führte Sollius nach unten. Hinter sich hörten sie die unterdrückten Geräusche eines plötzlichen Kampfes, und Marcianus fluchte vor sich hin. Er wollte sich gerade umdrehen, um nachzuschauen, was passiert war, obwohl dies nicht schwer zu erraten war, als Sollius ihn zu einem abrupten Halt brachte, indem er nach oben rief:

»Decius! Decius, gib Ruhe und komm herunter! Ich befehle es dir, und meine Befehle sind die des Kaisers, das weißt du. Komm also, bleib ruhig und wehre dich nicht!«

Unvermittelt gab der Zenturio nach und ließ in verächtlicher Entrüstung zu, daß man auch ihn über die Treppe in die Gewölbe unterhalb des Tempels stieß. Nun konnten sie sehen, daß das schwache Licht, das ihren Abstieg erhellt hatte, von einer Lampe herrührte, die ein Mann hielt, der wie ein Gladiator gekleidet war. Der verzierte Helm, der wie Gold im Lampenschein glänzte, beschattete sein Gesicht. Der metallene Augen- und Nasenschutz hatte die gleiche Wirkung wie eine Maske. Als sie ihn fast erreicht hatten, wandte der Mann sich um und ging vor ihnen her, bis sie an das Eisengitter kamen.

Marcianus lachte und hieb mit der Hand gegen das in das Gitter eingelassene Tor.

»Abgeschlossen und mit einer Kette gesichert«, sagte er fröhlich. »Und doch ist jemand auf die andere Seite gelangt – irgend jemand. Das ist ein Rätsel, das selbst für deinen überragenden Verstand zu schwierig ist.«

»Mein Verstand mag nicht überragend sein«, erwiderte Sollius mit einem Lächeln. »Und doch ist es ihm nicht länger ein Rätsel, auf welche Art sich jemand hier Einlaß verschafft hat.«

Marcianus starrte ihn an, und auch der Lampenträger drehte sich um und durchbohrte Sollius mit seinen Blicken.

»Deine letzte Prahlerei, Sklave«, spottete Marcianus, »ist höchst unglaubwürdig!«

Sollius breitete die Hände aus. »Es ist keine Prahlerei«, sagte er.

»Und wieso nicht? Willst du etwa behaupten, du *kennst* den Weg durch dieses Eisengitter?«

»Genausogut wie – ihr«, antwortete Sollius.

Der Lampenträger sog hörbar den Atem ein.

»Was meinst du damit, Elender?« schrie Marcianus, der trotz des Parfüms nicht verweiblicht wirkte. Er packte Sollius an den Schultern.

»Ich meine damit, daß ich weiß, wie der Diebstahl bewerkstelligt wurde«, antwortete Sollius.

»Vielleicht auch, von wem?« wollte Marcianus wissen und begann den Sklaven, den er immer noch festhielt, zu schütteln.

»Sachte«, brummte der Zenturio. »Ich bin auch noch hier!«

»Aber unbewaffnet!« erinnerte der Kappadokier ihn grinsend und hob das Schwert des Prätorianers, das er Balbus abgenommen hatte.

»Antworte mir!« schrie Marcianus und verstärkte unbarmherzig den Griff um die Schultern des Sklaven. »Kennst du den Dieb?«

»Nein«, sagte Sollius einfach.

Der andere lachte rauh auf, als er ihn losließ.

»Ich glaube, daß du gar nichts weißt!« höhnte er. »Aber einen so schlauen Burschen wie dich, der seine Nase in alles stecken muß, kann man nicht leben lassen. Erwürg ihn, Balbus!« befahl er, dann fügte er lachend hinzu: »Balbus ist ein samnitischer Ringkämpfer, und du kannst mir glauben, daß er weiß, wie man einen Mann erwürgt!«

Balbus kam näher, ein grimmiges Lächeln auf den Lippen.

»Halt!« rief der Mann, der die Lampe hielt.

Marcianus, Balbus und der Kappadokier erstarrten mitten in ihren Bewegungen.

»Ihr scheint vergessen zu haben, daß ich auch noch hier bin«, sagte der Mann mit der Lampe verdrießlich.

Marcianus hatte den Arm zum Salut erhoben und wollte etwas erwidern, doch der andere schnitt ihm das Wort ab. »Bevor dieser Bursche getötet wird – und es wird mir ein Vergnügen sein, zuzuschauen, wie Balbus' starke Finger sich um seinen Hals legen! –, will ich hören, was er weiß. Sklave, antworte mir: Wie gelangt man durch dieses Gitter, wenn man nicht das Tor aufschließt und die Kette abnimmt?«

Sollius hielt unwillkürlich den Atem an. Die anderen bemerkten es nicht, und er hatte sich auch gleich wieder unter Kontrolle. Er war sicher, daß es niemandem aufgefallen war, und er versuchte, so ruhig wie möglich zu antworten.

»Herr, würdest du die Lampe ein wenig höher halten – und etwas näher ans Gitter?«

Der andere machte einen Schritt oder zwei und hob die Lampe. Wieder hielt Sollius den Atem an, wieder überzeugte er sich, daß es unbemerkt geblieben war, und fuhr so ruhig wie zuvor fort:

»Zwei Männer waren nötig, dessen war ich mir sicher, nachdem ich mich davon überzeugt hatte, daß das Tor nicht von den Dieben geöffnet worden war. Der eine blieb auf dieser Seite des Gitters, der andere zwängte sich durch den oberen Teil, stahl, was immer zu stehlen ihm in den Sinn kam, reichte es seinem Kumpan durch die Stäbe, und kletterte dann mit dessen Hilfe zurück – denn ohne Hilfe wäre es zu schwierig gewesen. So ist das Ganze abgelaufen.«

»Aber das ist doch Unsinn!« brauste Balbus auf. »Weder dort oben noch hier unten ist genug Platz; nicht einmal einen Hund könnte man hindurchschieben. Wie also sollte sich ein Mensch, egal, wie hoch er auch klettert, zwischen den Stäben hindurchzwängen können?«

»Ich werde es dir zeigen«, erwiderte Sollius. »Dein, hm, Freund hat die Lampe an genau der richtigen Stelle hochgehalten. Sieh hin! Diese drei Stäbe dort oberhalb des Rahmens sind durchgesägt worden; anschließend hat man sie wieder eingesetzt und mit Mörtel zusammengefügt. Das ist einfach und klug! Sie sehen noch immer so stabil aus, als wäre alles in bester Ordnung. Ich sage es noch einmal: das war sehr klug! Hätte man die Stäbe im unteren Bereich des Gitters durchgesägt, dann hätte dies jederzeit entdeckt werden können, auch durch bloßen Zufall, doch indem man sie dort oben geteilt hat, ging man kein Risiko ein, denn wer würde schon auf die Idee kommen, an den Stäben nach oben zu klettern? Und wer, außer einem mißtrauischen alten Sklaven, wäre schon auf die Idee gekommen, sich diese Eisenstäbe genauer anzusehen? Ist deine Frage damit beantwortet?«

»Darf ich endlich?« fragte Balbus der Samniter und streckte die Hände vor, die Finger gespreizt.

»Also sind wir beide, Gaius dort und ich, die Diebe?« sagte der Mann mit der Lampe.

Sollius nickte.

»Ihr beide habt die Eisenstäbe durchgesägt und sie anschließend wieder eingesetzt. Du warst es, glaube ich – nein, ich bin ganz sicher, daß du es warst, denn du hast die Lampe ohne zu zögern an die richtige Stelle gehalten – du also bist hinübergeklettert, dein Kumpan half dir wieder hinaus, nachdem du ihm die Säcke mit dem Gold und den Edelsteinen durch das Gitter gereicht hattest.«

»Können wir ihn jetzt endlich fertigmachen?« rief der Kappadokier ungeduldig.

»Warte noch!« befahl der andere, in dessen Stimme, mochte sie auch noch so jung klingen, Autorität mitschwang. »Was würdest du dem Kaiser berichten, Sklave, wenn du lange genug leben würdest, um ihm etwas berichten zu können?«

»Daß ich die Aufgabe, die er mir gestellt hat, gelöst habe«, erwiderte Sollius, ohne zu zögern.

»Könntest du ihm denn auch die Namen der Diebe nennen?« fuhr der Lampenträger mit der jung und autoritär klingenden Stimme fort, die nun auch noch einen spöttischen Unterton angenommen hatte. »Denn auch wenn du mich durch deinen Verdacht ehrst, glaube ich doch nicht, daß du *meinen* Namen erraten hast.«

»Welchen Unterschied macht es denn, ob ich deinen Namen weiß oder nicht, wenn ich ohnehin nicht lange genug lebe, um dem Kaiser etwas zu berichten?« erwiderte Sollius vorsichtig.

»Wenigstens einmal hat er eine klare, vernünftige Bemerkung von sich gegeben«, mischte sich der Kappadokier ein. »Balbus ...«

Als er seinen Namen hörte, schob der samnitische Ringkämpfer sich wieder näher an sein Opfer heran, und erneut streckte er die Hände aus, mit gespreizten Fingern. Der Kappadokier, der sich schon auf ein feines Schauspiel gefreut hatte und sich auch nicht einen Moment dieses Genusses entgehen lassen wollte, hatte darüber in seiner Aufmerksamkeit nachgelassen.

Decius erkannte die Gelegenheit sofort. Er drehte seinen Körper zur Seite, und noch während er diese Bewegung ausführte, entwand er sein eigenes Schwert dem Griff des Kappadokiers.

»Ha!« rief er laut. »Schnell! Stell dich hinter mich, Sklave!«

Dann stieß er ein solches Gebrüll aus, eine Herausforderung zum Kampf, wie sie die römischen Legionäre auszustoßen pflegten, wenn sie in Mesopotamien einen persischen ›Unsterblichen‹ zum Zweikampf aufforderten. Sollius jedoch hielt sich nicht an Decius' Rat, hinter ihm Schutz zu suchen, sondern stellte sich mit dem Rücken gegen das Gitter und fixierte den Lampenträger mit seinem Blick.

Der Kampf, der nun zwischen Decius auf der einen und Marcianus, dem Kappadokier und dem Samniter auf der anderen folgte, war ebenso kurz wie brutal. Der Zenturio, der kein Narr war, und eine bestimmte Absicht verfolgte, machte soviel Lärm, wie er nur konnte; er schrie, stampfte und ließ Stahl gegen Stahl schlagen, denn der Samniter und der Kappadokier waren beide mit langen Messern bewaffnet. Seine Panzerung würde ihn gegen fast alle Angriffe schützen, und er war zu erfahren in seinem Handwerk, um sich leichtsinnig eine offene Blöße zu geben. Er hatte nicht gewartet, bis die anderen ihn angriffen, sondern von Anfang an die Offensive ergriffen, und schon bald hatte er seine Gegner auf zwei reduziert, indem er den Samniter schwer am rechten Arm verwundete. Der Lampenträger machte keine Anstalten, in den Kampf einzugreifen.

Und schon bald nachdem ihm dies gelungen war, trat genau das ein, was er beabsichtigt hatte und weshalb er all diesen Lärm veranstaltet hatte: Die Wachen, die oben am Eingang zum Tempel ihren Dienst versahen, stürzten hinunter in das Schatzgewölbe.

Im Nu war der Kampf vorbei, und die vier Teilnehmer wurden grob voneinander getrennt und festgehalten.

»Laßt mich doch los, ihr Idioten!« schimpfte Decius. »Erkennst du mich nicht, Tribonius? Sag ihnen, sie sollen ihre Finger von mir lassen!«

»Was, du, alter Kamerad?« rief der wachhabende Zenturio. »Was soll das ganze Theater? Es hat sich angehört, als würden sämtliche Elefanten vom alten Hannibal hier unten herumtrampeln. Was war denn hier los?«

»Ich stehe unter dem direkten Befehl des Kaisers«, erwiderte Decius, den man endlich losgelassen hatte. »Er hat mich zum

Leibwächter befohlen – *seinem* Leibwächter«, fügte er hinzu und zeigte auf Sollius.

Tribonius starrte den Sklaven an.

»Was macht er hier unten am Eisengitter?« wollte er wissen; seine Stimme klang mißtrauisch und grob. »Es mag ja so sein, wie du sagst, Decius, aber ich habe die Verantwortung hier, und ich habe ein Recht zu erfahren, weshalb ihr alle hier unten seid. Wie seid ihr überhaupt in diese Gewölbe gelangt? Das werdet ihr mir als allererstes erzählen, denn an *uns* seid ihr nicht vorbeigekommen! Gibt es einen anderen Weg nach unten? Wenn ja, dann muß ich dafür sorgen, daß auch dort eine Wache postiert wird!«

Decius hatte schon den Mund geöffnet, um zu antworten, doch Sollius kam ihm zuvor. »Das kann warten«, sagte er ungeduldig. »Denn vorher muß noch einiges andere im Namen des Kaisers erledigt werden.«

Er holte seine Beglaubigung hervor. Tribonius nahm das Täfelchen, prüfte es erstaunt, schaute Sollius an, dann Decius, dann wieder den Sklaven.

»Ich hab's dir doch gesagt«, meinte Decius. Die offensichtliche Verwirrung seines Kameraden machte ihm Spaß, und er begann es zu genießen, daß seine Aufgabe an der Seite des Sklaven auch ihm eine herausgehobene Stellung gab. »Ich bin sein Leibwächter, und wir sind im Auftrag des Kaisers unterwegs. Ich unterstehe seinem Befehl – genau wie du jetzt auch!«

Er lachte und bedachte Sollius mit einem eher spöttischen Salut, doch der Sklave spürte, daß die Verachtung, die der Prätorianer ihm gegenüber gezeigt hatte, zu schwinden begann. Decius nahm dem immer noch zweifelnden Tribonius das Täfelchen wieder ab und zwinkerte Sollius zu, als er es ihm zurückgab.

»Es ist immer gut, ein solches Schreiben zu haben!« sagte er.

Sollius blickte wieder zu dem Mann hin, der die Lampe hielt. Deren Lichtschein jedoch war nun nicht länger erforderlich, denn einer der Soldaten trug eine Fackel, deren kräftiger Schein weit reichte. Das gesamte Eisengitter war in Licht getaucht und erschien wie ein riesiges Spinnennetz, auf dem blutiger Tau glänzte.

Der Mann mit der Lampe verhielt sich ruhig und sagte nichts.

Plötzlich blies er seine Lampe aus und ließ sie fallen. Da sie aus Ton war, zersplitterte sie in Dutzende von Scherben auf dem Steinfußboden, und das Öl lief aus zu einer kleinen Pfütze, die im Fackelschein rötlich schimmerte. Als wäre es eine Lache aus Blut, das Blut eines ermordeten Mannes.

»Ich denke, es ist nun genug!« sagte er mit erhobener, befehlsgewohnter Stimme, während er seinen Gladiatorenhelm abnahm. Die beiden Zenturionen und die Soldaten schnappten nach Luft, nahmen Haltung an und salutierten. Es war der Sohn des Kaisers. Sollius jedoch blieb weiterhin gelassen am Eisengitter stehen und zeigte ein wissendes Lächeln.

Commodus trat ein paar Schritte vor. »Nehmt diese Männer«, befahl er, »und richtet sie unverzüglich hin. Ich erhebe Anklage gegen sie; sie haben gemeinsam die Diebstähle in der Schatzkammer begangen, mit deren Untersuchung der Sklave von meinem Vater beauftragt worden war. Aber ich erhebe nicht nur Anklage, sondern ich höchstpersönlich lege Zeugnis gegen sie ab, und als Caesar fälle ich nun auch das Urteil über sie.«

Der Zenturio der Wache der Schatzkammer befand sich offensichtlich in höchster Verlegenheit. Er wußte sehr genau, daß der junge Caesar seine Kompetenzen überschritt; andererseits war es allseits bekannt, daß es gefährlicher war, den Zorn Commodus' zu wecken als einen schlafenden Tiger. Er schaute Decius an, doch von seinem Kameraden kam keine Hilfe; also blickte er Sollius an, als wollte er ihn bitten, ihm den rechten Weg zu weisen.

»Hast du mich nicht gehört, Zenturio?« fuhr Commodus ihn an.

»Caesar ...«, begann Sollius.

»Was ist Sklave?« rief Commodus und wandte sich ihm irritiert zu. »Ich werde meinem Vater berichten, daß du das Rätsel aufgedeckt und herausgefunden hast, daß Gaius Rutilius Marcianus, der dort drüben steht, der Anführer der Schurken war. Ich war übrigens auf andere Weise schon zu demselben Ergebnis ...«

Marcianus machte den Eindruck, als wollte er heftig widersprechen, doch als er dem kalten, harten Blick des jungen Prinzen begegnete, schien er es sich anders zu überlegen und blieb still. Commodus wandte sich wieder Sollius zu.

»Es wird dir nicht schaden, wenn du vorsichtig bist«, fuhr er fort und betonte jedes einzelne Wort. »Was willst du denn sonst noch? Ich werde mich zu deinen Gunsten beim Augustus verwenden. Sollte ich mich anders entschließen, würde deinem Herrn deinetwegen eine saftige Geldstrafe auferlegt, das kannst du mir glauben! Und sicher möchtest du glücklicher sterben – und erst in weit vorgerücktem Alter ...« Seine Augen blickten immer noch hart, aber sein Mund lächelte.

Sollius konnte nicht verhindern, daß er sich so schwach fühlte, als bestünde sein ganzer Körper aus Wasser, dennoch gab er nicht nach. »Caesar, der Kaiser hat die Aufklärung dieser Angelegenheit in meine Hände gelegt, und ich muß ihm Bericht erstatten, bevor irgend jemand wegen seiner Schuld verurteilt werden kann. Der edle Augustus wird dann zu entscheiden wissen, welche Strafe er verhängt.«

Commodus starrte ihn an.

»Du redest mich mit Caesar an«, sagte er, »aber offensichtlich scheinst du nicht zu wissen, was dieser Titel bedeutet!«

»Herr, mit deiner Erlaubnis, ich bemühe mich, nichts anderes zu tun, als dem Kaiser zu gehorchen«, erwiderte Sollius.

Commodus biß sich auf die Unterlippe; falls ihm die Röte ins Gesicht gestiegen war, so war dies im flackernden Licht der Fackel nicht zu erkennen.

»Dann laßt uns also den Vorschlag eines Sklaven anhören, ha!« stieß er verächtlich hervor. »Nun, dann sprich, sprich nur! Beglücke uns mit deiner unverschämten Weisheit!«

»Laß die drei unter schwerster Bewachung bleiben und erlaube, daß ich dem Kaiser noch heute nacht Bericht erstatte – in deiner Gegenwart, Caesar. Sicher wird dann alles so schnell und so wirksam wie möglich geregelt werden – mit einer Ausnahme.« Die letzte Bemerkung hatte er kaum hörbar hinzugefügt.

»Was hast du da vor dich hin gemurmelt?« wollte Commodus wissen. Er runzelte die Stirn und schaute Sollius mißtrauisch an.

»Ich meinte, obwohl wir die Schuldigen gefunden haben, Caesar, haben wir das Diebesgut nicht entdeckt«, erwiderte Sollius schwach. »Doch ohne Zweifel werden sie unter der Folter gestehen, wo sie es versteckt haben«, fügte er hinzu. Er sah zu Marcianus hin, der zusammengezuckt war und sich unwillkürlich zum

Sohn des Kaisers umgewandt hatte, doch sofort nahm der Soldat neben ihm ihn wieder fester in den Griff.

»Caesar!« rief Marcianus. »Das wirst du nicht erlauben – das kannst du doch nicht erlauben! Schließlich bist doch du selbst ...«

»Schweig!« Commodus' Stimme klang schrill. »Alles wird sorgfältig geprüft, und der Gerechtigkeit wird Genüge getan werden, Gaius! Zenturio«, befahl er dann, »bringt diese beiden Männer in den mamertinischen Kerker. Du, Gaius, begleitest mich! Ich übernehme die Verantwortung für ihn«, sagte er mit gesenkter Stimme zu Tribonius. »Ich werde ihn selbst dem Willen des Kaisers überstellen. Du, Sklave, wirst das tun, was du vorgeschlagen hast: Du begibst dich sofort zu meinem Vater. Ich werde dich bei ihm treffen. Berichte ihm alles, was du hier gesehen hast – ich werde es bestätigen. Gaius, mit *mir!* Komm!«

Commodus packte Marcianus fest am Arm, dann ging er eilig mit ihm nach oben in den Tempel. Diesmal wurden die Befehle, die er Tribonius gegeben hatte, prompt und ohne Zögern ausgeführt.

»Wir, Decius, werden uns also in den Palast des Kaisers begeben«, sagte Sollius. »Laß uns so schnell wie möglich dorthin aufbrechen.«

Obwohl es schon einige Zeit nach Mitternacht war, war Mark Aurel immer noch wach; er las und dachte nach. Die beiden wurden sofort zu ihm vorgelassen. Sollius wurde von Alexander, dem griechischen Sekretär, in das private Arbeitszimmer des Kaisers geführt, während Decius einen Posten neben den anderen Wachen in dem mit Gold und Malereien verzierten Korridor einnahm. In dem weitläufigen Palast herrschte Stille, und nur eine einzige Lampe brannte auf dem marmornen Schreibtisch des Kaisers. Alexias war nicht anwesend.

»Nun, Sollius?« fragte der Kaiser, als er sich dem Sklaven zuwandte. Er wirkte erschöpft und rieb sich die müden, angestrengten Augen. »Du hast mir also etwas zu berichten?«

Sollius antwortete nicht sofort. Er hegte eine solche Verehrung für den weisen und gütigen Kaiser, daß er zögerte, seinem edlen Herzen Kummer zu bereiten, denn er wußte, daß das, was er zu erzählen hatte, dem Kaiser nichts als Schmerz bringen würde.

»Du brauchst keine Angst zu haben und keine Vorbehalte«,

sagte Mark Aurel, als hätte er des Sklaven zweifelnde Gedanken gelesen. »Berichte mir alles. Hätte ich dich denn mit diesem Auftrag betraut, wenn ich nicht wünschte, die Wahrheit, die ganze Wahrheit zu erfahren?«

Der Sklave berichtete wahrheitsgemäß alles, was sich bis zu dem Augenblick zugetragen hatte, als die Wache, herbeigelockt von dem Lärm, den Decius gemacht hatte, in der Schatzkammer erschien. Dann jedoch hielt er inne in seinem Bericht und schaute den Kaiser an, als wartete er auf eine Frage oder eine Bemerkung. Mark Aurel hatte sich ein wenig vorgeneigt und, den Kopf in die Hand gestützt, zugehört, und als Sollius aufhörte zu reden, stieß er einen Seufzer aus.

»Ich kenne Marcianus«, sagte er und atmete dabei tief ein. »Er ist ein junger Mann mit Charme und von guter Herkunft, und er ist ein – Freund meines Sohnes. Wie schade, daß die besseren Kreise von Rom von dieser gräßlichen Angelegenheit berührt werden. Genau das hatte ich allerdings auch befürchtet, doch ich mußte mir Gewißheit verschaffen. Es war meine Pflicht, die Wahrheit herauszufinden. Und nun kann ich dir auch sagen, Sollius, warum ich ausgerechnet dich um Aufklärung gebeten habe: Hätte ich einen Beamten, jemanden, der zu meinem Hof gehört, damit beauftragt, so wäre er sicher versucht gewesen, alles vor mir zu verbergen, wenn jemand von hoher Herkunft darin verwickelt war. Du jedoch als Sklave hast solche Hemmungen nicht.«

Das Arbeitszimmer des Kaisers war ein kleiner Raum, der in einen zweiten, größeren eingefügt war. Es hatte zwei Eingänge – die Tür, durch die Sollius hereingeführt worden war, außerdem gelangte man aus dem größeren Raum durch einen Bogengang herein, so daß man bei besonderen Gelegenheiten, bei Ratssitzungen beispielsweise oder bei einem Empfang, den privateren Raum öffnen konnte, indem man die Vorhänge wegzog, die den Durchgang verhängten. Diese Vorhänge, aus einem schweren Purpurstoff gewebt, waren nun zugezogen, und obwohl Sollius kein Geräusch gehört hatte, war er sich plötzlich sicher, daß jemand in dem großen Raum hinter den Vorhängen stand und lauschte. Es war nicht schwer zu erraten, wer dieser Lauscher wohl sein mochte.

Unvermittelt stellte der Kaiser die Frage, die Sollius so fürchtete.

»Wer war der Mann, der den Helm eines Gladiators trug? Hast du es herausgefunden? Hast du sein Gesicht gesehen?«

Sollius ließ sich auf die Knie fallen.

»Es war der Caesar!« antwortete er. Mark Aurel zuckte zusammen und bedeckte sein Gesicht mit den Händen.

»Was machte er unterhalb des Tempels?« murmelte er vor sich hin. »War er dort, um seinen Freund davor zu bewahren, etwas Schlechtes zu tun? Ja, so muß es gewesen sein. Stimmt das, Sollius?« fragte er ernst. Er nahm die Hände vom Gesicht und schaute den Sklaven forschend an. Ein Flehen lag in seinem Blick.

Als Sollius zum Kaiser aufsah, bemerkte er eine leichte Bewegung in den Falten des Vorhangs, als ob jemand, der gleich eintreten wollte, die Hand dorthin gelegt hätte, aber dennoch noch zögerte, diesen Schritt zu tun. Doch die eigentliche Aufmerksamkeit des knienden Sklaven war auf das Gesicht des Kaisers gerichtet, und was er dort las, erschütterte ihn zutiefst. Daß der Beherrscher der Welt, der so beständig und unermüdlich um das Wohl und Glück seines Reichs bemüht war, selbst so unglücklich war und Furcht vor Schande haben mußte, daß er Gefahr lief, in seinen aufrichtigsten Gefühlen enttäuscht zu werden, wenn er erfuhr, daß derjenige, der ihm am nächsten stand und den er am meisten liebte, seines Vertrauens und sogar seiner Liebe unwürdig war: All dies betrübte Sollius zutiefst. Er konnte sich nicht dazu überwinden, jene Worte auszusprechen, die die schreckliche Wahrheit enthüllen würden.

Er erhob sich, und während er sich bemühte, seinen Blick von dem Vorhang fernzuhalten, antwortete er mit sorgfältig gewählten Worten auf die Frage des Kaisers.

»Wenn ich es recht verstanden habe«, begann er, »dann hatte der Caesar seine eigenen Vermutungen, was seinen Freund betraf, und hat sich verstellt, um ihm eine Falle zu stellen. Du, Herr, hast mich beauftragt, das Rätsel zu lösen, doch auch ihm verdankst du zu einem großen Teil, daß das Geheimnis erhellt wurde.«

»Damit schenkst du mir Trost«, meinte der Kaiser seufzend.

Noch während er sprach, wurde der Vorhang beiseite geschoben, und Commodus betrat den Raum.

»Mein lieber Vater«, sagte er demütig, kam herüber und küßte den Kaiser auf die Wange.

»Mein Sohn«, murmelte Mark Aurel und legte für einen Moment dem jungen Mann eine Hand auf den Arm.

»Hat dieser gute Sklave dir von unserem nächtlichen Abenteuer berichtet?« fragte Commodus und schaute Sollius mit einem schwachen, spöttischen Lächeln an.

»Sehr ausführlich«, erwiderte sein Vater. »Ich werde ihm nicht vergessen, welchen Dienst er mir geleistet hat.«

»Ich auch nicht«, sagte Commodus leise und schlug den Blick nieder, als er hinzufügte: »Jeden Dienst, den er dem römischen Staat und dir erweist, erweist er gleichzeitig auch mir.«

Sollius wagte es nicht, auch nur den flüchtigsten Blick auf den jungen Caesar zu werfen, als er ruhig meinte: »Ich bin mir ganz sicher, daß es von nun an keine Diebstähle mehr in der kaiserlichen Schatzkammer geben wird.«

»Du hast dem römischen Staat gut gedient«, sagte Mark Aurel lächelnd. »Ich werde dies auch Sabinus sagen, und deine Belohnung wird einen Sklaven zu einem reichen Mann machen.« Er lächelte wieder und fuhr dann fort: »Der Kappadokier und der samnitische Würger werden unter Ausschluß der Öffentlichkeit angeklagt, und falls sie schuldig befunden werden, wird man sie hinrichten. Was hast du mit Marcianus gemacht, mein Sohn?« wollte er dann wissen. »Du hast ihn doch mit dir genommen, nicht wahr, und persönlich die Verantwortung für ihn übernommen.«

»Nun, Vater«, begann Commodus, und seine Demut wich plötzlich einer Maske der Traurigkeit und des Unbehagens, »ich fürchte, ich habe keine guten Nachrichten. Als ich ihn durch die Straßen führte – wir hatten uns beide zum Schutz gegen die neugierigen Blicke der Nachtschwärmer in unsere Umhänge gehüllt –, wollte er plötzlich flüchten und rannte davon. Mein gallischer Freigelassener, der mich begleitete, dachte, daß er das Richtige täte, als er dem Flüchtenden sein Messer hinterherschleuderte – sie sind sehr schnell und geschickt mit dem Messer, diese Gallier! –, und er traf ihn genau zwischen den Schultern. Es betrübt mich, daß Gaius nun der römischen Gerichtsbarkeit entzogen ist.«

»Er ist tot?« fragte der Kaiser.

»Er ist tot!« bestätigte Commodus. Er wandte sich Sollius zu und schaute ihn mit arroganter Selbstzufriedenheit an.

»Nun, dann werde ich ihm keinen Großmut mehr zeigen können«, sagte der Kaiser mit einem Seufzer. »Aber wenigstens ist dieses Rätsel nun aufgeklärt und die ganze Angelegenheit abgeschlossen. Ich bin den Göttern dankbar dafür. Glaubst du«, wandte er sich dann unvermittelt wieder an seinen Sohn, »daß man die gestohlenen Juwelen und das Gold in der Villa deines toten Freundes finden wird?«

»Wir können sie durchsuchen lassen, Vater«, erwiderte Commodus ernst, »aber ich habe keine Hoffnung, daß wir etwas finden werden. Er war zu schlau – und ganz bestimmt zu schlau für mich«, fügte er mit einem Seufzer hinzu.

»Was meinst du, Sollius?« fragte der Kaiser.

Sollius schaute schnell zu dem jungen Caesaren hin, dann antwortete er: »Ich glaube nicht, Herr, daß etwaige Nachforschungen über den Verbleib des Diebesgutes Erfolg zeigen werden.«

»Dann würdest du es gar nicht erst versuchen?«

»Nein, denn ich hielte es von vorneherein für aussichtslos«, erwiderte der Sklave fest.

»Ich verstehe«, erwiderte Mark Aurel, runzelte leicht die Stirn und rieb sich wieder die Augen, wobei er noch erschöpfter wirkte als zuvor. »Ich verstehe«, wiederholte er. »Kehre nun in das Haus deines Herrn zurück, Sollius, und erkläre ihm, daß ich sehr zufrieden mit dir bin. Wohin gehst du, mein Sohn? Bleib noch bei mir, während ich meine Schreibtafeln wegräume ...«

Der Sklave verließ den Kaiser und den Caesaren, dann entließ er Decius an den Quartieren der Soldaten, denn er brauchte nicht länger einen Leibwächter. Allein kehrte er in das Haus seines Herrn zurück.

»Aber wer hat denn nun den Schatz gestohlen?« fragte Lucius am nächsten Tag, nachdem Sollius ihm alles, was passiert war, erzählt hatte.

»Wenn unser junger Herr Commodus seine Lampe nicht genau an jener Stelle, wo die Diebe das Eisengitter überwunden hatten, hochgehalten hätte, dann hätte ich wahrscheinlich niemals mit Sicherheit gewußt, daß er selbst einer von ihnen war«, antwortete Sollius. »Dann würde ich wahrscheinlich immer noch vergeblich herauszufinden versuchen, wer der Komplize des Marcianus war – ja, es *war* der junge Caesar. Ich brauchte nicht viel zu tun, um das zu erkennen, Lucius, sie haben sich selbst verraten, wahrscheinlich aus der Furcht heraus, ich wäre klüger, als ich tatsächlich bin.«

»Glaubst du denn, daß der Kaiser etwas vermutet?«

»Ich hoffe nicht.« Sollius seufzte. »Hättest du sein Gesicht gesehen, dann hättest du genauso gelogen wie ich.«

»Und die gestohlenen Schätze sind verloren?«

»Mit größter Wahrscheinlichkeit«, erwiderte Sollius. »Keins der Stücke wird man jemals wieder in Rom sehen. Allerdings werden sie ohne Zweifel in verschiedenen diebischen Händen auftauchen, verstreut in den einzelnen Teilen des Imperiums«, fügte er hinzu und lächelte über seine sarkastischen Gedankengänge. »Ihren Platz werden blanke Münzen eingenommen haben – wir wissen schon, in wessen Geldtruhen! Aber den eigentlichen Nutzen von den kriminellen Taten des Sohnes eines guten Mannes werden die Arena und die Spielhöllen haben, die gerade in Mode sind. Aber so ist nun einmal der Lauf des Lebens, wenn die Götter gleichgültig sind!«

Mit den meisten seiner Vermutungen hatte Sollius recht, aber nicht mit allen. So tauchte zum Beispiel ein Teil des gestohlenen Schatzes doch wieder in Rom auf. Denn Sollius erhielt von Commodus als Zeichen von dessen Wertschätzung ein kostbares und höchst fremdartiges Schmuckstück, von dem Sollius sich sicher war, daß es einst Teil jenes Schatzes gewesen war, den der große Pompeius nach seinem Sieg über Mithridates von Pontus als Tribut an das römische Volk mit nach Hause gebracht hatte.

Originaltitel: *The Treasury Thefts*
Ins Deutsche übertragen von Katharina Woicke

Ein byzantinisches Rätsel

Mary Reed und Eric Mayer

Mary Reed ist eine ›Exil-Britin‹ (oder besser eine ›Exil-Nordenglände-rin‹), die 1976 in die USA auswanderte. Damals hatte sie sich bereits in dem kleinen Kreis britischer Science-fiction-Fans mit ihren wunderbaren Streifzügen in Amateur-Magazinen einen Namen gemacht. In Amerika begann sie ihr Schreiben dann in verschiedenen Bereichen weiterzuentwickeln, mit einer besonderen Vorliebe für die Themen Essen und Wetter – ein typisch britischer Zug.

So handelte auch der erste Roman, der 1987 von ihr veröffentlicht wurde, vom Essen; es war ein Kriminalroman mit dem Titel ›Local Cuisine‹.

Die vorliegende Geschichte hat Mary – in Zusammenarbeit mit ihrem Ehemann Eric Mayer, der viel zu der Idee der Handlung beitrug – speziell für diesen Band geschrieben. Sie spielt in den unruhigen Tagen des Byzantinischen Reichs.

Johannes, der Eunuch, war zwar Haushofmeister des Kaisers Justinian, doch eigentlich diente er einem höheren Herrn als seinem irdischen. Und so kam es, daß er im Morgengrauen eines Januartages, als der Herrscher ungeduldig nach ihm läutete, erst einmal sein rituelles Mahl beendete, das er unter der sternengeschmückten Decke eines unterirdischen Heiligtums des Gottes der Weisheit einnahm. Normalerweise wäre dieser Wintermorgen so stockfinster gewesen wie jeder andere in Konstantinopel, hätte nicht der gespenstische Schein eines Feuers, das die *Kirche der Heiligen Weisheit Gottes* bis auf die Grundmauern niederbrannte, die Umgebung hell erleuchtet.

Als Johannes endlich erschien und seinen Umhang enger um sich zog, um sich vor der kühlen Luft des frühen Morgens zu schützen, fand er einen Untergebenen mit einer Fackel in der Hand wartend am Eingang. Der Mann war sichtlich erschüttert.

»Anatolius, was ist denn los mit dir?« fragte er sanft. Wenn er zu dieser Zeit vom persönlichen Schreiber des Herrschers gerufen wurde, mußte es um mehr gehen als um Fragen, die den Haushalt betrafen oder um die andauernden Tumulte. Dies brachte er zur Sprache, als sie einen mit Steinplatten gepflasterten Weg entlangliefen, der das Gelände des großen Palastes durchzog. Im Freien war der Lärm der Tumulte lauter. Als der Wind sich drehte, schlugen Wellen zornerfüllten Brüllens über die Palastmauern. Rauchwolken waren zu sehen; sie verdunkelten die Sterne, und hin und wieder durchschnitt ein Schrei den Lärm in der Ferne wie ein Messer die Kehle eines Opfertieres.

Ein paar glimmende Funken markierten den Weg der windgepeitschten Glutasche nahe dem ausgebrannten Zugang zu dem Gebäude, das von der kaiserlichen Leibwache streng bewacht wurde.

»Der Herrscher hat bereits über eine Flucht nachgedacht«, vertraute Anatolius dem Haushofmeister an, »aber die Herrscherin riet ihm zu bleiben.«

»Nun, er hat sie und die Wachen, für was braucht er mich?« Johannes war verwirrt. »Er möchte doch nicht etwa, daß ich zum Schwert greife?«

»Bei Mithra!« fluchte sein Begleiter. »Wenn er wüßte, daß du in einem Gottesdienst warst, während die Stadt in Aufruhr ist und frisches Blut in die Gosse fließt ...«

»Nun, zweifellos hat er selbst ein wenig gebetet.«

»Ja, es stimmt, der Patriarch ist manchmal hiergewesen.« Die beiden Männer näherten sich jetzt den Türen des Thronsaals. Diese standen offen und waren – was Johannes sehr verwunderte – unbewacht. Als sie näher kamen, senkte Anatolius seine Stimme. »Aber dann brennt die Kirche ab, und der Mob ist immer noch nicht zerschlagen.«

»Ich glaube, es ist noch nicht zu spät, die Hoheiten zu überzeugen, sich aufs Land zurückzuziehen. Vielleicht sollten wir sie als *Grüne* verkleiden? Oder etwa als *Blaue*? Was meinst du?«

Anatolius starrte ihn an. Obwohl der Herrscher und die Herrscherin normalerweise mit der *Blauen* Faktion verbunden waren, war sie eine geborene *Grüne*. Und da beide Parteien sich gleichermaßen an der Zerstörung und Plünderung der Stadt beteiligten, war es nicht einfach, einer Seite die Schuld zu geben – *aber*, so dachte Johannes, als er den schwach beleuchteten Raum betrat, *ein Vergeltungsschlag wäre ebenso schwierig.* Hinter ihm verhallten die Schritte von Anatolius, der sich schnell – und wie Johannes bitter feststellte – erleichtert zurückzog.

Justinian, der sich wie stets seiner Position voll bewußt war, saß auf seinem großen Thron mit dem Baldachin, als Johannes sich langsam näherte und das Haupt vor seinem irdischen Herrn senkte.

Der große dunkelhaarige Mann mit den geschwungenen Brauen, zusammengekniffenen Augen und dem schwach ausgeprägten Kinn sprach nur sehr leise. *Merkwürdig,* dachte Johannes, *wo wir doch allein hier sind.* Respektvoll neigte er den Kopf seinem Kaiser zu, um zu erfahren, aus welchem Grund er zu diesem seltsamen Treffen gerufen worden war.

»Ich habe einen besonderen Auftrag für dich. Er ist so heikel, daß ich mit niemandem darüber sprechen kann außer mit dir und der Kaiserin.« Der Haushofmeister hob im Geiste fragend die Augenbrauen, während sein Gesicht völlig unbewegt blieb. »Die einzige Person, die außerdem davon weiß, ist der Bischof. Aber schon bald wird es bekannt werden, und bis dahin müssen wir die Sache geklärt haben.« Er machte eine Pause. »Es handelt sich um eine religiöse Angelegenheit.«

Nun, dachte Johannes, *damit ist es kein Wunder, daß der Bischof darin verwickelt ist.* Wie viele Anhänger von Mithra amüsierte auch er sich über die Ähnlichkeiten der – für sie – neuen Religion mit dem alten, mehr spartanischen Kult. Johannes konnte mit den reich geschmückten Palästen des gnädigen Gottes nur wenig anfangen, und so war er von der Zerstörung der *Kirche der Heiligen Weisheit* und ihrer noch immer schwelenden Ruine, die nicht weit von dem Ort entfernt lag, wo sie jetzt standen, nur wenig betroffen; ganz anders als Justinian, für den es ein schwerer Schlag war. Dennoch wäre Johannes zugegebenermaßen gerne hart mit den Plünderern umgegangen, die er beobachtet hatte, wie sie die juwelengeschmückten Reliquienschreine und die wunderschön gemalten Ikonen aus der Kirche herausgeschafft hatten, nur um sie anschließend auf dem Pflaster zu zerschmettern. Auch der Säulenheilige auf dem Platz hatte dies mit entsetztem Blick beobachtet – allerdings rührte seine Bestürzung weniger von beleidigten religiösen Gefühlen als vielmehr von verletztem Ordnungssinn her. Was bedeutete es ihm schon, daß von einer Ikone, die angeblich von St. Lukas gemalt worden war, geglaubt wurde, sie würde die Stadt beschützen – ganz abgesehen vom Stab des Moses oder all den zahllosen anderen Reliquien, um die sich die Priester in den weißen Togen kümmerten. Seiner Meinung nach war das alles bloß abergläubischer Unsinn.

Justinian stand auf und stieß mit einem nervösen Tritt ein reichverziertes Fußbänkchen zur Seite. »Bei Gott und all seinen Engeln, schwöre, daß du niemals weitersagen wirst, was du nun erfährst«, sagte er mit heiserer Stimme, stieg von dem Podest herunter und packte Johannes hart am Arm. Der erinnerte sich an den Barbier des Königs Midas, dem einst ein Geheimnis anvertraut worden war, das er nicht weitererzählen sollte. Schließlich verriet er es aber doch dem Schilfgras, das es weiterflüsterte, wenn der Wind es durchwehte.

»Natürlich schwöre ich«, meinte Johannes.

»Ich werde die Kirche wieder aufbauen«, sagte Justinian geheimnisvoll und etwas erregt. »Und werde Salomon übertreffen. Sie soll ein würdiger Hort sein für all die Reliquien, die uns und natürlich auch die Stadt beschützen.«

Das paßt zu Justinian, daß er den Schutz seiner selbst an erster Stelle erwähnt, dachte Johannes verächtlich, denn er nahm nicht an, daß mit ›uns‹ irgend jemand anderes gemeint war als er, der Kaiser, allein. Johannes senkte den Kopf tiefer, denn der Herrscher sprach schnell und undeutlich in der dämmerigen Halle.

Johannes, der Eunuch, kniete lange vor dem Bild seines Gottes und flehte um dessen Hilfe. Sein Herr hatte ihm vierundzwanzig Stunden gegeben, um den Schuldigen, den Dieb, zu finden, und er war der Lösung des Falles noch kein Stück näher gekommen. Er hatte das Gefühl, sich bald selbst in der wenig beneidenswerten Rolle eines Sündenbocks wiederzufinden, denn die Herrscherin würde auf einem *Grünen,* wie er selbst einer war, als Schuldigen beharren – und sie hatte die Macht, aus einer Behauptung eine unbestrittene Wahrheit zu machen. Nein, die Aussichten waren alles andere als angenehm.

Johannes ließ den Blick über die Heiligenschnitzereien wandern und suchte nach einer Eingebung, während in seinem Kopf fantastische Theorien darüber herumspukten, wer der Schuldige sein könnte. Er war erschöpft und nicht mehr in der Lage, klar zu denken, nachdem er bereits mehrere Bürger befragt hatte, die während der Tumulte auf der Straße gesehen worden waren – zumindest angeblich (Konstantinopel war eine Stadt, die auf dem Boden von Intrigen und Gegenintrigen gedeihte). Die Truppen des Kaisers schlugen noch immer vereinzelt Krawalle nieder. Wie sonderbar wäre es, wenn der Schuldige nicht draußen auf der Straße, sondern in einer höheren Gesellschaftsschicht zu finden wäre? *Nein*, dachte Johannes mit einem winzigen Lächeln – das Alexander zwar erkennen, ihn aber erschauern lassen würde – *was wäre, wenn es die Herrscherin selbst gewesen wäre?* Zwar hieß es, daß sie Justinian sehr zugetan wäre und durch die Heirat mit ihm aus den unteren Schichten aufgestiegen sei; ihre bösartigen Intrigen aber waren allgemein bekannt und ihr Ehrgeiz grenzenlos.

Johannes ließ seinen Gedanken weiterhin freien Lauf. Seine Überlegungen gingen von den höchsten zu den niedrigsten Schichten, oder – in anderen Worten – zu den Säulen der Gesellschaft, die kaum genug Zeit hatten, ihre Unschuld zu beweisen, besonders, wenn sie auf der falschen Seite der Kaiserin Theodora standen. Die ungewöhnliche Ironie dieses Gedankens ließ ihn auflachen, doch das glucksende Echo seines Gelächters verstummte schnell, als Johannes überlegte: *Säulen der Gesellschaft?* Er stieß nur noch ein paar kurze Dankgebete hervor, dann eilte er aus dem kleinen Raum in den Sonnenschein des späten Nachmittags.

Unruhen mögen kommen, Herrscher gehen, Häuser in Flammen aufgehen – der alte Säulenheilige stand Tag für Tag dreißig Ellen über dem Augusteum, mit wildem Blick und halbnackt. Zufrieden mit der Nahrung, die ihm aus Barmherzigkeit gegeben wurde, und mit dem, was ein Vogel ihm im Vorbeifliegen überließ, stand er hoch droben, bis seine Gelenke steif wurden und sein Fleisch in mehr als einer Hinsicht abstarb. Dort oben auf seiner Säule hielt er Zwiesprache mit Gott und sich selbst; er blieb

immer dort, stieg niemals herunter und wurde so wie das Senats-
gebäude oder die Statuen bei den Bädern des Zeuxippus zu
einem Teil der Landschaft. Dabei hätte ein Besuch der Bäder dem
Säulenheiligen gut angestanden, dachte Johannes und rümpfte
die Nase ein wenig, als er die Leiter hinaufstieg, um mit dem heiligen Besetzer der Säule zu sprechen, der gerade eine milde Gabe
erhalten hatte.

»Gott segne dich, mein Sohn«, sagte der alte Mann mit einem
Bissen Fisch im Mund. Johannes senkte zum Dank sein Haupt.

»Ach, Vater«, begann er mit einem heiseren Flüstern, obwohl
es kaum nötig war, leise zu sprechen. Der Lärm, der wie üblich
auf der Straße unter ihm herrschte, sorgte für eine Art Kokon aus
Stimmengewirr, der wirksam ihr Gespräch einhüllte.

»Ich komme im Namen des Kaisers und möchte Euch einige
Fragen stellen.«

»Fragt nur, mein Sohn«, meinte der Graubärtige mit einem
freundlichen Blick aus seinen tiefliegenden Augen, die unter
geschwungenen Brauen versteckt waren. Diese Augen erschienen viel jünger als das zerfurchte Gesicht, aus dem sie schauten.
Augen waren das, so hoffte Johannes, die vieles sehen konnten
und gesehen hatten.

»Sagt mir, was Ihr letzte Nacht beobachtet habt«, forderte er
ihn auf.

Der Säulenheilige lächelte. »Nun, viele Dinge! Es war wie eine
Vision der Hölle auf Erden, mit Flammen der Pein, die alles zer-
störten, was sich ihnen in den Weg stellte. Die Seelen der Ver-
dammten gingen in den Straßen um, flehten um Erlösung und
konnten doch keine finden.«

Johannes hoffte inbrünstig, daß sein Informant sich nicht
damit aufhalten würde, von seinen Visionen zu berichten. Er
begann sich lächerlich zu fühlen, wenn nicht sogar ausgeliefert,
während der Wind des Marmarameeres an seinem Umhang
zerrte. Darüber hinaus stand er mit seinen Sandalen recht unsicher auf den Sprossen der Leiter. Die freundlichen Blicke, die sein
Informant auf ihn warf, bildeten einen deutlichen Kontrast zu
seinen glühenden Worten.

»Es glich wohl den Erlebnissen des Orpheus auf seinem Weg
in den Hades«, meinte der alte Mann. »Dunkle Dämonen mit gro-

155

ßen Reichtümern, die Gläubigen in Versuchung zu führen. Im Schatten pirschen sie sich an die Frommen heran.«

Johannes' Augen verengten sich ein wenig. »Tatsächlich?« half er ein wenig nach, denn er wollte wissen, ob er an der richtigen Adresse war. *Hölle, Dämonen, Qual, tatsächlich.* »Von den Dämonen abgesehen, habt Ihr irgend etwas im Umkreis der Kirche gesehen? Es war doch hell genug.«

»Ja, mein Sohn, das habe ich. Ich sah die Gläubigen, die alle Schätze, die sie finden konnten, vor des Teufels Brand in Sicherheit brachten, der die ganze Stadt heimsuchte. Wahrlich, diese frommen Seelen verdienen einen Platz im Himmel!«

Johannes stellte insgeheim fest, daß der Säulenheilige von hier oben zwar einen hervorragenden Blick hatte, aber dennoch blind war. Denn jene, die er als ›fromme Seelen‹ bezeichnet hatte, waren in Wirklichkeit diejenigen, die sich anschickten, die wunderschöne Kirche auszuplündern, die jetzt vollständig in Ruinen lag. Er teilte diese Art von Blindheit – das spürte er – zu sehen, aber nicht zu begreifen. Und jetzt wurde die Zeit knapp. Dunkelheit breitete sich um die Stadtmauern herum aus. Wieder würde es eine feuchtkalte Nacht werden.

Sein Informant fuhr sich mit fettigen Fingern durch den verfilzten Bart.

»Ja, sie gehen um in der Nacht«, fuhr er fort, als könne er die Gedanken des Haushofmeisters lesen. »Die Dämonen, die Dämonen …« Aber er war nicht bereit, mehr zu sagen.

»Der Nubier ist über sechs Fuß groß und hat die Stärke von zehn Männern«, protestierte Alexander, der oberste Wagenlenker der *Blauen,* während er sich seinen Weg durch den Schutt eines kleinen Weinladens zu der großen Scheune suchte. »Und vor allem ist er geschickt mit den Händen. Er ist ein guter Zimmermann und Schreiner; im Moment ist er gerade dabei, meinen besten Streitwagen zu reparieren. Du weißt schon, derjenige, der mich fast umbrachte, als er letzte Woche seine Achse verlor.« Er wandte sich seinem alten Freund Johannes zu. »Aber er hat den Verstand eines Kindes. Ich glaube nicht, daß du irgend etwas aus ihm herausbekommst, selbst wenn er dich verstanden hat. Er kann so gut wie kein Griechisch.« Alexander war zwar neugierig, doch er stellte kaum Fragen, um zu erfahren, warum Johannes ihn aufgesucht hatte. Dieser war, vom roten Umhang aus Wolle bis zum goldenen Stab, in voller Amtstracht an der Tür aus Walnußholz erschienen.

Johannes lächelte schwach. »Wir werden sehen, Alexander.«

»Aber was läßt dich glauben, daß er Licht in die Sache bringen kann – um was auch immer es sich drehen mag?«

»Mein lieber Alexander, selbst im Halbdunkel, bei lodernden Flammen und in der ganzen Verwirrung, fällt ein Mann seiner Größe auf. Er ist vor Ort gesehen worden. Er könnte … Informationen haben.« Der Ton des Haushofmeisters klang zwar unbeteiligt, doch Alexander dankte Apoll, daß nicht er selbst es war, der befragt werden sollte.

Sie betraten das Gebäude mit der hohen Decke. Auf einer Werkbank neben einem Streitwagen ohne Räder saß der besagte Sklave und schnitzte mit geschickten Händen an einem Holzstück. Als sie eintraten, schaute er auf und sprang schnell auf die Füße. Johannes schaute sich den jungen Mann an. Er bemerkte, daß er groß und gut gebaut war, mit symmetrischen Narben auf seiner Brust – ohne Zweifel Stammeszeichen. Er trug ein verziertes silbernes Kreuz, und sein Rock war voller Hobelspäne. Sein Blick war beunruhigend leer.

»Mahmoud, ich bitte dich, die Fragen des Haushofmeisters wahrheitsgemäß und in allen Details zu beantworten, wie es ein guter Sklave tun sollte.« Alexander sprach freundlich und deutlich wie zu einem Kind, mit dem der Riese verglichen worden war. Der Mann nickte, und seine Augen wanderten langsam zu Johannes, als dieser sprach, und wieder zurück zu Alexander, als er antwortete, als wäre Alexander derjenige, der ihm Fragen stellte. Aber er hatte nichts zu erzählen und leugnete sogar, während der Tumulte vor den Mauern des Palastes gewesen zu sein. Statt dessen behauptete er, daß er sich die ganze Nacht aus Angst in der Scheune versteckt hätte. Obwohl er immer aufgeregter wurde und ängstlich dreinschaute, wich er nicht von seiner Geschichte ab, und schließlich hieß ihn Johannes, an seine Arbeit zurückzukehren, während er Alexander Zeichen gab, nach draußen zu gehen. Sonnenschein fiel auf das Pflaster, als sie den Weg zurückgingen, den sie gekommen waren.

»Nun«, sagte sein Freund, »es scheint, daß er uns nicht weiterhelfen kann.«

»Wie du sagtest, er hat den Verstand eines Kindes, wenn er auch ehrlich ist und mit Sicherheit talentiert.«

»Er hat mir bisher gute Dienste geleistet«, antwortete Alexander, »und es täte mir leid, ihn zu verlieren, falls du daran denkst, mir ein Angebot zu machen.«

Aber er verlor ihn, denn nur vier Stunden später wurde die Leiche des ›Kind-Mannes‹ aus dem Bosporus gezogen, während die Scheune niederbrannte und mit ihr der beste Streitwagen seines ehemaligen Herrn.

Wieder einmal saß Justinian auf seinem Thron auf dem Podest unter der gewölbten Zimmerdecke – ein Herrscher durch und durch. Er lächelte seinen Haushofmeister freundlich an, der aufrecht vor ihm stand, ein Mann der Etikette.

»Das Ergebnis deiner Nachforschungen?« Justinians Ton klang recht gebieterisch.

Johannes verneigte sich. »Erfolg, Eure Exzellenz. Der Schuldige war ein einfältiger Sklave; er ist jetzt tot. Anscheinend sah er seine Chance in der allgemeinen Unruhe und nutzte sie. Es ist mir gelungen, das gestohlene … Stück wiederzubeschaffen.«

Justinian winkte ihn zum Thron heran. »Bring es her!« befahl er ihm, wenn auch mit zitternder Stimme. Johannes gehorchte, stieg die mit einem goldenen Tuch ausgelegten Stufen hinauf, bis er den Thron fast erreicht hatte, und verbeugte sich tief. Er streckte seine ausgemergelte, sonnenverbrannte Hand aus und legte ein undefinierbares, leicht zersplittertes Stück Holz in die Hand des Kaisers. Justinian nahm es entgegen, als bedeute es seine Erlösung – und in der Tat, dachte Johannes, genau so würde er es sehen.

»Dies stammt vom Heiligen Kreuz selbst«, sagte der Herrscher, und seine Augen leuchteten, »unsere heiligste Reliquie. Du kannst gehen.« Taktvoll zog sich Johannes aus der großen Halle zurück und war dankbar, daß er gehen durfte, bevor der Herrscher nach näheren Einzelheiten fragen konnte, etwa, wie Johannes die Reliquie in den überfüllten Straßen von Konstantinopel gefunden hatte, obwohl ihm nicht einmal erlaubt gewesen war, zu verraten, was er eigentlich suchte. Er verließ den Palast und lief langsam den gewundenen Weg entlang. Bruchstücke eines Liedes drangen aus dem nahen Lager der kaiserlichen Garde. Er lächelte kurz. Sie dienten dem Gott des Lichts auf ihre Weise. Und er tat auf seine einfache Art dasselbe.

Denn was war der Nubier anderes als ein dunkler Dämon (der von dem Säulenheiligen gesehen wurde, wie er aus dem Schatten auftauchte) mit einem Schatz oder vielmehr mit einem juwelenbesetzten Reliquienschrein, der die heilige Reliquie jahrhundertelang beherbergt hatte? Und warum hatte er sie gestohlen? Weil er glaubte, sie würde den Streitwagen seines Herrn beschützen. Zweifellos war ihm die Gotteslästerung dieser Tat nicht in den Sinn gekommen, aber die Befragung durch den Haushofmeister hatte ihn sicherlich in Panik versetzt. Ganz abgesehen von der Möglichkeit einer Bestrafung durch seinen Herrn, den er ganz offensichtlich liebte. Aus diesen Gründen hatte er wohl die Scheune in Brand gesetzt, um den Beweis – und schließlich auch sich selbst – zu vernichten. *Ein Märtyrer für seinen Glauben*, dachte Johannes, während er im Schatten eines kleinen Gartenpavillons stand. In ein paar Monaten würden hier alle Blumen des Morgenlandes erblühen. Der Sklave konnte ihm beinahe leid tun, aber Johannes selbst hätte von Justinian kein Mitleid zu erwarten gehabt, wenn er bei seinem Auftrag versagt hätte. Darum hatte er sich einfach ein Stück Holz genommen und dies als heilige Reliquie ausgegeben, denn er war zu dem Schluß gekommen, daß nur wenige sie tatsächlich gesehen hatten, und diejenigen, die sie kannten, würden es kaum wagen, dem Kaiser zu widersprechen. Denn war am Ende nicht alles Aberglaube? *Wie dem auch sei,* dachte Johannes, der Eunuch, Diener Mithras und Anhänger der *Grünen, zumindest haben die Blauen nun keinen himmlischen Vorteil mehr.* Und damit drehte er sich um und ging langsam nach Hause.

Originaltitel: *A Byzantine Mystery*
Ins Deutsche übertragen von Christine Schläfer

Der mit dem Regen kam

Robert van Gulik

Robert van Gulik (1910–1967) war holländischer Botschafter in Japan und fasziniert von den alten Erzählungen über einen chinesischen Richter namens Dee aus dem siebten Jahrhundert. Als Soldat im Kriegseinsatz übersetzte er die Geschichten unter dem Titel Dee Goong An: Drei Mordfälle für Richter Dee *(1949) ins Englische. Anschließend schrieb er neue Romane und Kurzgeschichten mit Richter Dee als Hauptperson, von* The Chinese Bell Murders *(1959) bis hin zu* Poets and Murder *(1968).*

Die vorliegende Erzählung spielt in den Anfängen der Karriere Dees, genaugenommen im ersten Dienstjahr nach seinem Amtsantritt, und knüpft nahtlos an die Werke The Chinese Gold Murders *(1959), seinem ersten Fall, und* The Lacquer Screen *(1964) an.*

»Diese Kiste ist auch nicht zu gebrauchen!« meinte Richter Dees Erstfrau angewidert. »Seht euch nur den grauen Schimmel am Saum dieses Kleides an!« Mit einem Knall schloß sie den Deckel der aus rotem Leder gefertigten Kleiderkiste und wandte sich der Zweitfrau zu. »So einen heißen und feuchten Sommer habe ich noch nicht erlebt. Und wie es gestern nacht geschüttet hat! Ich dachte, es würde nie mehr aufhören zu regnen. Hilf mir doch mal, bitte.«

Der Richter, der am offenen Fenster des großen Schlafzimmers am Frühstückstisch saß, sah seinen zwei Frauen dabei zu, wie sie die Kleiderkiste auf den Fußboden stellten und es mit der dritten im Stapel versuchten. Fräulein Tsao, Freundin und Gesellschafterin seiner Erstfrau, legte gerade Kleider zum Trocknen auf den tragbaren Messingofen in der Ecke; sie zog sie über die aus Kupferdraht bestehende Abdeckung über den glühenden Kohlen.

Durch die Wärme, die der Ofen verströmte, und den Dampf, der von den trockenen Kleidungsstücken aufstieg, wurde die Luft im Raum nahezu unerträglich, doch die drei Frauen schienen es nicht zu bemerken.

Seufzend drehte sich der Richter zur Seite und sah hinaus. Vom Schlafzimmer aus, das im zweiten Stock seiner Residenz lag, hatte man für gewöhnlich eine schöne Aussicht auf die geschwungenen Dächer der Stadt, aber im Augenblick verschwanden alle Umrisse in einem dichten Nebel, der wie Blei über den Häusern lag. Anscheinend hatte der Nebel auch von seinem Inneren Besitz ergriffen, denn er fühlte sich schwach und träge. Inzwischen bedauerte er es zutiefst, daß er, einer unglücklichen Eingebung folgend, um seine graue Sommerrobe gebeten hatte. Genau diese Bitte hatte seine Erstfrau nämlich auf die Idee gebracht, die vier Kleiderkisten zu inspizieren, und als sich an der Kleidung Schimmel fand, hatte sie auf der Stelle seine Zweitfrau und Fräulein Tsao herbeigerufen. Nun waren die drei vollkommen von ihrer Arbeit gefangen und verschwendeten offenbar nicht einmal den kleinsten Gedanken an eine Tasse Tee oder gar ein Frühstück. Für sie war es die erste Begegnung mit den Hundstagen in Penglai, denn seit der Richter dort sein Amt angetreten hatte, waren erst sieben Monate vergangen. Richter Dee streckte die Beine aus; seine Knie und Füße fühlten sich steif und geschwollen an. Fräulein Tsao bückte sich und nahm ein weißes Kleid vom Ofen.

»Das hier ist vollkommen trocken«, verkündete sie. Als sie es auf den Kleiderständer hängen wollte, fiel dem Richter ihre schlanke, wohlgeformte Figur auf. Plötzlich fragte er seine Erstfrau mit scharfer Stimme: »Kannst du das nicht alles den Dienstmädchen überlassen?«

»Natürlich«, entgegnete sie, ohne sich umzudrehen. »Aber zuerst will ich mich selbst davon überzeugen, ob wirklich ernsthafter Schaden entstanden ist. Um Himmels willen, jetzt sieh dir doch nur dieses rote Kleid an, meine Liebe!« fuhr sie an Fräulein Tsao gewandt fort. »Der Schimmel hat sich ja regelrecht in den Stoff hineingefressen! Ausgerechnet bei dem Kleid, von dem du immer sagst, daß es mir so gut steht.«

Richter Dee erhob sich abrupt. Der Duft von Parfüm und nicht mehr ganz frischen Schönheitsmitteln verband sich in der Wärme des Zimmers mit dem schwachen Geruch feuchter Wäsche zu einer Luft von erdrückender Weiblichkeit, die an seinen Nerven zerrte. »Ich gehe nur kurz einen Spaziergang machen«, sagte er.

»Noch bevor du deinen Tee ausgetrunken hast?« fragte seine Erstfrau, ohne den Blick von den verfärbten Stellen in dem roten Kleid abzuwenden, das sie in Händen hielt.

»Bis zum Frühstück bin ich wieder zurück«, brummte der Richter. »Gib mir die blaue Robe dort.« Fräulein Tsao half der Zweitfrau, ihm den Umhang über die Schultern zu legen, und fragte besorgt: »Ist der nicht ein wenig zu schwer bei dieser Hitze?«

»Zumindest ist er trocken« sagte er kurz angebunden, stellte jedoch besorgt fest, daß Fräulein Tsao absolut recht hatte: Der dicke Stoff klebte an seinem feuchten Rücken wie ein Kettenhemd. Er brummte einen Gruß und ging die Treppe hinunter.

Schnell durchquerte er das Halbdunkel des Flurs, der zu der kleinen Hintertür des Gerichtskomplexes führte. Er war froh, daß Sergeant Hoong, sein alter Freund und Berater, noch nicht erschienen war. Der Sergeant kannte ihn so gut, daß er sofort spüren würde, daß der Richter schlecht gelaunt war, und würde sich fragen, wieso.

Der Richter öffnete die Hintertür mit seinem Privatschlüssel und schlüpfte hinaus auf die nasse, verlassen daliegende Straße. Während er durch die Nebelschwaden ging, fragte er sich, was eigentlich mit ihm los war. Gut, diese ersten sieben Monate auf seinem ersten unabhängigen offiziellen Posten waren natürlich enttäuschend verlaufen. Die ersten Tage waren aufregend gewesen, dann kam es zu dem Mord an Frau Ho, und dann der Fall im Fort. Danach jedoch hatte es bis auf eintönige Büroarbeit nichts mehr zu tun gegeben: Formulare ausfüllen, Dokumente abheften, Konzessionen ausgeben ... Auch in der Hauptstadt hatte er viel Papierkram zu erledigen gehabt, aber wenigstens waren es Angelegenheiten von Bedeutung gewesen. Außerdem lag die Verantwortung für diesen Bezirk eigentlich nicht bei ihm, denn die gesamte Region nördlich des Flusses war ein strategisch wichtiges Gebiet, das in die Zuständigkeit der Militärgerichtsbarkeit fiel. Und das koreanische Viertel vor dem Osttor hatte eine eigene Verwaltung. Ärgerlich trat er gegen einen Stein und fluchte. Was wie ein loser Kiesel ausgesehen hatte, entpuppte sich als die Spitze eines Pflastersteines, und daran hatte er sich böse den Zeh verletzt. Er mußte auch eine Entscheidung treffen, was Fräulein Tsao anbetraf. Am vorhergehenden Abend hatte seine Erstfrau ihn in vertrauter Zweisamkeit auf dem Sofa nochmals gedrängt, sie zur Drittfrau zu nehmen. Sowohl sie als auch seine Zweitfrau könnten sie gut leiden, hatte die Erstfrau gesagt, und Fräulein Tsao selbst konnte sich nichts Besseres vorstellen. »Außerdem«, hatte seine Erstfrau mit der ihr eigenen Offenheit hinzugefügt, »ist deine Zweitfrau zwar sehr lieb, aber sie hat keine höhere Bildung, und mit einem intelligenten, belesenen Mädchen wie Fräulein Tsao wäre das Leben für alle Betroffenen wesentlich interessanter.« Was aber, wenn Fräulein Tsaos Bereitschaft nur auf Dankbarkeit ihm gegenüber beruhte dafür, daß er sie aus einer für sie schrecklichen Situation befreit hatte? In gewisser Weise wäre es einfacher, wenn er sie weniger gern hätte. Aber wäre es andererseits anständig, eine Frau zu heiraten, die man nicht mochte? Als Richter hatte er Anrecht auf bis zu vier Frauen, doch vertrat er die Auffassung, daß für ihn persönlich zwei ausreichen sollten, sofern sie nicht beide unfruchtbar waren. Es war alles sehr verwirrend und schwierig. Er zog die Robe fester, denn es hatte angefangen zu regnen.

Als er die breite Treppe zum Tempel von Konfuzius sah, seufzte er erleichtert. Der dritte Stock des Westturms war zu einem kleinen Teehaus umgebaut worden. Dort würde er an diesem Morgen seinen Tee trinken und anschließend zum Gericht zurückkehren.

Das Teehaus war ein achteckiger Raum mit einer niedrigen Decke. An der Theke lehnte ein schlampig gekleideter Kellner, der mit einer Eisenzange das Feuer in einem kleinen Teeofen schürte. Befriedigt stellte Richter Dee fest, daß der junge Mann ihn nicht erkannte, denn er war nicht in der Stimmung, unterwürfige Ehenbezeugungen zu beantworten. Er bestellte eine Kanne Tee sowie ein trockenes Handtuch und setzte sich an den Bambustisch vor dem Tresen.

Der Kellner gab ihm einen Bambuskorb mit einem nicht ganz sauberen Handtuch darin. »Einen Augenblick noch, Herr. Das Wasser ist bald heiß.« Als der Richter sich mit dem Handtuch den langen Bart trockenrieb, fuhr der Kellner fort: »Wo Ihr schon so früh unterwegs seid, Herr, habt Ihr die Neuigkeit sicher schon vernommen.« Er zeigte mit dem Daumen zum offenen Fenster, und als der Richter den Kopf schüttelte, fuhr er genüßlich fort: »Gestern nacht ist im alten Wachtturm, draußen in der Marsch, jemand zerstückelt worden.«

Sofort legte Richter Dee das Handtuch nieder. »Ein Mord? Woher wißt Ihr das?«

»Der Junge aus dem Kaufmannsladen hat es mir gesagt, Herr. Er brachte eine Lieferung, als ich den Fußboden schrubbte. In der Morgendämmerung war er zum Turm gegangen, um Enteneier von dem schwachsinnigen Mädchen zu holen, das dort lebt, und dann sah er alles. Das Mädchen saß weinend in einer Ecke. Der Junge lief zurück in die Stadt und informierte unterwegs die Militärpolizei im Blockhaus, und der Hauptmann ging mit ein paar Männern zum Turm. Seht, da kommen sie!«

Richter Dee stand auf und ging ans Fenster. Von dort hatte er einen guten Ausblick auf die zinnenbewehrte Stadtmauer und die weiten grünen Flächen des schilfbewachsenen Marschlandes; weiter im Norden war im Nebel das graue Wasser des Flusses zu erkennen. Eine befestigte Straße führte vom Kai im Norden der Stadt direkt zu dem einsamen Turm aus verwitterten Steinen, der mitten in der Marsch stand. Einige Soldaten mit Pickelhauben marschierten gerade die Straße entlang auf das Blockhaus zu, das auf halbem Weg zwischen Turm und Kai lag.

»War der Ermordete Soldat?« fragte der Richter rasch. Zwar fiel das Gebiet nördlich der Stadt in die Zuständigkeit der Armee, doch mußte jedes Verbrechen, an dem Zivilisten beteiligt waren, vor dem Zivilgericht verhandelt werden.

»Möglich. Die Schwachsinnige ist zwar taubstumm, sieht aber gar nicht so schlecht aus. Könnte sein, daß ein Soldat zu seinem Privatvergnügen zu ihr hinaufgegangen ist, wenn Ihr wißt, was ich meine. Ah, das Wasser kocht!«

Richter Dee blickte angestrengt hinaus. Jetzt ritten zwei Militärpolizisten vom Blockhaus zur Stadt. Unter den Hufen der Pferde spritzte das Wasser auf, das die erhaben liegende Straße teilweise überflutet hatte.

»Hier ist Euer Tee, Herr. Seid vorsichtig, die Tasse ist sehr heiß. Ich stelle sie hier für Euch auf den Sims. Nein, jetzt fällt es mir wieder ein: Der Ermordete war kein Soldat. Der Junge sagte, es sei ein alter Kaufmann gewesen, der in der Nähe des Nordtores wohnte – er kannte ihn vom Sehen. Na ja, die Militärpolizei wird den Mörder sehr bald haben. Ist eine ziemlich harte Truppe!« Aufgeregt versetzte er dem Richter einen Stoß. »Da! Habe ich es Euch nicht gesagt? Seht nur den Kerl in Ketten, den sie dort vom Blockhaus wegzerren! Er trägt die braune Jacke und Hose eines Fischers. Jetzt bringen sie ihn zum Fort, und dann ...«

»Sie werden nichts dergleichen tun!« unterbrach der Richter zornig. Schnell nippte er an der Tasse und zuckte zurück. Er hatte sich den Mund verbrüht. Er zahlte und lief eilig die Treppe hinunter. Ein Zivilist, der von einem anderen Zivilisten ermordet worden war, das bedeutete ganz klar einen Fall für das Gericht. Es war eine ausgezeichnete Gelegenheit, dem Militär einmal gründlich die Meinung zu sagen. Ein für allemal.

Alle Apathie war vom Richter abgefallen. Beim Hufschmied an der Ecke mietete er sich ein Pferd, sprang in den Sattel und ritt zum Nordtor. Die Wachen sahen den reichlich unordentlich aussehenden Reiter mit der nassen Hausmütze auf dem Kopf erstaunt an, doch dann erkannten sie ihren Richter und nahmen Haltung an. Dee stieg ab und bedeutete dem Unteroffizier, ihm in die Wachstube neben dem Tor zu folgen. »Was genau ist in der Marsch passiert?«

»Im alten Turm wurde ein Mann ermordet aufgefunden, Herr. Die Militärpolizei hat den Mörder bereits verhaftet; er wird gerade im Blockhaus befragt. Ich nehme an, daß sie bald zum Kai kommen werden.«

Richter Dee nahm auf einer Bambusbank Platz und gab dem Unteroffizier etwas Kleingeld. »Dafür soll mir einer Eurer Männer zwei Ölkuchen kaufen!«

Die Ölkuchen kamen frisch aus der Pfanne eines Straßenverkäufers und rochen appetitlich nach Knoblauch und Zwiebeln, doch der Richter konnte sie trotz seines Hungers nicht genießen. Er hatte sich an dem heißen Tee die Zunge verbrüht, und seine Gedanken kreisten besorgt um den Mißbrauch der Macht durch die Militärbehörden. Reumütig dachte er daran, daß man sich in der Hauptstadt mit solchen Problemen nicht herumzuschlagen brauchte: Dort war bis ins kleinste festgelegt, welcher Beamte, gleich ob hoher oder niedriger Stellung, welche Vollmachten besaß. Der Richter hatte gerade zu Ende gegessen, als der Unteroffizier eintrat.

»Die Militärpolizei hat den Gefangenen jetzt in ihren Wachtposten am Kai gebracht, Herr.«

Richter Dee sprang auf. »Ihr und vier Mann kommt mit mir!«

Am Flußkai wehte ein leichter Wind die Nebelschwaden auseinander. Die feuchte Robe klebte dem Richter an den Schultern. »Genau das richtige Wetter, um sich eine Erkältung zu holen«, meinte er zu sich. Ein schwerbewaffneter Wachtposten führte ihn in den kargen Warteraum des Wachlokals.

Im Hintergrund saß ein großgewachsener Mann, der das Kettenhemd und die Pickelhaube der Militärpolizei trug, hinter einem grob gezimmerten Holztisch. Mit einem Schreibpinsel füllte er umständlich und langsam ein Formular aus.

»Ich bin Richter Dee«, begann der Richter. »Ich verlange Auskunft ...« Plötzlich unterbrach er sich. Der Hauptmann hatte zu ihm aufgeschaut. Sein Gesicht war von einer furchtbar aussehenden weißen Narbe gezeichnet, die über seine linke Wange und den Mund verlief. Seine verunstalteten Lippen wurden von einem dünnen Schnurrbart zur Hälfte verdeckt. Bevor der Richter sich von dem Schrecken erholen konnte, hatte der Hauptmann sich schon erhoben. Er salutierte kurz und sagte mit abgehackter Stimme:

»Bin froh, daß Ihr gekommen seid, Herr Richter Ich habe gerade meinen Bericht für Euch geschrieben.« Mit einem Fingerzeig auf die Bahre, die unter einer Decke auf dem Boden der Zimmerecke lag, fügte er hinzu: »Das ist der Tote, und der Mörder befindet sich dort im Hinterzimmer. Ihr wollt ihn vermutlich sofort ins Gerichtsgefängnis bringen lassen?«

»Ja, gewiß«, antwortete Richter Dee nicht besonders entschlossen.

»Gut.« Der Hauptmann faltete das von ihm beschriebene Blatt und überreichte es dem Richter. »Setzt Euch. Wenn Ihr einen Augenblick Zeit habt, möchte ich Euch persönlich in den Fall einweihen.«

Richter Dee nahm neben dem Schreibtisch Platz und bedeutete dem Hauptmann, sich ebenfalls zu setzen. Während er sich über den langen Bart strich, sagte er zu sich selbst, daß sich die

Angelegenheit vollkommen anders entwickelte, als er erwartet hatte.

»Nun«, begann der Hauptmann, »ich kenne die Marsch wie meine Westentasche. Das taubstumme Mädchen, das in dem Turm lebt, ist ein harmloser Idiot, weshalb ich bei der Meldung, daß ein Mann ermordet in ihrem Zimmer läge, sofort an Raubmord dachte und meine Männer das Marschland zwischen dem Turm und dem Flußufer durchsuchen ließ.«

»Warum ausgerechnet dieses Gebiet?« wollte der Richter wissen. »Es könnte doch auch auf der Straße passiert sein, oder nicht? Hätte der Mörder den Toten nicht später im Turm verstecken können?«

»Nein, Herr Richter. Unser Blockhaus liegt an der Straße, genau in der Mitte zwischen dem Kai hier und dem alten Turm. Meine Männer haben Befehl, die Straße den ganzen Tag lang nicht aus den Augen zu lassen. Damit keine koreanischen Spione in die Stadt hinein- oder aus ihr hinauskönnen, wißt Ihr. Und nachts patrouillieren sie auf der Straße. Übrigens ist diese Straße der einzige Weg durch die Marsch. Es ist schwieriges Gelände, und wer es abseits der Straße durchqueren will, läuft Gefahr, in einen Sumpf oder Treibsand zu geraten und nicht mehr herauszukommen. Meine Männer stellten fest, daß die Leiche noch warm war, woraus wir schlossen, daß der Mann nur wenige Stunden vor dem Morgengrauen ermordet worden sein mußte. Da bis auf den Jungen aus dem Lebensmittelladen niemand am Blockhaus vorbeigekommen war, folgt daraus, daß sowohl der Ermordete als auch der Täter von Norden kamen. Vom Turm aus führt ein Pfad durch das Schilf bis zum Flußufer, und wer sich dort auskennt, könnte dort hindurchschlüpfen, ohne daß meine Männer im Blockhaus ihn bemerken.« Der Hauptmann strich sich über den Schnurrbart und fügte hinzu: »Das heißt, wenn er es geschafft hätte, an unserer Fußpatrouille vorbeizukommen.«

»Und Eure Männer haben den Mörder am Wasser festgenommen?«

»So ist es. Sie entdeckten einen jungen Fischer namens Wang San-lang, der sich unmittelbar nördlich des Turms in einem kleinen Boot im Schilf versteckt hielt. Er versuchte, Blutflecken aus seiner Hose zu waschen. Als meine Männer ihn anriefen, stieß er sich mit dem Boot ab und versuchte, die Flußmitte zu erreichen. Die Bogenschützen schossen Pfeile mit Schnüren daran auf das Boot, und ehe sich der Junge versah, wurde er mit dem Boot wieder an Land gezogen. Er leugnete, überhaupt etwas von einem Toten im Turm zu wissen und behauptete, er sei unterwegs dorthin gewesen, um der Taubstummen einen großen Karpfen zu bringen, und das Blut auf seiner Hose stamme vom Ausnehmen des Fisches. Er habe für seinen Besuch die Morgendämmerung abwarten wollen. Wir haben ihn durchsucht und das hier in seinem Gürtel gefunden.«

Der Hauptmann öffnete ein Papierpäckchen auf seinem Schreibtisch und zeigte dem Richter drei glitzernde Silberstücke. »Wir haben die Leiche anhand der Visitenkarten, die wir bei ihr fanden, identifizieren können.« Er schüttete den Inhalt eines großen Briefumschlags auf den Tisch. Neben einem Packen Karten kamen zwei Schlüssel, etwas Kleingeld und ein Pfandschein zum Vorschein. Der Hauptmann zeigte auf den Leihschein und fuhr fort: »Dieser Zettel lag neben dem Toten auf dem Boden. Muß ihm aus der Jackentasche gefallen sein. Bei dem Ermordeten handelt es sich um den Pfandleiher Choong, der kurz vor dem Nordtor ein großes und bekanntes Pfandleihhaus besitzt. Ein wohlhabender Mann, begeisterter Angler. Meine Theorie ist, daß Choong Wang gestern abend irgendwo auf dem Kai getroffen und ihn mitsamt Boot für eine nächtliche Angelfahrt auf dem Fluß angeworben hat. Als sie das menschenleere Gebiet nördlich des Turms erreichten, lockte Wang den Alten unter einem Vorwand in den Turm und brachte ihn dort um. Sein Plan war, die Leiche im Turm zu verstecken – das Gebäude ist nämlich schon halb verfallen, und das Mädchen benutzt nur das zweite Stockwerk –, doch sie wachte auf und ertappte ihn auf frischer Tat. Deshalb nahm er nur das Silber und verschwand. Wie gesagt, das ist nur eine Theorie, denn das Mädchen ist als Zeugin nicht zu gebrauchen. Meine Männer haben versucht, etwas aus ihr herauszubekommen, aber sie schrieb nur zusammenhangloses Zeug über Regengeister und schwarze Kobolde zusammen. Dann bekam sie einen Anfall, lachte und weinte zugleich. Eine arme, harmlose Schwachsinnige.« Er stand auf, ging zur Bahre und hob die Decke an. »Das hier ist der Tote.«

Richter Dee beugte sich über die schlanke Gestalt, die mit einer einfachen braunen Robe bekleidet war. Auf der Brust war verkrustetes Blut zu sehen, und die Ärmel waren mit getrocknetem Schlamm bedeckt. Das Gesicht war friedvoll, aber sehr häßlich: geformt wie eine Laterne, mit einer leicht schiefen Hakennase und einem zu großen Mund mit schmalen Lippen. Die Haare waren lang und ergraut.

»Kein besonders hübscher Anblick«, meinte der Hauptmann. »Obwohl ich der Letzte wäre, der darüber ein Wort verlieren sollte!« In seinem verunstalteten Antlitz zuckte es. Er hob die Leiche an den Schultern hoch und zeigte dem Richter den großen roten Fleck auf dem Rücken. »Von hinten mit einem Messer erstochen. Der Stich muß direkt ins Herz gegangen sein. Er lag mit dem Rücken auf dem Boden, gleich hinter der Tür zum Zimmer des Mädchens.« Der Hauptmann ließ den Oberkörper des Toten wieder zurückfallen. »Widerlicher Zeitgenosse, dieser Fischer. Nach dem Mord hat er angefangen, Choong Brust und Bauch aufzuschlitzen. Wie gesagt, nachdem er ihn getötet hatte! Denn wie Ihr seht, haben diese Wunden nicht so stark geblutet, wie man es erwarten sollte. Ach ja, und dann noch mein letztes Beweisstück. Beinahe hätte ich es vergessen.« Er öffnete in seinem Schreibtisch eine Schublade und holte ein rechteckiges Päckchen heraus, aus dem er ein langes Messer auspackte, das er dem Richter gab. »Das hier wurde in Wangs Boot gefunden«, fuhr der Hauptmann fort. »Er behauptet, er benutze es zum Ausnehmen der Fische. An dem Messer haben wir keine Blutspuren gefunden. Aber wieso hätten auch welche daran sein sollen? Es gab ja reichlich Wasser zum Abwaschen, nachdem er zum Boot zurückgekehrt war. So, das wäre in etwa alles, Herr Richter. Ich gehe davon aus, daß Wang schon bald ein Geständnis ablegen wird. Ich kenne diese jungen Ganoven. Am Anfang streiten sie noch alles ab, doch nach einer gründlichen Befragung brechen sie zusammen und können gar nicht wieder aufhören zu reden. Wie lauten Eure Anweisungen?«

»Zunächst einmal muß ich die Angehörigen benachrichtigen und sie den Leichnam offiziell identifizieren lassen. Deshalb …«

»Darum habe ich mich schon gekümmert. Choong war Witwer, und seine zwei Söhne leben in der Hauptstadt. Der Tote ist gerade eben von Herrn Lin, seinem Partner, identifiziert worden, der mit ihm im selben Haus gewohnt hat.«

»Ihr und Eure Männer habt erstklassige Arbeit geleistet«, sagte der Richter. »Eure Männer sollen den Gefangenen und den Toten jetzt den Wachen übergeben, die ich mitgebracht habe.« Er erhob sich und fügte hinzu: »Ich bin Euch für Euer rasches und tüchtiges Handeln wirklich sehr dankbar, Hauptmann. Da dieser Fall Sache der zivilen Gerichtsbarkeit ist, hätte es eigentlich ausgereicht, wenn Ihr den Mord dem Gericht gemeldet hättet. Ihr habt mehr getan als nötig, und …«

Der Hauptmann hob abwehrend die Hand und sagte mit seiner seltsam trägen Stimme: »Es war mir ein Vergnügen, Herr Richter. Ich bin Oberst Meng unterstellt. Wir werden stets alles in unserer Macht Stehende tun, um Euch zu helfen. Jeder von uns.«

Das Zucken in seinem Gesicht mußte ein Lächeln sein. Richter Dee ging zurück zum Wachhaus am Nordtor. Er hatte beschlossen, den Gefangenen gleich dort zu befragen und sich dann den Tatort anzusehen. Wenn er die Untersuchungen erst offiziell dem Gericht übertrug, bestand die Möglichkeit, daß Beweise unbrauchbar würden. Anscheinend war es ein klarer Fall, aber man konnte ja nie wissen.

Er setzte sich an den einzigen Tisch in dem karg ausgestatteten Wachraum und machte sich daran, den Bericht des Hauptmanns zu lesen. Es stand nur wenig darin, was der Offizier ihm nicht bereits gesagt hätte. Der vollständige Name des Opfers lautete Choong Fang, Alter sechsundfünfzig; das Mädchen hieß Oriole, Alter zwanzig; der junge Fischer war zweiundzwanzig. Der Richter nahm die Visitenkarten und den Pfandschein aus der Tasche. Aus den Karten war zu ersehen, daß Choong aus der Provinz Shansi stammte. Der Pfandschein war eine Aufzählung mit dem großen roten Stempel von Choongs Leihhaus darauf; es ging um vier Brokatroben, die eine Frau Pei einen Tag zuvor für drei Silberstücke beliehen hatte, die innerhalb von drei Monaten zu einem Zins von fünf Prozent monatlich rückzahlbar waren.

Der Unteroffizier trat ein. Ihm folgten zwei Wachen mit der Bahre.

»Legt die Bahre dort in die Ecke«, ordnete der Richter an. »Kennt Ihr das taubstumme Mädchen, das in dem Wachtturm lebt? Die Militärpolizei hat nur ihren Vornamen angegeben – Oriole.«

»Ja, Herr Richter, so heißt sie. Ihre Eltern haben sie verlassen, als sie noch ein Kind war. Eine alte Frau, die früher hier in der Nähe des Tors Obst verkaufte, hat sie großgezogen und ihr ein paar Schriftzeichen und ein wenig Zeichensprache beigebracht. Als die Alte vor zwei Jahren starb, ist das Mädchen in den Turm gezogen, weil sie von den Straßenjungen ständig belästigt wurde. Sie züchtet dort Enten und verkauft die Eier. Die Leute haben ihr den Spitznamen Oriole gegeben, um sich darüber lustig zu machen, daß sie nicht sprechen kann, und bei dem Namen ist es geblieben.«

»Gut. Nun bringt den Gefangenen.«

Die Wachen führten einen kräftigen jungen Mann von gedrungener Statur herein, den sie in ihre Mitte genommen hatten. Das zerzauste Haar des Fischers hing ihm über die gewölbten Augenbrauen in das sonnengebräunte Gesicht. Sein Blick war finster. Er trug eine braune Jacke und Hose, die an vielen Stellen unfachmännisch geflickt waren. Seine Hände waren auf dem Rücken zusammengekettet, und ein Glied der Kette trug er um den dicken Hals. Die Wachen drückten ihn vor dem Richter auf die Knie.

Schweigend betrachtete Richter Dee den jungen Mann eine Weile. Er fragte sich, wie er die Befragung am besten beginnen konnte. Bis auf das Prasseln des Regens draußen und den schwergehenden Atem des Gefangenen war es still. Der Richter nahm die drei Silberstücke aus seiner Tasche.

»Woher habt Ihr die?«

Der junge Fischer brummte etwas mit einem breiten Akzent, den der Richter nicht verstand. Eine der Wachen versetzte dem Gefangenen einen Tritt und knurrte: »Sprich lauter!«

»Gespart. Für ein richtiges Boot.«

»Wann habt Ihr Herrn Choong kennengelernt?«

Der Junge stieß eine ganze Reihe von Verwünschungen aus. Er hörte erst damit auf, als die Wache zu seiner Rechten ihm mit der flachen Seite ihres Schwerts auf den Kopf schlug. Wang schüttelte den Kopf und sagte dann mit dumpfer Stimme: »Kannte ihn nur vom Sehen, weil er oft am Kai war.« Plötzlich fügte er bösartig hinzu: »Wenn ich ihn kennengelernt hätte, hätte ich ihn umgebracht, dieses dreckige Schwein, diesen Betrüger ...«

»Hat Herr Choong Euch betrogen, als Ihr etwas bei ihm beliehen habt?« hakte Richter Dee schnell nach.

»Glaubt Ihr etwa, ich hätte etwas, was ich beleihen könnte?«

»Warum nennt Ihr ihn dann einen Betrüger?«

Wang hob den Blick und sah den Richter an, der in den kleinen, blutunterlaufenen Augen ein verschlagenes Funkeln wahrzunehmen glaubte. Der Junge senkte den Kopf wieder und antwortete mit düsterer Stimme: »Weil alle Pfandleiher Betrüger sind.«

»Was habt Ihr gestern abend gemacht?«

»Das habe ich doch schon den Soldaten gesagt. Hab' an dem Stand auf dem Kai eine Schüssel Nudeln gegessen und bin dann flußaufwärts gefahren. Als ich einen guten Fang zusammen hatte, machte ich das Boot am Ufer nördlich des Turms fest und hielt ein Nickerchen. Ich hatte vor, Oriole bei Tagesanbruch ein paar Fische zu bringen.«

Etwas in der Art, wie er den Namen des Mädchens aussprach, erregte Richter Dees Aufmerksamkeit. Langsam sagte er: »Ihr streitet also ab, den Pfandleiher ermordet zu haben. Da außer Euch nur noch das Mädchen zugegen war, muß folglich sie es gewesen sein, die ihn umgebracht hat.«

Mit einemmal sprang Wang auf und ging auf den Richter los. Er bewegte sich so schnell, daß die zwei Wachen ihn gerade noch rechtzeitig festhalten konnten. Er trat nach ihnen, erhielt jedoch einen Schlag auf den Kopf, nach dem er rücklings hinfiel. Die Ketten klapperten auf dem Steinfußboden.

»Du Beamtenschwein, du ...«, stieß der Junge hervor und versuchte, sich aufzurappeln. Der Unteroffizier versetzte ihm einen Tritt ins Gesicht, der so heftig war, daß er mit dem Kopf hart auf den Boden schlug. Wang blieb reglos liegen. Aus seinen aufgeplatzten Lippen lief Blut.

Der Richter stand auf und beugte sich über die reglose Gestalt, die das Bewußtsein verloren hatte.

»Ohne Befehl werden Gefangene nicht mißhandelt«, befahl der Richter dem Unteroffizier. »Sorgt dafür, daß er wieder zu Bewußtsein kommt, und bringt ihn dann ins Gefängnis. Die offizielle Befragung findet während der Mittagssitzung statt. Unteroffizier, Ihr bringt den Toten zum Gericht. Meldet Euch bei Sergeant Hoong und gebt ihm diesen Bericht. Er stammt vom Hauptmann der Militärpolizei. Sagt dem Sergeanten, daß ich zurückkomme, sobald ich mit der Befragung der wenigen Zeugen hier fertig bin.« Er warf einen Blick zum Fenster. Es regnete immer noch. »Und besorgt mir ein Stück Ölstoff!«

Bevor Richter Dee hinausging, legte er sich den Ölstoff um Kopf und Schultern. Dann bestieg er sein gemietetes Pferd. Er ritt den Kai entlang und schlug die befestigte Straße zur Marsch ein.

Der Nebel hatte sich ein wenig gelichtet, und vom Pferd aus betrachtete er neugierig das einsame Grün zu beiden Seiten der Straße. Durch das Schilf wanden sich enge Kanäle, die sich hier und da zu größeren Tümpeln weiteten, die träge im Wind lagen. Plötzlich flog ein Schwarm kleiner Wasservögel auf, deren spitze Schreie über dem trostlosen Stück Land auf gespenstische Art widerhallten. Dem Richter fiel auf, daß das Wasser nach den sintflutartigen nächtlichen Regenfällen wieder zurückging; die Straße war jetzt trocken, aber an vielen Stellen von Entengrütze bedeckt. Als der Richter im Begriff war, das Blockhaus zu passieren, hielt der Wachtposten ihn an, ließ ihn jedoch weiterreiten, nachdem er seinen Ausweis gezeigt hatte, den er im Stiefel aufbewahrte. Der alte Wachtturm war ein klobiger, quadratischer Bau mit fünf Stockwerken und stand auf einem erhöhten Fundament aus grobbehauenen Felsblöcken. Die Läden für die Rundbogenfenster waren verschwunden, das Dach eingestürzt. Auf einem zerbrochenen Balken hockten zwei große schwarze Krähen.

Als Richter Dee näher ritt, hörte er lautes Quaken. Ein paar Dutzend Enten standen eng beieinander im schmutzigen Wasser eines Teichs unterhalb des Turmfundaments. Der Richter stieg vom Pferd und legte die Zügel um eine moosbedeckte Steinsäule, woraufhin die Enten aufgeregt mit den Flügeln zu schlagen und entrüstet zu schnattern begannen.

Das Erdgeschoß des Turms bestand lediglich aus einem dunklen, niedrigen Gewölbe, das bis auf einen Haufen alter, zerbrochener Möbel leer stand. Eine schmale und wacklige Treppe führte zum nächsten Stockwerk. Da kein Geländer mehr vorhanden war, suchte der Richter beim Hinaufgehen mit der linken Hand Halt an der feuchten, mit Schimmel bedeckten Wand.

Als er in das Halbdunkel des karg ausgestatteten Raums trat, bewegte sich etwas unter den schmutzigen, mehrfach geflickten Decken auf einem grob gezimmerten Bett, das unter dem Rundbogenfenster stand. Dann waren einige rauhe, heisere Laute zu hören. Mit einem schnellen Blick erkannte der Richter, daß die Einrichtung des Zimmers aus nicht mehr als einem rustikalen Tisch mit einer gesprungenen Teekanne darauf und einer Bambusbank an der Seite bestand. In der Ecke befand sich ein gemauerter Ofen, auf dem eine große Pfanne stand; der Rattankorb daneben war bis zum Rand mit Holzkohle gefüllt. In der Luft hing ein muffiger Geruch von Schimmel und kaltem Schweiß.

Plötzlich wurde die Decke zu Boden geworfen. Aus dem Bett sprang ein halbnacktes Mädchen mit langem, zerzaustem Haar. Nach einem Blick auf den Richter stieß sie wieder diesen eigenartigen rauhen Laut aus und zog sich dann mit tippelnden Schritten so weit entfernt wie möglich in eine Ecke zurück. Dort hockte sie sich hin, am ganzen Körper zitternd.

Richter Dee wurde klar, daß er keinen besonders beruhigenden Anblick bot. Rasch zog er sein Ausweisdokument aus dem Stiefel hervor und faltete es auseinander. Dann ging er zu dem Mädchen hinüber, zeigte zuerst mit dem Finger auf das große rote Gerichtssiegel und anschließend auf sich.

Offenbar begriff sie, was er meinte, denn nun erhob sie sich und starrte ihn aus großen Augen ängstlich an. Am Leib trug sie nichts bis auf einen zerlumpten Rock, der von einem Stück Bindfaden gehalten wurde. Sie war wohlgeformt, ihre Haut überraschend weiß und das schmutzige runde Gesicht nicht unattraktiv. Richter Dee zog die Bank an den Tisch heran und setzte sich. Da er spürte, daß er das verängstigte Mädchen mit einer vertrauten Geste beruhigen mußte, nahm er die Teekanne und trank aus der Tülle, wie es Bauern zu tun pflegen.

Das Mädchen trat an den verschmutzten Tisch, spie darauf und malte mit dem Zeigefinger einige schwer leserliche Zeichen hinein. Der Richter las: »Wang hat ihn nicht umgebracht.«

Richter Dee nickte. Er goß Tee auf den Tisch und bedeutete ihr, ihn zu reinigen. Gehorsam ging sie zum Bett, nahm einen Lappen und wischte dann hastig den Tisch ab. Der Richter ging hinüber zum Ofen und nahm ein paar Stückchen Holzkohle aus dem Korb. Nachdem er sich wieder gesetzt hatte, schrieb er mit der Kohle auf den Tisch: ›Wer dann?‹

Ihr lief ein Schauer über den Körper. Sie nahm ebenfalls ein Stück Kohle, schrieb: ›Böse schwarze Kobolde‹, und zeigte aufgeregt auf die Worte. Dann kritzelte sie schnell hinzu: ›Böse schwarze Kobolde haben den Regengeist verwandelt.‹

›Hast du die schwarzen Kobolde gesehen?‹ schrieb der Richter.

Sie schüttelte energisch den Kopf und tippte mehrmals mit dem Zeigefinger auf das Wort ›schwarz‹. Dann zeigte sie auf ihre geschlossenen Augen und schüttelte wieder den Kopf. Der Richter seufzte. Er schrieb: ›Kennst du Herrn Choong?‹

Sie steckte den Finger in den Mund und betrachtete verwirrt seine Schrift. Ihm wurde klar, daß sie das komplizierte Schriftzeichen für den Namen Choong nicht kannte. Er strich es aus und schrieb ›den alten Mann‹.

Erneut schüttelte sie den Kopf. Ihr Gesicht drückte ein Gefühl von Ekel aus, als sie die Wörter ›alter Mann‹ einkreiste und hinzufügte: ›Zuviel Blut. Guter Regengeist kommt nicht mehr. Kein Silber für Wangs Boot mehr.‹ Über ihre schmutzigen Wangen liefen Tränen, als sie mit zittriger Hand weiterschrieb: ›Guter Regengeist hat immer bei mir geschlafen.‹ Sie zeigte auf das Bett.

Richter Dee sah sie prüfend an. Er wußte, daß Regengeister in den Volksmärchen der Einheimischen eine große Rolle spielten, so daß es nur natürlich war, wenn sie auch in den Träumen und Fantasien dieser jungen Frau vorkamen. Aber andererseits hatte sie auch Silber erwähnt. Er schrieb: »Wie sieht der Regengeist denn aus?«

Ihre Miene hellte sich auf. Mit einem breiten Lächeln schrieb sie in großen, unförmigen Buchstaben: ›Groß. Hübsch. Freundlich.‹ Dann zog sie um jedes der drei Wörter einen Kreis, warf die Holzkohle auf den Tisch und begann, verzückt zu lachen, wobei sie die Hände vor den nackten Brüsten verschränkte.

Der Richter wandte den Blick ab. Als er sich wieder zu ihr umdrehte, hatte sie die Hände heruntergenommen. Sie starrte mit großen Augen geradeaus. Plötzlich veränderte sich ihr

Gesichtsausdruck erneut. Mit einer schnellen Handbewegung zeigte sie auf das Fenster und stieß seltsame Laute aus. Der Richter drehte sich um. Am bleifarbenen Himmel war schwach etwas Farbe zu erkennen, die Spur eines Regenbogens. Mit kindlicher Freude und halb geöffnetem Mund sah das Mädchen unverwandt dorthin. Richter Dee schrieb mit der Kohle eine letzte Frage auf den Tisch: ›Wann kommt der Regengeist?‹

Sie betrachtete die Worte lange, wobei sie sich geistesabwesend mit der Hand durch die langen, fettigen Locken strich. Schließlich beugte sie sich vor und schrieb: ›Schwarze Nacht und viel Regen.‹ Dann kreiste sie die Wörter ›schwarz‹ und ›Regen‹ ein und fügte hinzu: ›Er kam mit dem Regen.‹

Dann schlug sie plötzlich die Hände vor das Gesicht und bekam einen Weinkrampf. Die Schluchzlaute vermischten sich mit dem Quaken und Schnattern der Enten. Da sie die Vögel nicht hören konnte, stand der Richter auf und legte ihr die Hand auf die nackte Schulter. Er erschrak, als sie aufschaute und er den wilden, halbverrückten Glanz in ihren Augen sah. Schnell zeichnete er eine Ente auf den Tisch und fügte das Wort ›Hunger‹ hinzu. Sie schlug die Hand vor den Mund und lief zum Ofen. Richter Dee untersuchte indessen gründlich die großen Steinplatten vor dem Eingang. Auf dem schmutzigen, staubbedeckten Boden war ein sauberer Fleck zu erkennen. Offenbar hatte dort der Tote gelegen, und die Männer der Militärpolizei hatten den Boden aufgewischt. Er bedauerte nun, daß er ihnen gegenüber so unfreundliche Gedanken gehegt hatte.

Als er ein Hacken vernahm, drehte er sich um. Das Mädchen war dabei, auf einem primitiven Hackbrett alte Reiskuchen zu zerkleinern. Mit einem besorgten Stirnrunzeln beobachtete der Richter, wie geschickt sie mit dem großen Küchenmesser umgehen konnte. Plötzlich steckte sie das Messer mit der langen, scharfen Spitze in das Brett, schob die zerhackten Reiskuchen in die Pfanne auf dem Ofen und lächelte den Richter über die Schulter hinweg fröhlich an. Er nickte ihr zu und ging die knarrende Treppe hinunter.

Es hatte aufgehört zu regnen, über der Marsch breitete sich leichter Nebel aus. Während der Richter sein Pferd losband, rief er den lärmenden Enten zu: »Immer mit der Ruhe, euer Frühstück ist schon unterwegs!«

Er ließ sein Pferd ein gemächliches Tempo einschlagen. Der Nebel trieb vom Fluß ins Landesinnere. Seltsam geformte Wolken wanderten über das hohe Schilf und lösten sich hier und da zu langen, zuckenden Gebilden auf, die den Tentakeln eines riesigen Seeungeheuers ähnelten. Er wünschte, er wüßte mehr über den uralten und tief verwurzelten Glauben der Einheimischen. An vielen Orten wurden nach wie vor Flußgötter oder Flußgöttinnen verehrt, denen die Bauern und Fischer am Flußufer Opfer darbrachten. Der schwache Geist der Taubstummen war von solcherlei Glauben offenbar besonders beherrscht, denn er schwankte fortgesetzt zwischen Einbildung und Wirklichkeit, und sie war nicht fähig, die Bedürfnisse ihres Körpers zu lenken und zu beherrschen. Richter Dee trieb sein Pferd zum Galopp.

Wieder am Nordtor angelangt, ließ er sich vom Unteroffizier zum Haus des Pfandleihers bringen. Bei ihrem Eintreffen an dem großen, den Eindruck gutgehender Geschäfte vermittelnden Leihhaus erklärte der Unteroffizier, daß Choongs Privatresidenz unmittelbar hinter dem Laden läge. Dabei zeigte er auf den engen Durchgang, der zum Haupteingang führte. Richter Dee ließ den Unteroffizier gehen und klopfte an das schwarz gestrichene Tor.

Ein schlanker Mann, der einen braunen Morgenrock mit schwarzer Schärpe und gleichfarbigen Bordüren trug, öffnete. Mit einem verwunderten Blick auf den durchnäßten, bärtigen Besucher sagte er: »Ihr wollt sicher zum Laden. Ich kann Euch mitnehmen, ich wollte gerade dorthin.«

»Ich bin der Richter«, stellte sich Dee ungeduldig vor. »Ich komme gerade aus der Marsch. Habe mir dort den Ort angesehen, wo Euer Partner ermordet wurde. Laßt uns hineingehen, ich möchte Euch aushändigen, was man beim Toten gefunden hat.«

Nach einer sehr kurzen Verbeugung führte Herr Lin seinen hohen Besuch in einen kleinen, aber gemütlichen Nebensaal, dessen Einrichtung im wesentlichen aus Möbeln konventionellen Stils bestand, die mit einigen aus dem schweren Holz einer Akazienart gefertigten Stücken ergänzt worden waren. Förmlich geleitete er den Richter zu einer breiten Bank auf der gegenüberliegenden Seite des Raums. Während der Gastgeber dem alten Diener auftrug, Tee und Kuchen zu bringen, betrachtete sein

Besucher neugierig die große Kupfervoliere auf dem Wandtisch. Ungefähr ein Dutzend Vögel flatterten darin.

»Ein Steckenpferd meines Partners«, sagte Lin mit einem nachsichtigen Lächeln. »Er mochte Vögel sehr und hat sie auch immer selbst gefüttert.«

Mit dem säuberlich geschnittenen Kinnbart und dem kleinen, ergrauenden Schnurrbart erweckte Lin auf den ersten Blick den Eindruck eines typischen mittelständischen Ladenbesitzers. Bei genauerer Betrachtung jedoch deuteten tiefe Falten um den dünnen Mund und die großen dunklen Augen auf eine gereifte Persönlichkeit hin. Der Richter setzte seine Tasse ab und drückte offiziell sein Beileid über den der Firma entstandenen Verlust aus. Dann nahm er den Umschlag aus der Tasche und schüttete den Inhalt – die Visitenkarten, das Kleingeld, den Pfandschein und die zwei Schlüssel – auf den Tisch. »Das ist alles, Herr Lin. Trug Euer Partner für gewöhnlich größere Summen bei sich?«

Lin ließ langsam den Blick über die Sachen gleiten und strich sich durch den Kinnbart.

»Nein. Da er sich vor zwei Jahren vom Geschäft zurückgezogen hat, gab es für ihn keinen Grund mehr, viel Geld bei sich zu haben. Allerdings hatte er bestimmt mehr dabei als nur diese paar Münzen, als er gestern abend das Haus verließ.«

»Um welche Zeit war das?«

»So gegen acht. Nachdem wir unten zusammen zu Abend gegessen hatten. Er wollte am Kai spazierengehen, sagte er.«

»Tat er das oft?«

»O ja. Er ist seit jeher ein Einzelgänger gewesen, und nach dem Tod seiner Frau vor zwei Jahren ging er fast jeden zweiten Abend lange spazieren, und das immer allein. Er ließ sich die Mahlzeiten stets oben in seiner kleinen Bibliothek servieren, obwohl ich auch hier im Haus wohne, im linken Flügel. Gestern allerdings gab es etwas Geschäftliches zu besprechen, weshalb er zum Abendessen herunterkam.«

»Ihr habt keine Familie, Herr Lin?«

»Nein. Um eine Familie zu gründen, hat mir immer die Zeit gefehlt. Mein Partner brachte zwar das Kapital mit, aber die Arbeit im Laden überließ er im großen und ganzen mir. Und nachdem er in den Ruhestand getreten war, setzte er kaum noch einen Fuß in das Geschäft.«

»Verstehe. Laßt uns auf gestern abend zurückkommen. Hat Herr Choong gesagt, wann er zurück sein wollte?«

»Nein. Der Diener hatte generell Anweisung, nicht auf ihn zu warten. Mein Partner war begeisterter Angler, müssen sie wissen. Wenn er am Kai war und dachte, es sei gutes Angelwetter, dann lieh er sich einfach ein Boot und verbrachte die Nacht auf dem Fluß.«

Richter Dee nickte langsam. »Wie die Militärpolizei Euch sicher bereits mitgeteilt hat, ist ein junger Fischer mit Namen Wang San-lang verhaftet worden. Hat Euer Partner oft dessen Boot gemietet?«

»Das weiß ich nicht. Es gibt Hunderte von Fischern, die sich gern etwas dazuverdienen. Aber wenn mein Partner Wangs Boot gemietet hat, wundert es mich nicht, daß er sich in Gefahr gebracht hat, denn Wang ist ein gewalttätiger Schläger. Da ich auch Angler bin, kenne ich ihn durch die Erzählungen der anderen. Mürrischer Kerl, schwer, mit ihm auszukommen.« Er seufzte. »Ich wäre auch gern so oft angeln gegangen wie mein Partner, aber ich hatte einfach nicht soviel Zeit ... nun ja. Es ist sehr freundlich von Euch, daß Ihr diese Schlüssel hier mitgebracht habt. Ein Glück, daß Wang sie nicht gestohlen und weggeworfen hat! Der größere ist nämlich für die Bibliothek von Herrn Choong, und der kleine für die Kassette, in der er wichtige Unterlagen aufbewahrt. Sie befindet sich ebenfalls in der Bibliothek.« Er streckte die Hand nach den Schlüsseln aus, doch Richter Dee nahm sie an sich und steckte sie in die Tasche.

»Wenn ich schon einmal hier bin«, sagte er, »werde ich gleich einen Blick in Herrn Choongs Papiere werfen, Herr Lin. Es handelt sich hier um Mord, und bis der Fall gelöst ist, bleiben alle Unterlagen des Opfers als mögliche Beweismittel in den Händen der Behörden. Zeigt mir bitte die Bibliothek.«

»Natürlich.« Lin führte den Richter eine breite Treppe empor und zeigte auf die Tür am Ende des Gangs. Der Richter öffnete sie mit dem größeren Schlüssel.

»Vielen Dank, Herr Lin. Ich bin bald wieder unten.«

Nach dem Eintreten verschloß der Richter die Tür hinter sich. Dann öffnete er das niedrige, aber breite Fenster. Die Dächer der

Nachbarhäuser glänzten im Nebel. Richter Dee verließ das Fenster und setzte sich in den breiten Sessel hinter dem Schreibtisch aus Rosenholz, von wo aus man das Fenster sehen konnte. Nach einem beiläufigen Blick auf die mit Eisen eingefaßte Kassette, die neben seinem Sessel auf dem Boden lag, lehnte er sich zurück und betrachtete alles eingehend. Die kleine Bibliothek war peinlich sauber und mit einfachen, altmodischen Möbeln ausgestattet. An den tadellos weißen Wänden hingen zwei schöne Landschaftsbilder, und auf dem Wandtisch aus massivem Elfenbein stand eine aus weißem Porzellan gefertigte schlanke Vase, in der einige Rosen vor sich hin welkten. Auf den Böden eines kleinen Bücherschranks aus fleckigem Bambus stapelten sich Bücher mit Brokateinband.

Die Arme vor der Brust verschränkend, fragte sich der Richter, welche Verbindung zwischen dieser geschmackvoll eingerichteten Bibliothek, die eher einem vornehmen Gelehrten zu gehören schien als einem Pfandleiher, und dem kargen dunklen Raum in dem halb verfallenen, von großer Not zeugenden Wachtturm bestehen mochte. Nach einer Weile schüttelte er den Kopf, beugte sich vor und öffnete die Kassette. Der Inhalt paßte sich der systematischen Ordnung des Raums an: die Schriftstücke darin waren mit grünen Bändern zu Bündeln zusammengefaßt und beschriftet. Richter Dee nahm zwei der Bündel mit der Aufschrift ›privater Schriftverkehr‹ und ›Kunden und Quittungen‹ heraus. In dem ersten befanden sich neben einigen wichtigen Schreiben über Kapitalanlagen auch Briefe von Choongs Söhnen, in denen sie hauptsächlich seinen Rat oder seine Anweisungen in Familienangelegenheiten erbaten. Beim Durchblättern des zweiten Bündels fiel dem geübten Blick des Richters sofort auf, daß der Verstorbene ein genügsames, wenn nicht asketisches Leben geführt hatte. Dann legte er plötzlich die Stirn in Falten, denn er war auf eine rosafarbene Quittung mit dem Stempel eines Freudenhauses gestoßen. Das Datum lag eineinhalb Jahre zurück. Rasch ging der Richter das Bündel weiter durch und fand noch sechs weitere Quittungen, wovon die letzte ein halbes Jahr zuvor ausgestellt worden war. Offensichtlich hatte Choong nach dem Tod seiner Frau gehofft, Trost in käuflicher Liebe zu finden, aber schon bald feststellen müssen, daß seine Hoffnung vergebens war. Seufzend öffnete Richer Dee den großen Briefumschlag, der ganz unten in der Kassette lag. Die Aufschrift lautete: ›Letzter Wille‹. Er war ein Jahr zuvor geschrieben worden und legte fest, daß Choongs gesamter Grundbesitz – der beträchtlich war – zusammen mit zwei Dritteln seines Barvermögens auf seine zwei Söhne übergehen solle. Das restliche Barvermögen und das Pfandhaus sollten ›in Anerkennung seiner langen und loyalen Dienste für das Unternehmen‹ auf Herrn Lin übergehen.

Der Richter legte die Unterlagen zurück in die Kassette. Er stand auf und untersuchte den Inhalt des Bücherschranks. Dabei stellte er fest, daß es sich mit Ausnahme zweier eselsohriger Wörterbücher bei allen Büchern um Gedichtsammlungen handelte, und zwar vollständige Ausgaben großer Dichter vergangener Epochen. Er schaute sich einen Band an. Bei jedem schwierigen Wort fanden sich in unfertiger Handschrift angebrachte Anmerkungen, die stets mit roter Tinte erfolgt waren. Bedächtig nickend stellte er den Band zurück. Ja, jetzt verstand er. Choong war in einem Gewerbe tätig gewesen, in dem sich jedes persönliche Gefühl verbot, dem eines Pfandleihers nämlich. Außerdem wurde das Knüpfen zarter Bande durch sein ausgesprochen häßliches Antlitz nahezu unmöglich. Trotzdem war er im Grunde ein Romantiker, den es nach den höheren Werten des Lebens dürstete, der diesen Sehnsüchten zugleich jedoch auch gehemmt und schüchtern gegenüberstand. Da er als Kaufmann die Schule früh hatte verlassen müssen, versuchte er nun mühsam, sein literarisches Wissen zu vergrößern, indem er mit Hilfe eines Wörterbuchs in seiner kleinen Bibliothek, die er so sorgfältig verschlossen hielt, alte Gedichte las.

Richter Dee nahm wieder Platz und holte seinen Klappfächer hervor. Während er sich damit Luft zufächelte, lenkte er seine Gedanken ganz auf diesen ungewöhnlichen Pfandhausbesitzer. Das einzige, was die Außenwelt über die Sensibilität dieses Mannes erfuhr, war seine Liebe zu Vögeln, die durch die Voliere im eigenen Haus zum Ausdruck kam. Schließlich stand der Richter auf. Er war schon im Begriff, den Fächer wieder in die Tasche zu stecken, als er plötzlich innehielt. Geistesabwesend betrachtete er den Fächer eine Zeitlang und legte ihn dann auf den Tisch. Nach einem letzten Blick in das Zimmer ging er wieder nach unten.

Sein Gastgeber bot ihm noch eine Tasse Tee an, doch Richter Dee schüttelte den Kopf. Er überreichte Lin die zwei Schlüssel und sagte: »Ich muß zum Gericht zurück. In den Unterlagen Eures Partners habe ich nichts gefunden, was auf mögliche Feinde hindeuten würde, weshalb ich glaube, daß es sich bei diesem Fall um Mord aus Habgier zu handeln scheint. Für einen armen Mann sind drei Silberstücke schon ein Vermögen. Warum flattern denn die Vögel so aufgeregt umher?« Er ging zum Käfig hinüber. »Aha, sie haben kein sauberes Wasser mehr. Ihr solltet es vom Diener austauschen lassen, Herr Lin.«

Lin brummte etwas und klatschte in die Hände. Richter Dee griff in seine Tasche. »Wie gedankenlos von mir!« rief er. »Jetzt habe ich meinen Fächer oben auf dem Tisch liegenlassen. Würdet Ihr ihn für mich holen, Herr Lin?«

Während Lin die Treppe hinaufeilte, trat der alte Diener ein. Als der Richter ihm sagte, daß das Wasser im Napf des Vogelkäfigs täglich erneuert werden müsse, entgegnete der Diener mit einem Kopfschütteln: »Das habe ich Herrn Lin auch schon gesagt, doch er wollte nichts davon wissen. Er macht sich nichts aus Vögeln. Mein Herr, ja, der liebte sie, er ...«

»Ja, Herr Lin sagte mir, daß er deswegen gestern abend mit Eurem Herrn einen Streit gehabt habe.«

»Ja, Herr, das stimmt, beide haben sich sehr aufgeregt. Worum ging es denn? Ich habe nur ein paar Wörter über Vögel aufgeschnappt, als ich den Reis für das Abendessen brachte.«

»Oh, das ist nicht so wichtig«, sagte der Richter eilig. Er hatte gehört, daß Lin die Treppe hinunterkam. »Nun, Herr Lin, vielen Dank für den Tee. Kommt in, sagen wir, einer Stunde auf die Amtsstube und bringt die wichtigsten Schriftstücke über das Vermögen Eures Partners mit. Mein Bürovorsteher wird Euch beim Ausfüllen der erforderlichen Formulare und der Eintragung von Herrn Choongs Testament behilflich sein.«

Lin dankte dem Richter überschwenglich und geleitete ihn voller Hochachtung zur Tür.

Nachdem Richter Dee den Wachen am Tor zum Gericht aufgetragen hatte, sein Pferd zum Hufschmied zurückzubringen, ging er direkt in sein Privathaus auf der Rückseite des Gerichts. Der alte Hauslehrer teilte ihm mit, daß Sergeant Hoong in seinem Privatbüro auf ihn wartete. Der Richter nickte. »Sagt dem Badezimmerdiener, daß ich gleich ein Bad nehmen möchte.«

In dem schwarz gekachelten Ankleidezimmer neben dem Bad entledigte er sich rasch seiner von Schweiß und Regen nassen Kleider. Er fühlte sich schmutzig, nicht nur körperlich, sondern auch geistig. Der Diener spritzte ihn mit kaltem Wasser ab und schrubbte ihm kräftig den Rücken. Doch erst als der Richter einige Zeit im warmen Wasser gelegen hatte, begann er sich besser zu fühlen. Nach dem Bad ließ er sich vom Diener die Schultern massieren, und als er trockengerieben war, zog er eine frische, saubere Robe aus blauem Baumwollstoff an und setzte sich einen Hut aus dünner schwarzer Gaze auf. Derart gekleidet, ging er zu den Zimmern seiner Frauen.

Auf dem Weg in den Wintergarten, wo seine Frauen für gewöhnlich den Morgen verbrachten, hielt er bei dem friedvollen Anblick, der sich ihm darbot, kurz inne. Seine zwei Frauen, die geblümte Kleider aus dünner Seide trugen, saßen mit Fräulein Tsao an dem rot gestrichenen Tisch vor der geöffneten Schiebetür. Der von einer Mauer umgebene Steingarten, der mit Farnen und hohem, raschelndem Bambus bepflanzt war, strahlte erfrischende Kühle aus. Das hier war seine eigene private Welt, eine unverdorbene Stätte der Zuflucht vor der gewalttätigen Grausamkeit einer abstoßenden, verfallenden Welt, mit der er in seinem beruflichen Alltag zu tun hatte. In diesem Augenblick faßte er den festen Entschluß, sein harmonisches Familienleben für immer zu bewahren.

Seine Erstfrau legte ihren Stickrahmen nieder und eilte auf ihn zu, um ihn zu begrüßen. »Wir warten jetzt schon seit beinahe einer Stunde mit dem Frühstück auf dich!« sagte sie tadelnd.

»Entschuldige. Leider hat es am Nordtor einen Zwischenfall gegeben, um den ich mich sofort kümmern mußte. Ich muß jetzt ins Gericht, aber zum Mittagessen bin ich wieder zurück.« Sie brachte ihn zur Tür. Als sie sich verneigte, sagte er leise zu ihr: »Übrigens, ich habe mich entschlossen, deinem Rat in der Angelegenheit, die wir gestern abend besprochen haben, zu folgen. Triff bitte die notwendigen Vorbereitungen.«

Mit einem erfreuten Lächeln verneigte sie sich nochmals, und der Richter schlug den Weg zum Gericht ein.

In seinem Privatbüro saß Sergeant Hoong in einem Sessel in der Ecke. Der alte Berater des Richters stand auf und wünschte ihm einen guten Morgen. Während der Sergeant auf das Schriftstück in seiner Hand klopfte, sagte er:»Ich war erleichtert, als ich diesen Bericht erhielt, Herr Richter, denn wir hatten uns wegen Eurer langen Abwesenheit schon Sorgen gemacht. Ich habe den Verdächtigen ins Gefängnis und den Toten in die Leichenhalle bringen lassen. Nachdem der Gerichtsmediziner die Leiche in meinem Beisein untersucht hatte, sind Ma Joong und Chiao Tai, Eure zwei Leutnants, zum Nordtor geritten, um zu sehen, ob Ihr vielleicht Hilfe braucht.«

Richter Dee setzte sich an seinen Schreibtisch. Mißmutig betrachtete er den Stapel Papiere darauf. »Ist unter den Eingängen irgend etwas Wichtiges, Hoong?«

»Nein, Herr Richter. Alles Routinevorgänge.«

»Gut. Dann wollen wir die Mittagssitzung der Ermordung des Pfandleihers Choong widmen.«

Der Sergeant nickte zufrieden. »Wie ich dem Bericht des Hauptmanns entnehme, Herr Richter, ist es ein ziemlich einfacher Fall. Und da wir den Verdächtigen bereits sicher hinter Schloß und Riegel haben ...«

Der Richter schüttelte den Kopf. »Nein, Hoong, einfach würde ich ihn nicht gerade nennen. Aber dank der raschen Maßnahmen der Militärpolizei und auch dank der glücklichen Fügung, daß ich so schnell von dem Vorfall erfuhr, ergibt sich zumindest ein klares Bild.«

Er klatschte in die Hände. Als der Wachtmeister eintrat und sich verneigte, trug der Richter ihm auf, den Gefangenen Wang hereinzuführen. Dann fuhr er an den Sergeanten gewandt fort: »Ich bin mir sehr wohl im klaren darüber, Hoong, daß ein Richter einen Beschuldigten nur öffentlich, vor Gericht, vernehmen soll. Aber es handelt sich hier nicht um eine formelle Befragung, sondern eher um ein allgemeines Gespräch zu meiner Orientierung.«

Sergeant Hoong machte ein zweifelndes Gesicht, doch der Richter sah sich zu keiner weiteren Erklärung veranlaßt und begann, in der zuoberst liegenden Akte auf seinem Schreibtisch zu blättern. Er sah erst wieder auf, als der Wachtmeister Wang hereinführte. Die Ketten hatte man ihm abgenommen, aber sein Gesichtsausdruck war noch genauso mürrisch wie zuvor. Der Wachtmeister drückte ihn auf die Knie und stellte sich mit einer schweren Peitsche in der Hand dahinter.

»Eure Anwesenheit ist nicht erforderlich, Wachtmeister«, sagte Richter Dee kurz.

Der Wachtmeister warf Sergeant Hoong einen besorgten Blick zu. »Aber der Kerl ist ein gewalttätiger Schläger, Herr Richter«, begann er zaghaft. »Er könnte …«

»Ihr habt doch gehört, was ich gesagt habe!« unterbrach ihn der Richter mit schneidender Stimme.

Nachdem der beunruhigte Wachtmeister gegangen war, lehnte sich Richter Dee auf seinem Stuhl zurück. Mit beiläufigem Tonfall fragte er den jungen Fischer: »Wie lange wohnt Ihr schon am Wasser, Wang?«

»Solang ich denken kann«, antwortete der Junge mit dumpfer Stimme.

»Ein eigenartiges Land«, sagte der Richter langsam zu Sergeant Hoong. »Als ich heute morgen durch die Marsch ritt, sah ich seltsame Wolkengebilde und auch Nebelfetzen vorüberziehen, die aussahen wie lange Arme, die aus dem Wasser emporragen, so als …«

Der junge Mann hatte aufmerksam zugehört, doch an dieser Stelle unterbrach er hastig. »Sprecht lieber nicht davon!«

»Ja, Wang, Ihr wißt ja alles darüber. In stürmischen Nächten muß in den Marschen mehr vor sich gehen, als wir Stadtmenschen uns träumen lassen.«

Wang nickte heftig. »Ich habe schon vieles gesehen«, sagte er leise, »mit eigenen Augen. Sie kommen alle aus dem Wasser. Manche tun einem weh, andere wiederum helfen, wenn jemand zu ertrinken droht. Aber es ist auf jeden Fall besser, sich von ihnen fernzuhalten.«

»Genau! Und doch habt Ihr Euch erkühnt, Euch einzumischen, Wang. Und jetzt seht, was dabei herausgekommen ist! Ihr wurdet verhaftet, Ihr wurdet geschlagen und getreten, und jetzt werdet Ihr des Mordes beschuldigt!«

»Ich habe Euch doch gesagt, ich war es nicht!«

»Ja, das habt Ihr. Aber wußtet Ihr, durch wen oder was er

umgekommen ist? Trotzdem habt Ihr noch auf ihn eingestochen, als er schon tot war. Mehrmals sogar.«

»Ich habe rotgesehen …«, preßte Wang hervor. »Wenn ich es früher gewußt hätte, hätte ich ihm die Kehle durchgeschnitten. Ich kannte ihn ja vom Sehen, diese Ratte, diesen …«

»Hütet Eure Zunge!« unterbrach Richter Dee ihn mit schneidender Stimme. »Ihr habt einen Toten aufgeschlitzt, und das ist nicht nur böse, sondern auch feige!« Ruhiger fuhr er fort: »Da Ihr jedoch selbst noch in Eurer blinden Wut Oriole aus der Sache heraushieltet, indem Ihr geschwiegen habt, bin ich bereit, Euer Tun zu vergessen. Wie lange seid Ihr schon mit ihr zusammen?«

»Seit über einem Jahr. Sie ist lieb, und schlau ist sie auch. Glaubt bloß nicht, daß sie schwachsinnig ist! Sie kann mehr als einhundert Zeichen schreiben. Ich kann nur etwa zehn bis zwanzig.«

Richter Dee nahm die drei Silberstücke aus der Tasche und legte sie auf den Tisch. »Nehmt sie, Ihr und Oriole seid die rechtmäßigen Eigentümer. Kauft Euch ein Boot und heiratet sie. Sie braucht euch, Wang.« Mit einem schnellen Griff nahm der junge Mann das Silber an sich und steckte es in seinen Gürtel. Der Richter fuhr fort: »Ihr müßt noch einmal für ein paar Stunden ins Gefängnis, denn ich kann Euch erst freilassen, wenn Ihr offiziell vom Verdacht des Mordes freigesprochen seid. Dann werdet Ihr entlassen. Lernt, Euch zu beherrschen, Wang!«

Er klatschte in die Hände, und sofort erschien der Wachtmeister. Bereit, beim ersten Anzeichen von Problemen in das Zimmer zu stürmen, hatte er direkt vor der Tür gewartet.

»Bringt den Gefangenen zurück in die Zelle, Wachtmeister. Dann holt Herrn Lin. Ihr findet ihn in der Amtsstube.«

Sergeant Hoong hatte mit wachsendem Erstaunen zugehört. Perplex fragte er: »Was hat denn das zu bedeuten, Herr Richter? Ich komme da nicht mit. Wollt Ihr den Kerl wirklich laufenlassen?«

Richter Dee erhob sich und ging ans Fenster. Mit einem Blick auf den naß und grau daliegenden Hof sagte er: »Es regnet schon wieder! Was das zu bedeuten hat, wollt Ihr wissen? Nun, ich wollte nur herausfinden, ob Wang von diesem seltsamen Aberglauben auch wirklich überzeugt ist. Eines Tages, Hoong, findet

Ihr in der Amtsbibliothek vielleicht einmal ein Buch über die einheimischen Volksmärchen.«

»Aber Ihr glaubt diesen Unsinn doch nicht etwa, Herr Richter?«

»Nein. Zumindest nicht alles, sagen wir mal so. Aber ich habe das Gefühl, daß ich mich mit dem Thema befassen sollte, denn es spielt im täglichen Leben der einfachen Menschen unseres Bezirks eine große Rolle. Gießt mir eine Tasse Tee ein, bitte.«

Während der Sergeant den Tee zubereitete, nahm Richter Dee seinen Platz wieder ein und widmete sich den Schriftstücken auf seinem Schreibtisch. Als er die zweite Tasse Tee getrunken hatte, klopfte es an der Tür. Der Wachtmeister brachte Lin herein und zog sich diskret wieder zurück.

»Setzt Euch, Herr Lin«, begrüßte der Richter seinen Gast freundlich. »Ich hoffe, mein Bürovorsteher hat Euch für die auszufüllenden Unterlagen die notwendigen Hinweise gegeben?«

»O ja, Herr Richter. Im Augenblick überprüfen wir den Grundbesitz anhand der Einträge im Grundbuch und ...«

»Wie Ihr wißt«, unterbrach ihn der Richter, »hat Herr Choong in dem vor einem Jahr ausgefertigten Testament den gesamten Grundbesitz zusammen mit zwei Dritteln seines Barvermögens seinen zwei Söhnen vermacht. Ein Drittel des Barvermögens sowie das Pfandleihhaus hat er Euch hinterlassen. Habt Ihr vor, das Geschäft weiterzuführen?«

»Nein, Herr Richter«, antwortete Lin mit seinem dünnen Lächeln. »Seit über dreißig Jahren arbeite ich dort von morgens bis abends. Ich werde es verkaufen und von den Zinsen für den Erlös leben.«

»Gut. Aber nehmen wir einmal an, Herr Choong hätte ein neues Testament aufgesetzt? Mit einer Klausel, nach der Euch lediglich das Geschäft zukommt?« Als der Richter sah, daß Lin aschfahl im Gesicht wurde, fuhr er rasch fort: »Es ist ein gutgehendes Unternehmen, aber es würde vier oder fünf Jahre dauern, bis Ihr genügend Kapital angespart hättet, um in den Ruhestand zu gehen. Und Ihr werdet ja auch nicht jünger, Herr Lin.«

»Unmöglich! Wie ... wie konnte er ...« stammelte Lin. Dann fragte er scharf: »Habt Ihr in seiner Kassette denn ein neues Testament gefunden?«

Statt die Frage zu beantworten, sagte Richter Dee ungerührt: »Euer Partner hatte eine Geliebte, Herr Lin. Irgendwann bedeutete ihm ihre Liebe mehr als alles andere.«

Lin sprang auf. »Wollt Ihr damit sagen, daß der alte Narr sein Geld der taubstummen Schlampe hinterlassen hat?«

»Das will ich, Herr Lin, aber für Euch ist das ja nichts Neues. Schließlich wißt Ihr es auch schon seit gestern abend, weil Euer Partner es Euch gesagt hat. Ihr hattet einen heftigen Streit mit ihm. Nein, versucht nicht, es zu leugnen! Euer Diener hat alles mit angehört, und er wird vor Gericht aussagen.«

Lin setzte sich wieder und strich sich mit der Hand den Schweiß aus dem Gesicht. Dann sagte er, etwas beruhigt: »Ja, Herr Richter, ich gebe zu, daß ich sehr verärgert war, als mein Partner mir gestern abend mitteilte, er liebte dieses Mädchen. Er wollte mit ihr an einen weit entfernten Ort gehen und sie heiraten. Ich versuchte ihm klarzumachen, wie dumm das sei, doch er sagte nur, ich solle mich um meine eigenen Angelegenheiten kümmern, und stürmte beleidigt aus dem Haus. Ich hatte keine Ahnung, daß er zu dem Turm gehen würde. Jeder weiß doch, daß dieser Schläger Wang etwas mit der Schwachsinnigen hat. Wang hat die zwei überrascht und meinen Partner umgebracht. Ich bitte um Entschuldigung, daß ich Euch das nicht schon heute morgen gesagt habe, Herr Richter. Ich konnte es einfach nicht über mich bringen, den Ruf meines Partners zu gefährden … Und da der Mörder ja bereits verhaftet war, wäre vor Gericht ohnehin alles herausgekommen …« Er schüttelte den Kopf. »Es ist zum Teil meine Schuld. Ich hätte ihm gestern abend nachgehen sollen, ich hätte …«

»Aber Ihr seid ihm ja nachgegangen, Herr Lin«, unterbrach Richter Dee ihn. »Auch Ihr seid Angler, Ihr kennt die Marsch ebensogut wie Euer Partner. Normalerweise kann man die Marsch nicht überqueren, aber nach schweren Regenfällen steigt das Wasser so weit, daß ein erfahrener Bootsführer es mit einem Ruderboot durch die vollgelaufenen Kanäle und Teiche schaffen könnte.«

»Unmöglich! Auf der Straße patrouilliert die ganze Nacht die Militärpolizei.«

»Wer mit einem Ruderboot unterwegs wäre, Herr Lin, könnte

sich hinter dem hohen Schilf verbergen. Deshalb konnte Euer Partner nur an den Abenden zum Turm gelangen, an denen es heftig geregnet hatte. Und aus diesem Grund hielt das arme schwachsinnige Mädchen den Besucher für ein übernatürliches Wesen, einen Regengeist, denn er kam mit dem Regen.« Er seufzte. Dann fixierte er Lin plötzlich mit stechendem Blick und sagte ernst: »Als Herr Choong Euch gestern abend von seinen Plänen unterrichtete, Lin, saht Ihr all Eure langgehegten Hoffnungen auf ein Leben in Saus und Braus sich in Luft auflösen. Deshalb seid Ihr Choong gefolgt und habt ihn im Turm mit einem Messerstich in den Rücken umgebracht.«

Lin hob die Hände. »Was für eine fantastische Theorie! Wie wollt Ihr diese ungeheuerliche Anschuldigung beweisen?«

»Unter anderem mit dem Pfandschein der Frau Pei, den die Militärpolizei am Tatort gefunden hat. Aber wie Ihr mir selbst bestätigt habt, hatte sich Herr Choong vollkommen vom Geschäft zurückgezogen. Warum sollte er denn wohl einen Pfandschein bei sich tragen, der genau an diesem Tag ausgestellt worden war?«

Als Lin schwieg, fuhr der Richter fort: »Ihr habt spontan den Entschluß gefaßt, Choong zu töten, und ihn verfolgt. Da die Essenszeit gerade vorüber war, hielten die Geschäftsleute der Gegend Ausschau nach ihrer Abendkundschaft, als Ihr vorbeikamt. Auch auf dem Kai, wo Ihr in Euer kleines Ruderboot gestiegen seid, waren ungewöhnlich viele Menschen unterwegs, weil es nach schweren Regenfällen aussah.«

Die plötzlich aufflackernde Panik in Lins Blick war die letzte Bestätigung, die der Richter noch brauchte. Mit tonloser Stimme schloß er: »Wenn Ihr jetzt gesteht, Herr Lin, und mir das Ordnen der ganzen Zeugenaussagen erspart, bin ich bereit, dem Urteil, das auf den Tod lauten wird, ein Gnadengesuch wegen Mordes im Affekt beizufügen.«

Lin starrte mit leerem Blick vor sich hin. Dann begann er auf einmal, vor lauter Wut im ganzen Gesicht zu zucken. »Dieser widerwärtige alte Lüstling!« stieß er hervor. »Läßt mich all die Jahre schwitzen und schuften ... und will dann das ganze schöne Geld einer billigen, schwachsinnigen Schlampe in den Rachen werfen! Das Geld, das ich für ihn verdient habe ...« Sein Blick ruhte auf dem Richter, als er mit fester Stimme hinzufügte: »Ja, ich habe ihn umgebracht. Er hatte es verdient.«

Richter Dee gab dem Sergeanten ein Zeichen. Während Hoong zur Tür ging, sagte der Richter zu Lin: »Ich erwarte Euer umfassendes Geständnis in der Mittagssitzung.«

Sie verharrten in Schweigen, bis der Sergeant mit dem Wachtmeister und zwei Polizeibeamten zurückkehrte. Sie legten Lin in Ketten und brachten ihn fort.

»Ein widerlicher Fall, Herr Richter«, meinte Sergeant Hoong niedergeschlagen.

Der Richter trank einen Schluck Tee und hielt die Tasse zum Nachfüllen hoch. »Eher mitleiderregend, würde ich sagen. Sogar mit Lin könnte man Mitleid haben, Hoong, wenn er nicht mit aller Entschlossenheit versucht hätte, Wang zu belasten.«

»Welche Rolle hat Wang denn nun bei der ganzen Sache gespielt, Herr Richter? Ihr habt ihn nicht einmal gefragt, was er heute morgen gemacht hat!«

»Das war auch nicht nötig, denn was passiert ist, liegt klar auf der Hand. Oriole hatte Wang gesagt, daß sie nachts Besuch von einem Regengeist bekam, der ihr auch manchmal Geld gab. Wang hielt es für eine große Ehre, daß sie Beziehungen zu einem Regengeist unterhielt. Vergeßt nicht, daß noch vor einem halben Jahrhundert in vielen Flußbezirken unseres Reiches jedes Jahr ein Junge oder ein Mädchen dem jeweiligen Flußgott als Menschenopfer dargebracht wurde, bis die Behörden dem Einhalt geboten. Als Wang heute morgen zum Turm kam, um Oriole ihren Fisch zu bringen, fand er einen Toten in ihrem Zimmer. Der Tote lag auf dem Bauch. Weinend gab ihm Oriole zu verstehen, daß Kobolde den Regengeist getötet und ihn in einen häßlichen alten Mann verwandelt hatten. Als Wang den Leichnam umdrehte und den Alten erkannte, wurde ihm plötzlich klar, daß Oriole und er hintergangen worden waren, zog sein Messer und stach in blinder Wut auf den Mann ein. Dann wurde ihm bewußt, daß es sich um einen Mordfall handelte und er verdächtigt werden würde. Deshalb ist er geflohen. Und dann wurde er von der Militärpolizei bei dem Versuch gefaßt, seine Hose von Choongs Blut zu reinigen.«

Sergeant Hoong nickte. »Wie habt Ihr das alles in den paar Stunden herausfinden können, Herr Richter?«

»Zunächst dachte ich, der Hauptmann habe mit seiner Theorie den Nagel auf den Kopf getroffen. Das einzige, was mir ein bißchen Kopfzerbrechen bereitete, war der lange Zeitraum zwischen dem Mord und den Stichwunden in Brust und Bauch des Toten. Mit dem Pfandschein hingegen hatte ich keinerlei Probleme, denn es ist völlig normal, wenn ein Leihhausbesitzer einen solchen Schein bei sich trägt, den er am selben Tag ausgestellt hat. Bei der Befragung Wangs fiel mir dann auf, daß dieser Choong einen Betrüger nannte. Das war ein Versprecher, denn Wang war entschlossen, sich und Oriole aus der Sache herauszuhalten, damit niemand erfuhr, daß man sie an der Nase herumgeführt hatte. Oriole wiederum sagte mir, daß ihr Regengeist von Kobolden nicht nur getötet, sondern auch verwandelt worden sei. Darauf konnte ich mir überhaupt keinen Reim machen. Erst mein Besuch bei Lin brachte mich auf die richtige Spur. Lin war nervös und daher redselig und erzählte mir lang und breit, daß sein Partner sich in keiner Weise mehr am Geschäft beteilige. Da fiel mir der Pfandschein wieder ein, der am Tatort gefunden worden war, und ich begann, Lin zu verdächtigen. Doch erst als ich mir die Bibliothek des Toten angesehen und einen klaren Eindruck von seiner Persönlichkeit gewonnen hatte, fand ich die Lösung. Ich ließ mir meine Theorie bestätigen, indem ich dem Diener entlockte, daß sich Lin und Choong am Vorabend wegen Oriole gestritten hatten. Orioles Name sagte dem Diener natürlich gar nichts, aber er erzählte mir, daß sie eine heftige Auseinandersetzung um die Vögel gehabt hätten. Der Rest war dann Routine.«

Der Richter stellte seine Tasse ab. »Dieser Fall hat mir gezeigt, wie wichtig es ist, unsere alten Handbücher der Ermittlungsarbeit gründlich zu lesen, Hoong. Dort wird nämlich immer wieder darauf hingewiesen, daß der erste Schritt bei einer Morduntersuchung darin besteht, den Charakter, den Tagesablauf und die Gewohnheiten des Opfers zu bestimmen. Und bei diesem Fall lag der Schlüssel zur Lösung tatsächlich in der Persönlichkeit des Opfers.«

Sergeant Hoong strich sich mit einem zufriedenen Lächeln über den grauen Schnurrbart. »Das Mädchen und ihr junger Freund können sich wirklich glücklich schätzen, daß die Untersuchung in Euren Händen lag, Herr Richter! Immerhin deuteten alle Indizien auf Wang als Täter hin, und wenn Ihr nicht gewesen wärt, wäre er verurteilt und geköpft worden. Schließlich ist das Mädchen taubstumm, und Wang ist auch nicht gerade besonders gesprächig.«

Richter Dee nickte. Er lehnte sich in seinen Stuhl zurück und sagte mit einem schwachen Lächeln:

»Dabei fällt mir der größte Nutzen ein, den ich aus diesem Fall gezogen habe, Hoong. Ein sehr persönlicher und sehr wichtiger Nutzen. Ich muß Euch gestehen, daß ich heute morgen ziemlich bedrückt war und einen Augenblick lang wirklich daran gezweifelt habe, ob dieser Beruf das richtige für mich ist. Das war dumm von mir. Es ist eine großartige, wunderbare Aufgabe, Hoong. Selbst wenn sie uns nur die Möglichkeit gibt, für die zu sprechen, die nicht für sich selbst sprechen können!«

Originaltitel: *He Came with the Rain*
Ins Deutsche übertragen von Uwe Brinkmann

Das Schwert der Könige

Peter Tremayne

Eine der angenehmen Seiten bei der Zusammenstellung der vorliegenden Anthologie besteht darin, daß uns die Vergangenheit mit dem scharfen Blick aufmerksamer Beobachter wieder lebendig vor Augen geführt wird – und schärfere Beobachter als die hier vorgestellten Detektive dürfte es kaum geben. Bei der Vorlage seines Manuskripts der folgenden Kurzgeschichte wies Peter Tremayne darauf hin, daß sie im März des Jahres 664 spiele. Deshalb können wir im Vergleich mit der vorhergehenden Geschichte aus dem Jahre 663 vom Anfang bis zum Ende zwei völlig verschiedene Kulturen in entgegengesetzten Teilen der Welt kennenlernen, die sich jedoch in der Neigung des Menschen zum Verbrechen vereinen.

Hauptperson des nachfolgenden Stücks Prosa ist eine neue Detektivin, Schwester Fidelma. Tremayne nannte sie die ›irische Ausgabe von Perry Mason im finsteren Mittelalter‹. Fidelma ist nicht nur Ordensschwester, sondern auch Dálaighe, Advokatin am Gericht der Brehone. Die Handlung der Erzählung spielt vor geschichtlich korrektem Hintergrund, denn im Jahr 664 wurde ganz Europa bis hin nach Britannien und Irland von der Pest heimgesucht. Der Krankheit fielen in jenem Jahr im Abstand von nur wenigen Tagen auch die gemeinsam Hohen Könige von Irland, Blathmac und Diarmuid zum Opfer, und hier liegt der Ausgangspunkt der Geschichte.

Peter Tremayne (*1943) ist bekannt für seine Romane und Kurzgeschichten in den Genres Fantasy und Horror und darüber hinaus, unter seinem Geburtsnamen Peter Berresford Ellis, ein anerkannter Biograph und Fachmann für keltische Geschichte. Mit Schwester Fidelma als Hauptfigur sind bereits mehrere Veröffentlichungen auf dem Markt erschienen, darunter auch ein Roman, so daß sich der Name bereits etabliert hat.

»Gottes Fluch liegt auf diesem Land«, sagte seufzend Abt Colmán, geistlicher Berater der Großversammlung der Oberhäupter der fünf Königreiche von Irland.

Er befand sich auf dem Weg durch die Gärten des prächtigen Palasts von Tara, dem Sitz der Hohen Könige von Irland. Begleitet wurde er von einer hochgewachsenen Frau mit ernstem Gesichtsausdruck, die wie eine Ordensschwester gekleidet war und die Hände vor dem Körper gefaltet hielt. Sogar aus der Ferne fiel dem Betrachter noch auf, daß ihre Kleidung gar nicht recht zu ihr paßte, da sich die Attraktivität der wohlgeformten Figur kaum darunter verbergen ließ. Der Reiz der weißen Haut ihres unverbrauchten Gesichts und der klaren grünen Augen wurde von den störrischen roten Haarsträhnen, die unter ihrer Haube hervorlugten, noch verstärkt. Ihre Wangen hatten Grübchen, und hinter der zur Schau gestellten Ernsthaftigkeit verbarg sich ein kaum verhüllter Sinn für Humor, was dafür sprach, daß sie sich mehr von der Freude am Leben leiten ließ, als sich von der tristen Nachdenklichkeit eines frommen Daseins erdrücken zu lassen.

»Wenn der Mensch Gott vorhält, ihn zu verfluchen, will er oft nur davon ablenken, daß er für seine Probleme selbst verantwortlich ist«, entgegnete Schwester Fidelma mit leiser Stimme.

Der Abt, ein rotgesichtiger Mann von etwa fünfundfünfzig Jahren und gedrungener Statur, legte die Stirn in Falten und betrachtete die junge Frau neben sich. Wollte sie ihn etwa tadeln?

»Man kann doch wohl kaum die Menschheit dafür verantwortlich machen, daß dieses Land von der Pest heimgesucht worden ist«, gab Colmán gereizt zurück. »Es heißt, daß bereits ein Drittel der Bevölkerung dieser bösartigen Krankheit zum Opfer gefallen ist. Keiner ist davon verschont geblieben, weder Mönche noch Bischöfe, noch Priester in unteren Rängen.«

»Noch nicht einmal Hohe Könige«, fügte Schwester Fidelma mit spitzer Zunge hinzu.

Die offiziellen Beisetzungsfeierlichkeiten für die Brüder Blathmac und Diarmuid, die als gemeinsame Hohe Könige von Irland im Abstand von nur wenigen Tagen beide der Pest zum Opfer gefallen waren, hatten erst eine Woche zuvor geendet.

»Also ist es doch sicher ein Fluch Gottes, oder?« wiederholte der Abt. Mit entschlossener Miene wartete er darauf, daß Schwester Fidelma ihm widersprach.

Klug, wie sie war, hüllte sie sich in Schweigen. Anscheinend war der Abt nicht in der Stimmung, sich über Auslegungsmöglichkeiten der kirchlichen Lehre zu unterhalten.

»Genau wegen dieser Vorfälle habe ich Euch hergebeten«, fuhr der Abt fort, während er sie in die Kapelle des heiligen Patrick führte, die neben dem Palast des Hohen Königs erbaut worden war. Schwester Fidelma folgte dem Abt in das dunkle, weihrauchgeschwängerte Innere. Vor dem Altar kniete sie nieder und bekreuzigte sich, dann betrat sie hinter dem Abt die Sakristei. Er setzte sich in einen Ledersessel und bot ihr mit einer Handbewegung ebenfalls einen Platz an.

Sie setzte sich und sah ihn in gespannter Erwartung an.

»Ich habe Euch kommen lassen, Schwester Fidelma, weil Ihr eine Advokatin seid, eine *Dálaighe* am Gericht der Brehone, und daher in Rechtsfragen bewandert.«

Schwester Fidelma zuckte bescheiden mit den Schultern und zeigte sich ansonsten unbeeindruckt.

»Ja, ich habe acht Jahre beim Brehon Morann – möge seine Seele in Frieden ruhen – studiert und den Titel *Anruth* erworben.«

Der Abt machte noch immer ein beleidigtes Gesicht. Er hatte sich von dem erstaunlichen ersten Zusammentreffen mit dieser jungen Frau, die mit ihrem Abschluß eine so hohe rechtliche Qualifikation besaß, daß sie selbst den Höchsten im Land damit Respekt abnötigte, noch nicht wieder erholt. Von der Stufe eines *Ollamh*, der sogar mit dem Hohen König selbst verkehren durfte, war sie nur noch einen einzigen Schritt entfernt. In Gegenwart dieser Schwester aus Kildare überkam den Abt ein Gefühl der Verlegenheit. Zwar war er in Glaubensfragen ihr Vorgesetzter, doch mußte auch er sich ihrer sozialen Stellung und ihren rechtlichen Befugnissen beugen, die sie als *Dálaighe* des Brehonengerichts besaß.

»Ich bin über Eure Qualifikation und Stellung unterrichtet, Schwester Fidelma. Aber abgesehen von Eurem Wissen und Euren Vollmachten ist mir auch zu Ohren gekommen, daß Ihr eine besondere Begabung für das Lösen von Rätseln besitzt.«

»Wer Euch das berichtet hat, schmeichelt mir. Ich habe dazu beigetragen, einige Probleme zu lösen. Und das bißchen Talent, das ich in dieser Hinsicht habe, steht zu Eurer Verfügung.«

Erwartungsvoll sah Schwester Fidelma den Abt an, der sich nachdenklich über das Kinn strich.

»Unter der Herrschaft der Hohen Könige Blathmac und Diarmuid ist es unserem Land viele Jahre gutgegangen. Aus diesem Grund kommt ihr Tod einer Tragödie gleich.«

Schwester Fidelma hob eine Augenbraue.

»Gibt es Zweifel daran, wie sie gestorben sind? Habt Ihr mich deshalb herkommen lassen?«

Der Abt schüttelte hastig den Kopf.

»Nein. Sie sind eindeutig an den Folgen der Pest gestorben, die alle fürchten und der niemand entrinnen kann, von dem sie einmal Besitz ergriffen hat. Es ist Gottes Wille.«

Der Abt schwieg einen Augenblick, in dem er auf eine Bemerkung Schwester Fidelmas zu warten schien, doch als sie nichts sagte, sprach er weiter.

»Nein, Schwester, am Tod von Blathmac und Diarmuid ist nichts Verdächtiges. Das Problem liegt in der Nachfolge für ihren Thron.«

Schwester Fidelma runzelte die Stirn.

»Aber ich dachte, die Großversammlung hätte beschlossen, Sechnasach, Blathmacs Sohn, zum Hohen König auszurufen?«

»So lautete die Entscheidung der Könige und sonstigen Oberhäupter der verschiedenen irischen Provinzen«, bestätigte der Abt. »Aber die Amtseinführung Sechnasachs auf dem heiligen Stein des Schicksals hat noch nicht stattgefunden.« Er zögerte. »Kennt Ihr das Gesetz der Könige?«

»In welcher Hinsicht?« fragte Schwester Fidelma, die sich fragte, was er mit der Frage bezweckte.

»Den Teil der sieben Beweise für die rechtmäßige Ernennung eines Königs.«

»Im brehonischen Gesetz sind sieben Beweise für die rechtmäßige Ernennung des Königs gefordert«, sagte Schwester Fidelma pflichtbewußt. »Er muß von der Großversammlung bestätigt werden. Er muß ein Bekenntnis zu dem einzigen wahren Gott ablegen. Er muß die Zeichen seines Amtes hochhalten und ihnen Treue schwören. Er muß Recht nach den brehonischen Gesetzen sprechen, und sein Urteil muß unumstößlich, gerecht und über jeden Zweifel erhaben sein. Er muß das Wohl des Volkes mehren. Er darf seine Krieger nicht in einen ungerechten Krieg führen …«

Der Abt unterbrach sie mit erhobener Hand.

»Schon gut, schon gut. Wie ich sehe, kennt Ihr das Gesetz. Es geht nun darum, daß Sechnasach nicht gekrönt werden kann, weil das große Schwert der Uí Néill, das ›Caladchalog‹, das der Legende nach schon zu Zeiten des Urnebels vom Schmiedegott Gobhainn angefertigt wurde, gestohlen worden ist.«

Schwester Fidelma hob den Blick. Ihr Mund war vor Überraschung halb geöffnet.

Das alte Schwert der Uí Néill war eines der Machtsymbole der Hohen Könige. Der Legende nach hatte es der Schmiedegott dem Helden Fergus Mac Roth schon vor ewigen Zeiten übergeben. Danach war es auf Niall übergegangen, dessen Nachfahren schließlich die Uí-Néill-Könige von Irland wurden. Seit Jahrhunderten entstammten die Hohen Könige nun schon den Familienverbänden der nördlichen oder der südlichen Uí Néill. Das ›Caladchalog‹ war ein mit Zauberkraft versehenes, geheimnisvolles Schwert, an dem das Volk seinen rechtmäßigen Herrscher erkannte. Alle Hohen Könige mußten bei ihrer Krönung darauf schwören und es bei allen offiziellen Anlässen als äußeres Zeichen ihrer Macht und ihres Amtes tragen. Der Abt schob die Unterlippe vor.

»Das Volk braucht heute, wo es von Furcht vor dem Wüten der Pest erfaßt ist, Trost und Ablenkung. Würde es sich im Land herumsprechen, daß der neue Hohe König ohne Amtsschwert ist, auf das er seinen heiligen Schwur leistet, dann würde das Volk von Unruhe und Angst ergriffen. Ein solcher Beginn der Herrschaft Sechnasachs würde als böses Omen verstanden, es käme zum Ausbruch von Chaos und Panik. Unser Volk klammert sich an die alten Traditionen, aber vor allem in der heutigen Zeit braucht es Trost und Stabilität.«

Schwester Fidelma preßte nachdenklich die Lippen zusammen. Was der Abt sagte, war sicher wahr. Das Volk glaubte fest an die Symbole, die es seit jeher kannte.

»Wenn die Menschen sich doch nur auf ihre eigenen Fähigkeiten und nicht auf Äußerlichkeiten verlassen würden«, fuhr der Abt fort. »Es ist an der Zeit für Reformen, sowohl in weltlichen als auch in Glaubensfragen. Wir hängen noch zu sehr am heidnischen Glauben unserer Vorfahren aus der Zeit, bevor uns das Licht unseres Erlösers erleuchtet hat.«

»Wie ich sehe, glaubt Ihr persönlich an die von Rom vorgeschlagenen Reformen«, sagte Schwester Fidelma scharfsinnig.

Der Abt konnte seine Überraschung nicht verbergen.

»Wie kommt Ihr darauf?«

Schwester Fidelma lächelte. »Das war nicht besonders schwierig, Abt Colmán. Es gehört nur etwas Beobachtungsgabe dazu. Ihr tragt die Tonsur von St. Peter, ein Symbol Roms, und nicht die des heiligen Johannes, von dem unsere Kirche ihre Regeln ableitet.«

Der Abt verzog zustimmend das Gesicht.

»Ich mache kein Geheimnis daraus, daß ich fünf Jahre lang in Rom war und mit der Zeit Roms Gründe für die Reformen zu respektieren gelernt habe. Ich glaube, es ist meine Pflicht, unserem Volk die Bräuche der Kirche von Rom näherzubringen, damit es unsere alten Rituale, Symbole und Traditionen erneuert.«

»Wir müssen uns in unserem Handeln davon leiten lassen, wie die Menschen sind, und nicht davon, wie wir sie gerne hätten«, entgegnete Schwester Fidelma.

»Aber wir müssen doch auch versuchen, sie zu ändern«, erwiderte der Abt salbungsvoll, »indem wir ihren Fuß auf den rechten Weg zu Gottes Gnaden setzen.«

»Laßt uns nicht über die Reformen Roms streiten«, sagte Schwester Fidelma leise. »Ich werde mich weiterhin von den Regeln der heiligen Brigid von Kildare leiten lassen, vor der ich meinen Eid abgelegt habe. Aber sagt mir, zu welchem Zweck habt Ihr mich nach Tara gerufen?«

Der Abt zögerte, als frage er sich, ob er das Thema der römischen Reformen weiter verfolgen sollte. Dann versteckte er seine Verärgerung hinter einem Räuspern.

»Wenn wir verhindern wollen, daß in den fünf irischen Königreichen Unruhen ausbrechen, müssen wir das Schwert noch vor der Krönung wiederfinden, die auf den morgigen Tag festgesetzt ist.«

»Von wo wurde es denn gestohlen?«

»Hier, aus dieser Kapelle. Es wurde zusammen mit dem *Lia Fáil*, dem Stein des Schicksals, unter dem Altar aufbewahrt. Es war in einer Kiste aus Holz und Metall eingeschlossen. Der einzige Schlüssel lag für jedermann sichtbar auf dem Altar. Niemand, so dachte man, würde es jemals wagen, diese heilige Stätte zu entweihen und die heiligen Schätze zu stehlen.«

»Und jetzt ist es doch passiert?«

»So ist es. Allerdings sitzt der Täter bereits hinter Schloß und Riegel.«

»Wer ist es denn?«

»Ailill Flann Esa, Sohn des Donal, der vor zwanzig Jahren Hoher König war. Ailill und sein Cousin Sechnasach sind Widersacher um den Thron. Offenbar will Ailill aus Groll über seine Ablehnung durch die Großversammlung seinen Cousin in Verruf bringen.«

»Gibt es Zeugen für den Diebstahl?«

»Drei. Zum einen zwei Wachen des königlichen Palasts, Congal und Erc, die den Dieb allein in der Kapelle antrafen. Und dann noch mich selbst, denn ich kam kurz darauf auch in die Kapelle.«

Schwester Fidelma warf dem Abt einen verwunderten Blick zu. »Wenn er in der Kapelle auf frischer Tat ertappt wurde, warum hatte er das Schwert dann nicht bei sich?«

Der Abt schnaubte ungeduldig.

»Anscheinend hatte er es gerade noch rechtzeitig versteckt. Vielleicht hat er die Wachen kommen hören.«

»Ist die Kapelle durchsucht worden?«

»Ja, aber man hat nichts gefunden.«

»Es hat also niemand wirklich gesehen, daß Ailill Flann Esa das Schwert geraubt hat?«

Der Abt lächelte väterlich.

»Meine liebe Schwester, die Kapelle wird nachts verschlossen. Der Diakon hatte noch einmal nach dem Rechten gesehen. Nach Aussage der Wachen, die draußen vorbeigehen, war die Tür kurz nach Mitternacht noch verschlossen, zwanzig Minuten später jedoch nicht mehr. Die Wachen stellten fest, daß der Riegel zerstört worden war. Für gewöhnlich wird die Tür zur Kapelle nämlich von innen verriegelt. Und in diesem Augenblick entdeckten sie Ailill am Altar. Der Altar war zur Seite geschoben worden, die Kiste war offen und das Schwert fort. Die Fakten sprechen für sich.«

»Nicht so ganz, Abt Colmán«, wandte Schwester Fidelma nachdenklich ein.

»Zumindest doch so weit, daß Sechnasach mit mir dahingehend übereinstimmte, Ailill sofort in den Kerker zu werfen.«

»Und Eurer Meinung nach hat er die Tat aus Groll und reiner Böswilligkeit begangen?«

»Auch das liegt auf der Hand. Ailill will die Inthronisierung Sechnasachs verhindern. Vielleicht glaubt er sogar, daß er bei dem entstehenden Chaos einen Bürgerkrieg vom Zaun brechen kann, um dann das Schwert aus seinem Versteck zu holen und unter Ausnutzung der Ängste des Volkes Sechnasach zu stürzen und sich selbst zum Hohen König zu machen. Die Bevölkerung ist wegen ihrer Furcht vor der Pest sehr leicht zu beeinflussen.«

»Wenn Ihr den Schuldigen und sein Motiv schon gefunden habt, was soll ich dann noch hier?« fragte Schwester Fidelma mit leichter Ironie. »Und außerdem gibt es am Gerichtshof von Tara doch sicher bessere *Dálaighe* und Brehone als mich.«

»Es ist jedoch niemand darunter, dem für die Lösung solcher Rätsel Euer Ruf vorauseilt, Schwester Fidelma.«

»Aber das Schwert muß doch noch in der Kapelle oder zumindest in ihrer Nähe sein.«

»Wir haben die Kapelle durchsucht und nichts gefunden. Die Zeit drängt. Ich habe gehört, daß Ihr mit Eurer Begabung die Stelle finden könnt, wo das Schwert versteckt ist. Außerdem wurde mir gesagt, wie geschickt Ihr bei der Befragung von Verdächtigen vorgeht und ihnen die Wahrheit entlockt. Ailill hat das Schwert ganz sicher in der Nähe versteckt. Wir müssen es unbedingt finden, bevor der neue Hohe König ernannt wird.«

Schwester Fidelma schob die Lippen vor und zuckte mit den Schultern.

»Zeigt mir die Stelle, wo das Schwert aufbewahrt wurde, und dann will ich Ailill Flann Esa befragen.«

Ailill Flann Esa war ungefähr fünfunddreißig Jahre alt, groß, und trug einen Vollbart. Sein Haar war braun. Er trat mit dem Stolz des Sohnes eines früheren Hohen Königs auf. Sein Vater war Donal Mac Aed von den nördlichen Uí Néill gewesen, der zwanzig Jahre zuvor in Tara geherrscht hatte.

»Ich habe das heilige Schwert nicht gestohlen«, sagte er sofort, als Schwester Fidelma ihm den Zweck ihrer Anwesenheit genannt hatte.

»Dann erklärt mir einmal, wie es kam, daß Ihr um diese Zeit in der Kapelle wart«, entgegnete sie und setzte sich auf die Holzbank an der Wand seiner dunklen, gemauerten Zelle. Ailill zögerte, dann setzte er sich auf einen Hocker vor ihr. Der Hocker bildete zusammen mit einem Holzbett und einem Tisch die übrige Einrichtung des Raums. Schwester Fidelma wußte, daß Ailill diesen Luxus, der ihm den Aufenthalt in seinem feuchten Gefängnis leichter machte, nur seiner sozialen Stellung zu verdanken hatte.

»Ich ging an der Kapelle vorbei …«, begann Ailill.

»Weshalb?« unterbrach Schwester Fidelma ihn. »Es war doch schon nach Mitternacht, soweit ich weiß?«

Der Mann legte die Stirn in Falten und zögerte. Anscheinend war er es nicht gewohnt, daß man ihn unterbrach. Schwester Fidelma unterdrückte ein Lächeln, als sie den inneren Kampf in seinem hochmütigen Gesicht bemerkte. Natürlich hätte er am liebsten losgepoltert, aber er war sich auch im klaren darüber, daß hinter ihrer Stellung als *Anruth* die Macht des Brehonengerichts stand. Dann überwand er sein Zögern.

»Ich wollte jemanden besuchen.«

»Wen? Wo?«

»Das kann ich nicht sagen.«

Seine zusammengepreßten Lippen signalisierten Entschlossenheit. Ganz offensichtlich wollte er nichts weiter dazu sagen. Sie ließ ihn gewähren.

»Erzählt weiter«, forderte sie ihn nach einer kurzen Pause auf.

»Wie ich schon sagte, ich ging also an der Kapelle vorbei, und dann sah ich, daß die Tür offenstand. In der Regel ist sie um diese Zeit aber mit einem Riegel verschlossen. Das kam mir merkwürdig vor, und deshalb ging ich hinein. Dann fiel mir auf, daß der Altar zur Seite geschoben war. Ich ging hin und sah, daß die Kiste, in der das Amtsschwert aufbewahrt wurde, offen war …«

Er stockte, zuckte mit den Schultern und schwieg.

»Und was dann?« fragte Schwester Fidelma weiter.

»Nichts mehr. In dem Augenblick kamen auch schon die Wachen und kurz darauf der Abt. Sie beschuldigten mich, das Schwert gestohlen zu haben, aber ich war es nicht.«

»Ist das etwa alles, was Ihr über die Sache wißt?«

»Ja, mehr weiß ich nicht. Ich bin unschuldig. Mein einziges Vergehen besteht darin, daß ich als Sohn meines Vaters vor der Großversammlung Anspruch auf die Nachfolge von Blathmac und Diarmuid erhoben habe. Obwohl Sechnasach die Großversammlung für sich gewinnen konnte, hat er mir nie verziehen, daß ich ihn um die Nachfolge herausgefordert habe. Und weil er mich haßt, glaubt er um so bereitwilliger an meine Schuld.«

»Habt Ihr denn Sechnasach vergeben, daß er vor der Versammlung erfolgreich war?« fragte Schwester Fidelma mit schneidender Stimme.

Ailill verzog in unterdrückter Wut das Gesicht.

»Haltet Ihr mich etwa für so böse, Schwester? Ich halte mich an die Gesetze. Aber ich will Euch ganz offen sagen, daß ich die Entscheidung der Versammlung für falsch halte. Sechnasach ist ein Traditionalist in einer Zeit, in der unser Land Reformen braucht, und zwar sowohl im weltlichen Recht wie auch in der Kirche.«

Schwester Fidelma schloß die Augen zu schmalen Schlitzen.

»Ihr würdet also die Reformen unterstützen, die uns von der römischen Kirche aufgedrängt werden? Daß wir Ostern an einem anderen Tag feiern sollen, unsere Gottesdienstordnung ändern und uns beim Grundbesitz ihren Gesetzen anpassen?«

»Ja, das würde ich. Ich habe auch nie ein Geheimnis daraus gemacht. Und es gibt viele, die mich dabei unterstützen würden. Mein Cousin Cernach, der Sohn Diarmuids, zum Beispiel. Er ist ein noch entschiedenerer Anhänger Roms als ich.«

»Aber Ihr müßt doch einräumen, daß Ihr ein starkes Motiv hättet, Sechnasachs Inthronisierung zu verhindern.«

»Ja. Ich gebe zu, daß ich eine andere Politik verfolgen würde als er. Aber vor allem glaube ich, daß sich jeder an die Entscheidung der Großversammlung zu halten hat, ganz gleich, wie sie ausfällt. Solange der Hohe König nicht gegen das Gesetz verstößt oder seine Pflichten verletzt, bleibt er auch Hoher König. Die Entscheidung der Großversammlung darf von niemandem in Frage gestellt werden.«

Schwester Fidelma sah Ailill direkt in die funkelnden braunen Augen.

»Und habt Ihr das Schwert gestohlen?«

Ailill versuchte, den Zorn zu unterdrücken, der bei dieser Frage offensichtlich in ihm aufstieg.

»Bei allen Mächten, nein! Ich habe Euch alles gesagt, was ich weiß.«

Der Krieger mit Namen Erc trat verlegen von einem Fuß auf den anderen.

»Ich kann Euch ganz bestimmt nicht weiterhelfen, Schwester. Ich bin nur ein einfacher Wachmann. Als mein Kamerad Congal und ich in die Kapelle kamen, stand Ailill Flann Esa vor der Kiste, aus der das Schwert gestohlen worden war. Mehr kann ich dazu nicht sagen.«

Schwester Fidelma preßte die Lippen zusammen und betrachtete die neugierigen Gesichter der anderen Krieger, die der Leibwache des Königs angehörten und sich zu hundert Mann einen Schlafsaal teilten. In dem dunklen Saal roch es penetrant nach Alkohol und Schweiß.

»Das laßt einmal meine Sorge sein.« Sie wandte sich zur Tür. »Kommt, gehen wir ein paar Schritte an der frischen Luft, Erc. Ich möchte Euch gern ein paar Fragen stellen.«

Unwillig legte der kräftige Mann Schild und Speer ab und verließ hinter der Ordensschwester den Schlafsaal, wobei ihn Getuschel und einige anzügliche Witze seiner Kameraden begleiteten.

»Ich habe gehört, daß Ihr in der Tatnacht an der Kapelle als Wache eingeteilt wart«, sagte Schwester Fidelma, sobald sie in die helle Morgensonne hinaustraten. »Stimmt das?«

»Congal und ich hatten zwar Wache, aber nur Befehl, an den Gebäuden zu patrouillieren, zu denen auch die Kapelle gehört. Für gewöhnlich sind die Türen der Kapelle des heiligen Patrick von Mitternacht bis Tagesanbruch geschlossen. In der Kapelle lagern vielerlei Schätze, und der Abt hat angeordnet, daß die Tür nachts verriegelt wird.«

»Und um welche Zeit habt Ihr Euren Dienst dort angetreten?«

»Genau um Mitternacht, Schwester. Unsere Strecke reichte von der Tür des königlichen Stalls, der ungefähr fünfzig Meter von der Kapelle entfernt liegt, bis zur Tür des großen Speisesaals, wobei man an der Kapellentür vorbeikommt.«

»Erzählt mir, was in jener Nacht passiert ist.«

»Congal und ich nahmen unsere Posten wie üblich ein. Wir gingen an der Tür der Kapelle vorbei. An der Speisesaaltür machten wir kehrt und nahmen dann einen Pfad, der um die Gebäude herumführt; wir gehen also immer im Kreis.«

»Wie lange dauert es, einmal um die Gebäude herumzugehen?«

»Nicht länger als eine halbe Stunde.«

»Und wie lange habt Ihr dabei die Kapellentür nicht im Blick?«

»Vielleicht zwanzig Minuten.«

»Erzählt weiter.«

»Als wir auf der zweiten Runde, also eine halbe Stunde später, wieder an der Kapelle vorbeikamen, fiel Congal auf, daß die Tür offenstand. Wir gingen hin und stellten fest, daß die Tür gewaltsam geöffnet worden war. Das Holz um den Riegel auf der Innenseite der Tür herum war gesplittert. Wir gingen hinein und sahen Ailill Flann Esa vor dem Altar stehen. Der Altar war von der Stelle, wo er über dem Stein des Schicksals steht, weggeschoben worden, und die Kiste, in der das Schwert aufbewahrt wird, war geöffnet.«

»Was machte Ailill? War er vielleicht aufgeregt oder außer Atem?«

»Nein, er war ganz ruhig. Er starrte einfach nur auf die offene Kiste.«

»War es in der Kapelle nicht dunkel? Wie konntet Ihr alles so genau erkennen?«

»Es brannten ein paar Kerzen, das war Licht genug.«

»Und was dann?«

»Er bemerkte unseren Schatten und drehte sich zu uns um. In diesem Augenblick tauchte auch der Abt hinter uns auf. Er wußte sofort, was passiert war, und machte uns darauf aufmerksam, daß das Schwert fehlte.«

»Hat er Ailill Fragen gestellt?«

»O ja, natürlich. Er fragte ihn, was er dazu zu sagen hätte, daß das Schwert nicht mehr dort sei.«

»Und was hat Ailill geantwortet?«

»Daß er gerade hereingekommen wäre.«

»Und was habt Ihr gesagt?«

»Daß das nicht möglich sei, weil wir draußen Streife gegangen seien und die Kapellentür vom königlichen Stall aus mindestens zehn Minuten lang hätten sehen können. Zumindest diese zehn Minuten mußte Ailill schon drinnen gewesen sein.«

»Aber es war doch Nacht. Draußen war es sicher stockdunkel. Wie konntet Ihr sicher sein, daß Ailill nicht im Schutz der Dunkelheit unmittelbar vor Euch die Kapelle betreten hatte?«

»Weil in den Gärten des königlichen Palastes jede Nacht Fackeln brennen. Das ist in Tara Gesetz. Wo Licht ist, gibt es keine Verbrechen. Wie ich schon sagte, Ailill mußte mindestens schon zehn Minuten in der Kapelle gewesen sein. Das ist eine lange Zeit.«

»Und doch scheinen mir selbst zehn Minuten nicht ausreichend, um die Kiste zu öffnen, das Schwert zu verstecken und sich wieder völlig zu beruhigen, bevor Ihr in die Kapelle kamt.«

»Zeit genug, würde ich sagen. Denn was hätte er mit dem Schwert schon anfangen können, außer es zu verstecken?«

»Wo ist eigentlich Euer Kamerad Congal? Ich würde ihm auch gerne ein paar Fragen stellen.«

Erc machte ein bekümmertes Gesicht und bekreuzigte sich hastig.

»Gott stehe mir bei, Schwester. Er hat die Pest und liegt schon im Sterben, und vielleicht bin ich der nächste, den es trifft.«

Schwester Fidelma biß sich auf die Unterlippe. Dann schüttelte sie den Kopf und lächelte Erc beruhigend an.

»Nicht unbedingt, Erc. Geht zum Apotheker und laßt Euch eine Infusion mit den Blättern und Blüten von *centaurium vulgare* geben. Es steht im Ruf, die Pest in Schach zu halten.«

Beim Klang der unbekannten lateinischen Wörter legte der Krieger die Stirn in Falten. »Was ist das?« wollte er wissen.

»*Dréimire buí*«, übersetzte sie den Namen des Krauts ins Irische. »Der Apotheker kennt es bestimmt. Als Getränk ist die Mischung angeblich gut zur Vorbeugung geeignet. Wenn Ihr jeden Tag davon trinkt, könnt Ihr die Krankheit vielleicht abwehren. Und nun geht in Frieden, Erc. Für den Augenblick habe ich keine Fragen mehr.«

Sechnasach, Lord von Midhe und Hoher König von Irland, war Mitte Dreißig und von hochgewachsener Gestalt. Seine Gesichtszüge waren finster, sein Haar dunkel. Ein Inbegriff der Finsternis, saß er leicht vornübergebeugt auf seinem Stuhl.

»Abt Colmán hat mir berichtet, daß Ihr noch nicht herausgefunden habt, wo Ailill das Schwert versteckt hält, Schwester«, begrüßte er sie schroff und bedeutete ihr, sich zu setzen. »Darf ich Euch daran erinnern, daß die Krönungsfeierlichkeiten morgen mittag beginnen?«

Der Hohe König hatte sich auf ihre Bitte hin bereit erklärt, sie in einem der kleinen Audienzzimmer des Palasts von Tara zu empfangen. In diesem gab es eine hohe gewölbte Decke und farbenprächtige Wandteppiche. Der Hohe König saß auf seinem kunstvoll geschnitzten Eichenstuhl vor einem großen Kamin, in dem ein Feuer knisterte. Der ganze Raum war mit edlen Möbeln eingerichtet, die ihm als Geschenke aus aller Herren Länder überbracht worden und mit Gold, Silber und Halbedelsteinen besetzt waren.

»Das setzt voraus, daß Ailill das Schwert auch wirklich gestohlen hat«, sagte Schwester Fidelma mit ruhiger Stimme, während sie ihm gegenüber Platz nahm. Sie hielt sich streng an das Protokoll. Hätte sie eine Ausbildung zur *Ollamh* absolviert, wäre sie berechtigt gewesen, sich ohne Erlaubnis des Hohen Königs zu setzen. Der oberste *Ollamh* von Irland besaß sogar so viel Einfluß, daß er auf der Großversammlung noch vor dem Hohen König das Wort ergreifen durfte. Da Schwester Fidelma noch nie einem Hohen König gegenübergesessen hatte, achtete sie peinlich genau auf die Einhaltung der Umgangsformen.

Sechnasach legte angesichts ihres Einwands die Stirn in tiefe Falten.

»Wollt Ihr das etwa bezweifeln? Die Tatsachen, von denen Abt Colmán berichtet hat, sprechen doch für sich! Und wenn Ailill es nicht gestohlen hat, wer dann?«

Schwester Fidelma hob die Schultern und ließ sie wieder fallen.

»Bevor ich mehr dazu sage, möchte ich Euch ein paar Fragen stellen, Sechnasach von Tara.«

Mit einer Handbewegung gab er ihr zu verstehen, daß sie beginnen könne.

»Wer hätte einen Nutzen davon, wenn Ihr nicht zum König gekrönt würdet?«

Sechnasach verzog belustigt und zornig zugleich das Gesicht.

»Ailill natürlich, weil die Großversammlung ihn zum *Tánaiste* bestimmt hat.«

Immer, wenn die Großversammlung einen Hohen König wählte, wurde gleichzeitig für den Fall, daß der Gewählte sein Amt nicht antreten konnte, ein *Tánaiste* oder ›Schattenkönig‹ bestimmt. Wenn also beispielsweise ein Hoher König starb, wurde auf einer neuen Großversammlung der *Tánaiste* als neuer König bestätigt, so daß die fünf Königreiche zu keiner Zeit ohne obersten Herrscher zu sein brauchten. Nach dem uralten irischen Brehonrecht wurden nur die Würdigsten zum König gewählt. Ein Verfahren wie bei den Sachsen oder Franken, wo das Recht der Erstgeborenen die Erbfolge bestimmte, gab es nicht.

»Und sonst niemand? Sonst kann niemand einen Anspruch erheben?«

»Doch, viele. Zum Beispiel Cernach, der Sohn meines Onkels Diarmuid, und Ailills eigene Brüder, Conall und Colcu. Ihr habt doch von dem Konflikt zwischen den nördlichen und südlichen Uí Néill gehört? Ich gehöre den südlichen Uí Néill an. Viele der nördlichen Uí Néill wären froh, wenn ich abgesetzt würde.«

»Aber bis auf Ailill würde niemand durch Euren Fall etwas gewinnen?«

»Niemand.«

Schwester Fidelma preßte die Lippen zusammen und erhob sich.

»Das wäre im Augenblick alles, Sechnasach«, sagte sie.

Der Hohe König war von der brüsken Art ihrer Befragung überrascht.

»Ihr wollt mir keine Hoffnung darauf machen, daß das Schwert vor Anbruch des morgigen Tages gefunden wird?«

Schwester Fidelma war der flehende Unterton nicht entgangen.

»Man soll die Hoffnung nie aufgeben, Sechnasach. Aber wenn ich es nicht schaffe, dieses Rätsel bis morgen mittag zu lösen, dann wird uns der Lauf der Dinge die Lösung zeigen.«

»Also gibt es nur wenig Hoffnung, daß es nicht zu Unruhen kommt?«

»Ich weiß es nicht«, gab Schwester Fidelma offen zu.

Dann verließ sie das Audienzzimmer. Im Korridor erklang hinter einem abgedunkelten Durchgang eine leise Sopranstimme, die ihren Namen rief. Schwester Fidelma blieb stehen, drehte sich um und sah die Umrisse eines Mädchens.

»Kommt einen Augenblick herein, Schwester.«

Schwester Fidelma folgte der Gestalt durch einen schweren Vorhang in eine hell erleuchtete Kammer.

Vor ihr stand ein junges, dunkelhaariges Mädchen. Es trug einen edlen blauen Morgenrock, der mit Juwelen verziert war, und zog den Vorhang vor dem Durchgang wieder zu.

»Ich bin Ornait, Sechnasachs Schwester«, sagte das Mädchen schwer atmend.

Schwester Fidelma verneigte sich.

»Zu Euren Diensten, Ornait.«

»Ich habe gelauscht«, sagte das Mädchen errötend. »Ich habe alles gehört, was Ihr zu meinem Bruder gesagt habt. Ihr glaubt nicht, daß Ailill das heilige Schwert gestohlen hat, nicht wahr?«

Schwester Fidelma schaute in die erwartungsvoll und flehentlich blickenden Augen des Mädchens und lächelte sanft.

»Und Ihr wollt es nicht glauben?« fragte sie mit leichtem Nachdruck.

Wenn es noch möglich war, errötete Ornait bei der Frage noch mehr. Sie senkte den Blick.

»Ich weiß, daß er es nicht getan hat. Er könnte es gar nicht.« Sie nahm Schwester Fidelmas Hand. »Wenn jemand seine Unschuld beweisen kann, dann seid Ihr es.«

»Dann wißt Ihr also, daß ich Advokatin am Brehonengericht bin?« fragte Schwester Fidelma. Der feste Glaube des Mädchens an ihre Fähigkeiten machte sie ein wenig verlegen.

»Eine Schwester Eures Ordens in Kildare hat es mir erzählt.«

»Und in der Nacht, als Ailill in der Kapelle verhaftet wurde, war er auf dem Weg zu Euch? Wie dumm von ihm, mir das nicht zu sagen.«

Trotzig schob Ornait das schmale Kinn vor.

»Wir lieben uns!«

»Aber warum haltet Ihr das sogar vor Eurem Bruder geheim?«

»Es bleibt ein Geheimnis, bis mein Bruder König ist. Wir sagen es ihm erst, wenn er Ailill wegen der Herausforderung vor der Großversammlung nicht mehr so böse ist.«

»Ihr glaubt nicht, daß Ailill Eurem Bruder gegenüber eine Abneigung hegt, aus der heraus er Sechnasach schaden wollte und deswegen das Schwert versteckt hält?«

»Ailill mag in vielerlei Hinsicht anderer Meinung als mein Bruder sein, aber er erkennt an, daß die Entscheidung der Großversammlung nach brehonischem Recht unantastbar und verbindlich ist«, antwortete Ornait mit fester Stimme. »Und damit steht er nicht allein. Mein Cousin, Cernach Mac Diarmuid, glaubt auch, daß er ein größeres Anrecht auf den Thron hat als Sechnasach. Außerdem mißfällt ihm, daß mein Bruder die Reformvorschläge Roms ablehnt. Aber bis Cernach das ›Wahlalter‹ erreicht, ab dem er meinem Bruder nach dem Gesetz die Königswürde streitig machen kann, dauert es noch eine Zeitlang. Da er als Herausforderer noch zu jung ist, hat er Ailill bei seinem Anspruch unterstützt. Es ist kein Verbrechen, wenn man bei der Wahl zum Hohen König unterliegt. Sobald die Großversammlung ihre Entscheidung getroffen hat, ist die Auseinandersetzung vorbei. Nein und tausendmal nein – Ailill würde so etwas nie tun!«

»Nun, Schwester?« Der Abt hatte die Augen zu schmalen Schlitzen zusammengezogen und sah Schwester Fidelma mit festem Blick an.

»Im Augenblick kann ich Euch nichts Neues berichten. Aber eine Frage habe ich noch.«

Sie befanden sich im Arbeitszimmer des Abts in der Abtei, die hinter dem Palast von Tara lag. Der Abt saß hinter einem Holztisch, an dem er ein prächtig verziertes Manuskript durchgesehen hatte. Als ihm auffiel, daß sie den Blick auf das Buch lenkte, lächelte er selbstgefällig.

»Das hier ist das Evangelium des Johannes, angefertigt von unseren Brüdern in Clonmacnoise. Eine wundervolle Arbeit, die an unsere Brüder auf dem heiligen Eiland Colmcille geschickt wird.«

Schwester Fidelma sah sich das herrlich gearbeitete Werk kurz an. Es war wirklich sehr schön, aber ihre Gedanken kreisten um etwas anderes. Sie wartete einen Augenblick. Dann fragte sie:

»Wenn es im Königreich zu Unruhen käme, in deren Verlauf Ailill zum König gekrönt würde, würde er von der traditionsbehafteten Politik Sechnasachs abweichen?«

Darauf war der Abt nicht vorbereitet gewesen. Seine Augen weiteten sich, der Mund stand ihm vor Überraschung offen. Als er sich besonnen hatte, runzelte er die Stirn und schien einen Augenblick lang über die Frage nachzudenken.

»Ich würde meinen, die Antwort ist ›ja‹«, antwortete er schließlich.

»Und was besonders wichtig ist«, fuhr Schwester Fidelma fort, »würde Ailill die Äbte und Bischöfe drängen, die Kirche zu reformieren?«

Der Abt kratzte sich am Ohr.

»Es ist kein Geheimnis, daß Ailill eine Annäherung an die Kirche von Rom befürwortet, weil er der Auffassung ist, daß die von ihr vorgeschlagenen Reformen richtig sind. Es gibt unter den Uí Néill viele, die der gleichen Meinung sind, Cernach Mac Diarmuid zum Beispiel. Unter den Laien ist er einer der stärksten Fürsprecher solcher Reformen. Ein wenig hitzköpfig zwar, aber nicht ohne Einfluß. Auch er hat ein Anrecht auf den Thron von Tara, aber es dauert noch ungefähr einen Monat, bis er das ›Wahlalter‹ erreicht und Mitglied der Versammlung der fünf Königreiche werden darf.«

»Sechnasach aber hält nichts von Reformen und würde sich streng an die althergebrachten Bräuche und die alte Gottesdienstordnung unserer Kirche halten?«

»Ohne Zweifel.«

»Und da Ihr der prorömischen Gruppe zuzurechnen seid, würdet Ihr Ailills Kurs unterstützen?«

Der Abt wurde rot vor Entrüstung.

»Jawohl. Aber ich mache aus meinem Standpunkt keinen Hehl und vertrete meine Meinung stets im Rahmen des Gesetzes, das mich zur Treue gegenüber dem Hohen König verpflichtet. Und darf ich Euch daran erinnern, daß ich als Abt und Pfarrer von Tara Euer Vorgesetzter bin, auch wenn Ihr als Advokat des Brehonengerichts mit Sondervollmachten ausgestattet seid?«

Schwester Fidelma hob entschuldigend die Hände.

»Ich bin nur auf der Suche nach Fakten, Abt Colmán. Und diese Fragen stelle ich nur als *Dálaighe* von Brehon, nicht als eine Schwester aus Kildare.«

»Dann will ich Euch einen Fakt nennen. Ich war es, der Ailill Flann Esa gemeldet hat. Wenn ich Sechnasach stürzen wollte und deshalb Ailills Tat nur aus dem Grund unterstützen würde, weil er das irische Kirchenrecht dem römischen angleichen würde, wäre ich bestimmt nicht so schnell bereit gewesen, seine Schuld herauszustellen. Ich hätte ohne weiteres die Wachen davon überzeugen können, daß jemand anders die Tat ausgeführt haben mußte.«

»Das ist wahr«, bestätigte Schwester Fidelma. »Wenn Ailill Flann Esa dieses Verbrechens schuldig wäre, würdet Ihr daraus keinen Nutzen ziehen.«

»Genauso ist es«, sagte der Abt scharf. »Und Ailill ist schuldig.«

»So sieht es jedenfalls aus.«

Schwester Fidelma wandte sich zum Gehen, hielt inne und blickte sich um.

»Nur noch eine Kleinigkeit zur Klarstellung. Wie kommt es, daß Ihr genau zur rechten Zeit an der Kapelle wart?«

Der Abt verzog das Gesicht.

»Ich hatte meinen Psalter in der Sakristei liegenlassen«, antwortete er zornig. »Ich wollte ihn holen.«

»Aber hätte das nicht bis zum Morgen Zeit gehabt? Warum in der Nachtkälte zur Kapelle gehen?«

»Ich mußte etwas nachschlagen, und außerdem brauchte ich nicht in die Kälte hinaus … «

»Nein? Wie seid Ihr dann in die Kapelle gekommen?«

Der Abt seufzte gereizt.

»Durch einen Gang, der von der Abtei hier in die Sakristei der Kapelle führt.«

Schwester Fidelmas Augen weiteten sich. Wie dumm sie gewesen war! Es hatte doch klar auf der Hand gelegen!

»Zeigt mir den Gang, bitte.«

»Ich werde einen der Brüder holen, der kann ihn Euch zeigen. Ich bin mit den Krönungsvorbereitungen beschäftigt.«

Abt Colmán läutete eine silberne Glocke, die auf dem Tisch stand.

Fast augenblicklich trat ein mondgesichtiger Mann ein, der mit der braunen Robe des Ordens der Abtei bekleidet war und die verschränkten Arme in den Ärmeln verborgen hielt. Sogar noch aus einigen Metern Entfernung konnte Schwester Fidelma den durchdringenden Knoblauchgeruch wahrnehmen, den er verströmte. Angewidert rümpfte sie die Nase.

»Das ist Bruder Rogallach«, stellte der Abt den Mönch mit einer Handbewegung vor. »Rogallach, bitte zeige Schwester Fidelma den Gang zur Kapelle.« Dann wandte er sich, die Augenbrauen fragend in die Höhe gezogen, wieder an sie. »Es sei denn, es gibt noch etwas …«

»Nein, Abt Colmán, das wäre alles«, sagte Schwester Fidelma. »Vorerst jedenfalls.«

Bruder Rogallach nahm eine Kerze und zündete sie an. Er und Schwester Fidelma standen in einem der Gänge der Abtei. Rogallach ging auf einen Wandteppich zu und schob ihn beiseite. Dahinter kam ein Eingang zum Vorschein, von dem aus eine Steintreppe in die Tiefe führte.

»Ist das hier der einzige Eingang zu dem Gang, der zur Kapelle führt?« fragte Schwester Fidelma und versuchte, seinem schlechten Atem standzuhalten.

Bruder Rogallach nickte. Er hatte eine etwas ehrfürchtige Haltung angenommen, da der Zweck ihres Besuches und ihr Status bereits in der ganzen Abtei bekannt waren.

»Wer weiß von dem Gang?« fragte sie drängend.

»In der Abtei weiß jeder davon. Wenn das Wetter schlecht ist und wir zum Gottesdienst in die Kapelle wollen, nehmen wir immer diesen Weg.« Der Mönch öffnete den Mund zu einem aufrichtigen Lächeln und präsentierte seine schadhaften und geschwärzten Zähne.

»Weiß auch außerhalb der Abtei jemand von dem Gang?«

Der Mönch grinste vielsagend.

»Es ist kein Geheimnis, Schwester. Jeder hier in Tara weiß davon.«

»Also auch Aigill?«

Nach Bruder Rogallachs Handbewegung zu urteilen, ergab sich die Antwort von selbst.

»Gehen wir weiter, Bruder Rogallach«, ordnete Schwester Fidelma an. Sie war dankbar dafür, daß sie den Mönch vor sich hatte und ihr nicht ständig sein schlechter Atem in die Nase stieg.

Rogallach ging vor ihr die Stufen hinunter und einen muffigen, aber trockenen Gang entlang, der mit Steinplatten ausgelegt war. Es war ein gewundener Gang mit mehreren kleinen Alkoven, in denen meistens Möbel standen. Schwester Fidelma blieb an dem ersten Alkoven stehen und bat Rogallach, mit seiner Kerze hineinzuleuchten. Bei den anderen Alkoven ging sie genauso vor.

»Sie sind so tief, daß sich ein Mensch gut darin verbergen könnte, von einem Schwert gar nicht zu reden«, dachte sie laut. »Sind die Alkoven nach dem Schwert durchsucht worden?«

Eifrig nickend trat der Mönch näher, so daß Schwester Fidelma unbewußt zurückwich. »Natürlich. Ich war bei der Suche dabei. Nachdem wir in der Kapelle nichts gefunden hatten, war klar, daß als nächstes Versteck nur der Gang in Frage kam.«

Dennoch ließ Schwester Fidelma Bruder Rogallach bei jedem Alkoven so lange anhalten, bis sie ihn im Licht seiner Kerze gründlich untersucht hatte. Bei einer der Vertiefungen stutzte sie, weil ihr ein Stück Stoff auffiel, das an einem hervorstehenden Stück Holz hängengeblieben war. Sie nahm es herunter. Da es mehrfarbig war, stammte es sicher nicht von der schmucklosen braunen Robe eines Mönchs, sondern eher von einem prächtig gewobenen Umhang. Solcherlei Stoff fand sich für gewöhnlich nur bei den Reichen und Mächtigen.

Es dauerte ein wenig, bis sie den Gang hinter sich gebracht

hatten und eine kleine Treppe erreichten, die hinter einem Wandteppich zur Sakristei hinaufführte. Von dort ging Schwester
Fidelma weiter in die Kapelle und hinüber zur Tür.

Schon seit geraumer Zeit störte sie etwas an der ganzen Angelegenheit. Nun, da sie von der Existenz des Gangs wußte, wurde
ihr klar, was es gewesen war.

»Wird die Kapellentür immer von innen verriegelt?« fragte sie.

»Ja«, antwortete Rogallach.

»Wenn Ihr also in die Kapelle wolltet, welchen Weg würdet Ihr
nehmen?«

Rogallach lächelte und hüllte sie in eine weitere unsichtbare
Knoblauchwolke.

»Nun, ich würde immer den Gang benutzen.«

»Sofern Ihr wüßtet, daß es ihn gibt«, entgegnete Schwester
Fidelma nachdenklich.

»Nur jemand, der in Tara fremd ist, würde es nicht wissen. So
wie Ihr.«

»Wenn also jemand in die Kapelle einbrechen würde, hieße
das, daß er offenbar keine Kenntnis von der Existenz des Gangs
hat?«

Rogallach nickte.

Als sie die Tür erreichten, betrachtete Schwester Fidelma den
Riegel, vor allem dort, wo er sich vom Holz gelöst hatte. Mit
zusammengekniffenen Augen untersuchte sie die beschädigten
Stellen des Metalls, die offenbar mit einem Stein bearbeitet worden waren. Auf einmal wurde ihr klar, was der zerbrochene Riegel zu bedeuten hatte, und sie lächelte. Dann drehte sie sich zu
Rogallach um.

»Laßt die Wache mit Namen Erc zu mir kommen.«

Sechnasach, der Hohe König, betrachtete Schwester Fidelma argwöhnisch.

»Mir wurde berichtet, daß Ihr den Abt Colmán, Ailill Flann
Esa, meine Schwester Ornait und Cernach Mac Diarmuid herbestellt habt. Was hat das zu bedeuten?«

Mit gefalteten Händen und ernster Miene blieb Schwester
Fidelma vor Sechnasach stehen.

»Ich habe sie herbestellt, weil ich als *Dálaighe* der brehonischen Gerichte dazu befugt bin, und weil ich nun das Rätsel des gestohlenen Schwerts lösen kann.«

Aufgeregt beugte sich Sechnasach in seinem Stuhl nach vorn.

»Habt Ihr herausgefunden, wo Ailill es versteckt hält?«

»Ich war blind, denn ich hätte die Antwort schon viel früher finden müssen«, entgegnete Schwester Fidelma.

»Sagt mir, wo es ist«, forderte Sechnasach.

»Alles zu seiner Zeit«, meinte Schwester Fidelma ruhig. »Bevor ich des Rätsels Lösung bekanntgeben kann, benötige ich noch eine weitere Antwort von Euch. Deshalb habe ich auch Cernach, den Sohn Eures Onkels Diarmuid, des früheren Hohen Königs, herbestellt.«

»Was hat Cernach mit dieser Sache zu tun?«

»Wie man hört, ist Cernach ein sehr engagierter Verfechter der Reformen der Kirche von Rom.«

Etwas verwirrt legte Sechnasach die Stirn in Falten.

»Er hat mich oft bedrängt, ich solle doch meine Haltung ändern und die Bischöfe und Äbte Irlands unterstützen, die gegen die Beibehaltung unserer Tradition und für die neue Ordnung Roms eintreten. Aber er ist noch jung. Außerdem erreicht er erst in ungefähr einem Monat das ›Wahlalter‹ und hat noch nicht einmal einen Platz im Rat. Und auch wenn er einen gewissen Einfluß auf die jungen Mitglieder der Versammlung hat, so fehlt ihm doch die Autorität.« Schwester Fidelma nickte nachdenklich.

»Das stimmt mit dem überein, was ich gehört habe. Aber ich brauche eine Bestätigung. Laßt die Wachen jetzt Ailill und die anderen hereinbringen, damit ich Euch sagen kann, was passiert ist.«

Sie sahen schweigend zu, wie zunächst Ailill Flann Esa und dann Abt Colmán hereingeführt wurden. Dann erschien Ornait, die ihre Sorge um den Geliebten nur schlecht verbergen konnte. Ihr folgte ein verwirrt dreinschauender, dunkelhaariger junger Mann, der Cernach Mac Diarmuid sein mußte.

Sie stellten sich im Halbkreis vor dem Stuhl des Hohen Königs auf. Sechnasach sah Schwester Fidelma an und bedeutete ihr mit einer Neigung des Kopfes, daß sie beginnen konnte.

»Zunächst einmal gehen wir übereinstimmend davon aus«, sagte Schwester Fidelma, »daß das heilige Schwert der Uí-Néill-Könige von Tara aus der Kapelle des heiligen Patrick gestohlen wurde. Darüber hinaus ist uns das augenscheinliche Motiv bekannt. Es wurde gestohlen, um die morgen stattfindende Inthronisierung Sechnasachs zum Hohen König zu verhindern ... oder ihn in den Augen des Volkes in Mißkredit zu bringen, Unruhen in den fünf Königreichen zu stiften und auf diese Weise Sechnasach zu stürzen und jemand anderen auf den Thron zu setzen.«

Sie warf Sechnasach ein kurzes Lächeln zu.

»Stimmen die Anwesenden bis hierhin meiner Auffassung zu?«

»Das liegt doch alles auf der Hand«, warf Abt Colmán verärgert ein. »In düsteren Zeiten wie diesen würde ein Omen wie der Verlust des heiligen Schwerts in den Königreichen Irlands Angst und Schrecken verbreiten und zum Chaos führen. Darauf habe ich bereits hingewiesen.«

»Und zu welchem Zweck soll dieses Chaos nach dem Sturz von Sechnasach genutzt werden?« fragte Schwester Fidelma in die Runde. Bevor jemand etwas sagen konnte, fuhr sie fort: »Nun, das kann man sich leicht vorstellen. Sechnasach ist entschlossen, die in den Königreichen und unserer Kirche gepflegten Traditionen aufrechtzuerhalten. Rom beansprucht die Herrschaft über sämtliche Kirchen, aber dieser Anspruch ist von den Kirchen Irlands, Britanniens und Armoricas sowie den Kirchen des Ostens zurückgewiesen worden. Rom will eine Änderung unserer Bräuche und unserer Gottesdienstordnung und ein neues Datum für unser *Cáisc*fest, das wir im Gedenken an den Tod unseres Herrn in Jerusalem begehen. Und unter uns gibt es einige, auch Äbte und Bischöfe, die Rom unterstützen und die Abschaffung unserer Bräuche und außerdem die Vereinigung mit der römischen Kirche anstreben. Also sprechen nicht einmal wir mit einer Stimme. Ist dem nicht so, Ailill Flann Esa?«

Ailills Miene verfinsterte sich.

»Wie ich Euch schon sagte, ich habe aus meinen Ansichten nie ein Hehl gemacht.«

»Dann stimmen wir also hinsichtlich des augenscheinlichen

Motivs für den Diebstahl überein, das da lautete Destabilisierung des Hohen Königs und seine Ablösung durch einen neuen, der die althergebrachten Bräuche ablehnt und die von Rom geplanten Reformen unterstützt.«

Im Raum herrschte Schweigen. Schwester Fidelma konnte sich der ungeteilten Aufmerksamkeit ihrer Zuhörer sicher sein.

»Sehr schön«, fuhr sie fort. »Das scheint ein klares Motiv zu sein. Aber prüfen wir doch einmal die Fakten. Kurz nach Mitternacht gingen zwei Wachen an der Kapelle vorbei, in der das Schwert aufbewahrt wurde. Die Tür war verschlossen. Doch als sie zwanzig Minuten später auf ihrer Runde wieder vorbeikamen, stand die Tür offen. Der Riegel war aufgedrückt worden. Die Wachen betraten die Kapelle und sahen Ailill am Altar stehen und auf die leere Kiste starren, in der das Schwert aufbewahrt wurde. Kurz darauf betrat der Abt die Kapelle durch die Sakristei, die er über einen Gang zwischen der Kapelle und der Abtei erreichte. Er beschuldigte Ailill, er habe das Schwert gestohlen und anschließend versteckt. In der Kapelle wurde jedoch nichts gefunden. Wenn Ailill das Schwert gestohlen hätte, wie hätte er die Zeit finden sollen, es so gut zu verstecken? Dafür hätten auch die zehn Minuten, die ihm zwischen dem Vorbeikommen der Wachen geblieben wären, nicht ausgereicht. Das ist mir als erstes aufgefallen.«

Sie schwieg einen Augenblick und sah Ornait an, die Schwester des Hohen Königs.

»Ailill Flann Esa hat ausgesagt, er sei an der Kapelle vorbeigegangen, habe die Tür offenstehen sehen und den Riegel aufgebrochen vorgefunden. Dann sei er aus Neugier eingetreten und habe die leere Kiste bemerkt.«

»Wir wissen, was er behauptet«, warf Sechnasach kurz angebunden ein. »Habt Ihr etwas Neues hinzuzufügen?«

»Nur etwas klarzustellen«, entgegnete Schwester Fidelma, von der Erregung des Königs unbeeindruckt. »Ailill kam zu dieser Stunde an der Kapelle vorbei, weil er unterwegs zu Ornait war.«

Ornait errötete. Sechnasachs Blick wanderte zu seiner Schwester. Der Mund stand ihm halb offen.

»Es tut mir leid, daß ich Euer Geheimnis nicht bewahren kann,

Ornait«, sagte Schwester Fidelma mit bedauerndem Gesichtsausdruck, »aber es steht so viel auf dem Spiel, daß die ganze Wahrheit ans Licht muß.«

Ornait erwiderte den Blick ihres Bruders und reckte ihm trotzig das Kinn entgegen.

»Nun, Ornait? Warum wollte Ailill sich denn mitten in der Nacht mit dir treffen?« wollte der König wissen.

Das Mädchen warf trotzig den Kopf zurück.

»Ich liebe ihn, und er liebt mich. Wir wollten es dir sagen, hielten es aber für besser, es nach deiner Krönung zu tun, weil du uns dann vielleicht etwas freundlicher gesinnt gewesen wärst.«

Als Sechnasach ihr wütend etwas entgegnen wollte, hob Schwester Fidelma die Hand.

»Dafür ist später noch genügend Zeit. Wir wollen lieber fortfahren. Wenn Ailill die Wahrheit sagt, müssen wir noch etwas anderes in Betracht ziehen, nämlich, daß jemand von Ailills Verabredung mit Ornait wußte. Diese Person wartete in der Kapelle. Da ich in Tara fremd bin, wußte ich nicht, daß man die Kapelle auch durch einen unterirdischen Gang erreichen kann. Allerdings hätte ich es trotzdem sofort erkennen müssen, weil der Riegel an der Kapellentür von *innen* aufgebrochen worden war. Das war dumm von mir. Es lag ja klar auf der Hand, daß es für denjenigen, der den Riegel vorschob, noch eine andere Möglichkeit geben mußte, die Kapelle wieder zu verlassen.«

»Aber es gibt in Tara doch niemanden, der den Gang nicht kennt«, gab Sechnasach zu bedenken.

»Richtig«, pflichtete Schwester Fidelma ihm lächelnd bei. »Und es war klar, daß ich das irgendwann auch erfahren würde.«

»Wichtig ist doch aber, daß der Riegel aufgebrochen wurde«, wandte Abt Colmán unwirsch ein.

»Wieder richtig«, sagte Schwester Fidelma. »Aber nicht von außen. Auch in diesem Punkt war ich nicht aufmerksam genug, sonst wäre es mir sofort aufgefallen. Wenn eine verriegelte Tür aufgebrochen wird, reißt immer zuerst die Öse am Türpfosten aus dem Holz. In diesem Fall aber war es der Riegel selbst, der herausgerissen war.«

Einen Augenblick lang blickte sie in die verwirrten Gesichter vor sich.

»Was passiert war, ist eigentlich ganz einfach. Der Täter war über den Gang in die Kapelle gelangt. Dann nahm er den Schlüssel, schob den Altar beiseite und öffnete die Kiste. Er nahm das Schwert heraus und brachte es an einen sicheren Ort. Dann kehrte er zurück, um den Tatort herzurichten. Nachdem er sich davon überzeugt hatte, daß die Wachen weit genug entfernt waren, öffnete er die Tür und schlug mit einem Stein auf den Riegel. Doch statt das Metall am Türpfosten herauszuschlagen, riß er den Riegel an der Tür selbst heraus. Es war ein so klares Indiz, daß ich es fast übersehen hätte. Ich hatte anfangs nur auf den zerbrochenen Riegel geachtet.«

Ornait mußte trotz ihrer Tränen lächeln.

»Ich wußte, daß Ailill die Tat nicht begangen haben konnte. Der wahre Schuldige wollte es nur so aussehen lassen, als ob Ailill es gewesen wäre. Euer Ruf als Detektivin ist wirklich gerechtfertigt, Schwester Fidelma.«

Schwester Fidelma erwiderte das Kompliment mit einem etwas dünnen Lächeln.

»Es bedurfte keiner besonderen geistigen Anstrengung herauszufinden, daß Ailill Flann Esa das Schwert nicht in der behaupteten Weise gestohlen haben konnte.«

Ailill sah Schwester Fidelma stirnrunzelnd an.

»Ja, aber wer war es dann?«

Schwester Fidelma ignorierte seine Frage und fuhr fort: »Einige Punkte lagen klar auf der Hand. Wem würde die Tat nützen? Abt Colmán ist ein glühender Anhänger Roms. Er würde von einer Absetzung Sechnasachs möglicherweise profitieren. Und er war zur rechten Zeit am rechten Ort. Er hatte Gelegenheit zu der Tat.«

»Das ist ja ungeheuerlich!« sagte der Abt donnernd. »Mich so grundlos zu beschuldigen! Ich bin Euer Vorgesetzter, Schwester Fidelma. Ich bin der Abt von Tara und …«

Schwester Fidelma lächelte. »Ihr braucht mich an Eure Position in der Kirche nicht zu erinnern, Abt Colmán«, entgegnete sie mit sanfter Stimme. »Allerdings möchte ich Euch daran erinnern, daß ich hier als Advokatin des brehonischen Gerichts spreche und von Euch selbst in dieser Funktion hergebeten wurde.«

Colmán, dessen Gesicht vor Zorn gerötet war, zögerte und sagte dann langsam:

»Ich mache kein Geheimnis aus meiner Einstellung zur Ordnung Roms, aber anzudeuten, ich sei Teil einer solchen Verschwörung ...«

Schwester Fidelma unterbrach ihn durch das Heben einer Hand.

»Das stimmt. Schließlich wäre Ailill ein natürlicher Verbündeter des Abts. Wenn Abt Colmán das Schwert gestohlen hätte, warum sollte er dann versuchen, Ailill zu belasten und vielleicht noch die in Mißkredit zu bringen, die die Sache Roms vertreten? Bestimmt würde er sein möglichstes tun, Ailill zu unterstützen, damit dieser beim Ausbruch von Unruhen wegen des verschwundenen Schwerts als *Tánaiste* in der Lage wäre, sofort Sechnasachs Thron zu beanspruchen.«

»Was sagt Ihr da?« fragte Sechnasach, der versuchte, ihren Erklärungen zu folgen.

Schwester Fidelma wandte sich ihm zu. Ihr Blick war kühl, ihre Stimme ruhig, als sie sagte:

»Es gibt noch einen Faktor in diesem politischen Ränkespiel. Cernach Mac Diarmuid. Er wurde mir gegenüber mehrfach als überzeugter Anhänger Roms genannt.«

Der junge Mann, der sich bis dahin mit fragender Miene abseits gehalten hatte, schreckte auf. Seine Wangen röteten sich. Seine Hand zuckte nieder, als wolle er nach einer Waffe greifen. Aber mit Ausnahme der Leibwache des Hohen Königs durfte im Palast niemand eine Waffe tragen.

»Was wollt Ihr damit sagen?«

»Cernach strebte den Thron von Tara an. Als Sohn eines der gemeinsamen Hohen Könige, so meinte er, gebührte der Titel des Hohen Königs ihm. Aber abgesehen davon würde er am meisten davon profitieren, wenn sowohl Sechnasach als auch Ailill in Verruf gerieten.«

»Das ist ja ...!« Voller Zorn wollte Cernach auf sie losgehen, doch einer der Krieger packte ihn so fest am Arm, daß er aufschrie. Er drehte sich um und versuchte, die Hand abzuschütteln. Einen zweiten Versuch wagte er nicht mehr.

Schwester Fidelma wandte sich einer der Wachen zu.

»Ist der Krieger Erc draußen?«

Die Wache ging zur Tür und rief den Namen aus.

Der kräftige Krieger trat ein. In der Hand trug er etwas, das mit Stoff umwickelt war. Er warf Schwester Fidelma einen Blick zu und nickte kurz.

Schwester Fidelma wandte sich wieder dem König zu.

»Sechnasach, ich habe diesen Mann, Erc, beauftragt, die Kammer von Cernach zu durchsuchen.«

Cernach wurde plötzlich aschfahl im Gesicht. Mit glänzenden Augen starrte er auf den Gegenstand in Ercs Hand.

»Was habt Ihr dort gefunden, Erc?« fragte Schwester Fidelma leise.

Der Krieger schritt an den Stuhl des Königs heran und schlug dabei die Stoffumwicklung zurück. Dann zeigte er den Gegenstand vor. Es war ein reich mit Gold und Silber verziertes Schwert, das mit einer Vielzahl farbenprächtiger Edelsteine besetzt war.

»Das ›Caladchalog‹!« rief der Hohe König atemlos. »Das Schwert der Könige!«

»Das ist eine Lüge!« rief Cernach mit zitternden Lippen. »Jemand muß es dort deponiert haben. Sie!«

Er zeigte auf Schwester Fidelma, doch sie beachtete ihn einfach nicht.

»Wo habt Ihr das gefunden, Erc?«

Der Krieger fuhr sich mit der Zunge über die Lippen. Offenbar fühlte er sich in Gegenwart des Königs unsicher. »Es lag in Stoff gewickelt unter dem Bett Cernachs, dem Sohn des Diarmuid«, antwortete er förmlich.

Alle Blicke ruhten jetzt auf dem zitternden jungen Mann.

»War es leicht zu finden, Erc?« fragte Schwester Fidelma.

Der Krieger brachte ein Lächeln zustande.

»Fast schon zu einfach.«

»Fast schon zu einfach«, wiederholte Schwester Fidelma mit leichtem Nachdruck.

»Wie konntet Ihr das tun, Cernach Mac Diarmuid?« fragte Sechnasach zornig. »Wie konntet Ihr eine so niederträchtige Tat begehen?«

»Aber er war es ja gar nicht.«

Es war Schwester Fidelmas Stimme. Sofort wandten sich die erstaunten Blicke wieder ihr zu.

»Wenn nicht Cernach, wer dann?« fragte der Hohe König verwirrt.

»Die Kunst der Schlußfolgerung ist ebenso schwierig wie die Beherrschung der uralten Wissenschaften unserer Vorfahren«, erwiderte Schwester Fidelma seufzend. »Ich mußte bei diesem Fall feststellen, daß ich es mit einem Charakter zu tun hatte, der so kompliziert denkt und seine Ziele so rücksichtslos verfolgt wie kein anderer, den ich bisher kennengelernt hatte. Aber es ging ja auch um den Thron von Irland.«

Sie schwieg einen Augenblick, sah die Anwesenden der Reihe nach an und ließ den Blick auf Sechnasach ruhen.

»Es gibt eine Frage, die ich mir bei der ganzen Geschichte von Anfang an immer wieder gestellt habe. Warum wurde ausgerechnet ich für die Untersuchungen ausgewählt? Mein bescheidener Ruf ist bislang kaum über die Grenzen des Hauses der heiligen Brigid in Kildare hinausgedrungen. In Tara, dem Sitz der Hohen Könige, gibt es viele, die sich im Recht besser auskennen, fähigere *Dálaighe* als mich, viele bekanntere Brehone. Abt Colmán hat mir selbst gesagt, daß er meinen Namen erst durch jemand anderen zum ersten Mal gehört hat. So beschlich mich nach und nach das Gefühl, daß ich benutzt wurde. Aber warum? Wozu? Und von wem? Es war doch wohl offensichtlich, daß Ailill unschuldig war. Aber warum war es das?«

Ailill zuckte zusammen. Seine Augen verengten sich, als er sie ansah. Ungeachtet der Anspannung, die alle im Raum erfaßt hatte, fuhr Schwester Fidelma in ihren Ausführungen fort.

»Abt Colmán war derjenige, der mich hat kommen lassen. Wie wir ja bereits wissen, konnte die Affäre für ihn von großem Nutzen sein. Und außerdem hatte er Gelegenheit, das Verbrechen zu begehen.«

»Das ist nicht wahr!« rief der Abt.

Schwester Fidelma drehte sich um und lächelte den zornbebenden Kleriker an.

»Ihr habt recht, Abt Colmán. Und das habe ich Euch gegenüber ja auch bereits zugegeben. Ihr habt die Tat nicht begangen.«

»Aber das Schwert wurde doch in Cernachs Kammer gefunden«, warf Sechnasach ein. »Er muß der Schuldige sein.«

»Cernach wurde mir gegenüber mehrfach als glühender

Anhänger Roms genannt. Einmal wurde er als jugendlicher Hitz-kopf beschrieben. Immer wieder wurde ich darin bestätigt zu glauben, das Motiv liege in der Ablösung Sechnasachs, eines Tra-ditionalisten, durch einen reformfreudigeren Kandidaten. Und deshalb wurde das Schwert vom wahren Täter liebenswürdiger-weise so in Cernachs Kammer deponiert, das wir es finden konn-ten. Die Spur führte also eindeutig zu Cernach … aber warum sollte er so etwas tun? Er hatte ja noch nicht einmal das ›Wahlal-ter‹ erreicht. Was also würde er gewinnen?«

Alle warteten in gespanntem Schweigen auf die Antwort.

»Von Abt Colmán erfuhr ich, daß Cernach Anhänger Roms ist. Das gleiche sagten mir auch Ailill und Ornait. Aber Ornait war die einzige, die mir erzählte, daß Cernach nach dem Thron strebe, obwohl er ihn vom Alter her noch gar nicht hätte besteigen kön-nen. Allerdings sagte sie mir auch, daß er das entsprechende Alter innerhalb eines Monats erreichen würde.«

Mit einer schnellen Drehung wandte sich Schwester Fidelma dem Mädchen zu.

»Ornait war auch die einzige, die von meinem Ruf als Detek-tivin gehört hatte. Sie erzählte dem Abt davon und redete ihm zu, mich holen zu lassen. Oder stimmt das etwa nicht?«

Sie schaute den Abt an, der verwirrt nickte.

Ornait starrte Schwester Fidelma mit bleichem Gesicht an.

»Soll das etwa heißen, ich hätte das Schwert gestohlen?« fragte sie mit eisiger Stimme.

»Das ist ja lächerlich«, rief Sechnasach. »Sie ist meine Schwe-ster.«

»Und trotzdem sind Ailill und Ornait die Täter!« entgegnete Schwester Fidelma.

»Aber Ihr habt doch gerade selbst gesagt, daß Ailill unschul-dig ist«, sagte der nun völlig verwirrte Sechnasach.

»Nein. Ich habe gesagt, daß man mir Spuren gelegt hat, die mich von seiner vermeintlichen Unschuld überzeugen sollten. Ich habe gesagt, daß er die Tat nicht auf die behauptete Weise aus-geführt haben kann. Wenn alles so klar ist wie in diesem Fall, sollte man Vorsicht walten lassen.«

»Aber warum sollte Ornait daran beteiligt gewesen sein?« wollte der Hohe König wissen.

»Ornait hat sich den Plan ganz allein ausgedacht. Dann wurde die Tat von Ailill ausgeführt. Nur sie und Ailill sind die Täter, sonst niemand.«

»Das müßt Ihr mir erklären.«

»In der Tatnacht betraten die beiden die Kapelle wie gewöhnlich durch den unterirdischen Gang. Dann führten sie ihren Plan aus. Während Ornait das Schwert aus der Kiste nahm, zerstörte Ailill den Riegel an der Tür und öffnete sie. Sie verließen sich darauf, daß die offene Tür den zwei Wachen auffallen und sie Ailill in der Kapelle vorfinden würden. Aber wie stets bei so sorgfältig geplanten Verbrechen trat das Unerwartete ein. Als Ornait durch den unterirdischen Gang zurückkehren wollte, kam ihr der Abt entgegen. Er hatte seinen Psalter in der Sakristei vergessen und wollte ihn holen, weil er ihn brauchte. Sie versteckte sich in einem Alkoven, bis er vorbei war. Beim Verlassen ihres Verstecks blieb sie an einem Stück Holz hängen und riß sich ihre Kleidung auf.«

Schwester Fidelma hielt das Stück Stoff hoch, das sie gefunden hatte.

»Aber abgesehen davon funktionierte der Plan einwandfrei. Ailill wurde verhaftet und eingesperrt. Jetzt wurde der zweite Teil des Plans in die Tat umgesetzt. Ornait hatte von einer Schwester meines Ordens in Kildare gehört, daß ich schon einmal Rätsel gelöst hatte. Ja, ich kann sogar ohne falsche Bescheidenheit sagen, daß Ornaits Plan vollkommen auf meiner Person aufgebaut war. Als das Schwert unauffindbar blieb, konnte sie Abt Colmán davon überzeugen, sein mysteriöses Verschwinden von mir untersuchen zu lassen. Colmán selbst hatte bis dahin noch nie von mir gehört. Das hat er uns ja gerade persönlich bestätigt.«

Der Abt nickte zustimmend in dem Bemühen, ihren Ausführungen zu folgen.

»Schon kurz nach Beginn meiner Untersuchung brachten mich die gelegten Spuren zu dem Schluß, daß Ailill unschuldig sein mußte, so wie es beabsichtigt war. Darüber hinaus führten sie mich zu Cernach Mac Diarmuid, dem man die Tat in die Schuhe schieben wollte. Deshalb haben wir bei ihm auch das Schwert gefunden, das im übrigen beinahe für jeden sichtbar herumlag. Es war alles zu offensichtlich, und das machte mich argwöhnisch. Dann wurde der Name Cernach sowohl von Ailill als auch von Ornait viel zu oft ins Spiel gebracht. Und als ich in dem unterirdischen Gang das Stück Stoff fand, wurde mir einiges klar.«

»Es wäre aber doch ein leichtes gewesen, meinen Namen dadurch in Verruf zu bringen, daß ich nicht in der Lage gewesen wäre, dem Volk das Schwert zu präsentieren«, warf Sechnasach ein. »Wozu also ein so ausgeklügelter Plan? Warum nicht einfach nur das Schwert stehlen und es an einem Ort verstecken, wo es so leicht niemand findet?«

»Das war der Punkt, der mir am meisten Kopfzerbrechen bereitet hat. Ornait und Ailill mußten sichergehen können, daß Ihr auch tatsächlich abgesetzt würdet. Sicher würde der Verlust des Schwerts zu Unruhen in der Bevölkerung führen, aber die beiden wollten nicht einfach nur Chaos verursachen. Sie wollten Euren sofortigen Sturz. Sie mußten sichergehen, daß die Großversammlung ihre Entscheidung bedauern und Ailill unverzüglich zum König ausrufen würde.«

»Wie wollten sie das bewerkstelligen?« fragte Abt Colmán. »Die Großversammlung hatte ihre Entscheidung doch schon getroffen.«

»Eine Entscheidung, die vor der Inthronisierung jederzeit widerrufen werden konnte. Wenn man Sechnasachs Urteilsfähigkeit und Gerechtigkeitssinn in einem schlechten Licht erscheinen ließe, würde die Großversammlung ihm ihre Unterstützung verwehren. Das wollten die Täter dadurch erreichen, daß sie der Versammlung vor Augen führen, wie Sechnasach einen seiner Kontrahenten ungerechtfertigt des Diebstahls bezichtigt hatte. Außerdem bin ich sicher, daß man Sechnasach wegen der Liebesbeziehung zwischen Ornait und Ailill auch persönliche Mißgunst vorgehalten hätte. Ich war Teil von Ornaits Plan, ihren Bruder zu stürzen und an seiner Stelle Ailill auf den Thron zu setzen. Mein Ruf nach Tara sollte nur einem einzigen Zweck dienen, nämlich Ailills Unschuld und Cernachs Schuld zu beweisen. Die Zweifel an Sechnasachs Urteilsfähigkeit würden seine Eignung zum König in einem schlechten Licht erscheinen lassen. Es sei an das Gesetz der Könige erinnert, an die sieben Beweise für die Eignung des rechtmäßigen Königs: Sein Urteil muß unumstößlich und gerecht und über jeden Zweifel erhaben sein. Wenn erst einmal feststehen würde, daß Sechnasachs Entscheidung, Ailill in den Kerker zu werfen, ungerecht war, würde Ailill als *Tánaiste* zum König ausgerufen und Ornait seine Königin werden.«

Sechnasach starrte Ornait an. Wenn die Richtigkeit der Behauptungen Schwester Fidelmas noch irgendeines Beweises bedurft hätte, dann lag dieser in dem zornigen und haßerfüllten Gesicht seiner Schwester und der Demütigung im Antlitz ihres Geliebten.

»Und das alles nur, weil sie den Thron für sich wollten, aus reinem Streben nach Macht?« fragte der König ungläubig. »Nicht einmal, weil sie die Kirche nach den Ideen Roms reformieren wollten?«

»Nicht für Rom haben sie die Tat begangen«, sagte Schwester Fidelma zustimmend, »sondern nur für die Macht. Für Macht würden die meisten Menschen alles tun.«

Originaltitel: *The High King's Sword*
Ins Deutsche übertragen von Uwe Brinkmann

Der Preis des Lichts

Ellis Peters

*Die vorliegende Sammlung wäre unvollständig ohne Bruder Cadfael,
den Mönch aus dem zwölften Jahrhundert, dessen detektivische Fähigkeiten das Mittelalter mit all seinen Geheimnissen zum Leben erweck-
ten.*

*Ellis Peters ist das Krimi-Pseudonym von Edith Pargeter (geb.
1913), die sich gleichermaßen als talentierte Autorin historischer
Romane einen Namen gemacht hat. Ihr erstes Buch* Neros Freund
Hortensius *(1936) ist ein kurzer historischer Roman, der zur Zeit des
alten Rom spielt, aber die anfangs nur spärlichen Verkaufszahlen ihrer
historischen Bücher brachten sie dazu, sich dem Kriminalroman zuzu-
wenden. Als erstes begegnet uns ihre Figur des Inspector Felse in* In die
Grube gefallen *(1951); ein späterer Felse-Roman,* Der Tod und die
lachende Jungfrau *(1961), wurde als bester Kriminalroman mit dem
Mystery Writers of America Edgar Award ausgezeichnet.*

Bruder Cadfael tritt das erstemal in A Morbid Taste for Bones *auf
und ist mittlerweile die Hauptperson von neunzehn Romanen und drei
Kurzgeschichten. Die hier vorliegende Geschichte handelt von seinem
ersten Fall als Mönch.* A Light On The Road To Woodstock *spielt
zwar früher, da war Cadfael aber noch kein Geistlicher.* Der Preis des
Lichts *spielt zwei Jahre nach* A Morbid Taste for Bones *und läßt uns
viele bekannte Figuren wiedertreffen.*

Hamo FitzHamon of Lidyate besaß zwei äußerst einträgliche
Besitzungen in der Nordostecke der Grafschaft, nahe der Grenze
zu Cheshire. Obwohl er ein hemmungsloser Esser war, ein Säufer, Wüstling und als Gutsherr so streng wie ein Lehnsherr gnadenlos, hatte er das Alter von sechzig Jahren bei bester Gesundheit erreicht. Es war ein heilsamer Schock für ihn, als er
schließlich einen leichten Schlaganfall erlitt und dadurch zum
ersten Mal über das Leben nach dem Tod nachdachte, und ihm
drängte sich der unbehagliche Gedanke auf, daß es ihn womöglich um einiges strenger behandeln könnte als das Leben vor dem

Tod. Obwohl er keine von ihnen bereute, war er sich doch einer ganzen Reihe von Taten aus der Vergangenheit bewußt, die der Himmel als schwere Sünden auslegen könnte. Und so schien es ihm eine kluge Vorsichtsmaßnahme zu sein, sich so schnell wie möglich um sein Seelenheil verdient zu machen. Auch so billig wie möglich, denn er war ein habsüchtiger und besitzgieriger Mann. Eine angemessene Spende an irgendeine kirchliche Einrichtung würde sein Seelenheil schon sicherstellen. Es bestand keine Notwendigkeit, so weit zu gehen, ein Kloster zu stiften oder eine eigene Kirche. Die Benediktiner-Abtei von Shrewsbury könnte sicher für eine viel bescheidenere Spende dazu gebracht werden, eine ordentliche Portion Gebete als Fürbitte für ihn zu lesen.

Der Gedanke an Almosen für die Armen, egal mit wieviel Pomp er sie auch übergäbe, empfahl sich nicht. Wieviel er auch geben würde, es wäre schnell verbraucht und vergessen, und die armseligen Segenssprüche von Krethi und Plethi konnten wenig Gewicht haben, zumal diese nicht in der Lage waren, ihm bleibenden Glanz zu verleihen. Nein, er wollte etwas, das im täglichen Leben Bestand hatte und mit Respekt bemerkt würde, eine Art ständiges Denkmal für seine Freigebigkeit und Frömmigkeit. Er nahm sich Zeit für seine Entscheidung, und als er sich sicher war, den größtmöglichen Nutzen für die geringstmöglichen Kosten zu bekommen, sandte er seinen Anwalt nach Shrewsbury, um sich mit Abt und Prior zu besprechen und mit gebührendem Aufwand und vielen Zeugen eine Urkunde aufzusetzen. Diese übertrug dem Hüter des Altars von St. Mary in der Klosterkirche, einem seiner freien Pachtbauern, aus der jährlichen Pacht den Preis für die Kerzen auf dem Altar Unserer Lieben Frau zu zahlen. Um die gebührende Zurschaustellung seiner Wohltätigkeit auch sicherzustellen, versprach er außerdem, ein Paar feiner Silberleuchter zu stiften, die er am kommenden Weihnachtsfest selbst überbringen wollte und die dann auf dem Altar aufgestellt werden sollten.

Abt Heribert, der trotz seines langen Lebens voller Enttäuschungen daran festhielt, das Beste von jedermann zu denken, war zu Tränen gerührt von dieser großzügigen Reue. Prior Robert, selbst von Adel, enthielt sich aus normannischer Solidarität, Zweifel an Hamos Motiven zu äußern, wenngleich er eine Augenbraue hob. Bruder Cadfael, der nur den öffentlichen Ruf des Spenders kannte und skeptisch genug war, ein endgültiges Urteil aufzuschieben, bis er auch ihn selbst kannte, sagte gar nichts und wartete ab, um zu beobachten und dann selbst zu entscheiden. Nicht daß er viel erwartete; er befand sich seit nunmehr fünfundfünfzig Jahren in dieser Welt und hatte gelernt, seine Erwartungen zu mäßigen, sei es im Guten oder im Schlechten.

Er beobachtete die Ankunft der Gesellschaft von Lidyate am Morgen des Weihnachtstages mit mildem und distanziertem Interesse. Im Jahr 1135 fiel das Fest in einen harten und kalten Winter, voll bitteren Frosts und mit Unmengen von Schnee, die im scharfen Ostwind wie Peitschenhiebe in die Haut schnitten. Das Wetter hatte sich schon das ganze Jahr über von seiner teuflischen Seite gezeigt, und die Ernte war katastrophal ausgefallen. In den Dörfern froren und verhungerten die Menschen, und Bruder Oswald, der Almosenpfleger, grämte sich und machte sich in dem Maße Sorgen, wie die Almosen nicht ausreichten, um alle die Leiber und Seelen zusammenzuhalten. Der Anblick eines Reitertrupps, bestehend aus drei edlen Reitpferden, geritten von Reisenden, die sich reichlich mit warmer Kleidung gegen die Kälte gewappnet hatten, und gefolgt von zwei Packpferden, brachte all die erbärmlichen Bittsteller dazu, schreiend zusammenzulaufen, wobei sie ihre blaugefrorenen Hände flehentlich ausstreckten. Alles, was sie davon hatten, war eine einzige nachlässig geworfene Handvoll Kleingeldes, und als sie FitzHamon im Weg standen, griff er wie selbstverständlich nach seiner Peitsche, um sich den Weg zu bahnen. Die Gerüchte, dachte Bruder Cadfael, als er auf seinem Weg zur Krankenstation mit der täglichen Medizin für die Kranken eine Pause einlegte, die Gerüchte haben Hamo FitzHamon offenbar kein Unrecht getan.

Als der Ritter von Lidyate im Klosterhof vom Pferd stieg, gab es Gelegenheit, ihn zu betrachten: ein großer, massiger, kopflastiger Mann mit buschigem Kopf- und Barthaar sowie starken Brauen, das ehemals schwarze Haar grau durchsetzt und steif und struppig wie Drahtwolle. Er mochte durchaus ein attraktiver Mann gewesen sein, ehe Zügellosigkeit sein Gesicht rötete, seine Haut erschlaffen und die scharfen schwarzen Augen in tiefen

Fleischfalten versinken ließ. Er sah älter aus, als er tatsächlich war, aber immer noch wie ein Mann, mit dem man rechnen mußte.

Auf dem zweiten Pferd saß seine Frau auf einem Sitzkissen hinter einem Reitknecht. Sie war eine zarte Erscheinung und darüber hinaus fast bis zur Unkenntlichkeit eingehüllt in Schals und wollene Tücher, und sie ritt behaglich angeschmiegt an den breiten Rücken des Reitknechts, während ihre Arme um seine Taille geschlungen waren. Dieser Reitknecht war ein außerordentlich gut aussehender junger Bursche, ein strotzender junger Mann von kaum zwanzig Jahren mit runden roten Wangen und fröhlichen, arglosen Augen, langen Beinen, breiten Schultern und allem, was ein junger Kerl vom Lande haben sollte. Auch nahm er seine Aufgabe mit großer Sorgfalt wahr, denn er glitt im Nu aus dem Sattel, um seine Herrin genauso zärtlich um die Taille zu fassen, wie sie vorher ihn umschlungen hatte, und sacht herunterzunehmen. Kleine behandschuhte Hände ruhten einen kurzen Moment länger auf seinen Schultern als nötig. Er hielt sie respektvoll so lange fest, bis ihre Füße sicher den Boden berührten; vielleicht auch noch ein paar Augenblicke länger. Hamo Fitz-Hamon war durch Prior Roberts förmliche Begrüßung abgelenkt sowie durch die Aufmerksamkeiten des Gastgebers, der die besten Räume des Gästetraktes für ihn hatte vorbereiten lassen.

Das dritte Pferd trug ebenfalls zwei Personen, aber die Frau auf dem Sitzkissen wartete nicht, bis man ihr beim Absteigen geholfen hatte, sondern glitt schnell zu Boden und beeilte sich, ihrer Herrin beim Ablegen des großen Reisemantels zu helfen. Sie war eine ruhige, unterwürfige junge Frau, Mitte Zwanzig, vielleicht auch älter, in eintönigen rauhen Wollstoff gekleidet und das Haar unter einem derben Leinentuch versteckt. Ihr Gesicht war schmal und blaß, ihre Haut überraschend schön, und ihre Augen, reserviert und müde, waren von einem hellen, klaren Blau – einer feurigen Farbe, die schlecht zu ihrer demütigen und resignierten Haltung passen wollte.

Während sie die schweren Falten von den Schultern ihrer Herrin entfernte, zeigte sich, daß sie einen Kopf größer war als diese, aber wahrscheinlich unscheinbar im Vergleich zu dem schillernden Vögelchen, das da aus den Hüllen schlüpfte. Lady FitzHamon trat vor, der Welt ein graziöses Lächeln schenkend, ganz in Rot und Braun wie ein Rotkehlchen, und auch genauso vertrauensvoll. Ihr dunkles Haar war um einen schmalen, wohlgeformten Kopf geflochten, die weichen, runden Wangen rosig überhaucht von der frischen Luft. Sie hatte große dunkle Augen, die sich ihres Charmes und ihrer Macht bewußt waren. Sie konnte kaum älter als dreißig sein, möglicherweise noch jünger. FitzHamon hatte irgendwo einen erwachsenen Sohn, der seinerseits schon Kinder hatte und der – wie manche behaupteten – ungeduldig auf sein Erbe wartete. Dieses Mädchen mußte die zweite oder dritte Frau sein, ein ganzes Stück jünger als ihr Stiefsohn, und außerdem eine Schönheit. Hamo war selbstsicher und wichtig genug, um sich mit neuen Frauen zu versorgen, wenn er die alten verbraucht hatte. Diese hier mußte ihn teuer zu stehen gekommen sein, denn sie sah nicht nach armer, aber hübscher Verwandter aus, die man wegen einer nutzbringenden Verbindung verkauft hatte. Sie sah eher so aus, als würde sie ihre Stellung sehr genau kennen und sie auch anerkannt wissen wollen. Sie würde sich am Kopf der Tafel von Lidyate sicher sehr hübsch machen, was wahrscheinlich sein Hauptargument gewesen war.

Der Reitknecht, hinter dem die Zofe gesessen hatte, war ein älterer Mann, hager und drahtig, mit einem Gesicht wie der Stamm einer knotigen Eiche. Nach der spöttischen Geduld in seinen Augen zu schließen, hatte er FitzHamon lange Jahre eng und relativ bevorzugt gedient, kannte die besten und die übelsten seiner Launen und ihre Auswirkungen, und war sich seiner eigenen Fähigkeiten sicher, wenn es einen Sturm zu überstehen galt. Ohne ein Wort machte er sich daran, die Packpferde zu entladen, und folgte seinem Herrn zu den Gastzimmern, während der junge Mann FitzHamons Pferd am Zügel ergriff und die Pferde zu den Ställen führte.

Cadfael beobachtete die beiden Frauen, wie sie den Torweg durchschritten: Die Herrin elastisch wie ein junges Reh, mit großen Augen alles herum in sich aufnehmend, die Dienerin groß, sich immer einen Schritt hinter der Herrin haltend und ihre großen Schritte zügelnd, um den nötigen Abstand zu wahren. Sogar jetzt, abhängig wie ein gefangener Falke, hatte sie eine graziöse Haltung. Sie war sicherlich eine Leibeigene, wie die beiden Reitknechte. Cadfael hatte viel Erfahrung darin, Freie von Unfreien zu unterscheiden. Nicht, daß die Freien etwa ein einfacheres Leben gehabt hätten, oft waren sie schlechter dran als die Leibeigenen in der Nachbarschaft. Es gab viele Freie, die dieses Weihnachten – hager und hungrig – dazu gezwungen waren, den Gutgestellten rund um das Torhaus bettelnde Hände hinzustrecken. Freiheit, das erste Ziel eines jeden Mannes, war noch immer nicht dazu angetan, in schlechten Zeiten die Mägen von Frauen und Kindern zu füllen.

FitzHamon und seine Gesellschaft erschienen zur Abendandacht in ganzer Pracht, um dem Moment beizuwohnen, wo die Kerzenleuchter ehrfurchtsvoll auf dem Altar der Marienkapelle aufgestellt wurden. Der Abt, der Prior und die Ordensbrüder hatten keine Mühe damit, die Schenkung gebührend zu bewundern, denn es waren auserlesen schöne Stücke: zwei Pflanzenstengel, die als Krönung Schalen voller blühender Lilien trugen. Selbst die Adern in den Blättern sahen zart und naturgetreu aus, wie echte Pflanzen. Der Almosenverwalter Bruder Oswald, selbst ein geschickter Silberschmied, wenn er die Zeit hatte, sein Handwerk auszuüben, stand bewundernd vor dem neuen Altarschmuck, sichtlich hin und her gerissen zwischen Entzücken und Bedauern, und er wagte es nur für einen kurzen Moment, das Geschenk zu verlassen, als er von Abt Heribert zum Abendessen in dessen Räume weggeführt wurde.

»Mylord, das sind zwei Stücke von wahrhaft erlesener Handwerkskunst. Ich kenne mich ein wenig aus mit Edelmetallen und bin mit den besten Handwerksmeistern in dieser Gegend bekannt, aber ich habe noch nie eine Arbeit gesehen, die dermaßen naturgetreu einer Pflanze ähnelt wie diese. Hier kann man das Auge eines Bauern erkennen, aber die Hand eines höfischen Handwerkers. Dürfen wir erfahren, wer sie angefertigt hat?«

FitzHamons verlebte Gesichtszüge färbten sich noch tiefer rot, als ob ein unverzeihlicher Schatten über die Stunde seiner Selbstverherrlichung gefallen wäre. Brüsk antwortete er: »Ich habe sie bei jemandem in Auftrag gegeben, der in meinen Diensten steht. Ihr würdet seinen Namen nicht kennen – ein Leibeigener, aber er hat einiges Geschick.« Und damit fegte er davon, weitere Fragen vermeidend, und seine Frau, der Diener und die Zofe folgten in seinem Kielwasser. Einzig der ältere Pferdeknecht, der weniger Ehrfurcht vor seinem Herrn zu haben schien als jedermann sonst – vielleicht deshalb, weil er so oft der Zeremonie beigewohnt hatte, seinen Herrn sturzbetrunken ins Bett zu tragen –, einzig er wandte sich für einen Moment zu Bruder Oswald um, um ihn am Ärmel zu zupfen und in einem vertraulichen Flüstern zu informieren: »Ihr werdet ihn kurz angebunden erleben, wenn es um das Thema geht. Der Silberschmied – sein Name war Alard – ist letzte Weihnachten aus seinen Diensten geflohen, und obwohl sie ihn bis nach London verfolgt haben, wohin seine Spur wies, ist er nie gefunden worden. An Eurer Stelle würde ich das Thema ruhen lassen.«

Und damit folgte er seinem Meister und ließ einige nachdenkliche Gesichter zurück, die ihm nachstarrten.

»Das ist kein Mann, der sich freiwillig von etwas trennt, was ihm gehört«, dachte Bruder Cadfael laut, »egal, ob Mensch oder Metall, es sei denn für Geld, und dann auch nur für eine ordentliche Summe.«

»Schäm Dich, Bruder!« rügte Bruder Jerome an seiner Seite. »Hat er sich nicht aus reiner Nächstenliebe von diesen Schätzen getrennt?«

Cadfael unterließ es, über den Nutzen zu spekulieren, den FitzHamon für seine Wohltaten erwartete. Es lohnte nicht, mit Jerome zu diskutieren, der genau wie alle anderen wußte, daß die silbernen Lilien und die Pacht eines Hofes nicht ohne Gegenleistung gegeben worden waren. Aber Bruder Oswald sagte voll Kummer: »Ich wünschte, er hätte seine Nächstenliebe sinnvoller eingesetzt. Sicherlich sind die Leuchter ganz wundervoll, ein Augenschmaus, aber wenn man sie gewinnträchtig verkaufen würde, brächten sie genug Mittel ein, um das zu kaufen, was meine ärmsten Bittsteller den Winter überleben ließe. Einige von ihnen werden sicherlich aus Mangel sterben.«

Bruder Jerome war schockiert. »Hat er sie nicht Unserer Lieben Frau selbst zugedacht?« beschwerte er sich verärgert. »Hüte dich vor den Sünden der Apostel, die in dieselbe Beschwerde ausbrachen, als die Frau den Topf mit Salböl brachte und damit die Füße des Erlösers salbte. Erinnere dich an die Ermahnung unseres Herrn an die Apostel, daß sie die Frau in Ruhe lassen sollten, weil sie richtig gehandelt habe!«

»Damit erkannte unser Herr einen gutgemeinten, impulsiven Akt der Demut an«, konterte Bruder Oswald geistreich. »Er hat nicht gesagt, daß sie damit gut beraten war! Sie hat getan, was im Bereich ihrer Möglichkeiten lag, das hat er damit gesagt. Er hat nie gesagt, daß sie es mit etwas Nachdenken hätte besser machen können. Welchen Sinn hätte es auch, den Schenkenden zu verletzen, nachdem nichts mehr zu machen war? Das vergossene Salböl konnte ja wohl kaum wieder eingesammelt werden.«

Seine Augen verweilten voller Liebe und Bedauern auf den Silberlilien mit ihren hohen Stengeln aus Wachs und Licht. Denn sie würden bleiben, und es war immer noch möglich, sie zu anderen Zwecken zu nutzen, allerdings nur wenn der Geber ein zugänglicher Mensch gewesen wäre. Immerhin war es sein gutes Recht zu bestimmen, was mit seinem Eigentum geschehen sollte.

»Es ist eine Sünde«, mahnte Jerome salbungsvoll, »das für andere Zwecke zu begehren, was Unserer Lieben Frau zugedacht ist, wie wertvoll diese Ziele auch immer sein mögen. Allein der Gedanke ist eine Sünde.«

»Wenn Unsere Liebe Frau uns ihre Meinung sagen könnte«, bemerkte Bruder Cadfael trocken, »würden wir wissen, welches die schwerere Sünde wäre und welches das am ehesten zu akzeptierende Opfer.«

»Könnte ein Preis zu hoch sein für die Beleuchtung dieses heiligen Altars?« fragte Jerome entrüstet.

Das war eine gute Frage, dachte Cadfael, als sie zum Abendbrot ins Refektorium schritten. Frag beispielsweise Bruder Jordan nach dem Wert des Lichts: Jordan war alt und gebrechlich und verlor langsam sein Augenlicht. Noch konnte er Umrisse unterscheiden, aber nur schemenhaft, wie im Traum, doch er kannte den Weg durch das Kloster und seine Umgebung so genau, daß seine zunehmende Erblindung seine Bewegungsfreiheit nicht einschränkte. Aber in dem Maße, wie seine persönliche Dämmerung täglich um eine Schattierung dunkler wurde, so wuchs seine tiefe Liebe zum Licht täglich mehr, bis er schließlich alle anderen Pflichten aufgegeben hatte und sich um alle Lampen und Kerzen auf beiden Altären kümmerte, zu dem Zweck, allezeit von Licht umstrahlt zu sein, noch dazu von geheiligtem. Sobald das Abendgebet an diesem Tag vorüber sein würde,

würde er geschäftig die Kerzen- und Lampendochte schneuzen, um die Flammen ruhig, rauchlos und vollkommen für die Morgenandacht am Weinachtstag zu haben. Es war zweifelhaft, ob er überhaupt ins Bett gehen würde, bevor Morgenandacht und Lobpreis vorüber wären. Die ganz Alten brauchten wenig Schlaf, und Schlaf ist seinerseits eine Art Dunkelheit. Aber was Jordan schätzte, war die Flamme des Lichts und nicht das Gefäß, in dem es brannte. Würden jene prächtigen Zweipfundkerzen nicht genausogut auf ihn scheinen, wenn sie in einfachen hölzernen Wandleuchtern brennen würden?

Cadfael war mit den anderen Ordensbrüdern zusammen im Kaminraum, etwa eine Viertelstunde vor der Abendandacht, als ein verspäteter Ordensbruder aus den Gasträumen kam und nach ihm suchte.

»Die Dame fragt, ob sie dich sprechen könne. Sie klagt über Kopfschmerzen und kann nicht einschlafen. Unser Mitbruder von der Krankenstation hat sie zur Behandlung an dich verwiesen.«

Cadfael ging kommentarlos mit ihm, aber mit einiger Neugier, denn bei der Abendandacht hatte Lady FitzHamon den Eindruck erweckt, bei blühender Gesundheit und bester Verfassung zu sein. Das schien sich auch nicht groß geändert zu haben, als er sie in der Halle traf, obwohl sie noch in den Mantel gehüllt war, den sie auch getragen hatte, als sie durch den Hof zum Abt und zurück gegangen war, auch hatte sie die Kapuze so tief ins Gesicht gezogen, daß ihr Gesicht im Schatten lag. Die schweigsame Zofe folgte ihr auf dem Fuße.

»Ihr seid Bruder Cadfael? Man hat mir gesagt, daß Ihr Experte für Kräuter und Heilmittel seid und mir sicherlich helfen könnt. Ich bin früh vom Abendessen des Herrn Abt zurückgekehrt, mit starken Kopfschmerzen, und ich habe meinem Gemahl gesagt, daß ich zeitig zu Bett gehen werde. Aber ich schlafe so unruhig, und wie soll ich bei diesen Schmerzen zur Ruhe kommen? Könnt Ihr mir ein Mittel zur Erleichterung geben? Man sagte mir, Ihr hättet eine vollständige Apotheke in Eurem Kräutergarten, und alles sei Euer Werk, säen, pflanzen, ernten, trocknen, brauen und das alles. Es muß etwas dabeisein, das meine Schmerzen lindern und mir tiefen Schlaf verschaffen kann.«

Gut, dachte Cadfael, man kann ihr kaum einen Vorwurf machen, wenn sie manchmal nach einem einfachen Mittel sucht, um der rauhen Annäherung ihres alten Ehemannes für eine Nacht zu entgehen, insbesondere für eine Festnacht, wenn er wahrscheinlich schwer getrunken hat. Auch war es nicht Cadfaels Aufgabe, nachzuprüfen, ob ein Patient wirklich seine Hilfe brauchte. Ein Gast konnte alles verlangen, was das Haus zu bieten hatte.

»Ich habe einen selbstgemachten Sirup«, sagte er, »der Euch guttun dürfte. Ich bringe Euch ein Fläschchen aus meinem Arbeitsraum.«

»Darf ich mit Euch kommen? Ich würde Euren Arbeitsraum gerne sehen.« Sie hatte vergessen, zerbrechlich und leidend zu klingen, die Stimme hätte einem neugierigen Kind gehören können. »Ich bin ohnehin noch in Mantel und Schuhen«, sagte sie überredend, »wir sind gerade erst vom Tisch des Herrn Abt zurückgekommen.«

»Aber solltet Ihr nicht der Kälte wegen hineingehen, Madam? Der Schnee im Hof ist zwar weggefegt, aber auf einigen Gartenwegen liegt er noch.«

»Ein paar Minuten an der frischen Luft werden mir guttun«, versicherte sie, »ehe ich wieder zu schlafen versuche. Und es kann doch nicht weit sein.«

Es war nicht weit. Einmal weg von den gedämpften Lichtern der Gebäude nahmen sie die Sterne wahr, die in kaltem Feuer wie Funken an einem klaren schwarzen Himmel glühten, der gerade ein paar zerfetzte Schneewolken im Osten hervorbrachte. Im Garten, zwischen den Hecken, schien es fast warm, als ob die schlafenden Bäume nicht nur den rauhen Wind abhalten, sondern auch warme Luft ausatmen würden. Es war vollkommen still. Der Kräutergarten war von einer Mauer umgeben, und die Holzhütte, in der Cadfael seine Medizin braute und aufbewahrte, war vor der schlimmsten Kälte geschützt. Im Inneren der Hütte, nachdem eine kleine Lampe brannte, vergaß Lady FitzHamon ihre Invalidenrolle vor lauter Bewunderung und Entzücken, als sie sich mit großen, fragenden Augen umsah. Die Zofe, unterwürfig und schweigend, drehte kaum den Kopf, aber ihre Augen huschten von rechts nach links, und etwas Farbe brachte Leben in ihre Wangen. Die Fülle der schwachen, süßen Düfte ließ ihre Nasenflügel beben, und auch ihre Lippen bebten kaum wahrnehmbar vor Wohlbehagen.

Neugierig wie eine Katze steckte die Dame ihre Nase in jeden Beutel, jeden Topf und jedes Kästchen, warf einen Blick in Flaschen und Mörser und stellte hundert Fragen auf einmal.

»Und die sind wichtig, diese kleinen, getrockneten Nadeln? Und in diesem großen Sack – ist das Korn?« Sie versenkte ihre Hände bis zum Handgelenk in der Fülle, und die Hütte füllte sich mit Süße. »Lavendel? So eine große Menge? Stellt Ihr demnach Parfum für uns Frauen her?«

»Lavendel hat andere nützliche Eigenschaften«, antwortete Cadfael. Er füllte ein kleines Fläschchen mit einem klaren Sirup, den er aus Klatschmohn herstellte, ein Wissen aus seinen Wanderjahren. »Es hilft bei allen Störungen des Kopfes und des Geistes, und sein Duft wirkt beruhigend. »Ich gebe Euch ein kleines Kissen, das damit und mit anderen Kräutern gefüllt ist, das wird Euch beim Einschlafen helfen. Aber dieses Mittel hier sichert Euch den Schlaf. Ihr könnt alles auf einmal einnehmen, was ich Euch hier gebe, es wird Euch nicht schaden, sondern Euch nur eine gute Nachtruhe garantieren.«

Sie hatte neugierig mit einem Stapel kleiner, irdener Schüsseln gespielt, die er neben seinem Arbeitstisch stehen hatte, grobes Geschirr, in dem die feinen Samen, ausgesiebt aus den Pflanzständen, zum Trocknen ausgebreitet werden konnten, aber sie kam sofort herbei, um begierig die bescheidene Flasche zu betrachten, die er ihr überreichte. »Ist das genug? Es ist einiges nötig, um mich zum Schlafen zu bringen.«

»Das«, versicherte er ihr geduldig, »würde selbst einen starken Mann zum Schlafen bringen. Aber es würde nicht einmal einer so zarten Dame wie Euch Schaden zufügen.«

Sie nahm es mit einem kleinen, glatten Lächeln der Befriedigung entgegen. »Dann danke ich Euch wirklich sehr! Ich werde Eurem Almosenverwalter eine Spende – soll ich? – als Gegenleistung zukommen lassen. Elgiva, bring du das kleine Kissen. Ich werde die ganze Nacht seinen Duft einatmen. Es soll mir meine Träume versüßen.«

Sie hieß also Elgiva. Ein nordischer Name. Sie hatte nordische

Augen, wie er schon bemerkt hatte, blau wie Eis und blasse, zarte Haut, die durch Sorge noch durchscheinender und blasser geworden war. Die ganze Zeit hatte sie keine Notiz von dem genommen, was vorgefallen war, sich nicht bewegt und kein Wort gesagt. War sie älter oder jünger als ihre Herrin? Er hatte keine Ahnung. Die eine war so beredt, wie die andere schweigsam war.

Er löschte seine Lampe und verschloß die Tür, ehe er sie in den Haupthof zurückgeleitete, gerade rechtzeitig, um ihnen eine gute Nacht zu wünschen und noch rechtzeitig zum Abendgebet zu erscheinen. Ganz offensichtlich hatte die Dame nicht vor, die Andacht zu besuchen. Was den Lord anging: Er wurde gerade aus den Räumen des Abtes gebracht, auf jeder Seite auf einen seiner Reitknechte gestützt, obwohl er noch nicht vollkommen betrunken war. Sie schlugen leicht schlingernd die Richtung zum Gästetrakt ein. Keine Frage, nur das Herannahen der Andachtsstunde hatte das ausgedehnte Abendessen beendet, sehr wahrscheinlich zur großen Erleichterung des Abtes. Er war kein Trinker und konnte nur wenig mit Hamo FitzHamon gemeinsam haben. Natürlich abgesehen von der tiefen Verehrung des Altars der Heiligen Maria.

Die Dame und ihre Zofe waren bereits im Gästetrakt verschwunden. Der jüngere Diener trug in seiner freien Hand einen großen Krug, der, wie die Haltung, in der er ihn trug, vermuten ließ, gut gefüllt war. Die junge Ehefrau konnte ihr Mittel schlucken und vertrauensvoll ihr Kräuterkissen umarmen, das Trinkgelage war noch nicht zu Ende, und ihr Schlaf würde einsam und ungestört sein. Bruder Cadfael ging ein wenig traurig und zugleich seltsam getröstet zum Abendgebet.

Erst als der Gottesdienst beendet war und die Ordensbrüder sich zur Ruhe begaben, fiel ihm ein, daß er die Flasche mit dem Mohnsirup unverschlossen gelassen hatte. Nicht, daß das in der kalten Nacht irgendeinen Schaden angerichtet hätte, aber sein Sinn für Ordnung bewog ihn, hinzugehen und das Unterlassene nachzuholen, ehe auch er zu Bett ging.

Seine Füße, die in Sandalen steckten und darüber hinaus mit Wollstreifen umwickelt waren, um ihn zu wärmen und auf den frostigen Pfaden zu schützen, machten sein Herannahen fast unhörbar, und er hatte schon die Hand nach der Türklinke ausgestreckt, als er plötzlich Stimmgemurmel im Inneren der Hütte hörte und lautlos verharrte. Weiche, flüsternde, verträumte Stimmen, die eher Geräusche denn Sprache zu sein schienen, eher Zärtlichkeiten als Worte, obwohl schließlich doch Worte zu unterscheiden waren. Die Stimme eines Mannes, jung und besorgt, fragte: »Aber was, wenn er es doch tut …?« Und das weiche, unterdrückte Lachen einer Frau: »Er wird bis morgen früh durchschlafen, keine Sorge!« Und ihre Worte wurden plötzlich mit Küssen erstickt, und ihr Lachen wandelte sich in tiefe, ekstatische Seufzer. Der Mann keuchte triumphierend, aber noch war eine Spur Angst herauszuhören, gemischt mit Genuß: »Still, du kennst ihn, er könnte …« Und sie, beruhigend: »Jedenfalls nicht vor einer Stunde … dann können wir ja gehen … es wird kalt hier werden …«

Das jedenfalls war wahr, es bestand wenig Anlaß zur Sorge, daß sie die ganze Nacht hier draußen zu verbringen gedachten, nicht einmal zu zweit und eng in einen Mantel gehüllt auf der Bank an der Holzwand. Bruder Cadfael zog sich sehr vorsichtig aus dem Kräutergarten zurück und machte sich mit züchtigen Gedanken auf den Heimweg in Richtung Schlaftrakt. Nun wußte er, wer seinen Trank getrunken hatte, und das war nicht die Dame. In dem Weinkrug, den der junge Diener getragen hatte? Die Dosis war ausreichend für einen starken Mann, selbst wenn er nicht schon betrunken gewesen wäre. Dem Kammerdiener blieb es inzwischen überlassen, den Herrn ins Bett zu bringen, irgendwo weit weg von dem Gemach, in dem nach allgemeiner Auffassung die Dame lag, ihr Unwohlsein kurierte und den Schlaf der Unschuld schlief. Aber gut, das war nicht Cadfaels Sache, und er hatte auch keine Lust, da hineingezogen zu werden. Er fühlte sich nicht gerade zum Sittenrichter aufgerufen. Es war zweifelhaft, ob sie überhaupt eine Wahl gehabt hatte, was die Ehe mit Hamo betraf, und dann noch mit diesem attraktiven Jungen immer um sie herum, der den Kontrast noch betonte … Eine kurze Episode wahrer Leidenschaft, das Echo alter Liebe, durchzog schmerzhaft die Jahre seiner Berufung. Er wußte schließlich, was er verzieh. Wer könnte sich auch von einer Spur Bewunderung freimachen für ihren gelegentlichen Wagemut, den scharfen

Verstand, der für die Mittel gesorgt hatte, das umsichtige Auge, das den entlegensten und dabei angemessensten Hort gewählt hatte?

Cadfael ging zu Bett, wo er traumlos bis zum Glockenton schlief, der zur Andacht rief, einige Minuten vor Mitternacht. Die Prozession von Ordensbrüdern wand sich die Nachttreppe hinunter in die Kirche und in den weichen, vollen Glanz der Lichter vor dem Altar der Heiligen Maria.

In respektvollem Abstand von ein paar Schritten vor dem Altar kniete der alte Bruder Jordan, der sich schon längst wie die anderen in seiner Zelle zur Ruhe hätte begeben sollen, mit gefalteten Händen und ekstatischem Gesicht, aus dem die großen, verschleierten Augen geradewegs in das Licht schauten, das er so liebte. Als Prior Robert ihm mit einem leisen Ausruf des Erstaunens, ihn hier auf den Steinen zu finden, die Hand auf die Schulter legte, schreckte er wie aus Trance hoch und wandte ihnen ein Gesicht zu, das selbst voller Licht zu sein schien.

»Oh, meine Brüder, ich bin gesegnet worden! Ich habe ein Wunder erlebt ... Gott sei gepriesen, daß es mir widerfahren ist! Doch habt Nachsicht mit mir, denn es ist mir verboten, zu irgendeinem davon zu sprechen, ehe nicht drei Tage vergangen sind. Am dritten Tag von heute an darf ich sprechen ...!«

»Seht, Brüder!« rief Jerome plötzlich anklagend mit ausgestrecktem Finger. »Seht auf den Altar!«

Jeder, mit Ausnahme Jordans, der noch immer voller Andacht betete und lächelte, drehte sich um, um zu sehen, wohin Jerome deutete. Die großen Kerzen standen durch ein paar Wachstropfen gesichert in zwei kleinen Tonschalen, solchen, wie Cadfael sie benutzte, um den Samen zu sortieren. Die beiden Silberlilien waren von ihrem Ehrenplatz verschwunden.

Prior Robert hielt durch Verlust, Unruhe, Verwunderung und Mißtrauen hindurch an seinem Tagesplan fest. Mochte Hamo FitzHamon in glücklicher Ungewißheit bis zum Morgen durchschlafen, Morgenandacht und Lobpreis mußten angemessen vollzogen werden. Weihnachten war wichtiger als alles Empfangen und Verlieren von Silberware. Grimmig achtete er darauf, daß die Gottesdienste gehalten wurden, und entließ die Brüder dann bis zur Morgenandacht zurück in ihre Betten, wo sie schlafen oder sorgen- und angstvoll bis zum Morgen wach liegen konnten, jeder wie er wollte. Auch gestattete er nicht, daß Bruder Jordan von anderen belästigt wurde, obwohl er möglicherweise im geheimen versuchte, etwas Befriedigenderes aus dem alten Mann herauszuholen. Es war deutlich, daß der Diebstahl, ob er nun etwas davon wußte oder nicht, den alten Mann in keiner Weise beunruhigte. Er sagte zu allem nur: »Es ist mir auferlegt, bis Mitternacht des dritten Tages zu schweigen.« Und wenn sie fragten, von wem, lächelte er wie ein Engel und schwieg.

Robert selbst überbrachte am Morgen vor der Messe Hamo FitzHamon die schlechte Nachricht. Der Aufruhr, der daraufhin losbrach, war zwar heftig, aber noch etwas gedämpft durch die Nachwirkungen von Cadfaels Schlaftrunk, der die äußersten Ausbrüche von Energie, wenn nicht gar von Bösartigkeit glättete. Sein Kammerdiener, der ältere Knecht Sweyn, hielt sich wohlweislich außer Reichweite, selbst dann, als Robert anwesend war, und die Dame saß etwas abseits, als sei sie noch schwach und vielleicht etwas verstimmt. Sie schrie pflichtgemäß auf und beklagte augenscheinlich im Ernst das Unrecht, das ihrem Mann angetan worden war, und wiederholte seine Forderung, daß der Dieb gnadenlos verfolgt und die Leuchter zurückgebracht werden sollten. Prior Robert war genauso eifrig darauf bedacht. Keine Mühen sollten gescheut werden, das fürstliche Geschenk zurückzuerhalten, dessen konnten sie sicher sein. Er hatte sich schon verschiedener Umstände versichert, die die Verfolgungsjagd in gezieltere Bahnen lenken würden. Nach der Abendandacht hatte es einen kurzen Schneeschauer gegeben, gerade genug, um den Boden mit einer dünnen weißen Schicht zu überziehen. Noch kein einziger Fußabdruck hatte bislang die unberührte Schneedecke zerstört. Er hatte nur auf den Pfaden nachzusehen brauchen, die von den beiden Kirchentüren fortführten, um zu wissen, daß niemand die Kirche auf diesen Wegen verlassen hatte. Der Pförtner schwor, daß niemand das Torhaus passiert hatte, und an der Seite des Klostergebietes, das nicht von einer Mauer umgeben war, war der Bach Meole voll und gefroren, aber der Schnee auf beiden Seiten war unberührt. Innerhalb des betroffenen Gebietes waren natürlich kreuz und quer Fußspuren zu finden, aber niemand hatte den Bereich seit der Abendandacht verlassen, als die Leuchter noch an ihrem Platz gewesen waren.

»Also befindet sich der Missetäter noch innerhalb der Klostermauern?« fragte Hamo mit rachedurstigem Blick. »Um so besser! Dann ist seine Beute auch noch hier drinnen, und wenn wir alle Zellentüren aus Eurem Schlaftrakt herausreißen müßten, wir werden sie finden! Die Leuchter und den Dieb!«

»Wir werden überall suchen«, stimmte Robert zu, »und wir werden jedermann befragen. Wir sind durch dieses gotteslästerliche Verbrechen genauso tief betroffen wie Eure Lordschaft. Ihr selbst mögt die Leitung der Suche übernehmen, wenn Ihr mögt.«

So kam es, daß den ganzen Christtag über neben der stillen Freude in der Kirche im Umkreis von Rufweite eine ärgerliche Jagd wütete. Es war für keinen der Mönche schwer, über den Zeitraum der letzten Minuten Rechenschaft abzulegen, denn ihr Tagesverlauf war so geregelt, daß ein Ordensbruder unweigerlich den anderen vom Verdacht freisprach. Und diejenigen, die spezielle Aufgaben hatten, die sie aus dem Kreis der anderen fortführten, wie Cadfael beim Besuch seines Kräutergartens, arbeiteten dafür meistens zu zweit. Die Diener und die wenigen Gäste beteuerten ihre Unschuld, und wenn sie das nicht allesamt getan hätten, hätten andere sie gerne bewiesen. Und auch Hamo konnte keinem das Gegenteil beweisen. Als die Reihe an seine eigenen beiden Diener kam, gab es einige Zeugen dafür, daß Sweyn sofort in sein Bett in der Unterkunft über den Stallungen zurückgekehrt war, sobald er seinen Herrn ins Bett gebracht hatte, und ganz sicher mit leeren Händen. Sweyn – Cadfael bemerkte es mit Interesse – schwor ohne zu blinzeln, daß der junge Madoc, der eine Stunde nach ihm ins Bett gegangen war, ebenfalls mit ihm zurückgekommen sei, er habe auf Sweyns Anweisung hin die Stunde damit verbracht, eines der Packpferde zu versorgen, das Anzeichen eines Hustens gezeigt hatte. Ansonsten seien sie die ganze Zeit zusammengewesen. Ein Leibeigener, der sich instinktiv mit seinesgleichen gegen den Herrn verbündete? überlegte Cadfael. Oder wußte Sweyn sehr wohl, wo der junge Mann letzte Nacht gewesen war oder auch, was er getan hatte, und beabsichtigte, ihn vor bösartiger Vergeltung zu schützen? Kein Wunder, daß Madoc an diesem Morgen eine Spur weniger fröhlich und frisch aussah als sonst, obwohl er insgesamt seine Fassung sehr gut bewahrte. Es gelang ihm sogar, seiner Dame nicht einmal einen Blick zuzuwerfen, und ihr Ton ihm gegenüber war scharf, kühl und distanziert.

Cadfael verließ sie sofort nach dem traurigen Mahl, das sie aus dem Abendessen machten, und ging alleine in die Kirche. Während die übrigen fieberhaft jede Ecke nach den Kerzenleuchtern absuchten, hatte er sich nicht an der Suche beteiligt. Aber jetzt, wo sie anderswo waren, könnte er hier etwas Interessantes finden. Er würde nicht nach etwas so Auffallendem suchen wie zwei großen silbernen Kerzenleuchtern. Er huldigte dem Altar und stieg die Stufen empor, um sich die brennenden Kerzen genau anzusehen. Niemand hatte die bescheidenen Kerzenhalter weiter beachtet, die an die Stelle von Hamos Stiftung getreten waren. Und es war unter den gegebenen Umständen auch gut, daß Cadfaels Arbeitsraum wenig besucht wurde, sonst hätte man erkannt, daß die kleinen irdenen Töpfe von dort stammten. Er formte und brannte sie selbst so, wie er sie brauchte. Es war nicht in seinem Sinne, Diebstahl zu verzeihen, aber genausowenig gefiel ihm die Vorstellung, daß irgend jemand – wie schuldbeladen auch immer – Hamo Fitz-Hamons Gnade ausgeliefert sein könnte.

Etwas Langes und Zartes, ein silbrig-goldener Faden hatte sich im Wachs im Boden einer der Kerzen verfangen. Sorgfältig nahm er die Kerze aus ihrer Halterung und löste ein langes, blasses Haar aus ihr heraus. Um sicher zu sein, daß er es erhalten könnte, brach er die Wachsschicht auf, in der es eingeschlossen war, und dann hob er die Kerze hoch und drehte sie um, um nachzusehen, ob sich noch etwas darunter verbarg. Ein kleiner, ovaler Punkt kam zum Vorschein; mit dem Fingernagel klaubte er einen einzelnen Lavendelsamen heraus. War er früher schon in der Schale zurückgeblieben? Das schien ihm unwahrscheinlich. Die gestapelten Behälter waren alle leer. Nein, dieses Samenkorn hatte seinen Weg hierher wahrscheinlich in der Falte eines Ärmels gefunden und war herausgefallen, als die Kerze bewegt wurde.

Die Dame hatte voller Vergnügen mit beiden Händen tief in

den Lavendelsack gegriffen, und sie hatte sich voller Neugier in seinem Arbeitsraum bewegt und alles inspiziert. Es wäre ein leichtes gewesen, sich ungesehen zweier solcher Schalen zu bemächtigen und sie in den Mantelfalten zu verbergen. Noch wahrscheinlicher: Sie hatte diese Aufgabe dem jungen Madoc überlassen, als sie sich von ihrem Stelldichein davonstahlen. Einmal angenommen, sie hätten den verzweifelten Punkt erreicht, wo sie eine gemeinsame Flucht planten, und würden Mittel brauchen, um den Weg zu einem sicheren Zufluchtsort zu finden … ja, da waren Möglichkeiten. Inzwischen hatte das Lavendelkorn Cadfael auf eine andere Idee gebracht. Und da war natürlich dieses lange, feine Haar, blaß wie Flachs, aber glänzender. Der Junge war blond, aber so blond?

Er ging durch den frosterstarrten Garten in seinen Kräutergarten, schloß sich in seinen Arbeitsraum ein, öffnete den Lavendelsack, vergrub beide Hände bis zu den Ellbogen darin und befühlte die kühle, weiche Süße, die sich teilte und wieder zusammenfloß wie Korn. Da waren sie, weit unten, seine Finger ertasteten die Umrisse erst des einen, dann des zweiten. Er setzte sich hin, um zu überlegen, was er tun sollte.

Die verlorenen Schätze finden hieß noch nicht, zu wissen, wer der Dieb war. Er konnte sie hervorholen und sofort zurückstellen, aber FitzHamon würde sicherlich die Jagd voller Rachedurst fortsetzen, bis er den Schuldigen fände. Cadfael hatte genug von ihm gesehen, um zu wissen, daß es Leben und Existenz kosten konnte, bevor dieser Durst gelöscht war. Er mußte mehr wissen, ehe er jemanden dem Tod auslieferte. Trotz alledem war es besser, die Dinger nicht hierzulassen. Er bezweifelte, daß sie seine Hütte durchsuchen würden, aber es wäre möglich. Er packte die Kerzenleuchter in ein Stück Leinwand und steckte sie in die Mitte der Hecke, an der Stelle, wo sie am dichtesten war. Der dürftige, gefrorene Schnee war nach kurzem Sonnenschein verschwunden. Sein Arm verschwand bis zur Schulter in der Hecke, und als er ihn wieder herauszog, sprangen die Zweige an ihren alten Platz zurück und hielten das Paket sicher fest. Wer auch immer die Leuchter als erster versteckt haben mochte, er würde sicher bei Nacht wiederkommen, um sie zurückzuholen, und sich so schließlich verraten.

Es war gut, daß er die Beute woandershin gebracht hatte, denn der Suchtrupp, angetrieben von einem zunehmend wütenderen Hamo, erreichte seine Hütte vor dem Abendgottesdienst und untersuchte alles darin, während er dabeistand, um eine fahrlässige Beschädigung seiner Arzneien zu verhindern, bis sie beruhigt darüber abzogen, daß das, was sie suchten, sich nicht darin befand. Allerdings waren sie hinsichtlich des Lavendelsacks nicht allzu gründlich vorgegangen. Die Kerzenhalter wären ihrer Aufmerksamkeit entgangen, wenn er sie dort gelassen hätte. Zum Glück kam es niemandem in den Sinn, die Hecke auseinanderzuziehen. Als sie weg waren, um das Viehfutter und das Korn in den Scheunen zu durchsuchen, brachte Cadfael das Silber wieder in das alte Versteck zurück. Der Köder sollte sicher in der Falle liegen, bis der Gejagte kam, um Anspruch darauf zu erheben – was er sicherlich tun würde, wenn er einmal von der Furcht befreit wäre, daß die Fahnder ihn zuerst entdecken würden.

In dieser Nacht legte Cadfael sich auf die Lauer. Als alle in ihren Betten lagen und schliefen, hatte er keine Mühe damit, sich von den Schlafräumen zu entfernen. Seine Zelle war in der Nähe der Nachttreppe, und der Prior schlief am anderen Ende des langen Raumes, und er schlief tief. Obwohl die Nachtluft bitter kalt war, war es in seiner geschützten Hütte kaum kälter als in seiner Zelle. Auch bewahrte er Tücher dort auf, um einige seiner Tiegel und Flaschen gegen die Kälte schützen zu können. Er nahm seine kleine Büchse mit Zungen und Feuerstein und versteckte sich in der Ecke hinter der Tür. Es konnte eine vergebliche Nachtwache werden. Nachdem er einen Tag unentdeckt überstanden hatte, mochte der Dieb es für klüger halten, einen weiteren Tag abzuwarten, ehe er sich die Beute zurückholte. Aber er wartete nicht vergeblich. Er schätzte, daß es vielleicht zweiundzwanzig Uhr war, als er ein leises Geräusch an der Tür vernahm. Zwei Stunden, ehe die Glocke zum Mitternachtsgottesdienst rufen würde, und fast zwei Stunden, nachdem sich der Haushalt zur Ruhe begeben hatte. Selbst in den Gästeräumen müßte jetzt Ruhe eingekehrt sein – die Stunde war mit Sorgfalt ausgewählt. Cadfael hielt den Atem an und wartete. Die Tür schwang auf, ein Schatten stahl sich hinter ihm herein, leichte Schritte fanden ihren Weg unbeirrt zu der Stelle, wo der Sack mit Lavendel in der Wand lehnte. Genauso lautlos drückte Cadfael die Tür wieder zu und lehnte sich mit dem Rücken dagegen. Erst dann schlug er einen Funken und hielt das Flämmchen an den Docht seiner Lampe.

Weder fuhr sie zusammen, noch schrie sie auf, und sie versuchte auch nicht, hinter ihm vorbei in die Dunkelheit zu flüchten. Der Versuch wäre von vornherein zum Scheitern verurteilt gewesen, und sie hatte viel Übung darin, das zu ertragen, was nicht zu ändern war. Als die Flamme ruhiger und größer brannte, sah sie ihm ins Gesicht, ihr eigenes von der Kapuze des Mantels beschattet, die Kerzenleuchter besitzergreifend an ihre Brust gedrückt.

»Elgiva!« sprach Bruder Cadfael sie milde an. Dann: »Bist du für dich selbst hier oder im Auftrag deiner Herrin?« Aber er dachte bei sich, daß er die Antwort schon kannte. Die frivole junge Frau würde niemals ihren reichen Mann und ihr bequemes Leben aufgeben, wie verhaßt und unerwünscht ihr Hamos Aufmerksamkeiten auch sein mochten, schon gar nicht für einen Leibeigenen, den sie zwar liebte, der aber keinen Pfennig besaß. Ihn würde sie behalten, um heimlich zu genießen, sobald sie sich sicher fühlte. Selbst wenn der alte Mann stürbe, würde sie sich dem Wunsch eines Oberlehnsherrn gehorchend in eine neue Ehe fügen, wie abstoßend sie auch sein möge. Sie war nicht aus dem Stoff, aus dem Heldinnen und Abenteurerinnen gemacht werden. Das war eine andere Art von Frau.

Cadfael trat näher an sie heran und hob die Hand, um ihr sanft die Kapuze aus dem Gesicht zu streichen. Sie war groß, eine Handbreit größer als er, und so aufrecht wie eine der Lilien, die sie umklammert hielt. Das Netz, das ihr Haar gebändigt hatte, war mit der Kapuze zurückgeglitten, und ihre silber-goldene Haarflut umströmte sie im Dämmerlicht und umrahmte ihr blasses Gesicht und die blauen Augen. Nordisches Haar! Die Dänen hatten ihre Samen im Süden bis Cheshire verstreut und diese große Blume zwischen ihnen hervorgebracht. Sie war nicht mehr häßlich, müde und resigniert. Im dämmerigen, aber schmeichelnden Licht war sie eine berückende Schönheit. Genau so mußten Bruder Jordans verschleierte Augen sie erblickt haben.

»Jetzt sehe ich es!« sagte Cadfael. »Du bist in die Liebfrauen-Kapelle gegangen und hast den halbblinden Bruder genauso geblendet wie mich hier. Du bist die Erscheinung, die ihn mit Ehrfurcht und Segen erfüllt hat und ihm drei Tage Schweigen auferlegt hat.« Die Stimme, die bis dahin kaum ein Wort gesprochen hatte, eine Stimme, die tief und schön war, antwortete: »Ich habe nicht vorgegeben zu sein, was ich nicht bin. Er hat mich in falschem Licht gesehen, ich habe die Gelegenheit genutzt.«

»Ich verstehe. Du hattest nicht damit gerechnet, jemanden dort vorzufinden, er hat dich genauso überrascht wie du ihn. Er hielt dich für die Heilige Jungfrau, die das, was ihr geschenkt worden war, verteilte, wie ihr beliebte. Und du brachtest ihn dazu, dir drei Tage Aufschub zu versprechen.« Die Dame hatte zwar ihre Hände in den Sack getaucht, aber Elgiva hatte das Kissen getragen, und ein oder zwei Samenkörner mußten durch das Tuch gerutscht sein, um sie zu überführen.

»Ja«, gab sie zu, während der Blick ihrer blauen Augen unerschütterlich auf ihm ruhte.

»Du hattest also am Ende nichts dagegen, daß er bekanntmachen würde, wie die Kerzenleuchter gestohlen wurden?« Es war keine Anklage, er fragte, um sie zu verstehen.

Aber sie fiel ihm sofort ins Wort: »Ich habe sie nicht gestohlen. Ich habe sie genommen. Ich will sie zurückgeben – ihrem Besitzer.«

»Dann behauptest du also nicht, daß es deine sind?«

»Nein«, antwortete sie, »sie gehören mir nicht. Aber FitzHamon auch nicht.«

»Willst du damit sagen«, fragte Cadfael freundlich, »daß gar kein Diebstahl stattgefunden hat?«

»O doch, das schon«, antwortete Elgiva schnell, und ihr Gesicht überzog sich mit ärgerlicher Röte, während ihre Stimme zitterte wie eine Harfenseite. »Es gab sehr wohl einen Diebstahl, und zwar einen gemeinen, grausamen Diebstahl, aber nicht hier und nicht jetzt. Der Raub fand vor einem Jahr statt, als FitzHamon die Leuchter von Alard, der sie gefertigt hat, erhielt, seinem Leibeigenen wie ich. Wißt Ihr, was der versprochene Preis für sie war? Entlassung aus der Leibeigenschaft für Alard und die Ehe mit mir, worum er ihn seit mehr als drei Jahren bat. Selbst in Leibeigenschaft hätten wir geheiratet und wären dankbar dafür gewesen. Aber er hatte Freiheit versprochen! Ein freier Mann hätte eine freie Frau gefreit, das hatte er auch mir versprochen. Aber als er die Kunstwerke bekommen hatte, die er haben wollte, verweigerte er den versprochenen Lohn. Er lachte! Ich habe es mit eigenen Augen gesehen, es mit meinen Ohren selbst gehört! Er hat Alard weggestoßen wie einen Hund. Also machte Alard, was sein Ziel war und was ihm verweigert wurde: Er befreite sich. Am St.-Stephans-Tag lief er davon!«

»Und dich hat er zurückgelassen?« fragte Cadfael zart.

»Welche Chance hätte er gehabt, wenn er mich mitgenommen hätte? Oder mir auch nur Lebwohl gesagt hätte? Er war mit Handwerksarbeiten an FitzHamons anderem Herrenhaus beauftragt worden. Als er eine Gelegenheit hatte, nahm er sie wahr und floh. Ich war nicht traurig! Ich war froh! Ob ich lebe oder sterbe, ob er an mich denkt oder mich vergißt, er ist ein freier Mann. Nicht ganz, aber in zwei Tagen wird er frei sein. Ein Jahr und einen Tag wird er aus eigener Kraft für seinen Unterhalt gearbeitet haben, in einem Freibriefbezirk, und danach kann er nicht in die Fronarbeit zurückgezwungen werden, selbst wenn sie ihn aufspüren würden.«

»Ich glaube nicht«, sagte Bruder Cadfael, »daß er dich vergessen hat! Jetzt verstehe ich, warum unser Bruder nach drei Tagen reden darf. Dann wird es zu spät sein, um zu versuchen, einen entlaufenen Leibeigenen zurückzubekommen. Und du bleibst dabei, daß diese exquisiten Gegenstände, die du da in deinen Armen wiegst, der rechtmäßige Besitz von Alard sind, der sie angefertigt hat?«

»Sicher«, sagte sie, »da er nie eine Bezahlung für sie gesehen hat, gehören sie noch ihm.«

»Und du willst dich heute nacht auf den Weg machen, um sie ihm zu bringen. Ja! Wie ich gehört habe, hatten sie einigen Grund, seine Spur bis nach London zu verfolgen, obwohl sie ihn nie gefunden haben. Hast du sicherere Angaben? Von ihm selbst vielleicht?«

Ihr schmales Gesicht zeigte ein Lächeln. »Weder er noch ich können lesen oder schreiben. Und wem sollte er eine Botschaft anvertrauen, solange die Zeit nicht um ist und er ein freier Mann ist? Nein, nie ein Wort.«

»Aber Shrewsbury ist doch ein Freibriefbezirk, in dem Unfreie

ein Jahr und einen Tag arbeiten können, um frei zu werden. Fein-
fühlige Gemeinden ermutigen das Aufkommen guter Hand-
werksleute und gehen weit, um sie zu verstecken und zu
beschützen. Ich weiß! Du vermutest ihn hier. Die Spur nach London war eine falsche Spur. Natürlich, warum sollte er auch so
weit fliehen, wenn Hilfe so nah ist? Aber, meine Tochter, was ist,
wenn du ihn in Shrewsbury nicht findest?«

»Dann suche ich ihn woanders, so lange, bis ich ihn finde. Ich
kann auch als Entlaufene leben, ich habe Geschick, ich werde
meinen Weg schon machen, bis ich von ihm höre. Shrewsbury
kann genausogut Platz schaffen für eine gute Näherin wie für die
Talente eines Mannes, und irgendeiner aus dem Silberschmied-
handwerk wird mir schon schon sagen können, wo man einen
aus der Bruderschaft findet, der so talentiert ist wie Alard. Ich
werde ihn finden!«

»Und wenn du ihn findest? Ach, mein Kind, hast du soweit
überhaupt gedacht?«

»Bis zum Ende«, sagte Elgiva fest, »wenn ich ihn finde und er
mich nicht mehr will, nicht mehr an mich denkt, geheiratet und
mich vergessen hat, dann will ich ihm diese Gegenstände übergeben, die ihm gehören, damit er damit tut, was er will, und ich
werde dann meinen eigenen Weg gehen und mein eigenes Leben
so gut führen, wie ich es ohne ihn vermag. Ich werde ihm,
solange ich lebe, nur Gutes wünschen.«

O nein, er hatte nur wenig Angst, sie konnte man nicht so
schnell vergessen, nicht in einem Jahr, nicht einmal in vielen Jahren. »Und wenn er zutiefst glücklich über dein Erscheinen ist und
dich immer noch liebt?«

»Dann«, antwortete sie mit einem ernsten Lächeln, »wenn er
genauso empfindet wie ich, dann habe ich der Heiligen Jungfrau,
die mir in den Augen des alten Mannes ihre Gestalt geliehen hat,
gelobt, daß wir diese Kerzenleuchter dort verkaufen, wo sie ihren
wahren Wert einbringen, und der Erlös soll Eurem Almosenverwalter zukommen, damit er die Hungerleidenden versorgen
kann. Das wird unsere Spende sein, Alards und meine, obwohl
es nie jemand erfahren wird.«

»Unsere Heilige Jungfrau wird es wissen«, sagte Cadfael,
»und ich. Aber wie hast du dir denn gedacht, daß du hier heraus

und bis Shrewsbury kommst? Beide Klostertore und das Stadttor sind bis morgen früh geschlossen.«

Sie zuckte die Achseln. »Die Küstertür ist nicht geschlossen. Selbst wenn ich Spuren hinterlasse, spielt es keine Rolle, wenn ich ein sicheres Versteck in der Stadt finde?«

»In der Nachtkälte warten? Du wärst bis zum Morgen erfroren. Nein, laß mich nachdenken. Uns fällt etwas Besseres ein als das.«

Ihre Lippen formten ein lautloses: »Uns?«, aber sie verstand schnell. Sie stellte seine Entscheidung nicht in Frage, wie er auch ihre nicht in Frage gestellt hatte. Er dachte, daß er sich noch sehr lange an ihr Lächeln erinnern würde, an die warme Glut auf ihren Wangen. »Ihr glaubt mir!« rief sie aus.

»Jedes Wort! Gib mir die Kerzenleuchter, ich will sie einwickeln, und richte dir dein Haar wieder mit Netz und Kapuze. Wir haben seit dem Morgen keinen frischen Schnee gehabt, der Pfad zur Küstertür ist frei getrampelt – niemand wird deine Fußspuren zwischen so vielen erkennen. Wenn du zum Ende der Brücke kommst, ist da ein kleines Häuschen auf der linken Seite unter der Mauer, nahe des Stadttores. Klopf dort an und bitte um Unterkunft für die Nacht, bis die Tore öffnen und sag, daß Bruder Cadfael dich geschickt hat. Sie kennen mich, ich habe ihren Sohn behandelt, als er krank war. Sie werden dir aus Gefälligkeit ein warmes Eckchen und einen Platz zum Schlafen geben. Stell keine Fragen und beantworte auch keine. Vielleicht wissen sie sogar, wo du die städtischen Silberschmiede finden kannst, die dir den richtigen Weg weisen können.«

Sie band ihr helles, schimmerndes Haar hoch und bedeckte ihren Kopf, indem sie sich in ihren Mantel hüllte, und schon war sie wieder die brave Zofe. Sie befolgte jedes seiner Worte, ohne zu fragen, huschte schweigend hinter ihm durch den Hof, wobei sie sich im Schatten hielten, hielt an, wenn er anhielt, und so geleitete er sie bis zur Kirche und ließ sie durch die Küstertür hinaus auf die öffentliche Straße, alles noch gut eine Stunde vor der Mitternachtsandacht. Im letzten Moment sagte sie, dicht an seiner Schulter, während sie in der halboffenen Tür standen: »Ich werde Euch immer dankbar sein. Eines Tages werdet Ihr von mir hören.«

»Worte sind überflüssig, wenn du mir das Zeichen schickst, auf das ich warten werde«, antwortete Bruder Cadfael. »Geh jetzt, unverzüglich, es ist keine Menschenseele unterwegs.«

Weg war sie, leichtfüßig und lautlos, wie ein großer Schatten huschte sie hinter dem Klostertor entlang Richtung Brücke und Stadt. Cadfael schloß sacht die Tür und machte sich auf den Rückweg zu den Schlafräumen, zwar zu spät, um zu schlafen, aber gerade rechtzeitig, um zum Glockenton wieder aufzustehen und sich in die Prozession zur Mitternachtsandacht einzureihen.

Am nächsten Morgen galt es, dem unvermeidlichen Aufruhr entgegenzutreten, der aus den Ereignissen der Nacht resultierte, er konnte ihm nicht aus dem Wege gehen, es stand zu viel auf dem Spiel. Lady FitzHamon erwartete natürlich von ihrer Zofe, daß sie ihr von dem Moment an zur Verfügung stünde, wo sie die Augen aufschlug, und sie stieß einen Schrei des Verdrusses aus, als kein untertäniger Schatten darauf wartete, sie anzukleiden und zu frisieren. Rufen hatte nicht den Erfolg, daß sie kam, Suchen nicht den, daß man Elgiva fand. Doch es dämmerte der Dame erst nach gut einer Stunde, daß sie ihre Kammerzofe für immer verloren hatte. Aufgebracht kleidete sie sich selbst an, ohne jede Hilfe, und fegte hinaus, um sich bei ihrem Ehemann zu beklagen, der schon vor ihr aufgestanden war und auf sie wartete, um sie zur Messe zu begleiten. Für ihre ärgerliche Beschwerde, daß Elgiva nirgends zu finden sei und in der Nacht weggelaufen sein müsse, hatte er zunächst nur Spott übrig – denn warum sollte ein gesundes junges Mädchen sich hinaus in die tödliche Kälte begeben, wenn sie da Wärme, Unterkunft und genug zu essen hatte, wo sie war? Aber dann zog er die unvermeidliche Schlußfolgerung und brüllte vor Wut.

»So, sie ist also verschwunden? Und meine Kerzenleuchter mit ihr, möchte ich wetten! Sie war es also! Diese faule kleine Diebin! Aber ich werde sie schon noch erwischen, ich werde sie zurückschleppen, und sie soll nicht leben, um ihre unredlich beschafften Mittel zu genießen ...«

Es sah so aus, als wollte die Dame ihm von ganzem Herzen zustimmen. Sie hatte schon den Mund geöffnet, um es ihm nachzutun, da gelang es Bruder Cadfael, während die aufgeregten Ordensbrüder das Paar umringten, dicht an ihrem Ärmel entlangzustreifen und ihr ein paar Lavendelsamen auf das Handgelenk zu streuen. Ihr Mund schloß sich sofort. Für einen kurzen Moment sah sie auf die kleinen Körner hinab, ehe sie sie abschüttelte. Sie warf Bruder Cadfael einen kurzen Blick zu, sah seine Augen auf sich gerichtet und hörte sein kurzes Flüstern. »Sachte, Madam, – der Beweis der Unschuld der Zofe ist auch der Beweis für die der Herrin.«

Sie war zweifelsohne keine dumme Frau. Ein zweiter, schneller Blick bestätigte sie in dem, was sie schon ahnte, daß es nämlich einen Mann hier gab, der eine Waffe gegen sie in der Hand hatte, die genauso tödlich werden konnte wie die, die sie gegen Elgiva ins Feld führen könnte. Sie war aber auch eine Frau von schnellen Entscheidungen und verlor keine Zeit mit Selbstmitleid, wenn sie einmal eine bestimmte Richtung eingeschlagen hatte. Der Ton, indem sie ihren Ehemann jetzt ansprach, war fast so scharf wie der, in dem sie sich über Elgivas Flucht beklagt hatte.

»Sie dein Dieb, tatsächlich! Das ist Unsinn, wie du sehr wohl wissen solltest. Das Mädchen ist eine undankbare Närrin, daß sie mich einfach verläßt, aber eine Diebin ist sie nie gewesen, sicher auch nicht in diesem Fall. Sie kann die Kerzenleuchter gar nicht genommen haben, du weißt ganz genau, wann sie verschwunden sind, und du weißt auch, daß mir an dem Abend nicht gut war und daß ich früh zu Bett gegangen bin. Sie war mit mir zusammen, als der Bruder Prior den Diebstahl schon lange entdeckt hatte. Ich hatte ihr befohlen, so lange bei mir zu bleiben, bis du zu Bett kämest – was du nie getan hast, wie du dich vielleicht erinnerst«, endete sie scharf.

Hamo konnte sich wahrscheinlich an nur sehr wenig aus dieser Nacht erinnern, ganz sicher war er nicht in der Position, das zu entkräften, was seine Frau so rundheraus erklärte. Er ließ etwas von seiner schlechten Laune an ihr aus, aber sie war von ihm nicht so eingeschüchtert, daß sie nicht gewagt hätte, es ihm mit gleicher Münze heimzuzahlen. Natürlich war sie sich sicher in dem, was sie sagte. Nicht sie hatte sich an der Tafel des Abts sinnlos betrunken, sie hatte an einer anderen Art Kopfschmerzen gelitten, und selbst mit Bruder Cadfaels Hilfsmittel hätte sie bis nach Mitternacht nicht einschlafen können, und da wäre Elgiva noch bei ihr gewesen. Er könne einer entlaufenen Zofe hinterherjagen, wenn er wolle, dieser undankbaren Schlampe, aber eine Diebin könne er sie nicht nennen, denn das sei sie nicht.

Die Jagd setzte er fort, aber nur noch halbherzig, jetzt, wo klar war, daß er sein Eigentum nicht bei ihr finden würde. Er sandte seine Reitknechte und die Hälfte der weltlichen Dienerschaft in alle Richtungen, damit sie Nachforschungen anstellten, ob jemand eine einzelne junge Frau gesehen hätte, die es eilig hatte. Damit waren sie den ganzen Tag beschäftigt, kamen aber mit leeren Händen zurück.

Am nächsten Tag brach die Gruppe von Lidyate – um ein Mitglied kleiner – nach Hause auf. Lady FitzHamon ritt gesittet hinter dem jungen Madoc, die Wange an seine breiten Schultern geschmiegt. Als der Reiterzug aus den Toren ritt, warf sie Bruder Cadfael den Anflug eines verschwörerischen Lächelns zu und löste einen Arm von Madocs Taille, um zu winken, als sie den Weg erreichten. Hamo war also nicht anwesend, als Bruder Jordan, nachdem er von seinem Versprechen zu schweigen entbunden war, schilderte, wie die Heilige Jungfrau ihm erschienen war, umstrahlt von Licht, schön wie ein Engel, und wie sie die Kerzenhalter mit sich genommen hatte, die ja ihr gehörten, so daß sie damit machen konnte, was sie wollte, und wie sie zu ihm gesprochen hatte und ihm drei Tage Schweigen auferlegt hatte. Selbst wenn einer der Zuhörer den Verdacht hegte, daß die schöne Erscheinung vielleicht doch eher körperlicher Natur war, so hätte es doch keiner übers Herz gebracht, dies Jordan gegenüber zu äußern, für den die Vision Trost und Ausgleich für sein schwindendes Augenlicht war.

Das war zur Mitternachtsandacht am St.-Stephans-Tag. Als am nächsten Morgen im Torhaus die Almosen für die Bedürftigen ausgeteilt wurden, befand sich dazwischen ein kleiner Korb, der ein bemerkenswertes Gewicht hatte. Der Pförtner konnte sich nicht daran erinnern, wer ihn gebracht hatte, denn er vermutete darin eine Essens- oder Kleiderspende wie in den anderen, aber als er geöffnet wurde, versetzte er Bruder Oswald in einen Freudentaumel, und er eilte zu Abt Heribert, um zu berichten, was in seinen Augen ein Wunder war. Denn der Korb war voller Goldmünzen. Wenn man es geschickt einteilte, würde er damit die schlimmste Not seiner ärmsten Bittsteller lindern können, bis das Wetter sich besserte.

»Ganz klar«, meinte Bruder Cadfael. »Unsere Heilige Frau hat ihren Willen deutlich gemacht. Ist nicht das das Zeichen, auf das wir gehofft haben?«

Das war es jedenfalls für Cadfael, und eher, als er zu hoffen gewagt hätte. Da hatte er eine Mitteilung, die keiner Worte bedurfte. Sie hatte ihn erreicht, und er begrüßte sie mit Erleichterung. Der Silberschmied Alard war seit Mitternacht ein freier Mann, und freie Männer setzten Ehefrauen in den Stand der Freiheit. Versehen mit einer Frau, wie Elgiva eine war, konnte er genauso freigiebig schenken wie sie, denn was war Gold, was war Silber im Vergleich mit ihr?

Originaltitel: *The Price of Light*
Ins Deutsche übertragen von Bettina Albrod

Bruder Athelstans Bekenntnis

Paul Harding

Nach Ellis Peters ist Paul Harding wohl der produktivste unter den Autoren historischer Kriminalromane. Harding ist eines von mehreren Pseudonymen von Paul C. Doherty, einem Schuldirektor aus Essex. Unter dem Namen Doherty schrieb er eine im dreizehnten Jahrhundert spielende Romanserie um den Gemeindeschreiber Hugh Corbett, der zum erstenmal in dem 1986 erschienenen Roman Satan in St. Mary's *auftaucht. Unter dem Pseudonym Michael Clynes veröffentlichte Doherty die Serie um* Sir Roger Shallot, *die zur Zeit Heinrichs VIII. spielt. Kürzlich unterzeichnete er unter dem Künstlernamen C. L. Grace einen Vertrag mit einem amerikanischen Verlag wegen einer Serie über eine Ärztin und Detektivin im Canterbury des fünfzehnten Jahrhunderts.*

Die Figur Bruder Athelstans wurde zuerst in The Nightingale Gallery *von 1991 beschrieben, und seitdem sind weitere drei Romane um dessen Person entstanden. Eigens für den vorliegenden Band schrieb Doherty seine erste Kurzgeschichte, die im Sommer des Jahres 1376 spielt. Die beiden Hauptfiguren sind Sir John Cranston, ein beleibter, weinseliger Leichenbeschauer aus London und sein Sekretär Bruder Athelstan, Dominikanermönch und Gemeindepriester von St. Erconswalds in Southwark.*

Ich las gerade Bartholomews ›Natur der Dinge‹, ein Buch, in dem er den Planeten Saturn als ›kalt wie Eis, dunkel wie die Nacht und unheilvoll wie Satan‹ beschreibt. In einem interessanten Nachgedanken behauptet Bartholomew, Saturn beherrsche den Tötungswillen des Menschen. Ich frage mich, ob dieser Planet am Ende auch mein Leben beherrscht! Der Tod meines eigenen Bruders auf dem Schlachtfeld verfolgt mich noch immer bis in meine Träume, während Cranston und ich jede Woche mit immer neuen Morden zu tun haben: Menschen, durch den Alkohol gewalttätig oder von irgendeiner bösen Macht besessen, erheben Schwerter, Knüppel oder Keulen, um damit auf andere einzuhacken oder zu hauen.

Cranston sagt, dies sei keine Arbeit für einen Geistlichen, doch erinnere ich ihn immer daran, daß schon das erste in der Bibel erwähnte Verbrechen ein Mord war: Kains Vergehen an seinem Bruder Abel, von dem er hinterher nichts mehr zu wissen behauptete. Die erste große Kriminalgeschichte war entstanden! Kains Tat wurde entdeckt, und er trug fortan das Zeichen, das, wie ich glaube, in verschiedenen Schattierungen unser aller Seelen befleckt.

Ich las noch einmal im Johannesevangelium die Stelle nach, wo Jesus in einem Streitgespräch mit den Pharisäern Satan als einen geborenen Mörder bezeichnet, der in der Dunkelheit lauere, um gewaltsamen Tod zu bringen.

Nun sind die meisten Morde, wenn wir ihrer gewahr werden, schon geschehen, das Blut ist vergossen, und der Tote liegt reglos da. Doch wurden Cranston und ich vor gar nicht langer Zeit Zeugen eines gemeinen, gutgeplanten Mordes, der direkt vor unseren Augen ausgeführt wurde.

Der Frühling war gekommen und hatte den Würgegriff des Winters aufgebrochen. Die Themse, die von einem Ufer zum anderen zugefroren gewesen war, taute langsam auf, und ihre Fluten flossen rasch und voller Leben. Regenfälle lockerten den Boden, und die Sonne stieg höher und gewann an Kraft.

Die Straßen Londons belebten sich zusehends, und um den Wechsel der Jahreszeiten zu begehen, kündigte John of Gaunt, der Herzog von Lancaster und Onkel des jungen Königs, ein großes Turnier an, das in Smithfield stattfinden sollte.

Pagen, Knappen und Ritter strömten in die Stadt; Londons Straßen waren voll von Männern in Rüstung; große, edle Schlachtrösser, aufgezäumt und geschmückt in allen Farben und mit den eindrucksvollen Hoheitszeichen, tänzelten majestätisch daher. Im Sattel boten die Ritter und Soldaten mit ihren bunten Waffenröcken einen prächtigen Anblick, mit ihren von den Sattelknöpfen herabhängenden, in Augenhöhe geschlitzten Helmen und ihren bannergeschmückten Lanzen, die ihnen von einem Pagen oder Knappen vorangetragen wurden.

Dem Getrappel der schweren Hufe folgten Horden von Menschen, Dienstleute, die protzig wie große Lords gekleidet waren, und die jungen Galane in ihren hellen, französischen Seidengewändern, die in die Stadt einfielen wie Schmetterlinge auf der Suche nach wärmendem Sonnenlicht und blauem Himmel. Sie drängten sich in den Tavernen, und ihre bunte Kleidung hob sich deutlich von den schmutzigen Lederschürzen der Schmiede und den kurzen Wämsen und Kappen ihrer Lehrlinge ab.

Vier Tage vor dem großen Turnier erfreute sich ganz London an Mirakelspielen, Jahrmärkten, Hahnen- und Hundekämpfen sowie dem barbarischen Kräftemessen zwischen wilden Ebern und räudigen Bären. In Cheapside wurden Freudenfeuer entfacht, und der Great Conduit schwamm in Strömen von Wein.

Cranston und ich bekamen all dies zu sehen und hatten alle Hände voll zu tun, denn überall stritten betrunkene Frauen und Männer miteinander und ließen sich nur zu oft in gewalttätige Händel ein. Ein Mann wurde förmlich zerhackt, weil er Bier gestohlen hatte, eine Frau fand man tot im Walbrook treibend, von oben bis unten aufgeschlitzt.

Manchmal wurden die Mörder gefaßt, aber gewöhnlich waren ausdruckslose Blicke und ausweichende Antworten alles, was wir bekamen.

Cranston, um dessen Stimmung es ohnehin nicht zum besten bestellt war, wurde immer reizbarer.

»Bruder«, verkündete er am Abend eines anstrengenden Tages, als wir gemeinsam in meiner angenehm kühlen Pfarrkirche hockten und einen Krug verdünnten Bieres teilten, »Bruder, wir haben eine Atempause dringend nötig! Am Tag nach dem morgigen, also am Donnerstag, beginnt das große Turnier in Smithfield; und wir sollten hingehen!«

Ich schüttelte den Kopf. »Nein, Sir John. Ich danke Euch, aber ich habe für den Moment genug von Streit und Morden!«

»Diesmal ist es anders«, erklärte er rasch. »Der erste Durchgang erfordert große Geschicklichkeit, es wird ein Lanzenstechen mit stumpfen Klingen zwischen zwei Günstlingen des Hofes, Oliver Le Marche und Robert Woodville. Es geht nicht um Leben und Tod, Bruder; sie kämpfen um die Gunst der Lady Isabella Lyons, einer entfernten Verwandten des Königs.« Er gab mir einen leichten Stoß in die Rippen und rückte näher zu mir heran. »Meine Frau kommt übrigens auch – Ihr könntet also Benedicta mitbringen!«

Ich errötete über und über und wagte nicht zu fragen, wie er von der Witwe erfahren haben mochte. Cranston lachte laut auf, und er wieherte immer noch, als er aufstand und aus der Kirche marschierte, nicht ohne zuvor meine Versicherung erhalten zu haben, mir die Sache durch den Kopf gehen zu lassen.

In der Frühmesse am folgenden Morgen sah ich Benedicta neben den beiden Schwestern meines Ordens am Eingang zum Lettner knien, ihre elfenbeinfarbenen Züge umrahmt von einem Schleier dunkler Locken. Nach der Messe blieb sie wie gewöhnlich, um vor der Statue der heiligen Jungfrau eine Kerze zu entzünden.

Benedicta lächelte, als ich mich ihr näherte, und fragte sanft, ob es mir gutgehe. Ich platzte sofort mit meiner Einladung heraus. Ihre dunkelblauen Augen weiteten sich vor Überraschung, aber sie lächelte und stimmte so eilig zu, daß ich mich beglückt fragte, ob sie sich mir am Ende auch nahe fühlte.

Gott mag es mir vergeben, ich schwebte in meinem ganz eigenen Himmel und war in so freudiger Aufregung, daß ich nicht einmal einen Blick für die Sterne übrig hatte, obwohl der Himmel klar war. Mein Geist kam nicht zur Ruhe, und ich fand keinen Schlaf. Statt dessen warf ich mich unaufhörlich hin und her und hoffte, daß mein Botenjunge Girth, der Maurersohn, meine Botschaft wie befohlen in Cranstons Haus abgegeben hatte.

Ich erhob mich bei Tagesanbruch, las meine Messe und sah mit Freude Benedicta dort knien. Sie trug ihr Haar heute geflochten, und am Arm trug sie einen kleinen Korb.

Nach der Messe gingen wir langsam, ganz in unsere Unterhaltung vertieft, hinüber zum ›Golden Pig‹, einer behaglichen Taverne auf dem Ufer des Flusses, das nach Southwark hin liegt.

Die Frau des Coroners war klein, lebhaft und fröhlich wie ein junger Spatz, und sie hieß Benedicta wie eine lang vermißte Schwester willkommen.

Cranston selbst, der schon eine Kanne Wein geleert hatte, war bester Stimmung, stieß mich unaufhörlich in die Rippen und schielte begehrlich zu Benedicta hinüber.

Wir nahmen ein Boot über die Themse, das zum Glück von keinem meiner Gemeindemitglieder gerudert wurde, und bahnten uns einen Weg die Thames Street hinauf zur ›Kirtle Tavern‹

am Rande von Smithfield, direkt unterhalb der mächtigen, drohend aufragenden Mauer des Newgate-Gefängnisses.

Der Tag war schön, die Straßen heiß und staubig, so daß wir für die angenehme Kühle in der Taverne dankbar waren. Wir setzten uns in eine Ecke und beobachteten das geräuschvolle Kommen und Gehen der Bürger jeder Klasse und Schicht, die alle eifrig danach strebten, einen guten Platz zu ergattern, um die Ereignisse des Tages ungestört verfolgen zu können: Unter Biberpelzhüten schwitzende Händler, ihre beleibten, in protzige Kleider gehüllten Frauen, Bettler, Quacksalber, Märchenerzähler und ganze Horden von Lehrlingen und Handwerksburschen.

Ich stöhnte leise auf und verbarg mein Gesicht, als draußen eine Gruppe von Männern aus meiner Gemeinde vorbeitorkelte; Black Hod, Crispin, der Schuhmacher, Ranulf der Rattenfänger und Watle, der Sohn des Mistsammlers, schmetterten aus voller Kehle ein unanständiges Lied. Wir warteten, bis Cranston seine Erfrischung ausgetrunken hatte, und gingen dann hinaus auf den großen Platz, wobei Benedicta sich so nah neben mir hielt, daß mein Herz vor Freude Luftsprünge machte.

Drei schwärzliche, von Krähen zerpickte Leichen hingen noch vom Galgen herunter, aber die Menge schenkte ihnen keine Beachtung. Die Metzger machten sehr gute Geschäfte mit ihren aromatischen Würsten, und die Wasserverkäufer, die sich mit Hilfe von Seilen große Eimer um die Oberkörper geschlungen hatten, boten kühlenden Trunk für die vom heißen, scharfgewürzten Fleisch brennenden Münder.

Ich beobachtete das Treiben, mußte mich aber abwenden, weil ich Übelkeit in mir aufsteigen fühlte, als ich Ranulf den Rattenfänger gewahrte, der sich heimlich von hinten an einen der Wasserverkäufer heranmachte und seelenruhig in einen der Eimer pinkelte.

Smithfield war für das Turnier gesäubert worden; man hatte sogar die Dunghaufen und den Müll von den Straßen geräumt. Ein großer, offener Platz war für das Schauspiel abgesperrt worden. Auf seiner einen Seite befand sich die königliche Tribüne mit Reihen über Reihen hölzerner Stühle, die alle mit purpurfarbenen oder goldenen Stoffen bedeckt waren. In der Mitte der Tribüne beschattete ein großer Baldachin den Platz, wo der König mit den bedeutendsten seiner Adligen sitzen würde. Die Banner John of Gaunts, prächtig anzusehen mit dem prunkvollen Wappen des Hauses Lancaster, schwangen im leisen Wind hin und her.

Königliche Marschälle in kostbaren Überröcken, ihre weißen Amtsstäbe erhoben, hielten uns an und dirigierten uns zu unseren reservierten Plätzen. Die Bänke um uns herum füllten sich rasch mit kichernden und schwatzenden Damen, die samtene Kissen an ihre Busen drückten, während sie lächelnd mit gezierten Bewegungen an den jungen Männern vorbeistolzierten, die sie mit ihren Blicken verfolgten.

Diese Galane mit ihrem langen, gelockten Haar, in ihren perlen- und spitzenbesetzten Anzügen, wirkten laut und ungehobelt; Cranston mochte angeheitert sein, doch einige dieser jungen Männer befanden sich schon in weit fortgeschritteneren Stadien der Trunkenheit.

Ich ignorierte die lüsternen Blicke, die Benedicta galten, bemühte mich, die Eifersucht zu zügeln, die in meinem Herzen aufflammte, und ließ meinen Blick über das Turniergelände gleiten, nachdem wir uns gesetzt hatten. Das Feld, eine große, ebene, grasbewachsene Fläche, war entlang der Mitte durch eine mit schwarz und weiß karierte Zeltplane bezogene Barriere geteilt. An jedem Ende dieser Barriere stand ein Pavillon, der eine in goldener, der andere in blauer Farbe gehalten. Die beiden Ritter waren schon dabei, sich auf den Wettstreit vorzubereiten, Pagen und Schildknappen schwirrten um die Pavillons herum, Rüstungen glänzten und glitzerten im Sonnenlicht.

Ich starrte auf die Lanzen, große, vierzehn Fuß lange Waffen mit Schäften aus Eschenholz, von denen eine jede in einem eigenen Futteral auf einem breiten, hölzernen Gestell ruhte. Ich fragte Cranston, warum es so viele waren.

»Oh, das ist einfach zu erklären, Bruder«, gab er zurück. »Jeder Ritter wird genau eine Lanze pro Durchgang verwenden, und weil es sich nicht um ein Kriegsturnier handelt, können zehn bis zwölf Lanzen gebrochen werden, bevor ein eindeutiger Sieger feststeht.«

Seine Worte gingen in einem Fanfarenstoß unter, der so schrill klang, daß die Vögel in den Bäumen sich lärmend und protestierend in die Lüfte erhoben: Die königliche Gesellschaft war eingetroffen. Ich erkannte John of Gaunt, den Earl of Lancaster, dessen eindrucksvolle, aber grausame Züge unter dem silbrigen Haar als Folge seiner Feldzüge in Kastilien dunkel verbrannt waren. Zu seinen beiden Seiten schritten seine Brüder und einige junge Lords; in der Mitte – eine Hand Johns lag auf seiner Schulter – stand ein Junge, das Gesicht weiß wie Schnee unter dem vollen, goldblonden Haarschopf, den ein silberner Kranz schmückte.

Die junge Lady neben ihm, deren rotes Haar unter einem weißen Spitzenschleier gerade noch zu erkennen war, konnte man in ihrem lohfarbenen Samtkleid als wirklich augenfällige Schönheit bezeichnen.

Wieder ertönte ein schriller Fanfarenstoß, und John of Gaunt hob die Hand, wie um den Beifall der Menge entgegenzunehmen. Aus der Gruppe der jungen Höflinge um uns herum war schwacher Applaus zu vernehmen, aber das gemeine Volk Londons verharrte in steinerner Unbeweglichkeit. Das brachte mir Cranstons gemurmelte Andeutung über das schlechte Ansehen wieder in Erinnerung, das der ausschweifende Lebensstil des Hofes und die militärischen Niederlagen gegen Frankreich Gaunt und seinem Gefolge eingebracht hatten.

»Das ist der König«, flüsterte der Coroner jetzt seiner Frau zu, wobei seine Stimme sicher noch im Umkreis von ein paar Metern zu hören waren. »Und neben ihm sitzt Lady Isabella Lyons, die Turnierkönigin!«

Ich blickte verstohlen zu Benedicta hinüber, und was ich sah, versetzte mir einen Stich: Sie hatte sich in ihrem Sitz ein wenig zur Seite gewandt und erwiderte kühl den Blick eines jungen Galans, der, in prächtige rote Seide gekleidet, lässig auf seinem Platz lehnte und für niemand anderes Augen hatte als für meine schöne Begleiterin.

Cranston, der trotz seines derben, angetrunkenen Auftretens noch Scharfsinn genug besaß, entging mein Abschweifen nicht. Er beugte sich zu mir herüber und klopfte mir auf die Schulter.

»Das Turnier fängt gleich an, Bruder«, sagte er. »Schaut gut hin – vielleicht könnt Ihr etwas lernen!«

Noch ein schriller Fanfarenstoß ertönte, die Banner wurden gesenkt, die beiden Kontrahenten erschienen und bestiegen ihre großen Schlachtrösser. Beide setzten ihre Helme auf, nahmen eine Lanze und ritten langsam bis in die Mitte des Feldes, wo sie zu beiden Seiten des Masters Herold Aufstellung nahmen. Dann zogen sie ebenso langsam vor bis zur königlichen Loge, wobei sie in ihren Rüstungen aus grauem Stahl und den seidenen Übermänteln einen imposanten Anblick boten. Die ganze Szenerie wirkte noch eindrucksvoller durch die absolute Stille; denn außer dem leisen Knarren des Leders war kein Laut zu vernehmen.

Beide Ritter hatten ihre Visiere hochgeklappt, und ich erhaschte einen Blick auf die jungen Gesichter, die doch schon Falten und Narben trugen, und auf Augen, deren Blicke die ganze Erwartung und Ungeduld auf den Beginn des Wettkampfes widerspiegelten.

Die Ritter senkten die Lanzen und grüßten sowohl den König als auch das Objekt ihrer Sehnsüchte, und die junge Lady lächelte verstohlen zurück, wobei sie schamhaft ihr Gesicht mit den Händen bedeckte.

Dann wendeten die Gegner ihre Pferde und ritten zurück zu den Pavillons, wo sie an den gegenüberliegenden Enden der Barriere ihre Positionen einnahmen. Der Master Herold, dessen Überrock in den blaugoldenen königlichen Farben gehalten war, stellte sich in den Steigbügeln auf und eröffnete das Turnier, ein Stechen mit stumpfen Lanzen.

»Jeder Ritter«, stieß er rauh hervor und blickte dabei wild um sich, »der die Regeln des Turniers bricht oder die Ehre des Rittertums beschmutzt, wird seiner Waffen entledigt, sein Schild wird umgedreht und mit Staub bedeckt, und man wird ihn des Feldes verweisen.«

»Das ist Sir Michael Lyons«, flüsterte Cranston und nickte in Richtung des Masters Herold, »der Vater unserer großen Schönheit dort. Man sagt, er sei tief befriedigt über die Tatsache, daß seine Tochter von zwei so großen Kriegern begehrt wird.«

Sir Michael neigte den Kopf vor dem jungen König, der mit einer Handbewegung das Zeichen zum Beginn des Turnieres gab. Daraufhin wendete der Master Herold sein Pferd und hob seinen weißen Amtsstab.

An beiden Enden des Feldes trafen die Ritter letzte Vorbereitungen, Visiere wurden heruntergeklappt, während die Knappen die Zügel der Pferde ergriffen.

Cranston rülpste laut, und seine Frau wand sich vor Verlegenheit. Ein kräftiger Fanfarenstoß ertönte, und das Publikum brach in lauten Jubel aus, als die beiden Reiter sich einander näherten, langsam zuerst, dann in raschem Trab.

Noch ein kurzer Trompetenton, und aus der Menge erscholl ein langer Seufzer, der sich zu lautem Geschrei steigerte, als die Ritter zum Angriff übergingen, mit erhobenen Schilden und gesenkten Lanzen, an deren Ende die Wimpel im Wind flatterten wie Schwingen eines Märchenvogels.

In der Mitte des Feldes trafen die Ritter aufeinander, laut krachten Lanzen gegen Schilde; schon waren sie aneinander vorbei, ritten zurück zu ihren Knappen, die ihnen neue Lanzen reichten und dabei sorgfältig den gefährlichen, spitzen Hufen der jetzt so recht feurigen Schlachtrösser auswichen.

Benedicta lächelte mir zu und umklammerte fest meinen Arm. Ich war glücklich und fühlte mich frei wie ein Vogel, der unter dem blauen Himmel Pirouetten drehte!

Wieder die Fanfaren – dann das stumpfe Trommeln der Hufe auf dem harten Boden, kriegerisch und unheilverkündend. Ich hörte die Menge unruhig werden und blickte auf: Woodville war angeritten, aber er wirkte völlig benommen und schwankte im Sattel hin und her, als sei er betrunken. Seine Lanze fiel zu Boden, und der Arm, der den Schild hielt, sank schlaff herab. Der Ritter saß vollkommen schief im Sattel, aber Le Marche hielt nicht an. Er donnerte weiter, die Lanze gesenkt. Woodville machte noch einen schwachen Versuch, sich zu verteidigen, aber zu spät: Sein Gegner traf ihn mitten in die Brust. Er wurde aus dem Sattel gehoben, hoch in die Luft geschleudert und stürzte zu Boden wie ein Vogel, der von einem Stein aus einer Schleuder getroffen worden war. Bewegungslos blieb er liegen, die Glieder verrenkt, seine kostbare Rüstung von Blut und Schmutz befleckt. Der prächtige Federschmuck hatte sich von der Spitze seines Helmes gelöst und wurde vom Wind wie Schneeflocken davongetrieben.

»Guter Treffer«, rief jemand, dann herrschte wieder tiefe Stille. Le Marche wendete sein Pferd, das nun zurückscheute, als der Master Herold, gefolgt von anderen Marschällen und Knappen, zu dem gestürzten Ritter hinüberlief. Sie umringten ihn, und kurze Zeit später drehte sich der Master Herold mit ausgestreckten Armen um. »Er ist tot«, rief er, »Lord Woodville ist tot!«

Die Menge blieb noch einen Augenblick still, bevor ein lauter Chor aus Pfiffen und Verwünschungen einsetzte. Schlamm, Schmutzklumpen und anderer Unrat wurden in Le Marches Richtung geworfen. Der Master Herold ging auf ihn zu und blickte zu ihm empor.

»Ihre Lanze, Mylord, war geschliffen«, stellte er fest.

Die Menge tobte nun noch lauter, und es flogen Steine.

John of Gaunt erhob sich, auf seinen Wink ertönte ein betäubend lauter Fanfarenstoß, und wie aus dem Nichts tauchten von überall her königliche Soldaten auf und bildeten einen Ring um die Zuschauer. Der tote Robert Woodville wurde auf einer behelfsmäßigen Bahre fortgebracht.

In der Zwischenzeit beriet sich der Master Herold mit John of Gaunt. Dann ertönten wieder schrill die Fanfaren, und der Master Herold verkündete in bellendem Tonfall, daß das Turnier, zumindest für diesen Tag, beendet sei. Seine Worte wurden mit Protestgeschrei und Pfiffen beantwortet, aber schließlich klang die allgemeine Erregung ab; die Zuschauer begannen aufzubrechen und zogen auf der Suche nach weiteren Zerstreuungen hinüber zu den Ständen und Buden des nahen Jahrmarktplatzes.

Ich blickte zur königlichen Loge: Der junge König saß wie eine Statue auf seinem Platz und starrte mit leerem Blick über das Turnierfeld, wo Sergeanten der königlichen Garde jetzt Le Marche umzingelten und ihm bedeuteten, er möge absteigen und seine Waffen übergeben. Der Ritter beteuerte seine Unschuld, fügte sich aber den Anordnungen.

Neben dem König saß die junge Turnierdame, die ihr Gesicht mit den Händen bedeckt hatte und untröstlich vor sich hin schluchzte. Cranstons Frau murmelte mitfühlend: »Die Ärmste, ach, das arme Ding!«

Benedicta hielt meinen Arm fest umklammert, und ihre Züge wirkten so blaß und verkrampft, als hätte Woodvilles Tod in ihr trübe Erinnerungen geweckt.

Cranston selbst stand da wie gelähmt und starrte mit offenem Mund auf die chaotische Szene an der Barriere.

»Sir John Cranston! Sir John Cranston!« Ein junger Page in der Uniform des königlichen Hofes arbeitete sich durch das Gedränge. »Hier!« rief ich.

Der Junge ignorierte mich nach einem kurzen Seitenblick aus seinen mädchenhaft dicht bewimperten Augen.

»Hier bin ich«, donnerte Cranston. »Was willst du, Junge?«

»Mylord, der Earl of Lancaster, wünscht Euch auf ein Wort zu sehen.«

»Da bin ich aber gespannt ...«, murmelte Cranston und blickte mich verschwörerisch an. »Kommt, Bruder! Maude«, wandte er sich an seine Frau, »bitte kümmere dich um Benedicta!« Er marschierte leicht schwankend los, mit mir im Schlepptau, und drängte sich an den Wachen vorbei in die königliche Loge, während der Page vor uns her hüpfte wie ein fröhliches Hühnchen.

Königliche Bannerträger wollten Cranston aufhalten, aber der Page rief, noch immer auf und ab hüpfend, seine Anordnungen, und so ließen sie den Coroner durch.

Ich blieb außerhalb des stählernen Schutzgerüstes stehen und beobachtete ihn, wie er sich am Fuß der Treppe verneigte und das Knie beugte.

John of Gaunt kam lachend herunter, schlug ihm auf die Schulter und flüsterte ihm etwas ins Ohr, während er ihm aufhalf. Cranston antwortete ihm, und Gaunt starrte mich an. Sein durchdringender Blick erinnerte an den einer hungrigen Raubkatze, die Augen hell, ohne das leiseste Blinzeln. Er nickte und murmelte etwas, woraufhin Cranston sich zurückzog. Sir John schwieg, bis er mich ein Stück von der königlichen Loge fortgezogen hatte.

»Bruder«, murmelte Cranston dann, »wir stehen wahrhaftig vor einem großen Misthaufen! Woodville war einer von Gaunts wichtigsten Gefolgsleuten, und nun will Mylord die Wahrheit über seinen Tod wissen.« Cranstons Augen wurden schmal, und er flüsterte mir gepreßt zu: »Gaunt glaubt an einen Mord, Bruder – und ich auch!«

Ach, fast hätte ich lachen können! Hier waren wir, an einem wunderschönen Tag, und der gewaltsame Tod hatte sich, wie das Dichterwort sagt, durch die grünenden Felder angeschlichen wie das Böse am hellichten Tag! Jetzt wünschte ich, wir wären irgendwo anders hingegangen – oder lag es an mir? War ich ein Jonas, dem Mord und Totschlag immer auf dem Fuße folgten?

Ich schaute empor, wo die launenhaften Wolken begonnen hatten, die Sonne zu verdunkeln. Dann blickte ich über die Schulter zurück: Cranstons Frau machte es sich gerade auf einer Bank bequem, während der Galan, der Benedicta die ganze Zeit über angestarrt hatte, jetzt heruntergekommen war und sich mit ihr unterhielt. Er neckte sie, aber es schien sie nicht zu stören.

Cranston schob mich am Ellbogen vor sich her und nötigte mich eilig hinüber zu Woodvilles Zelt. Drinnen waren die Dienstleute schon dabei, den Leichnam des toten Ritters anzuziehen und aufzubahren, der ein ebensolches Bild des Friedens und der Sammlung geboten hätte wie die Heiligenfiguren in der Kirche – wäre da nicht die schreckliche, klaffende Wunde in seiner Brust gewesen.

Cranston blickte sich um. Er entließ die Dienstleute, schoß aber sogleich auf Eustace Howard zu, Woodvilles ersten Knappen in diesem tödlichen Turnier.

Eustace, rundgesichtig, mit einem roten Haarschopf, grünen Augen, aus denen Angst sprach, und leicht nach unten gezogenen Mundwinkeln, erging sich in lauten Worten über die verdammenswerte Tat. Er ließ nervös einen Rosenkranz durch die Finger gleiten, während Cranston ihn verhörte.

Der Knappe hub gerade zu neuem Wehklagen an, als Sir Michael Lyons, der Master Herold, ins Zelt stolziert kam. Er war ein stattlicher Kerl mit seinem breiten, geröteten Gesicht und dem Löwenkopf, über dessen Stirn das graue Haar in dichten Strähnen fiel. Sein martialisches Äußeres wirkte noch bedrohlicher durch seine wasserblauen Augen und den langen Schnurrbart. Sir Michael begrüßte Cranston herzlich, für Eustace und mich hatte er jedoch nur einen verachtungsvollen Blick.

»Cranston«, sagte er rauh, »ich weiß, warum Ihr hier seid. Aber ich bin der Master Herold bei diesem Turnier; Woodville«, er nickte zu dem Toten hinüber, »ist ermordet worden!«

»Von wem, Sir Michael?«

»Mann Gottes, Cranston!« schimpfte Lyons. »Natürlich von Le Marche! Dessen Lanze hätte stumpf sein müssen, aber die Spitze war ausgetauscht worden. Wir haben noch an zwei anderen seiner Lanzen ähnliche Manipulationen entdeckt. Wäre Woodville nicht im zweiten Durchgang getötet worden, dann zweifellos später!«

»Und – macht diese Entdeckung allein aus Le Marche schon einen Mörder?« fragte Cranston.

Lyons blickte ihn so eindringlich an, daß die blauen Augen Gefahr liefen, aus seinem runden, roten Gesicht zu fallen, und sein weißer Ziegenbart zitterte, so wütend war er.

»Ich meine«, erklärte Cranston lächelnd, »Le Marche hätte eine stumpfe Spitze benutzen müssen, hat es aber nicht getan. Das gestehe ich zu, aber ich sehe trotzdem nicht, warum er deswegen ein Mörder sein muß.«

Howard blökte wie ein Schaf, während Lyons sich durch den Bart strich.

»Ach, kommt, Sir John!«

»Ach, kommt, Sir Michael«, unterbrach ihn Cranston sanft. »Wir sind doch alte Soldaten! Laßt uns nicht den erstbesten Feind ergreifen, sondern laßt uns, wie Vegetius in seinem Kriegshandbuch rät, Geduld üben. Erstens: Warum sollte Le Marche Woodville überhaupt umbringen? Und zweitens: Wenn er es getan hat, dann grenzte sein Vorhaben an Wahnsinn! Er hat eine gespitzte Lanze benutzt, obwohl er gewußt haben muß, daß dies entdeckt und er dafür zur Verantwortung gezogen würde!« Cranston blickte den Master Herold nun seinerseits eindringlich an. »Es gibt auch noch eine andere Unstimmigkeit. Würdet Ihr mir darin zustimmen, daß Le Marche und Woodville ungefähr gleich stark waren?«

»Ja«, knurrte der Master Herold.

»Woher«, fuhr Cranston fort, »nahm dann Le Marche trotz seiner tödlichen Waffe die Gewißheit, daß er gewinnen würde? Denkt an die Lehren der Geschichte, Sir Michael! Der große Richard Löwenherz wurde von einem Mann getötet, der sich mit einer gebrochenen Armbrust und einer Bratpfanne verteidigte. Gebt es zu, Sir Michael«, schmeichelte er besänftigend, »Ihr seid doch wie ich ein altes Schlachtroß – im Kampf ist nichts vorhersehbar!«

Der Master Herold erlaubte sich ein selbstzufriedenes Grinsen.

»Sir John, Ihr habt wie immer recht.« Er holte tief Luft und durchmaß den Pavillon mit seinen Blicken. »Heute morgen«, fuhr er fort, »habe ich noch gedacht, wie glücklich ich mich schätzen konnte mit meiner schönen Isabella als Turnierkönigin, als Herzensdame der beiden besten Ritter des Königreichs! Jetzt sind sie beide aus dem Rennen; Sir Robert ist tot, Sir Oliver entehrt! Ich hatte gehofft, einer von ihnen – denn sie sind beide keine reichen Männer – würde die hundert Pfund Preisgeld und Isabellas Herz gewinnen.«

Cranston stieß einen leisen Pfiff aus. »Wirklich ein hohes Preisgeld!« sagte er.

»Bei Gott!« brummte Sir Michael. »Und jetzt ist alles zu Ende!« Er sah Eustace forschend an, doch der setzte sich überraschenderweise zur Wehr.

»Gebt jetzt nur nicht mir die Schuld, Sir Michael!« rief er.

»Wer hat denn von so etwas gesprochen?« fragte Cranston.

»Jemand wird dafür bezahlen!« stieß Sir Michael hervor. »Irgend etwas stinkt hier ganz gewaltig!« Er sah mich an und schien zum erstenmal von mir Notiz zu nehmen. »Ich habe gemäß der Turniervorschriften vorher alles genau in Augenschein genommen – ihre Pferde, die Rüstungen ...«

»Und ihre Lanzen?« fügte ich hinzu.

»Ja; jeder Ritter legt sie erst einmal ins Gras, bevor sie auf das Gerüst gebracht werden.« Er schüttelte den Kopf. »Sir Oliver muß gewußt haben, daß die Lanze eine geschliffene Spitze trug!«

»Wir werden uns Sir Oliver jetzt vornehmen«, meinte Cranston besänftigend. »Kommt, Bruder!«

»Eingebildeter Narr!« murmelte der Coroner, nachdem wir das Zelt verlassen hatten. »Er ist der Grund dafür, warum Gaunt mich in dieser Sache eingeschaltet hat. Ein guter Soldat, dieser Sir Michael«, fügte er hinzu, »aber gierig nach Erfolg! Ein Höfling mit großem Ehrgeiz, aber ohne jedes Talent zur Anpassung. Allerdings –« er warf mir einen Seitenblick zu, »haben wir schließlich alle unsere Fehler, nicht wahr, Bruder?«

Die Sonne war jetzt hinter einer Wolke verschwunden. Ich

fühlte mich erschöpft und für den Moment nicht dazu aufgelegt, auf Sir Johns Neckereien einzugehen.

Das Turniergelände lag jetzt verlassen da, ohne allen Glanz. Die Banner leuchteten nicht mehr und hatten viel von ihrer Pracht verloren; die Barriere war beschädigt, und der Boden zu beiden Seiten war von den schweren Hufen zu Staub zerstampft worden, der vom kühlen Wind in kleinen Wölkchen aufgewirbelt wurde.

Nur die Pavillons standen noch unverändert da, beide umringt von Soldaten und ein paar Knechten und Stallburschen, die sich um die Pferde kümmerten.

Ich wagte nicht, zu Benedicta hinüberzublicken, und schimpfte mich insgeheim einen liebeskranken Trottel, aber ich nehme an, daß die Liebe aus uns allen irgendwann einmal Dummköpfe macht! Ich trottete neben Cranston her, durch die Kette von bewaffneten Männern hindurch bis in Le Marches Pavillon.

Der junge Ritter, dessen tiefrotes Haar zu kurzen Stoppeln geschoren war, wirkte angesichts der Umstände erstaunlich ruhig. Ich stellte überrascht fest, wie jung er war, obwohl doch in seinen Augen schon dieser wissende Blick stand, den man oft bei Männern findet, die nicht nur einmal das Blut anderer vergossen haben. ›Männer der Gegensätze‹ nenne ich diese Ritter mit ihren feinen Umgangsformen, den seidenen Kleidern und ihrer unstillbaren Lust nach Krieg und Morden.

Sir Oliver blickte uns beide kalt an, bevor er seine Aufmerksamkeit wieder dem Knappen zuwandte, der seine Rüstung mit einem öligen Lumpen polierte. Der Knappe wandte uns den Rücken zu; er hielt den Kopf gesenkt, und ich schloß aus seinem Verhalten, daß zwischen Herrn und Diener vor unserem Eintritt harte Worte gefallen sein mußten.

Cranston setzte sich leicht torkelnd in Bewegung und befahl den herumstehenden Soldaten barsch, den Pavillon zu verlassen.

»Seid Ihr Sir Oliver Le Marche?«

»Der bin ich! Und Ihr mit Eurem Übergewicht und dem weingetränkten Atem müßt Sir John Cranston sein!«

»Des Königs Coroner«, gab Cranston scharf zurück.

»Natürlich«, erwiderte Le Marche ungerührt und wandte sich leicht zur Seite, um mich einer Musterung zu unterziehen. »Und selbstverständlich auch der fromme Bruder Athelstan! Das hier«, er deutete auf seinen Knappen, »ist mein hingebungsvoller Diener Giles Le Strange.« Le Marche erhob sich. »Nachdem wir der Höflichkeit Genüge getan haben, laßt uns offen reden: Ich habe Woodville nicht ermordet. Ich habe nicht gewußt, daß meine Lanze mit einer geschliffenen Metallspitze versehen war. Ihr wißt selbst, Sir John, wie einfach es ist, eine Metallspitze auf eine stumpfe Lanze zu setzen. Jeder hätte das tun können!«

Cranston schürzte die Lippen. »Ja, ich weiß«, sagte er. »Was ist also wirklich geschehen?«

Sir Oliver seufzte. »Nun, sicher habt Ihr die Holzgestelle neben meinem Pavillon am Ende der Barriere gesehen, nicht wahr? Ich habe den ersten Durchgang absolviert, und meine Lanze war zerbrochen. Also bin ich auf meine Ausgangsposition zurückgekehrt, und mein Knappe gab mir eine neue. Ich wußte nicht, daß diese Lanze spitz war, ich dachte, man hätte bei allen die Metallköpfe entfernt.« Er zuckte mit den Schultern. »Jedenfalls war es nicht meine Schuld!«

»Aber wessen Schuld war es dann?« brüllte Cranston.

Le Marche richtete sich zu seiner vollen Größe auf. »Ich könnte jetzt sagen: Fragt Woodville! Ich erinnere mich nur, daß ich auf ihn zugeritten bin. Mein Pferd fiel in Galopp, und ich senkte meine Lanze. Erst in diesem Moment fiel mir auf, daß etwas nicht stimmte.«

»Was war es?«

»Woodville schien im Sattel zu schwanken, sein Schild war unten, seine Lanze hing völlig schief. Aber ich konnte nicht mehr anhalten, selbst wenn ich gewollt hätte.« Le Marche biß sich auf die Lippe. »Ich hatte mit meiner Lanze auf seinen Schild gezielt; als er ihn sinken ließ, traf ich ihn genau in die Brust.«

Er sah mich verständnisheischend an. »Selbst in diesem Moment habe ich noch geglaubt, daß alles gut werden würde – daß Woodville vielleicht ein paar Kratzer davontragen würde, aber sonst auch nichts. Über seinen Tod bin ich so bekümmert wie alle anderen auch!«

»Gewiß habt Ihr aber doch«, erkundigte ich mich vorsichtig, »als Ihr die Lanze senktet, die Metallspitze gesehen, die am vorderen Ende befestigt war?«

Cranston brach in schallendes Gelächter aus.

»Nein, Bruder«, erwiderte Le Marche lächelnd, »Ihr müßt bedenken: Ich trug den Helm, das Visier heruntergeklappt, und die wichtigste Regel für einen Turnierkämpfer lautet, niemals auf die Lanze zu blicken, sondern immer auf den Gegner.«

»Habt Ihr Woodville gemocht?« fragte ich weiter.

»Nein, das habe ich nicht.«

»Und warum nicht?«

»Er gehörte zum Gefolge von John of Gaunt, dem Onkel des Königs; ich dagegen bin ein Mann von Gaunts jüngerem Bruder, Thomas of Gloucester. Ihr wißt sicher, wie das gesamte Königreich, daß die Brüder einander nicht eben in Zuneigung verbunden sind – und das gleiche gilt für ihre Gefolgsmänner. Ich bin ein loyaler Soldat; was Thomas nicht mag, mag auch ich nicht. Er kann Gaunt nicht leiden, und er war auch ein Gegner Woodvilles – genau wie ich!«

»War da nicht noch mehr?« fragte ich. »Ich denke da an die Lady ...«

»Ja, es gab noch mehr Gründe«, stieß Le Marche bitter hervor. »Lady Isabella zum Beispiel. Ich hatte um ihre Hand angehalten, aber Gaunt verweigerte sie mir, weil die Lady ein königliches Mündel ist. Woodville hatte ebenfalls um sie geworben. Sie ist eine schöne Frau ...«

»... die noch schönere Ländereien besitzt«, warf Cranston ein.

Le Marche starrte ihn an. »Ja, sie besitzt viel Land. Woodville war wie ich interessiert, ein Rivale im Wettstreit um ihre Hand. Deshalb hätte ich Grund gehabt, ihn zu töten – aber nur in einem fairen Kampf! Ich habe ihn nicht ermordet!«

»Und das Preisgeld«, forschte ich, »wolltet Ihr das nicht?«

»Natürlich«, gab Le Marche zurück, »aber falls man mich jetzt des Betrugs für schuldig befindet, verliere ich das Geld genauso wie meine Ehre.«

Cranston blickte den Knappen an. »Und Ihr, Giles – gewiß habt Ihr die Lanzen untersucht?«

Der Knappe wandte sich um, ein ernster, bleichgesichtiger Junge, in dessen Blick jetzt Ärger flammte. Wenn seine Blicke Pfeile gewesen wären, wäre Le Marche auf der Stelle tot umgefallen.

»Warum sollte ich?« fragte er und schleuderte den Lumpen zu Boden. »Ja, ich habe die Lanzen auf das Gestell gelegt, aber habt Ihr je eine Lanze getragen, Sir John? Ihr würdet auch nicht im Traum daran denken, auf die Spitze zu schauen, die mit vierzehn Fuß Höhe doppelt so groß ist wie Ihr! Dann sind die Lanzen im Gestell, Euer Herr kommt zurückgaloppiert, Ihr nehmt eine heraus, gebt sie ihm in die Hand, und Euer edler Ritter –«, sein Blick ging kurz hinüber zu seinem Herrn, »reitet wieder weiter, um größerer Ehren und der Gunst seiner Lady willen.«

Le Marche lächelte säuerlich angesicht dieses Versuchs seines Knappen, sarkastisch zu sein. »Mein Knappe Giles«, erklärte er, »hat weder für mich noch für Turniere etwas übrig. Tatsächlich hast du dich vor kurzem noch mit mir gestritten, nicht wahr, Giles?« Le Marche richtete seinen Blick auf mich. »Wißt Ihr, Bruder, Giles hier will Priester werden. Er wünscht die Welt der Soldaten zu verlassen, glaubt sich dafür nicht recht geeignet.«

»Ist das wahr, Giles?« fragte ich und blickte in sein schmales Gesicht mit den großen Augen. Trotz all seiner Prahlerei schien er doch ein gutmütiger Mensch zu sein, eher geeignet für Studien und Gebete als dazu, auf seinen Nächsten einzustechen, sei es nun auf dem Turnierplatz oder im echten, blutigen Kampfgeschehen.

»Ja«, murmelte er jetzt. »Ich fühle eine Berufung in mir, Bruder, aber ich bin auch durch einen Vertrag an Sir Oliver Le Marche gebunden.« Er blickte kurz zu seinem Herrn hinüber. »Der Vertrag gilt noch für sechs Monate, und dann endet auch meine Zeit hier. Ich beabsichtige, in mein Heimatdorf in Northampton zurückzukehren, um eine Audienz beim Bischof zu ersuchen und ihn darum zu bitten, mich zum Priester zu weihen.«

»Manche hier sind vielleicht der Meinung«, bemerkte ich langsam, »daß Ihr Euren Herrn so haßt, daß Ihr Rache nahmt, indem Ihr ihn als einen Ritter bloßstellt, der während eines Turniers Betrug übt. Schließlich haben genau zwei Männer diese Lanzen berührt, nämlich Ihr und Euer Herr. Oder«, und damit wandte ich mich um, ohne den wütenden Blick des Knappen zu beachten, »vielleicht sagen sie auch, Sir Oliver, Ihr hättet Woodville so sehr gehaßt, daß die Hand der schönen Isabelle Euch seinen Tod wert war.«

»Das ist nicht wahr!« entfuhr es dem Ritter, und seine Hand glitt an die Stelle seines Gürtels, wo sonst das Schwert steckte.

»Bruder Athelstan«, unterbrach Cranston uns taktvoll, »beschuldigt keinen von Euch. Er gibt nur wieder, was andere vielleicht behaupten könnten.«

»Manche Leute«, fuhr ich fort, »mögen vielleicht sogar unterstellen, daß es zwischen Euch, Sir Oliver, und Eurem Knappen eine Verschwörung gab, um Sir Robert Woodville zu töten. Ich sage damit nur, was andere behaupten könnten – Woodville ist immerhin durch Eure Lanze gestorben!«

»Mein Herr ist ein Ritter«, protestierte der Knappe. »Gut, ich diene ihm nicht gern, aber würde ein Ritter seine Ehre wegwerfen, und würde ich, der ich zur Priesterschaft berufen bin, eine so schreckliche Tat begehen?«

Cranston erzeugte mit den Lippen ein schmatzendes Geräusch und blickte sich im Zelt um. Ich wußte, wonach er suchte: Kein Alkohol ließ sich über längere Zeit vor ihm verbergen, und jetzt hatte er den irdenen Krug mit korsischem Wein auf einem Tablett in der Ecke entdeckt. Er steuerte darauf zu und hob ihn hoch.

Le Marche schlenderte ebenfalls hinzu, einen Zinnbecher in der Hand, den er aus einer Truhe genommen hatte.

»Sir John, Ihr habt Durst? Seid mein Gast!«

Cranston füllte den Becher bis zum Rand, so daß er überlief und roter Wein sich wie Blutstropfen auf dem Boden ergoß. In einem einzigen großen Schluck leerte der Coroner den Becher und füllte ihn dann wieder, wobei er mir einen Blick zuwarf und verzückt die Augen verdrehte.

»Also«, begann er weitschweifig, »wir haben einen Ritter, Euch, Sir Oliver, mit einer ausgeprägten Abneigung gegenüber seinem Gegner; einer Abneigung, die in der Konkurrenz zwischen Euren königlichen Herren wie auch in Eurer eigenen Rivalität im Kampf um die Hand der schönen Isabella wurzelt. Zweitens haben wir Euren Knappen, Giles, der Euch nicht eben viel Zuneigung entgegenbringt. Drittens sind da die Lanzen, die früher am Tag von Sir Michael Lyons untersucht wurden, die Ihr, Sir Oliver, jedoch vor dem ersten Durchgang nicht berührt habt.«

Le Marche nickte, füllte einen Becher mit Wein und trank gierig daraus. »Ja«, sagte er genießerisch schmatzend, als habe er keine einzige Sorge auf der Welt, »genauso ist es gewesen. Und wenn irgend jemand glaubt, behauptet oder auch nur denkt, ich sei für Woodvilles Tod verantwortlich, so soll er den Beweis dafür dem König selbst vorlegen oder mir auf dem Turnierplatz Genugtuung geben. Das gilt auch für Euch, Sir John, selbst wenn Ihr des Königs Coroner seid. Und was Euch angeht, Bruder«, fuhr er mit einem Grinsen in meine Richtung fort, »Ihr könnt sagen, was Ihr wollt – an Euresgleichen bin ich gewöhnt.« Er wies auf seinen Knappen. »Ich habe ja ihn, der mir in jeder Sekunde des Tages fromme Predigten hält. Woodville jedenfalls, das wiederhole ich hiermit, habe ich nicht umgebracht!«

»Aber irgend jemand hat es getan!«

Wir fuhren allesamt herum, als Sir Michael Lyons, der Master Herold, das Zelt betrat.

»Ich, Sir Oliver, machte mir Gedanken über das, was so viele Leute beobachtet haben: Als Woodville anritt, verlor er die Kontrolle über sein Pferd, seine Lanze fiel, und sein Schild sank herab. Ich habe gerade sein Roß untersucht – es trägt einen langen Schnitt an der Hinterhand.«

Le Marches Züge wurden hart. »Also war es das Pferd, das ihn aus dem Gleichgewicht brachte!«

»Ja, und Eustace, Woodvilles Knappe, muß der Schuldige sein. Kurz vor dem Fanfarenstoß zum zweiten Durchgang hat er das Pferd am Zügel gehalten. Der Trompetenstoß erklang, das Pferd machte sich für den Anritt bereit; Eustace trat zurück und fügte ihm mit einem in der anderen Hand versteckten Dolch die Wunde zu, als es sich in Bewegung setzte.« Der Master Herold hielt einen Moment inne. »Den Rest kennt Ihr.« Er wies auf den Eingang des Zeltes hinter ihm. »Wir haben den Knappen dort draußen, aber er gibt vor, von nichts zu wissen.«

An Cranstons verschlossener Miene, seinem undeutbaren Blick und der Art, wie er den Kopf leicht geneigt hielt, erkannte ich, daß die Worte des Masters Herold ihn nicht ganz überzeugt hatten. »Bringt Eustace her!« befahl er.

Der Master Herold ging zum Eingang zurück und rief irgend etwas hinaus. Dann erschienen zwei Soldaten mit dem unglücklichen, sich windenden Eustace zwischen sich. Seine Züge waren grau und verzerrt, sein Mund stand offen, und seine ganze Miene spiegelte die Verblüffung über die Anschuldigungen wider, die gegen ihn erhoben worden waren.

Cranston füllte wortlos seinen Becher nach und reichte ihn dem Knappen. »Trinkt, Mann«, murmelte er, »und kommt um Himmels willen zu Euch! Bisher ist nur eine Beschuldigung gegen Euch erhoben worden, es gibt keinen wirklichen Beweis!«

»Es gibt sehr wohl einen Beweis«, unterbrach ihn der Master Herold, »kommt mit hinaus!«

Cranston folgte Lyons nach draußen, und ich trottete einigermaßen verwirrt hinterdrein. (Sir John gleicht in der Ausübung seines Amtes einem Jagdhund. Er sucht sich seine Beute aus und läßt nicht wieder davon ab, gibt die Spur nicht auf, nicht einmal für einen Eimer voller Wein oder eine Kanne Bier.)

Das Unglückspferd, noch immer von weißem, schweißigem Schaum bedeckt, aber jetzt ungesattelt, stand geduldig wartend da. Zwei Knechte, einer an jeder Kopfseite, hielten es ruhig und gefügig.

Sir Michael zog Sir John auf die linke Seite des Pferdes, wo Eustace gestanden hatte, in einer Hand die Zügel seines Herrn. Wirklich: Sir Michael hatte recht gehabt! An der schweißbedeckten Hinterhand entlang zog sich ein langer, häßlicher Schnitt. Es war nicht etwa eine Verletzung aus dem Turnier. Dieses Pferd war absichtlich verwundet worden!

Sir John untersuchte es sorgfältig, befeuchtete seine Lippen mit der Zunge, schüttelte den Kopf und begab sich zurück ins Zelt.

»Sir Oliver«, sagte er, »habt Ihr Woodville gekannt?«

»Natürlich; das habe ich auch bereits angegeben.«

»War er ein guter Turnierkämpfer?«

Le Marche blickte eine Weile nachdenklich vor sich hin. »Ja«, erwiderte er langsam, »wohl einer der besten im ganzen Königreich.«

»Habt Ihr erwartet, heute zu gewinnen?« fragte Sir John weiter.

Le Marche wandte den Blick ab.

»Sir Oliver«, beharrte Cranston, »ich habe Euch eine ernstgemeinte Frage gestellt. Unter uns Rittern – habt Ihr erwartet, heute zu gewinnen?«

Le Marche schüttelte den Kopf. »Nein«, gab er leise zurück, »ich hatte damit gerechnet, zu verlieren. Woodville war ein ausgezeichneter Turnierkämpfer und Reiter.«

»Glaubt Ihr«, fuhr Cranston fort, »daß es ihn vollkommen aus der Fassung gebracht hätte, wenn man sein Pferd vor dem Anritt verletzt hätte?«

Le Marche lachte trocken auf. »Das möchte ich bezweifeln! Sir Robert war, wie schon gesagt, ein hervorragender Reiter. Jeder Ritter muß im Kampf auf solche Gefahren gefaßt sein, sei es nun ein Pfeil, eine Brandfackel oder ein Fußsoldat, der plötzlich aus dem Hinterhalt hervorspringt. Denkt daran, Sir John, ein Ritter kontrolliert sein Pferd nicht mit den Händen, sondern mit den Schenkeln. Wenn es wirklich einen Zwischenfall oder einen Versuch gegeben haben sollte, das Pferd zu verletzen, bin ich der Meinung, daß Sir Robert es unter Kontrolle gehalten hätte.«

»Aber nicht«, unterbrach ihn der Master Herold, »wenn er nicht darauf gefaßt war. Vergeßt nicht, Woodville war angeritten, die Lanze gesenkt, den Schild erhoben. Plötzlich scheut sein Pferd; ich glaube noch immer«, er deutete auf den vor Angst zitternden Eustace, der abwechselnd stöhnte und um Gnade bat, »daß er das Pferd verletzt haben könnte und daß Sir Robert für diese wenigen Sekunden aus dem Konzept geriet.«

Cranston schürzte die Lippen und wandte sich mir zu. »Und was denkt Ihr, Bruder?«

Ich dachte daran, daß Benedicta und Cranstons Frau wahrscheinlich immer noch von diesem Galan unterhalten würden.

»Ich finde, Sir John, daß wir nicht den ganzen Tag hier verbringen können. Nicht weit von hier gibt es eine Schenke, vielleicht könntet Ihr, Sir Michael, sie räumen lassen, so daß wir unsere Befragung dort fortsetzen können? Sir John, wenn Ihr mit mir kommen wollt?«

Wir verließen das Zelt. Drüben, auf der gegenüberliegenden Seite des Feldes, war der junge Galan Benedicta mittlerweile ein Stück näher gerückt. Lady Maude starrte gedankenverloren vor sich hin, als hätte sie erkannt, daß der junge Mann nicht an ihr interessiert war, und als sehne sie jetzt die Rückkehr ihres beleibten, aber treusorgenden Gatten herbei.

Benedicta wirkte ganz vertieft. Der Galan blickte sie unverwandt an, die Hände in seinem Schoß nur Zentimeter von den ihren entfernt, während er ihr ernst in die Augen sah.

Ich mußte ein Gefühl der Angst niederkämpfen, mich darauf besinnen, daß ich ein Priester war, ein Gott geweihter Mönch.

Ich habe ein Keuschheitsgelübde abgelegt und darf zwar mit Frauen in freundschaftlichen Beziehungen stehen, aber niemals Lust empfinden, und ich kann keine Frau begehren, mag sie nun frei sein oder nicht.

Ich wappnete mich innerlich, mußte es tun, denn ich fühlte einen immer größeren Zorn über meine Situation in mir aufsteigen, eine tiefe Sehnsucht danach, mit Benedicta vereint zu sein. Auch fühlte ich mich dadurch verletzt, daß sie offensichtlich jemand anderen so anziehend und unterhaltend fand.

Ich wußte, daß mein Zorn nicht gerecht war, und mir fiel wieder ein, was ich einst einen alten Priester hatte sagen hören: Daß die Leute immer meinten, wir Priester seien anders, dabei seien wir ganz gewöhnliche Menschen, die nur ein außergewöhnliches Amt ausübten. Ich blickte Sir John an, doch dieser starrte zu Boden. Ich wußte genau, was in ihm vorging – er war ungeduldig, unzufrieden mit mir, doch voller Mitleid.

»Sir John«, begann ich, nahm ihn am Arm und zog ihn zur Barriere hinüber, »was Ihr vorhin sagtet – ist es wahr, daß ein Ritter sein Pferd eher mit den Beinen als mit den Händen lenkt?«

Sir John zuckte mit den Schultern. »Natürlich. Jeder, der zu Pferde in den Kampf zieht, weiß, daß man das Tier nicht mit den Zügeln lenken kann, wenn die Hände anderswo gebraucht werden. Deshalb entwickelt jeder Ritter eine sehr enge Beziehung zu seinem Pferd, bis es bei jeder noch so leichten Berührung und jedem sanften Druck spürt, wohin es sich wenden, wann es stehenbleiben und wann es umkehren soll. Selbst ich«, er schlug sich leicht auf den recht stattlichen Bauch, »bin, als ich jünger und etwas dünner war, ein sehr guter Reiter gewesen.« Cranston hüstelte verlegen. »Le Marche hatte recht – Sir Robert war ein guter Kämpfer mit ausgezeichnetem Ruf. Ich kann nicht glauben, daß ein Pferd, selbst wenn es in Panik geriet oder stieg, ihn so außer Fassung gebracht haben soll, daß er sowohl Lanze als auch Schild sinken ließ. Und außerdem ist da noch etwas …«

»Und was?« erkundigte ich mich.

Cranston schloß die Augen. »Versetzen wir uns einmal in Woodvilles Lage. Er sitzt im Sattel, in voller Rüstung, das Visier heruntergeklappt, und trägt Schild und Lanze. Er reitet an. Plötzlich beginnt sein Pferd, dem durch einen Dolchstoß heftige Schmerzen zugefügt werden, zu scheuen und auszubrechen.« Cranston öffnete die Augen wieder und sah mich an. »Trotzdem hätte Woodville sich wieder fangen können, hätte er sein Pferd abwenden und Le Marches Lanze ausweichen können!« Er schüttelte den Kopf. »Nein, da muß noch etwas anderes gewesen sein! Aber kommt – laßt uns zu unseren – Gästen zurückgehen!«

Im Zelt war Sir Michael dabei, Anordnungen zu geben. Eustace stand mit auf den Rücken gebundenen Händen da wie ein verurteilter Delinquent, der darauf wartete, nach Tyburn gebracht zu werden. Cranston ging zu ihm hinüber.

»Eustace«, bellte er, »hegt Ihr Eurem Herrn gegenüber irgendeinen Groll?«

Der Knappe schüttelte den Kopf, und in seinem Blick stand die Bitte um Gnade.

»War er ein guter Herr?«

Eustace nickte.

»Warum habt Ihr dann sein Pferd mit einem Dolch aufgestachelt?«

»Das hab' ich nicht getan!« rief der Knappe. »Ich habe überhaupt nichts dergleichen gemacht! Ja, ich habe mit meiner Hand das Pferd gehalten – aber ich hatte keinen Dolch!«

Cranston wandte sich zu Giles um. »Seid Ihr zwei miteinander bekannt?«

Eustace wandte den Blick ab. Jetzt wurde Giles unruhig, trat von einem Fuß auf den anderen, und im Zelt wurde es still. Der Master Herold, der gerade hatte hinausgehen wollen, kam zurück.

»Ich habe Euch eine Frage gestellt«, wiederholte Cranston. »Seht Ihr, es ist ganz einfach: Wenn Woodville wirklich ermordet worden ist, müssen zwei Männer ihre Hand im Spiel gehabt haben – einer an Le Marches Seite der Barriere, und einer auf Woodvilles Seite, bereit, dem Pferd die Wunde zuzufügen. Damit will ich sagen, Gentlemen, daß die einzigen, die Zugang zu beiden Rittern hatten, ihre beiden Knappen gewesen sind. Vielleicht«, und an dieser Stelle warf er dem Master Herold einen triumphierenden Blick zu, »gibt es nicht nur einen Mörder, sondern deren zwei. Und deshalb frage ich Euch Knappen noch einmal: Seid Ihr Euch vor dem Turnier schon einmal begegnet?«

»Nein«, murmelte Eustace. »Nein, nein, das ist nicht fair! Man wird uns die Worte im Mund verdrehen!«

Cranston ignorierte ihn und blickte Giles an. »Ihr kanntet Euch, nicht wahr?«

Der Knappe nickte.

»Und wo, zu welchem Zweck, habt Ihr Euch schon getroffen?«

Giles befeuchtete seine Lippen mit der Zunge. »Ich bin Eustace schon begegnet«, sagte er, »und zwar ziemlich oft. Wir kennen uns recht gut. Wenn große Lords in den Schlössern Versammlungen abhalten, müssen die Knappen sich selbst nach Verpflegung und Schlafplätzen umsehen. Zu welchem Schloß die königliche Gesellschaft auch reiste, sei es nun Sheen oder Windsor, – Eustace war mit von der Partie.«

»Sag es nicht«, rief Eustace warnend. »Was immer du erzählst, sie werden es verdrehen!«

Cranston ging zu dem jungen Knappen hinüber und drückte ihm die Hand auf den Mund. »Ihr, Sir«, sagte er, »werdet still sein, bis meine Fragen beantwortet sind. Und Ihr«, er blickte Giles an, »werdet uns die Wahrheit sagen!«

Giles kaute auf seiner Unterlippe herum und sah Cranston verständnisheischend an.

»Eustace hat bei unzähligen Wetten Geld verloren«, begann er. »Er ist ein Spieler, ob es nun um Würfel, das Werfen von Münzen, den Wettlauf zweier Fliegen an einer Schloßwand, Hahnenkampf, Bären gegen Hunde, eine Jagd oder einen Falken geht, der auf einen Reiter niederstößt – immer werdet Ihr Eustace einen Einsatz wagen sehen.« Giles grinste. »Er ist dabei nicht sehr erfolgreich, und meist verliert er. Vor drei Tagen kam er zu mir und fragte mich, wer meiner Meinung nach das große Turnier gewinnen würde, sein Herr oder meiner. Er wollte Informationen über Sir Olivers Gesundheit haben, über sein Pferd, seine Rüstung, wollte wissen, ob mein Herr sich vorbereitet hätte und so weiter. Natürlich habe ich ihm die Antworten verweigert, obwohl er mich bedrängte und mir sagte, er habe sein Geld auf meinen Herrn gesetzt.« Giles zuckte mit den Schultern. »Ich habe ihm nichts erzählt, überhaupt nichts!«

Cranston nahm seine Hand von Eustaces Mund. »Ist das wahr, Knappe?«

Eustace sah wohl ein, daß weitere Proteste nutzlos waren, und nickte schwach.

»Ja, es ist wahr«, murmelte er. »Ich schulde den Langobarden, den Händlern und anderen Knappen Geld. Ich dachte, Sir Oliver würde gewinnen, und habe auf seinen Sieg eine große Summe gesetzt.«

»Dann habt Ihr also geglaubt«, unterbrach ihn Le Marche, »dein eigener Herr würde verlieren?«

»Ja, ja«, murmelte Eustace, »er hat Euch gefürchtet. Er war geradezu vernarrt in Lady Isabella und nicht ganz klar im Kopf.« Er hob die Stimme und beteuerte: »Aber es gab keine Bestechung, keine Absprachen und keine Verschwörung mit dem Ziel, Sir Robert umzubringen!«

Cranston zuckte mit den Schultern. »So scheint es, Sir.« Er wandte sich wieder an Giles. »Des Königs Richter jedoch könnte behaupten, daß Ihr beiden die Köpfe zusammengesteckt und eine Teufelei geplant habt. Ihr, Giles, hättet danach eine Spitze auf die Lanze Eures Herrn gesetzt, während Ihr, Eustace, das Pferd Eures Herrn verletztet, so daß es beim Anritt zu einem Unfall und dem Tod Eures Herrn kam. Vielleicht hattet Ihr seinen Tod nicht geplant, sondern nur einen harmlosen Zwischenfall. Doch wenn diese Beschuldigung bewiesen werden kann, werdet Ihr beide in Tyburn hängen!«

Eustace brach jetzt in Tränen aus und schüttelte immerzu den Kopf. Giles stand nur da wie aus Holz geschnitzt, und auf seinen Zügen malte sich Bitterkeit.

»Ich bin kein Mörder«, stieß er wild hervor. »Ich habe keine Sympathie für meinen Herrn, denn ich mag die dummen Spielchen nicht, die er – hier oder anderswo – so gern spielt. Wenn mein Vertrag erfüllt ist, bei Gott, dann bin ich froh, wenn ich gehen kann.«

»Aber meine Beschuldigung bleibt bestehen«, beharrte der Coroner. »Zwei Männer waren nötig, um Woodvilles Sturz in diesem Turnier zu ermöglichen – der eine setzte eine Spitze auf Le

Marches Lanze, der andere verletzte Sir Roberts Pferd. Gentlemen, Ihr steht beide unter Arrest. Wenn ich die Befragung beendet habe, kehre ich mit Bruder Athelstan hierher zurück. Sollten wir nichts Neues erfahren, werden wir Euren sofortigen Transport ins Gefängnis von Newgate veranlassen – oder, wenn der Herzog von Lancaster einverstanden ist, vielleicht sogar in den Tower. Wie Ihr wißt, gehörte Sir Robert dem königlichen Haushalt an, und dementsprechend wird ein Anschlag auf ihn als Hochverrat behandelt.« Sir John wandte sich um und nickte dem Master Herold zu. »Sir Michael, wir treffen uns in der Taverne.«

Als wir über den Turnierplatz gingen, überdachte ich noch einmal, was Sir John gesagt hatte.

»Glaubt Ihr im Ernst«, begann ich, »daß es zwischen den beiden Knappen eine Verschwörung gegeben hat, um Woodville zu töten? Und daß Eustace wünschte, sein Herr möge verlieren, und deshalb Giles mit hineinzog?«

»Es ist durchaus möglich«, antwortete der Coroner. »Zwischen Le Marche und seinem Knappen herrscht nicht gerade das, was man als inniges Verhältnis bezeichnen würde, und Eustace ist schwer verschuldet. Ein guter Staatsanwalt könnte es sicher beweisen und diese beiden jungen Männer in den Tod schicken.«

Er blieb stehen, wandte sich um und winkte seiner nun untröstlichen Frau zu. Ich hingegen wagte nicht einmal, mich umzudrehen. Ich wollte mich wieder fangen, mich auf den Fall konzentrieren. Wir hatten es mit Gemeinheit, Bosheit zu tun, ein Ritter war ermordet worden, und zwei junge Männer waren dieses Mordes angeklagt. Wenn die Beschuldigungen stimmten, würden sie beide einen schrecklichen Tod sterben. Benedicta mußte jetzt warten, und das Problem, das sie für mich darstellte, würde ich vielleicht in der Beichte oder im Gespräch mit einem Ordensbruder zu lösen versuchen.

»Sir John«, begann ich, »bitte entschuldigt, daß meine Gedanken abgeschweift sind, aber laßt uns das Ganze noch einmal von Anfang an betrachten. Ihr habt Sir Robert Woodvilles Pferd in Augenschein genommen; und der Rest? Was ist mit den Lanzen, die er benutzt hat, und mit seiner Rüstung?«

Sir John nickte. »Ein guter Ansatzpunkt, Bruder.«

Cranston wandte sich um und gab einem der Ordner Anweisungen. Dann faßte er mich am Arm und führte mich hinüber zur Barriere. Nach einer Weile brachten der Ordner und einige seiner Männer die Rüstung des toten Ritters, das Sattelzeug des Pferdes und die Reste von Le Marches gebrochenen Lanzen. Wir untersuchten die Gegenstände aufs genaueste, vor allem den Sattel, nach irgendwelchen absichtlich angebrachten Schnitten, konnten aber nichts dergleichen entdecken. Auch an den Lanzen war nichts zu sehen. Diejenigen, die Woodville und Le Marche im ersten Durchgang benutzt hatten, waren zersplittert. Im zweiten Durchgang hatte nur Le Marche seine Lanze zerbrochen – während der unglückliche Woodville nicht einmal Gelegenheit gehabt hatte, seinen Gegner anzugreifen. Cranston zeigte mir, daß die metallene Spitze sich so leicht auf die Lanze setzen ließ, wie ein Messer in die Scheide glitt. Zum Schluß untersuchten wir die Rüstung. Cranston setzte den Helm des toten Ritters auf und verkündete mit dumpfer Stimme hinter dem Visier, daß hier alles in Ordnung war.

»Sir John«, fragte ich, »wenn ein Ritter anreitet, wie hält er dann die Lanze?«

Cranston nahm den Helm ab und hob Woodvilles abgenutzten Brustpanzer mit der großen, todbringenden Öffnung in ihrer Mitte auf.

»Seht her«, erklärte er, »vor Jahren trug ein Ritter die Lanze unter seinem rechten Arm, doch heute«, und damit deutete er auf die Vorrichtung auf der rechten Seite des Brustpanzers, »wird sie in diese mit Nieten befestigte Halterung eingelegt.« Er tippte mit dem Finger an die lose Halterung. »Oder sollte es jedenfalls sein. Bei Woodville muß eine der Nieten während des Turniers abgerissen sein.«

Ich sah mir die Konstruktion genau an. Tatsächlich war der Halter mit zwei Verschlüssen an dem Panzer befestigt gewesen, von denen einer abgerissen sein mußte. Ich sah Woodville wieder vor mir, wie er beim Anritt im Sattel geschwankt hatte. Rasch wandte ich mich um und rief einen der Ordner an: »Ist ein Rüstungsmacher in der Nähe?«

»Ja, natürlich!«

»Dann holt ihn!«

Der Soldat eilte davon. Sir John und ich legten den Brustpanzer beiseite und untersuchten alles andere, doch wir konnten nicht Ungewöhnliches feststellen. Endlich kam der Rüstungsmacher, ein magerer, mit Fett beschmierter Mann, dessen Gesicht von Schweiß und Schmutz bedeckt war. Er wirkte nicht allzu sicher auf den Beinen und hatte sich offensichtlich gedacht, jetzt, da das Turnier abgebrochen worden war, könne er getrost eine Kanne Bier nach der anderen in sich hineinschütten. Aber er hatte gewandte Finger, und mit Hilfe des Werkzeugs aus seinem kleinen Lederbeutel war die Halterung rasch vom Panzer gelöst. Ich schaute mir den Brustpanzer genau an und erriet die Identität des Mörders, nicht durch irgendeinen Beweis, sondern wie der alte Vater Anselm sagen würde, durch die Anwendung der reinen Logik. Cranston beobachtete mich.

»Was ist los, Bruder?« fragte er leicht gereizt. »Ihr habt etwas Neues gefunden, nicht wahr?«

»Ja«, gab ich zurück. »Ja, das habe ich!«

Ich bat den Rüstungsmacher, sich außer Hörweite zu begeben, und setzte Sir John auseinander, was ich meinte. Er weigerte sich zuerst, es zu glauben, weshalb ich den Rüstungsmacher wieder herbeirief. Dieser hörte sich an, was ich zu sagen hatte, und wurde blaß. Er zögerte mit seinem Urteil, doch Sir John nahm sein Handgelenk, drehte es um, und endlich erklärte der Mann stotternd, daß ich wahrscheinlich recht hätte.

Da rief Sir John den Captain der königlichen Garde und bat ihn, Woodvilles Pferd zu satteln und vorzuführen. Als das geschehen war, forderte ich den Sergeanten auf, sich neben das noch immer erschöpft wirkende Pferd zu stellen, die Zügel in der einen, seinen Dolch in der anderen Hand.

Auch er begriff sehr schnell den Sinn meiner Fragen, und die Antworten, die er zuerst bereitwillig gab, wurden bald zu gestammelten Wörtern.

Cranston verpflichtete die beiden Männer zu strengem Stillschweigen und befahl, Woodvilles Brustpanzer und das Pferd zum ›Swooping Eagle‹ zu bringen. Sie folgten uns über den Turnierplatz, das von lärmendem Treiben erfüllte Jahrmarktsgelände hinüber zur Taverne, wo der Master Herold und die königlichen Sergeanten in der großen Schankstube Sir Oliver Le Marche und die beiden Knappen bewachten.

Auf meine Bitte hin ließ Sir John die Schankstube räumen, bis nur noch Giles, Eustace, Sir Oliver und natürlich Sir Michael sowie der Captain der königlichen Garde anwesend waren. Cranston ging zu Le Marche hinüber, der entspannt in einem Stuhl lehnte, einen Becher Wein in der Hand. Obwohl er sich von seinem Knappen distanziert hatte, wirkte er sehr still und zurückhaltend.

»Sir Oliver«, sagte Cranston, »bitte erzählt mir, wie habt Ihr Euch auf dieses Turnier vorbereitet? Ich meine, was habt Ihr heute vor dem Turnier getan?«

Der Ritter zuckte mit den Schultern. »Das habe ich Euch doch schon gesagt. Zusammen mit Männern aus meinem Gefolge und dieser Kreatur —«, er deutete auf den Knappen, »habe ich meine Rüstung und meine Lanzen zum Turnierplatz gebracht. Mein Pavillon wurde aufgebaut, und der Master Herold untersuchte die Lanzen, als sie auf dem Boden lagen, bevor sie im Gestell plaziert wurden.«

»Ich verstehe. Und Eure Rüstung?«

»Sie hing auf ihrem Platz in meinem Pavillon.«

»Wo die Leute ein und aus gingen?«

»Natürlich. Lord John of Gaunt und auch andere Mitglieder des Hofes haben mir dort einen Besuch abgestattet.«

Ich blickte zu Eustace hinüber, der jetzt etwas von seiner Fassung wiedergewonnen zu haben schien. »Und auf der anderen Seite war es genauso?« fragte ich ihn.

Er nickte. »Selbstverständlich; es lief ganz genauso ab. Sir Roberts Sachen wurden mit einem Karren hergebracht und abgeladen. Ich überwachte den Aufbau des Pavillons und des Ständers, auf den ich Sir Roberts Rüstung hängte. Der Master Herold untersuchte die Lanzen, das Pferd und das Sattelzeug.« Er zuckte die Achseln. »Den Rest kennt Ihr.«

»Und natürlich«, warf ich ein, »trägt kein Ritter seine Rüstung, wenn er nicht muß?«

Sir Oliver lachte auf. »Natürlich läuft man bei dieser Hitze nicht ohne Grund in der Rüstung herum! Nach einer Stunde wäre man zu erschöpft, um in den Sattel zu gelangen, geschweige denn, eine Lanze zu halten. Aber warum fragt Ihr danach? Worauf wollt Ihr hinaus, Bruder?«

»Captain«, wandte ich mich an den Offizier, »im Hof steht ein Karren mit den Lanzen vom Turnierplatz, die nicht benutzt worden sind. Nehmt eine heraus und stellt Euch damit auf!«

Der Mann eilte hinaus, und wir folgten auf mein Drängen etwas später. Der Captain stand draußen, er fühlte sich sichtlich verlegen und unbehaglich. Die Lanze schwankte an seiner Seite hin und her, den Schaft drückte er aufs Pflaster, während die Spitze mit der in der nachmittäglichen Brise flatternden Feder sich über ihm erhob.

»Captain«, fragte ich ihn, »ist diese Lanze stumpf, oder trägt sie eine Spitze?«

Er hob die Schultern. »Das kann ich nicht sagen, Bruder. Ich habe sie am Griff aus dem Karren gezogen.«

»Dann schaut hoch, Mann!«

Er versuchte es.

»Was seht Ihr jetzt?«

»Nichts«, murmelte er. »Die Lanze ist zu lang, und die Feder versperrt mir die Sicht.«

Ich wandte mich um.

»Sir Oliver? Sir John?« Beide kniffen die Augen zusammen und starrten in die Höhe, aber keiner von ihnen konnte mir eine eindeutige Antwort geben. Ich lächelte und führte sie zurück in die Schankstube.

»Sir John«, begann ich, »hat die Theorie aufgestellt, daß Woodvilles Tod auf eine Verschwörung zwischen den beiden Knappen zurückzuführen ist. Das war eine logische Folgerung; jemand an einem Ende der Barriere setzte die Spitzen auf die Lanzen, und jemand anders verletzte Woodvilles Pferd. Aber ich will jetzt eine neue Theorie aufstellen. Ich glaube, daß dieselbe Person, die die Spitze auf die Lanze setzte, auch Woodvilles Pferd die Verletzung zugefügt und außerdem sichergestellt hat, daß die Lanzenhalterung an seiner Rüstung gelockert war. Als Woodville zum zweiten Mal anritt, rutschte die Lanze aus dem Halter, und das verursachte seinen Tod.«

Im Zelt wurde es still. Ich bemerkte, daß Cranston sich dem Ausgang genähert hatte, um ihn zu blockieren.

»Wer aber hatte Gelegenheit, all dies zu tun? Jemand, der Zugang zu beiden Pavillons hatte! Die einzige Person, auf die das zutraf«, und damit wandte ich mir zu Sir Michael um, der sein angeberisches Getue ablegte, als das Blut langsam aus seinem roten Gesicht wich, »wart Ihr, Sir Michael, der Master Herold. Ich nehme an, daß folgendes geschah: Le Marches Lanzen lagen in einer Reihe auf dem Boden. Als Ihr sie untersuchtet, beugtet Ihr Euch hinab und setztet ganz einfach metallene Spitzen auf drei der Lanzen.«

»Das ist ja lächerlich«, unterbrach mich der Master Herold. »Jeder hätte sehen können, daß die Lanzen eine Spitze trugen!«

»Nein, so einfach war es nicht«, gab ich zurück. »Man konnte die Spitze nur sehen, wenn man danach suchte, das hat unser Captain hier gerade bewiesen.« Ich hielt einen Moment inne. »Während des Turniers«, fuhr ich dann fort, »wurden die Lanzen in derselben Ordnung auf das Gestell gelegt, in der sie vorher auf dem Boden plaziert gewesen waren. Die erste Lanze war stumpf, die nächsten drei trugen Spitzen. Jeder glaubte jedoch, sie seien untersucht worden. Dann kommt Giles, um eine herauszunehmen. Die Lanzen sind vierzehn Fuß lang, mehr als zweimal mannshoch.« Ich sah den Knappen an. »Er packte sie am Griff, und wenn die Lanze einmal in der Luft ist, wer sieht dann noch die Spitze? Er trägt sie zum Gestell hinüber und läßt sie dort. Beim nächstenmal, als er sie anfaßt, ist er in wahnsinniger Eile; sein Herr hat schon einen Durchgang hinter sich und braucht eine neue Lanze. Giles läuft hin, nimmt die Waffe vom Gestell und reicht sie seinem Herrn. Sir Oliver seinerseits untersucht die Lanze, die elf Fuß über ihm in der Luft endet, auch nicht, sondern macht sich zum Anritt bereit. Am anderen Ende des Feldes wartet inzwischen Woodville. Seine Lanze hat keine geschliffene Seite, keine metalle Spitze, mit der man eine Rüstung durchbrechen könnte. Und was er nicht weiß, Sir Michael, ist, daß Ihr seinen Brustpanzer an einer entscheidenden Stelle geschwächt habt, als Ihr angeblich seine Rüstung untersuchtet.«

»Nein«, rief Le Marche, »wenn die Halterung sich gelöst hat, dann wurde sie beschädigt, als ich ihn traf!«

»Das ist genau das, was Sir Michael uns glauben machen wollte«, erklärte Cranston. »Aber die Halterung war unbeschädigt; sie war weder durchlöchert noch auch nur verkratzt, sie hing lose an Woodvilles Brustpanzer.«

Sir Michael, dessen Gesicht jetzt naß war von Schweiß, schüttelte den Kopf. »Das ist doch Unsinn«, stieß er hervor. »Diese Halterung kann sich genausogut während des zweiten Durchgangs gelöst haben, oder sogar schon im ersten!«

»Nein, Sir Michael«, gab Cranston zurück. »Es hat sich in Wirklichkeit so abgespielt: Sir Robert absolvierte seinen ersten Durchgang. Dann kam er zurück, nahm die zweite Lanze und ließ sie in die Halterung gleiten. Er begann, anzureiten, und das Gewicht der Lanze riß die Nieten, die schon im ersten Durchgang locker gewesen waren, von der Rüstung. Sir Robert, der ein erfahrener Turnierkämpfer war, konnte zwar mit einem widerspenstigen Pferd fertig werden, aber nicht mit einer vierzehn Fuß langen Lanze aus Eschenholz, die sich plötzlich selbständig zu machen schien. Ein paar Sekunden lang gerät Sir Robert in Panik: Er läßt seinen Schild sinken, seine Lanze hängt schief, doch sein Pferd galoppiert trotz seiner Verwirrung weiter und trägt ihn der gespitzten Lanze des anreitenden Le Marches entgegen. Sir Robert fällt tot von seinem Pferd, seine Rüstung ist durchlöchert und beschädigt bis auf die todbringende Lanzenhalterung. Jeder andere, der bemerkt hätte, daß sie lose herunterhing, hätte es für eine Folge des Kampfes gehalten, aber wie schon erwähnt, die Halterung war unversehrt.«

Sir Michael starrte mich nur wortlos an.

»O doch«, beharrte ich, »ich glaube, daß Ihr schuldig seid, Sir Michael! Doch wer würde Euch verdächtigen, den Master Herold, der die Einhaltung der Regeln und Gesetze des Turniers überwacht? Ihr hättet Woodvilles Tod untersucht und die Schuld irgend jemandem gegeben – wahrscheinlich einem oder beiden dieser unglücklichen Knappen. Aber Mylord of Gaunt beauftragte Sir John, woraufhin Ihr in Panik gerietet und Euren schlimmsten Fehler begingt. Captain?« Ich wandte mich an den Soldaten. »Wie ich gehört habe, ist Sir Roberts Pferd hier. Bringt es zusammen mit dem Sattel herüber!«

Der Captain eilte hinaus. Cranston wandte Sir Michael den Rücken zu und summte zwischen den Zähnen eine leise Melodie. Die beiden Knappen standen da wie Schatten, mit weit geöffneten Augen und Mündern. Ihre Arme hingen an den Seiten herab. Arme Kerle! Sie konnten kaum fassen, was sie zu hören bekamen – sie, die noch ein paar Minuten zuvor einen schrecklichen Tod vor Augen gehabt hatten! Ich sah, daß Sir Oliver einen Schritt auf den Master Herold zutrat.

»Sir«, fuhr Cranston ihn an, »ich wäre Euch dankbar, wenn Ihr wieder Platz nähmt und die Situation nicht noch verschlimmern würdet!«

Der Captain kehrte zurück, das Gesicht vor Aufregung gerötet und begierig, nichts zu verpassen.

»Sir John«, verkündete er, »das Pferd ist da.«

Cranston nickte und wandte sich an die in der Schankstube Versammelten.

»Habt die Güte, uns zu folgen«, sagte er.

Draußen wartete Sir Roberts Pferd, jetzt sauberer und ein wenig ausgeruhter, geduldig im gepflasterten Hof. Der große Sattel mit dem hohen geschwungenen Knopf lag nicht weit entfernt auf dem Boden. Entlang der Hinterhand des Pferdes zog sich die rote, übel aussehende Wunde, von der Lyons schon berichtet hatte …

»Nun«, befahl Cranston energisch, »Eustace, stellt Euch dorthin, wo Euer Platz wäre, wenn das Pferd gesattelt wäre und Euer Herr sich zum Anritt bereit machte!«

Eustace schlurfte heran wie ein Schlafwandler und nahm lustlos die Zügel. Das Tier wieherte zutraulich und wandte den Kopf, um seine Hand zu beschnuppern. Eustace tätschelte seinen Hals und sprach leise auf das Pferd ein, um es zu beruhigen.

»Nun, Eustace«, sagte Cranston, »haltet die Zügel mit der linken Hand und laßt uns so tun, als wolltet Ihr das Pferd dort verletzten, wo die Wunde ist.«

Eustace streckte die rechte Hand aus. »Seht Ihr«, schrie Sir Michael triumphierend, »er könnte es getan haben!«

»Und jetzt«, fuhr Cranston sanft fort, »legt bitte Sir Roberts Sattel auf das Pferd.«

Das Tier bewegte sich unruhig hin und her, und seine geschlagenen Hufe glitten auf den unebenen Pflastersteinen aus.

»Ruhig, Junge, ruhig!« flüsterte Eustace.

Der Captain der königlichen Garde legte den Sattel auf; zuerst die prächtige blaue Decke, dann den Sattel selbst, wobei er sich mutig unter den Leib des Tieres begab, um Riemen zu verknoten und Schnallen zu schließen.

»Sehr gut«, murmelte Cranston. »Und jetzt, Eustace, tut so, als hättet Ihr ein Messer. Versucht das Pferd dort zu verletzen, wo sich die Wunde befindet!«

Der Soldat schnappte vor Verblüffung nach Luft. Eustace hob die Hand, doch die Hälfte der Wunde war jetzt durch den Sattel und den blauen Stoff verdeckt. Sir Michael öffnete den Mund, schloß ihn jedoch wieder, als Cranston neben ihn trat und ihn heftig in die Schulter stieß.

»Ich habe nicht einen Moment daran geglaubt, daß das Pferd vor dem Anritt verletzt wurde«, erklärte er. »Dazu hätte Eustace zustechen müssen, als er die Zügel hielt, aber dann hätte das Pferd sofort gebockt. Er konnte es auch nicht tun, nachdem er die Zügel losgelassen hatte und als Sir Robert schon losritt; das wäre sehr gefährlich gewesen, weil das Tier zweifellos ausgeschlagen hätte, und der Tritt eines beschlagenen Hufes kann ebenso tödlich sein wie ein Schlag mit einem Streitkolben. Und schließlich hätte Eustace niemals diese Wunde verursachen können, weil die Hinterhand, wie Ihr gesehen habt, von Sattel und Satteldecke bedeckt war und beides unbeschädigt ist.«

»Logik«, verspottete ich den jetzt finster dreinblickenden Sir Michael, »wieder einmal die Gesetze der Logik, Master Herold! Der einzig mögliche Zeitpunkt, Sir Roberts Pferd zu verwunden, bot sich nach dem Turnier, als das Tier ungesattelt war. Und Ihr habt es getan. Ihr gerietet in Panik, als Sir John mit der Untersuchung von Woodvilles Tod beauftragt wurde, und Ihr mußtet dafür sorgen, daß einer von den Knappen oder alle beide für schuldig befunden wurden.« Ich tätschelte das Pferd. »Ihr habt Euren eigenen Beweis geschaffen, indem ihr dieses arme Tier verletztet und es uns vorführtet. Das konntet nur Ihr getan haben: Sir Oliver und sein Knappe wurden in ihrem Pavillon bewacht, und Eustace blieb beim Leichnam seines Herrn.«

»Warum?« fragte Cranston rauh.

Sir Michael sah uns nur starr an, mit hartem Blick, die Züge ausdruckslos.

»Oh, ich glaube, ich weiß, warum«, sagte ich. »Sir Michael hat eine reizende Tochter. Es war sicher angenehm, sie von zwei so tapferen Rittern umkämpft zu sehen, aber wie Ihr, Sir Michael, schon bemerkt habt, waren Sir Oliver und Sir Robert mittellose Männer. Warum sollten Eure Tochter und ihre Ländereien an solche armen Schlucker fallen?«

Sir Michael richtete sich auf. »Ihr habt keinerlei Rechtsgewalt über mich, Sir John!« stieß er hervor. »Ich ziehe es vor, zu schweigen. Im Namen der Gesetze und Bräuche dieses Königreichs verlange ich, durch die Männer meines Standes im Parlament gerichtet zu werden!«

Plötzlich fühlten Cranston und ich uns gewaltsam beiseite geschoben. Sir Oliver drängte sich an uns vorbei, und sein Gesicht war vor Wut zu einer Maske verzerrt. Bevor wir ihn daran hindern konnten, spuckte er dem Master Herold mitten ins Gesicht, und schlug ihm mit einer behandschuhten Hand auf die Wange, um dann den Handschuh auszuziehen und ihn Sir Michael vor die Füße zu werfen.

»Gesetze und Bräuche!« zischte er verächtlich. »Ich fordere Euch, Sir Michael Lyons, zu einem Duell auf Leben und Tod. Und wenn Euch keine Schuld an Sir Robert Woodvilles Ende trifft, so könnt Ihr es an mir beweisen.«

Sir Michael verzog leicht die Lippen, starrte Le Marche an und hob dann ohne Zögern den Handschuh auf.

»Ich nehme die Herausforderung an«, erwiderte er.

Cranston ging zu ihm hinüber und schlug ihm den Handschuh aus den Fingern. »Ihr werdet vor Gericht gestellt«, erklärte der Coroner. »Gott hat Euch bereits in die Hand des Gesetzes gegeben – Warum wollt Ihr Euch seinen Zorn noch einmal zuziehen?« Damit wandte sich Cranston um und nickte Le Marche zu. »Ihr werdet ihn bewachen. Laßt ihn in den Tower bringen und Mylord of Gaunt über ihn entscheiden.«

Der Coroner nahm seine Sachen und blickte in die Runde. Die Männer standen da wie versteinert, und ihre Mienen spiegelten noch immer die Überraschung und den Schrecken wider, den seine Ausführungen hervorgerufen hatten.

»Also?« bellte Cranston.

Le Marche ergriff Sir Michaels Handgelenk. Die beiden Knappen eilten ihm zu Hilfe, und Cranston strebte eilig dem Ausgang zu, während ich hinter ihm her hastete.

»Sir John«, keuchte ich, »warum diese Eile?«

Der Coroner gab keine Antwort, bis wir den Hof hinter uns gelassen hatten.

»Sir John«, wiederholte ich, »nicht einmal eine kleine Pause für einen Becher Wein oder eine Kanne Bier?«

Cranston warf einen Blick zurück auf die Taverne. »Ich trinke nichts in Hörweite dieses mordenden Bastards! Seinetwegen hat ein guter Mann sein Leben verloren, ein anderer beinahe seine Ehre, und diese beiden Knappen wären fast in Tyburn gestorben.« Cranston blinzelte, als er mich anblickte. »Das habt Ihr gut gemacht, Mönch!«

»Bruder«, berichtigte ich ihn. »Und dankt nicht mir, sondern Königin Logik! Le Marche hat zuviel Ehre im Leib, um etwas so Unrechtes zu tun. Gut, er tötet gerne, aber nur im Rahmen des Gesetzes. Und die Knappen? Einer ist zu schwächlich, – und kann ein Mann, der ernsthaft erwägt, Priester zu werden, wirklich einen Mord begehen?«

Cranston grinste. »Wenn Ihr einige der Priester kennt, die ich kenne, ganz sicher! Aber kommt – laßt uns nach Cheapside zurückgehen! Lady Maude und Benedicta werden im ›Holy Lamb of God‹ auf uns warten!«

»Lady Maude vielleicht«, murmelte ich. »Aber Benedicta schien eher an diesem jungen Höfling interessiert zu sein!«

Cranston wandte sich mir zu, seine Miene ernst wie die eines Richters. »Na, na, na!« tadelte er. »Lust und Eifersucht bei einem Mönch?«

Ich blickte stumm zur Seite.

»Bruder!« Cranston grinste jetzt von einem Ohr zum andern.

»Was gibt es, Sir John?«

»Habe ich vergessen, es Euch zu sagen? Dieser junge Höfling ist ein Freund von mir, den ich gebeten habe, sich um Benedicta zu kümmern!«

»Aber, Sir John, sie schien so aufmerksam ihm gegenüber ...« Ich hüstelte verlegen. »Nicht, daß ich etwas dagegen hätte!«

Cranstons Grinsen wurde noch eine Spur boshafter.

»Ach, ja, ich hatte ihr gesagt, er sei ein Freund von mir und auch sehr einsam, und ob sie sich nicht ein wenig mit ihm unterhalten wollte.«

Ich packte Sir John an seinem gut gepolsterten Ellbogen. »Was ist die Strafe dafür, einen Coroner zu schlagen, Sir John?«

»Ein Becher Wein – aber wenn es sich um einen Priester handelt, sind es zwei!«

Originaltitel: *The Confession of Brother Athelstan*
Ins Deutsche übertragen von Monika Ohletz

Das Geheimnis der Kräuterfrau

Margaret Frazer

Margaret Frazer ist das Pseudonym des Autorinnenteams Mary Pulver Kuhfeld und Gail Bacon. Mary Pulver hat unter ihrem eigenen Namen in dieser Anthologie noch eine weitere Geschichte veröffentlicht. Zu zweit haben die Autorinnen die Figur der Schwester Frevisse geschaffen, einer Nonne, die im 15. Jahrhundert in der Priorei St. Fridewise in Oxfordshire lebt. Zum erstenmal erwähnt wird sie in dem Roman The Novice's Tale *von 1992, dann in* The Servant's Tale *und schließlich in* The Outlaw's Tale *von 1993.*

Zu der vorliegenden Geschichte wurde Mary Pulver vor Jahren durch die Lektüre eines alten Berichts angeregt, in dem es hieß: ›Roger, Vogt von Rattlesden, entführte zusammen mit der ganzen Gemeinde von Rattlesden aus dem Gewahrsam des Coroners im Gerichtsbezirk von St. Edmund Beatrice Cobbe sowie Beatrice, die Tochter der Vorgenannten, und Elias Scallard, die des Mordes an William Cobbe, dem Ehemann der schon erwähnten Beatrice, angeklagt und schuldig gesprochen waren, und hinderten so den Coroner an der Ausübung seiner Amtspflicht.‹

»Ich habe oft darüber nachdenken müssen«, erklärte Mary, »was für ein Mensch dieser William Cobbe wohl gewesen sein mag, daß der ganze Ort sich zur Befreiung seiner Mörder zusammentat.«

> *›Die Mächtigen sind nicht auch gleich die Weisesten, so sprach weiland die Stute zum Wolf.‹*
>
> Geoffrey Chaucer,
> *The Reeve's Tale*

Der nächtliche Regen war an diesem Morgen einem blaßblauen Himmel gewichen, den dünne Wolken durchzogen. Die Luft war frühlingshaft klar, und im leichten Wind schwang eine Sanftheit, die am Tag zuvor noch nicht dagewesen war. In den Feldern zeigte sich das junge Getreide wie ein grüner Hauch auf dem dunklen Boden, und an der geschützten Südseite einer Hecke fand Margery die erste gelbe Löwenzahnblüte zwischen den jungen Halmen.

Die ersten Nesseln und die wilde Petersilie kamen schon, und in ein paar Tagen würden sie weit genug sein, um sie für einen Salat zu sammeln – endlich etwas Frisches nach dem langen Winter mit der eintönigen Kost aus getrockneten Erbsen und Bohnen und dem immer knappen Porridge!

Margery blieb unter einem Baum stehen und lächelte beim Anblick eines Kuckuckseis, das kahl und bunt dalag, noch bevor der Kuckuck in diesem Frühjahr zu hören gewesen war.

Ein Stück weiter in der Hecke forderte ein Buchfink keck die Welt heraus, Spatzen zankten sich so lebhaft wie seit Monaten nicht mehr, und ein verwischter roter Flecken zwischen den kahlen Zweigen verriet, wo ein Rotkehlchen seinen Geschäften nachging – wie sie selbst es auch tun sollte, ermahnte sich Margery.

Sie war früh hinausgegangen, um bei den Hecken Reisig zu suchen, doch so nah beim Dorf war jetzt, am Ende des Winters, nicht mehr viel totes Holz übrig. Ihre Leinenschlinge war höchstens zu einem Viertel gefüllt, und das Reisig war naß und würde erst getrocknet werden müssen, bevor man es verwenden konnte. Aber sie mußte heimgehen, denn Jack würde bald zum Essen kommen, und danach wurde Margery von Schwester Claire im Kloster erwartet.

Obwohl sie und Jack zu den wenigen freien Seelen im Dorf zählten und keine Leibeigenen waren, war es Margerys großer Stolz, mit Schwester Claire zusammenzuarbeiten, der Kräuterkundigen von St. Frideswide.

Sie waren einander nicht lange nach dem Tag begegnet, als Margery Jack geheiratet hatte und in das Cottage gezogen war, das ›Prior's Byfield‹ genannt wurde. In dem unbestellten Garten hinter dem Haus hatte sie eine Pflanze gefunden, die sie trotz ihres von ihrer Mutter und Großmutter überlieferten Wissens nicht hatte identifizieren können.

Weil ihre Neugier stärker gewesen war als ihre Angst, war sie zögernd zum Klostertor gegangen und hatte sich erkundigt, ob dort eine Nonne lebe, die sich mit Kräutern auskannte. Nach einer Weile war eine kleine Frau zu ihr hinausgekommen, die die schwarzweiße Tracht und den Schleier der Benediktinerinnen trug und sich freundlich den grünen Trieb anschaute, den Margery mitgebracht hatte.

»Aber das ist wild ausgesamtes Kraut«, hatte sie gesagt. »In Eurem Garten? Dann muß es von unserem dorthin getrieben sein. Es kommt in diesem Teil Englands kaum vor, und ich habe unseres mit Fleiß gepäppelt. Es eignet sich hervorragend zur Stärkung der Lungen, ist gut gegen Milzleiden und Wassersucht.«

»Oh, wie Majoran, wilder Majoran – nur wahrscheinlich besser, nicht wahr?« hatte Margery gesagt und dann bedauernd hinzugefügt: »Ich nehme an, Ihr wollt es zurück?«

Schwester Claire hatte sie überrascht angesehen. »Ich glaube nicht – wir haben ja noch unseren eigenen.« Sie besah sich den Trieb genauer. »Außerdem scheint Eurer sehr gut zu gedeihen! Erzählt mir von Eurem Garten!«

Margery hatte der Nonne von ihrem Garten erzählt und, durch Schwester Claires Fragen ermutigt, auch von ihrem Kräuterwissen erzählt, und schließlich war sie zu ihrem Erstaunen gefragt worden, ob sie den Apothekergarten des Klosters sehen wollte.

Eins hatte das andere ergeben, an diesem und an anderen Tagen; und obwohl sie nichts gemeinsam hatten als ihre Liebe zu Kräutern und die Tatsache, daß sie damit zu helfen und zu heilen wußten, arbeiteten sie seitdem zusammen. Margery sammelte wildwachsende Kräuter für Schwester Claire wie für sich selbst und baute in ihrem Garten Pflanzen an, die sie mit der heilkundigen Nonne teilte, genau wie Schwester Claire ihre eigenen Kräuter und ihr aus Büchern erworbenes Wissen an Margery weitergab, der diese Quelle bisher verschlossen gewesen war. Und sie beide empfanden große Zufriedenheit, über die Arbeit sprechen zu können, die sie beide gern taten, mit einer Gesprächspartnerin, deren Wissen dem eigenen ebenbürtig war.

Jetzt, im dritten Frühling ihrer Freundschaft, würde der Boden mit Gottes Hilfe bald trocken genug sein, daß mit dem Pflanzen begonnen werden konnte. Margery und Schwester Claire hatten vereinbart, heute zusammen ihre Gärten zu planen, so daß die Nonne den Verwalter der Priorei bitten konnte, ihnen was sie brauchten vom Lady-Day-Markt in Oxford mitzubringen.

Aber jetzt mußte Margery sich wirklich beeilen. Ihr Mann Jack wünschte, daß sowohl sie als auch sein Essen ihn erwarteten, wenn er von der morgendlichen Arbeit nach Hause kam, und er konnte sehr unangenehm werden, wenn sie ihn warten ließ.

Sie hatte an diesem Morgen ihre Zeit gut eingeteilt und gemeint, sich auch den Moment der Trödelei an der Hecke erlauben zu können. Als sie jedoch durch das kleine Hintertürchen vom Feldweg her den Garten betrat, sah sie mit dem schon vertrauten flauen Gefühl Jack an der hinteren Tür des Cottages stehen, die Hände in die Hüften gestemmt, die fleischigen Lippen zu einem gemeinen Grinsen verzogen.

Er war sehr früh vom Einzäunen – Mary hätte geschworen, daß er viel zu früh dran war – und weder sie noch seine Mahlzeit hatten ihn erwartet, und keine Entschuldigung konnte etwas an dem ändern, was er jetzt tun würde.

Mit einer müden Bewegung legte Margery ihr Bündel auf die Bank neben der Tür und blickte ihn an – es war besser, es kommen zu sehen.

»Du weißt genau, daß du nicht zu spät zu kommen hast!« fuhr er sie an. »Das hab' ich dir schon tausendmal gesagt!«

»Ich kann dein Essen in weniger als einem Augenblick fertig haben.« Sie sagte es ohne Hoffnung, denn jetzt würde nichts mehr helfen – nichts half jemals!

»Ich will aber nicht warten!« Jack stemmte seine flache Hand zwischen ihre Brüste und stieß sie rückwärts vor sich her. Es begann immer damit, daß er sie stieß. »Ich hab's nicht nötig zu warten!«

Margery stolperte nach hinten, Jack kam ihr nach, und sie wandte sich zur Seite, um ein kleineres Ziel abzugeben, was immer es ihr nützen konnte.

Er stieß sie wieder, so daß sie den Pfad entlangtaumelte, und schlug sie dann hart auf den Hinterkopf, wodurch sie nach vorn fiel und mit den Knien auf die hölzerne Einfassung eines Beetes prallte. Ihre Hände versanken in der schlammigen Erde.

Margery krabbelte ein Stück von ihm fort, weit genug, um wieder auf die Füße zu kommen. Solange sie stand, schlug er sie nur, doch wenn sie einmal lag, trat er zu. Seine Fäuste hinterließen Blutergüsse, manchmal auch klaffende Risse. Doch seine Füße waren schlimmer. Es gab Stellen an ihrem Körper, die noch vom letzten Mal weh taten, und das war drei Wochen her. Aus Erfahrung wußte sie, daß wenn sie auf den Füßen blieb, bis er müde wurde, er sie nicht so lange treten würde.

Aber ihre Angst machte sie ungeschickt. Jetzt schrie er sie an, nannte sie alles mögliche, das sie niemals gewesen war und das sie auch nie in sich gesehen hatte. Ein Schlag auf die Wange ließ sie seitlich in ihr Kräuterbeet stolpern, mitten in das Stroh und die Säcke, mit denen sie ihre besten Pflanzen vor dem rauhen Winter hatte schützen wollen.

Sie versuchte, wieder hinauszugelangen, doch Jack kam ihr nach und trampelte mit den Füßen alles nieder, was ihm in den Weg geriet. Margery schrie auf, wie sie es nicht einmal in ihrem eigenen Schmerz getan hatte. »Hör auf! Laß meine Pflanzen in Ruh'!«

Jack lachte nur und zertrat eine mit voller Absicht. »Ihnen und dir werd' ich's beibringen«, rief er tief befriedigt, »ihr werdet schon lernen, zu tun, was man euch sagt!«

Margery suchte in ihrer Schürzentasche und zog, immer noch krabbelnd, um aus seiner Reichweite zu bleiben und wieder aus dem Beet zu gelangen, ein kleines Päckchen aus gefaltetem Stoff hervor, das nicht einmal so groß war wie ihre Handfläche. Sie streckte es ihm entgegen und schrie: »Hör auf! Hör sofort auf, sonst benutze ich das hier gegen dich!«

Für einen Moment des Erstaunens hielt Jack tatsächlich inne und starrte sie voller Überraschung an. Dann jedoch höhnte er: »Du hast überhaupt nichts da drin, du dummes Weib!« Und er versuchte wieder, nach ihr zu greifen.

Margery wich geduckt zurück, so daß er sie nicht zu fassen bekam, und hielt das Päckchen weiter in der ausgestreckten Hand. »Das sind Teile von dir, und ich habe sie besprochen, Jack Wilkins! Und du wirst sterben, wenn du mich nicht in Ruhe läßt und aus meinem Garten verschwindest!«

»Wenn hier jemand stirbt, dann sicher nicht ich!« brüllte er außer sich und taumelte auf sie zu.

Nach zwei Tagen hatte sich das Wetter wieder verschlechtert, es regnete, und die Wolken hingen tief. Aber der Regen war mild und sanft wie Nebel, er versprach nach der strengen Winterkälte endlich Frühling. Als sie den Gästetrakt verließ, in dem alles für eventuell an diesem Tag eintreffende Besucher vorbereitet wurde, blieb Schwester Frevisse oben an der Hoftreppe stehen und ließ ihr Gesicht vom Regen benetzen.

Gleich würde die Klosterglocke sie mit den anderen Nonnen zur abendlichen Vesperandacht rufen, und sie würde die Last ihrer Pflichten als Verantwortliche für den Gästetrakt der Priorei ablegen und sich in der Freude des Gebets erholen können.

Doch als sie den Hof überquerte und zur Klostertür hinüberging, holte Master Naylor sie ein. Er war der Verwalter und Proviantmeister des Klosters, ein langgesichtiger, auf seine Pflichten besonnener Mann, der seine Arbeit gut machte und gleichzeitig mit den Nonnen, denen er diente, sowenig wie möglich sprach.

Sich gegen eine Nachricht wappnend, die sie wahrscheinlich lieber nicht hören würde, wandte sich Frevisse zu ihm um. »Master Naylor?«

»Ich dachte mir, Ihr solltet es besser erfahren, bevor Ihr zur Vesper hineingeht«, erklärte er, den Kopf respektvoll geneigt. »Ein Mann kam, zum anzukündigen, daß Master Montford und sechs seiner Leute zum Nachtessen hier eintreffen werden.«

Frevisse öffnete den Mund wie zum Protest, schloß ihn dann jedoch wieder. Master Morys Montford, der Coroner für das nördliche Oxfordshire, gehörte zu den Männern, die sie aus dem ganzen Königreich am wenigsten zu sehen wünschte. Es war seine Aufgabe, unerwartete Todesfälle in seinem Gerichtsbezirk zu untersuchen und den Schuldigen – wenn es einen gab – dem Sheriff vorzuführen. Auch mußte er sicherstellen, daß König Heinrich zustehende Geldstrafen und konfiszierte Güter ordnungsgemäß eingetrieben wurden.

Dagegen hatte Frevisse auch nichts einzuwenden, doch neigte Master Montford bedauernswerterweise dazu, in jedem Fall die am wenigsten komplizierte Lösung zu suchen und entsprechend zu urteilen. Er und Frevisse hatten schon seit langer Zeit eine Ebene gegenseitiger Feindseligkeit erreicht, die keiner von beiden zu verlassen bereit war. Frevisse war deshalb alles andere als glücklich über die Nachricht von seiner bevorstehenden Ankunft und sagte: »Ich nehme an, er befindet sich nur auf der Durchreise irgendwo anders hin? Hier gibt es jedenfalls keinen Todesfall, von dem ich wüßte!«

Master Naylor zuckte mit den Schultern. »Doch – es ist Jack Wilkins aus dem Dorf. Vorgestern haben sie die Dorfglocke für ihn geläutet, aber da wart Ihr wohl gerade zum Mittagsgottesdienst in der Kirche.«

»Aber warum kommt Montford hierher? Gibt es denn irgendwelche Zweifel daran, wie dieser Wilkins gestorben ist?«

»Nein, Zweifel gibt es nicht. Seine Frau hat einen Zauber gegen ihn verwendet und eine Beschwörung gerufen, und er brach tot zusammen. Mindestens drei der Nachbarn haben es gesehen. Das hätte ich Margery übrigens nicht zugetraut«, fuhr er fort. »Sie hat ihre Kräuter nie zu anderen als guten Zwecken benutzt, nach allem, was ich gehört habe!«

»Margery?! Schwester Claires Margery?«

»Ja, das ist sie – die Kräuterfrau, die manchmal herkommt.«

»Weiß Schwester Claire davon?«

»Ich fürchte, sie weiß so wenig wie Ihr selbst! Jedenfalls war es ohne Zweifel Hexenwerk, und auch Mord. Montford wird mit der Sache in einer halben Stunde fertig sein, nachdem er sie gesehen und mit den Nachbarn gesprochen hat! Wahrscheinlich ist er mit Margery noch vor Mittag auf dem Weg nach Banbury, und nicht viel später wird sie im Gewahrsam des Bischofs sein. Ich werde all das zusammen mit den anderen Dorfangelegenheiten am Wochenende Mutter Edith vortragen.«

Er schien zu glauben, damit sei die Sache ausreichend behandelt. Jack und Margery gehörten nicht zu den Leibeigenen der Priorei und fielen deshalb nicht in deren Verantwortung. Die tödliche Anwendung von Zauberei war nicht alltäglich, doch auf der anderen Seite benutzten alle Kräuterfrauen für ihre Medizinen auch Zauberformeln, und von dort war es nur noch ein kleiner Schritt bis zum Mißbrauch ihrer Kräfte. Master Naylor hätte den Vorfall wahrscheinlich nicht einmal erwähnt, hätte er nicht von Margerys Verbindung mit Schwester Claire gewußt.

Die Vesperglocke begann zu läuten, und Frevisse fragte hastig: »Wo hält man die Kräuterfrau gefangen?«

Master Naylor zeigte durch den Torbogen in den äußeren Hof. »Sie ist in einem der Ställe dort, wo ich sie von zwei Männern bewachen lasse. Sie trägt einen Knebel, so daß ihnen nichts geschehen kann. Es ist alles geregelt.«

»Schwester Claire wird sie nach der Vesper sehen wollen«, sagte Frevisse. »Habt die Güte und richtet den Bediensteten im Gästetrakt aus, daß Master Montford kommt – ich muß gehen!«

Die Andacht, auf die sie sich so gefreut hatte, wurde nun durch ihre Ungeduld getrübt und schien ihr endlos. Danach mußte sie sich noch bis nach der Abendmahlzeit gedulden, als die Nonnen zur Entspannung in den Garten hinausgingen – es war die einzige Stunde des Tages, in der die Regeln der Benediktinerinnen private Gespräche erlaubten – bevor sie Schwester Claire berichten konnte, was geschehen war.

»Margery?!« rief Schwester Claire mit ihrer dunklen Stimme und zog ungläubig die Augenbrauen bis zum Rand ihres Schleiers hoch. »Soll ihren Mann durch Hexerei ermordet haben? Das bezweifle ich sehr – tatsächlich glaube ich überhaupt nichts davon! Ich will sie sehen!«

Das war leicht zu bewerkstelligen. Frevisse wartete am Fuß der Treppe, die zum Empfangszimmer der Priorin hinaufführte, während Schwester Claire dort die Erlaubnis einholte. Dann verließen sie gemeinsam das Klostergebäude und überquerten den Innenhof. Frevisse bemerkte, daß die Fenster des Gästetrakts erleuchtet waren, also mußte Master Montford mit seinem Gefolge mittlerweile eingetroffen sein.

Die beiden Nonnen traten durch den Torbogen in den äußeren Hof, wo ein Stallknecht, überrascht, sie außerhalb des Klosters zu sehen, ihnen den Weg zu einem Verschlag hinter den Ställen wies, wo die Gefangene festgehalten wurde.

»Ich hätte daran denken sollen, einen Umhang und etwas zu Essen mitzubringen«, sagte Schwester Claire bedauernd, als sie weitergingen. »Diese Frühlingsnächte sind noch kalt, und sie muß verzweifelt sein, die Arme!«

Wie Master Naylor gesagt hatte, hielten zwei kräftige Stallburschen innen vor der Tür Wache, Margery war geknebelt, und man hatte ihr die Hände gefesselt. Doch in der Ecke auf dem nackten Boden verbreitete eine Tonlampe ihren tröstlichen gelben Schein, der auch die rauhen Bretter an den Wänden des kleinen Gefängnisses erhellte. In diesem Licht sah Frevisse, als sie auf der Schwelle standen, während Schwester Claire den Wachen mitteilte, daß sie die Erlaubnis besaßen, mit Margery zu sprechen, daß die Kräuterfrau mehrere Decken, einen Umhang und ein strohgefülltes Kissen hatte, um sich an der hinteren Wand ein Bett zu machen. Daneben standen ein Krug Bier und Teller mit drei verschiedenen Sorten Brot und zwei Stücken Käse.

Frevisse wußte, daß das Kloster in Fällen wie diesem eine Decke und ab und zu ein wenig Brot zur Verfügung stellte; wer also mochte das alles für Margery getan haben?

Margery war aufgestanden, als die Nonnen hereinkamen. Trotz ihrer Tat glich sie sehr dem Bild, das Frevisse von ihr im Gedächtnis geblieben war: eine in allem durchschnittliche Frau. Sie war weder dick noch dünn, nicht alt, nicht jung, mittelgroß, und sie hatte nichts Besonderes an sich, außer daß sie, wie der Ausdruck ihrer Augen über dem Knebel verriet, völlig verängstigt zu sein schien, wozu sie schließlich auch allen Grund hatte.

Schwester Claire wandte sich von den Männern ab und ging durch den Stall auf sie zu, gefolgt von Frevisse. Als Margery knickste, sagte sie: »Laßt mich Eure Handfesseln lösen, damit Ihr den Knebel herausnehmen könnt! Ich habe den Wachen versichert, daß Ihr nichts anstellen werdet. Wir möchten mit Euch reden!«

Sie befreite Margery von ihren Fesseln, und die Kräuterfrau knotete dankbar das Tuch an ihrem Hinterkopf auf.

»Danke, Mylady«, sagte sie rauh.

»Trinkt erst einmal!« Schwester Claire deutete sanft auf das Bier. »Haben sie Euch essen lassen?«

Margery nickte über den Rand des irdenen Krugs hinweg, während sie durstig trank. Als sie fertig war, sagte sie: »Sie waren so freundlich wie nur irgend möglich. Und die Dorfleute haben mir Sachen gebracht.« Sie wies auf das Bett, das Essen und die Lampe. Ganz ohne Zweifel war sie müde und ängstlich, zu Tode erschöpft durch zu vieles, was ihr in den letzten Stunden widerfahren war. »Aber ich hoffte, daß Ihr kämt, damit ich Euch sagen konnte, warum ich den anderen Tag zu unserer Verabredung nicht gekommen bin.«

»Ich habe mich schon gefragt, was Euch wohl zugestoßen sein mochte«, erwiderte Schwester Claire. »Aber ich hätte niemals an so etwas gedacht!«

Margery ließ den Kopf sinken. »Ich auch nicht!«

»Man sagt, Ihr hättet Euren Mann umgebracht.«

Margery nickte. »Ja, das hab' ich.«

»Margery, nein!« protestierte Schwester Claire.

»Jack ist über mich hergefallen, wie er's seit unserer Hochzeit immer wieder getan hat, wenn ich was falsch gemacht hatte. Aber diesmal waren wir in meinem Garten, und er hat meine Pflanzen niedergetrampelt.« Ganz offensichtlich war es ihr sehr wichtig, daß Schwester Claire sie verstand. »Ich hab' ihm gesagt, daß er aufhören soll, aber es hat ihn überhaupt nicht gekümmert – und da hab' ich die Nerven verloren …«

»Habt Ihr ihn wirklich getötet?« fragte Schwester Claire immer noch ungläubig.

»O ja, so sicher wie nur irgendwas! Ich wußte nicht, daß der Spruch so wirken würde, aber genauso war's. Ließ ihn fallen, bevor er mich noch mal schlagen konnte, einfach so!«

»Aber was genau habt Ihr denn getan?« erkundigte sich Frevisse vorsichtig. Mord, der als Verbrechen an sich schon schlimm genug war, wurde in seinen Folgen für den Täter noch ernster, wenn Zauberei im Spiel war. Zauberformeln und Sprüche gehörten zwar auch zur Heilkunde, und jede Kräuterfrau kannte einige solcher Formeln; doch wenn sie zu bösen Zwecken mißbraucht wurden, behandelte sowohl die Kirche wie auch das weltliche Gesetz sie als Teufelswerk oder Hexerei.

Margery blickte Frevisse mit einer Mischung aus Schüchternheit und Schuldgefühl an und antwortete nicht.

»Bitte, sagt es uns doch«, drängte Schwester Claire sie. »Schwester Frevisse und ich wollen Euch helfen!«

»Für mich gibt es keine Hilfe«, erklärte Margery niedergeschlagen. »Ich hab' ihn umgebracht!«

»Aber wie?« beharrte Frevisse.

Margery senkte den Kopf. Sie rang die Hände im Schoß und erklärte mit vor Verlegenheit leiser Stimme: »Seit dem letzten Mal hab' ich was von ihm gesammelt, Haare, wißt Ihr, und abgeschnittene Nägel …«

»Margery, aber das ist unrechtes Tun!« rief Schwester Claire aus.

»Ich weiß«, sagte Margery kläglich. »Aber ich wollte doch nur einen schwachen Zauber anwenden – wenn ich Geld für Wachs gehabt hätte, um die Figur zu formen. Wollte ihn nicht gleich umbringen, nur seinen Arm schwächen, damit er nicht so kräftig zuschlagen konnte. Das ist alles, was ich gewollt hab' – ihn nur ein wenig schwächen!«

»Aber Ihr hattet die Figur noch nicht geformt?« erkundigte sich Frevisse, und Margery schüttelte stumm den Kopf. Frevisse fragte beharrlich weiter: »Aber was habt Ihr dann getan, daß Ihr denkt, Ihr hättet ihn getötet?«

»Ich hatte die … Teile in einem kleinen Päckchen. Das hab' ich hochgehalten und ihm gesagt, was es war, und daß er besser mit dem aufhört, war er da tut. Daß ich einen Zauber gemacht hatte und daß ich ihn umbringen würde, wenn er nicht aufhörte.«

»Aber Ihr hattet doch in Wirklichkeit diesen Zauber noch gar nicht fertig, habt Ihr gesagt«, warf Schwester Claire ein.

»Nein, das nicht. Aber ich wollte es tun, wirklich!« Sie blickte ängstlich von einer Nonne zur anderen. »Wenn ich beichte und Buße tue, bevor sie mich hängen, muß ich doch nicht in der Hölle brennen, oder? Nicht, wenn ich ehrliche Reue empfinde?«

»Ganz gewiß nicht«, versicherte ihr Schwester Claire.

»Aber wo Ihr nun den Zauber noch gar nicht hattet – was geschah dann?« fragte Frevisse.

Margery erschauderte. »Jack schlug und trat weiter auf mich ein. Ich wußte, daß er mich fast umbringen würde, wenn er erst mal richtig angefangen hatte, und daß ich es nie wieder schaffen würde, einen Zauber gegen ihn anzuwenden, jetzt, wo er es wußte. Ich hatte solche Angst, ich hab' einfach die ersten Wörter gerufen, die mir in den Sinn kamen, um ihn abzuschrecken. Hab' nicht mal drüber nachgedacht, wofür sie waren, sondern sie einfach ausgerufen und das Päckchen geschüttelt, als ob ich ihn verwünsche. Ich wollte ihn doch nur von mir abhalten, das war alles! Ihn so lange von mir weghalten, wie's ging!« Sie hielt inne und schloß die Augen, als die Erinnerung sie wieder überfiel.

»Und dann?« fragte Schwester Claire drängend.

Mit schwacher Stimme sagte Margery, während ihr die Tränen

über die Wangen liefen: »Plötzlich blieb er stehen, wie wenn ich ihn mit einem Brett geschlagen hätte. Mit offenem Mund hat er mich angestarrt, sich dann an die Brust gegriffen, genau in die Mitte, und sich gekrümmt. Gestöhnt hat er, wie wenn er Schmerzen hätte oder keine Luft bekäme, und dann ist er vornüber auf den Weg gefallen, weg von meinen Kräutern. Er hat sich wieder gekrümmt und gestöhnt, und dann ... war er plötzlich ganz still. Hat aufgehört zu stöhnen und war tot.«

Ein Moment der Stille entstand. Frevisse war sich der Anwesenheit der beiden Männer hinter ihr deutlich bewußt, und ihr war klar, daß alles gerade Gehörte später im Kloster und im Dorf die Runde machen würde.

»Margery«, wandte Schwester Claire jetzt ein, »Ihr könnt einen Menschen nicht durch bloßes Wünschen umbringen – Ihr könnt einen solchen Wunsch hegen, aber es würde deshalb nicht geschehen; so einfach geht es nicht!«

»Aber so war es!« beharrte Margery. Und wahrscheinlich würde es ziemlich aussichtslos sein, irgend jemanden vom Gegenteil überzeugen zu wollen.

Doch um Schwester Claires willen fragte Frevisse weiter: »Was habt Ihr denn zu ihm gesagt? War es ein Zauberspruch?«

Margery nickte. »Ja; der Spruch gegen –«

Master Naylor unterbrach sie durch sein festes Klopfen am Holz des Türrahmens. Er neigte respektvoll den Kopf vor Frevisse und Schwester Claire und sagte dann: »Der Coroner wünscht sie jetzt zu sehen.«

»So spät noch?« protestierte Schwester Claire.

»Er hofft, diesen Fall heute abend noch zu beenden, so daß er morgen in aller Frühe aufbrechen kann; er hat noch andere Untersuchungen zu führen«, erklärte Master Naylor.

Die natürlich wichtiger waren als eine einfache Dörflerin, die sicher schuldig war, dachte Frevisse erbost. Eine Frau, die um so unbequemer war, weil man sie zuerst dem Bischof zum Verhör vorführen mußte, bevor man sie hängen konnte.

»Wir werden sie begleiten«, sagte Schwester Claire.

Master Montford war das schönste Zimmer im Gästetrakt zugewiesen worden, mit einem großen Bett und einfachem, aber ausreichendem Mobiliar. Die Fensterläden waren wegen des leichten Regens geschlossen, die Lampen brannten, und an einem Tisch an der hinteren Wand saß Montfords Sekretär über ein Pergament gebeugt, den Federkiel in der Hand, das Tintenfaß fertig zum Gebrauch neben ihm.

Montford selbst stand nahe am Kohlenbecken in der Ecke und hielt die Hände in die aufsteigende Wärme. Im Vergleich zur Länge seines Körpers waren seine Beine eher kurz, und um die Taille herum setzte er langsam Fett an. Doch seiner Meinung nach wurden alle persönlichen Schwächen – von deren Existenz er im übrigen alles andere als überzeugt schien – durch die Würde seines Amtes großzügig wettgemacht. Er warf nur einen kurzen Blick über die Schulter, als Master Naylor Margery hereinführte. Doch dann trat ein harter Ausdruck in seine Augen, als er Frevisse und Schwester Claire gewahrte, die ihr folgten. Über sein Gesicht und den beginnenden Kahlkopf zog glühende Röte.

»Ihr könnt bleiben, Naylor«, sagte er. »Aber alle anderen sind entlassen.« Verspätet und recht unhöflich fügte er hinzu: »Myladys!«

Mit bescheiden gesenktem Blick, die Hände in den Ärmeln ihres Umhangs, erklärte Frevisse: »Dank Euch, aber wir werden bleiben. Es wäre unziemlich, würde Margery allein hierbleiben.«

Dieses Argument hatte sie schon in einer ähnlichen Auseinandersetzung mit Master Montford verwendet. Damals hatte er ihr nachgeben müssen, und offensichtlich wollte er sich nicht schon wieder mit ihr streiten. Die Röte seines Gesichts vertiefte sich noch um eine Nuance, als er sagte: »Dann stellt Euch neben sie und unterbrecht mich nicht, während ich sie verhöre!«

Sie taten, wie ihnen geheißen. Master Montford baute sich vor Margery auf und erklärte in seiner gewohnt brüsken Art: »Ich habe schon einige deiner Nachbarn verhört und werde noch mehrere von ihnen sprechen, bevor ich heute abend zu Bett gehe – also kannst du mir auch gleich erzählen, was du zu sagen hast, ohne drum herum zu reden. Hast du mich verstanden?«

Margery hielt ihren Kopf demütig gesenkt. »Ja, Mylord!«

»Du hast also deinen Mann umgebracht? Jetzt sei ehrlich,

denn du bist dabei gehört und beobachtet worden, es hilft kein Leugnen!«

Margery dachte nicht daran, irgend etwas zu leugnen. Während die Feder des Sekretärs geschäftig über das Pergament kratzte und ihre Worte aufzeichnete, wiederholte die Kräuterfrau, was sie auch schon Frevisse und Schwester Claire gesagt hatte.

Als sie mit ihrer Schilderung zu Ende war, wippte Master Montford zufrieden in den Kniekehlen hin und her und lächelte grimmig.

»Sehr gut gesagt, und alles stimmt mit den Aussagen der Nachbarn überein! Ich denke, das dürfte genügen!«

»Nur wage ich zu bezweifeln«, sagte Schwester Claire rasch, weil sie wußte, daß Master Montford ihr gebieten würde zu schweigen, wenn sie ihm dazu Gelegenheit gab, »daß ihr Mann an etwas anderem als einem Schlaganfall gestorben ist.«

Der Coroner wandte sich ihr zu. In scharfem Ton fragte er: »Wie bitte, Mylady?«

Schwester Claire zögerte. Frevisse, die eher an die Unverschämtheit des Coroners gewöhnt war, sprang ihr hilfreich zur Seite. »Ein Schlaganfall – eine Stockung des Blutes ...«

Master Montford unterbrach sie gekränkt, nachdem er die Sprache wiedergefunden hatte: »Ich weiß, was ein Schlaganfall ist!«

Frevisse wandte sich an Master Naylor, der als Verwalter der Besitztümer der Priorei die Dörfler viel besser kannte als sie selbst. »Was war dieser Jack Wilkins für ein Mensch? Leicht zu reizen oder nicht?«

»So reizbar, daß es fast ein Wunder ist, daß er nicht noch viel mehr Schwierigkeiten hatte als ohnehin schon«, sagte Master Naylor. »Letzte Woche hat er einem Nachbarn einen Zahn ausgeschlagen, weil er glaubte, der habe über ihn gelacht. Der Mann hatte natürlich nichts dergleichen getan, er war ja nicht lebensmüde, aber Jack Wilkins hielt sich nicht mit Einwänden auf, wenn er einen seiner Wutanfälle hatte. Es war nicht das erste Mal, daß er deshalb in Schwierigkeiten geriet – und er war dafür bekannt, daß er seine Frau schlug.«

»Cholerisch«, stellte Schwester Claire fest. »Leicht zu reizen;

solche Leute werden oft vom Schlag getroffen, besonders mitten in solchen Wutanfällen! Er schlug seine Frau ...«

»Wozu er auch jedes Recht hatte!« unterbrach Master Montford sie.

Wie zu sich selbst meinte Master Naylor nachdenklich: »Im Dorf sind sie der Meinung, daß er es öfter und härter tat, als nötig gewesen wäre.«

Aber Schwester Claire, die sich nicht von ihrem Gedanken abbringen lassen wollte, fuhr fort, ohne auf Master Naylors Einwand zu achten: »... und jemanden zu schlagen ist sehr anstrengend, wie immer man es betrachten mag! Dann wehrte sie sich, versetzte ihn vielleicht sogar in Angst, als sie ihren Spruch ausrief ...«

»Und er fiel tot zu Boden!« sagte der Coroner triumphierend. »Das und nichts anderes meine ich doch. Es war ihr Werk, und damit ist alles geklärt.«

»Was für einen Spruch hat sie denn benutzt? Hat jemand ihr diese Frage schon einmal gestellt?« warf Frevisse ein.

Master Montford warf ihr einen ärgerlichen Blick zu; entschlossen, sich keine Blöße zu geben, wandte er sich wieder zu Margery um. »Das wäre meine nächste Frage gewesen, Frau. Also, was genau hast du zu ihm gesagt? Nein, sieh niemanden an, während du sprichst! Und sag es so langsam, daß mein Sekretär es mitschreiben kann!«

Den Blick zu Boden gesenkt, mit ein wenig zitternder Stimme, begann Margery: »Komm heraus und laß dich los ...«

Wenn Master Montford einen machtvollen Spruch erwartet hatte, der Teufel und Dämonen anrief, wurde er enttäuscht. Der Sekretär kritzelte geschäftig mit, während Margery einen kurzen Reim aufsagte, der jedoch recht eindeutig dazu bestimmt war, den Geist aus einem Körper zu rufen und ihn fortzujagen.

Nach einigen Zeilen nahm Schwester Claires Gesicht einen Ausdruck höchster Verwunderung an.

In der Stille, die auf Margerys Worte folgte, hörte man die Feder des Sekretärs weiter über das Papier kratzen. Master Montford stellte sich ungeduldig wartend hinter ihn und schnappte sich, sobald er fertig war, das Pergament. Während er las, beugte sich Frevisse zu Schwester Claire hinüber, die ihr kurz, aber drängend etwas ins Ohr flüsterte. Bevor Frevisse antworten konnte, fragte Master Montford Margery: »Das ist alles? Nur das?«

Margery nickte.

Master Montford blickte seinen Schreiber an und rezitierte: »Komm heraus und …«

Der Mann hob den Kopf und starrte seinen Herrn aus kurzsichtigen Augen alarmiert an. Der Coroner las den ganzen Spruch, ohne auf das Unbehagen seines Sekretärs oder Master Naylors warnende Gesten zu achten. Margery öffnete den Mund, um etwas zu sagen, doch Frevisse bedeutete ihr mit einem Kopfschütteln, zu schweigen, während Schwester Claire sich selbst die Hand über die Lippen legte, um still zu bleiben.

Als Master Montford zu Ende gelesen hatte, ließ gespannte Erwartung alle unbeweglich verharren, vor allem den Sekretär. Als nach einer atemlosen Minute noch immer nichts geschehen war, fiel Master Montford über Margery her.

»Wie lange dauert es normalerweise?«

Margery wand sich unter seinem Blick. »Mein Mann … er … fast augenblicklich, Sir. Aber –«

»Erspar mir deine Entschuldigungen! Wenn es bei dir funktioniert hat, warum dann nicht bei mir? Weil ich keine abgeschnittenen Haare hatte, oder warum?«

Mit betont ausdrucksloser Stimme schlug Frevisse vor: »Nach dem, was Robert Mannying in seinem Buch ›Vom Umgang mit der Sünde‹ schreibt, hat eine Formel keine Wirkung, wenn sie von jemandem gesprochen wird, der nicht daran glaubt. Margery benutzt Kräuter und Sprüche, um den Dörflern zu helfen. Sie glaubt an das, was sie tut – Ihr dagegen nicht. Margery, glaubt Ihr an Euren Zauber? Den, den Ihr bei Eurem Mann verwendet habt?«

»Ja, aber –«

»Sie ist eine Hexe«, unterbrach sie Master Montford. »Und was sie auch immer Eurer Meinung nach an Gutem getan haben mag, dieses Mal hat sie einen Zauber eingesetzt, um einen Mann zu töten, und noch dazu ihren eigenen. Wer weiß, was sie noch alles auf dem Kerbholz hat!« Er wandte sich wieder Margery zu: »Noch etwas, Frau: hast du diesen Spruch vorher schon einmal verwendet?«

Margery schrak vor ihm zurück, erwiderte jedoch: »Ja, sogar sehr oft. Aber –«

»Allmächtiger!« rief Montford aus. »Du gibst zu, noch mehr Menschen ermordet zu haben?«

»Margery!« rief Schwester Frevisse drängend. »Wofür ist dieser Spruch gedacht?«

Durch beide in die Enge getrieben, rief Margery endlich aus: »Er hilft gegen die Verstopfung der Gedärme!«

Tiefe Stille senkte sich über den Raum. Margery blickte ängstlich von einem zum andern, Frevisse und Schwester Claire starrten angestrengt zu Boden. Wieder überzog dunkle Röte Master Montfords Züge. Master Naylor schien gegen ein Kichern anzukämpfen, während der Sekretär sich tief über sein Pergament beugte.

Nervös versuchte Margery zu erklären: »Ich mache einen Aufguß aus Gartennelke und murmele den Spruch, damit die Mischung stärker wird. Sie läßt auch den Urin leichter fließen, und … und –« Die Kräuterfrau hielt kurz inne, weil sie die Mienen der Anwesenden nicht zu deuten vermochte, und fügte dann, Entschuldigung heischend, hinzu: »Es waren die ersten Worte, die mir in den Sinn gekommen sind, ja, so war's! Ich wollte Jack doch nur von mir wegbekommen, und das war das erste, was mir einfiel. Ich hab' ihn damit nicht umbringen wollen!«

Master Montford, der versuchte, verlorenen Boden gutzumachen, stieß gepreßt hervor: »Aber diese Worte haben ihn umgebracht, nicht wahr? Das ist der langen Rede kurzer Sinn, oder?«

Margery setzte zu einem Nicken an, doch Frevisse legte ihr warnend die Hand auf den Arm, und Schwester Claire sagte: »Es ist wohl zutreffender, daß ihr Mann durch sein eigenes cholerisches Temperament zu Tode kam, wie schon viele vor ihm! Es war nicht Margery, sondern seine Reizbarkeit, die ihn am Ende das Leben gekostet hat.«

Master Montford starrte sie an. »Das ist weibliche Logik!« schnaubte er. »Seine Frau warnt ihn, daß sie Teile von ihm gegen ihn verwenden will, und ruft ihm einen Spruch mitten ins Gesicht. Er fällt tot um, und das soll seine Schuld sein? Wo ist da der Sinn? Nein! Die Frau hat ihre Schuld zugegeben, sie ist bei ihrer Tat beobachtet worden – jedes weitere Verhör wäre unnütz. Naylor, bis zum Morgen bleibt sie in Eurem Gewahrsam, dann übernehme ich sie.«

Das Zwielicht war in tiefe Dämmerung übergegangen, als sie den Gästetrakt verließen, aber der Regen hatte aufgehört. Master Naylor stützte Margery, während sie die Stufen zum Hof hinuntergingen; so sehr sie sich auch in ihr Schicksal ergeben hatte, schien sie doch benommen durch die Worte des Coroners und ging wie betäubt, wohin man sie führte. Frevisse und Schwester Claire folgten ihnen schweigend, wußten nichts zu sagen, obwohl Frevisse vor Wut über ihre Hilflosigkeit und Montfords Dummheit innerlich kochte. Wenn er wenigstens die Möglichkeit eines Zweifels anerkannt hätte, wäre das schon etwas gewesen!

Margerys Wachen warteten beide am Fuß der Treppe, im Lichtkreis der Laterne an der Tür zum Gästetrakt. Sie traten beiseite und schlossen sich dann der schweigsamen kleinen Gruppe an, als diese sich ihren Weg um die Pfützen zwischen den Pflastersteinen herum suchte, hin zum Torbogen und in den äußeren Hof.

Dort war es schlammiger und noch dunkler, und die Lampe vor der schlecht eingehängten Tür zu Margerys Gefängnis stellte die einzige Lichtquelle dar.

Da sie mit dem schwierigen Weg und ihrem Ärger beschäftigt war, sah Frevisse die Ansammlung von Menschen erst, als einer von ihnen die Stalltür aufstieß, um ihnen mehr Licht zu geben. Master Naylor fragte erstaunt:»Tom, was führt Euch hier heraus? Und die andern?«

Frevisse erkannte jetzt, daß es sieben waren, vier Frauen und drei Männer, die allesamt zum Dorf gehörten. Die Frauen knicksten hastig vor ihr, Schwester Claire und Master Naylor, als sie sich Margery näherten. Summend, als trösteten sie ein krankes Kind, umgaben sie sie mit ihrer Freundlichkeit, und eine der Frauen murmelte, den Arm um die Taille der Kräuterfrau gelegt: »Komm, Margery-Mädchen, wir sehen schon, daß es nicht gutgegangen ist. Komm rein, wir haben was Warmes für dich zu essen!« Gemeinsam zogen sie Margery hinein und überließen den Männer das Gespräch mit den Leuten der Priorei.

Tom, der Dorfvogt und offensichtlich der Anführer in dieser Sache, neigte den Kopf vor Frevisse, Schwester Claire und Master Naylor, bevor er fragte: »Sie muß also gehen? Keine Hoffnung?«

»Keine Hoffnung«, bestätigte Master Naylor. »Der Coroner will sie morgen früh beim Aufbruch mit sich nehmen.«

Die Männer nickten, als hätten sie nichts anderes erwartet, aber Tom sagte: »Macht es auch keinen Unterschied, daß es im Dorf keine Seele gibt, die nicht froh wäre über Jacks Tod? Er war eine Plage, und sie hat nichts anderes getan, als viele von uns gern getan hätten!«

»Ich kann Euch nicht widersprechen, aber es ändert nichts«, erwiderte Master Naylor. »Margery geht morgen früh mit dem Coroner und wird für ihre Tat vor den Bischof gebracht.«

»Aber sie hat nichts getan«, stieß Schwester Claire mit der ganzen Ungeduld hervor, die sie in Master Montfords Gegenwart hatte zügeln müssen.

Frevisse stimmte ihr zu. »Dieser Jack ist an seiner eigenen Wut gestorben und nicht etwa an Margerys unbedachten Worten!«

»Es war der Schlag, der ihn getroffen hat«, sagte Schwester Claire. »Menschen, die sich so von ihrem Temperament hinreißen lassen wie Jack Wilkins, sterben oft auf die gleiche Weise wie Jack Wilkins!«

»Wenn Ihr es sagt, Mylady«, erklärte Tom respektvoll. »Aber Margery hat ihm irgendwas zugerufen, und Jack ging schneller zu Boden als ein geschlachteter Ochse. Gott wache über seine Seele«, fügte er verspätet hinzu, und alle bekreuzigten sich. Jack Wilkins war noch nicht unter der Erde, also achtete man besser auf das, was man sagte, denn er würde einen ziemlich unbequemen Geist abgeben!

»Es war nicht einmal ein Spruch, der töten kann, das hat Margery selbst gesagt!«

»Gut, dann ist es etwas anderes«, erklärte Tom versöhnlich. »Und es wird auch für Margery ein Trost sein, daß es nicht ihr Werk war, egal, was der Coroner sagt. Aber wir sind eigentlich gekommen, um zu fragen, ob wir heute nacht Margerys Wache stellen dürfen, als Freundschaftsdienst sozusagen, bevor sie gehen muß.«

Durch den nebelschweren Dunst hörte man ganz schwach und weit entfernt die Glocke zum Nachtgebet läuten. Frevisse legte Schwester Claire ihre Hand auf den Arm und zog sie sanft mit sich fort. Diese Angelegenheit konnte Master Naylor regeln – hier gab es nichts mehr für sie zu tun. Es war sicher besser, wenn sie gingen und für Margerys Seele beteten – und für Jack Wilkins, dachte sie verspätet.

Fahler Sonnenschein ließ am nächsten Morgen im Kreuzgang ein Muster aus dünnen Schatten entstehen, als Frevisse von der Bibelstunde zu ihren Pflichten eilte. Sie nahm an, daß Master Montford und seine Leute mit Margery schon unterwegs seien, denn sie hatten im ersten Morgenlicht aufbrechen wollen. Und wieder bedauerte Frevisse, daß sie nichts hatte tun können, um irgendeine Seele außer ihr selbst und Schwester Claire davon zu überzeugen, daß Margery allein durch ihr lächerliches Sprüchlein und ihre Verzweiflung ihren ungehobelten Ehemann sicher nicht getötet hatte. Aber anscheinend hatte sogar Margery selbst an ihre Schuld geglaubt und würde die Strafe dafür auf sich nehmen, als sei sie wirklich schuldig – und sie würde dafür in den Tod gehen!

Frevisse wurde durch den lauten Klang einer Stimme – Master Montfords Stimme – abgelenkt. Zwar verstand sie die Worte nicht, doch hörte sie deutlich, daß er sehr erregt sein mußte. Frevisse warf einen kurzen Blick zurück auf die morgendlichen Schatten im Kreuzgang. Montford hätte um diese Zeit schon meilenweit entfernt sein sollen! Verwundert stieß sie das Tor zum Innenhof auf.

Dieser war normalerweise bis auf ab und zu vorbeihastende Dienstleute und die Tauben, die sich um den Brunnen scharten, leer – doch heute wurde die Hälfte des Hofes von einer Gruppe Dörfler eingenommen, die sich am Fuß der Treppe zum Gästetrakt drängten.

Master Montford thronte über ihnen auf dem Absatz, fertig gekleidet für den Ritt und offensichtlich in hellem Zorn.

»Und ihr wollt also noch immer behaupten, es sei keine Spur von ihr zu finden?« brüllte er.

Frevisse blieb stehen, wo sie war, und eine leise Hoffnung ergriff von ihr Besitz.

»Ihr habt diesen scheußlichen Ort seit dem Morgengrauen durchsucht, und meine Männer sind meilenweit durch die Felder gerannt; irgend jemand muß doch wissen, wo sie ist! Und wenn sie wirklich entkommen sein sollte, müssen wir die Hunde auf ihre Spur setzen!«

Sogar von dort, wo sie stand, konnte Frevisse sehen, wie die Dörfler bei seinen Worten zusammensanken. Doch waren die Worte des Coroners hauptsächlich gegen Master Naylor gerichtet, der sich sehr aufrecht und mit voller Absicht zwischen die Männer und den wütenden Coroner gestellt hatte. Mit mühsam erzwungener Geduld, aus der Frevisse schloß, daß er dasselbe schon mehr als einmal erklärt haben mußte, gab er mit seiner kraftvollen, weittragenden Stimme zurück: »Wir haben keine Bluthunde hier – dies ist ein Nonnenkloster, und es gibt keine Mönche. Hier wird weder geritten noch gejagt!«

Von seinem Platz ganz nah hinter dem Verwalter brummte Tom, der Anführer der Männer, so laut, daß es jeder hören konnte: »Und dahin, wo sie ist, würdet Ihr ihr sowieso nicht folgen wollen!«

Master Montford deutete auf Tom und rief außer sich vor Wut: »Ihr – Ihr seid einer von denen, die geschlafen haben, als sie wachen sollten. Vor Euch hin geträumt habt ihr, während sie einfach ging, wohin es ihr beliebte! Was meint Ihr mit ›dahin, wo sie ist‹? Mann, was meint Ihr damit?«

»Ich meine, daß es kein natürlicher Schlaf war, der uns letzte Nacht überfiel«, erklärte Tom laut genug, daß seine Worte auch im äußeren Hof zu hören waren, wo Master Montfords Gefolge und einige Bedienstete der Priorei gleich hinter dem Torbogen standen und lauschten. Frevisse sah, wie sie bei Toms Worten unruhig wurden.

»Nein, kein natürlicher Schlaf, da sind wir uns einig! Wir sind alle auf einmal und zur selben Zeit eingeschlafen, mitten im Gespräch. Das ist nicht normal, und wir haben wohl noch Glück gehabt, daß sie uns nicht mehr getan hat! Das meine ich damit, –

und jeder, der versucht, ihr zu folgen, fordert sein Schicksal selbst heraus!«

Die Dörfler, die hinter ihm und um ihn herum standen, warfen sich vielsagende Blicke zu und nickten eifrig, und einer der Kühneren sagte sogar: »Recht hat er, Tom hat recht!«

Eine Frau – Frevisse glaubte in ihr eine der vier zu erkennen, die am Abend zuvor zu Margery gekommen waren – bemerkte schrill: »Ihr könnt von keinen anständigen Mann verlangen, ihr dahin zu folgen, wohin sie ist!«

Montford deutete auf die Sprecherin. »Wißt Ihr, wo sie ist? Gebt Ihr zu, es zu wissen?«

»Ich kann es leicht erraten«, erwiderte die Frau. »Zu ihrem Herrn, dem Teufel, wird sie geflogen sein, und Ihr werdet keinen Hund finden, der einer solchen Fährte folgt!«

»Geflogen?« erregte sich Montford. »Geflogen? Und das soll ich glauben? Naylor, die meisten dieser Leute sind Leibeigene der Priorei; warnt sie und sagt ihnen, daß es unter Strafe steht, den Coroner des Königs zu belügen und Mörder zu verstecken! Sie ist hier irgendwo in der Nähe!«

»Wenn es so ist, so haben wir sie trotz unserer Suche noch nicht gefunden«, erwiderte Master Naylor. »Zweimal durch das ganze Dorf ist für einen Tag genug, und es gibt kein Anzeichen dafür, wo sie über Land hingegangen sein könnte. Wie Ihr sagt, sind dies unsere Leute, und ich habe sie in einer solchen Sache nie lügen sehen. Vielleicht haben sie ja recht – Ihr selbst nanntet die Kräuterfrau gestern abend eine Hexe, und das scheint sie jetzt bewiesen zu haben!«

Montford sah ihn an, vor Wut sprachlos.

»Wir meinen«, rief ein anderer der Männer, »daß Ihr gern unsere Häuser durchsuchen könnt, wenn Ihr Euch soviel schlauer glaubt als wir. Aber wenn Ihr sie findet, dann könnt Ihr nur hoffen, daß sie Euch nicht dasselbe antut wie Ihrem Mann!«

Allgemeines wütendes Gelächter erscholl aus dem Kreis der Dörfler und sogar von jenseits des Torbogens. Für einen Moment vergaß Master Montford seine Wut, nachdenklich gemacht durch die Worte des Mannes. Dann nahm er sich zusammen und fuhr wieder auf den Verwalter los. Mit wie er meinte vernichtendem Hohn erklärte er: »Ich habe wichtigere Dinge zu erledigen, als eine kleine Dorfhexe zu jagen. Sie befand sich in Eurem Gewahrsam, Master Naylor, nicht in meinem. Es wird eine Wiedergutmachung für den Verlust einer Gefangenen des Königs zu leisten sein, und seid gewiß, daß ich dafür sorgen werde, daß die Priorei die volle Summe zahlen muß!«

»Daran zweifle ich nicht«, gab Master Naylor knapp zurück, und die Verachtung in seiner Stimme übertraf die des Coroners bei weitem.

Für einen Moment maßen sich die beiden Männer mit ihren Blicken, dann bedeutete der Verwalter mit einem energischen Wink den Dörflern am Fuß der Treppe, zurückzutreten. Sie schoben und drängten sich gegenseitig und machten dann Platz.

Master Montford öffnete den Mund, wie um etwas zu sagen, schloß ihn jedoch wieder, stieg mit steifem Pathos die Stufen hinab, ging an den Männern vorbei zu seinem Pferd, das am Torbogen für ihn bereitgehalten wurde, und saß auf. Noch ein letztes Mal starrte er zu der Gruppe hinüber und blickte auch Frevisse, die noch immer in der geöffneten Pforte stand, über den Hof hinweg prüfend an. Dann warf er sein Pferd herum und ritt davon.

Niemand rührte sich oder sprach ein Wort, bevor das Hufgetrappel des kleinen Trupps verklungen war. Und sogar danach schien die Reaktion bei den meisten nur in einem tiefen Atemzug zu bestehen, mit dem sich gleichzeitig die angestaute Spannung langsam löste.

Gesichter wurden einander zugewandt, und Frevisse sah einige der Leute lächeln, aber niemand sprach. Hier und da erklang gedämpftes Kichern, aber sonst nichts, als sie durch den Torbogen den Heimweg antraten. Manche nickten Master Naylor zu, als sie an ihm vorbeigingen. Er erwiderte das Nicken, ebenfalls ohne zu sprechen, und als sie fort waren, blieb er, wo er war, um auf Schwester Frevisse zu warten.

Sie ging auch wirklich zu ihm hinüber, denn im Hof konnten sie am besten miteinander reden, ohne belauscht zu werden, zumindest, solange sie leise sprachen.

»Master Naylor«, sagte sie, als sie zu ihm trat.

Er neigte den Kopf vor ihr. »Schwester Frevisse!«

»Aus dem, was ich gehört habe, schließe ich, daß Margery Wilkins heute nacht entkommen ist?«

»Ja; es scheint, als seien ihre Wachen und die Freunde, die ihr Gesellschaft leisten wollten, eingeschlafen. Als sie bei Morgengrauen erwachten, war sie verschwunden.«

»Und ist nirgends zu finden?«

»Wir haben das Dorf heute morgen zweimal durchsucht, und Master Montfords Männer haben die nähere Umgebung in Augenschein genommen.«

»Glaubt Ihr, daß sie sich ihrer magischen Kräfte bedient hat, um zu entkommen?«

»So scheint es. Was für eine andere Erklärung könnte es geben?«

»Mir fallen auf Anhieb mehrere ein«, erwiderte Frevisse trocken.

Master Naylors Miene blieb unbewegt. »Genau wie Ihr und Schwester Claire noch andere Gründe als die Worte seiner Frau für den Tod von Jack Wilkins gefunden habt.«

»Und die Strafe, die die Priorei für Eure Fahrlässigkeit bei der Flucht der Hexe wird zahlen müssen?« erkundigte sich Frevisse.

»Es waren die Dörfler, die sie bewachen wollten und denen sie entkommen ist«, erklärte der Verwalter. »Ich beabsichtige, einen Teil der Summe im Dorf einzutreiben, um die Strafe bezahlen zu können, die unser Coroner gewiß über die Priorei verhängen wird.«

»Wird es deshalb nicht Proteste geben?«

»Die Dörfler protestieren immer, wenn es etwas zu bezahlen gibt. Aber in dieser Angelegenheit wird es, wie ich meine, weniger Streit geben als in anderen. Sie ist ihre Hexe – laßt das Dorf auch für sie bezahlen. Teuer Erkauftes wird lieber und teurer!«

»Glauben die Leute denn noch immer im Ernst, sie hätte ihren Mann getötet?« wollte Frevisse wissen. »Trotz all dem, was wir ihnen gestern abend gesagt haben, glauben sie, daß Margery solche Fähigkeiten besitzt?«

»Was sollen sie anderes glauben?« fragte der Verwalter ruhig zurück. »Sie haben gesehen, wie es geschah!«

»Und was glaubt Ihr selbst?« beharrte Frevisse, denn seine unbewegte Miene und der ausdruckslose Klang seiner Stimme gaben nichts von seinen Gedanken preis.

Statt einer Antwort auf ihre Frage erklärte Master Naylor: »Ich glaube, daß ein Speicher voller Stroh zu dieser Jahreszeit ein sehr unbehaglicher Ort ist, wenn man eine Woche oder mehr darin verbringt. Und daß es, wenn der Sommer kommt, im Dorf eine neue Kräuterfrau geben wird, die vielleicht sogar denselben Vornamen trägt, aber irgend jemandes verwitwete Schwester von irgendwoher ist, frei geboren wie Margery. Und daß es darüber keine Fragen geben wird!«

»Schließlich sind magische Kräfte an sich auch kein Verbrechen und keine Sünde«, sagte Frevisse. »Das Übel liegt in dem Zweck, zu dem sie benutzt werden!«

»Und das ganze Dorf weiß, daß Margery ihre Kenntnisse immer nur zu guten Zwecken genutzt hat, außer vielleicht bei diesem einen Mal, wenn man davon ausgeht, daß ihre Tat schlecht war. Aber alle ihre Nachbarn sind vom Gegenteil überzeugt«, erklärte Master Naylor feierlich.

»Und sie wollen Margery behalten, auch wenn sie dafür bezahlen müssen?« fragte Frevisse.

»Ja; sie wissen, daß sie eine gute Frau ist, und jetzt, wo sie sicher sind, daß sie magische Kräfte besitzt, wollen sie sie um so weniger verlieren!«

»Oder gegen sich aufbringen«, ergänzte Frevisse trocken.

Master Naylor schien einem Lächeln so nahe, wie es ihm möglich war, doch er sagte nur: »Jedenfalls wird es wahrscheinlich nie wieder Probleme geben, weil irgend jemand sie schlagen will!«

Originaltitel: *The Witch's Tale*
Ins Deutsche übertragen von Monika Ohletz

Die tödliche Sense

Mary Monica Pulver

Wenn sie nicht gerade mit Gail Bacon unter dem Namen Margaret Fra-
zer schrieb, hat Mary Pulver Kuhfeld unter ihrem Mädchennamen eine
ganze Reihe Kriminalromane und Geschichten veröffentlicht. Am
bekanntesten wurde sie wohl durch ihre Serie über den Polizeisergeant
Peter Brichter, einen rasenden Detektiv mit dazu passendem Porsche.
Über seine Abenteuer schrieb sie fünf Romane, deren erster Knight Fall
war. Die vorliegende Geschichte ist ihre erste über Vater Hugh von Pad-
dington, einen sehr eigenwilligen Priester des 15. Jahrhunderts, der
entschlossen ist, die Sünde in seiner Gemeinde auszurotten, und zwar
egal auf welche Weise.

Der Tod des Mannes war jedenfalls kein Unfall gewesen, das
wurde schon durch den ersten Bericht klar, den ein graugesichti-
ger Austin, der Gehilfe unseres Proviantmeisters, gab.

Austin war auf dem Weg nach Deerfield gewesen, um unseren
Vogt daran zu erinnern, daß die Frauen am nächsten Tag in den
Wiesen gebraucht würden, um das Heu zu wenden, das die Män-
ner gerade gemäht hatten, als er den Toten sah.

»Noch warm war er«, stieß Austin hervor und wischte sich mit
der Hand über sein breites Gesicht, »aber alles Blut war aus ihm
gewichen; sein Arm fehlte ab dem Ellenbogen, und seine Kehle
lag offen unter dem Himmel wie ein Mund, der nach Rache
schrie!« Austin befleißigte sich trotz seines niedrigen Standes
einer oft sehr gewählten Ausdrucksweise, die er von unserem
Proviantmeister, dem unentbehrlichen John Freemantle, übernommen hatte.

»Wo ist John?« fragte ich.

»Nach Banbury gegangen, um die lahme Stute zu kaufen, die
Will Frazee loswerden will«, erklärte Schwester Harley.

»O ja, richtig!« In meiner Aufregung hatte ich es ganz vergessen. »Und wo liegt der Tote?«

»Im Graben neben der Brachfläche.«

»Hat man es schon bekanntgemacht?«

»Ja, Madame. Überall entlang der Grenze zur Brache, wo ich ihn gefunden habe, ist alles voller Blut, große Flecken, so als sei er ein Tier des Waldes gewesen, das man gejagt und gestellt hat …« Austin verstummte jäh angesichts der schrecklichen Erinnerung, wischte sich noch einmal über das schweißbedeckte Gesicht, geriet dann ins Schwanken und wäre sicher gestürzt, wenn Schwester Harley ihm nicht noch rasch einen Stuhl hingeschoben hätte. Wir befanden uns in meiner Zelle im Kloster, wohin Austin mit der furchtbaren Nachricht gekommen war.

»Und du bist sicher, daß es Frick Cotter ist, der dort tot im Graben liegt?« vergewisserte ich mich.

»O ja, Madame!« brummte er und wischte sich seine feuchte Hand an seinem dichten kastanienbraunen Haarschopf ab. »Diese Nase ist unverwechselbar!«

Frick war im Dorf ein bekannter Mann. Er besaß nicht eine einzige Parzelle in den drei großen Feldern, die es umgaben, und seine Hütte war eine der bescheidensten. Er hielt sich mit ehrlichen und nicht ganz so ehrlichen Mitteln über Wasser, nahm Gelegenheitsarbeiten an, zog Erbsen und Bohnen in dem winzigen Garten hinter seiner Hütte, verkaufte Holz aus dem Wald und wilderte ab und zu mal ein Kaninchen oder stahl ein Ei. Aber seine Hauptbeschäftigung war der Dorfklatsch. Auch wenn immer behauptet wird, die Frauen hätten die spitzesten und flinkesten Zungen, so gab es doch niemanden, der eher Wind von einer Geschichte hatte und sie eher verbreitete als Frick.

Und – sozusagen als Symbol für diese seine Schwäche – nannte er die größte Nase von ganz Oxfordshire sein eigen.

»Armer alter Frick«, meinte Schwester Harley seufzend und reichte Austin einen Schluck Wein – in meinem guten Silberkelch, wie ich sehr wohl bemerkte; doch sagte ich nichts. Harley hatte Austins Not erkannt und das erste erreichbare Gefäß ergriffen, was mir vernünftig schien, denn Austin war ein guter Mensch.

Jetzt legte sie einen ihrer langen, schlanken Finger an ihre schmale Nase. »Was für eine Geschichte mag er wohl dieses Mal verbreitet haben, daß es ihm so ergangen ist?«

»Was meint Ihr, Schwester?«

»Daß man ihn deshalb ermordet hat, natürlich!«

»Gewiß wird es ein Raub gewesen sein«, warf ich ein. »Schließlich befand er sich außerhalb des Ortes auf der Hauptstraße!«

»Den alten Frick berauben?« rief Harley. »Was hätte man ihm denn stehlen können? Er ist einer der ärmsten Männer im Umkreis von vielen Meilen!«

»Aber ein Straßenräuber, der sich hier nicht auskannte, hat das vielleicht nicht gewußt«, gab ich zu bedenken.

»Man brauchte Frick doch nur anzusehen, um zu wissen, daß er ein armer Schlucker war«, erwiderte Harley. »Nein, es wird jemand gewesen sein, den Fricks Geschwätz in Wut gebracht hat!«

»Da bin ich nicht so sicher«, sagte Austin, »denn es war kein Messer, mit dem er getötet wurde, sondern etwas Größeres – vielleicht ein Schwert ...«

»Ein Schwert?« Harley wandte Austin ihr aristokratisch geschnittenes Gesicht zu. »Aber im Dorf besitzt niemand ein Schwert!«

»Und auch ein gewöhnlicher Räuber nicht«, fügte Austin hinzu. »Nach den Wunden zu urteilen war die Schneide frisch und scharf, kein so gezacktes, abgenutztes Ding, wie es ein Räuber bei sich führen würde. Diese Klinge ist sicher von vornehmer Hand geschwungen worden!«

Im Raum breitete sich unbehagliches Schweigen aus. England brauchte in diesen unglücklichen Zeiten mehr denn je eine starke Hand, die es lenkte, doch unser König Heinrich VI. schien eher ein schwaches Schilfgras zu sein. Die ›kleinen Tyrannen‹ gewannen überall an Macht und mißachteten ungestraft Gesetz und Recht. Unser Tyrann war Lord Ranulf Fitzralph; er war reich und besaß Freunde bei Hof, nahm sich, was er wollte, und niemand wagte, ihm entgegenzutreten. Nach allem, was wir über ihn wußten, war es nicht einmal unwahrscheinlich, daß er sich damit amüsiert hatte, einen seiner Leibeigenen zu töten.

»Aber dann ist er schließlich doch zu weit gegangen«, sagte ich. »Schwester Harley, bitte laßt ausrichten, daß ich John Freemantle sofort zu sehen wünsche, wenn er wiederkommt. Wir werden ihn zum Sheriff und danach mit einem Brief zum Bischof schicken!« Denn Ranulf mochte den Sheriff verachten, und vielleicht sogar den König; aber niemand würde es wagen, die Kirche herauszufordern – und dies war Sache der Kirche. Frick Cotter gehörte wie jeder Unfreie in Deerfield Village der Abtei von Deerfield. Durch den Mord an ihm fand sich Lord Ranulf jetzt nicht nur meiner, der Äbtissin, oder des Bischofs Gnade, sondern der Gnade der Kirche selbst ausgeliefert, der Stellvertreterin Gottes auf Erden.

Zwei Stunden später bat der Priester der Abtei, Vater Hugh von Paddington, mich sprechen zu dürfen. Er ist ein kleiner, braunhaariger Mann, eher gewöhnlich, doch er kennt sich im Dorf gut aus und sagte, er habe mir über Frick Cotter etwas mitzuteilen.

»Mylady«, erklärte er, demütig vor mir kniend, »ich bin zutiefst betrübt, Euch berichten zu müssen, daß Frick Cotter von jemandem aus dem Dorf getötet wurde.«

»Nein, Vater Hugh; Austin sagt, die Wunden des Toten sähen aus, als seien sie durch ein Schwert verursacht worden. Wir müssen unser Augenmerk auf Sir Ranulf selbst richten, um den Urheber dieser gottlosen Tat zu finden!«

Vater Hugh erhob sich – der Boden meiner Zelle besteht aus Tonfliesen und ist beinahe so hart wie Stein, so daß ich von niemandem erwarte, lange zu knien. »Ach, ich wünschte, es wäre so einfach. Aber ich habe schon Menschen gesehen, die durch das Schwert gestorben waren, und Fricks Wunden sprechen nicht dafür.«

Mir fiel ein, daß er im Gegensatz zu Austin tatsächlich auf dem Schlachtfeld verwundete Männer gesehen hatte, und fragte: »Aber mit welcher Waffe hat man ihn dann getötet, wenn nicht mit einem Schwert?«

»Vielleicht mit einem Rutenmesser; aber ich glaube, daß es eher eine Sense war.«

Die Arbeiter hatten heute in den Wiesen mit ihren Sensen Gras geschnitten. Ich hatte einige von ihnen fröhlich pfeifen hören, als sie sich die Straße entlang auf den Heimweg machten, und zwar etwa eine halbe Stunde bevor Austin ins Dorf aufgebrochen war – und Fricks noch warme Leiche gefunden hatte.

»Aber nicht doch«, sagte ich. »Keiner unserer Leibeigenen wäre fähig, einen Mord zu begehen!« Ganz besonders dann nicht, wenn ich mir so sehnlich wünschte, die Gegend endlich von Sir Ranulf zu befreien ... »Wer von ihnen könnte so etwas tun?«

»Ich glaube, Mylady, daß Fricks Geschwätzigkeit ihm zum Verhängnis geworden ist!«

Ich starrte ihn an. »Dann wißt Ihr also, wer es war?«

»Nein, nein, noch nicht. Aber es scheint, daß der gute alte Frick seine Zunge unter bestimmten Bedingungen doch im Zaum halten konnte. Gegen einen gewissen Preis erzählte er oft nicht alles, was er wußte.«

»Was meint Ihr damit?«

»Ich meine, daß er zu jemandem ging, dessen Geheimnis er herausgefunden hatte, und versprach, für zwei Kohlköpfe oder einen Laib Brot oder ein Hühnchen nichts davon zu sagen, daß dieser Jemand Kranksein vorgeschützt hatte, um der Gemeinschaftsarbeit beim Pflügen der Felder zu entgehen.«

»Wer hat Krankheit vorgeschützt?« wollte ich sofort wissen.

»Niemand, Madame«, erwiderte Hugh, der ein Lächeln nicht unterdrücken konnte. »Ich habe das nur als Beispiel angeführt. Aber mir sind zwei Geheimnisse zu Ohren gekommen, über die Frick Bescheid gewußt hat, und die dazugehörigen Personen sollen sehr wütend auf ihn gewesen sein. Es ist schon fast Zeit für die Vesperandacht, also für heute zu spät, um mit meinen Erkundigungen fortzufahren. Aber mit Eurer Erlaubnis werde ich morgen früh wieder hinuntergehen und sehen, was ich über Fricks Unternehmungen noch herausfinden kann.«

»Glaubt Ihr, es war einer von diesen beiden Männern, der Frick umgebracht hat, damit sein Geheimnis nicht bekannt wurde?«

»Vielleicht; oder aber ein anderer, dessen Geheimnis ich noch nicht kenne.«

»Aber wenn Ihr nun nicht über alle verborgenen Schwächen etwas erfahrt, wie wollt Ihr herausfinden, wer diese gottlose Tat begangen hat?«

»Madame, ich vertraue darauf, daß Gott mich zur Wahrheit führt.«

Ich erklärte mein Einverständnis und entließ ihn mit dem Gedanken, daß Vater Hugh vielleicht nicht unbedingt der geeignetste Mensch war, um ihm in dieser Sache zu vertrauen. Er ist beliebt bei unseren Leibeigenen, die ihn zugänglicher finden als ihren eigenen Priester, doch das liegt nur daran, daß er ärmlich gekleidet, schwerfällig und ungebildet ist, genau wie sie.

Vater Hugh kam am Nachmittag des nächsten Tages zu mir und erstattete mir Bericht. Ich ließ Schwester Mildred und Schwester Harley rufen, damit sie sich diesen Bericht mit mir zusammen anhörten.

»Ich denke, es gibt nur drei Männer, die diese Tat begangen haben könnten«, erklärte Vater Hugh. »Einer von ihnen ist Jack Strong. Er hat sich ein Stückchen Ödland am Waldrand ausgebeten, es eingezäunt und dort in diesem Jahr Pastinaken angebaut. Und nebenbei hat er den Boden mit den Knochen des Wildes gedüngt, das sein Sohn Will und er ohne Erlaubnis geschossen haben.«

»Jack Strong ein Wilderer?« rief Schwester Harley überrascht.

»Ja, das ist er«, warf ich ein.« Schwester Mildred hat mir davon erzählt. Doch schoß er nicht mehr als drei Tiere in den letzten beiden Jahren, und bei der Menge, die König Heinrich jagt, wird er diese wenigen wohl kaum vermissen. Wenn Jack aber vor dem Winter noch einen Hirsch tötet, werde ich ihn warnen müssen, daß ich Bescheid weiß. Bitte fahrt fort mit Eurem Bericht, Vater Hugh.«

»Der zweite ist Tiffany Dickins.«

Schwester Mildred erklärte: »Er ist der Vater von Christopher, Madame, der letztes Jahr gleich nach Michaelis davonlief.«

Leibeigene können sich die Freiheit erkaufen, wenn es ihnen gelingt, das Geld zusammenzusparen, oder sie können in die Stadt gehen, wo sie, wenn sie ein Jahr und einen Tag überlebt haben, den Status von Bürgern und damit die Freiheit erlangen.

Christopher hatte die zweite Möglichkeit gewählt und bis zum Jahresablauf nur noch zwei Monate zu überstehen, wenn er nicht inzwischen Hungers gestorben oder einer der Seuchen zum Opfer gefallen war, die in den Städten wüten. Vielleicht war er auch in einen anderen Bezirk gegangen und hatte für ein Stückchen Land und etwas zu essen erneut die Last der Unfreiheit auf sich genommen.

»Wißt Ihr Neues über Christopher?« erkundigte sich Harley.

Vater Hugh nickte. »Christopher kommt oft heimlich her, um seine Familie zu besuchen. Erst am letzten Sonntag ist er dagewesen.«

»Dieser Dummkopf!« stieß ich hervor, denn wenn irgend jemand ihn außerhalb der Stadt entdeckte, würde die ganze Zeit, die er dort verbracht hatte, verwirkt sein, und er müßte noch einmal von vorn beginnen. Wir hätten Männer ausschicken können, ihn zu suchen, aber Christopher war ein fauler Kerl, und es wäre eine Verschwendung gewesen, gute Arbeiter auf seine Spur zu setzen. Außerdem wäre er gewiß bei der nächsten Gelegenheit wieder davongelaufen.«

»Er ist wohl nach Oxford gegangen?«

»Ja«, bestätigte Vater Hugh. »Aber es fällt ihm nicht leicht, sich über Wasser zu halten. Er kommt nach Hause, um zu essen und um Hobs Tochter den Hof zu machen.«

»Tatsächlich?« fragte Schwester Mildred. »Dem müssen wir unbedingt ein Ende setzen! Wenn er fortläuft, ist das sein Problem, aber ich werde nicht zulassen, daß er Megan mit sich nimmt.«

Ich stimmte ihr zu; das Mädchen war eine begabte Weberin und arbeitete hart, der Stolz ihrer Familie. »Außerdem ist sie erst dreizehn.« Ich runzelte die Stirn. »Ihr glaubt aber nicht, daß es Christopher selbst gewesen sein könnte, der auf Frick losgegangen ist?«

»Nein; Christopher hat Deerfield am Sonntag abend verlassen. Aber jemand hat heute morgen Frick mit Chris' Vater reden sehen, als der mit seiner Sense von der Wiese kam, und Tiffany muß mit furchtbar düsterer Miene davongegangen sein. Vielleicht hat Frick Christopher während seines letzten Besuchs gesehen und angeboten, diese Tatsache gegen einen gewissen Preis nicht bis zu uns zu tragen.«

»Dieser boshafte alte Schwätzer! Ich wünschte, Gott hätte ihn für seine Neugier mit Blindheit geschlagen!«

»Ja, ein blinder Schnüffler ist sehr viel harmloser als ein sehender«, sagte Schwester Harley. »Und wenn Gott ihn wirklich so geschlagen hätte, hätte auch kein Sterblicher seine Seele in Gefahr gebracht, indem er ihn tötete. Frick hätte die ihm vorbestimmte Zeit gelebt und wäre vielleicht von seinem Bett aus zum ewigen Gericht gerufen worden, mit einem Priester an seiner Seite, statt den Sprung in die Ewigkeit mit seinen brennenden Sünden auf dem Rücken zu unternehmen! Gott erbarme sich unser, auch wenn seine Wege unerforschlich sind!«

Und wir alle bekreuzigten uns und hofften, friedlich, mit den heiligen Sakramenten versehen, in unseren Betten zu sterben.

»Allmählich wird mir klar, daß meine Art, Übertretungen von Verboten stillschweigend zu übergehen, doch keine so kluge Handlungsweise ist«, bemerkte ich. »Wer ist Euer dritter Verdächtiger, Meister Hugh?«

»Evan Harmony. Er hat … äh, sich mit Tobys Frau eingelassen, oder jedenfalls ließ Frick jemand anderem gegenüber so eine Andeutung fallen.«

»O nein«, stieß ich hervor. Toby, der Dorfschmied, war ein typischer Vertreter seines Fachs, groß und stark, aber bei ihm kam außerdem noch ein sehr aufbrausendes Wesen hinzu. Evan Harmony war weder besonders klein noch schwächlich, aber gewiß kein Gegner für unseren Schmied. Der Mord an Frick Cotter mochte ihm als das beste Mittel erschienen sein, dem Schmied nicht zu Ohren kommen zu lassen, daß Evan ihn zum Hahnrei gemacht hatte.

»Vielleicht sollten wir auch Toby selbst nicht außer acht lassen«, sagte ich. »Wenn Frick mit seiner Geschichte zu ihm gegangen ist, hat der ihn vielleicht umgebracht, damit sich das Gerücht nicht verbreitete. Oder, wenn Toby ihm nicht geglaubt hat, nahm er es vielleicht nicht allzugut auf, daß jemand solche Geschichten über seine Frau erzählte.«

Aber Vater Hugh schüttelte den Kopf. »Nein, Toby gehört zu denen, die mit den Händen zupacken – im schlimmsten Fall hätte er nach seinem Hammer gegriffen. Eine Sense ist eine seltsame Waffe für jemanden, der nicht an sie gewöhnt ist. Ich glaube, Madame, daß unser Mörder Tiffany, Jack oder Evan heißt.«

»Und welcher von ihnen war es?« fragte Mildred.

Vater Hugh zuckte mit den Schultern. »Ich weiß es nicht«, sagte er schlicht. »Sie kamen getrennt voneinander nach Hause, und auf dem Weg hat sie niemand gesehen. Jack hat einen blutgetränkten Rock in seinem Haus, aber er behauptet, das Blut stamme von dem getöteten Wild. Und in dem Verschlag hinter seinem Haus hängt mindestens ein halber Hirsch von den Dachsparren herunter. Tiffany hat einen brandneuen Griff an seiner Sense, aber er sagt, er habe den alten gestern auf der Wiese zerbrochen und sei etwas früher nach Hause gegangen, um ihn zu ersetzen. Es gibt drei Zeugen dafür, daß er die Weide früher verlassen hat, aber keinem ist ein zerbrochener Sensengriff aufgefallen. Evan hat Frick letzten Sonntag nach der Messe niedergeschlagen und geschworen, ihn umzubringen, wenn er ihn je allein zu fassen bekäme. Das halbe Dorf hat es gesehen und gehört, und einige zollten Evan sogar Beifall – Frick war alles andere als beliebt.«

»Aber Ihr wißt nicht, wer es nun wirklich getan hat?« fragte ich.

»Nein, Mylady. Und mir fällt einfach keine Methode ein, um es herauszufinden.«

So standen die Dinge – und so würden sie bleiben, dachten wir. Doch dann, am späten Nachmittag, ließ Vater Hugh nach mir schicken und bat mich, zu den Ställen hinauszukommen, weil er im Begriff stehe, den Mörder anzuklagen.

»Hat er gesagt, wer es ist?« fragte ich, als ich mich erhob.

»Nein, Madame«, erwiderte Austin. »Er hat seine beste Soutane angelegt, trägt das gute Prozessionskreuz bei sich und redet, als ob er ein Zeichen vom Himmel erwarte. Und er ist sich so sicher, einen der drei zu überführen, daß er nach einem Kirchendiener gesandt hat, der den Schuldigen festnehmen soll, damit Ihr über ihn Gericht halten mögt!«

Besorgt, weil ich niemanden – und schon gar nicht einen Priester – gern mit Wundern tändeln sehe, denn dabei hat schon manch einer größere Überraschungen erlebt, als er gedacht hatte, und ärgerlich auf den kleinen Priester, weil er mir Sorgen machte, verließ ich das Klostergebäude und begab mich in den Innenhof, wo ich Schwester Harley gerade aus dem Gästehaus kommen sah. Ich bedeutete ihr, mich zu begleiten, und gemeinsam traten wir durch das hölzerne, doppelflügelige Tor, das zum großen Außenhof mit seinen Scheunen, Ställen und dem Geruch nach Tierkot hinausging. Das Sonnenlicht fiel in schrägen Strahlen vom noch immer bleiernen Himmel, und es war heiß und windstill. Gutes Wetter zum Heumachen, wie Schwester Mildred gesagt hätte.

Sie stand schon dort, war Teil der kleinen Versammlung bei den Ställen, zu der auch unser Schweinehirt, ein Schäfer, ein Küchenmädchen mit einer Schüssel voller Brotkrümel für die Küken und noch ein paar andere Zaungäste gehörten. Ich prägte mir ihre Gesichter ein, denn ich wollte sie später wegen ihres Müßiggangs rügen, falls Schwester Mildred es nicht selbst tat.

Die drei Verdächtigen standen neben dem Kirchendiener, als seien sie schon festgenommen. Jack Strong, der Wilderer, war ein großer Mann mit breiten Schultern und einem dichten Schopf aus verfilztem braunen Haar. Tiffany, der Vater des geflohenen Jungen, war auch von kräftigem Wuchs, nur etwas kleiner, und in seinem Haar und Bart zeigten sich schon viele graue Strähnen. Der junge Evan war, wie es sich für einen ehebrecherischen Liebhaber gehört, sehr gut aussehend, mit blondem Haar, roten Lippen und Augen von so klarem Grau wie Glas.

Der Kirchendiener wandte sich bei unserer Ankunft um und berichtete mit ernster Miene: »Vater Hugh hat mir versichert, daß einer dieser drei Männer schuldig sei. Er bat darum, daß sie ihre Sensen mitbringen sollten, was sie auf mein Geheiß hin auch getan haben, aber alle drei sind sorgfältig gereinigt worden.«

»Ja, alle Sensen werden nach dem Gebrauch gereinigt«, erklärte Vater Hugh so plötzlich hinter mir, daß ich erschrocken zusammenfuhr, denn ich hatte ihn nicht kommen hören. »Sie werden gesäubert, geschärft und bis zur nächsten Mahd trocken aufbewahrt.« Er trug, wie man mir schon berichtet hatte, seine neueste und beste Soutane und wirkte sehr klein unter dem riesigen Prozessionskreuz, das er trug und das außerhalb des Klosters, besonders im Schmutz eines Hofes, nichts zu suchen hatte.

»Für einen Städter wißt Ihr sehr viel über die Geräte, die die Bauern benutzen«, stellte Schwester Harley fest.

»Die Leute von Deerfield gehören auch zu den mir Befohlenen«, erwiderte Vater Hugh. »Ich verbringe viel Zeit in ihrer Gesellschaft, und dabei erfahre ich natürlich auch viel über sie – und über ihre Schwächen. Wo sind die Sensen?«

»Drüben neben der Stalltür«, antwortete der Kirchendiener.

Vater Hugh zwinkerte, geblendet vom Licht der sinkenden

Sonne, erspähte die Sensen und lief hinüber, um sie sich genauer anzusehen. Dabei bemerkte er weder die schmutzige Wasserlache, durch die er schritt, noch sah er, daß der Saum seiner neuen Soutane darin schleifte. Dann blickte er nacheinander die drei Verdächtigen an und befahl: »Jeder von Euch stellt sich neben seine Sense!«

Die Männer schauten auf den Kirchendiener, der kurz nickte, und gingen dann hinüber, um sich neben ihre Werkzeuge zu stellen, wobei sie Vater Hugh und uns anderen ihre Gesichter zuwandten. Der Kirchendiener, der eine amtliche Miene aufgesetzt hatte, trat näher zu ihnen heran, doch ich blieb mit Schwester Harley und Schwester Mildred, wo ich war. Als Äbtissin war es meine Aufgabe, das Urteil über den Schuldigen zu sprechen, doch dieses Verhör war Männersache.

Die unhandlichen Waffen – denn so erschienen mir die Sensen jetzt – waren in einer Reihe an die Wand gelehnt und sahen einander zum Verwechseln ähnlich.

Vater Hugh begann, vor ihnen auf und ab zu gehen, und warf jedem der drei Männer einen scharfen Blick zu. »Als Gott die Welt erschuf«, sagte er in dem gleichen gemessenen Ton, in dem er sonst seine Predigten zu halten pflegt, »wählte er Adam und Eva aus, seine Stellvertreter auf Erden zu sein. Sie waren seine Geschöpfe, die ihm Treue schworen. Aber dann«, der kleine Mönch wirbelte wild gestikulierend herum, »kam der TEUFEL«, dieses Wort stieß er dumpf hervor, »und versuchte Eva, die ihren Schwur verriet. Sie ging zu Adam, der auf ihren Rat hin seinen Schwur ebenfalls vergaß. Deshalb geriet die ganze Erde unter die Herrschaft des Teufels, bis unser Herr Jesus Christus kam und sie mit seinem Blut zurückkaufte. Halleluja!«

Wenn Vater Hugh eines gut konnte, dann war es Predigen. Das konnte er so mitreißend wie jeder Mönch. Er hob eine Hand in gespieltem Schrecken. »Doch noch immer, ja, noch immer gibt es Menschen, die den Schwur brechen, der für sie bei der Taufe getan wurde, und sie verbünden sich mit – Beelzebub.« Er stieß diesen Namen zischend hervor, so daß uns alle ein leichter Schauder durchlief. »Es ist einer unter euch«, sagte er sich umwendend und deutete mit dem Finger auf die drei Verdächtigen, »der nicht Gott dient, sondern dem Teufel! Der so erfüllt ist von Stolz und Zorn, daß er – selbst jetzt, wo ich ihn erkannt habe – nicht imstande ist, zu bereuen und seine Sünde zu bekennen!«

Diese Worte lösten bei den drei Männern sichtbares Unbehagen aus, aber keiner sprach ein Wort, nicht einmal, um zu protestieren.

»Wißt ihr, was das Wort Beelzebub bedeutet?« fragte Vater Hugh, und sogar ich schüttelte den Kopf. »Herr der Fliegen. Die schmutzige Fliege, durch Schmutz hervorgebracht, ihr ganzes Leben im Schmutz verbringend, ein überaus passendes Wappentier für den dunklen Bund ihres schmutzigen Herrn, Beelzebub.« Seine Stimme war beim letzten Wort leiser geworden, und wir alle lehnten uns ein wenig vor, um besser zu hören, was er als nächstes sagen würde.

»Und hier, in Anbetung ihres Herrn, die Anwesenheit seines menschlichen Dieners bezeugend, versammeln sich die Fliegen … auf der Waffe, die Frick Cotter das Leben nahm!« Vater Hugh deutete plötzlich auf die dritte Sense, die Jack Strong, dem Wilderer, gehörte.

Jack starrte seine Sense an und gab ihr einen Tritt, daß sie umfiel und Schwärme von Fliegen in alle Richtungen davonstoben. »O nein, seht Ihr?« rief er. »Diese Biester versammeln sich, wo sie wollen, dann machen sie sich davon und treffen sich anderswo. Ihr könnt mich nicht dafür anklagen, wo diese Viecher landen!«

»Vielleicht«, meinte Vater Hugh, doch sein Ton ließ ahnen, daß er sich seiner Sache trotzdem sicher war, »ist es, wie du sagst, Jack. Also gut – Ihr drei, scheucht die Fliegen ein ordentliches Stück weit fort! Dann werden wir sehen, wo sie sich wieder sammeln!«

Die Männer machten sich entschlossen ans Werk, schrien und traten nach dem Staub und dem Schlamm, der den Hof bedeckte, wedelten mit ihren Tuniken in der Luft herum und hatten schließlich eine breite, fliegenfreie Schneise zwischen sich und ihren Sensen geschaffen. Jack arbeitete am härtesten, was nur verständlich war, doch sogar er schien am Ende zufrieden, und die Männer kamen zurück und nahmen wieder bei ihren Sensen Aufstellung.

Jetzt trat sogar ich ein paar Schritte näher heran, denn es

schien mir genau so zu sein, wie Jack gesagt hatte: Fliegen versammeln sich hier und da, sind dann plötzlich verschwunden, und das alles ohne jeden ersichtlichen Grund, es sei denn, es gäbe irgendwo einen Schmutz- oder Dunghaufen, der sie anzöge. Doch kaum war wieder Ruhe eingekehrt, als sie auch schon zurückkamen und sich, in dichterem Schwarm als zuvor, auf der ganzen Länge von Jacks Klinge niederließen – vor allem nahe der Stelle, wo diese am Griff befestigt war. Ihre Zahl war so groß, daß sie ein Brummen ähnlich dem eines Bienenschwarms produzierten.

Die anderen beiden Männer starrten auf die Fliegen, bekreuzigten sich und wichen zurück, so daß Jack nun allein vor der verräterischen Sense zurückblieb.

Jack schwang noch einmal den Arm, um die Fliegen zu vertreiben, doch geschah es nur halbherzig, und beobachtete dann, wie sie sich ebenso rasch wie zuvor wieder sammelten. Er schluckte und sagte ansatzlos, als beende er nur eine schon begonnene Erklärung: »Er sagte, er hat mich mit dem Hirschen gesehen und will ihn halb, sonst hält er seinen Mund nicht. Die Hälfte! Die hätte er nicht mal essen können, wenn er den ganzen Tag in seiner Hütte gesessen und es in sich reingestopft hätte – es wär' verdorben gewesen, bevor er auch nur ein Viertel gegessen hätte! Und außerdem war sowieso keine Hälfte mehr da – Ich hab' ja selbst nur eine Hälfte gehabt, weil ich mit …«, er hielt inne und wischte sich über den Mund, »mit jemandem geteilt hab'.« Sein Blick voller Zorn glitt zu mir. »Wir sind nun mal nich' als Ochsen oder Pferde gebor'n, Mistreß, und können von Gras und Wurzeln nich' leben.« Dann fuhr er, an Vater Hugh gewandt, fort: »Bei all der Arbeit auf meinen eigenen Parzellen in den Feldern, der Feldarbeit für euch Nonnen und wenn wir den kleinen Streifen Brachland fruchtbar halten wollen, braucht meine Familie Fleisch! Frick, dieser Faulpelz, hat – hatte das nich' nötig, und das hab' ich ihm auch gesagt. Hab' ihm angeboten, was anderes von meiner Ernte mit ihm zu teilen; aber er lachte nur und rieb sich diese Nase und sagte: ›Jack, bring mir heute nach Sonnenuntergang diesen halben Hirsch, oder ich erzähle, was ich weiß!‹ Und ich war so wütend, daß ich ohne nachzudenken ausgeholt hab', um ihn zu schlagen; hab' einfach vergessen, daß ich die Sense trug, und er wirft den Arm hoch, und die Klinge trennt ihn ab wie einen Grashalm! Schwer zu sagen, wer mehr überrascht war, er oder ich. Aber ich hatt' nun mal damit angefangen, und obwohl er wegrannte, mußte ich ihn erwischen und es zu Ende bringen, und das hab' ich auch getan; und dann bin ich nach Haus gegangen, als ob nichts gewesen wäre, hab' die Klinge mit Gras und Erde saubergemacht und gewaschen, so gut ich konnte, und dann hab' ich die Sense weggestellt. Wollte sie heut abend ins Feuer halten, um den Rest Blut wegzukriegen –« Jack hielt inne und deutete auf Vater Hugh.

»Ihr und Euer Beelzebub! St. Mary und all dieser faule Zauber! Es war das Blut, sonst gar nichts; es kam aus seinem Arm wie eine Fontäne, und auch aus seinem Bein, nachdem ich ihn eingeholt hatte, und ... ich war erstaunt, daß noch was übrig war, das dann aus seiner Kehle sprudelte, ja, das tat's, wie ein richtiger Fluß! Es klebt, dieses Blut, oder? Und es setzt sich in Rissen und Kratzern fest. Und Fliegen zieht es an, das weiß jeder, der mal bei einer Schlachtung dabei war! Also könnt Ihr Euren Beelzebub nehmen und aufhängen –« Jack sog aufschluchzend den Atem ein, »genau wie sie's mit mir machen werden!«

Originaltitel: *Father Hugh and the Deadly Scythe*
Ins Deutsche übertragen von Monika Ohletz

Leonardo da Vinci und die Goldamsel

Theodore Mathieson

Theodore Mathieson, geb. 1913, war fünfzehn Jahre lang als Englisch-lehrer an einer High School in Kalifornien tätig, bevor er 1955 mit dem Schreiben begann. Nachdem er regelmäßig Geschichten an das Ellery Queen's Mystery Magazine *verkauft hatte, wandte er sich einem ehrgeizigen Projekt zu, nämlich eine Serie mit Kurzgeschichten zu verfassen, in der berühmte historische Persönlichkeiten mit der Aufklärung von ungewöhnlichen Kriminalfällen betraut werden. Die Serie begann mit der Geschichte* Captain Cook, Detective *(1958) und setzte sich mit einem Dutzend weiterer Geschichten fort.*

Die Besonderheit dieser Geschichten besteht darin, daß sowohl Kriminalfall als auch Schauplatz der jeweiligen Erzählung unmittelbar auf die Hauptfigur abgestimmt sind, indem der Autor sich deren besondere Fähigkeiten und Gewohnheiten zunutze macht und sich sehr eng an ihrem jeweiligen Umfeld und ihrer entsprechenden Weltauffassung orientiert. Dies erfordert eine umfangreiche Recherche, da diese Reihe eine Zeitspanne von Alexander dem Großen bis hin zu Florence Nightingale umfaßt. Die folgende Geschichte gehört mit ihrer schrittweisen Aufklärung eines scheinbar unmöglichen Verbrechens zu den raffiniertesten aus dieser Serie.

An einem schönen Nachmittag im späten Frühjahr des Jahres 1516 saß Leonardo da Vinci friedlich in dem Rosengarten hinter seinem Anwesen in der Nähe von Amboise. In seinem Schoß lag ein Skizzenblock, denn er war gerade dabei, eine Goldamsel zu zeichnen, die in einer großen Volière umherflatterte. Obwohl der Meister inzwischen über Sechzig war – sein Bart war schlohweiß, und er ging leicht gebeugt –, hatte der Mann, der *Das letzte Abendmahl* und die *Mona Lisa* geschaffen hatte, weder an Geschicklichkeit verloren noch seine Sehschärfe eingebüßt. Rings herum erhoben sich die sanften, sonnengewärmten Hügel im Herzen Frankreichs, und die Bienen summten in den Hecken.

Sein Diener Jacques kam zögernd von der Terrasse auf ihn zu

und sprach dann leise zu ihm.

»Maître, ein Herr aus Amboise. Er verlangt Euch zu sehen.«

Leonardo nickte freundlich, doch ehe der Junge sich umdrehen konnte, um die Nachricht zu übermitteln, kam bereits eine stattliche Gestalt mit schwarzem Haar und üppigem Bart über die Terrasse geschritten.

»Ah, Monsieur Blanchard«, sagte Leonardo wohlwollend. »Setzt Euch und betrachtet die Goldamsel mit mir. Zwar behagt es mir im Grunde nicht, den Vogel in Gefangenschaft zu halten, doch in ihrem natürlichen Lebensraum ist die Goldamsel schwierig zu zeichnen –«

»Ihr verwechselt mich, Monsieur«, sagte der Mann. »Ich bin nicht Monsieur Blanchard.«

»Sollten meine Augen ihre Sehkraft verloren haben?« fragte Leonardo und blinzelte zu seinem Besucher auf. »In der Tat, es sieht ganz danach aus, denn Ihr seid tatsächlich nicht der Minister des Königs!«

»Ich bin Baron de Marigny, zu Euren Diensten. Die Königin wünscht, daß Ihr unverzüglich nach Amboise kommt.«

»Die Königin!« Leonardo wirkte überrascht. Er genoß das Wohlwollen Seiner Majestät Franz I. aus dem Hause Valois. Dieser hatte Leonardo eingeladen, sich in Frankreich niederzulassen, hatte ihm dieses Haus geschenkt, sein Schloß in Amboise stand ihm jederzeit offen, und er schätzte Leonardos Gesellschaft. Aber die Königin! Die französische Schönheit edlen Geblüts hatte ihn nie gemocht und von Anfang an keinen Hehl daraus gemacht.

»Wie könnten meine bescheidenen Dienste für die Königin von Nutzen sein?« fragte Leonardo, um Zeit zu gewinnen.

»Sie hat mir ausdrücklich befohlen, nicht darüber zu sprechen. Zugleich –« Marignys Augen zwinkerten unruhig, als er die Goldamsel beim Herumflattern betrachtete. »Seine Majestät, der König, war ganz und gar nicht einverstanden damit, daß sie Euch rufen ließ.«

»Aber er gestattete es ihr?«

»Ja. Es ist schwierig, sich den Launen der Königin zu widersetzen.«

»Dann sollte ich mich wohl sofort zu ihr begeben«, sagte Leonardo und ging in Richtung Terrasse. »Um zu erfahren, worum es geht – und schon allein, weil die Königin es wünscht. Jacques, meinen Umhang!«

Die Kutsche, in der Leonardo und der Baron fuhren, holperte über die schmale von Pappeln gesäumte Straße bis etwa hundert Meter auf die grauen mächtigen Konturen des Schlosses zu. Dann schlug sie den Weg in ein offenes grünes Feld nach Westen ein, auf die sich sanft erhebenden Hügel zu, die etwa einen Kilometer entfernt waren.

»Wir nähern uns dem Amphitheater?« fragte Leonardo.

»Dort geschah es«, sagte Marigny abwesend. Er preßte die Lippen fest aufeinander. »Sie erwarten Euch dort. Sie werden Euch alles Weitere erklären.«

Die Kutsche wirbelte eine Staubwolke auf, als sie vor dem Eingang des Amphitheaters wendete, der südlich gelegen war. Hier ließ Franz, ein leidenschaftlicher Liebhaber von Turnieren, Maskeraden und Schauspielen aller Art, verschiedene Veranstaltungen unter freiem Himmel zu seinem eigenen Vergnügen, für sein Gefolge und seine Gäste stattfinden.

Farbenprächtige Flaggen flatterten von hohen Masten, kündeten von der nachmittäglichen Festlichkeit, die inzwischen beendet war. Fast alle waren gegangen, bis auf eine kleine Gesellschaft, die, von Soldaten umringt, unter einem gestreiften Baldachin saß. Leonardo erkannte den König und die Königin und ihr Gefolge. Minister Blanchard näherte sich Leonardo mit ausgestreckten Armen, sein blasses Gesicht war mit Schweiß und Staub bedeckt.

»Es ist entsetzlich, Monsieur da Vinci. Monsieur Laurier wurde mit einem Messer erstochen, und nun liegt er tot im Amphitheater. Ihre Majestät wünscht, Euch mit der Aufklärung dieses Verbrechens zu beauftragen, und verlangt daher, Euch umgehend zu sehen.«

Leonardo nickte und schritt wie ein vornehmer Patriarch auf die Gruppe zu, die unter dem Baldachin saß. Als er bei dem königlichen Paar angekommen war, verneigte er sich tief.

Der König, gutaussehend trotz seiner langen Nase, nahm die

Begrüßung müde zur Kenntnis, doch seine Augen waren lebhaft und wachsam.

»Bevor die Königin zu Euch sprechen wird, Leonardo, laßt mich sagen, daß ich Euch nicht zu stören wünschte. Sie ist verwirrt und wird vielleicht Dinge sagen, die persönlich sind und unhöflich erscheinen mögen, doch ich bitte Euch dennoch, Nachsicht walten zu lassen. Ein Freund von uns, Philip Laurier, liegt tot dort draußen auf dem Feld. Ermordet.«

»Eine widerwärtige, verachtenswerte Tat!« unterbrach die Königin mit schriller Stimme, die vor Erregung zitterte.

Der König hob gebieterisch die Hand. »Erlaubt, daß ich Leonardo mit den Tatsachen vertraut mache. Heute kamen wir in den Genuß einiger großartiger Paraden von eigens dafür ausgebildeten Truppen aus den Niederlanden, aus Spanien und aus Schottland.«

»Tragen die schottischen Soldaten nicht Röcke?« fragte Leonardo neugierig.

»Kilts, Monsieur«, korrigierte ihn Minister Blanchard und ließ seine Fingerknöchel knacken.

»Kilts und Tartans«, sagte Franz, »eine farbenprächtige Uniform aus Rot und Grün und Gelb, die, wie ich mir vorstellen könnte, aus diesen Barbaren eine hervorragende Zielscheibe macht.«

»Diese und andere Farben sind zu Quadraten und Streifen angeordnet, Monsieur – die Muster sind von Clan zu Clan, von Region zu Region verschieden«, fuhr Blanchard fort.

»Blanchard weiß mehr darüber als ich«, sagte der König nachsichtig. »Er war in Schottland, um die entsprechenden Formalitäten für ihr Kommen zu klären.«

»*Monsieur Laurier ist tot*«, gellte die Königin.

Der König sah verärgert drein. »Folgendes geschah«, sagte er. »Als die Darbietung des schottischen Clans beendet war, der eine Parade vorführte und auf diesen merkwürdigen Instrumenten spielte –«

»Dudelsäcke«, sagte der Minister.

»– verließ ich mit der Königin und den übrigen das Feld, und wir fuhren zum Schloß zurück. Wir waren gerade aus der Kutsche gestiegen, als uns die Nachricht ereilte, Philip sei auf dem

Feld ermordet worden, woraufhin wir umgehend hierher zurückkehrten.«

»*Erzähl ihm, wie er starb*«, sagte die Königin.

Franz und seine Gattin tauschten einen Blick – ihrer war von scharfem Argwohn, seiner von undurchdringlicher Zurückhaltung.

»Kommt, Leonardo – und auch ihr übrigen«, sagte der König bedächtig, erhob sich und führte sie zum Amphitheater. »Ihr sollt sehen, wie es geschah.«

Leonardo sah, wie Marigny, sein ehemaliger Begleiter in der Kutsche, dicht neben der Königin entlangschritt, die ihm jedoch keine Beachtung schenkte; es sah so aus, als würde sie schlafwandeln. Dann gab der König Marigny ein kurzes Zeichen, und letzterer kam sofort an die Seite seines Herrn geeilt, wie ein Hund, dem man beigebracht hatte, bei Fuß zu gehen.

»Philip ist – war – ein vielversprechender junger Mann vornehmer Abstammung aus dem Süden«, fuhr der König fort, während er seinen Weg fortsetzte. »Er hatte es weit gebracht im letzten Jahr, seit er an den Hof kam. Seine Aufgabe bei diesen Freiluftveranstaltungen bestand darin, die königliche Macht zu repräsentieren, nachdem alle Zuschauer gegangen waren. Er ging auf die Mitte des Feldes zu, blies die Trompete als Signal für die Wachen, die auf den Hügeln standen, und behielt seine Position auf dem Feld so lange bei, bis die Soldaten ihre Aufstellung aufgelöst und sich zurückgezogen hatten.«

Der König und Leonardo, gefolgt von den übrigen, schritten durch ein mächtiges Marmorportal, hinter dem eine weitläufige Schneise lag, die beidseitig von Hügeln begrenzt wurde, und gelangten schließlich zu einer Senke, die mit dichtem Torf bedeckt war. Von elliptischem Ausmaß, mit nur diesem einzigen Eingang, maß die Senke etwa zweihundert Fuß in der Länge und fünfzig Fuß an ihrer breitesten Stelle in der Mitte. Die Arena war zu allen Seiten von sanft ansteigenden Hügeln umgeben, deren rötliche Erde sorgfältig mit niedrigen Sträuchern bepflanzt war, von denen keiner hoch genug war, einen Mann zu verbergen. Kriechpflanzen bedeckten teilweise den Boden, und flache runde Steine waren hier und da verteilt, so daß man bis zur Hügelspitze hinaufsteigen konnte, ohne die weiche Erde zu berühren.

Leonardo konnte auf einen Blick sehen, daß sich außer ihm und der königlichen Gruppe niemand innerhalb des Amphitheaters befand – außer der Gestalt, die reglos auf dem grünen Rasen in der Mitte des Feldes lag. Als der Blick der Königin auf den unbeweglichen Körper fiel, stieß sie einen Schrei des Entsetzens aus.

»Es geschah auf deinen Wunsch hin, meine Liebe, daß er hier liegenblieb«, sagte der König.

»Laß mich nun sprechen –«

»Nur noch einen Augenblick, meine Teure! Laßt uns hier verweilen. Heute, nachdem fast alle gegangen waren, ging Laurier auf die Mitte des Feldes zu. Die Wächter standen, der Vorschrift entsprechend, mit dem Rücken zur Arena, so daß sie nichts sehen konnten. Die letzten drei Personen, die die Arena verließen, waren der Graf und die Gräfin Angerville und deren Tochter.«

Der König wandte sich einem vornehm aussehenden Paar mittleren Alters und einem hübschen blonden Mädchen zu.

»Erzählt ihm, was Ihr saht, Angerville«, sagte der König.

»Ich drehte mich als erster um«, sagte Angerville mit fester, entschlossener Stimme. »Philip wollte gerade die Trompete ansetzen. Wir gingen ein paar Schritte weiter und waren etwa *hier* angelangt. Als kein Laut erklang, blickte ich mich um, und meine Frau und Tochter schauten ebenfalls zurück. Wir sahen, wie Philip nach vorn taumelte – von uns weg – und dabei seine Trompete fallen ließ. Dann drehte er sich leicht, und wir sahen das Funkeln eines Messergriffs, als er zu Boden fiel. Das Messer konnte unmöglich von einem der Wachtposten auf den Hügeln geworfen worden sein!«

»Sie sind viel zu weit entfernt«, sagte der König, »und der Winkel ist zu schräg, um exakt zielen zu können. Das Messer konnte nur von jemandem geworfen worden sein, der sich auf gleicher Höhe, also in der Arena befand!«

»*Aber wie sollte das möglich gewesen sein?*« rief das Mädchen mit dem blonden Haar und brach in Tränen aus.

Angerville ergriff die Hand seiner Tochter. »Es ist unmöglich – und dennoch ist es geschehen«, sagte er nur. »Wir konnten von unserem Platz aus das gesamte Feld überblicken. Es gibt keine Möglichkeit, sich dort zu verstecken. Seht Ihr? Selbst die Reihen von Marmorbänken sind alle auf gleicher Höhe angeordnet und bieten kein Versteck. Ich schwöre es, *außer uns war niemand in der Arena*!«

»Aber Euch bekümmerte es auch nicht, daß Laurier getötet wurde, nicht wahr, Angerville?« fragte die Königin scharf.

Angerville erbleichte, und der König hob die Hand, doch er vermochte der Königin nicht länger Einhalt zu gebieten.

»Ihr wußtet, daß Eure Tochter und Monsieur Laurier einander liebten, und Ihr hattet Angst, daß sie heiraten würden!« fuhr die Königin fort. »Der gesamte Hof wußte davon.«

»Eure Majestät –« protestierte Angerville.

»Oh, ich sage nicht, daß Ihr es wart, Angerville. Das würdet Ihr nicht wagen. Aber ich kann Eure heuchlerische *Betroffenheit* nicht länger ertragen –«

Sie wandte sich um und sah Leonardo an, die dunklen Augen voller Leidenschaft.

»Monsieur da Vinci –«

»Gib auf deine Worte acht, meine Liebe«, sagte Franz resigniert. »Leonardo könnte sich dadurch verletzt fühlen und nach Italien zurückkehren, und das wäre ein noch größerer Verlust für uns.«

Der Mund der Königin verzog sich vor Zorn. »Franz wird nicht müde, mir zu erzählen, bis ich es nicht mehr hören kann: ›Nie zuvor hat es jemanden gegeben, der soviel weiß wie Leonardo da Vinci. Künstler, Erfinder, Techniker, Mathematiker, Musiker, Philosoph – all das und noch vieles mehr. Er sieht alles, er hört alles.‹ Nun, Monsieur, bislang war ich nicht gewillt, die Ansichten meines Gemahls zu teilen. Ich habe meine Kindheit in Valladolid verbracht, wo die italienische Kultur kein allzu hohes Ansehen genießt. Ich kann meine Gefühle nicht verhehlen.«

Leonardo neigte mitfühlend den Kopf, wenn auch nicht ohne einen leichten Hauch von Ironie.

»Ein Freund – von uns – liegt tot dort drüben.« Die Königin schloß die Augen. »Soweit wir sehen können, war niemand in seiner Nähe, der ihn hätte töten können – dennoch wurde er erstochen. Seine Majestät und ich werden außerhalb der Arena warten, bis die Sonne untergeht. Das wird in etwa einer Stunde sein. Wir werden bereitwillig alle Fragen beantworten, die Ihr uns stellen mögt. Sollte innerhalb dieser Frist ›der klügste Kopf ganz Europas‹ herausfinden, wer Monsieur Laurier ermordet hat, werde ich mich der Ansicht meines Gemahls hinsichtlich da Vincis Fähigkeiten anschließen!«

In dem Augenblick intensiver Stille, der dem Ausbruch der Königin folgte, wurde Leonardo der langen Schatten des späten Nachmittags gewahr, des Schwarms von Mücken und der festlichen Banner, die träge im Wind flatterten. Eine hysterische Frau hatte eine Herausforderung herausgeschleudert, und die übrigen warteten darauf, ob er sie annähme. Er brauchte sie natürlich nicht anzunehmen; er konnte zu seinem friedlichen Garten zurückkehren und weiter Goldamseln zeichnen. Aber bestimmt nicht für lange, denn eine unzufriedene Königin würde ihrem Gemahl keine Ruhe lassen, und Leonardo spürte, daß die Rückkehr nach Florenz zum jetzigen Zeitpunkt einen Rückschritt innerhalb seines Lebens bedeuten würde.

»Nun gut, Eure Hoheit«, sagte er schließlich. »Ich ziehe Tod der Trägheit vor. Und ich werde niemals müde, anderen zu Diensten zu sein.«

Daraufhin wandte er sich um und schritt, mit Minister Blanchard auf den Fersen, auf die reglose Gestalt zu, die in der Mitte des Feldes lag …

Vor seinem Tod drei Jahre später erzählte Leonardo da Vinci dem König, wie und weshalb er sich an jenem verhängnisvollen Nachmittag an die Arbeit gemacht hatte.

»In Vinci, als ich noch ein Junge war«, sagte der italienische Meister, »sagten mir meine engsten Spielgefährten aus dem Dorf, daß eine Markierung auf dem Stamm eines Baumes sich mit jedem Jahr, das der Baum wächst, weiter vom Boden entferne. Zuerst versicherte ich mich, daß sie ernst meinten, was sie sagten; hätten sie gelogen, wäre es sinnlos gewesen, es nachzuprüfen. Als ich später herausfand, daß sogar die älteren Dorfbewohner daran glaubten, ging ich in den Wald, ritzte eine Lilie in einen gesunden jungen Baum und maß ihren Abstand zum Boden. Drei Jahre lang ging ich einmal im Jahr dorthin, maß nach und fand schließlich heraus, daß das, was jedermann sagte, *nicht* stimmte. Eine Markierung am Stamm eines Baumes bleibt, solange der Baum wächst, auf derselben Höhe, weil ein Baum nämlich nur von der Krone aus nach oben wächst, während sein Stamm lediglich an Umfang zunimmt!« …

An jenem Nachmittag rief Leonardo zunächst die Gräfin Angerville und deren Tochter zu sich.

»Seid Ihr Euch ebenso sicher wie Euer Gemahl, daß zu dem Zeitpunkt, als Laurier getötet wurde, niemand außer Euch sich in der Arena befand?«

»Ja, Monsieur«, sagte die Frau ohne Zögern, und ihre grauen Augen waren ehrlich und unverwandt auf Leonardo gerichtet.

»Und Ihr, Mademoiselle?«

Das Mädchen nickte, obwohl es so aussah, als stünde es unter einem Bann.

»Was tatet Ihr, als Ihr Laurier zu Boden fallen saht?« fragte er die Gräfin.

»Mein Gemahl lief nach vorn, um nach ihm zu sehen, und gebot uns, dort stehenzubleiben, wo wir waren. Dann kam er zurück und sagte uns, wir sollten ihm folgen, um den übrigen mitzuteilen, was geschehen war.«

»Er vergaß die Soldaten, die auf den Hügeln rings um das Feld herum standen?«

»Ich vermute, so war es, Monsieur.«

»Dann verließt Ihr alle drei die Arena und ließt Laurier auf der Erde liegen?«

»Ja.«

Leonardo wandte sich an das Mädchen. »Ist es wahr, Mademoiselle, daß, wie die Königin andeutete, Ihr und Monsieur Laurier zu heiraten gedachtet?«

»Nein, nein!« Sie schien langsam wieder zum Leben zu erwachen. »Ich – ich liebte ihn, ja, aber – er wollte mich nicht heiraten. Ich weiß das, weil es da noch eine andere gab –«

Die Mutter legte dem Mädchen warnend eine Hand auf den Arm, und die Tochter verstummte.

Leonardo sprach die Frage nicht aus. Er konnte sich denken, wer die Rivalin war.

»Wäre es möglich«, wandte Leonardo sich an beide, die Mutter und die Tochter, »daß Laurier darin eine Möglichkeit sah, auf dramatische Weise Selbstmord zu begehen?«

»Nein, nein«, versicherte ihm die Gräfin mit Nachdruck.

»Philip hatte ehrgeizige Pläne, er war voller Tatendrang. Die ganze Welt stand ihm offen.«

Bevor Leonardo die Leiche vom Feld entfernen ließ, untersuchte er den ausgestreckten Körper und zog das Messer aus der Wunde, das bis zum Heft in die Brust eingedrungen war. Es handelte sich um ein einfaches Jagdmesser, scharf geschliffen, mit einem gelblichen Griff aus Knochen.

Der Italiener bat alsdann Minister Blanchard, die Soldaten ein großes Brett in die Arena tragen zu lassen und es senkrecht aufzustellen – genau an der Stelle, wo Laurier gestanden hatte. Die Soldaten gehorchten ohne zu zögern.

»Nun, wer beherrscht denn hier die Kunst des Messerwerfens?« wandte Leonardo sich an Blanchard.

»Ich«, sagte der Minister leise. Leonardo war überrascht: Eine solche Fähigkeit schien sich mit der sonstigen Zurückhaltung des Mannes schlecht zu vertragen.

»Und sonst noch jemand aus dem Gefolge?«

»Es ist eine weitverbreitete Fertigkeit hier in Frankreich«, sagte der Minister und zuckte mit den Achseln. »Baron de Marigny ist mir ebenbürtig, und sogar dieser Barbar Bruce Stewart, der Führer der schottischen Truppen, hat erfolgreich mit uns gewetteifert.«

»Bittet die beiden, umgehend hierherzukommen«, ordnete Leonardo an.

Marigny erschien mit düsterer Miene und gesellte sich beleidigt zu ihnen, während sie auf Stewart warteten, bis dieser endlich forsch die Arena durchschritt, eindrucksvoll in seinem prächtigen Tartan.

»Nun, Monsieur, die Burschen haben mir gesagt, Ihr wollt, daß ich das Messer werfe«, sagte Stewart grinsend. Er war ein rotgesichtiger Schotte mit ausgeprägten Wangenknochen und buschigen Augenbrauen, und er sah aus, als wäre für ihn das ganze Leben bloß ein einziger Spaß. »Ich wüßte allerdings ganz gern, wer mein Herausforderer ist.«

Leonardo postierte Marigny auf dem Feld, ungefähr fünfzehn Schritte von dem Brett entfernt, Blanchard auf halber Höhe des östlichen Hügels, wobei er ihn warnte, lediglich die flachen Steine zwischen den Kriechpflanzen zu betreten; Stewart hieß er auf der Hügelkuppe Aufstellung nehmen, zwischen zwei Wachen, deren Disziplin anscheinend so streng war, daß keiner von ihnen sich umgedreht hatte, um die Vorgänge unten zu verfolgen. Und sie hatten den gesamten Nachmittag über dort gestanden.

Leonardo verwendete für die Probe das Jagdmesser mit dem Knochengriff. Marigny warf als erster und schleuderte das Messer so tief in das Holz, daß es zweier Soldaten bedurfte, um es wieder herauszuziehen. Doch zunächst untersuchte Leonardo den Einfallswinkel. Blanchard warf als nächster, und wieder studierte Leonardo den Winkel. Stewart machte vier Versuche, er verfehlte das Brett dreimal, bevor er beim vierten Versuch Erfolg hatte.

»Die Sonne hat mich geblendet«, sagte der Schotte, und sein Gesicht war fast so rot wie sein Tartan.

»Aber es war nicht nur die Sonne«, sagte Leonardo zu Franz. »Es war auch die Entfernung, die einen gezielten Wurf unmöglich machte, und ich tröstete ihn. Ihr wart im Recht, Euer Hoheit. Der Mörder hatte mit seinem Opfer auf einer Höhe gestanden oder leicht darüber – nicht so hoch jedoch, wie ich Blanchard postiert hatte –, da die Klinge Lauriers Brust nicht in einem solch spitzen Winkel getroffen hatte, wie es der Fall gewesen wäre, wenn das Messer von weiter oben her geschleudert worden wäre.«

Eines wußte Leonardo nun: Trotz der Behauptung dreier Zeugen, die Arena sei leer gewesen, war *der Mörder die ganze Zeit über dort gewesen*! Aber wo genau?

Er ahnte die Wahrheit, aber es war eben nicht mehr als eine Ahnung, und seine Frist war nun zur Hälfte abgelaufen. Er hatte Blanchard gebeten, sechs Soldaten sorgfältig den westlichen Hügel nach Fußabdrücken absuchen zu lassen. In der Zwischenzeit, während die Soldaten das Feld absuchten, hielt er Stewart fest, um mit ihm zu sprechen.

»Als Ihr das Feld mit Eurer Truppe verließt, Monsieur Stewart«, sagte er, »kehrtet Ihr da alle gemeinsam zum Schloß zurück?«

»Aye, wir gingen den ganzen Weg zu Fuß und machten dabei unsere Scherze. Die Burschen waren gut in Form.«

»Und fehlte irgendein Mann aus Eurer Truppe?«

»Nicht ein einziger. Alle sechzehn waren da, in friedlicher Eintracht beisammen!« sagte er nicht ohne Stolz.

Leonardo ließ sich seufzend auf einer der Marmorbänke nieder. Für einen Augenblick wünschte er sich, wieder in seinem Garten zu sitzen und eine weitere Skizze von der Goldamsel anzufertigen. Warum war ihm ausgerechnet die Goldamsel wieder in den Sinn gekommen? Da Vinci lauschte einen Moment lang der Stille seines Unterbewußtseins, dem er großen Respekt zollte, und sagte dann:

»Sagt, Monsieur Stewart, habt ihr Euren Aufenthalt in Frankreich genossen?«

»Das habe ich, aye. Aber viele der Burschen haben Heimweh und freuen sich, wieder abzureisen. Es ist das Land hier, wißt Ihr. Schottland ist größtenteils sehr rauh und felsig, doch die Gegend, in der wir Stewarts umherziehen, ist so wie dieses Land hier – freundlich und bewaldet und von Sträuchern übersät. Es erinnert die Burschen an ihre Heimat.«

»Fußabdrücke, Fußabdrücke«, rief einer der Soldaten vom unteren Teil der westlichen Seite aus.

Leonardo eilte zu ihm und sah zwei frische Abdrücke eines Schuhs neben einem Stein, beide vom rechten Fuß. Zweifellos hatte jemand – der Mörder? – den Stein verfehlt, vielleicht in der Aufregung einer schnellen Flucht.

Die Soldaten fanden keinen weiteren Abdruck auf dem gesamten westlichen Hang.

»Los«, rief Leonardo Blanchard zu, »holt sofort die Wachen von den Hügeln herunter – jene fünf dort!« Er deutete auf die Männer, die den größten Teil der westlichen Seite bewachten. »Monsieur Stewart, würdet Ihr ihn freundlicherweise dabei begleiten?«

Der Schotte nickte bereitwillig und machte sich daran, neben dem Minister des Königs den Hang hinaufzusteigen. Nachdem er die Hälfte des Aufstiegs bewältigt hatte, setzte der Minister sich hin, um eine Verschnaufpause einzulegen. Leonardo zog sogleich einen kleinen Zeichenblock und Kreide aus seinem Umhang hervor und skizzierte mit wenigen Strichen den sitzenden Blanchard, dessen Niedergeschlagenheit und Erschöpfung er deutlich hervorhob.

»Weshalb zeichnet Ihr nur Blanchard?« fragte Marigny mißmutig, als er Leonardo über die Schulter sah.

»Ich zeichne, was ich sehe«, antwortete der Künstler, steckte den Block schnell weg und schwang herum, um dem Baron ins Gesicht zu schauen. »Wo wart Ihr, als die Tragödie sich ereignete?«

»Ich war im Schloß«, erwiderte Marigny mürrisch. »Ich fühlte mich nicht wohl und verbrachte den Nachmittag in meinem Gemach.«

»Und unmittelbar nachdem die Königin von den Festlichkeiten zum Schloß zurückgekehrt war, schickte sie Euch zu mir, obwohl sie wußte, daß es Euch schlechtging?«

»Ich fühlte mich schon besser. Ich begegnete ihr, als sie und der König eintrafen, und als Ihre Majestät die Nachricht vom Tode Lauriers erreichte –«

»Und wie reagierte Seine Majestät?«

»Er wollte nicht, daß sie jemanden nach Euch schickte. Ich erwähnte es bereits.« Auf Marignys Gesicht zeichnete sich wachsende Wut ab. »Doch sie blieb hartnäckig.«

Die fünf Soldaten, die auf dem Hügel Wache gestanden hatten, kamen näher und reihten sich zum Verhör vor Leonardo auf.

Die Zeit wurde allmählich knapp. Die Sonne war hinter dem westlichen Hügel versunken, und die Arena lag in einem bläulichen Schatten. Leonardo nahm die Wachsoldaten nacheinander beiseite und fragte verschwörerisch:

»Ihr und ich, wir wissen beide, wer zweimal auf dem Hügel an Euch vorbeischlich, nicht wahr, Monsieur?«

Leonardos Glück bestand darin, unter fünf starren Gesichtern eins zu finden, das die Gedanken verriet, die im Kopf des Mannes schwirrten. Ein jeder der Soldaten leugnete natürlich vor Leonardo, etwas zu wissen, aber wenigstens wußte der Italiener nun, daß, wenn einer log, aller Wahrscheinlichkeit nach die übrigen vier es auch taten.

Leonardo war sich nun sicher, des Rätsels Lösung gefunden zu haben – so sicher, daß er die Arena verließ, während Blanchard und Stewart hinter ihm her trotteten. Marigny blieb, wo er war.

Aus dem Pavillon Seiner Majestät rief die Königin ihm entgegen: »Eure Zeit ist um, da Vinci!«

Viele in der Gruppe beäugten Leonardo mit Argwohn und Feindseligkeit. Der Italiener verneigte sich und sagte: »Einen Augenblick, Eure Hoheit.« Er wandte sich Graf Angerville zu, der neben dem König stand und ihn ruhig betrachtete.

»Wo habt Ihr während der Aufführung gesessen?« fragte er.

Angerville sah erstaunt drein. »Nun, neben Seiner Majestät, zu seiner Linken.«

Franz nickte und runzelte die Stirn. »Angerville saß zu meiner Linken und Blanchard rechts von mir.«

»Und hat Seine Majestät während der Darbietung mit Euch gesprochen?«

Angerville schien einen Moment lang ernsthaft nachzudenken. »Nur einmal, glaube ich.«

»Und was sagte er?«

»Nun kommt schon, Leonardo«, sagte der König gereizt. »Wohin soll das führen?«

»Vielleicht zur Wahrheit, Euer Hoheit. Was sagte Seine Hoheit zu Euch, Graf Angerville?«

»Er sagte −« Angerville errötete und sah beschämt zu den anwesenden Frauen hinüber. »Seine Majestät fragte mich, ob ich glaube, daß die Schotten irgend etwas *unter* ihren Röcken tragen!«

Ein kurzes Gelächter war in der Gruppe zu vernehmen, und die Angespanntheit und Feindseligkeit ließ ein wenig nach. Nur der König starrte Leonardo grimmig an.

»Versucht Ihr, Euch über mich lustig zu machen?« verlangte er zu wissen.

»Das verhüte Gott, Euer Hoheit«, sagte Leonardo ergeben. Aus dem Augenwinkel konnte er sehen, wie die Königin sich unruhig auf ihrem Stuhl bewegte und darauf brannte, seine Fragen abzuschmettern.

»Und wo, Eure Hoheit«, sagte er und wandte sich der Königin zu, »habt Ihr gesessen?«

»Auf einer Bank auf der gegenüberliegenden Seite des Feldes, wo die Frauen immer sitzen!«

Zur Verwunderung des gesamten Gefolges, fiel Leonardo daraufhin auf die Knie, neigte den Kopf und sprach:

»Ich muß gestehen, daß ich höheres Ansehen, als ich es bislang genieße, in den Augen Ihrer Majestät nicht verdiene. Es ist mir nicht gelungen, herauszufinden, wie Monsieur Laurier von einem unsichtbaren Täter ermordet wurde. Darüber hinaus glaube ich nicht, dieses Rätsel lösen zu können, selbst wenn man mir dafür ein Jahr oder gar zwei Zeit ließe. Zu meiner Verteidigung habe ich vorzubringen, daß ich ein alter Mann bin und meine Beobachtungsgabe möglicherweise nachgelassen hat. Ich bitte nun darum, mich zurückziehen zu dürfen.«

Nach einer Weile nickte die Königin zustimmend. Leonardo erhob sich, und während der König und sein Gefolge in eisigem Schweigen verharrten, ging der berühmte italienische Meister langsam, fast schon schwankend, auf die Kutsche zu, die ihn hergebracht hatte.

Doch Leonardo da Vinci war, abgesehen von seinen übrigen Fertigkeiten, auch ein brillanter Schauspieler.

Am darauffolgenden Morgen saß er wie gewohnt friedlich in seinem Garten, fertigte zuversichtlich eine weitere Skizze von der Goldamsel an, als Jacques die Ankunft des Königs bekanntgab.

Franz bedeutete Leonardo, in seinem Stuhl sitzenzubleiben, und ließ sich dann auf einer Bank neben ihm nieder.

»Leonardo«, sagte er unvermittelt, »ich möchte Euch danken für das, was Ihr gestern für mich getan habt. Das werde ich Euch sobald nicht vergessen. Nun spannt mich nicht länger auf die Folter. Ihr wißt sehr wohl, wer Laurier ermordet hat und wie das Wunderwerk vollbracht wurde.«

Leonardo antwortete nicht, sondern hielt den Blick fest auf den König gerichtet, als erwartete er weitere Worte.

»Es gibt Zeiten«, sagte der Monarch und senkte den Blick dabei, »in denen es politisch sinnvoll erscheint, ein gefährliches Subjekt auszuschalten. Euer Landsmann Machiavelli hat das gesagt. Laurier war ein Verräter, der mit dem Ausland zusammenarbeitete.«

Leonardo nickte. Er kannte den wahren Grund für Lauriers Tod; die Königin hatte ihn vor allen offen dargelegt. Die Ausrede des Königs war jämmerlich, doch Leonardos Billigung gestattete es den beiden Männern, frei über das Verbrechen zu sprechen.

»Sagt mir nun, was Ihr wißt, Leonardo.«

»Ich weiß, daß Ihr ihn getötet habt, Sire. Als mir klar wurde, daß der Mann, den Ihr auswähltet, um den Mord zu begehen, die Arena unter dem Schutz der Wachsoldaten betrat und dann wieder verließ, wußte ich, daß diese ihre Befehle *nur von Euch* erhalten haben konnten. Wenn der Grund für den Mord ein banaler gewesen wäre, spontaner Groll, und die Tat meinetwegen von einem der schottischen Soldaten oder gar von Stewart selbst begangen worden wäre, hätte es eine solche Absprache nicht geben können.«

Franz nickte anerkennend. »Und Ihr wißt, wer der Mann ist, den ich ausgesucht habe?«

»Die Männer«, verbesserte Leonardo ihn ernst. »Einen, um den Mord zu begehen, den anderen, um diesen Ausgewählten während der Tatzeit an Eurer Seite zu ersetzen. Als ich erfuhr, daß Ihr Angerville eine Frage über schottische Kleidung stelltet, wußte ich, daß der andere Mann neben Euch nicht Blanchard gewesen sein konnte. Blanchard, der selbst in Schottland gewesen ist, war vertraut mit all diesen Details, und wenn er an Eurer Seite gesessen hätte, hättet Ihr die Frage an ihn gerichtet. Deshalb war der Mann neben Euch jemand, der Blanchard auf den ersten Blick ähnlich sieht – Baron de Marigny, der Blanchard so sehr ähnelt, daß ich ihn für den Minister hielt, als er mich gestern aufsuchte. Es muß ein Schock für ihn gewesen sein, als ich ihn mit dem Namen des anderen ansprach. Er gab sich Mühe, Blanchard noch mehr zu ähneln, um Ihre Majestät zu täuschen, die Euch auf der anderen Seite des Feldes gegenübersaß.«

»Ah, ja«, sagte der König schnell. »Ihre Majestät mochte Laurier – ich wollte sie nicht verletzen.«

»Natürlich. Und nun dazu, wie das Ganze durchgeführt wurde …«

»Ich dachte, mein Plan würde Erstaunen und Verwirrung hervorrufen«, rief der König aus. »Und doch fandet Ihr die Wahrheit heraus. Ihr müßt mir Eure Methoden verraten.«

Leonardo deutete auf die Volière.

»Mit Hilfe der Goldamsel dort, die mich auf die richtige Spur brachte. Ich erzählte Marigny gestern, wie schwierig es sei, die Amsel in ihrer natürlichen Umgebung zu zeichnen, zwischen all dem Gelb und Grün der Bäume. Ihr Gefieder verschmilzt mit den sonnenbeschienenen Blättern zu einer beschützenden Färbung, wodurch sie nahezu unsichtbar wird. Genauso ist es mit den Uniformen der Soldaten, die ja oftmals als Tarnung dienen sollen. Das ist allgemein bekannt. Paradoxerweise ist das auch bei dem farbenprächtigen Tartan der schottischen Kämpfer der Fall. Der Boden um die Arena herum mit seiner roten Farbe und den grünen Sträuchern ähnelt sehr dem Land, in dem die Stuarts leben und kämpfen. Stewart selbst hat mir das erzählt. Und als er mit Blanchard den Hang auf der schattigen Seite der Arena hinaufstieg und die beiden sich einen Moment lang ausruhten, kam es mir in den Sinn, eine kleine Skizze von Blanchard anzufertigen, unter anderem, *weil ich nur Blanchard sah*: Auf den ersten Blick sah es so aus, als säße er allein dort, erst bei genauerer Betrachtung ließ sich Stewart neben ihm erkennen ... Merkwürdig, war es nicht Blanchard, der Euch auf diese Möglichkeit der Tarnung hinwies?«

Der König nickte.

»Meiner Rekonstruktion zufolge«, fuhr Leonardo fort, »stand Laurier mitten auf dem Feld und wartete, bis auch der letzte Zuschauer hinausgegangen war. Er muß Blanchard über den Hügel kommen sehen und sich darüber gewundert haben. Möglicherweise verzögerte sich dadurch sein Trompetensignal. Blanchard schleuderte das Messer auf den wehrlosen Soldaten, und als die Angervilles sich umdrehten und sahen, wie Laurier sich an die Kehle faßte, muß Blanchard schon den Hügel hinaufgekrochen sein, bekleidet mit einem geliehenen Tartan, der ihm als Tarnung diente. Die Sonne schien immer noch, und er befand sich auf dem schattigen Teil des Hügels, so daß er nahezu unsichtbar war. Dann, als die Angervilles aus der Arena eilten, um Hilfe zu holen, setzte Blanchard seine Flucht fort.«

Mit einem Mal schien Franz das Interesse verloren zu haben.

»Ich danke Euch vielmals, Leonardo, Ihr habt das Ganze mit bewundernswerter Genauigkeit erklärt. Und nun muß ich gehen – ich werde in Amboise gebraucht. Ich werde Euch bald wieder einen Besuch abstatten.«

Der König wollte schon durch den sonnenbeschienenen Garten hasten, als Leonardo ihn zurückhielt, um ihm eine letzte Frage zu stellen.

»Und was geschieht nun mit Monsieur Blanchard? Wird er für seine Mühen belohnt?«

Der König fuhr herum, sein Mund stand offen. Dann zuckte er leicht betroffen mit den Achseln.

»Der arme Blanchard«, sagte er. »Ihre Majestät, die Königin, muß ebenfalls erfahren haben, daß er es getan hat. Man fand ihn heute morgen in der Nähe des Schloßteichs mit einem Jagdmesser in der Brust. Welch ein Jammer, wo ich ihm doch so eine feine Belohnung versprochen hatte!«

Damit verschwand der König hinter einer Hecke, und der Weltbürger Leonardo da Vinci, Zeitgenosse Machiavellis, setzte sich wieder friedlich nieder, um die Goldamsel zu zeichnen, die zwischen den sonnenbeschienenen Blättern nahezu unsichtbar war.

Originaltitel: *Leonardo Da Vinci, Detective*
Ins Deutsche übertragen von Iris Schmidt

Eine harte, blut'ge Stunde

Joe Gores

Joe Gores (geboren 1931) ist geradezu prädestiniert, Detektivgeschichten zu schreiben. Er hat zwölf Jahre lang in San Francisco als Privatdetektiv gearbeitet. Sein schriftstellerisches Werk umfaßt zehn Romane und über hundert Kurzgeschichten. Dreimal hat er in seiner Laufbahn als Autor den Edgar, *den Preis der* Mystery Writers of America, *verliehen bekommen. Er hat ebenfalls für das Fernsehen und das Kino geschrieben, unter anderem Drehbücher für die Serien* Columbo, Kojak, Magnum *und* Remington Steele.
Um Ihnen die Spannung beim Enträtseln des folgenden Falles nicht zu rauben, sei hier nicht mehr über die Geschichte verraten. Es geht um den tragischen Tod von Christopher ›Kit‹ Marlowe, ein Ereignis, das vier Jahrhunderte später Anthony Burgess zu seinem 1993 erschienenen Roman A Dead Man in Deptford *(dt.: Der Teufelspoet, 1995) inspirierte.*

Vielleicht war's unverhohl'ne Eigenliebe, vielleicht die Sorge um meiner Erfindungsgabe erstes Kind, die mich zurück nach London führte, vom sicheren Dover fort, wo die *Admiral's Men* Marlowes *Doktor Faustus* gaben. Ein gar grausiger Aufenthalt war's, denn wöchentlich starben noch immer mehr als tausend Menschen an der Pest. Die Geißel Gottes hatte bisher nur wenige aus meinem Bekanntenkreis getroffen – bis auf den armen Kit, doch sein Verlust wog schwer: Unsre Freundschaft war weit tiefer als bloße Heuchelei gegangen. Nachdem ich Dick Field aufgesucht, kehrte ich am Nachmittag nach Bishopsgate zurück, wo ich mich nahe Crosby Hall einquartiert hatte. Ich erstieg die naßkalte, schlecht beleuchtete Treppe zu meinem Zimmer und fand dort eine Dame vor, die ungeduldig meiner harrte. Sogleich sah ich, als sie vom Fenster sich abwandte: Es war nicht die sittenstrenge Agnes, zu Besuch bei ihrem angetrauten Komödianten, sondern ein gar hübscher Happen art'ger Fräuleinschaft mit einer sanften Stimme, wie's sich für ein Frauenzimmer ziemt.

»Ich danke Gott, daß ich Euch fand, solange Ihr noch nicht aufs Land zurückgekehrt!«

Ihre wohlgewählten Worte und ihrer ruhigen, blauen Augen Tiefe ließen mich erkennen, daß ihr nicht weniger als fünf Lenze nur zu meinen neunundzwanzig fehlten. Sie trug die Schnüre ihres Leibchens verwegen locker, und drunter leuchtete ein rotes Mieder. Bedachte man, daß sie dazu weder Hut noch Handschuh trug, hätt' leicht man eine Dirne in ihr sehen können; doch nie zuvor war mir ein Straßenweib mit edlerem Gesicht begegnet. Als könne sie meine Gedanken lesen, hub sie zu sprechen an:

»Ich bin Anne Page, Tochter von Master Thomas Page, und bis vor kurzem war ich Hausmädchen bei Mistreß Audrey, der Gemahlin Squire Thomas Walsinghams von Scadbury Park in Chiselhurst.«

Alles schien sich an diesem Tag verschworen, mich an den armen Kit zu mahnen, denn Walsingham war Marlowes Gönner, seit dessen Cambrigde-Tagen schon.

»Dann kanntet Ihr Kit?«

»Ob ich ihn kannte?« Sie wandte sich ab, als suche sie sein düsteres Gesicht im unverschloss'nen Fenster. »Voll toller Flüch' war er, und wie ein Pardel bärtig, und ging's um seine Ehre, stets schnell bereit zu Händeln. Ob ich ihn kannte?« Sie wandte sich mir plötzlich wieder zu. »Wart wahrlich Ihr sein Freund? Bei allen Göttern, ich brauche einen ganzen Mann, den Tiger nachzuahmen in seinem Tun!«

»Ich bin noch jung und unerfahren, Mistreß Page, doch glaubt mir: Das Leid beißt jenen nicht so tief, der sich darüber zu belust'gen weiß.«

»Sprecht nicht von Leid, es ist der Zorn, der in mir gärt! Oh, wär' ich ein Mann, mein Schwert würd's enden!« Ihre Augen blitzten, als schauten sie mehr Teufel, als die Hölle aufzubieten hat. »War's Euch denn nicht bekannt, daß neulich, als man Tom Kyd verhaftet, dieser steif und fest behauptet hat, Kit hätt' die ketzerische Schrift verfaßt, die man in seinen Räumen fand?«

»Weil man die Theater schloß, war'n wir Schauspieler im ganzen Land verstreut.«

»Allein auf Kyds Zeugnis hin ward ein Haftbefehl erlassen; Kit hielt sich in Scadbury Park auf, wo er der Pest zu fliehen trachtete, und so legte Squire Thomas Bürgschaft für ihn ab. Doch dann ward eine zweite Anklage erhoben, diesmal vor dem Staatsrat durch den Denunzianten Richard Baines. Am 29. des Monats Mai lauscht' ich an der Tür zur Bibliothek des Squires und hörte, wie dieser Kit beschuldigte, jene edlen Herren in Verruf zu bringen, deren Freundschaft er stets großzügig genossen.«

Ich schüttelte betrübt den Kopf. »Und am Tage drauf, da starb er!«

»Starb!« Ihr Lachen war voll bittrem Zorn. »Als er die Bibliothek verließ, vertraute Kit mir an, daß zwei von Squire Thomas' Männern, Ingram Frizer und Nicholas Skeres, ihn in einer Deptforder Taverne treffen würden, um ihm bei der Flucht aus diesem Land zur Seit' zu stehn. Ich bat ihn, acht auf sich zu geben, doch suchte er selbst in der Kanone Mündung noch die Seifenblase Ruhm; und so ruht er nun auf dem Totenacker von St. Nicholas. Und ich wünscht', ich könnte bei ihm sein, sei's im Himmel oder in der Höll'.«

»Doch was spracht Ihr von der Kanone Mündung? Sein Tod war ...«

»Mord! Ja, schnöder Mord, wie er aufs beste ist, doch dieser, unerhört und unnatürlich, unter dem Deckmantel der Freundschaft vollbracht und bezahlt mit dem Golde aus Walsinghams Schatzkammer! In Eleanor Bulls Taverne ward Kit an jenem Nachmittag mit dem Dolche zu Tode gebracht!«

Ich erschauderte und horchte in jedem knarrend' Dielenbrett auf einen versteckten Lauscher. Denn es ist mißlich, wenn die niedere Natur sich zwischen die Mächt'gen und ihre Pläne stellt. War's doch niemand Geringeres als Squire Thomas' sel'ger Vetter Sir Francis gewesen, der als Staatssekretär die Babington Verschwörung gegen Ihre Majestät die Königin vereitelt.

»Doch welchen Beweis könntet Ihr haben? Ihr wart doch nicht zugegen, um's zu sehn.«

»Brauch' ich Beweise, daß Rob Poley, am selben Morgen erst aus Den Haag zurückgekehrt, nur zwei Stunden vor Kits Tod zur selbigen Taverne geschickt ward? Beweise, daß Squire Thomas, als er erfuhr, daß ich vor der Zimmertür gelauscht, mich ohne Referenzen aus dem Dienst entließ und aus mir eine ...« Sie brach ab, die bleichen Wangen rot entflammt, dann fuhr sie fort und sprach: »Oh, Spieler, hättet Ihr das Merkwort und den Ruf zur Leidenschaft wie ich! Ich bitt' Euch, geht nach Deptford, findet heraus, was dort geschah! Wenn's Mord war, werd' ich Dinge tun, die der bittre Tag mit Schaudern säh'!«

Sie hatte offen zugegeben, eine entlass'ne Dienerin zu sein, in der der Groll gegen Squire Walsingham gärte; doch ihr Anblick, im Verbunde mit der Sache, die sie vorgebracht, hätt' Steinen wohl Vernunft eingepredigt. Ich hörte mich selbst mit fester Stimme sagen: »Schon morgen werde ich nach Deptford gehn, die ganze Wahrheit zu erfahren.«

»Oh, Gott segne Euch!« Flink wie ein Hermelin huschte sie zur Türe; ihre Augen glühten dunkel aus den Falten ihres Überwurfs zu mir zurück. »Morgen nacht und jede Nacht danach, bis wir uns wiedersehn ... im Paul's Walk.«

Dann war sie fort. Ich lief ihr nach, doch die St. Mary Axe war leer. Die Bishopsgate hinunter sah man die Kirchtürme von St. Helen in gold'nem Licht erstrahlen.

Kit Marlowe, auf seines Gönners Geheiß hin getötet! Das konnte nicht sein. Und doch ... Ich beschloß, Dick Quiney aufzusuchen, um seinen Rat mir einzuholen.

Die Türen trugen rote Kreuze, das Zeichen der verfluchten Pest, und die Läden waren fest verschlossen, als ich auf den eindrucksvollen Koloß der St. Paul's Cathedral zusteuerte. In der Carter Lane entzündeten die Hausbesitzer ihre Laternen; hinter Tom Creeds Haus lag die Taverne mit dem klingenden Namen *Die Glocke*, wo ich Dick Quiney anzutreffen hoffte. Mochte er inzwischen auch ein hoher Landvogt in Warwickshire sein, so trieben ihn seine Geschäfte als Seidenhändler doch oft nach London noch zurück. Ich hoffte, daß er sich zur Zeit in der City aufhielt.

Die hölzerne Vorderfront der *Glocke* war mit grotesken Schnitzereien versehen und mit roten und blauen Fratzen bemalt. Ein Schild, das gut und gerne vierzig Pfund wert war, hing knarrend an einem schmiedeeisernen Wandarm über dem Gehsteig: Nur eine einzelne Glocke war darauf abgebildet, doch guter Wein braucht keinen Kranz, ihn zu lobpreisen. Durch die in Blei gefaßten Fenster im Erdgeschoß ertönte des Schankkellners Ruf:

»Zeche an der Theke zahlen!« Der Wirt war ein dickbäuchiger Mensch, dessen Scheitel nicht ein Haar vom Himmel trennte, und als ich mich erkundigte, ob Dick Quiney bei ihm abgestiegen, deutete er auf eine breite Eichentreppe.

»In meiner ›Delphinkammer‹, Master.«

Der Raum lag im zweiten Stock und ging auf den Innenhof hinaus. Als ich die Türe aufstieß, sprang Dick mit einem Fluch auf den Lippen nach seinem Rapier, das, in der Scheide steckend, über der Rückenlehne eines Stuhles hing: gewaltsam' Einbruch in eines andern Mannes Kammer war oft gedung'ner Mörder Sitte. Doch dann hub er zu lachen an.

»Johannus Factotem! Mir bangte schon, mein letztes Stündlein hätt' geschlagen. Wie geht's dir, Bursche?«

»Wie mittelmäß'gen Söhnen dieser Erde.«

»Was treibt den stattlichen Komödianten, sich dem Pesthauch auszusetzen – oho! Morgen ist der 22. September!« Er lachte erneut. Dick war ein kleiner, drahtiger Mann in grünem Beinkleid und braunem, ungepolstertem Wams. »Die ›Aufsteigerkrähe‹, in vollem Federschmucke, wird sie alle läutern.«

»›Laß nied're, eitle Geister gemein' und niederträcht'ge Ding' bewundern, der edle Phöbus leite mich zur Quell' der hehren Musen‹«, zitierte ich. »Ovid dürft' unbekannt dir ja nicht sein – wir lasen ihn vor langer Zeit schon in der Schule. Was die Übersetzung anbelangt, die gab mir Kit vergang'nen Frühling.«

»Immer noch auf Marlowe angespielt, mein Junge? Wir alle schulden Gott einen Tod.«

»Was hast du über seinen Fall vernommen?«

»Sicher war's die Pest. Gabriel Harvey sagt ...«

»'s ist nun strittig.« Während wir aßen, erzählte ich ihm alles. »Ich fürcht' nicht wenig mich vor Walsingham, doch falls ich des Himmels Geier mästen sollt mit seinem Aas ...«

»Willst Sand du zählen und Meere trocken trinken? In der Gerechtigkeit ...«

»... sollt' niemand je Erlösung suchen. Nicht Gerechtigkeit, 's geht um Freundschaft: In Vergessenheit geraten, sticht schärfer sie als alle Stürm' des Winters!«

»Pah! Marlowe war in seiner Wut so ungestüm wie 's Feuer und taub dazu wie 's Meer. Willst einen Dienst du ihm erweisen, laß seine Knochen ruhn.« Dann zuckte er mit den Schultern. »Doch hast du recht: behandelst du die Menschen danach, wie sie's wohl verdienten, wer würd' dann der Peitsch' entgehn? So brichst du also auf nach Deptford, die Wahrheit dort zu suchen.«

»Dies war mein Sinn. Wenn du nur Harrisons *White Greyhound* aufsuchen könntest ...«

»Ich werd' drauf achten, daß alles ganz nach deinem Sinn geschieht.« Er klopfte mir auf den Rücken. »Doch laß die hag'ren Geister, die das Grab geerbt, dem Morgen. Heut' nacht gibt's ein ausgezeichnet *theologicum* und kräftiges Ale aus reichem und beständ'gem Themsewasser.«

Am Paul's Pier konnte ich kein Boot auftreiben; und in Queenhithe, wo sich in den letzten Jahren die Jollenführer trafen, gab's wohl Boote, doch keine Fährleut. Als ich mich auf den Weg zum *Red Night* machte, rief mich vom Anlegeplatz ein Junge an.

»John Taylor, eines Bootsmanns Lehrbursch, stets zu Diensten.« Er zählte kaum dreizehn Jahr, hatte ein offnes, ehrliches Gesicht, lockiges braunes Haar und scharfe Augen. »Reist Ihr, um der Pest zu entkommen?«

Ich nahm auf den reichbestickten Kissen im Heck seines Bootes Platz. »Nein, ich bin bloß ein Gesell des Grames. Gen Westen, ho – nach Deptford, Bursche!«

Das abebbende Wasser trug uns zu den Steinbögen der London Bridge, ließ uns unter den bedeckten Arkaden und bevölkerten Buden hindurchgleiten wie einen Aal durch die Finger. Als wir am Tower vorüberkamen, hub der Bursche dann erneut zu sprechen an:

»Wart Ihr nicht einer der Spieler in *Der wahren Tragödie von Richard, dem Duke of York*, die man letztes Jahr im *Theatre* gab?«

»Du weißt für einen Burschen deines Alters zu viel von Englands Bühnen«, grunzte ich. Doch schmeichelte es mir nicht wenig, daß er mich erkannt, strebt doch ein jeder nach dem Ruhme.

Weit hinter uns läuteten die Glocken von St. Saviour's auf dem Surrey-Ufer die achte Stunde, als die Docks von Deptford hinter einer Biegung des Flusses in Sicht kamen. Überall dümpelten

Schiffe der verschiedensten Nationen, und vielsprachiges Stimmengewirr schlug uns entgegen. Ein einäugiger Seemann wies mir den Weg zur Kirche St. Nicholas, der schlichten Steinkapelle in der Nähe des Anlegeplatzes, wo den Worten von Anne Page zufolge Kit begraben lag.

Der Pfarrer war ein stämmiger, weißhaariger Mann in schlichtem Kleide, wie's sich für einen Geistlichen geziemt, mit seiner Brille auf der Nase und Beinkleidern, die ihm lose um die mageren Schenkel schlotterten.

»Gott sei mit Euch, Sir.« Seine Fistelstimme ward mit Sicherheit von jedem Hüsteln seiner Gemeinde während der Sonntagspredigt übertönt. Doch leise Worte schenkte selbst der Heil'ge Stephanus den Heiden, die ihn steinigten.

»Laßt uns über Gräber, Gewürm und Grabschriften reden. Ich hätt' gern einen Blick in Eure Begräbnisliste dieses Jahrs geworfen.«

»Hier liegt gar mancher in gesegnet' Boden, ganz gleich dem heiligen Laurentius, nachdem der Schuft Valerian ihn langsam auf dem Rost geschmort.« Der Pfaffe schrie und wimmerte wie einst der Römer Geister kurz vor dem Fall des großen Julius, doch schließlich schlug er jenes große, in Leder gebundene Buch auf, nach dem ich ihn gefragt. »Sucht nur nach dem, was Euch betrifft: sündigt nicht mit Euren Augen. Denket wohl an Lucia aus Syrakus; als ein Edelmann sie ob ihrer schönen Augen lobte, riß sie sie sich aus dem Schädel und gab sie ihm, um nicht des Hochmuts schuldig sich zu machen.«

»Ich such' nach einem Namen nur – nach dem von Christopher Marlowe.«

»Marlowe? Ein Teufel war er, dieser Mann, ein Spieler und …«

»Eitler Pfaffe! Kit wird noch singen, wenn Ihr schon lang darniederliegt und heult! Und warum habt Ihr hier geschrieben: *1. Juni 1593, Christopher Marlowe, zu Tode gebracht von Francis Archer.* Kein Wort von seinem Grabe hier oder von seines Grabsteins Inschrift.«

Der alte Pfarrer, verärgert über meine Worte, schwatzte weiterhin wie eine Elster. »Seine Knochen ruhen ohne Grabstein, und keine Schrift erinnert mehr an sie.«

»Doch hatte er hochgestellte Freunde! Warum ward ihm, nach

solch gewaltsam' Tode, ein derart unwürd'ges Begräbnis nur zuteil?«

»Squire Walsingham hat's selbst so angeordnet.« Die Hoffnung auf einen nachträglichen Skandal fegte die Feindseligkeit von des Pfarrers walnußförmigem, faltigem Gesicht. »Gewiß doch war sein Tod die Folge eines Händels nur, wie man ihn täglich in Tavernen sieht? Zu diesem Schlusse kam zumindest William Danby, Leichenbeschauer des Königlichen Hauses, der, da seine Gnäd'ge Hoheit sich in Kew befand, die Leichenschau abhielt.«

»Der Leichenschauer Ihrer Majestät kann wohl nicht bestechlich sein«, erwiderte ich barsch. Doch konnte er getäuscht worden sein? »Nun denn, bringt mich zum Grabe Kits!«

In einem ungeschmückten Rechteck abgesenkter Erde mitten auf dem Friedhof und unter einer Platane, lag Kit, mit dem Staube gepaart, dem er verwandt, und Blumen, die ihm aus den Augen sprossen. Ich spürte salzige Tränen auf meinen heißen Wangen.

»Wie einst St. Niklas, als er durch Gottes Gnade drei Jungen rief zurück ins Leben, die in einen Pott mit Salz zum Schinkenpökeln eingetaucht, so können wir vom Unkraut Honig lesen und machen selbst den Teufel zur Moral. Die Toten, sie sind bloß Bilder – und nur die Kinder fürchten sich vor aufgemalten Teufeln –, doch Marlowe war so böse, daß Gottes Schlag ihn traf, als er inmitten einer Sünde.«

»Pah!« stieß wütend ich hervor und wischte meine weibischen Tränen fort. »Eure Predigt hinterläßt einen noch scheußlicher'n Geschmack als schale Farbe! Predigt nur auf Eurer Kanzel, Vater – spielt den Narren nicht woanders als in Eurem eig'nen Haus.«

»Meines Vaters Haus! In Seinem Haus sind viele Zimmer, doch keins …«

Ich ließ ihn in seinem Zorne stehn, um Eleanor Bulls Taverne aufzusuchen. Ein solch hastiges und obskures Begräbnis hätte Walsingham ganz sicher angeordnet, wenn Kit tatsächlich an der Pest gestorben; doch warum stand dann im Register, daß Francis Archer ihn getötet? Und warum hatte Anne Page behauptet, Ingram Frizer wär' sein Mörder? War ihre Geschichte doch mehr

Inhalt und wen'ger Kunst, als es zuerst den Anschein hatte? Vielleicht würd' ich bei Eleanor Bull die Antworten auf diese Fragen finden.

Theaterzettel hingen in Fetzen vom Anschlagpfosten neben der Tür, und die edle Dame Eleanor selbst hätt' einen guten komischen Charakter auf der Bühne abgegeben: Sie war eine rundgesichtige, stets fidele Frau mit einer losen Zunge und einer Nase, die sie, urteilte man der Farbe nach, schon in so manchen Krug gesteckt. Eleanor trug ein elegantes scharlachrotes Kleid und eine weiße Haube.

»Schönen guten Morgen, Sir.«

»Schönen guten Morgen, meine Dame. Würdet Ihr mir bei einem Becher Wein die Ehre Eurer Gesellschaft erweisen?«

»Mit Verlaub, Sir, gerne würd' ich's tun.« Sie ging vor mir die schmale Treppe hinauf und keuchte mir über die Schultern in bierseliger Atemnot zu: »Außer ein paar … puh! … Seeleuten steigt hier kaum noch einer ab. Sind ein rauhes Volk, und … puh! … ein gar gotteslästerliches dazu.« Sie öffnete eine Tür und stieß mir verschlagen in die Rippen, als ich mich an ihr vorbeischob. »Pah! Wenn ich nur ein, zwei einsam' Damen, von Stande wohlgemerkt, hier unterbring', schon heißt's, und lebten sie auch bloß von grundehrlicher Handarbeit, ich führt' ein zwielicht'ges Bordell!«

Ich lachte und bestellte für jeden von uns einen Schoppen Weißwein. Wir saßen in einem angenehmen Zimmer, das auf einen eingefriedeten Garten hinausging. Die Decke bestand aus Eichenholz. Man hatte eine Bettstatt gegen einen billigen Wandbehang geschoben, der Richard ›Crookback‹ und Catesby auf dem Feld von Bosworth zeigte. An einer Wand befand sich ein Kamin.

»Und nun erzählt mir, Mistreß: Fand in Eurem Hause vor ein paar Monaten ein Mann mit Namen Christopher Marlowe ein gar zu unzeitiges Ende?«

»Ist's wahr, Ihr kanntet Marlowe?« Sie musterte mich mißtrauisch. »Obwohl er Gottes Geduld und des Königs Englisch mit kuriosen Flüchen oftmals angestrengt, war er ein Mann, für den die Frau'n durchs Feuer gingen. Großer Gott, Herr im Himmel, welch Lüstling war er doch! Ich werd' nie mehr so lachen, wie ich's in seiner Gesellschaft tat.«

Ich versuchte, so beiläufig wie möglich zu klingen: »Ein Streit um eine Dirne war's, nicht wahr? Und der Bursch', der ihn getötet – Francis Archer?«

»Pah!« Sie klimperte mit den Schlüsseln an ihrer silbergesäumten Schärpe. »Sicherlich habt Ihr mit dem alten Pfaffen von St. Nicholas gesprochen – er vermag mit seinen zittrigen Fingern kaum den Garten umzugraben, geschweige denn eines Fremden Namen richtig aufzuschreiben. Ingram Frizer war's, der Kit ins Jenseits befördert hat.«

»Ich würd' gern einen genauen Bericht darüber hör'n.«

»Der Himmel möge ihm vergeben so wie uns allen, sage ich; er starb in diesem Raume hier, auf jener Bettstatt dort. Bei Gott, es ist mir unbegreiflich, was er in solch' Gesellschaft wohl zu suchen hatte, denn Nick Skeres ist ein Beutelschneider und Frizer ein Betrüger, trotz all ihres frommen Geschwätzes. Doch lebten alle drei in Scadbury Park und waren einst im Dienst des Staatsrats unterwegs. Rob Poley, ein weiterer vom selben Schlage, traf am Nachmittage auf erschöpftem Pferde ein, und nur zwei Stunden später kam's zum Kampf. Bis ich hier oben war, lag Kit bereits ausgestreckt auf diesem Lager, sein Schädel überm rechten Aug' durchbohrt.«

»Ward Frizer denn nicht angeklagt, als die Wachen eintrafen?«

»Ohne Verzög'rung: doch bestätigten die andren seine Geschichte, daß Kit, der trunken auf dem Bett gelegen, ihn angegriffen hätt' wegen 'nem Streit um die Zeche. Frizer hätt' ganz unschuldig Skeres und Poley beim Backgammon zugesehen, als Kit, mit Flüchen auf den Lippen, plötzlich aufsprang, Frizers Messer aus der Schulterscheide zog und auf dessen Gesicht einstach. Frizer konnte sich befrein, sie wurden handgemein, dann stürzte Kit ins Messer.« Eleanor zuckte mit den Schultern. »Die Leichenschau ward am 1. Juni abgehalten; am 28. ward Frizer von der Königin begnadigt und kehrte in des Squires Dienst nach Scadbury Park zurück.«

Mit zitternden Gliedern ließ ich mich auf dem Bette nieder. Kit war ebenso stark und flink wie ich gewesen: ein jeder Spieler übt sich für die Bühne im Fechten und im Raufen. Und selbst im Rausche: würde der Schöpfer des großen Tamerlan und des stolzen Faustus jemanden feig von hinten mit dem Messer attackiern? *Das Zimmer scheint sich zu verdüstern; vier undeutliche Gestalten verharren im Dunkel; Kit wirft die Arme zurück, ein Fuß stellt sich ihm geschickt in den Weg, ein Schrei – dann Stille – Mord!*

Ich blickte zu Eleanor Bull auf. »Glaubt Ihr denn diese Geschichte?«

»Ich würd' nicht meine Hand darauf ins Feuer legen.« Doch dann senkte sie den Blick; ihr Daumenring funkelte, als ihre Finger sich um ihre Schärpe krampften. Plötzlich wandte sie sich mit gramverzerrtem Gesicht ab. »Pah! Ich werd' nicht schweigen, auch wenn die Hölle selbst mir's aufgetragen! Ich war's, die ihn an seinem Wams mit ungeschickten Fingern nesteln sah. Ich sah sein Lächeln, und ich hört' ihn rufen: ›O Gott! O Gott! O Gott!‹. Und ich war's, die nach seinen Beinen tastete und spürte, daß sie kalt wie Stein. Und ich bin's, die Euch nun erklärt: ein grausamer Mord ward hier verübt!«

Ihre Worte ließen mich aufspringen. »Dann will ich nach Scadbury Park, den niederträcht'gen Schuft am Bart zu reißen und ihm diesen in sein Maul zu stopfen!«

Sie warf sich mir mit ausgestreckten Armen in den Weg, an ihrer Leibesfülle gab es kein Vorüberkommen. »O Meister, dies Schwert, das gar so tapfer hier an Eurer Seite rasselt, 's wird Euch nicht von Nutzen sein gegen das Gift der Viper, die ihr gedenkt zu reißen. Jene andren Säbelrassler – ha! Wahrhaftig, drei solche Fratzen machen zusammen keinen Kerl aus. Was Skeres betrifft, der ist weiß von Leber und rot von Gesicht; Frizer, der hat eine wilde Zunge und einen ruhigen Degen; und Poleys wen'ge gute Worte paaren sich mit ebenso wen'gen guten Taten. Doch Squire Thomas! Begegnet ihm nur einmal und lernt, daß einer lächeln kann und immer lächeln und doch ein Schurke sein.«

»Ich bin Euch, die Ihr wahren Grund zum Weinen habt, zu Dank verpflichtet. Doch gehen muß ich nun.«

»Dann nehmt eins meiner Pferde – und meine Gebete mit dazu.«

Nach einigen Meilen Ritt durch eine sanfte Hügellandschaft, deren behaglich wirkende Bauernhäuser mich an mein geliebtes Warwicksshire erinnerten, erreichte ich Chrislehurst. Hinter einem Waldstück, das sich eine weitere Meile erstreckte, schlängelte sich die Manor Park Road durch offen zugängliche Obstgärten hinauf zum Haupthaus von Scadbury Manor: einem ausgedehnten, aus Holz errichteten Gebäude, ziegelgedeckt und von einem Wassergraben umgeben. Mir war bekannt, daß dieses Anwesen schon mehr als zweimal hundert Jahre zählte.

Man führte mich durch eine weitläufige, unvertäfelte Eingangshalle zur Bibliothek, die mit Paneelen aus Kastanienholz verkleidet war. Die Bücher belegten des Squires tiefgehendes Interesse an den Künsten: Holinsheds *Chronicles*, Halles *Union*, Plutarchs *Parallelbiographien*, Sir Philip Sydneys *Arcadia*, die Krone der Englischen Wortkunst. All diese Bücher waren in Leder gebunden und so in die Regale gestellt, daß der Goldschnitt der Blätter nach außen wies und man die goldenen Riegelhaken und die juwelenbesetzten Beschlagnägel bewundern konnte. In den übrigen Regalen befanden sich zusammengerollte und gestapelte Manuskripte: Constables *Diana*, und Plautus' *Menaechmi*. Letzteres betrachtete ich mir gerade näher, als eine tiefe, melancholisch klingende Stimme hinter mir in der Türe ertönte.

»Wer fragt nach Walsingham und führt im selben Atemzug den Namen Marlowes auf den Lippen?«

Der Squire wirkte ganz wie jener Kavalier, des Anschein zu erwecken er stets leidenschaftlich sich bemüht: elegant wie ein Bräutigam und herausgeputzt in seidnem Wams, samtnem Beinkleid und scharlachrotem Umhang. Seine Stimme glich seinem dreifach vergoldeten Rapier in samtbeschlag'ner Scheide: seidig, doch mit Stahl darunter. Sein Gesicht, das durch den spitzen Bart viel länger wirkte, ward eingerahmt von lockigem Haar und hatte die grausamen Züge eines Titus oder eines Cäsar: eine römische Nase, bleiche, mißtrauische Augen, geschwungene, doch stets verächtlich lächelnd' Lippen. Ein anziehendes Gesicht, das zugleich doch abstoßend wirkte.

»Ein armer Schauspieler«, antwortete ich, »der wahre Auskunft sich erbittet, was Marlowes schnellen Tod betrifft.«

Drauf trat der Squire, und dabei hielt er sich die reichverzierte Schnupftabakdose genüßlich unter seine Nase, ganz ohne Hast ein Stückchen näher. »Eure Kleidung weist ganz deutlich auf Eure nied're Herkunft und Eure noch weit niedrigere Profession hin. Ich kannte Marlowe flüchtig und unterstützte ihn als ernsthaften Dichter – natürlich nicht als Stückeschreiber. Doch warum fragt Ihr mich nach seinem Tod, wenn doch die Pest ...«

»Anne ... eine gemeinsame Freundin sagte mir, daß er getötet ward, nicht etwa von der Pest, sondern während eines Handgemenges mit Eurem Manne Ingram Frizer.«

»Was Ihr nicht sagt? Und dies Gerücht – die Schlampe Anne Page?«

»Nein«, widersprach ich schnell, »Tom Kyd im Newgate.«

Der Squire grinste hämisch und läutete eine kleine Silberglocke. »Ein scharfes Auge und ein offnes Ohr, wie Ihr sie Euer eigen nennt, sie lassen oft den Kerker gefährlich nach Zuhause riechen; und die Zunge, die so wild im Kopf Euch wirbelt, könnt' Euch schnell denselben von den verweg'nen Schultern treiben. Doch mag's sein, daß selbst ein Mann von nied'rem Stande Freundschaft wohl zu schätzen weiß.«

In dem Manne, der in diesem Augenblick ins Zimmer trat, erkannte ich unschwer Nicholas Skeres: wahrlich konnt' er einer Runkelrüben-Nase und eines Kapaunen Bauch sich rühmen, und als er von meinem Ansinnen erfuhr, trat er laut schimpfend auf mich zu, als würd' ich vor ihm schmelzen, wie Fett es in der Sonne tut:

»Ha, du läst'ger Possenreißer, Kit war ein Goldherz und ein Schatz! Würd' er noch in uns'rer Mitte weilen, seine schmutz'gen Füße würd' ich küssen, das könnt Ihr glauben! Denn wahrlich, ich liebte ihn, den lieben Hitzkopf.« Er lachte heiser. »Doch hält er nun ein Festmahl mit den Würmern; hier kommt Frizer, der's Euch aufs genauste wird berichten können.«

Ingram Frizer hatte eines Kirchenvorstehers Gesicht, doch die Augen eines Mannes, der zur Nacht nur wenig schläft. Sein Mund bildete ein O, und seine Augen waren gen Himmel gerichtet. Auch äffte er des Kirchenmannes echte Frömmigkeit so übel nach wie ein abscheulich deklamierender Schwätzer, der den begnadeten Spieler auf der Bühne zu ersetzen sucht.

»Armer Marlowe«, meinte er salbungsvoll. »Er ging aus diesem Leben wie einer, der sich auf den Tod geübt. Hier sitze ich und spiel' Backgammon; dort liegt Kit auf seinem Lager. Er springt auf, ergreift mein Messer –« Er vollführte eine Bewegung, und die tödliche Klinge, deren Knauf über seine linke Schulter ragte, sprang aus ihrer Scheide wie die Zunge einer Schlange, tanzende Staubmotten zu peitschen. »Er trifft mich zweimal im Gesicht, ich reiß' mich von ihm los, wir werden handgemein, er strauchelt … die Klinge fährt ihm in das Hirn. Ich zieh' den Stahl heraus, küß' die Wunde, die so blutig gähnt auf seiner Stirn. Er lächelt tapfer, noch ein letztes Mal, ergreift mit schwachen Fingern meine Hand – doch seine Seel' entschwebt zum ew'gen Vater.«

»Seid Ihr's nun zufrieden, o Mars der Unzufried'nen?«

»Gestattet mir, o Squire, nur eine Frage noch.« Da es mein Beruf war, Gefühle nachzuahmen, nahm mein Ton, was triefend' Gram betraf, es leicht mit dem von Frizer auf. »Dann will ich meinen Abschied von Euch nehmen.«

»Ihr könnt nichts von mir nehmen, Herr, das ich nicht lieber geben würd'.«

»Warum kam Poley, eben aus Den Haag und von der Küste Böhmens wohl zurück, an jenem Tag so eilig in Dame Eleanors Taverne?«

»Stellt meine Taten nur in Frage, Spieler, und Ihr werdet in den nächsten Tagen den Krähen eine fette Beute geben!« Poley trat aus dem Schatten heraus: groß und lautlos; ein dunkles, wollüstiges Gesicht; die Augen scharf wie die des Falken, und seine Nase krumm zur Seit' gebogen, als schnupp're er nach des Todes Grabgestank. Seine Arme waren kräftig, und seine Brust unter dem Wams aus fleckigem Leder: ein Salzwasserfaß.

Squire Thomas' trauriges, wie stets verächtlich wirkend' Lächeln flatterte unter seinem frisch gestutzten Barte wie eine Taube über ihrem Schlag. »Er kam gerade erst aus Holland. Wo besser als in einer Taverne sollt' man den Staub der Reise von sich waschen?«

»Und wie steht's mit Baines' Anklage gegen Kit, die Euch und andre aus dem Kreise Raleighs mit Sicherheit hätt' bloßgestellt, wär' sie vor Gericht gekommen? Erst am Abend zuvor habt Ihr von ihr erfahren. Und all das hatte nichts zu tun mit Poleys Entsendung zu der Taverne an jenem Tage?«

Des Squires Gesicht ward aschfahl, das Blut, es wich aus seinen Lippen; seine bleichen Augen blitzten, und seine Stimme zitterte vor unterdrücktem Zorn: »Wag es, du wenig beßres Ding als Erde, meinen Sturz herbeizuführen, und finden wirst du dich unter derselben!« Nur mit Müh gelang es ihm, die Fassung wiederzuerlangen. »Affen und Possenreißern heißt's, sollt' man das Hirn ausnehmen und einem Hunde zum Neujahrsgeschenk geben.«

Mit erhobener Hand hielt er mich zurück. »Sachte, Mann – noch ein, zwei Worte, bevor Ihr geht. Ich hab' dem Staate manchen Dienst erwiesen, und dies ist dort sehr wohl bekannt. Laßt Vorsicht walten! Ihr sagt, Tom Kyd hätt' Euch von Marlowes Tod berichtet, doch dann habt Einzelheiten Ihr erwähnt, die nur Anne Page Euch geben konnt'. Keines Mordes bin ich schuldig – dennoch verleumdet sie mich frech. Sucht im geheimen nur sie auf, mich rührt's nicht, denn spüren werdet Ihr, daß selbst die Steine unter Euren Füßen Euer Wohinaus ausschwatzen.«

Ja, solch ein Mann beschreitet meine enge Welt wie ein Colossus, und dennoch: war er mehr Mann als ich?

»Ihr verachtet mich ob meiner Herkunft, Walsingham; doch kann die Natur nicht ihren Ursprung wählen. Blut, wenn es vergossen ward, fordert Blut, und die Wahrheit wird, trotz allem was Ihr sagt, ans Licht des Tages treten.«

Doch fühlte ich mich erst in Sicherheit, als gutes englisches Eichenholz uns wieder voneinander trennte.

Zehn schlug's, als ich, Squire Thomas zum Trotze, die St. Paul's Cathedral betrat. Während des Gottesdiensts lagen hier, zwischen den hehren Säulen, die schrillen Schreie der Straßenhändler und der Krakeel der *Paul's Men* im Wettstreit mit den Gesängen des Chores; zu dieser Stunde jedoch hallten bloß meine Schritte auf dem Steinboden des Paul's Walk wieder, des großen Mittelschiffs der Kirche.

Ich lockerte mein Schwert, denn selbst eine Kirche schützt vor Meuchelmördern nicht. Als ich eine schlanke Gestalt in großem

Wollstoff hinter einer Säule hervortreten sah, erkannte ich Anne Page an ihren glühenden Augen unter dem weiten Umhang, kurz bevor ich meine Klinge aus der Scheide gezogen hatte.

»Recht vorsichtig kommt Ihr zu Eurer Stunde, o Spieler. Sagt mir, was Ihr erfahren.« Gemessnen Schrittes und die drohende Gefahr mißachtend, schritten wir das Mittelschiff entlang. Als ich geendet, rief sie aus: »Oh, lächelnd und verfluchter Schurke! Von nun an sollen meine Gedanken nur noch blutig sein!«

Ich gemahnte zur Vorsicht: »Squire Thomas behauptet, keines Mordes schuldig zu sein.«

»Dann müßt ein Narr Ihr sein oder ein Feigling! Am 18. Mai ward Poley ausgesandt von Walsingham, um Kit in Holland ein Versteck zu suchen. Doch wog die Anklage der Gotteslästerung, die Baines gegen Kit erhoben, gar zu schwer – und Walsingham befürchtete, daß er sich selbst belaste, wenn er ihm weiterhin noch half. Mehr noch, er beschloß den Mord, um öffentliche Schande zu vermeiden, käm's zu Kits Verhandlung.« Ihre Stimme wand sich in ihrem eig'nen Gifte wie eine angeschlag'ne Natter. »Oh, Spieler, besprengen würd' ich den Staub mit dieses Mannes Blut. Doch halt – genug! Mein Streit, er sei nicht länger mehr der Eure.«

»Ich werd' Euch nicht alleine lassen, Anne«, erklärte ich mit Feuereifer.

»Ihr müßt! Hätt' ich Euch vor Kit getroffen –« Sie berührte meine Lippen mit den Fingern in einer allzu nüchternen Liebkosung, und Bedauern legte seine nebelhaften Schwingen über ihr Gesicht. »Zu spät! Der Hölle Pesthauch hat mich nun gestreift; mich dürstet's nur nach heißem Blute noch!«

Ich schüttelte den Kopf und sagte entschieden: »Ich werde Euch begleiten, Anne; Euch durch die dunkle Nacht nach Haus geleiten.«

Außerhalb der Kathedrale war es kalt, und scharf schnitt der Wind in die Haut. Fauliger Flußnebel, vom gierig beißenden Wind getrieben, legte über alles Düsternis. Der verderbliche Gestank der Pest schlug uns entgegen, und aus dem alles dämpfenden Nebel erklang der Pferdehufe Klappern, als ein Totenkarren auf seinem graus'gen Weg vorüberzog. Immer wieder sprang der Fuhrmann vom Bock, mit eiserner Zang die Leichen auf sein

Gefährt zu ziehn, die blind und reglos im Spülicht und Urin der Rinnsteine lagen.

Durch die wirbelnden Nebel der Dowgate Hill sah ich des Flickschusters Haus, wo letztes Jahr Rob Green verloren ward an des Todes endlose Nacht. Hier unterbrach Anne Page mein rastlos' Sinnen.

»Wahrlich, nun hat's zwölf geschlagen – der Mond ist untergegangen, die zwölfte Stund, sie naht. Es ist die wahre Hexenstund der Nacht; in meiner Seele schreien Eulen nur, wo froher Lerche Lied erklingen sollt. Doch nun muß ich Euch verlassen.«

»Jetzt? Hier? Sicher nicht hier, Anne?«

Denn wir waren in Cold Harbour angekommen, wo Gesindel frech unsrem Englischen Gerichtshof höhnt und ein jedes Laster in den schmutzigen Häusern wohnt.

»Doch, hier«, flüsterte sie. »Hier verbirgt die Nacht mich vor dem eig'nen Antlitz, derweil mein Körper weit're Nahrung sucht, von der die Rache tief in mir zu zehrn vermag; und hier leb' ich von der Hoffnung ganz allein, daß ich eines Tages Walsingham ertapp' bei einem Tun, das keine Spur des Heiles an sich hat, daß gen Himmel er die Fersen bäumen mag und seine Seele in die tiefste Hölle fährt.«

Sie führte mich in eine schmale Gasse, wo Ratten unsichtbar umherhuschten und stinkender Kot das Pflaster schlüpfrig machte. Plötzlich zeichnete sich der Umriß eines Mannes vor uns ab, blanker Stahl blitzte in seiner rechten Hand.

»Zurück – hier entlang!« warnte ich meine Begleiterin.

Zu spät! Hinter uns standen zwei weitere Gestalten. Licht funkelte auf gezückten Klingen, Sporen klirrten über Stein. So entmutigt angesichts des Schreckens meiner Sünden fühlte ich mich, daß ich nicht einmal mein Schwert zu ziehn vermochte – auf diese Weise macht uns unser Gewissen alle zu Feiglingen. Dann jedoch erhob einer der Männer die Stimme:

»Zur Seite, Mann – wir wollen nur die Frau.«

Ich erkannte sie, die Stimme, und mit der Erkenntnis kam der Zorn.

»In Stiefeln und Sporen, Rob Poley?« Als ich diesen Namen rief, stockte Anne der Atem. »Scharf geritten seid ihr drei, von Scadbury Park hierher.«

»Ihr kennt uns, Possenreißer? Dann sollt *beide* ihr durch diese Hände sterben!«

»Wenn Höll' und Satan ihr Versprechen halten.« Mein Degen fuhr zischend aus der Scheide wie eine Schlange, welche, die Sonne suchend, unter einem Stein hervorschießt. Mir blieb kaum Zeit, Poleys Schlag zu parieren. »Aha, Bursche!« rief ich. »Was sagt Ihr hierzu?«

Doch als er vor mir zurückwich, stürzte Anne Page herbei, den Dolch erhoben.

»Mörder! Deine Schandtaten, sie stinken auf der Erde von Menschenaas!«

Sein vorschneller Degen fuhr ihr durch den Leib und trat zur Hälfte noch aus ihrem Rücken aus. Anne schlug schwer auf den Boden. Ich hätt', bevor er seine Klinge noch aus ihr befreit, wohl selber zuzustoßen vermocht, doch war ich zu langsam, denn nie zuvor hatte ich mein Rapier im Zorn erhoben. Dann war's zu spät. Er setzte erbarmungslos einen Fuß auf ihren Nacken und zog die Waffe dann zurück.

»Bleibt auf Distanz!« befahl er Skeres und Frizer. »Bringt ihn dazu, die Deckung aufzugeben. Er darf nicht leben!«

Doch inzwischen war mein jugendliches Blut in Wallung, und wie alle Schauspieler war ich ein Meister in der Kunst des Fechtens. Ich wehrte Skeres' Klinge ab und schrie: »Jetzt, da noch eure Purpurhände dampfen.« Ich sprang vor und spießte seinen tanzend' Schatten durch die Kehle auf, daß Funken sprühten von der Mauer hinter ihm. Mit einem Ruck zog ich den Stahl zurück. »Sie sind mir wohl vertraut ... die Stöße ... diese Finten ...«

Mein Dolch schlug Frizers Degen zur Seite, ich duckte mich, stieß zu, parierte, stieß erneut zu: mein Arm um drei Fuß zorn'gen Stahles länger. »... die Bühne hat sie oft gesehn ... hier ... hier ... das Herz!«

Frizer taumelte benommen zurück, die Arme über seiner durchbohrten Brust gekreuzt; doch wo war Poley? Feuer schoß durch meinen Arm, und klirrend fiel mein Degen mir aus der tauben Hand aufs Pflaster. Finger, die so dick wie Würste, legten sich um meine Kehle. Ich spürte, wie ich auf Armesläng' zurückgestoßen ward, daß Poleys langer Degen mich erreichen konnte.

»Was sagt Ihr nun?« Seine Stimme bebte vor Triumph. »Bist du bereit, Grundehrlich?«

Die Sicht verschwamm mir, es fehlte Blut in meinem Hirn. Im nächsten Augenblick würd' seine Klinge – doch dann kratzte mein Dolch an seinem Bauch. »Was nun?« rief ich. »Tot! Für 'nen Dukaten, tot!«

Mit letzter, hoffnungsloser Kraft stieß ich die zweischneidige Klinge tief in sein Gedärm – und fiel über seine noch zuckende Leiche.

Stille. Von überhängenden Dachrinnen tropfte Feuchtigkeit, heißes Blut befleckte meine Hände. Im Rinnstein raschelte eine Ratte. Die Welt, sie drehte sich beständig weiter. Zeitalter verstrichen. Doch ich lag still im treibenden Nebel. Bis eine schwache Stimme aus weit entfernter Unendlichkeit mich zurück ins Leben rief.

»Spieler – meine klaffend' Wunden schrein nach Hilfe –« Mühevoll kroch ich zu Anne, bettete ihren Kopf an meine Schulter. Sie hatte keine Kraft mehr, ihre Stimme war so schwach, so ungeheuer schwach. »Der Totenacker gähnt mir schon entgegen. Ich tausch' die Welt gegen ein kleines Grab, ein kleines, winz'ges Grab, ein düst'res Grab …«

Meine salzigen Tränen segneten ihr vom Tod gezeichnetes Gesicht; ihr Körper war nun Blei in meinen Armen. »Anne!« rief ich. »Anne! O Gott! Gott, vergib uns allen!«

»Laßt diese Nacht nicht Wetzstein Eures Schwertes sein!« Ihr Herz flatterte kurz in dem zerbrechlich' Käfig ihres Körpers; ihr Flüstern traf mein Ohr und wurde ständig schwächer. »Stumpf, so sollte Euer Herz nun sein. Dieser Tod ist – eine Freude, in die sich – kein Leid mischt.«

Nichts mehr. Ich ließ sie langsam auf die wartende Erde sinken und erhob mich mühsam. Mein Atem ging noch immer keuchend; dunkle Mauern verschwammen mir vor den Augen, nahmen wieder feste Formen an, zogen sich zurück; Laternen, hell leuchtend über den Cold Harbour Stairs; Stein, glitschig unter meinen blutbefleckten, zitternden Händen; die Themse, kalt und leis die Litanei nur flüsternd: *sie ist tot sie ist tot ist sie.*

Fallen. Sonst nichts.

Eine Bewegung weckte mich. Ich ruhte auf den Kissen einer kleinen Jolle, Flußnebel lag feucht auf meinem Gesicht. Als mein Blick sich klärte, erkannte ich vor mir eine vertraute Gestalt.

»Junge, wie komme ich hierher?«

John Taylor sah mich besorgt an. »Ich fand Euch am Fuße der Cold Harbour Stairs.« Er deutete auf den Degen, der zu meinen Füßen lag. »Euer Blut auf dem Straßenpflaster führte mich zu Euch – und zu etwas, das einmal eine Frau gewesen. Doch Friede ihrer Seele, sie ist tot. Zwei andre lagen auch noch dort, der eine mit aufgeschlitzter Kehle, der andre ausgeweidet wie ein Bulle auf der Schlachtbank.«

Ich tauchte einen Arm ins klare Themsewasser und stellte fest, daß meine Wunde nur eine schmerzende Furche in meinem Fleische war. Frizer war entkommen. Anne war tot. Ich brauchte Zeit – Zeit zum Nachdenken.

»Der *Falke*, Bursche. Ich werde sehn, welche Arznei die Taverne mir zu bieten hat.«

Ich gab dem Jungen ein Silberstück und betrat des *Falken* Schankraum durch den schmalen Eingang mit den dicken Wänden, der noch aus den Zeiten vor der Tudor-Herrschaft stammte. Hier erwartete mich ein Sturm an Licht und Lärm. Ich preßte fest den Arm an meine Seite, um mein Blut vor neugierigen Blicken zu verbergen. Eine lustige Gesellschaft hatte sich an der Theke versammelt.

> *Ein Becher Wein, der stark und rein,*
> *Und trink es zu der Liebsten mein:*
> *Und ein fröhlich' Herz lebt länger …*

»Auf Ehre, ein allerliebstes Lied!«

»Ein englisches Lied«, lachte der Sänger. »In der Tat, wir Engländer, wir versteh'n gewaltig uns aufs Bechern. Den Dänen trink ich Euch mit Gemächlichkeit untern Tisch; es wird mich wenig angreifen, den Deutschen Euch zu schlagen; und den Holländer zwing ich zur Übergabe, eh' der nächste Humpen noch gefüllt!«

Das war Will Sly, der rotgesichtige, fidele Komödiant, den ich in Dover zurückgelassen hatte! Als er mich sah, breitete er die Arme aus.

»Pfui dich an, altes Fell! Du kannst's noch nicht vernommen haben: Die *Admiral's Men*, wie wurden aufgelöst! Bei Wilhelm dem Eroberer und Richard, der nach ihm den Thron bestieg, so findet sich Will Sly ganz unversehens im guten *Falken* mit schlechten Kumpanen beim Schlucken von noch üblerem Ale.« Er ließ den Worten Taten folgen, dann lehnte er sich näher zu mir und senkte die Stimme, während er sich Schaum aus dem Schnurrbart wischte: »Doch blaß bist du, alter Bursche; und dein Kelch trocken. Heh! Schankwirt!«

»Gleich zur Stelle, Sir.«

Ich hatte Will kaum zur Seite gezogen, um ihm meine Geschichte zu erzählen, als eine aufbrausende Stimme uns unterbrach: »Schauspieler, zurückgezogen in 'ner Ecke? Dann ist irgendeines Mannes guter Ruf wohl in Gefahr, dahinzuschwinden. Meiner Treu, 's ist besser, 'ne schlechte Grabinschrift zu haben als zu Lebzeiten ein böses Wort aus eines Komödianten Munde. Doch ich will Euch sagen, was mir vorschwebt.«

»Nun, ein Wanst von hundert Pfund, Tom Lucy«, scherzte Will Sly.

Lucy war ein Mann aus Charlecote, das nicht weit von meinem Heimatorte lag – ein gar unangenehmer Zeitgenosse mit strengen Augen und einem in gehöriger Form gestutzten Barte. Und dem Verstande eines pickenden Spatzen.

»Keine Wortspielchen, Will Sly! Mag sein, daß in den Hüften ich zwei Yards und mehr noch messe. Aber hier ist die Rede nicht von Wänsten, sondern von Gewinnsten, nicht von Dicke, sondern von Tücke.«

Er war nie verlegen um einen weisen Spruch und voller modischer Zitate, so daß ich höflich unterbrach: »Wir stoßen alsbald an der Theke zu Euch, Master Lucy.«

Kaum daß Lucy sich von uns abgewandt, fuhr ich mit meiner Geschichte fort; bald schon war Will Slys Gesicht so lang wie sein Mantel. Als ich ihm von meinem Treffen mit Anne Page in St. Paul's erzählte, brach es verbittert aus ihm heraus: »Narr! Was, wenn man dich mit dieser Anne Page gesehen hätt'? Wenn …«

»Anne Page?« wandte sich Lucy erneut an mich. »Ich fragt' mich schon, wie wohl der Nam' der Dirn', mit der Ihr kurz vor

Mitternacht durch die Dowgate Hill geschlendert seid, o Spieler.«

Will Sly machte seinem Namen alle Ehre: »Dann müßt Ihr doppelt wohl gesehen haben, Tom Lucy; Becher um Becher hat er an ebendiesem Tische mitgehalten, die letzten vier vergang'nen Stunden.«

»Ich täuscht' mich nicht und erkannte sie wohl«, beharrte Lucy. »In den *Bankside Stews* traf mich einst ihr stolzer Blick, der jedem ehrenwerten Frauenzimmer wohl angestanden hätt'.«

»So schien die Sonn' auf einen Düngerhaufen!« brach es aus mir heraus.

»Die Geier packen dein Gedärm, Possenreißer!« Lucy schlug dramatisch mit der Hand auf seinen Degen. »Dies hier wird Euch springen lassen wie 'ne Ratte!« Als ich erstarrte, brach er in schallende Gelächter aus. »Was? Ein Tiger, in eines Spielers Haut gesteckt – oder bloß ein Kätzlein, das Miau schreit?«

Hastig zog Will Sly mich zurück. »Mach dir nichts draus, mein Junge – das Prahlen ersetzt bei ihm den Geist. Er lebt nur für sein Porridge und ein Stück fetten Rindfleischs. Doch nie zuvor hab' ich dich gegenüber irgendeinem Manne derart schäumend, wie saures Bier, erlebt. Ist dies noch mein rechtschaff'ner Bursch, meine offenherz'ge, unabhäng'ge Seele …« Er brach erschrocken ab, als er mit einem Male das Blut an meinen Händen sah.

»Sie lauerten uns in Cold Harbour auf. Ich ließ sie steif und kalt zurück.«

»Wie viele? Alle? Tot? Hah, du Teufelskerl!«

»Sie war'n zu dritt – Frizer hat's überlebt, glaub' ich. Bei Gott, sie buhlten ja um dies Geschäft! Sie rühren mein Gewissen nicht!«

Er schüttelte den Kopf. »Bis heute abend hätt' ich dich für unfähig erachtet, auch nur einem einz'gen Manne ein Leide zuzufügen – nichts tiefgründiger in dir als ein geschliff'ner, scharfzüngiger Geist. Doch dieser fette Narr dort drüben könnt dich wohl noch in Teufels Küche bringen!«

»Halt ihn bloß von mir fern«, sagte ich. »Mein Blut ist in Wallung.«

Doch Lucy, dem es noch immer nicht gelungen war, meine Stimmung auszuloten, hielt mich an der Türe auf.

»Halt, du Laffe! Wenn ein Mann mich derart anfährt, wie du's getan, hah!, so fecht' ich's mit ihm aus, bis meine Augenlider sinken!«

Sprachs und wandte sich mit großer Geste an die Gesellschaft, erwartete, daß ich mich, wie's meine Gewohnheit, still zurückzog. Doch plötzlich fand ich mich mit meinem Degen in der Hand unmittelbar vor ihm und sah – durch zornesroten Nebel – Lucys Lippen zucken wie ein Hecht im Netz.

»Sachte, Meisterspieler!« Er wich hastig zurück. »Ich scherzte nur. Ehm – ich hielt's für angebracht, daß wir die Hände schütteln und dann von hinnen ziehn. Ihr, wohin es Euch gelüstet, und ich – nun, ich geh' beten!«

Ich erkannte, daß er das Ganze als einen Scherz abtun würde, also steckte ich meine Klinge wieder ein und verließ, seine ausgestreckte Hand mißachtend, die Taverne, dicht gefolgt von Will Sly.

»Warum so aufgebracht heut' nacht, mein Junge? Wahrhaft groß sein heißt, nicht ohne großen Gegenstand sich regen; doch einen Strohhalm selber groß verfechten, wenn Ehre auf dem Spiel …«

»Sie haben sie vor meinen Augen umgebracht!« brach es aus mir heraus. »Haben Anne getötet!«

»Nein!« Er verzog sein grobschlächtiges Gesicht in aufrichtigem Mitgefühl; dann wandte er sich ab. »Und du, du hattest grade angefangen, mehr als bloßes Mitleid für diese Frau zu fühlen?«

»Ich weiß es nicht, doch sie und Kit, sie dürfen ungerächt nicht ruhn. Was ist der Mensch, wenn seiner Zeit Gewinn, sein höchstes Gut nur Schlaf und Essen ist?«

»Ein wildes Tier, nicht mehr. Doch scheinen mir zwei menschliche Kadaver, die nach Bestattung ächzen, ganz auf vollzog'ne Rache hinzudeuten.«

»Aber Walsingham …«

»Laß ihn dem Himmel! Schau: Er sagt, er hätte keinen Mord begangen. Bist Gott du, daß du ihn zu richten wagst? Vielleicht lag er aus gänzlich andren Gründen mit Kit im Streit. Vielleicht ging es um einen Auftrag oder etwas höchst Privates. Kannst du dir sicher sein, daß es so nicht war?«

Wir waren am Ufer des Flusses angelangt. Ich konnte den

Schlamm und die Korbweiden riechen. Über die weite Fläche des dahinströmenden Wassers blinkten ein paar Leuchtkäfer, drüben am Londoner Ufer, denn der Nebel hatte sich gelichtet; von weiter flußabwärts erklang das Knirschen und Knarren der alten Brücke, an der die Flut rüttelte.

Konnt' ich denn *wirklich* von Walsinghams Schuld überzeugt sein? Wenn das Töten erst einmal begonnen, wo würd's enden?

Der leise plätschernde Fluß beruhigte nach und nach auch meinen gequälten Geist. Ich war nicht blutdürstig von Natur, mein Geschäft war nicht die Rache. Kit war gestorben, wie er gelebt: ungestüm; doch hatte sein Tod mir – vielleicht – den Weg zu weitaus größren Dingen noch gezeigt, als er sie je erreicht: des Menschen Natur bis in die tiefsten Tiefen auszuloten, mit schöpferischer Kraft Schmerz und Leid des Menschengeistes umzuformen – ja! Weißes Haar zum stillen Grabe, das heißt nicht immer, daß man verloren hat, noch bedeutet ein Leben, das auf eine bloße Geste hin vergeudet, Erfolg. Mag sein, in all dem ward mein Sinn gehärtet.

Mag sein …

Will Slys Worte griffen meine Gedanken auf: »Vergiß die harte, blut'ge Stunde, Bursche; so lang ist keine Nacht, daß endlich nicht der helle Morgen lacht. Ich spür's in allen Knochen, die Welt, sie wird noch von dir hören. Wirf nicht, wie ein Wirt es mit verdorb'nen Speisen tut, dein Leben fort der Rache wegen. Denn eines Tages wird man deinen Namen allerorts voll Achtung nennen – den Namen William Shakespeare!«

Originaltitel: *A Sad And Bloody Hour*
Ins Deutsche übertragen von Stefan Bauer

Anmerkung des Übersetzers:
Vielleicht haben Sie nicht lange raten müssen, wer sich hinter dem Detektiv in dieser Geschichte verbirgt. Doch festzustellen bleibt, daß Ihrer eine noch weitaus schwierigere und reizvollere Aufgabe harrt: die Identifizierung von dreihundertsechsundneunzig Zitaten aus den Werken William Shakespeares, aus denen der Text zum größten Teil besteht.

Doch selbst damit ist es noch nicht getan. Die Geschichte steckt voller Anspielungen auf Shakespeare und seine Zeitgenossen. Hier drei Beispiele: Bei Dick (Richard) Field handelt es sich um einen Drucker aus Stratford, der für den ersten Druck eines Shakespeare-Stückes verantwortlich war: VENUS UND ADONIS, ›meiner Erfindungsgabe erstes Kind‹, von dem im ersten Satz die Rede ist. Als ›Aufsteigerkrähe‹ bezeichnete 1592 Robert Green den jungen Shakespeare und warf ihm vor, er hielte sich für einen ›Alleskönner und den einzigen ›Bühnenerschütterer‹ (shake-scene) im Lande‹. Oder nehmen Sie jene Textpassage, in der unser Detektiv die Bibliothek von Squire Walsingham bewundert und sich Plautus' Menaechmi näher anschaut: Dieses Werk des römischen Dramatikers adaptierte Shakespeare in seiner KOMÖDIE DER IRRUNGEN. Sie sehen also, auch nach der Lektüre der Geschichte bleibt dem geneigten Leser noch eine Menge detektivischer Kleinarbeit. Ich wünsche Ihnen dabei viel Vergnügen!

Tödliches Maskenspiel

S. S. Rafferty

*S. S. Rafferty ist das Pseudonym des ehemaligen Reporters und Werbe-
spezialisten Jack L. Hurley (geb. 1930). Er schrieb eine Reihe von Kurzgeschichten für Kriminalmagazine. Sein einziger Roman trägt den Titel*
Fatal Flourishes *(1979), und hat die Abenteuer des Kapitäns Cork im
kolonialen Amerika zur Handlung. Die Serie begann im Jahr 1974, in
den Jahren vor der Zweihundertjahrfeier Amerikas. Rafferty hatte sich
vorgenommen, in jedem einzelnen der dreizehn Begründerstaaten eine
Kriminalgeschichte spielen zu lassen. Als Verbindungsfigur dieser
Geschichten fungiert der Geschäftsmann Captain Cork, der große
Freude an ›gesellschaftlichen Rätseln‹ hat, und sein ständiger Begleiter,
Oaks, der bei der Ermittlung der Fälle als Watson fungiert. Die Folgen
umfassen einen Zeitraum von vierzig Jahren vom ersten Fall,* Die
Rhode Island-Lichter, *bis zum großen Finale in* The Pennsylvania
Thimblering, *das zur Zeit des Ausbruchs des Unabhängigkeitskrieges
spielt. Der folgende spannende Krimi spielt im Jahre 1754.*

So sehr ich auch das ruhige Wesen Neuenglands schätze, so muß
ich mich doch der Meinung Captain Jeremy Corks anschließen,
daß die Puritaner jede Art von Vergnügen zu vermeiden wissen.
Sie ignorieren es einfach. Deshalb fahren wir jeden 23. Dezember
von unserer Heimat Connecticut in die New Yorker Kolonie, um
dort die Feiertage zu verbringen.

Ich kritisiere häufig, daß mein Arbeitgeber seine geschäftlichen Aktivitäten vernachlässigt und sich statt dessen mit der
Lösung von Kriminalfällen beschäftigt, aber ich muß ihm zugute
halten, daß er Weihnachten immer feiert. Das heißt, sofern ich ihn
davon abhalten kann, es bis in den Februar zu verlängern.

Im Laufe unserer Reisen war ich bei vielen sehr unterhaltsa-
men Festlichkeiten zu Gast und lernte dabei den vornehmen
Luxus Carolinas und die rücksichtslose Obszönität der New-
Hampshire-Linie kennen, aber nichts übertraf den Reiz des
Hafens von New York. Dieser Ort wimmelt von wohlhabenden

Menschen, die mit Fellen, Pottasche, Fließholz und anderen Rohstoffen ein Vermögen gemacht haben. Die Bevölkerung kommt von überall her: Sepharden aus Brasilien, Hugenotten aus Frankreich, Besucher aus London, Emigranten aus Neapel und Iren, die irgend etwas suchen oder vor irgend etwas fliehen. Einmal zählte ich hier achtzehn verschiedene Sprachen.

Und so bezogen wir in der Weihnachtswoche des Jahres 1754 wieder einmal unsere Zimmer bei Marshall's in der John Street, nur ein paar Schritte von der Schauspielerakademie entfernt, und ließen den Weihnachtstrubel über uns ergehen. Die Berühmtheit Corks hat uns viele Türen geöffnet, und es gab die übliche Flut von Einladungen zu der einen oder anderen Frivolität.

Am 23. Dezember saß ich an einem kleinen Arbeitstisch in unserem Zimmer und bemühte mich, ein einigermaßen erträgliches Programm unserer gesellschaftlichen Verpflichtungen aufzustellen. Erste Pflicht war es, alle Einladungen auszusortieren, die unsere Anwesenheit am Heiligabend erforderten, denn das war der schönste Abend. Ich ahnte nicht, daß ein Klopfen an der Tür nicht nur über diese Angelegenheit entscheiden würde, sondern uns auch in eines der bizarrsten ›gesellschaftlichen Rätsel‹, die Captain Cork so sehr liebte, stürzen würde.

Der Bote, ein kleiner Junge von höchstens sieben oder acht Jahren, war von Kopf bis Fuß gegen die Kälte eingemummelt. Bevor ich den Umschlag öffnen konnte, um zu sehen, ob eine sofortige Antwort erforderlich war, war das Kind schon wieder verschwunden.

Ich öffnete die Mitteilung, als Cork vom Schlafzimmer hereinkam. Marshall's ist einer der wenigen Orte mit Türrahmen, die hoch genug für einen Zweimetermann wie Cork sind.

»Ich war so frei«, sagte ich. »Es ist an uns beide gerichtet.«

»Auf feinem französischem Leinenpapier, wie ich sehe.«

»Nun denn«, sagte ich. »Das ist eine große Ehre.«

»Aus der Qualität des Papiers und der Tatsache, daß Ihr Euch durch die Nachricht geehrt fühlt, schließe ich, daß der Verfasser reich ist. Denn Geld ist bekanntlich das einzige, was Euch Respekt einflößt, Oaks.«

Das stimmt nicht ganz. Ich habe nichts gegen Armut, aber es

ist ein Zustand, den ich nicht erleben möchte, denn in meiner Funktion als Corks treuer Diener ist es meine vornehmste Pflicht, Armut von uns fernzuhalten. Die Einladung kam von keiner Geringeren als Lady Ilsa van Schooner, die uns bat, am Heiligabend zum Maskenspiel in ihrem großen Haus am Broadway zu erschienen. Wenn man bedenkt, daß wir schon zu solch dubiosen Aktivitäten wie einem Hahnenkampf, einem Fest in einer billigen Kaschemme, einem Trinkduell im Cosgroves und einem Sportabend in einem Gentlemen's Club eingeladen wurden, fühlte ich mich tatsächlich geehrt, von einer solch bedeutenden Persönlichkeit New Yorks berücksichtigt zu werden.

Während Cork einen Blick auf die Einladung warf, entdeckte ich einen kleinen Zettel im Umschlag.

»Das ist seltsam«, sagte ich und las es vor:

»»Van Schooner Haus

22. Dezember

Sehr verehrte Herren,

ich bitte Euch inständig, diese Einladung anzunehmen, da ich dringend Eure Hilfe benötige, um eine für uns unangenehme Angelegenheit zu klären. Ich werde mich bei dem Maskenspiel zu erkennen geben.‹«

Der Zettel war nicht unterschrieben.

Ich reichte ihn dem Captain, der ihn kurz studierte, und dann wieder den Brief zur Hand nahm.

»Ich fürchte, es wäre verfehlt, sich hiervon geehrt zu fühlen, mein alter Junge«, sagte er. »Die Einladung wurde von einem sehr geschickten Schreiber verfaßt, der für diese Arbeit möglicherweise bezahlt wurde. Unsere Namen jedoch wurden ohne Wissen der Gastgeberin von einem weniger talentierten Schreiber eingesetzt. Unsere *Sub-rosa*-Bittstellerin muß in ziemlichen Schwierigkeiten stecken, denn sie läßt die Unterschrift weg, um nicht erkannt zu werden.«

»Sie?«

»Ohne Zweifel. Die Handschrift ist weiblich und hastig. Mir kam es schon seltsam vor, daß nur ein Junge als Bote gesandt wurde. Normalerweise wird ein Diener geschickt, der auf sofortige Antwort wartet. Das ist wirklich sehr interessant – in dem reichen Hause, wo sie lebt, droht ein Unglück bevorzustehen.«

»Wie könnt Ihr Euch dessen so sicher sein, Sir?«

»Ich kann nur Vermutungen anstellen. Sie hat Zugang zu den Einladungen und spricht von einer ›für uns unangenehmen Angelegenheit‹, das heißt, für ihre Familie. Hallo.« Er sah auf, als sich die Tür öffnete und ein Dienstmädchen mit einem Tablett hereinkam, gefolgt von einem Mann in prunkvollen roten Kleidern. »Wen haben wir denn da!« Cork erhob sich. »Major Tell höchstpersönlich! Sally, Liebes, laß uns von Marshall's bitte mehr Apple Knock und Austern kommen. Sagt einmal, das ist nun wirklich prophetisch, daß Ihr gerade jetzt, wo sich ein neues Rätsel ergibt, hier auftaucht.«

Prophetisch, das kann man wohl sagen. Major Tell war ein Sonderagent des Königs, und man konnte darauf zählen, daß er uns – wie jedesmal – wieder einmal in irgendeinen Fall von Gaunerei verwickeln würde. Dieses Mal jedoch konnte ich ihm nichts übelnehmen, denn er hatte mit der Sache nichts zu tun. Tatsächlich war es so, daß er uns mit seinem enormen Wissen über die koloniale Gesellschaft behilflich sein könnte.

»Gut, Jungs«, sagte Tell, wobei er seinen Umhang abnahm und auf einen Stuhl warf. »Ich wußte, daß es euch Weihnachten nach New York treiben würde. Ihr seht gut aus, Captain, und wie ich sehe, ist Oaks noch immer der alte Buchhalter.«

Als Cork ihm von unserer Einladung und der beiliegenden seltsamen Nachricht erzählte, stieß er einen bewundernden Pfiff aus. »Keine Geringere als die van Schooners! Schön, dann werden wir dieses Fest gemeinsam begehen, denn auch ich bin als Gast geladen. Diese Nachricht ist allerdings sehr beunruhigend. Lady Ilsa ist Herrin über ein Vermögen und besitzt große Landgüter; daher könnte es sich hier um ein mieses Spiel handeln.«

»Ihr glaubt, sie hätte die Nachricht geschickt?« fragte ich.

»Unsinn«, warf Cork ein. »Sie hätte es nicht nötig, ihre eigene Einladung zu stehlen. Was könnt Ihr uns über dieses Haus erzählen, Major?«

Ich weiß nicht, ob Tells profundes Wissen Teil seiner Arbeit oder die Folge seiner Neugier ist. Auf jeden Fall hält er die Ohren immer gespitzt, und kein noch so großes Tratschmaul könnte ihm das Wasser reichen.

»Das Familienvermögen wurde vom Großvater Nils van der Malin begründet – Großgrundbesitz, Pottasche aus Perlen, nautischer Handel, diese Art von altem Geld. Unter Fürst Karl II. von York wurde Nils der Titel eines Barons verliehen. Der Titel ging mütterlicherseits an Lady Ilsas Mutter über, das alte Gretchen van der Malin. Sie war eine schreckliche Frau, die männliche Reiterkleidung trug und das Gut mit eiserner Faust und Peitsche regierte. Ihr Gemahl war ein Peer aus dem Hause Oranje, und mit ihm zeugte sie Ilsa. Die jetzige Lady ist zwar vornehmer als ihre Mutter, aber nicht minder streng und autokratisch. Diese wiederum heiratete einen van Schooner – Gustav, glaube ich, einen tapferen Soldaten. Er soff sich zu Tode, nachdem er mit ihr zwei Töchter, Gretchen und ihre jüngere Schwester, Wilda, gezeugt hatte.«

»Dieses Geschlecht ist zweifellos amazonisch veranlagt und pflanzt sich gut fort«, sagte Cork mit einem Glucksen. »Kein Klima, in dem ich mich wohl fühlen würde, obwohl starke Frauen sicherlich faszinierend sein können.«

»Das mit der Fortpflanzung trifft sicherlich zu, Captain. Die Männer waren wenig mehr als Zuchthengste. Gutes Blut, aber durch Faulheit ruiniert.«

Letzterer Kommentar, ›durch Faulheit ruiniert‹, wurde von Cork ignoriert, aber ich behielt es im Hinterkopf, er wußte schon, weshalb.

»Das junge Gretchen«, fuhr Tell fort, »macht ihrer Namensgeberin alle Ehre. Eine echte Schönheit, aber kalt wie eine Messerschneide und ebenso scharf. Man sagt, sie sei eine ausgezeichnete Schützin und eine sehr gute Reiterin.«

»Offenbar habt Ihr das Van-Schooner-Haus bereits besucht, wie unser Briefschreiber es nennt.«

»O ja. Mehrmals. Es ist wirklich beeindruckend.«

»Zweifelsohne, Major.« Cork goß ein Glas Apple Knock ein. »Wer lebt dort noch außer den Dienern?«

»Die jüngere Tochter Wilda natürlich, dann eine alte Jungfer, die Schwester der Lady, Hetta van der Malin, und der greise ältere Bruder des verstorbenen Ehemanns namens Kaarl. Ich habe ihn nur ein einziges Mal getroffen, doch man sagte mir, in jüngeren Jahren sei er ein ziemlicher Prasser gewesen und jetzt leide er an den Folgen seines Lebens.«

»Hmm«, murmelte Cork und reichte Tell das Glas. »Ich nehme das mit der Amazone zurück und nenne sie statt dessen die Bienenkönigin. Nun, irgendwer in dem Haus braucht Hilfe, aber wir werden bis morgen warten müssen, um herauszufinden, warum.«

»Oder wer«, sagte ich.

»Das«, sagte Cork, »ist der Kern jedes Rätsels.«

Kurz nach dem Abendbrot begann es zu schneien, und es schneite weiter bis zum Einbruch der Dunkelheit. Am 24. Dezember zur Mittagszeit hatte der Wind die weiße Decke der Natur in kniehohe Schneewehen verwandelt. Als es spät nachmittags aufhörte zu schneien, zeigte sich New York schneebedeckt unter einem fleckigen Himmel. Das rauhe Wetter hielt allerdings niemanden davon ab, auf dem Ball der van Schooners zu erscheinen.

Ich hatte das Haus der van Schooners schon oft von der Straße aus gesehen und schon immer die markante Bauweise im Stil Palladios bewundert. Das Haupthaus war drei Stockwerke hoch und hatte zu beiden Seiten Flügel, die jeweils ein Stockwerk hoch waren.

Das Licht und die Musik, die nach außen drangen, ließen darauf schließen, daß es sich um einen Ballsaal enormen Ausmaßes handelte. Dem vorderen Eingang zum Haupthaus war eine für diese Gegend typische große Treppe vorgelagert. Das Interieur war so prächtig und geschmackvoll ausgestattet, wie ich es von einem Herrenhaus erwartete. Die Haupthalle war eine Galerie griechischer und römischer Statuen, die, so vermutete ich, von der obligatorischen Europareise mitgebracht worden waren.

Am Hauptportal wurden uns die Übermäntel abgenommen. Nachdem wir einen Bogengang voller Skulpturen passiert hatten, wurden wir durch einen großen Salon zum eigentlichen Ballsaal geleitet. Wir waren absichtlich zu spät gekommen, um nicht vor der Tür Schlange stehen zu müssen. Außerdem wollten wir die Möglichkeit ausschließen, von Lady van Schooner entdeckt zu werden. Darum hätten wir uns keine Sorgen zu machen brauchen, da sich mehr als zweihundert Personen auf dem Fest befanden, und es war unmöglich, mit jeder einzelnen Bekanntschaft zu schließen. Dabei waren unter ihnen auch einige Berühmtheiten. So war der königliche Gouverneur zugegen, und ich erblickte auch den General Seaton und den Pelzkönig Solomon deSilva, der sich mit Reeves, dem Schiffsmagnaten, unterhielt.

Die Mehrheit der Anwesenden war schwer zu identifizieren, denn die meisten, wenn auch nicht alle, trugen Masken. Cork und ich gehörten nicht dazu. Tell schwirrte ab, um seinen gesellschaftlichen Verpflichtungen nachzukommen, und Cork begann ein Gespräch mit einem Mann namens Downs, der erst vor kurzem aus Lateinamerika, wo die beiden gemeinsame Freunde hatten, zurückgekehrt war.

Ich besorgte mir einen Punsch und lehnte mich zurück, um das Spektakel zu beobachten. Es war schwer zu sagen, ob die Männer oder die Frauen aufwendiger zurechtgemacht waren. Die Männer trugen nach der letzten Mode lange aufgerollte Ärmel, die meiner Meinung nach ziemlich lästig waren. Ihre Kleider waren eine blendende Mischung von goldenen und silbernen Brokatstoffen und geschmacklos geblümtem Samt. Die Damen, die den eitlen Gecken nicht nachstehen wollten, sahen aus wie Erscheinungen in ihren fächerförmigen Kleidern aus Seide, Satin und Damast. Die Löckchen der Frauen schwangen lustig hin und her, wenn ihre Partner sie zu den musikalischen Klängen der siebenköpfigen Kapelle über das Parkett führten. Auf der rechten Seite des Saaleingangs stand ein langer Tisch, auf dem Gefäße mit verschiedenen Getränken standen.

Ferner waren darauf alle erdenklichen Sorten von Fleisch, glänzend geröstete Gans, eine Auswahl weiterer Köstlichkeiten und verschiedenste Süßigkeiten angerichtet. Den Damen wurden von Dienern in Livree Gläser mit Schaumwein serviert, wogegen die Herren zwischen Madeira, Rum, Champagner oder holländischem Gin wählen konnten. Die fingerhutgroßen Gläser wurden in einer Silberschüssel voller Schnee gekühlt.

»Wie überaus verschwenderisch das alles ist«, sagte ich an Cork gerichtet, der sich gerade von dem Gespräch mit Downs zurückgezogen hatte. »Ein gutes Beispiel dafür, wie man es mit stetem Fleiß zu etwas bringen kann.«

»Wessen Fleiß, Oaks? Wohlstand hat mit Fleiß so wenig zu tun wie Privilegiertheit mit Leistung. Unsere Gastgeberin dort drüben hat sich in ihrem bisherigen Leben sicher nicht gerade abgemüht.«

Mit dieser Beobachtung traf er den Nagel auf den Kopf, denn Lady van Schooner, die mit dem Gouverneur am Buffet stand, wirkte tatsächlich so kalt wie Kristallglas. Ihr wohlgeformtes Gesicht war von herber Schönheit, die jedem auf eine fast arrogante Art trotzte, der ihr gutes Aussehen zu bewundern wagte, ohne daß dabei seine Atmung ins Stocken geriet.

»Sie ist eine *sehr* attraktive Frau, Captain, und außerdem Witwe.«

Mit gelangweiltem Blick erwiderte er: »In ihrem Schlafzimmer würde ein Mann an Erfrierungen sterben. Ah, Major Tell, Ihr seid ein wahrer Meister des Jig!«

»Es ist vielleicht ein wenig verrückt, soll aber gut für die Leber sein, wie man mir sagte. Hat sich Euch die mysteriöse Absenderin der Einladung schon vorgestellt?«

»Bisher noch nicht. Ist die junge Dame, die sich jetzt mit der Lady unterhält, eine ihrer Töchter?«

»Beide sind ihre Töchter. Die, die jetzt gerade die Maske abnimmt, ist Gretchen, und ich darf hinzufügen, die Partie des Jahres. Man sagte mir, sie sei zur Ballkönigin auserkoren worden und solle später am Abend gekrönt werden.«

Das Mädchen war ihrer Mutter wie aus dem Gesicht geschnitten. Ihre Schwester dagegen schien eher nach dem Vater geraten zu sein.

»Die jüngere ist Wilda«, fuhr Tell fort, »sie selbst ist ein häßliches Entlein, Gretchen dagegen ist die Partie überhaupt.«

»Eine gute Partie, sagt Ihr.« Ich zwinkerte Cork zu. »Vielleicht ist es ja in ihrem Schlafzimmer wärmer?«

»Da gibt es nichts zu holen, meine Herren«, teilte uns Cork mit. »Bei ihrer Krönung zur Ballkönigin heute abend soll ihre Vermählung mit Brock van Loon bekanntgegeben werden.«

»Ohne Zweifel handverlesen von der Mutter, oder?« fragte Cork.

»Alles ist von der Lady handverlesen. Van Loon ist ein tapferer Junge, wenn er auch etwas Marionettenhaftes an sich hat. Die Familie hat jede Menge Grundbesitz in Brueckelen auf der anderen Seite des Flusses. Ah, sie spielen jetzt ›The Green Cockade‹, Captain. Ich möchte Euch mit Fräulein Borden bekannt machen. Sie ist eine unserer besten Tänzerinnen.«

Ich sah zu, wie Cork und die junge Dame das Tanzparkett betraten. ›The Green Cockade‹ ist eines von Corks Lieblingsstücken, und er tanzt es mit viel Gefühl.

Ich ging hinüber zum Serviertisch, nahm mir einen Punsch, und wartete auf ein Zeichen unserer mysteriösen ›Gastgeberin‹, wer immer sie auch sein mochte. Ich grübelte darüber nach, ob das in der Nachricht erwähnte Unglück nicht vielleicht eine Übertreibung war, denn ich konnte mir nicht vorstellen, daß in diesem wohlhabenden und fröhlichen Haus Derartiges passieren könnte.

Während Cork tanzte, kam Tell zu mir zurück und erbot sich, mir eine Tanzpartnerin zu suchen. Da ich nicht gerade ein begnadeter Tänzer bin, lehnte ich ab, nahm aber sein Angebot an, mich einer schönen jungen Dame namens Lydia Daws-Smith vorzustellen. Ihr Nachname verriet ihre Herkunft aus einer sehr bekannten Pelzhändler-Familie. Ihre gute Erziehung offenbarte sich in ihrer Anmut und ihrem liebenswürdigen Wesen.

Wir sprachen gerade über das Wetter, als vier Diener etwas durch eine Hintertür hereintrugen, das wie eine geschlossene Sänfte aussah.

»Meine Güte, ist etwa ein Sultan unter den Gästen?« fragte ich meine Partnerin.

»Wegen der Sänfte?« Sie kicherte hinter ihrem Fächer. »Nein, Mr. Oaks, kein Sultan. Das ist der Thron der Königin. Um Mitternacht wird Gretchen in den Saal getragen, und dann wird der Gourverneur sie zur Herrscherin des neuen Jahres proklamieren.« Sie hielt für einen Moment inne, und das Lächeln verschwand aus ihrem Gesicht. »Dann wird sie vortreten, auf daß wir ihr zujubeln und sie verehren.«

»Mir scheint, Ihr mögt Gretchen nicht sehr, Miss Daws-Smith.«

»Ganz im Gegenteil, Sir. Sie ist eine meiner besten Freundinnen. Ihr müßt mich jetzt entschuldigen. Ich sehe, daß Gretchen bereit zur Krönung ist und meine Hilfe benötigt.«

Ich sah dem jungen Mädchen nach, das Gretchen in den hinteren Teil des Saals folgte, wo sie durch ein Portal verschwanden. Wenige Augenblicke später kehrte Lydia Daws-Smith zurück in die Haupthalle und sprach zu der Lady, die dann durch die Hintertür verschwand.

Cork hatte seinen Tanz beendet und kam zu mir zurück. »Diese Übung mag ja gut für die Leber sein«, sagte er, »aber sie hat mich auch höllisch durstig gemacht. Sollen wir uns ein paar neue Drinks besorgen?«

Wir gingen zurück zum Buffet, damit er seinen Durst löschen konnte, was sich allerdings als nahezu unmögliches Unterfangen herausstellte. Aus meinem Augenwinkel konnte ich sehen, wie die Lady durch die Hintertür erneut den Saal betrat. Sie ging hinüber zum Gouverneur, doch gerade als sie mit ihm sprechen wollte, hob die Kapelle zu einem neuen Lied an. Sie wirkte verärgert über die Störung, denn offenbar sollte die Krönungszeremonie nun beginnen. Doch die Lady bewahrte Haltung, bis der Tanz schließlich vorüber war. Dann holte sie tief Luft und richtete das Dekolleté ihres Kleides, das vom Mieder bis zum Hals schamlos offen war.

»Es sieht so aus, als würde die Zeremonie der Krönung gleich beginnen«, sagte Major Tell, der sich uns wieder angeschlossen hatte. »Ich brauche ein Glas für den Trinkspruch.«

Wir standen am Ende des Tisches und witzelten, als es plötzlich furchtbar laut krachte. Wir drehten uns um und sahen die vollkommen verzweifelte Wilda van Schooner auf die zerborstene Schüssel Punsch zu ihren Füßen starren. Der Punsch war auf ihr wunderschönes samtenes Kleid gespritzt und hatte sie völlig durchnäßt. Sie wirkte zu Tode erschrocken.

»Oh, oh«, flüsterte Tell. »Jetzt werden wir ein Donnerwetter von Lady van Schooner erleben.«

Genau wie er vorhergesagt hatte, kam die Lady durch den Saal gerauscht und bedeutete den Dienern, Eimer und Aufnehmer herbeizuholen. Eine Frau, Hetta van der Malin, wie Tell mich wissen ließ, trat aus der Menge der kichernden Gäste hervor, um ihrer Nichte aus der Verlegenheit zu helfen.

»Sie wollte doch nur helfen, Ilsa«, sagte sie und tupfte dabei das Kleid des Mädchens mit ihrem Taschentuch ab.

Die Lady starrte die beiden kalt an.

»Du solltest ihr besser beim Umziehen behilflich sein, wenn sie die Krönung miterleben möchte.«

Tante und Nichte verließen den Saal. Die Lady raffte ihre Kleider und kehrte an die Seite des Gouverneurs zurück. Ich konnte hören, wie sie sich bei ihm entschuldigte und hinzufügte:»Meine Kinder scheinen nicht zu wissen, wofür es Diener gibt. Nun gut, wollen wir beginnen?«

Auf ein Handzeichen der Lady hin stimmte das Orchester einen Marsch an, woraufhin sechs kräftige junge Männer in zwei Reihen vor dem Gouverneur aufmarschierten. Auf seinen Befehl hin vollführten sie eine Drehung nach links und marschierten mit den typisch langen Schritten des Regiments, dessen Musik zu diesem Anlaß gespielt wurde, auf das hintere Portal zu.

Sie verschwanden in dem Raum, wo Gretchen darauf wartete, abgeholt zu werden, und erschienen kurze Zeit später wieder mit der kunstvoll geschmückten und verhüllten Sänfte. Rufe des Erstaunens erfüllten den Saal ob der Schönheit und Pracht der Darbietung. Ich warf einen flüchtigen Blick auf die Lady und sah, wie sie vor Stolz über die perfekte Inszenierung strahlte.

Als die Sänfte vor dem Gouverneur zum Stehen kam, trat er einen Schritt vor, zog den Schleier beiseite und sprach: »Meine Damen und Herren, ich präsentiere Euch die Neujahrskönigin.«

Die Vorhänge wurden zurückgeworfen, und dort thronte Ihre Majestät. Es gab noch mehr Bekundungen des Staunens, dann einen schrillen Schrei, kurz darauf folgte ein weiterer Schrei, und dann brach plötzlich ein Tumult aus. Gretchen van Schooner saß auf ihrem Thron und bot noch immer einen wunderschönen Anblick, doch sie war schrecklich tot, denn ein französisches Bajonett hatte ihr die Brust durchbohrt.

»Mein Gott!« Major Tell schnappte nach Luft, dann stürmte er auf die Sänfte zu. Cork faßte ihn am Arm.

»Hier ist nichts mehr auszurichten, Mann. Die Antwort befindet sich im Hinterzimmer. Kommt mit, Oaks.«

Er bewegte sich behende durch die Menge, und ich folgte ihm wie ein Hund seinem Herrchen. Als wir die Tür erreicht hatten, wandte er sich an Tell.

»Major, waltet Eures Amtes, und laßt diese Tür bewachen.

Laßt niemanden herein.« Er schob mich in den Raum und schloß die Tür hinter uns.

Es war ein kleiner, heroisch eingerichteter Raum. Trophäen von Großwildjagden und hiesiges Jagdwild hingen ausgestopft an den Wänden und waren symmetrisch von solcherlei Waffen wie Dolchen, Donnerbüchsen und Schwertern umgeben.

»Der Mörder mußte nicht lange nach einem Instrument zum Töten suchen«, bemerkte Cork, und deutete auf eine leere Stelle an der Wand, ungefähr drei Fuß vom Kamin, in sechs Fuß Höhe.

»Bewegt Euch behutsam, Oaks, sonst könnte Beweismaterial beschädigt werden.«

Ich blickte mich schnell im ganzen Raum um. In der Wand zur Südseite war eine Tür, und etwa zehn Fuß weiter links entdeckte ich ein Fenster.

»Das Fenster!« rief ich. »Der Mörder muß …«

»Ich fürchte, nein, Oaks«, sagte Cork, nachdem er es untersucht hatte. »Der Schnee auf der Fensterbank und an den Scheiben ist unberührt. Außerdem ist der Boden trocken. Kommt, wir werden die Tür öffnen.«

Er öffnete die Tür, und es bot sich uns ein Blick auf einen schmalen Durchgang, der von einem Wandleuchter schwach erhellt wurde. Am Ende des Durchgangs befand sich eine weitere Tür.

Ich wollte gerade hindurchgehen, als Cork mir den Weg mit seinem ausgestreckten Arm versperrte.

»Gebt acht, Oaks. Verwechselt nicht die Fährte mit ihrer eigenen Spur. Holt einen Kerzenleuchter vom Tisch, damit wir mehr Licht haben.«

Ich folgte seiner Anweisung, und zu meinem Erstaunen begann er, auf allen vieren den Durchgang entlangzukriechen. Ich tat es ihm gleich, und so krochen wir wie Hunde auf der Jagd voran.

Der Holzboden erwies sich als sauber und trocken, bis wir auf eine Tür stießen. Dort, im Türrahmen, war eine Pfütze.

»Mein Gott, das ist Blut«, sagte ich.

»Hauptsächlich Wasser von aufgetautem Schnee.«

»Aber Captain, es hat eine rötliche Farbe.«

»Ja«, sagte er, »im Schnee ist Blut, und doch wurde das Bajonett mit solcher Gewalt in die Brust der Frau gestoßen, daß sie kein Blut verloren haben kann.«

Cork richtete sich auf und hob den Türriegel. Nun schien uns das weiße Mondlicht entgegen, das im Schnee reflektiert wurde.

»Verdammt«, murmelte er, »es sieht aus, als wäre eine ganze Armee hier entlanggetrampelt.«

Der Schnee vor uns war völlig durchfurcht, und es war unmöglich, einzelne Fußspuren auszumachen. »Wahrscheinlich sind die Angestellten hier auf dem Weg zum Holzschuppen, der hinten bei dem Tor ist, hin und her gelaufen«, sagte ich, als wir in die Kälte hinaustraten. Auf der gegenüberliegenden Seite des Hauses, im linken Flügel, war eine weitere Tür, die offenbar zur Küche führte, denn man hörte Geräusche von klappernden Tellern und Töpfen, die aus den behaglich zugefrorenen Fenstern drangen. Als ich mich Cork zuwenden wollte, merkte ich, daß ich alleine war. Er war am anderen Ende des Hofes damit beschäftigt, ein Tor aus Lattenzaun in der hinteren Gartenmauer zu öffnen.

»Was ist los, Captain?« rief ich, als ich auf ihn zuging.

»Alles voller Fußspuren«, knurrte er frustriert.

»Dann wird uns der Mörder entkommen sein«, murmelte ich.

»Jetzt müssen wir die ganze Belegschaft dieses Ameisenhaufens in die Verdächtigungen einbeziehen.«

Er drehte sich langsam um. Das Mondlicht fiel auf seinen Bart, und seine Augen bekamen einen sardonischen Glanz. »Fürs erste, ja, Oaks, nur fürs erste. Außerdem sind Fußspuren wie leere Stiefel, für die man irgendwann die dazugehörigen Füße finden muß.«

Ich wollte gerade zur Antwort ansetzen, als aus dem Hintergrund, aus der Richtung des Durchgangs, eine Stimme erklang. Es war Major Tell.

»Hallo, seid Ihr es, Cork? Habt Ihr den niederträchtigen Schurken erwischt?«

»Sehr witzig«, sagte ich zum Captain. »Als ob wir den Mörder aus dem Ärmel schütteln könnten wie ein Zauberer.«

»Noch nicht, Major«, rief Cork ihm zu. »Eure Vergleiche werden immer besser, Oaks.«

»Na ja«, sagte ich, leicht stotternd. »Glaubt Ihr, es ist Magie im Spiel?«

»Aber nein. Es ist ein Trick! Ein Schnippen mit dem Finger, das weder das Auge sehen noch der Verstand wahrnehmen kann. In diesem Fall müssen wir mit unserem Instinkt arbeiten.«

Schnellen Schrittes ging er auf das Haus zu, und ich folgte ihm. Seit wir uns kennen, habe ich nur zweimal erlebt, daß er sich auf seinen Instinkt statt auf stichfeste Beweise verließ, und beide Male hatte er Erfolg.

Was er dabei herausfand, war jedoch beide Male unvorstellbar grausam gewesen.

Der Schock, den das Haus van Schooner um Mitternacht erlitten hatte, war auch drei Stunden später noch nicht ausgestanden. Die Feuer in den großen Kaminen waren bis auf die Glut heruntergebrannt, die schockierten Gäste waren verhört worden, und alle Personen bis auf die Hauptzeugen waren nach Hause geschickt worden. Nach einer Beratung mit dem Gouverneur wurde Cork freie Hand in der Ermittlung gewährt, wobei Major Tell sich bemühte, die Sache so diskret wie möglich ablaufen zu lassen.

Zu meiner großen Überraschung begann Cork nicht, alle Anwesenden mit Fragen zu bestürmen, sondern ließ sich in einem riesigen Sessel vor dem Kamin im Ballsaal nieder und brütete vor sich hin. Dabei starrte er in die Glut.

»Zwei Kavallerieeinheiten sind hier ganz in der Nähe stationiert. Sollte sich ein Fremder in der Umgebung aufhalten, wäre er gesehen worden.«

»Das war kein Fremder, Major«, sagte Cork, der immer noch in die Glut starrte.

»Wie das?«

»Lediglich eine Vermutung, aber eine sehr wohl begründete. Wäre ein Fremder mit dem Motiv zu töten hergekommen, hätte er eine Waffe mitgebracht. Nein, der Mörder wußte um den Inhalt der Kammer. Er schien auch mit dem Ablauf der Krönung vertraut gewesen zu sein.«

»Das Fenster«, unterbrach ich. »Er könnte das Bajonett erblickt haben, und dann, als die Luft rein war, kam er herein und schlug zu.«

»Möglich. Wenn man von der Tatsache absieht, daß der Schnee auf dem Boden vor dem Fenster unberührt war.«

»Gut, offenbar ist jemand durch den hinteren Durchgang hereingelangt«, sagte Tell. »Dafür spricht die Wasserpfütze und das Blut darin.«

»Und wo sind dann die nassen Fußabdrücke in der Kammer, Major?«

»Stiefel!« Ich sagte es lauter, als ich eigentlich wollte. »Er zog seine Stiefel aus, und beim Verlassen des Raums zog er sie wieder an.«

»Guter Gedanke, Oaks«, lobte mich der Major. »Und dabei hinterließen seine blutigen Hände eine Spur in der Pfütze.«

»Wo bitte ist das Motiv? Es werden keine Wertgegenstände vermißt, soweit wir das sagen können. Nein, wir müssen innerhalb dieses Hauses nach der Antwort suchen.«

Tell war empört. »Captain Cork, ich muß Euch daran erinnern, daß wir uns hier im Haus einer sehr einflußreichen Frau befinden, die heute nacht die Crème de la crème der New Yorker Gesellschaft zu Gast hatte. Seid behutsam mit Euren Verleumdungen.«

»Der Mörder sollte noch behutsamer sein, Major. Für den Augenblick sollten wir uns auf *Tatsachen* stützen. Das Fräulein Gretchen ging in die Kammer, um sich auf die Krönung vorzubereiten, unter Mithilfe von –äh–«

»Lydia Daws-Smith«, soufflierte ich.

»Somit haben wir eine Person, die sie vor ihrem Tode noch gesehen hatte. Hinzu kommen die sechs Diener, die sie hineintragen sollten. Unter ihnen befand sich auch Brock van Loon, ihr Bräutigam. Das macht sieben Personen, die zu dem in Frage kommenden Zeitraum kurz vor ihrer Ermordung bei ihr waren.«

»Acht«, erwiderte ich und hätte mir auf die Zunge beißen können.

»Wer noch?« wollte Cork wissen.

»Lady van Schooner. Ich sah, wie sie die Kammer betrat, nachdem Lydia gegangen war.«

»Das ist höchst unverantwortlich, Oaks«, ermahnte mich Tell.

»Und sehr interessant. Danke, Oaks, Ihr habt mit Eurer Beobachtung etwas Würze in die Angelegenheit gebracht.«

»Wollt Ihr damit sagen, die Lady hätte ihre eigene Tochter umgebracht?«

»Major, im Tierreich fressen Weibchen ihre eigenen Jungen auf, wenn sie in Gefahr sind. Wir sollten uns aber wieder auf den Boden der Tatsachen zurückbegeben. Wir müssen Schritt für Schritt vorgehen. Zuallererst sollten wir uns die Diener vornehmen, die die Sänfte in die Kammer brachten, bevor Gretchen dort war.«

Sie wurden gerufen, und der Älteste, ein korpulenter Mann namens Trask, machte sich zu ihrem Sprecher.

»Nein, Sir«, antwortete er auf Corks Frage. »Ich bin mir sicher, daß niemand in dem Raum lauerte, als wir hineinkamen. Dort ist kein Platz, sich zu verstecken.«

»Und was ist mit dem Durchgang zur Hintertür?«

»Leer, Sir. Wißt Ihr, die Tür zum Durchgang stand offen, und ich machte sie zu, damit es keinen Durchzug in der Kammer gäbe. Kein Mensch war in dem Raum, Sir, das kann ich beschwören.«

»Ist die Außentür normalerweise abgeschlossen?«

»O ja, Sir. Zumindest sollte sie das sein. Als ich am frühen Nachmittag meine Runde machte, um die Feierlichkeiten vorzubereiten, war sie verschlossen.«

»Sagt einmal, Trask, betrachtet Ihr Euch als einen guten Diener, der seiner Herrin treu ergeben ist?«

»Zweiundzwanzig Jahre in diesem Haus, vom Küchenjungen bis zum ersten Diener, jeden Tag davon im Dienst der Lady.«

»Sehr lobenswert, Trask, aber übertreibt Ihr nicht mit den Kerzen?«

»Sir?« Trask blickte ihn überrascht an.

»Wenn die Tür zum Hinterhof verschlossen war, warum ließt Ihr dann eine Kerze im Durchgang brennen? Da niemand von außen hineingelangen konnte, war doch kein Licht erforderlich. Jeder, der von der Kammer kam, hätte sicherlich seine eigene Kerze mitgebracht.«

»Aber, Captain«, protestierte der Diener, »ich habe kein Licht im Durchgang zurückgelassen. Als ich die Innentür abschloß, hielt ich einen Kerzenleuchter in der Hand und konnte deutlich bis zum anderen Ende sehen. Dort brannte keine Kerze.«

»Ich möchte mich bei Euch entschuldigen, Trask. Ich danke Euch. Das war alles.«

Nachdem die Diener gegangen waren, sagte ich: »Trotzdem fanden wir eine brennende Kerze im Durchgang. Der Mörder muß sie in der Eile vergessen haben.«

Cork zuckte lediglich mit den Schultern. Dann sagte er: »Wenigstens sind wir ein wenig weitergekommen. Major, als nächste würde ich gerne Lydia Daws-Smith sehen.«

Trotz der widrigen Umstände freute ich mich darauf, das hübsche Fräulein Daws-Smith wiederzusehen. Als sie hereinkam, war sie jedoch nicht alleine, und ihr Begleiter machte durch sein besitzergreifendes Gebaren deutlich, daß diese Schönheit ihm allein gehörte. Sie nahm in einem Stuhl mit einer geraden Lehne gegenüber von Cork Platz und fingerte nervös an dem Fächer auf ihrem Schoß herum. Brock van Loon baute sich hinter ihr auf.

»Ich würde lieber allein mit der jungen Dame sprechen«, sagte Cork.

»Ich weiß um Euren Ruf, Captain Cork«, verteidigte sich van Loon, »und ich werde nicht zulassen, daß sie hier mit hineingezogen wird.«

»Junger Mann, sie steckt bereits mittendrin, und aufgrund Eurer offensichtlichen Besorgnis um sie, würde ich sagen, Ihr ebenso.«

»Es ist mehr als Besorgnis, Sir. Ich liebe Lydia, und sie liebt mich.«

»Brock«, sagte das Mädchen an ihn gerichtet.

»Es ist mir egal, Lydia. Mir ist egal, was mein Vater sagt, und mir ist egal, was die Lady denkt.«

»Das ist eine ziemlich enttäuschende Aussage, junger Mann. Da Eure Verlobte tot ist, seid Ihr von dieser Bindung erlöst.«

»Da hast du es, Brock! Jetzt denkt er, wir hätten etwas mit Gretchens Tod zu tun. Ich schwöre Euch, Captain, wir waschen unsere Hände in Unschuld.«

»Möglicherweise nicht als Paar. Hat Gretchen diesen Mann geliebt?«

»Nein. Ich bezweifle, daß Gretchen je einen Mann hätte lieben können. Sie war wie ihre Mutter und entsprach nur ihrem Wunsch, was die Heirat betrifft. Die Van-Schooner-Frauen verschlingen Männer. Brock wußte, was aus ihm geworden wäre. Er sah, wie es ihrem Vater ergangen war.«

»Gustav van Schooner«, sagte Brock, »starb als ein nichtsnütziger Säufer, der auf einem der Familienanwesen am Hudson eingesperrt war. Man sagte mir, er sei ein tapferer Soldat gewesen. Als er Lady van Schooner heiratete, wurde er zu einem Deckhengst degradiert.«

»Sehr poetisch«, sagte Cork. »Nun, meine Liebe, könnt Ihr mir sagen, was geschah, als Ihr und Gretchen heute abend in die Kammer gingt?«

Das Mädchen hörte auf, mit ihrem Fächer herumzuspielen, und legte ihre Hand auf die von Brock, die auf ihrer Schulter ruhte. »Da gibt es eigentlich nicht viel zu erzählen. Wir gingen zusammen in den Raum, und ich fragte sie, ob sie ein Glas Schaumwein wolle. Sie sagte nein.«

»Wie war ihre Verfassung? War sie aufgeregt?«

»Weil sie Königin werden sollte? Um Gottes willen, nein. Sie sah es als ihre Pflicht an. Gretchen gehörte zu der Sorte Mensch, die ihre Gefühle nicht zeigt.« Plötzlich hielt sie inne und wirkte gedankenverloren, dann sagte sie: »Jetzt wo ich daran zurückdenke, fällt mir ein, daß sie nervös wirkte. Sie ging zum Kamin und klopfte mit den Fingern auf den Sims. Dann drehte sie sich zu mir und sagte: ›Sag der Lady, daß ich bereit bin‹, was seltsam war, denn sie hatte ihre Mutter nie so genannt.«

»War das vielleicht sarkastisch gemeint?«

»Nein, Captain, eher trotzig. Ich ging und gab der Lady Bescheid. Das war das letzte Mal, daß ich Gretchen gesehen habe.« Ihre Augen wurden feucht. »Der Schock legt sich gerade erst, schätze ich. Auch wenn sie verzogen und diktatorisch gewesen sein mag, war sie doch eine gute Freundin.«

»Wohl kaum, Miss Daws-Smith. Sie hatte sich Euren Liebhaber zu eigen gemacht.«

»Nein, sie wußte nichts von meinen Gefühlen zu Brock. Wißt Ihr, wir sind als Kinder alle gemeinsam aufgewachsen – Gretchen, Wilda, Brock und ich. Wenn man gemeinsam aufwächst, kann man oft nicht kindliche Zuneigung von romantischer Liebe unterscheiden. Ich gebe zu, daß, als die Trauung geplant wurde, meine Liebe zu Brock in mir entflammte, aber ich habe es verheimlicht,

Captain, ich habe es sehr gut verheimlicht. Dann, als Brock mir erzählte, was er für mich empfand, fühlte ich mich wunderbar und elend zugleich. Ich faßte den Entschluß, morgen gemeinsam mit Brock zu der Lady zu gehen. Gretchen wußte davon nichts.«

»Und Ihr, mein Herr«, sagte Cork zu Brock, »hattet Ihr Gretchen schon von Eurer Entscheidung erzählt?«

Er senkte seinen Kopf. »Ich hatte ihr noch nicht die ganze Wahrheit gesagt. Schon seit Wochen hegte ich dieses Gefühl für Lydia. Gerade als Ihr mit ihr spracht, habe ich mich gefragt – O Gott, wie schrecklich! –, ob es sein könne, daß Gretchen sich aus Verzweiflung umbrachte.«

»O Brock!« Lydia war über seine Worte bestürzt.

»Kommt«, befahl Cork mit schneidender Stimme, »diese Angelegenheit ist so schon unerträglich genug, daß wir nicht noch ein weiteres Melodram benötigen. Benutzt Euren gesunden Menschenverstand, Miss Daws-Smith. Sieht es dieser verwöhnten und hochmütigen Frau ähnlich, Selbstmord zu verüben? Wegen eines Mannes?«

Lydia hob ihren Kopf und blickte Cork ins Gesicht. »Nein. Nein, natürlich nicht. Das ist lächerlich.«

»Nun, Mr. van Loon, als Ihr mit den anderen von der Eskorte den Raum betratet, um die Sänfte herauszutragen, waren die Vorhänge da zugezogen?«

»Ja, das waren sie.«

»Und keiner sprach Gretchen an?«

»Nein, das taten wir nicht.«

»Ist das nicht merkwürdig? Bei einem solch festlichen Anlaß sagte niemand etwas?«

»Wir hatten es eilig mit dem Hinaustragen, weil der Gouverneur draußen wartete. Aber, wartet. Jemand sagte: ›Warte, Gretchen!‹, als wir die Sänfte anhoben. Ich weiß jedoch nicht mehr, wer es war.«

»Und Ihr vernahmt keinen Laut aus der Sänfte? Kein Stöhnen oder Murmeln?«

»Nein, Sir. Keinen Laut.«

»Gut, ich danke Euch für Eure Offenheit. Ach ja, Miss Daws-Smith. Stand Gretchen noch immer am Kamin, als Ihr hinausgingt?«

»Ja, Captain.«

»Hatte sie ihre Maske aufgesetzt?«

Sie runzelte ihre Stirn. »Wieso? Ja, sie hatte sie aufgesetzt. Was für eine eigenartige Frage!«

»Dies ist ein eigenartiger Fall, meine junge Dame.«

Die große Uhr in der Haupthalle schlug drei, als Cork die Befragung der anderen fünf Sänftenträger beendet hatte. Sie alle bestätigten Brocks Version. Keiner wußte irgend etwas über Brocks Verhältnis zu Lydia, und alle waren erleichtert darüber, daß Brock und nicht einer von ihnen derjenige war, dem Gretchen versprochen worden war. Ein junger Mann namens Langley drückte es folgendermaßen aus: »Brock hätte zumindest ein eigenes Erbe gehabt und wäre so nicht von seiner Frau oder seiner Schwiegermutter abhängig gewesen.«

»Abhängig?« fragte Cork. »Würde er nicht nach dem Gesetz ihr Erbe übernehmen?«

»Nein, Sir. Nicht in dieser Familie«, erklärte Langley. »Mir wurde gesagt, es gäbe eine Art von morganatischem Abkommen, eine Tradition in der alten Familie van der Malin. Ich verfüge nur über ein geringes Einkommen, und deshalb wäre Gretchen für mich keine gute Partie gewesen. Ich hätte den Erwartungen der Lady nicht genügt.«

Nachdem Langley gegangen war, erschien Trask, der Diener, und teilte uns mit, daß unsere Räume bereit wären. Der Major hatte sich darum gekümmert.

Cork dankte ihm und fragte: »Ich weiß, daß es sehr spät ist. Wäre es noch möglich, die Lady zu sprechen?«

Er teilte uns mit, er werde sie fragen, und führte uns zu einem kleinen Salon im Foyer des ersten Stockwerks. Es war ein gemütlicher Raum mit einem brennenden Kamin und der typischen Einrichtung der Frauen – eine samtene Couch mit winzigen Kissen, ein Sekretär in der Ecke und Körbchen mit Strick- und Flickzeug.

Ungewöhnlich war jedoch das Porträt der Lady an der Wand über dem Sekretär. Es war ganz offensichtlich nicht das Werk eines lokalen Malers, denn es zeigte die wahre Meisterhand. Jeder Strich war äußerst sorgfältig ausgeführt, und die Farben verschmolzen in vollkommener Harmonie miteinander. Dadurch wirkte das Abbild der Lady lebensecht. Sie trug ein Kleid, das fast so schön war wie das des heutigen Abends. Eine bemerkenswerte Diamantenkette schmückte ihren Hals, die trotz der Zweidimensionalität des Bildes wegen ihres kühlen blauweißen Glanzes echt aussah.

Cork war von dem Porträt sehr angetan und hielt die Kerze hoch, um es besser betrachten zu können. Ich gesellte mich zu ihm und wollte ihn mahnen, mit der Flamme vorsichtig zu sein, als mich eine Stimme hinter mir aufschreckte.

»Es gibt noch mehr Kerzen, falls Ihr mehr Licht benötigt.«

Wir drehten uns beide um und sahen Wilda van Schooner im Türrahmen stehen. Der Kummer ließ sie doppelt so alt aussehen, dabei war sie erst siebzehn. Ihre aufgequollenen Augen verrieten eben vergossene Tränen der Trauer.

»Verzeiht meine Neugier, Miss van Schooner«, sagte Cork und blickte wieder auf das Porträt. »Neugier und eine Liebe zum Detail sind meine Schwächen. Dieses Gemälde stammt bestimmt aus Europa, nicht wahr?«

»Nein, Sir, es kommt hier aus New York, wenngleich Jan der Trogue Europäer ist. Er soll – sollte – uns alle porträtieren.« Sie wirkte plötzlich zerstreut, dann faßte sie sich wieder. »Meine Herren, meine Mutter ist bei meiner Schwester und daher nicht zu sprechen. Sie besteht darauf, sich persönlich um Gretchen zu kümmern.«

»Das ist sehr bewundernswert.« Cork bat sie, Platz zu nehmen. Sie leistete der Aufforderung Folge. Sie besaß zwar nicht den Teint ihrer Mutter und Schwester, auch nicht deren gemeißelte Schönheit, und doch war diese große dunkelhaarige Frau auf eine ungewöhnliche Art attraktiv.

»Ich weiß, Captain, daß Ihr hier seid, um den teuflischen Menschen zu finden, der die Tat begangen hat, aber Ihr müßt die Trauer meiner Mutter verstehen.«

»Selbstverständlich. Was könnt Ihr mir erzählen, Miss Wilda?«

»Ich wünschte, ich könnte Euch weiterhelfen, aber ich habe meiner Schwester nicht sehr nahe gestanden. Wir tauschten keine Vertraulichkeiten aus.«

»Hat sie Brock van Loon geliebt?«

»Liebe!« rief sie aus und tat dann etwas sehr Seltsames. Ein paar Minuten lang kicherte sie fast unkontrolliert. »Das ist ein Wort, daß in diesem Haus nicht ausgesprochen wird, Captain.«

»Wilda, meine Arme«, erklang eine weibliche Stimme durch die offene Tür. »Ich glaube, du bist zu erregt, um heute nacht etwas Vernünftiges beitragen zu können. Vielleicht morgen früh, meine Herren?«

Die Stimme kam von Hetta van der Malin, der Tante des Mädchens. Wir erhoben uns, als sie den Raum betrat.

»Verzeiht, daß wir in Euer Wohnzimmer eingedrungen sind, Madame«, sagte Cork mit einer Verbeugung. »Sie mögen recht haben. Wilda sieht sehr erschöpft aus.«

»Ich kann Euch nur zustimmen, Captain Cork«, sagte die Tante, legte ihren Arm um das Mädchen und führte es aus dem Raum.

»Erlaubt uns«, unterbrach Cork, »uns anstelle Eurer Nichte einen Moment mit Euch zu unterhalten.«

Ihr Lächeln wurde schwächer, aber es war immer noch ein Lächeln. »Woher wußtet Ihr, daß dies mein Zimmer ist, Captain? Ah, natürlich, Trask hat —«

»Ganz im Gegenteil, meine Augen sagten es mir. Eure ältere Schwester entspricht nicht dem Bild einer Frau, die strickt und Kopfkissenbezüge näht.«

»Da habt Ihr recht. Ilsas Wohnzimmer ist der Waffenraum. Unsere Mutter hat sie so erzogen. Wißt Ihr, sie ist eine sehr fähige Frau.«

»Das ist auch mein Eindruck. Miss Hetta, darf ich Euch fragen, warum Ihr uns heute abend eingeladen habt?«

Ich war von dieser Frage genauso überrascht wie sie.

»Wie um Himmels wissen kommt Ihr darauf? Meine Schwester hat die Einladungen persönlich verschickt.«

»Genau. Deshalb habt Ihr eine davon entwendet und selbst die Namen darauf geschrieben. Kommt, gute Frau, die Handschrift Eurer Briefe auf dem Sekretär ist identisch mit der Schrift auf der nicht unterzeichneten Nachricht, die ich erhalten habe.«

»Ihr habt meine Sachen durchsucht!«

»Ich schnüffle nur, wenn ich dazu gezwungen bin. Leugnen ist zwecklos. Der Junge, der die Nachricht überbracht hat, ist sicherlich auffindbar und würde Euch wiedererkennen. Kommt schon,

Ihr habt mir geschrieben und wollt es jetzt nicht zugeben. Ich verlange eine Antwort.«

»Captain Cork«, besänftigte ich ihn, denn die Frau begann zu zittern.

»Ja, ich habe das verschickt.« Ihre Stimme klang leise und hohl. »Aber es hatte nichts mit diesem fürchterlichen Mord zu tun. Verglichen damit war es eine Lappalie, und es hat jetzt keinen Sinn, die Sache wieder hervorzukramen. Bitte glaubt mir, Captain. Es war sehr dumm von mir.«

»Ihr spracht von einem ›Unglück‹, und nun haben wir einen Mord. Ist das etwa nicht das größtmögliche Unglück?«

»Ja, natürlich ist es das. Ich habe einen zu starken Ausdruck benutzt. Nach der Krönung hätte ich Euch gerne davon erzählt, aber jetzt würde es alles noch schlimmer machen. Ich kann es Euch nicht sagen.«

»Dann muß ich es eben ausgraben. Muß ich den Spürhund spielen und Ihr die Stumme?« Seine Stimme wurde härter. Ich wußte, daß er ein guter Schauspieler war, aber schauspielerte er überhaupt?

»Wißt Ihr, was eine Kolligation ist, Madame?«

Sie schüttelte den Kopf.

»Das logische Zusammenfügen von einzelnen Fakten. Doch Ihr wollt meine Ermittlungen vereiteln. Halbe Fakten führen zu Halbwahrheiten. Wollt Ihr eine Halbwahrheit?«

Er pausierte einen Moment, dann spuckte er es aus. »Eure Schwester könnte ihre älteste Tochter umgebracht haben!«

»Das ist unerträglich!«

»Eine Vermutung, die auf einer Halbwahrheit basiert. Sie war die letzte, die Gretchen lebendig gesehen hat, wenn das Daws-Smith-Mädchen die Wahrheit gesagt haben sollte. Und warum sollten wir ihr nicht glauben? Wenn Lydia Gretchen ermordet hätte, warum hätte sie dann die Mutter zu der Leiche hineingeschickt? Oder nehmen wir einen der Ehrengardisten, die die Sänfte tragen sollten. Wäre Gretchen noch am Leben gewesen, als ihre Mutter sie verließ, hätte einer von ihnen sie dann in Anwesenheit von fünf Zeugen getötet?«

»Jedermann könnte von außen eingedrungen sein.« Miss Hettas Stimme klang verzweifelt.

»Unsinn. Die Beweise sprechen dagegen.«

»Warum sollte Ilsa ihr eigenes Fleisch und Blut umbringen? Das ist undenkbar!«

»Und die Leute werden es trotzdem denken, das versichere ich Euch. Man kann die ganze häßliche Geschichte beschönigen und die Tat einem mysteriösen Attentäter anhängen, der sich in der Nacht angeschlichen hat, aber die Leute werden es immer noch denken, Madame.«

Sie schwieg. Ich merkte, wie Cork sich die eine oder andere Taktik überlegte, um den richtigen Ansatz zu finden. Er stand auf und ging zum Porträt hinüber.

»Angesichts des Schweigens muß ich den Spürhund in meinem Kopf loslassen. Nehmen wir zum Beispiel diese Halskette.«

»Die Van-der-Malin-Kette«, sagte sie, auf das Porträt blickend. »Was ist damit?«

»Wenn der Maler sie gut getroffen hat, dann ist sie sowohl im Geldwert als auch für das Familienaussehen sehr wertvoll. Wie der Name sagt, ist es ein Erbstück.«

»Das ist richtig. Seit Generationen wird sie in der Familie weitergereicht.«

»Tragt Ihr sie auch manchmal?«

»Nein, natürlich nicht. Sie gehört meiner Schwester.«

»Ihr Erbe wird nicht aufgeteilt?«

»Unsere Familie hält es mit dem Recht des Erstgeborenen.«

»Ich nicht. Exklusive Rechte für den Erstgeborenen machen einen Fetisch aus einer Laune der Natur. Aber das ist Philosophie und nichts für einen Spürhund. Wo ist diese Kette, Madame?«

»Weshalb? Ich vermute, in der Schmuckschatulle meiner Schwester. Das ist eine sehr verwirrende Frage, Captain Cork.«

In diesem Punkt mußte ich ihr zustimmen. Ich hatte schon öfter erlebt, daß Cork mit scheinbar abwegigen Fragen eine Antwort suchte, doch das hier schien unsinnig.

»Ich bin derjenige, der verwirrt ist. Vieles an diesem Fall bringt mich durcheinander. Ich frage mich zum Beispiel warum Eure Schwester die Kette nicht zum größten gesellschaftlichen Ereignis des Jahres getragen hat. Sie hat sie offenbar so sehr geschätzt, daß sie auf dem Porträt für die Nachwelt festgehalten wurde.«

»Manchmal ist das, was wir tun, für andere nicht nachvollziehbar, Captain. Vielleicht paßte sie nicht zu ihrem Kostüm.«

Cork wandte sich vom Bild ab, so als hätte er genug davon. »Wie ich hörte, wohnt in diesem Haus ein Onkel namens Kaarl, der jedoch heute abend bei dem Ball nicht zugegen war. Ist er für einen solchen Anlaß nicht vorzeigbar?«

»Ihr seid sehr grob, Sir. Kaarl ist ein kranker Mann und seit Jahren ans Bett gefesselt.«

Sie stand auf. »Meine Herren, ich bin sehr müde.«

»Ich werde auch müde, Madame. Gestattet mir eine letzte Frage. Eure verstorbene Nichte war heute abend verstört, sagte man mir. Ist in der letzten Zeit etwas Besonderes passiert, das ihr Benehmen erklären könnte?«

»Nein. Worüber hätte sie schmollen sollen? Sie war die Attraktion des Abends. Aber nun muß ich mich wirklich zurückziehen. Gute Nacht.«

Als das Rauschen ihrer Röcke im Korridor verklungen war, sagte ich: »Nun, Captain, da habt Ihr ein schönes Tänzchen aufgeführt.«

Er zeigte mir sein typisches Grinsen. »Eines Tages, Oaks, werdet Ihr lernen, zwischen den Zeilen zu lesen, was Frauen anbetrifft. Ich bin mir sicher, Ihr haltet mich für einen Rohling, weil ich so grob mit ihr umging, aber es war notwendig, und es hat funktioniert.«

»Funktioniert?«

»Bis zu einem gewissen Grad. Ich habe bei ihr mit einigen Vermutungen begonnen. Einige haben jetzt mehr Gewicht, andere haben sich erledigt. Seht nicht so verdutzt drein. Ich bin mir sicher, daß Hettas Botschaft nicht direkt mit Gretchens Tod zu tun hatte. Das angesprochene Unglück, daß sie uns jetzt verheimlichen will, beinhaltete nicht ihre Befürchtung, Gretchen könne etwas zustoßen.«

»Wieso?«

»Gebraucht Euren gesunden Menschenverstand, Mann. Wenn sie einen Anschlag auf das Leben ihrer Nichte vermutet hätte, würde sie dann schweigen? Nein, sie hätte ihre Anschuldigung zum Himmel hinausgeschrien. Sie wird wegen eines anderen Problems Hilfe von außen gesucht haben. Ja bitte, Trask?«

Ich hatte den Diener, der im Dunkeln stand, nicht gehört und hatte folglich keine Ahnung, wie lange er schon dort gestanden hatte.

»Verzeiht, Captain Cork, aber Major Tell hat sich in sein Zimmer begeben und würde Euch gerne sehen, wenn Ihr einen Moment Zeit hättet.«

»Danke, Trask. Können wir jetzt mit Eurer Herrin sprechen?«

»Ihre Zofe sagt, sie sei zu Bett gegangen.«

»Wie bedauerlich. Vielleicht könntet Ihr mir weiterhelfen, Trask. Mein Freund und ich haben uns gewundert, weshalb das Porträt der Lady in diesem kleinen Raum hängt. Ich würde sagen, es wäre vom Format her eher für einen größeren Raum bestimmt. Mr. Oaks dagegen meinte, es wäre für Miss Hettas Raum gedacht, als Ausdruck ihrer Schwesterliebe.«

»Na ja, was soll ich sagen, meine Herren. Sie mögen sich schon, aber in der Tat war es so, daß das Bild im großen Salon hing, bis die Lady befahl, es zu vernichten.«

»Wann war das, Trask?«

»Vor zwei Tagen. ›Trask‹, sagte sie zu mir, ›bringt diese Scheußlichkeit hinaus und verbrennt sie.‹ Seltsam, anfangs hatte es ihr gefallen, und dann auf einmal haßte sie es. Natürlich ließ Miss Hetta nicht zu, daß es verbrannt würde, und so haben wir es hier, wo die Lady nie hinkommt, versteckt.«

»Ha, nun seht Ihr, daß ich recht hatte, Oaks. Danke für das Schlichten des Streites, Trask. Wo ist der Raum von Major Tell?«

»Direkt neben Eurem. Meine Herren, wenn Ihr mir bitte folgen würdet.«

Tells Raum lag im hinteren Teil des Hauses. Dort saß er in der Dunkelheit und blickte auf den vom Mondlicht beschienenen Hof.

»Nichts Neues, Major?« fragte Cork und gesellte sich zu ihm ans Fenster.

»Nichts Greifbares. Meine Männer sind am Eingang, in der Nähe des Gartentors und links bei dem Stall postiert. Glaubt Ihr wirklich, daß er herauskommen wird?«

»Eine Vermutung kostet uns nichts, obwohl ich jetzt über neue Informationen verfüge.«

Obwohl der Raum vom Mondlicht durchflutet war, stand ich

wie immer im Dunkeln. »Würde es einem der Herren etwas ausmachen, mir zu sagen, worum es hier eigentlich geht? *Wer kommt?*«

»Gehen würde hier eher zutreffen«, sagte der Major.

»Gehen – ah, ich verstehe. Der Mörder hält sich irgendwo im Haus versteckt, und jetzt, wo alles schläft, versucht er auszubrechen. Aber wo hätte er sich verstecken sollen? Eure Männer haben den Raum und den Durchgang nach Geheimausgängen durchsucht, oder etwa nicht?«

»Fragt Euren Arbeitgeber«, sagte Tell. »Ich führe nur seine Befehle aus – paßt auf, Cork, achtet auf die Durchgangstür.«

Ich blickte über Corks Schulter hinweg und konnte flüchtig erkennen, wie eine verhüllte Figur durch die Dunkelheit auf den Stall zuging.

»Sind unsere Reittiere bereit, Major?« Tell nickte.

»Ausgezeichnet. Gehen wir.«

Als ich ihnen die Treppe hinunter folgte, bemerkte ich meine eigene Verblüffung. »Warum sollen wir diesen Schurken *verfolgen*? Warum halten wir ihn nicht auf und entlarven ihn?«

»Weil ich weiß, wer diese mysteriöse Figur ist, Oaks. Ihr Ziel ist hier die Kernfrage«, sagte Cork, als wir in den Ballsaal und dann zur Tür der Kammer eilten.

Als wir drin waren, sah ich sofort, daß Tell zwei Mäntel bereitgelegt hatte, die wir eilig überzogen. Cork ging zu der mit den Waffen behängten Wand hinüber und betrachtete zwei leere Haken. Einige Pistolen waren verschwunden. »Wie ich erwartet hatte, ist unser Schatten bewaffnet«, sagte ich und griff nach einer Pistole.

»Nicht nötig«, sagte Cork. »Wir sind nicht die Zielscheiben. Kommt, Freunde, wir müssen uns fertigmachen und aufsitzen.«

Es war eine kalte Nacht. Wir warteten hinter einem kleinen Hügel ungefähr zwanzig Yards vom Stall entfernt. Plötzlich flog die Stalltür auf, und ein schwarzer Hengst schoß ins Mondlicht hinaus. Er trug seinen Reiter Richtung Süden. »Behaltet etwas Abstand, aber verliert ihn nicht eine Sekunde aus den Augen«, kommandierte Cork, und trieb sein Pferd mit den Sporen an. Wir verfolgten unser Ziel etwa zehn Minuten lang durch den verwehten Schnee, dann bog der Reiter in eine kleine Allee ein. Als wir die Stelle erreichten, fanden wir das gesattelte Pferd an einer Treppe angebunden vor. Die Treppe führte an der Seite des Gebäudes entlang zu einer Tür im zweiten Stock. Mit Cork an der Spitze gingen wir die kalten Stufen hinauf und sammelten uns vor der Tür. »Jetzt!« flüsterte Cork, und wir stemmten uns mit den Schultern gegen das Holz und fielen in den Raum.

Die verhüllte Figur hielt die Pistole auf einen zu Tode erschrockenen Mann. Das Opfer, ein Mann in den Vierzigern, hatte sich in eine Ecke gekauert. Ich wollte gerade auf die Figur mit den Pistolen zustürzen, als diese sich umwandte und das gemeißelte Gesicht mit den kühlen blauen Augen Lady Ilsas van Schooner freigab.

»Laßt die Pistolen fallen, Madame, sonst schafft Ihr Euch noch mehr Probleme«, sagte Cork mit fester Stimme.

»Er hat mein Kind ermordet!«

»Ich schwöre Euch, Lady Ilsa!« stöhnte der zu ihren Füßen liegende Mann. Seine Stimme hatte einen ausländischen Klang. »Bitte, Ihr müßt mich anhören. Ja, ich bin Abschaum, aber ich bin kein Mörder.«

Cork trat vor und legte seine Hand auf die Pistolenläufe. Für den Bruchteil einer Sekunde blickte die Lady zu ihm auf, und ihr ernstes Gesicht wurde weicher. »Er wird dafür zahlen müssen«, sagte sie.

»Ja, aber nicht für den Tod Eurer Tochter.«

»Aber nur er hätte –« Plötzlich blitzte ein Gedanke in ihr auf. Ihre Lippen zitterten, dann reichte sie Cork die Pistolen. Er faßte sie am Arm und führte sie zu einem Stuhl.

Die Spannung war gebrochen, und ich ließ meinen Blick durch den Raum schweifen. Es war ein großes und komfortables Junggesellenzimmer. Dann sah ich den Arbeitsbereich am anderen Ende – eine Staffelei, Paletten und Farbtöpfe.

»Der Maler! Er ist Jan der Trogue, der das Porträt gemalt hat.«

»Ihr wißt von dem Gemälde?« fragte die Lady überrascht.

Ich wollte ihr gerade erzählen, daß ich das Bild im Wohnzimmer ihrer Schwester gesehen hatte, kam aber nicht zum Zuge. Der Trogue ergriff eine Pistole, die Cork dummerweise auf dem Tisch hatte liegenlassen, und hielt sie auf uns gerichtet, während er sich langsam rückwärts auf die offene Tür zubewegte. »Bleibt, wo Ihr seid«, warnte er uns. »Ich habe Euch mein Leben zu verdanken, Sir.« Er verbeugte sich vor Cork. »Aber es ist unpassend, von einer Frau getötet zu werden.«

»Ein Henker ist auch nicht viel besser«, sagte Cork. »Für das andere von Euch begangene Verbrechen werdet Ihr sicher am Galgen enden.«

»Das werde ich nicht, mein Guter. Bleibt, wo Ihr seid, und niemandem wird etwas geschehen.« Er wirbelte hinaus auf den Treppenabsatz und rannte dann die Treppe hinunter. Cork bewegte sich auf die Tür zu. Zu meiner Verwunderung sah ich, daß er die andere Pistole in der Hand hielt. Er trat auf den Treppenabsatz hinaus.

»Verteidigt Euch!« rief Cork. Nach einem Moment der Anspannung zielte er sorgfältig und feuerte ab. Ich verzog das Gesicht, als ich hörte, wie Trogues Körper die restlichen Treppenstufen hinunterstürzte.

Cork kam mit der qualmenden Pistole in der Hand zurück in den Raum.

»Denkt daran, in Eurem Bericht ›Flucht vor der Festnahme‹ zu schreiben, Major«, sagte er und schloß die Tür.

»Flucht vor was? Ihr sagtet, er habe das Mädchen gar nicht ermordet! Diese Angelegenheit ist höchst verwirrend und, gelinde gesagt, ungewöhnlich.«

»Sehr gut getroffen, Major. Von Beginn an verwirrend und mit einem ungewöhnlichen Ende. Was das Ende anbetrifft, so bleibt alles, was wir heute abend hier gesagt, gesehen und gemacht haben, unter uns.« Er drehte sich zu der Lady um. »Wir werden den Raum durchsuchen müssen. Da Ihr schon einmal hier wart, Lady, würdet Ihr uns bitte behilflich sein?«

»Ja.« Sie stand auf und begann Schubladen und Schränke zu öffnen. Sie drehte sich zu uns um, einen Filzbeutel in der Hand. Cork öffnete ihn.

»Meine Herren, ich übergebe Euch die Van-der-Malin-Kette. Ein wahrlich exquisites Stück.«

»Er hat sie also wirklich gestohlen«, sagte ich.

»So könnte man es auch nennen. Aber, Madame, sollten wir nicht auch das finden, wofür Ihr eine stolze Summe zu zahlen gewillt wart?«

»Vielleicht steht es auf der Staffelei. Ich habe nur eine Miniatur davon gesehen.«

Cork nahm die Hülle von der Staffelei und enthüllte das Porträt einer nackten Frau, die auf einem Sofa lag.

»Das ist Gretchen«, keuchte ich. »War das die Idee von der Trogue? Erpressung?«

»Ja, Mr. Oaks. Das ist richtig«, sagte die Lady. »Ich wußte, daß es sich nicht um den Trick eines Künstlers handelte, bei dem ein Körper mit einem fremden Kopf versehen wurde. Das Muttermal auf ihrer Hüfte war eindeutig von Gretchen. Woher wußtet Ihr von der Existenz dieses Bildes, Captain? Ich habe niemandem davon erzählt, nicht einmal meiner Schwester.«

»Euer Verhalten hat es mir verraten. Vor zwei Tagen befahlt Ihr, Euer eigenes Porträt verbrennen zu lassen, am gleichen Tag, an dem Eure Schwester mir eine Botschaft und eine Einladung zum Maskenspiel schickte.«

»Eine Botschaft?«

»Um ein Unglück anzukündigen«, fügte ich hinzu.

»Oh, sie ist ein Dummkopf. Sie muß erfahren haben, daß ich nicht genug Geld zusammenbekam, um diesen teuflischen Mann auszubezahlen.«

»Eure plötzliche Geringschätzung des ausgezeichneten Porträts verriet, daß Ihr den Künstler verabscheutet, nicht aber sein Werk. Dann erfuhren wir von Wilda, daß Ihr geplant hattet, Eure Töchter von demselben Mann porträtieren zu lassen. Angesichts der mittlerweile vergangenen Zeit seit der Fertigstellung Eures Porträts vermutete ich, daß er schon mit dem von Gretchen begonnen hatte.«

»Genauso war es. Dann verführte er sie. Das gab sie mir gegenüber zu, nachdem ich die Miniatur gesehen hatte, die er mir zeigte.«

»Warum habt Ihr nicht die Herausgabe des Bildes verlangt, als Ihr ihm heute nacht die Kette übergabt?«

»Ich habe nie behauptet, ihm heute nacht die Kette gegeben zu haben.«

»Aber Ihr tatet es. Ihr gingt nicht in die Kammer, um Eure Tochter zu sehen, sondern um der Trogue an der äußeren Durchgangstür zu treffen. Dort stecktet Ihr eine Kerze an, er begutachtete seine Beute am Eingang und ging nach Hause, vermutlich mit dem Versprechen, Euch das skandalöse Bild auszuhändigen, sobald er sich von der Echtheit der Kette überzeugt hätte.«

»Captain, das klingt, als wärt Ihr dabeigewesen.«

»Die Indizien brachten mich darauf. In der Pfütze vor der Tür war eine rote Substanz. Oaks hielt sie für Blut. Eine naheliegende Vermutung. Aber als ich mich dann fragte, was die Ursache Eurer Wut auf den Maler sein mochte, kam mir der Verdacht, den meine Augen jetzt bestätigen. Maler sind schlampige Kerle, seht Euch nur den Boden hier an. Außerdem hat Blut selten die Farbe von Magenta. Es war Farbe, rote Farbe von seinen Schuhsohlen. Dann, Madame, nachdem Ihr dieses Geschäft erledigt hattet, gingt Ihr wieder in die Kammer. Eure Tochter saß noch immer am Kamin.«

»Ja.«

»Und Ihr gingt wieder in den Ballsaal.«

»Ja, und überließ mein beschmutztes Kind dem Mörder! Er kam zurück und ermordete sie!«

»Nein, Lady Van Schooner, das hat er nicht getan, auch wenn es so in der offiziellen Version stehen wird. In dem Bericht wird es heißen, daß Ihr in die Kammer gekommen seid und Eurer Tochter die Van-der-Malin-Kette übergabt, die sie in der Nacht ihres Triumphs tragen sollte. Die Farbe in der Pfütze, die ich entdeckt hatte, werden wir als die Schlußfolgerung darstellen, die uns zu der Trogue führte. Wir werden sagen, er habe sich Zugang zum Haus verschafft, Eure Tochter umgebracht und die Kette mitgenommen. Später wurde er dann auf der Flucht erschossen.«

»Aber er *hat* sie doch umgebracht!« insistierte die Lady. »Er muß es gewesen sein! Als ich ging, lebte sie noch. Niemand sonst hat den Raum betreten, bis die Ehrengardisten sie abholten.«

Cork nahm ihre beiden Hände in die seinen.

»Lady van Schooner, ich habe für Euch die Wahrheit wider alle Vernunft verdreht, aber jetzt müßt Ihr der harten Wahrheit ins Gesicht sehen. Der Trogue war ein Schurke, aber er hatte keinen Grund, Gretchen zu töten. Was hätte er damit gewonnen? Und wie hätte er wieder hereinkommen sollen, ohne Schneespuren zu hinterlassen? Gretchens Vollstrecker hatte sich die ganze Zeit in der Kammer aufgehalten – als Lydia dort war, und auch, als Ihr dort wart. Im Grunde Eures Herzens kennt Ihr die Antwort – wenn Ihr den Mut habt, ihr ins Auge zu sehen.«

Ihr Gesicht zu beobachten war, als sehe man Eis schmelzen. Ihre Augen, ihre diamantenblauen Augen wurden feucht. »Das kann ich. Aber muß ich es sagen – hier?«

»Ja.«

»Wilda. O mein Gott, Wilda.«

»Ja, Wilda. Ihr habt eine große Last zu tragen, meine arme Lady.«

Sie begann hemmungslos zu weinen. »Der Fluch der van Schooners«, rief sie aus. »Ihr Vater war geisteskrank, und sein verrückter Bruder Kaarl lebt in dieser Dachkammer. Meine Mutter dachte, sie würde durch diese Verbindung Qualität in die Familie bringen.«

»Daher ihr ernstes Äußeres und ihr suchthaftes Bestreben, das Familienblut durch gutes Material reinzuhalten.«

»Ja, ich habe zu lange den Mann in unserer Familie gespielt. Ich mußte einfach hart sein. Ich danke Euch für Eure Rücksichtnahme, Captain. Wilda wird natürlich eingesperrt werden müssen. Das arme Kind, ich bemerkte den Fluch der van Schooners in ihr schon vor Jahren, aber ich hätte nie geglaubt, daß es so weit kommen würde.« Der letzte Satz war nur noch ein Schluchzen. Dann holte sie tief Luft. »Ich denke, ich werde zu Hause gebraucht.« Sie stand auf. »Ich danke Euch nochmals, Captain. Werdet Ihr das bitte vernichten?« Sie zeigte auf das Porträt.

»Darauf könnt Ihr Euch verlassen.«

Als er ihr die Tür aufhielt, drehte sie sich um. Im Hintergrund brach der neue Tag an. »Ich wünschte mir, ich hätte Euch zu dem Ball eingeladen. Ich sah Euch tanzen und fragte mich, wer Ihr sein mögt. Ihr seid recht groß.«

»Nicht zu groß, um mich vor Euch zu verneigen, Madame«, sagte Cork, und sein zwei Meter langer Körper beugte sich. Er küßte sie auf die Wange. Sie überließ uns eine Eskorte der hier stationierten Soldaten, die unsere Spur verfolgt hatten.

Für einen Moment war es still in dem Raum, dann explodierte Major Tell.

»Verdammt noch mal, Cork. Was zum Teufel geht hier vor? Ich soll Berichte fälschen, um zu beweisen, daß der Trogue ein Dieb und Mörder ist, und dann sagt Ihr, daß es Wilda war, die ihre Schwester umgebracht hat. Was ist Euer Beweis, Mann?«

Cork ging zu dem Gemälde und zerschlug es auf einer Stuhllehne.

»Ihr habt es Euch verdient, alle Einzelheiten zu erfahren. Ihr beide. Ich habe gesagt, daß Wilda die ganze Zeit in der Kammer gewesen sei. Eure völlig berechtigte Frage ist, wie sie dort unbemerkt hineingelangte. Nun, wir alle haben sie gesehen. Sie wurde hineingetragen – in einer verhüllten Sänfte. In ihrem kranken Hirn haßte sie ihre Schwester, die nach dem Willen der Mutter alles erben würde. Ein großes Vermögen überläßt man nicht einer verrückten Frau.«

»Sehr schön«, sagte Tell. »Jetzt verstehe ich, wie sie reinkam. Aber wie zum Teufel kam sie wieder raus?«

»Wenn Menschen dem Wahnsinn zum Opfer fallen, haben sie manchmal sehr kluge Ideen, Major. Sie blieb in der Sänfte, bis die Mutter den Raum verließ, und zeigte sich Gretchen.«

»Und ermordete sie«, unterbrach ich. »Aber sie war schon zurück im Saal, bevor die Ehrengarde ihre Schwester abholte.«

»Ihr habt den Kern getroffen, Oaks. Sie verließ die Kammer durch den Hinterausgang, überquerte den Hof und kam durch die Küche im äußeren Flügel wieder herein. Wer würde schon eine Tochter des Hauses in einem Raum voller geschäftiger Köche und Diener, die mit Nachschub für das Büfett ein und ausgingen, bemerkt haben?«

»Aber ihr Kleid wäre naß geworden vom Schnee«, wollte ich dagegenhalten. »Natürlich! Die Schüssel mit dem Punsch! Sie war bis auf die Haut durchnäßt!«

Cork grinste breit. »Ja, mein Junge. Sie ging in die Küche, griff sich die Schüssel mit dem Punsch, trug sie in den Saal und ließ sie dann absichtlich fallen.«

»Gut«, grummelte Tell, »sie mag geisteskrank sein, aber sie versteht die Theorie der taktischen Ablenkung.«

»Der Selbsterhaltungstrieb ist von jeher immer einer der verläßlichsten Instinkte gewesen, Major.«

»Ja, ich denke, Ihr habt recht, Cork, aber wie sollen wir das alles erklären, ohne dabei das Geheimnis der Lady zu lüften?«

Cork sah mich kühl an. »Ihr, Oaks, habt uns die Antwort geliefert.«

»Ich? Oh, als ich sagte, der Mörder müsse die Stiefel ausgezogen haben, um keine Spuren in der Kammer zu hinterlassen? Ihr wieset das als unbrauchbar zurück, als ich es erwähnte.«

»Ich verwarf es als wahrscheinliche Möglichkeit, nicht aber als Unmöglichkeit. Alles ist möglich, aber nicht alles ist wahrscheinlich. Ist es wahrscheinlich, daß ein Mörder, um keine Spuren zu hinterlassen, seine Stiefel im Haus, wo eine Pfütze entstünde, ausziehen würde? Ich könnte das nicht akzeptieren, aber die breite Öffentlichkeit wird es tun.«

Der Major sah verstört aus. »Ich schätze Euren Wunsch, die Lady zu protegieren«, sagte er, »aber Beweismaterial zu verheimlichen –«

»Beruhigt Euch, Major. Wir versuchen lediglich, die Mißgeschicke der menschlichen Natur auszugleichen. Ich habe der Krone Zeit und Ausgaben für einen Prozeß und die Exekution eines Erpressers erspart. Gott weiß, wie viele Opfer er durch seinen kunstvollen Trick über die Jahre ausgenommen hat. Und wir haben die Lady vor einer Mordanschuldigung bewahrt, die, nach meinem Dafürhalten, jeder Geschworene für gerechtfertigt gehalten hätte. Belaßt es so, wie es ist, Major, es läßt sich so besser verkaufen. Die Lady hat in ihrem Leben genügend Kummer erlitten.«

Seine letzten Worte sprach er weich und sanft aus, und ich beobachtete, wie er in die Flammen starrte. Bei Gott, könnte es sein, daß sich dieser umherziehende und sonnengebräunte Amerikaner verliebt hatte? Aber ich verwarf den Gedanken sehr schnell. Unsere Rollen sind uns vorbestimmt, uns beiden. Er, der freiheitsliebende Hengst, der von Wiese zu Wiese zieht, und ich, der verzweifelte Stallknecht, der ihm mit leerem Halfter hinterherläuft, in der Hoffnung, das Vieh eines Tages doch zähmen zu können. Ich gebe die Hoffnung nicht auf.

Originaltitel: *The Christmas Masque*
Ins Deutsche übertragen von Johannes Rumpf

Mord hinter verschlossener Tür

Lillian de la Torre

Lillian de la Torre (geb. 1902), Literaturgelehrte von nicht geringer Bedeutung, ist die große alte Dame der amerikanischen Kriminalliteratur. Alle ihre Bücher beruhen auf tatsächlichen Begebenheiten, die mit ihren ebenfalls authentischen Hauptdarstellern gründlich recherchiert und zum Leben erweckt wurden. Ihre bekannteste Figur ist sicher Dr. Sam Johnson, der bekannte britische Lexikograph, dem in Gestalt seines Chronisten James Boswell sein eigener Dr. Watson zur Seite stand. Im Jahr 1943 begann Lillian de la Torre eine Reihe von Geschichten mit Johnson als Hauptfigur, die nun schon seit über vierzig Jahren läuft. Wenn es denn jemanden gibt, dem die Verantwortung für die Entwicklung der historischen Kriminal-Kurzgeschichte zugeschrieben werden kann, dann ist es Frau de la Torre. Zwei Sammlungen mit Kurzgeschichten sind veröffentlicht worden, nämlich Dr. Sam Johnson, Detector *(1946) und* The Detections of Dr. Sam Johnson *(1960). In keiner von beiden enthalten ist die nachfolgende Geschichte, in der das erste Aufeinandertreffen der beiden literarischen Gestalten im Jahre 1763 beschrieben wird.*

»Mord! Mord hinter verschlossener Tür!«

Diesen schrecklichen Worten verdanke ich meine erste Erfahrung mit dem detektivischen Genie des großen Dr. Sam Johnson, den – aber der Reihe nach.

1763 war für mich ein denkwürdiges Jahr, denn damals wurde mir das Glück zuteil, die Bekanntschaft dieses ungewöhnlichen Mannes zu machen. Obwohl zu jener Zeit nichts weiter als ein ungehobelter junger Schotte von zweiundzwanzig Jahren, hatte ich JOHNSONS WERKE bereits mit Freude und Gewinn gelesen und mit großer Ehrfurcht vor ihrem Verfasser wieder beiseitegelegt. Als ich in jenem Jahr nach London reiste, war ich fest entschlossen, seine Freundschaft zu gewinnen.

Am Montag, den 16. Mai, saß ich im Hinterzimmer des Ladens von Tom Davies, einem Buchhändler und Gelegenheitsschauspieler, als der Mann, den ich kennenlernen wollte, unerwartet das Geschäft betrat. Davies, der ihn durch die Glastür hereinkommen sehen hatte, verkündete sein Nahen mit düsterer Stimme wie von Hamlets Geist: »Seht, o Herr, da kommt es!«

Als der große Detektiv eintrat, erhob ich mich von meinem Platz. Er war hochgewachsen, von kräftiger Statur und trug einen altmodischen maulbeerfarbenen Mantel. Seine fein geschnittenen, klassischen Gesichtszüge umrahmte eine üppige graue Perücke.

»Darf ich Euch Mr. Boswell vorstellen«, begann Davies. Wenn er die Absicht hatte, ›aus Schottland‹ hinzuzufügen, so mußte ich ihm das Wort abschneiden.

»Sagt nicht, woher ich komme!« rief ich, denn ich hatte gehört, daß der große Detektiv Schotten gegenüber Vorurteile hegte.

»Aus Schottland«, sagte Davies spitzbübisch.

»Mr. Johnson«, sagte ich – denn noch war er nicht ›Doktor‹, auch wenn ich ihn stets als solchen in Erinnerung behalten werde – »Mr. Johnson, ich bin wirklich aus Schottland, aber ich kann ja nichts dafür.«

»Dafür, Sir«, witzelte Johnson lächelnd, »können viele Eurer Landsleute auch nichts.«

Ich wußte, daß dieser Scherz auf die zahllosen Schotten gemünzt war, ›die ja nichts dafür konnten‹ und ihr Glück in London suchten, als der schottische Lord Bute Erster Minister des neuen Königs wurde, und doch brachte er mich damit aus der Fassung.

»Keine Sorge«, flüsterte Davies mir beim Abschied zu, »ich sehe ihm an, daß er Euch sehr gut leiden kann.«

Auf diese Weise ermutigt, begab ich mich gleich am nächsten Sonntag zum Temple, der Residenz von zwei der vier Rechtsinnungen in London, um dort auf den Philosophen zu warten. Mit meinen besten Kleidern schlenderte ich über die Fleet Street und dachte selbstgefällig, welch guten Eindruck ich mit meiner schlanken Gestalt und den dunklen, fein geschnittenen Gesichtszügen in meinem blütenfarbenen Mantel machte. In Gedanken genoß ich bereits meine erste Begegnung mit ihm in der Höhle des Löwen, von seinen schlauen Büchern und den Hilfsmitteln seines Berufsstandes umgeben.

Aber so weit sollte es noch nicht sein, denn als ich unter dem Torbogen hindurch in eine Gasse zum Inner Temple trat, verließ er soeben in vollem Sonntagsstaat sein Haus. Sein maulbeerfarbener Mantel war sauber gebürstet, seine prächtige Perücke frisch gepudert; er trug ein sauberes Halstuch aus Leinen und Rüschen an den Handgelenken.

»Seid gegrüßt, Mr. Boswell«, sagte er höflich. »Ihr seid im Temple willkommen. Wie Ihr seht, will ich gerade ausgehen. Wollt Ihr mich nicht begleiten? Ich möchte auf Frau Lennon warten, die Dichterin, die hier im Temple wohnt, allerdings auf der anderen Seite der Gärten, in Bayfield Court. Ich werde Euch auf ihrem Nachmittagsempfang vorstellen.«

»Mit dem größten Vergnügen, Sir«, sagte ich. Es freute mich, daß ich mich in einer Gesellschaft wie dieser unter die Gelehrten mischen sollte.

Es begab sich jedoch, daß ich mich nicht auf dem Literaturempfang vorstellen konnte, denn als wir Bayfield Court erreichten, wurden wir von einer besorgten Menschenmenge empfangen, die sich vor der Tür versammelt hatte.

»Gut getroffen, Mr. Johnson«, rief eine Stimme. »Wir brauchen Euren Rat. Wir haben nach der Wache geschickt, aber er kommt nicht, der Faulpelz.«

»Die Wache? Was ist passiert, Madam?«

Ein Gewirr von Stimmen antwortete ihm. Es hatte den Anschein, als dränge sich in dem Gewimmel vor dem Eingang jede Haushälterin, die Bayfield Court je gesehen hatte.

»Die alte Mrs. Duncom – eingesperrt, und sie reagiert auf kein Klopfen –, da ist Mrs. Taffety, die zum Mittagessen gekommen ist …«

Unzählige Hände schoben eine aufgeregte Dame, die mit einem Kapuzencape bekleidet war, nach vorn.

»Eingeladen, Mr. Johnson, Punkt zwei Uhr, und Mrs. Duncom macht nicht auf. Ich fürchte, die Gute ist krank und die junge Haushaltshilfe ist den Arzt holen gegangen, und Mrs. Duncom ist nicht mehr gut zu Fuß, müßt Ihr wissen.«

»Dann müssen wir sie aufrütteln. Kommt, Mrs. Taffety, ich verschaffe mir schon Gehör, das verspreche ich Euch.«

Die Hoffnung auf das Erscheinen der Wache aufgebend, folgte

uns die ganze Gruppe die Treppe hinauf. Ich schaute mir die Frauen genau an. Die Herren Anwälte, bei denen sie beschäftigt waren, gingen ihrem Sonntagsvergnügen nach, doch die Dienerschaft war zahlreich vertreten. Ich sah eine irische Haushälterin mit rotem Haar und Stupsnase, die von zwei schlaksigen, nicht gerade kräftigen jungen Männern begleitet wurde, bei denen es sich wohl um Gehilfen der Vorstandsmitglieder der Innung, bestimmt aber um Bewunderer der irischen Haushälterin handelte. Eine drahtige, hexengleiche kleine Frau mit wachsamen schwarzen Augen eilte an einer stämmigen, mütterlichen Seele vorbei, die von allen Tante Moll gerufen wurde. Dann folgten Sukey und Win und Juggy, die sich aufgeregt unterhielten.

Als wir den obersten Treppenabsatz erreichten, holte Dr. Johnson Luft und rief mit anschwellender Stimme nach Mrs. Duncom. Mrs. Taffety unterstützte ihn mit beschwörenden Rufen: »Betty! Annet!« Totenstille antwortete ihnen.

»Dann müssen wir eben die Tür aufbrechen«, sagte Dr. Johnson.

Er machte durchaus den Eindruck, als könne er diese Ankündigung ohne weiteres in die Tat umsetzen, doch kündete in diesem Augenblick das Klappern von Stiefeln auf der Treppe vom Nahen der Wache. »Halt!« rief der Wachmann ehrfurchtsgebietend. »Verletzt Euch nicht, ich werde das Schloß öffnen.«

»Tatsächlich?« fragte Dr. Johnson mit einem nachdenklichen Blick.

Der Wachmann war keiner der Gendarmen aus der Bow Street, dem Sitz des Polizeigerichts, sondern gehörte der Temple-Wache an. Er war alt und untersetzt und trug einen abgerissenen Barchentmantel mit einem breiten Ledergürtel, an dem sein Kurzschwert und sein Schlagstock hingen.

Die Frauen warfen ihm bewundernde Blicke zu, als er selbstgefällig vortrat, einen Dietrich in das Schloß steckte und daran zu hantieren begann.

Nichts geschah.

Nach langem Probieren und viel gutem Zureden war er froh, als er endlich aufgeben konnte.

»Eins steht fest, Sir«, sagte er mit einem Tonfall, der sein Versagen kaschieren sollte, »die Tür ist von innen verriegelt.«

»Verriegelt!« rief Mrs. Taffety. »Natürlich ist sie verriegelt! Frau Duncom hat sich von jeher wie in einer Festung eingeschlossen, weil sie in einem Silberkrug unter ihrem Bett ein Vermögen an Schmuck aufbewahrt. Das hat sie aus Angst vor Räubern immer so gemacht.«

»Woher wißt Ihr denn von diesem Vermögen?« wollte Dr. Johnson wissen.

»Aber, Sir, das wußte doch alle Welt, das war doch kein Geheimnis.«

»Das wäre es wohl besser gewesen. Tja, ob Festung oder nicht, es sieht so aus, als müßten wir die Tür aufbrechen.«

»Wartet, Sir!« rief die schwarzäugige Haushälterin. »Ihr würdet die Alte ja zu Tode erschrecken. Ich habe eine bessere Idee.«

»Nun, dann sagt sie uns, Madam.«

»Ihr müßt wissen, Sir, daß die Gemächer Grisleys, meines Herrn, auf der anderen Seite des Hofs liegen ...«

»Ach ja, Mr. Grisley«, warf Tante Moll bedauernd ein. »Wie schade, daß er nicht hier ist, er würde uns bestimmt sagen können, was zu tun ist, er kann Annet ja so gut leiden.«

»Mr. Grisley ist nicht zu Haus. Aber ich habe den Schlüssel. Wenn ich aus dem Mansardenfenster klettere, kann ich problemlos an der Brüstung entlanggehen, einen Fensterflügel in Mrs. Duncoms Wohnung aufdrücken und sehen, was los ist.«

»Ein guter Einfall, Mrs. Oliver«, meinte der Wachmann beipflichtend. »Die hohen Herren würden es uns übelnehmen, wenn wir einfach so die Tür eintreten.«

»Und was wollt Ihr machen, wenn das Fenster verriegelt und verrammelt ist, woran gar kein Zweifel besteht?«

»Dann, Mrs. Taffety, muß ich mir etwas anderes einfallen lassen. Wartet hier. Es dauert nicht lang.«

Schweigend standen wir auf dem Gang und warteten auf etwas, von dem wir nicht wußten, was es war. Als es dann endlich eintrat, erschraken wir – ein lautes Klirren und das Fallen von zersprungenem Glas.

»Oje, ist sie vielleicht gestürzt?«

»Nein, Madam, sie hat sich nur etwas anderes einfallen lassen. Jetzt ist sie drinnen und wird uns wohl bald die Tür öffnen.«

Gespannt warteten wir an der Tür. Nach einem scheinbar endlos langen Augenblick drehte sich der Schlüssel im Schloß, und der Riegel wurde zurückgeschoben. Er blieb zunächst stecken, doch dann gab er kreischend nach, und die schwere Tür schwang langsam nach innen.

Wie erstarrt und mit leerem Blick erschien Mrs. Oliver auf der Türschwelle. Sie bewegte die Lippen, brachte jedoch keinen Ton heraus.

»In Gottes Namen, was ist denn?« rief Mrs. Taffety erschrocken.

Mrs. Oliver brachte ein heiseres Flüstern zustande:

»Mord!« stieß sie hervor. »Mord hinter verschlossener Tür!«

Sie verdrehte die Augen, knickte in den Knien ein und sackte auf der Türschwelle zusammen.

»Laßt mich nach ihr sehen.« Die mütterliche Frau trat vor. »Wenn Katty wieder einen ihrer Anfälle hat, weiß ich, was zu tun ist.«

Wir ließen sie mit der Ohnmächtigen allein und drängten uns in den Raum – Dr. Johnson, ich, der Wachmann und die aufgeregten Frauen. Auch das irische Mädchen befand sich in der Gruppe, ihre beiden Verehrer aber waren verschwunden.

Was für ein Anblick bot sich uns! Im Flur, vor der Innentür, war die Pritsche der jungen Haushaltshilfe aufgebaut, als ob sie die Tür bewachen sollte, und auf dem Bett lag Annet in ihrem Blut. Sie hatte um ihr Leben gekämpft, denn das Blut befand sich überall, doch dann hatte jemand mit einer Axt oder einem Hammer auf sie eingeschlagen und ihr den Schädel gebrochen.

Im Zimmer selbst lag Mrs. Duncom. Sie war erdrosselt worden; die Schlinge lag noch um ihren Hals. In einem anderen Bett hatte die alte Betty das gleiche Schicksal erlitten. Von dem Silberkrug fehlte jede Spur.

»Raubmord! Wir müssen die Polizei holen!« rief ich.

»Aber nicht in meinem Zuständigkeitsbereich«, knurrte der Wachmann. »In Bayfield Court bin ich das Gesetz!«

»Das stimmt, Mr. Boswell«, pflichtete Dr. Johnson ihm bei. »Nun denn, wenn wir uns konzentrieren, können wir vielleicht einen Weg finden, dieses grausame Rätsel selbst zu lösen. Drei Frauen, tot in einer verriegelten und verrammelten Wohnung!«

Ich spürte kalte Luft auf der Haut, und ein Schauer lief mir über den Rücken. Doch stellte ich schon bald fest, daß ich mir die Kälte nicht nur eingebildet hatte. Der Frühlingswind blies durch das Fenster, dessen altmodische kleine Scheiben nahe dem Riegel eingeschlagen worden waren.

»Wie ich es Euch gesagt habe, das Fenster war verriegelt!« rief Mrs. Taffety. »Und zwar mehrmals. Das muß der Teufel gewesen sein!«

»Der Teufel, der Teufel«, wiederholten die Haushälterinnen im Chor.

»Dumme Weibsbilder«, schalt sie der Wachmann mit beherzter Stimme. »Bitte, Mr. Johnson, ich werde Euch zeigen, wie es gemacht wurde.«

»Ich danke Euch, ähem …«

»Jonas Mudge, Sir, zu Euren Diensten.«

»Aufrichtigen Dank. Mudge, bitte erklärt es mir, ich bin für jeden Hinweis dankbar.«

»Dann seht her, Sir. Ich nehme diesen Faden …« Staunend verfolgten die Frauen, wie er mit der Fingerfertigkeit eines Zauberers ein Stück Faden aus seiner ausgebeulten Tasche zog. »Jetzt bitte hier entlang, Sir.« Er führte uns zur Außentür. »Und nun seht her! Ich lege meinen Faden um den Zapfen, trete nach draußen – wenn Ihr mir bitte folgen wollt …«

Auf dem Gang saß Mrs. Katty Oliver mit geschlossenen Augen an die Wand gelehnt, ihre Freundin fächerte ihr unentwegt Luft zu. Sie beachteten uns nicht. Mit gedämpfter Stimme fuhr Mudge in seinem Vortrag fort:

»Ich nehme die beiden Enden des Fadens mit hinaus und schließe die Tür. Wenn ich jetzt an den Enden ziehe, legt sich der Riegel vor – dann brauche ich nur noch den Faden an einem Ende herauszuziehen, und schon stehe ich vor verschlossener Tür. Und so –«

Während er sprach, zog er an den beiden Fadenenden, doch nichts geschah. Der schwergängige Riegel steckte fest, und kein noch so großer Krafteinsatz an den Fäden vermochte ihn zu bewegen.

»Ein alter Trick, auf den man sich nicht immer verlassen kann«, meinte Dr. Johnson lächelnd. »Doch danke ich Euch, Sir, dafür, daß Ihr uns gezeigt habt, wie diese seltsame Tat nicht begangen wurde.«

Während Mudge noch ein dummes Gesicht zog, kamen drei Männer im Laufschritt die Treppe herauf. Die Anwälte der Rechtsinnungen waren von ihrem Umtrunk zurück.

Dr. Johnson kannte sie, den rotgesichtigen, den eleganten und auch den melancholischen, und begrüßte jeden von ihnen einzeln.

»Tja, Mr. Kerry, Mr. Geegan, Mr. Grisley, Ihr kommt zu einem traurigen Zeitpunkt.«

»Zu Euren Diensten, Mr. Johnson. Was ist passiert?«

Mrs. Oliver war aufgestanden und legte ihm die Hand auf den Arm.

»Geht nicht hinein, Mr. Grisley, geht um Himmels willen nicht hinein. Kommt, ich hole Euch etwas zu trinken, kommt.«

»Ein Mord ist geschehen, meine Herren!« platzte ich heraus.

Mit einem Schritt waren die zwei jungen Anwälte in der Wohnung, der melancholische Grisley schob die Hand seiner Haushälterin beiseite und folgte ihnen. Als sein Blick auf Annets blutverschmiertes Gesicht fiel, schrie er laut auf.

»Bedeckt ihr Gesicht! Um Gottes willen, so bedeckt doch ihr Gesicht!«

Schnell wurden die purpurroten Bettlaken hochgezogen, und plötzlich kam der Hammer zum Vorschein. Dr. Johnson nahm ihn vorsichtig in die wohlgeformte, kräftige Hand und hielt ihn sich nah an die kurzsichtigen Augen.

»Ein ganz gewöhnlicher Hammer. Was kann er uns sagen?«

»Möglicherweise viel, denn wie ich sehe, befinden sich auf dem Griff Initialen«, sagte ich selbstzufrieden. »A. G., Sir, wenn ich mich nicht irre.«

»A. G. Ist das Euer Hammer, Mr. Geegan?«

Der elegante junge Mann wich erschrocken zurück.

»Nein, Sir, völlig ausgeschlossen. Der gehört mir nicht.«

»Mr. Grisley?«

»Fragt mich nicht, ich kann nicht hinsehen. Kat wird es wissen.«

Die kleine Frau mit den dunklen Augen nahm seine Hand und sprach beruhigend auf ihn ein.

»Ich glaube, Sir, es ist der, den Ihr vor einigen Tagen Mr. Kerry geliehen habt.«

»Mir?!« rief der rotgesichtige Anwalt. »Du lügst ja, du Schlampe!«

»Ich lüge gar nicht«, gab die Haushälterin zurück. »Erinnert Ihr Euch denn nicht mehr? Ich habe ihn Biddy, Eurer Haushälterin, gegeben. Sie sollte damit noch ein paar Nägel in die Wand schlagen.« Mit einem Mal herrschte Schweigen, und alle Blicke waren auf das rothaarige Mädchen gerichtet.

»Nein, Sir, das ist nicht wahr!« rief sie.

»Geh mir aus den Augen, du Schlampe!« blaffte Kerry erregt. »Du bist entlassen! Pack deine Siebensachen und verschwinde!«

»Nein, Sir, nicht so schnell, erst einmal muß sie bleiben«, protestierte der Wachmann.

»Nicht in meinem Haus. Sch-Schlampe! Sie soll ihr B-Bündel nehmen und d-dann hinaus mit ihr!«

Mir fiel auf, daß Mr. Kerry sich reichlich Mut angetrunken hatte, und war froh, als er von dannen stapfte.

Biddy warf uns einen ängstlichen Blick zu und folgte ihm. Der junge Geegan wollte anscheinend ebenfalls mitgehen, wurde durch das Eintreffen eines zweiten Wachmanns jedoch daran gehindert. Mit Ledergürtel, den Stock in der Hand, blieb Mudges Kollege schweigend und mit ausdrucksloser Miene in der Tür stehen. Es beschlich uns das eigenartige Gefühl, daß wir in dieser Todeskammer unter Arrest standen. Mrs. Taffety begann zu weinen, und die anderen Frauen versuchten, sie zu trösten. Von dem ausdruckslos starrenden Wachmann daran weder gehindert noch dabei unterstützt, untersuchte Dr. Johnson gerade die Schornsteine, als plötzlich Mr. Kerry zurückkehrte. Sein Gesicht war noch mehr gerötet als zuvor. Er zog die sich wehrende Biddy am Handgelenk hinter sich her, und in der anderen Hand schwang er einen silbernen Krug.

»Das ist ja der von Mrs. Duncom!« rief Mrs. Taffety.

»Versteckt in Biddys Sachen! Ich hab's ja gewußt. Schlampe!«

Dem verzweifelten Mädchen liefen Tränen über die Wangen.

»Den habe ich geschenkt bekommen«, sagte sie weinend. »Ich konnte doch nicht wissen, daß jemand dafür gemordet hat.«

Dr. Johnson legte den Arm um sie. »Wer hat ihn Euch gegeben?«

»Meine F-Freunde.«

»Was für Freunde?«

Biddy sträubte sich, doch der moralischen Autorität des Philosophen war sie nicht gewachsen, und so gestand sie:

»Die Gebrüder Sanders. Anwaltsgehilfen. Die, die eben noch hier waren.«

»Man wird sie schon finden. Und was habt Ihr für sie getan?«

»Ich …« Das Mädchen gab seinen Widerstand auf. »Ich habe an der Treppe Schmiere gestanden.«

Und dann sprudelte es förmlich aus ihr hervor. »Als Annet abends Wein für den Nachttrunk der alten Dame holen ging, ließ sie die Tür wie üblich einen Spaltbreit offen, damit sie Betty bei ihrer Rückkehr nicht störte. Matt Sander, der schwächlichere von beiden, schleicht sich hinein und versteckt sich unter dem Bett. Als alles still ist, läßt er seinen Bruder herein, und ich halte auf der Treppe Wache. Dann kommen sie mit dem Krug und dem Schmuck wieder heraus.« Das verzweifelte Mädchen sprach immer lauter. »Sie schwörten mir, daß sie niemanden umgebracht hätten, nur gefesselt und geknebelt, damit niemand um Hilfe rufen konnte!«

»Und als sie herauskamen«, hakte Dr. Johnson nach, »haben sie den Riegel von außen geschlossen. Wie haben sie das gemacht?«

»Ich weiß nicht, was Ihr meint, Sir. Sie haben die Tür nur zugezogen, es ist ein Springschloß, ich habe es zuschnappen hören. Dann sind wir gegangen und haben die Beute unter dem Torbogen aufgeteilt.«

»Wer von den beiden hatte den Hammer bei sich?«

»Keiner, Sir. Wofür sollten sie einen Hammer brauchen?«

Dann erkannte sie den Sinn seiner Frage. Sie schluchzte laut auf und blickte sich nach einem Ort um, an dem sie Zuflucht nehmen konnte. Da trat plötzlich, mit trotziger Miene, Geegan vor und schloß sie in die Arme.

»Damit, Mr. Johnson«, sagte Mudge selbstgefällig, »wäre unser Problem gelöst, und das ohne Hilfe der Polizei. Ihr kommt mit mir, Mrs. Biddy. Lassen Sie sie bitte los, Sir.« Geegan gehorchte widerstrebend. »Mr. Johnson, bleibt Ihr bitte hier, ich lasse den Leichenbestatter die Toten abholen.«

»Tut das, mein Freund. Ich möchte, daß alle Anwesenden mir so lange Gesellschaft leisten, bis er kommt.« Dabei sah er die drei Anwälte und die eng beieinander stehenden Frauen mit festem Blick an. »Kommt, meine Herrschaften, im Eßzimmer haben wir es bequemer. Nach Euch, Madam. Nach Euch, Sir.«

Niemand erhob Einwände. Nur Grisley schreckte auf dem Flur vor Annets lebloser Gestalt auf der Pritsche zurück. »Soll sie hier etwa allein liegenbleiben?« fragte er mit klagender Stimme. »Ich bleibe bei ihr, wenn ich darf.«

»Und ich bei Euch«, sagte Kat Oliver.

Ihr Herr ließ sich auf die Dielenbank nieder, krampfte die Hände ineinander und rief: »Ach Annet, Annet, warum hast du mich nicht eingelassen? Ich hätte euch vielleicht helfen können.«

»Nicht, Sir«, sagte seine Haushälterin mit beruhigender Stimme. »Macht Euch keine Vorwürfe, Ihr könnt doch nichts dafür.«

Sie verfielen in Schweigen, und wir ließen sie auf der Bank sitzen. Statt den anderen ins Eßzimmer zu folgen, führte Dr. Johnson mich noch einmal in das Zimmer, wo die zwei Leichname den kalten Wind nicht spürten, der durch die zerschlagenen Fensterscheiben hereindrang.

Johnson An dieser Sache ist mehr, Mr. Boswell, als man auf den ersten Blick denkt.

Boswell Waren es etwa nicht die Gebrüder Sanders?

Johnson Um dann durch eine verriegelte und verschlossene Tür zu gehen und sie so zu lassen? Biddy sagt, sie hätten das Schloß nicht von außen zugemacht, und ich bezweifle auch, daß sie überhaupt wußten, wie man das bewerkstelligt.

Boswell Mudge wußte es auch. Stecken sie vielleicht unter einer Decke? Ich frage mich, Sir, was ist das für ein Wachmann, der einen Dietrich bei sich trägt und weiß, wie man einen Riegel von außen vorlegt? Das kommt mir doch sehr verdächtig vor.«

Johnson Möglicherweise habt Ihr recht, Sir. Die Wachen hier im Temple sind schon ein eigenartiger Haufen. Aber zaubern kann Mudge auch nicht, wie wir gesehen haben – er konnte weder aufschließen noch den Riegel vorlegen.

Boswell Aber irgendwie muß es doch gehen. Es sieht so aus, als wäre dieses Verbrechen gar nicht möglich.

Johnson Es war nur zu möglich, Sir, denn es ist ja passiert.

Boswell Die Frauen haben recht. Es war der Teufel.

Johnson Ein Teufel schon, aber in Menschengestalt.

Boswell Einer, der Schlösser und Riegel überwunden hat und durch verschlossene Türen wieder herauskam?

Johnson Es gab einen Weg hinein, denn es ist ja jemand hineingekommen, und auch einen Weg hinaus, das liegt klar auf der Hand. Wir müssen ihn nur finden.

Boswell Ich verstehe nicht, Sir. Wo sollen wir suchen?

Johnson Dort, wo wir alle Antworten finden, Sir, in unserem Kopf. Denkt nach, Sir. Ein Mord in einer verschlossenen Wohnung, und der Mörder nicht mehr dort – das ist schon rätselhaft genug, aber in unserem Fall ist es noch rätselhafter, weil es ein dreifacher Mord war. Laßt uns das Problem ganz genau untersuchen. Es gibt viele mögliche Antworten.

Boswell (bedauernd) In *meinem* Kopf, Sir, finde ich nicht einmal eine.

Johnson Dann habe ich eine für Euch: Vielleicht gibt es keinen Mörder, weil es auch keinen Mord gibt, sondern nur einen Unfall, der wie ein Mord aussieht.

Boswell Zwei alte Frauen, die sich aus Versehen zur gleichen Zeit erdrosseln, während die junge versehentlich von einem Hammer erschlagen wird? Aber, Sir, das würde doch wohl bedeuten, etwas zu sehr den Zufall zu bemühen, um Unmögliches erklärbar zu machen.

Johnson Einspruch stattgegeben, Mr. Boswell. Könnte es dann nicht ein Doppelmord mit anschließendem Selbstmord sein? Auch das ist hinter verschlossener Tür möglich.

Boswell Selbstmord mit einem Hammer? Das wäre das erste Mal, daß ich davon höre.

Johnson Und so gut wie unmöglich. Nun, wurde es dann vielleicht von außen bewerkstelligt, ohne daß der Mörder überhaupt eintreten mußte?

Boswell Wie sollte jemand von außen die Schlingen zusammenziehen und den Hammer führen können? Das wäre ja Hexerei.

Johnson Dann nehmt einmal an, daß das Opfer in dem Moment, als jemand in den Raum einbricht, lediglich benommen oder betäubt ist, und der Einbrecher erst dann den Mord begeht?

Boswell Möglich, Sir, aber gleich drei Morde, wobei der dritte ziemlich laut gewesen sein muß, und das alles in den paar Minuten, die wir vor der Tür standen? Ich muß zugeben, daß diese Mutmaßungen zwar genial sind, aber in unserem Fall nicht passen.

Johnson Dann muß es einen Weg hinein und auch wieder hinaus geben. Bedenkt, Mr. Boswell: Nie ist etwas vollständig verschlossen, irgendwo gibt es immer eine Öffnung.

Boswell Ich hab's! Das Schlüsselloch!

Johnson Ein Schlüsselloch, in das nicht einmal ein Dietrich hineinpaßte? Denkt noch einmal nach, Sir. Was noch?

Boswell Keine Ahnung, Sir. Eine Dachluke gibt es nicht.

Johnson Nein.

Boswell Und die Schornsteine sind eng. Außerdem war der Ruß darin unberührt.

Johnson Richtig. Also nicht die Schornsteine. Gut. Wir machen Fortschritte.

Boswell Fortschritte? Inwiefern?

Johnson Wenn man alle Unmöglichkeiten ausgeschlossen hat, muß das, was übrigbleibt, die Wahrheit sein, auch wenn es noch so unwahrscheinlich ist.

Boswell Welche Wahrheit?

Johnson Nun, Sir, das muß ich noch ausprobieren. Kommt mit.

In der Diele lag Annet immer noch unter den rotgefärbten Laken. Grisley und seine Haushälterin saßen weiterhin regungslos auf dem Pritschenrahmen, er mit dem Gesicht in die Hände gestützt, sie mit besorgter Miene an seine Schulter gelehnt. Ihnen gegenüber stand ein nachgedunkelter alter Stuhl mit hoher Rückenlehne. Dr. Johnson ließ sich darauf nieder wie ein Richter im Gerichtssaal, und ich stellte mich wie ein Gerichtsdiener neben ihn.

»Mrs. Oliver«, begann er, »würden Sie uns bei unseren Überlegungen helfen?«

»So gut ich kann, Sir«, antwortete sie bereitwillig.

Grisley rührte sich nicht.

»Dann sagt uns: In welchem Zustand war Mrs. Duncoms Fenster, als Ihr es nach Eurem luftigen Ausflug erreichtet?«

»Fest verriegelt, Sir. Ich mußte die Scheibe einschlagen, damit ich hindurchfassen und den Haken lösen konnte.«

»Ja, ich weiß, wir haben das Klirren gehört. Ihr habt also die Scheibe eingeschlagen und hindurchgefaßt. Mit beiden Händen?«

»Nein, Sir, ganz sicher nicht. Mit der anderen Hand habe ich mich festgehalten.«

»Warum habt Ihr dann zwei Scheiben zerbrochen?«

»Keine Ahnung. Um sicherzugehen …«

»Unsinn! Ich sage es Euch auf den Kopf zu: als Ihr das Fenster erreicht habt, war die Scheibe bereits eingeschlagen.«

»Aber wieso sollte ich dann noch eine einschlagen?«

»Weil ihr sofort wußtet, wer vor Euch dagewesen war, und Ihr ihn schützen wolltet. Also habt Ihr die zweite Scheibe eingeschlagen, damit wir das Klirren hören konnten und denken mußten, es wäre Euch nichts anderes übriggeblieben. An dem zerbrochenen Fenster hätten wir nämlich erkannt, daß der Mörder aus Mr. Grisleys Wohnung gekommen sein mußte.«

»Niemals!« rief die Frau und stellte sich schützend vor ihren Herrn. »Warum sollte er Annet töten, die er so begehrte?«

»Vielleicht, weil sie ihn zurückweist? Heftige Leidenschaften finden oft ein heftiges Ende. Nein, nein. Ich bedaure ihn, aber Gerechtigkeit muß sein. Bedenkt, Mrs. Oliver, daß dieser Mann hier derjenige ist, der mitten in der Nacht an der Brüstung entlangging. Mit dem Hammer, den er bei sich trägt, schlägt er eine Fensterscheibe ein, öffnet den Riegel und steigt ein. Die zwei hilflosen alten Frauen fallen seiner Schlinge zum Opfer, weil er fürchtet, daß sie ihn an seinem Vorhaben hindern könnten. Als Annet sich wehrt, schlägt er sie in seinem Zorn tot und flieht auf demselben Weg, wie er gekommen ist. Darf so jemand weiterleben?«

Langsam begriff der unglückliche Grisley, was Johnson gesagt hatte, und erhob sich.

»Bucket!« rief Dr. Johnson mit schneidender Stimme. Der Wachmann erschien. »Nehmt den Mann fest!«

»Nein, nicht!« rief die Frau. »Er ist unschuldig!«

»Wer sollte das glauben?« entgegnete Johnson. »Nein, Madam, er wird dafür hängen, und das ist nur gerecht. Habt Ihr schon einmal jemanden hängen sehen, Mr. Boswell? Es ist ein entsetzlicher Anblick, wenn man mit ansehen muß, wie der Verurteilte in der Schlinge, mit verzerrtem Gesicht und zuckenden Gliedmaßen, minutenlang um sein Leben kämpft. Nun, er hat es nicht anders verdient. Führt ihn ab, Bucket.«

Grisley leistete keinerlei Widerstand, als Bucket ihn am Kragen packte, doch plötzlich hatten wir eine Furie am Hals. Mit Nägeln und Klauen ging Kat Oliver auf Dr. Johnson los. Im Nu hatte ich sie losgerissen, doch wenn Bucket nicht herbeigesprungen wäre, hätte ich sie nicht halten können.

»Ich danke Euch, Mr. Boswell«, sagte Dr. Johnson. Er zog sein Halstuch zurecht und stillte die Blutung auf seiner Wange. »Wenn Ihr nicht gewesen wärt, hätte sie mich übel zurichten können. Wenn eine Frau das verteidigt, was sie liebt, wird sie zur reißenden Bestie.«

»Meiner Meinung nach ist sie verrückt«, sagte ich wütend, während die Frau weiter versuchte, sich unserem Griff zu entwinden.

»Das kann durchaus so sein. Zwischen großer Liebe und Verrücktheit ist es nur ein schmaler Grat. Gebt auf, Madam, und laßt die Gerechtigkeit ihren Lauf nehmen. Ja, so ist es besser – Ihr könnt sie loslassen, Mr. Boswell. Was Mr. Grisley anbetrifft, Bucket, ab nach Newgate mit ihm, in die Todeszelle.«

»Nein, nicht!« schrie Kat Oliver unter heftigem Schluchzen. »Ich war es! Ich habe sie umgebracht, ich, ich!«

»Ihr, Madam? Wohl kaum! Warum solltet Ihr so etwas tun?«

»Warum wohl sollte ich diese prüde Hexe zerstören, wie sie ihn zerstört hat? Um seinetwillen, und das mit Freuden. Allerdings nicht mit dem Hammer, denn mit dem wollte ich eigentlich nur die Scheibe einschlagen ...«

»Aber«, wandte ich ein, »der Hammer war doch bei Biddy!«

»Da seid Ihr getäuscht worden, Mr. Boswell. Um den Besitz des Hammers von sich zu weisen, ist diese Frau vor keiner Lüge zurückgeschreckt. Nun gut, Mrs. Oliver, wenn es nicht mit dem Hammer geschehen sollte, wie dann?«

Die Augen der kleinen Frau zogen sich zusammen. Ihre Worte klangen auf schreckliche Weise genußvoll.

»Als ich wußte, daß sie gefesselt und geknebelt waren ...«

»Woher wußtet Ihr das?«

»Ich konnte hören, was die Jungen auf dem Gang sagten. Ich konnte nicht schlafen, weil ... Ich konnte nicht schlafen, und sie waren laut und betrunken. Ich öffnete die Tür und lauschte. Dann sah ich meine Chance. Wie ich eingestiegen bin, wißt Ihr ja. Mit den beiden Alten war es leicht, kurz und schmerzlos mit ihren eigenen Gardinenkordeln. Die Junge ...«

»Ja? Was war mit der Jungen?«

»Für die Junge hatte ich mir etwas Schlimmeres ausgedacht. Den Riegel an der Eingangstür habe ich vorgelegt, weil ich wollte, daß sie des Mordes verdächtigt und dafür aufgehängt wird.«

»Wie hätte das jemand glauben sollen, wo sie doch gefesselt war?« wandte ich ein.

»Die Fesseln habe ich natürlich gelöst«, gab die Frau mit überheblichem Ton zurück.

»Aber Ihr habt sie doch getötet, wie paßte das in Euren Plan?«

»Ich wollte sie nur betäuben, aber sie riß sich los und wehrte sich. Da habe ich rot gesehen und sie umgebracht. Dann habe ich die Wohnung auf demselben Weg wieder verlassen, auf dem ich gekommen war.«

»Und als die Leute sich Sorgen machten und die Tür aufbrechen wollten«, ergänzte Dr. Johnson, »war Euch klar, daß niemand außer Euch das Fenster einschlagen und sich so Zutritt zur Wohnung verschaffen durfte, weil das zerbrochene Fenster den anderen hätte auffallen können und ein direkter Hinweis auf Mr. Grisley und seine Angestellten gewesen wäre.«

Sie schwieg und wandte sich ihrem Herrn zu.

»Ich habe es für dich getan, Edward.«

Grisley hob die Hand, ohne aufzuschauen, und wandte sich ab.

»Also war alles umsonst.«

Als wir am darauffolgenden Tag im Mitre zusammen zu Abend aßen, drehte sich das Tischgespräch natürlich um unsere aufregenden Stunden in Bayfield Court.

Boswell Wart Ihr nicht überrascht, Sir, als Katty Oliver die Schuld auf sich nahm?

Johnson Ganz und gar nicht, ich wußte es die ganze Zeit über. Was kümmerte es sie, ob die Tür aufgebrochen wurde oder nicht? Nur das stärkste mögliche Motiv konnte ein ausreichender Grund für ihren gefährlichen Ausflug die Brüstung entlang sein. Sie mußte gewußt haben, was den erwartete, der die Wohnung betrat. Mehr noch, woher wußte sie, daß der Weg um die Brüstung einfach war, wenn sie ihn nicht zuvor schon einmal ausprobiert hatte?

Boswell Und trotzdem habt Ihr Grisleys Verbrechen und das Schicksal, das ihn erwartete, sehr eloquent beschrieben.

Johnson Auf diese Weise konnte ich sie provozieren, denn ich merkte ihr an, wieviel er ihr bedeutete; und als ich die Schraube weiter anzog und vom Schrecken einer Hinrichtung zu berichten begann, gestand sie, um ihn zu retten – genauso, wie ich es vorausgesehen hatte.

Boswell Was wird nun aus ihr? Sie wird doch bestimmt gehängt, oder?

Johnson Normalerweise schon, ja. Aber ich habe mich heute morgen aus reiner Neugier erkundigt, und nach allem, was ich gehört habe, wird sie nicht hängen. Es sieht so aus, daß sie immer wieder in geistige Umnachtung verfällt, wie Tante Moll gesagt hat, und es besteht kein Zweifel, daß sie die schrecklichen Verbrechen in einem Anfall wilder Raserei begangen hat. Tja, Sir, als sie gestern abend die Zellen zu Gesicht bekam, verfiel sie vollständig in Starrsucht und wurde ohne Bewußtsein nach Bedlam in die Irrenanstalt gebracht, wo sie offensichtlich auch hingehört.

Boswell Und Biddy? Was wird aus ihr?

Johnson Sie wird für das Verbrechen der Gebrüder Sanders bezahlen, die wohl endgültig entkommen sind.

Boswell Das erscheint nicht gerecht, Sir.

Johnson Nun ja, das Annehmen von gestohlenem Gut wird mit dem Tod durch Erhängen bestraft, Miss Biddy kann sich nicht beklagen. Aber die Temple-Wachleute sind nicht unbestechlich, und das Wachhaus ist nicht uneinnehmbar. Außerdem ist Mr. Geegan, der Sohn eines irischen Adligen, nicht gerade ein armer Mann. Kurz und gut, Sir, er hat Miss Biddy weggezaubert, und niemand weiß, wohin. Und damit endet der Mordfall hinter verschlossener Tür.

Boswell (mutig) Von dem ich hoffe, daß ich ihn eines Tages ausführlich erzählen kann, wenn ich die Abenteuer von Detektiv Sam Johnson für die Nachwelt niederschreibe, so wie es mir vorschwebt!

HINWEIS DER AUTORIN

Das Schwierigste an dieser Geschichte war, sie plausibel klingen zu lassen. Vermutlich liegt das daran, daß sie sich tatsächlich zugetragen hat. Wahre Begebenheiten nehmen nicht unbedingt Rücksicht auf Wahrscheinlichkeit.

Es hat sich so zugetragen, wie ich es beschrieben habe, mit Ausnahme des Auftretens von Dr. Sam Johnson natürlich. Das Ende stammt von mir selbst. In Wirklichkeit wurde das irische Mädchen doch gehängt, was für Schmierestehen und die Entgegennahme eines silbernen Krugs eine harte Strafe zu sein scheint, doch so war die Rechtsprechung in dieser unmenschlichen Zeit nun einmal. Bei der Untersuchung des ›Rätsels des verschlossenen Zimmers‹ und möglicher Lösungen scheint Dr. Johnson eine sonderbare Vorahnung von John Dickson Carrs ›Lektion des verschlossenen Zimmers‹ in THE THREE COFFINS gehabt zu haben, auch wenn die Lösung, zu der Sam Johnson findet, nicht zu den von Carr in Betracht gezogenen Möglichkeiten gehört.

Der klassische ›Fadentrick‹ zum Vorschieben eines Riegels von außen, der hier von dem Wachmann erklärt wird, wurde während des Gerichtsverfahrens gegen das irische Mädchen tatsächlich vorgeführt. Hierzu wurde die Tür in den Gerichtssaal gebracht und das Kunststück zum Erstaunen aller Anwesenden demonstriert. Mehr darüber ist nachzulesen in CELEBRATED TRIALS von George Borrows, Bd. II, S. 536–571.

Originaltitel: *Murder Lock'd In*
Ins Deutsche übertragen von Uwe Brinkmann

Captain Nash und das Erbe
der Familie Wroth

Raymond Butler

*Raymond Butler ist gelernter Koch, Marktforscher und Sprachlehrer
und hat über hundert Hörspiele geschrieben, außerdem Theater- und
Fernsehstücke, unter anderem auch das Drehbuch zu einer Soap-Opera.*
Captain Nash und das Erbe der Familie Wroth *(1975) ist sein erster
Roman und ein faszinierender Versuch, dem ersten Privatdetektiv der
Geschichte Gestalt zu geben. Es gibt auch eine Fortsetzung mit dem
Titel* Captain Nash und die Ehre Englands (1977).

Eine Einführung

Als ich in England damit begann, Verbrechen aufzuklären, gab es
den Beruf des Detektivs noch nicht. Der Konstabler, der einfache
Informant und der Bow Street Runner waren die einzigen Gesetzeshüter. Doch in jenen Tagen war England ein gesetzloses Land.

Im Jahre 1771 (in meinem dreißigsten Lebensjahr) kam mir
zum ersten Mal die Idee zu einem wissenschaftlichen System zur
Aufklärung von Verbrechen. Wie alle originellen Ideen wurde sie
mit keinem großen Enthusiasmus aufgenommen. Mit Ausnahme
meines Cousins Scrope, der im Büro des Commissioners arbeitete, wurde sie von offiziellen Stellen fast vollkommen ignoriert.

Als Folge davon war ich gezwungen, auf eigene Initiative zu
arbeiten – das heißt ohne den Schutz des Gesetzes. Ich wurde ein
›Privatdetektiv‹, der erste im modernen Europa, soweit ich weiß.

Eine Anzeige in The Daily Courant, *am 5. Juli 1771*

*Ein Gentleman von beträchtlichen Fähigkeiten ist in der Lage, mit der
Beschaffung von Informationen und der Aufklärung von Verbrechen zu
dienen. Alldiejenigen, die Aufmerksamkeit von Dieben oder anderen
Gesetzesbrechern haben erdulden müssen und mit der Wirksamkeit des
Gesetzes unzufrieden sind, können sich an mich wenden, und ich werde*

ihnen wieder zu ihrem Eigentum verhelfen und die Übeltäter dingfest machen. Mein einzigartiger wissenschaftlicher Ansatz der Kunst der Aufklärung von Verbrechen garantiert den Erfolg meiner Bemühungen. Jedem, der sich an mich wendet, versichere ich, daß die Untersuchungen mit allem nur vorstellbaren Anstand und äußerst vertraulich durchgeführt werden.

Für weitere Informationen wenden Sie sich über Mr. Trygwell, Buchhändler, Greek Court, Soho, an Captain Nash, ehemals bei den 5ten Dragonern Seiner Majestät.

1

Als meinen ersten Fall nahm ich den, der am geheimnisvollsten und finanziell am vielversprechendsten aussah, denn die Wroth' waren eine der reichsten Familien Englands.

Entsprechend stellte ich mich, wie vereinbart, am folgenden Donnerstag in Stukeley Hall vor. Ich hatte einige Mühe auf meine äußere Erscheinung verwandt, weil mir klar war, daß alles von dem ersten Eindruck abhing, da mein Beruf selbst in den Augen meiner Auftraggeber zweifelhaft aussehen mußte. Ich trug einen einfachen grünen Mantel, der immer noch einen gewissen Stil besaß, obwohl er nicht der neuesten Mode entsprach. Mein Wams, obwohl hier und da etwas verblichen, sah von vorne stattlich genug aus, und meine Kniehosen ließen sehr vorteilhaft meine Beine sehen. Die Absätze meiner Schnallenschuhe waren abgelaufen, aber da ich immer davon ausgegangen bin, daß die meisten Menschen am genauesten auf den Hals schauen, trug ich meinen feinsten Batist. Ich ließ meine Haare ungepudert, aber im Perückenstil, und schnallte meinen Degen um, um Lady Wroth das Gefühl zu vermitteln, daß sie es mit einem Gentleman zu tun hatte. Auf jeden Fall schien meine Erscheinung den Ansprüchen der Bedienten zu genügen. Als ich am Kutschereingang vorritt, trat ein dort wartender Diener auf mich zu, führte seine Hand recht höflich zur Stirn und führte mein Pferd in die Stallungen. Der alte Hofmeister, der mich in das Haus einließ, tat das ohne eine Spur dieser Respektlosigkeit, die er gezeigt hätte, wäre er sich meines wahren Ranges im Leben bewußt gewesen. Er sah mich bloß mit dem gleichen Hochmut an, den er gegenüber einem Herzog zur Schau getragen hätte. Nachdem wir eine höhlenartige Halle durchquert hatten, geleitete er mich in einen Empfangsraum. »Wenn Ihr hier bitte warten würdet, Sir. Lady Wroth wird Euch gleich empfangen.«

Die Tür schloß sich sanft mit einem Seufzer hinter ihm.

Ich schaute mich interessiert um. In Anbetracht ihres legendären Reichtums war ich von dem, was ich sah, irgendwie enttäuscht. Dieser Raum wirkte in seinem schweren ›Römischen Stil‹, mit seiner geschmacklos bemalten Decke und seinem gefliesten Boden bombastisch. Er war üppig im Stil Georgs II. eingerichtet, aber aus der Mode. Die Möbel waren überreich geschnitzt und verziert und wirkten vor der schalen Öde der düsteren Wände auf eine absurde Weise tapfer.

Stukeley selbst war ein verfallenes Überbleibsel aus dem dreizehnten Jahrhundert, eine von einem Wassergraben umgebene Scheune auf den Ruinen einer alten Burg. In meinen Augen war es für ein zivilisiertes Leben fast ungeeignet. Der größte Teil des Gebäudes war wieder dabei, zur Ruine zu werden, und von außen konnte ich sehen, daß nur ein paar Räume bewohnbar geblieben waren. Anscheinend war dies einer von ihnen. Ich fand es eigenartig, daß die Familie sich weigerte, ihren gewaltigen Reichtum auf ihren Besitz zu verwenden. Seine Vernachlässigung schien beinahe beabsichtigt.

Von einem Geräusch von Stahl an Stahl und einem schrillen Kreischen von etwas, was ich zuerst für einen Pfau hielt, wurde ich zum Fenster gelockt. Ich sah hinaus.

Ein gepflegter Rasen erstreckte sich hinunter bis zum Fluß; er war grün, glatt und ziemlich verlassen. Von irgendwo hinter einer bemoosten Mauer erklang Degengerassel, und die Pfauenschreie wurden fast unerträglich.

Dann kamen die Duellanten in Sicht, und der Kiefer fiel mir nach unten vor blankem Erstaunen: Zwei junge Frauen tanzten auf dem Rasen und fochten dabei wild. Sie waren nach französischer Mode gekleidet, das heißt mit Verzierungen überladen und in monströsen Reifröcken mit Rüschen und Falten. Ihr Haar war pomadisiert, gepudert, zu Locken gedreht, über enormen Kissen hoch aufgetürmt und wurde von künstlichen Früchten, Blumen und Schiffen überragt. Nach der Mode jener Tage waren Köpfe bekanntermaßen schon riesig, aber diese waren es auf groteske Weise.

Sie bewegten sich wie Schiffe unter vollen Segeln. Man konnte sich schwer vorstellen, daß sie nach dem Ebenbild Gottes geschaffen waren, denn Er, der sie geschaffen hatte, hätte sie niemals erkannt mit ihren Federn, ihren seidenen Masken, ihren Krausen wie Segeln und mit Federn auf ihren Hüten wie zwei Flaggen auf den Mastspitzen, um an ihnen die Windrichtung abzulesen. Sie sahen fast deformiert aus, wie sie da auf dem grünen Rasen umhersprangen.

Als der anfängliche Schock verflogen war, begann ich die Geschicklichkeit zu bewundern, mit der sie ihre Waffen handhabten. Trotz ihrer ragenden Federn und dem steifen widerspenstigen Brokat ihrer Gewänder bewegten sie sich wie professionelle Duellanten.

Sie tanzten auf dem Rasen wie zwei Fabelwesen, und während der ganzen Zeit, die sie fochten, vollführte die kleinere der beiden ein erstaunliches Geschrei. Es war, als ob sie einen heiseren, schrecklichen Vogel in ihrem Brustkorb gefangen trüge. Sie war es, die ich für einen Pfau gehalten hatte!

Gebannt schaute ich zu.

Obwohl ich schon viele professionelle Frauen fechten sehen hatte (einschließlich der großen Mary Brindle aus Neuengland), hatte ich noch nie einen Kampf wie diesen gesehen. Die kleinere Frau stürzte sich auf die größere mit gefährlichen gezielten Stößen, die ihre Gegnerin mit Leichtigkeit parierte. Aber es war keine formelle Vorführung ihrer Kunst – ihre Klingen trafen in bitterem Ernst aufeinander und sprühten Funken.

Plötzlich strauchelte das große Mädchen, als sich ihr Fuß im Saum ihres Kleides verfing. Sie schoß nach vorn, versuchte verzweifelt, ihr Gleichgewicht wiederzufinden und stürzte in einer wilden Wolke von Unterröcken auf den Boden. Als sie fiel, flog der Degen in einem großen, funkelnden Bogen aus ihrer Hand. Das kleinere Mädchen beugte sich jetzt über sie und holte mit dem Degen aus, so daß er nach unten auf die ungeschützte Brust gerichtet war. Lachend schien sie zu überlegen, ob sie ihn in den leblosen Körper unter sich stoßen sollte oder nicht. Boshaft tastete sie mit der Spitze nach der weichesten Stelle.

Ich hielt den Atem an.

Mit einer schnellen Drehung ihres Körpers warf sich das gestürzte Mädchen zur Seite – und das andere stieß erschreckt zu. Die Degenspitze verfehlte sie nur um Zentimeter und zerriß den Stoff ihres Gewandes. Der Degen drang in das weiche Gras ein und blieb da zitternd stecken.

Mit hysterischem Kreischen warf sich das kleine Mädchen auf das andere, packte sie mit beiden Händen an der Kehle und versuchte sie zu erwürgen!

Das andere Mädchen lachte fast genauso hysterisch, ergriff ihre Handgelenke und versuchte sie auseinanderzureißen. Aber ihre Peinigerin hing ihr am Hals, preßte die Fingernägel in ihr Fleisch, bis sogar ich sehen konnte, wie das Blut anfing, ihre Hände zu beflecken. Obwohl der Kampf aus Vergnügen stattzufinden schien, dachte ich doch, daß Gefahr bestünde, daß die beiden sich ernstlich verletzten. Ich wunderte mich, daß niemand hinauslief, um dieser seltsamen Szene ein Ende zu bereiten.

Dann bemerkte ich, daß ich nicht der einzige Zuschauer war. Nahe bei der Ecke der Mauer stand ein junger Mann und beobachtete das Geschehen. Er beobachtete es kritisch, schien jedoch wenig geneigt zu sein einzugreifen. Ich hatte das sichere Gefühl, daß dies für ihn kein neuer Anblick war.

Das gestrauchelte Mädchen wand sich, trat und schlug nach dem Gesicht seiner Angreiferin und versuchte verzweifelt, sich zu befreien. Aber unter der Gewalt dieses kleinen Tornados, der sie anfiel, schien sie ziemlich hilflos zu sein. Bis der Tornado sich plötzlich zu erschöpfen schien. Mit einem langen Schmerzensschrei lief ein Zittern über den ganzen Körper des Mädchens, sein Griff ließ nach, und es stürzte leblos auf den Körper des anderen Mädchens.

Keine der beiden Frauen rührte sich. Das zu Boden geworfene Mädchen rang nach Atem. Es schien fast zu erschöpft, um die stille, kleine Gestalt beiseite zu schieben.

Mit langsamen, bedächtigen Schritten ging der junge Mann zu dem hingestreckten Paar und trennte die Mädchen mit einer beiläufigen, fast ein wenig geringschätzigen Bewegung seines einen leicht gestreckten Fußes. Dann reichte er dem größeren Mädchen seine Hand und zog sie ganz unzeremoniell auf die Füße.

Aufrecht und bewegungslos machte es eine eigenartig ungeschickte Figur. Ungeschickt dankte es dem jungen Mann, kniete sich neben die leblose Gestalt im Gras und drehte sie auf den Rücken. Dabei hob es eine Hand an den eigenen Kopf und nahm den Hut ab.

Zu meinem äußersten Erstaunen nahm das Mädchen damit zugleich auch den Perückenbau ab und enthüllte das Gesicht eines ungewöhnlich hübschen jungen Mannes. Mein Erstaunen nahm noch zu, als er aufstand und begann, sich auf dem Rasen zu entkleiden. Ich starrte, als er sein Kleid auszog und Federn, Brokat und Spitzen abstreifte. Drei Unterröcke folgten und wurden beiseite geworfen, und ich konnte sehen, daß er in Wahrheit ein schlanker, sehniger junger Bursche war, der unter der Unterwäsche nur seine Kniehosen trug. Ihm mußte in all diesen Sachen quälend heiß gewesen sein!

Befreit von der Last, wandte er seine Aufmerksamkeit seiner Partnerin zu. Er ließ sich von dem passiven Zuschauer eine kleine Phiole geben und bewegte sie leicht unter ihrer Nase. Unwillig bewegte sie sich und setzte sich mit einem Ruck auf. Ihr wurde auf die Füße geholfen, und auch sie begann sich zu entkleiden. Nach der Perücke und den Federn wurde ihr das Kleid ungeduldig vom Leib gerissen, und das Ganze fiel zu Füßen eines engelsgleichen Jungen, der wie sein Freund mit nichts als seinen Kniehosen bekleidet war.

Ich starrte neugierig auf Damenschuhe aus Brokat, mit denen seine Füße immer noch geschmückt waren. Eigenartigerweise hatte ich diese zweite Metamorphose weniger beunruhigend als die erste gefunden – nicht, weil ich weniger überrascht gewesen wäre, sondern weil die weiche junge Gestalt in männlicher Kleidung und Frauenschuhen, obwohl zweifellos ein Mann, einen Körper hatte, der in seinen Rundungen und seiner Weichheit eher weiblich wirkte. Ich sollte erwähnen, daß es ein sehr junger Mann war, nicht älter als siebzehn.

Alle Erinnerungen an dieses wahnsinnige Duell schien von den beiden vergessen. Lachend legten sie sich die Arme umeinander und entfernten sich schwatzend in ihren absurden Schuhen über den Rasen. Sie verschwanden hinter der gleichen Mauer, hinter der sie so überraschend aufgetaucht waren.

Der dritte junge Mann ging in eine andere Richtung davon. Sogar aus der Entfernung hatte ich erkennen können, daß es zwischen ihnen keine freundlichen Gefühle gab.

So vertieft war ich in dieses seltsame Schauspiel gewesen, daß ich nicht bemerkt hatte, wie sich hinter mir die Tür geöffnet hatte.

Der Diener hüstelte jetzt diskret. Ich drehte mich um und hatte das seltsame Gefühl, als sei ich Zeuge intimer Familiengeheimnisse gewesen. Der Diener schaute mich mit hellem, geradem Blick an. Ich nahm an, daß er die zwei auf dem Rasen auch gesehen hatte, aber er starrte mich nur undurchdringlich an.

»Lady Wroth ist bereit, Sie zu empfangen, Sir«, sagte er.

2

Ich folgte dem Diener durch die Halle, die sich nach oben bis zum Dach erstreckte. Sie hatte einen Steinfußboden, war zugig und roch schwach nach Mittelalter. Obwohl es draußen vollkommen windstill war, säuselte ein leichter Wind in dem herrschaftlichen Kamin, und die Sonne hatte den Versuch aufgegeben, durch die unterteilten Fenster einzudringen. Decke und Wände verloren sich in düsteren Schatten, und Geschichte hing schwer in der Luft. Ich konnte die Generationen von Besitzern fast als Geister vor dem hohen Tisch versammelt sehen.

Während wir die Treppe hinaufstiegen, betrachtete ich die Portraits der Familienmitglieder, die die Wände säumten. Sie bildeten eine noch unmittelbarere Verbindung mit der geisterhaften Vergangenheit. Der Gedanke, daß sie einst auf diesem Boden gegangen waren und jetzt wie Schatten am Mittag verschwunden waren, eine Generation nach der anderen, gab mir ein seltsames Gefühl.

Ein anderer eigenartiger Gedanke kam mir, als wir an den Portraits vorübergingen. Sie waren chronologisch angeordnet, und zwar von der Gegenwart zurück in die Vergangenheit. Sie endeten mit dem ersten Lord Wroth (um 1489), und ich konnte nicht

übersehen, daß sich die deutlichen Züge des Clans der Wroth'
mehr und mehr im Dunkeln auflösten, je weiter die Familiengeschichte in die Vergangenheit führte. Aber wenigstens in den
letzten vier Generationen verrieten die gemalten Gesichter
beträchtliche Inzucht. Der Großvater des lebenden Lord Wroth
zum Beispiel hatte einen ziemlich irren Blick – einen Blick von
beinahe fataler Weichheit –, den keine malerische Meisterschaft
hatte verbergen können. Wie ich mich plötzlich erinnerte, war er
der Ehemann der Lady Wroth, der ich nun vorgestellt werden
sollte.

Der Diener klopfte fest an eine massive Tür, und eine hohe,
streitsüchtige Stimme forderte uns auf, einzutreten. Ich wurde in
ein Zimmer geführt, das der Diener das ›Sonnenzimmer‹ nannte.
Nach der Düsternis der Halle schien dieses Zimmer vor Licht zu
vibrieren. Es strahlte von poliertem Holz wider, es funkelte warm
von den Schüreisen aus Messing, es blitzte aus den vielen Spiegeln des Raumes und spielte in den Facetten der Kronleuchter
und Lüster. Das Sonnenlicht gab dem Zimmer eine Ausstrahlung
luxuriöser Maßlosigkeit. Es hatte etwas angenehm Lüsternes an
sich, als wäre es unfähig, sein Benehmen nach all der Strenge der
Halle zu kontrollieren. Bei all dem nüchternen Mobiliar wirkte
die Sonne geradezu fröhlich.

Und all diese Fröhlichkeit schien in der Person der Herrin dieses Hauses vereint. Lady Wroth war die am reichsten illuminierte
Kreatur, die ich je gesehen hatte. Auf den ersten Blick schien sie
fast ganz aus Brillanten zu bestehen – sie funkelten von ihren
Haaren, ihrem Hals, ihren Handgelenken und ihren Fingern. Ihr
weißes Haar leuchtete bläulich, ihre Haut hatte den Glanz von
Korallen, und ihr Kleid aus gewässerter Seide besaß die Farbe
von Narzissen.

Mit einem Schock wurde mir klar, daß diese üppige, jugendli-
che Figur an die Achtzig sein mußte. Mein zweiter Gedanke war,
daß sie für einen normalen Morgen auf dem Land auf monströse
Weise herausgeputzt war. Anscheinend hatten fünfzig Jahre
Leben unter dem Landadel dem theatralischen Geist der einsti-
gen Schauspielerin Sarah Laverstitch nichts anhaben können.

Ich meinerseits war Gegenstand einer ebenso genauen Prüfung. Ihre ungedämpft strahlenden Augen hatten mich Punkt für

Punkt abgeschätzt. Anscheinend war sie mit dem, was sie sah, zufrieden, denn sie lächelte und bedeutete mir, auf einem Sofa von wahrhaft königlichen Ausmaßen Platz zu nehmen. Die Zähne in dem rosigen Gesicht waren erschreckend grau, und ich konnte jetzt erkennen, daß die Wangen ganz zart emailliert waren. Ich hatte den starken Verdacht, daß sie unter der Perücke so kahl wie ein Magistrat war.

Sie kam direkt zur Sache. Wenn ich befriedigende Empfehlungen vorlegen könne, sei sie daran interessiert, meine Dienste in Anspruch zu nehmen.

Ich reichte ihr meine Referenzen, und nachdem sie sie sorgfältig gelesen hatte, fragte sie, ab wann ich für sie arbeiten könne.

»Ich stehe Euch sofort zu Diensten, Mylady«, sagte ich.

Sie schaute überrascht. »Ihr könnt frei über Eure Zeit verfügen?«

Ich lachte und sagte offen: »Ich habe noch nicht allzuviel zu tun, Lady Wroth.

Ich biete meine Dienste seit April an, aber die Öffentlichkeit hat bisher nicht so reagiert, wie ich es mir gewünscht hätte.

Allgemein gibt es unter den Leuten immer noch einen gewissen Vorbehalt meinem Beruf gegenüber.«

Sie nickte verständnisvoll. »Das ist verständlich, Captain. Die Öffentlichkeit ist sowohl Anzeigen, die der Werbung dienen, als auch Fängern von Dieben gegenüber mißtrauisch. Anzeigen sind zum großen Teil unerfüllte Versprechen, und Leute, die Diebe fangen, sind oft so zweifelhaft wie die Verbrecher, die sie fangen.«

Nachdem sie diesen Pfeil abgeschossen hatte, schaute sie mich listig an, um zu sehen, ob er getroffen hatte.

»Ich würde mich weniger als einen ›Fänger von Dieben‹ bezeichnen, Lady Wroth«, sagte ich. »Ich bin mehr am Sammeln von Informationen und der Aufklärung von Verbrechen interessiert. Ich nenne mich selbst einen ›Detektiv‹.«

Das Wort war ihr unbekannt, wie übrigens den meisten Menschen. »Einen Detektiv?« fragte sie.

»Aus dem Lateinischen, Madam, ›Detegere‹, ›aufdecken‹«, erklärte ich und umriß meine wissenschaftlichen Methoden.

»Ein Detektiv«, sagte sie, sichtlich beeindruckt von meiner Zusammenfassung. »Das ist eine originale Bezeichnung.«

»Nicht ganz so originell«, sagte ich lächelnd. »Im Alten Ägypten gab es schon eine gewisse Art Detektive. Ist nicht die Geschichte von Rhampsinitus, wie Herodot sie erzählt, eine Art Detektivgeschichte?« Ohne zu verstehen, erwiderte sie mein Lächeln. »Aber ich denke, man kann mit Recht sagen, daß ich der einzige heute lebende Detektiv bin.«

»Ihr habt nichts mit der Bow Street Polizei zu tun?« fragte sie.

»Nein, Mylady. Ich ziehe es vor, unabhängig zu arbeiten. Ich bin ein privater Gentleman. Ein Privatdetektiv, wenn Ihr so wollt.«

»Gut!« sagte sie, und ich konnte die Erleichterung in ihrer Stimme hören. »Mein Auftrag verlangt einen Mann unabhängigen Geistes.«

»Ihr zieht es vor, die Bow Street Polizei nicht einzuschalten?« fragte ich. Dabei betonte ich absichtlich das Wort ›Polizei‹ und achtete darauf, wie sie reagierte. Schon in diesem frühen Stadium meiner Karriere wußte ich, daß meine Auftraggeber zum großen Teil jene Leute sein würden, denen es peinlich war, die regulären Wege des Gesetzes zu benutzen.

Sie sah kurz weg und antwortete dann ebenso kurz: »Ich denke, dies ist keine passende Angelegenheit für sie.«

»Sie halten sie nicht für kompetent?«

»Ich denke, sie sind nicht *passend*«, sagte sie trocken. »Zum einen bezweifle ich, daß sie die Sache überhaupt erwägen würden. Bisher bin ich nicht einmal sicher, daß ein Verbrechen begangen wurde. Außer Sie nennen pure menschliche Narrheit ein Verbrechen.«

Ich wartete darauf, daß sie die Sache weiter erklären würde. Sie klopfte mit ihrem Schildpattfächer auf die Armlehne ihres Stuhles und sagte entschlossen: »Am besten beginne ich ganz am Anfang.«

»Ich wäre Mylady sehr verbunden.«

Sie machte eine Pause, dann schüttelte sie sich und sprühte dabei Feuer aus jeder Facette. Sie langte nach einer kleinen Brokattasche und entnahm ihr ein Bündel Papiere, die von einem Band zusammengehalten wurden. Sie reichte sie mir.

»Lest das!« befiel sie mir.

Ich ging zu ihr hinüber und nahm das Bündel entgegen. Die

Brillanten an ihren Handgelenken und Fingern zitterten ein wenig, und ich sah, daß sie angestrengt versuchte, einen Anfall von Zittern zu kontrollieren.

Die Papiere waren an Lady Wroth in Stukeley, Heartfordshire, adressiert. Die Handschrift war sauber und wirkte wie die eines professionellen Schreibers. Das erste Blatt trug die Überschrift ›Beim Zeichen des schmerzstillenden Halsbandes‹ und war mit ›Asclepius (Doktor)‹ signiert, gefolgt von einer Reihe bedeutungsloser und, wie ich vermute, zum größten Teil fiktiver medizinischer Titel. Der Inhalt des Schreibens lautete einfach: ›Für geleistete Dienste.‹

Die anderen Papiere, insgesamt sieben, waren unterschriebene Schuldscheine. Die Signatur unten auf jedem der Blätter war groß, unförmig und plump. Mit Mühe entzifferte ich den Namen ›Wroth‹.

Lord Wroth hatte versprochen, die Summe von 480 Guineen für ›erhaltene Leistung‹ zu zahlen.

Bei dem Inhalt der ›erhaltenen Leistung‹ hob ich leicht die Augenbrauen:

Imprimis, für den Gebrauch des Königl. Chymischen Waschmittels, und

für die Befreiung der Haut von allen Deformationen	28 gns
item, für die Anwendung einer Kur gegen Stottern	28 gns
item, für die Pflege der Augen	28 gns
item, für die Entfernung von Schleim, Rheuma und Schlechter Feuchte von Brust, Bauch und Lungen	28 gns
item, für die Entfernung eines Wurms	10 gns
item, für die Entfernung von Sommersprossen	10 gns
item, für das Hervorlocken eines Länglichen, Haarigen und Gefräßigen Wurms aus den Eingeweiden Seiner Lordschaft	28 gns

Und noch erstaunlicher als das:

item, für die Stimulation des Wachstums verschiedener Körperteile Seiner Lordschaft	120 gns

Und noch weitaus erstaunlicher:

item, für Heilung Seiner Lordschaft vom schrecklichen
Verbrechen der Selbstbefleckung   200 gns
                                                   480 gns

Ich schaute auf. Lady Wroth starrte mich mit ihren harten,
edelsteingleichen Augen an. Ich versuchte mein Erstaunen kaum
zu verbergen.

»Nun, Sir? Was meint Ihr?«

»Euer Enkel scheint sich ungewöhnlich schlechter Gesundheit
zu erfreuen, Madam«, sagte ich.

Lady Wroth schnaubte vor Wut.

»Bah! Mein Enkel erfreut sich der allerbesten Gesundheit. Das
ist alles größter Humbug! Er ist diesem Quacksalber in die Hände
gefallen. Wir leben in einem Zeitalter gewaltiger Quacksalber,
Captain Nash. Sie haben mit ihren Pillen und Elixieren mehr
Leben verkürzt, als die Pest jemals geschafft hat!«

Ich wartete, bis sich ihr Ausbruch etwas gelegt hatte. Ich wartete auch darauf, daß sie auf den eigentlichen Punkt kommen
würde. Es ging um mehr als diese bizarren, aber eigentlich harmlosen Schuldscheine, da war ich sicher.

»Kennt Ihr diesen ›Asclepius‹?« fragte sie vorsichtig. Sie
spielte mit ihrem Fächer – einer richtigen Waffe in ihren Händen.
Er wedelte, drehte sich, schlug zusammen und öffnete sich wieder. Ihr Fächer war das eigentliche Codebuch zur Entzifferung
ihrer Emotionen, denn ihr Gesicht sagte mir gar nichts.

»Ich habe von ihm gehört, Madam«, antwortete ich. »Ich
glaube, er ist von dem ›makellosen Arzt‹ der griechischen Legen-
den weit entfernt.«

»Er ist ein hervorragender Quacksalber, Sir!« explodierte sie.
»Ein selbsternannter Doktor. Diese sogenannten ärztlichen Rechnungen sind nicht das Papier wert, auf dem sie geschrieben
sind.«

»Aber die Unterschrift ist echt?«

Sie legte eine Pause ein, gab dann verächtlich zu: »Kein Zweifel. Nur mein Enkel könnte eine solch ungebildete Handschrift
zustandebringen!«

»Aber Ihr möchtet diese Forderungen anfechten?«

Sie wand sich sichtlich.

»Wie könnte ich, Sir? Es gibt hier nichts, was sich anfechten ließe. Es ist durchaus möglich, daß Wroth solche Dienste in Anspruch genommen hat.«

»Aber ein Gericht könnte ihre Rechtmäßigkeit in Frage stellen, Lady Wroth«, sagte ich ruhig.

»Ja, aber ...« Sie stockte. » ... da ist noch mehr.«

Sie reichte mir ein weiteres Blatt Papier.

Ich las es sorgfältig. Es war ein sehr geschickt verfaßter Brief. Jedes Wort war sorgfältig gewählt, um letztlich nichts auszusagen, falls es einem Gericht vorgelegt würde. Doch der Ton war drohend.

Diese Schuldscheine machten den geringeren Teil der Schulden Seiner Lordschaft bei dem Doktor aus, behauptete der Verfasser. Da Seine Lordschaft immer noch nicht im Besitz seines Vermögens wäre, hoffte der Schreiber, Lady Wroth würde die Schulden anerkennen. Doch es befänden sich noch drei weitere Scheine im Besitz des Doktors für Leistungen eher noch ernsterer Natur. Diese Dienste waren höchst intim und würden im Hinblick auf den heiligen Eid des Doktors *arcanum* bleiben. Lady Wroth könnte versichert sein, daß der Doktor so eine bedeutende Familie wie die Wroth' durch die Veröffentlichung delikater Details nicht in Verlegenheit bringen wollte, und der Doktor hätte das feste Vertrauen, daß Mylady bereit sein würde ... usw ... usw. Der Wert dieser Scheine beliefe sich auf ... 3000 Guineen!

»Nun, Sir?« fragte Lady Wroth, als ich von dem Papier aufschaute.

»Was meint Seine Lordschaft hierzu?«

Sie schnaubte wieder. »Er weigert sich, darüber zu sprechen, obwohl er zugibt, daß er gewisse Dienste in Anspruch genommen hat. Was soll ich Ihrer Meinung nach tun?«

»Ich würde die Schuldscheine kaufen«, sagte ich ohne Zögern.

»Dazu würdet Ihr raten?« fragte sie scharf.

»Außer, Ihr wollt öffentlich bloßgestellt werden«, sagte ich. »Es ist möglich, daß dies nur eine Art Spiel ist, Madam, aber es kann auch sein, daß dies Belege für wirkliche Leistungen sind.«

»Wirklich! Ich sage Euch, mein Enkel ist vollkommen gesund!«

Ich sagte gelassen: »Es gibt viele Beschwerden, die einen jungen Mann anfallen können, Lady Wroth; manche von äußerst peinlicher Natur.«

»Ganz genau, Sir!« schnaubte sie. »Onanie, zum Beispiel! Das schreckliche Verbrechen der Selbstbefleckung!«

Der Fächer flatterte wie eine aufgeregte Taube.

»... oder schlimmer«, sagte ich vorsichtig.

Sie erwog die Möglichkeiten.

»Mir fällt nichts Schlimmeres ein als die Pocken, Sir. Und ein junger Mann, der von den Pocken geheilt wird, ist kaum etwas, womit man mich erpressen kann.«

Die Wahrheit war heraus.

»Warum glaubt Ihr, man könnte Euch mit diesen Schuldscheinen erpressen, Mylady?«

Sie sah zur Seite und bewegte sich unbehaglich.

»Mein Enkel ist ein ungewöhnlicher Junge, Sir«, sagte sie.

Ich hatte eine blitzartige Vision der beiden jungen Frauen auf dem Rasen. Plötzlich erleuchtet fragte ich: »Duelliert Seine Lordschaft sich oft *en travesti*?«

Sie lächelte grimmig.

»Ihr habt sie gesehen?«

»Ich sah die jungen Männer auf dem Rasen fechten. Ich habe sie nicht erkannt.«

»Mein Enkel war der kleinere der beiden.« Sie verzog ihr Gesicht vor Abneigung. »Der andere ist sein Freund, Mr. d'Urfey. Ein professioneller Duellant und Captain, glaube ich. Wroth ist sehr stolz auf seine Fähigkeiten. Die beiden genießen es, sich allen erdenklichen Herausforderungen zu stellen. Ich habe sie in den unterschiedlichsten phantasievollen Verkleidungen kämpfen sehen: mit Masken, in Säcken, mit Handschellen, die Hände hinter dem Rücken gefesselt, in Rüstungen ... sogar mit verbundenen Augen. Dieser weibliche Aufzug gefällt ihnen besonders gut.«

»Sie sind beide außergewöhnliche Duellanten«, sagte ich mit aufrichtiger Bewunderung.

Sie sah zur Seite und errötete verlegen.

Ich fragte ganz vorsichtig: »Warum meint Ihr, könnte man Euch mit diesen Schuldscheinen erpressen, Lady Wroth?«

Ihre Hände nestelten hektisch an dem Fächer. Ihre Stimme war, als ich sie schließlich vernahm, ein bloßes Krächzen.

»Weil es schon einmal passiert ist, Sir!«

Sie atmete tief ein, bevor sie fortfuhr.

»Vor sechs Monaten stopfte ich einer Dirne namens Dewfly das Maul.«

Sie schwieg.

»Warum, Madam?«

»Sie sagte, sie könnte meinen Enkel wegen ... wegen einer Geschmacklosigkeit bloßstellen«, endete sie matt.

»Und hat das gestimmt, Ihrer Meinung nach?«

»Es könnte sein. Mein Enkel ist wild.« Ein Blick von fast abergläubischer Furcht trat in ihre Augen. »Junge Leute von Rang sind so lasterhaft in diesen Zeiten.«

»Ihr habt diese Frau also bezahlt.«

»Ja.«

»Und was genau erwartet Ihr von mir, Lady Wroth?«

»Ich möchte, daß Ihr mich von dieser neuen Bedrohung befreit.«

»Wie?«

»Auf jede nur mögliche ... legale Weise natürlich.«

»Ich verstehe ...«, sagte ich. Aber um ehrlich zu sein, ich verstand überhaupt nichts.

»Traut Ihr Euch das zu?« fragte sie ängstlich.

»Ohne diese Scheine für irgendeine Summe kaufen zu müssen, meint Ihr?«

»Das würde ich vorziehen ... es sei denn, ich hätte keine andere Wahl! ... Es darf keinen Skandal geben, versteht Ihr. Ich setze meine Hoffnung auf eine hervorragende Partie für meinen Enkel. Ein Mädchen aus einer guten Familie mit 20 000 Guineen pro Jahr. Da darf mir nichts dazwischenkommen.«

»Hieltet Ihr es denn nicht für klüger, die Schulden dieses Mannes zu begleichen?«

Sie stand auf, zitternd vor Wut. Die Fassade der vornehmen Lady begann zu bröckeln, und sie stieß heftige Flüche aus.

»Mich legt man nicht rein, Sir! Ich habe diese Dewfly bezahlt, damit sie keine weiteren Ansprüche mehr an mich hätte. Aber mit einem Gauner dieser Sorte ...« sie klopfte heftig auf die Papiere »... hört es nie auf! Er würde mich aussaugen bis zum bitteren Ende!«

Sie ging zu jenem Tisch mit einer Porzellanplatte und öffnete eine Schublade, der sie einen Geldbeutel entnahm. Dann wandte sie sich mir wieder zu.

»Wie hoch ist Euer Honorar, Captain Nash?«

Ich nannte eine Summe, die sie sofort um ein Sechstel reduzierte. Ich wiederholte meine Summe, und ein paar Momente lang stritten wir heftig. Schließlich aber stimmte sie meinem Preis zu und schien sogar erfreut zu sein, daß ich bei meinem Wort geblieben war.

Sie zählte eine Anzahl Münzen ab und gab sie mir in die Hand.

»Ich überlasse die Angelegenheit ganz Euch. Findet heraus, was es mit diesem Asclepius auf sich hat. Wenn Ihr Munition habt, die ich gegen diesen – diesen Paphlagonier verwenden kann, dann kommt zu mir, und ich werde Euch bezahlen.«

Ich verbeugte mich als Zeichen meiner Zustimmung. Sie läutete eine Handglocke, und fast sofort öffnete sich die Tür, und der alte Diener sah in das Zimmer.

»Captain Nash möchte gehen, Chives«, sagte sie. Sie neigte graziös ihren Kopf in meine Richtung und wünschte mir einen guten Tag. Ich verbeugte mich vor ihr, und das Gespräch war beendet. Wir verließen den Raum.

Chives, so schien es, hatte mich jetzt sozial eingeordnet. Anstatt mich zurück durch die große Halle zur Vordertür zu führen, bog er auf einen schlimm aussehenden Treppengang ein und führte mich durch einen schmutzigen Flur, vorbei an verschiedenen Speisekammern und einer Milchkammer. Wir gelangten auf dem Hof bei den Ställen an. Mein Pferd wartete geduldig neben dem Block, der zum Aufsteigen diente. Der Diener, der seine Hand zur Stirn geführt hatte, war nirgends zu sehen. Auch er hatte, so schien es, schnell vom wahren Status des ›Gentleman‹ gehört.

Ich löste die Zügel vom Pfosten und wollte aufsteigen.

Eine herrschaftliche Stimme rief mich von den Ställen her an.

3

Die Stimme war scharf und arrogant. Sie paßte vollkommen zu dem Profil des Mannes: hochnäsig, gemeißelte Wangen und ein starkes, streitsüchtiges Kinn, das mehr von Sturheit zeugte denn von Charakterstärke. Als er mir den Blick zuwandte, sah ich, daß seine Augen eine seltsame rehbraune Farbe hatten.

Es war der unleidliche junge Beobachter des Fechtkampfes. Jetzt hatte er nichts Unleidliches an sich. Er ging entschlossen auf mein Pferd zu und hielt es am Zaumzeug fest.

»Ich möchte mit Euch sprechen«, sagte er kurz.

»Zu Diensten, Sir«, antwortete ich höflich.

Der junge Mann verbeugte sich steif und unfreundlich.

»Mein Name ist Wroth, Sir«, sagte er. »Oliver Wroth. Ich bin der Cousin Seiner Lordschaft.«

»Mein Name ist Nash«, begann ich.

»Ja! Ja!« sagte Wroth abrupt. »Ich weiß, wer Ihr seid. Mehr noch, ich weiß, *was* Ihr seid. Ihr seid ein Bow-Street-Mann, obwohl Ihr selbst Euch auf solch neumodische Art beschreibt.«

»Ich arbeite privat, Mr. Wroth«, sagte ich. »Ich bin ein privater Gentleman.«

Ich betonte das letzte Wort ein wenig. Die Augenbrauen des jungen Wroth hoben sich hochmütig.

»Ihr seid ein Bow-Street-Mann«, sagte er stur. »Oder einer von Flowerys Leuten. Wenn Ihr einer von seinem Gesindel seid, habt Ihr hier nichts verloren.«

»Ich bin Privatmann«, erklärte ich geduldig. »Es stimmt, daß ich auch eine Lizenz als Hilfsbeamter der Bow-Street-Polizei besitze, aber verantwortlich bin ich nur dem Obersten Gericht. Meine Tätigkeit ist in gewisser Weise ein Experiment, Mr. Wroth. Ich hoffe, daß ich den obersten Behörden beweisen kann, daß es in England Bedarf für eine Institutionalisierung von Detektiven gibt. Mein Cousin Scrope Bentham ist der Hauptsekretär im Amt des Commissioners.«

Meine Erklärung und die Erwähnung meines Verwandten in dieser wichtigen Position besänftigten den jungen Wroth überhaupt nicht. Er wurde höchstens noch schärfer. Er sah in mir einen exzentrischen Eindringling. In seinem Kopf war die Struktur der Gesellschaft sehr klar definiert. Richter, wußte er, waren Gentlemen; Anwälte schon weniger. Anwaltschaft war ein Weg zu Reichtum und Berühmtheit, aber jeder von geringerem Rang war nicht einmal Verachtung wert, ein bloßer Schmarotzer, der sich am Unglück anderer weidete. Daß sich ein Gentleman mit Verbrechen beschäftigte, war für Lord Wroth' Cousin ganz undenkbar.

Diese Gedanken waren auf seinem Gesicht deutlich genug sichtbar, aber hinter dieser unmittelbaren Feindseligkeit spürte ich darüber hinaus ein davon unabhängiges Unbehagen.

Bald erfuhr ich mehr darüber. Wroth schien ein Mann zu sein, der unfähig war, seine Gedanken zu verbergen.

»Was wollte meine Großmutter von Euch?« fragte er direkt.

»Das, Sir, ist Sache Eurer Großmutter«, antwortete ich genauso direkt.

»Im Gegenteil, ich denke, es ist sehr wohl meine Sache«, explodierte er und fügte bitter hinzu: »Sie ist meine Cousine, die verdammte Hure, und wir wollen sie nicht zurückhaben.«

Ich sagte nichts. Seine hellen Augen forschten in meinem Gesicht nach einem Zeichen einer Bestätigung. Ich starrte ausdruckslos zurück.

In seinem Kopf arbeitete es wild.

»Lady Wroth will, daß Ihr sie findet und zurückbringt?« fragte er. »Ist es das?«

»Ich kann Angelegenheiten von Lady Wroth nicht einfach mit irgend jemand anderem diskutieren, Sir«, sagte ich.

»Ich habe dir gerade gesagt, Kerl, daß es *meine* Angelegenheit ist«, schrie Wroth.

Ich sprach sehr höflich.

»Nein, Mr. Wroth, an dem Punkt irrt Ihr Euch. Eure Großmutter hat mir nichts von Eurer Cousine erzählt. Geschweige denn von Euch.«

Wroth' Brauen zogen sich zu einer bitteren schwarzen Linie zusammen.

»Was dann?«

Ich schwang mich in den Sattel.

»Ist es mein Cousin Lord Wroth?«

Ohne zu antworten packte ich fest die Zügel.

»Steckt er wieder in Schwierigkeiten?«

Ich schob meine Füße in die Steigbügel.

»Ist mein Cousin in Ungnade gefallen?«

»Ich habe Euch gesagt, Mr. Wroth, daß ich das Vertrauen Eurer Großmutter nicht mißbrauchen werde.« Ich tippte an meinen Hut, schob ihn fest auf meinen Kopf und wünschte ihm einen guten Tag. Ich trabte aus dem Hof. Ich konnte spüren, wie mir sein heller, starrender Blick folgte, bis ich um die Ecke am Tor zum Wagenhof bog.

Als ich erst einmal das Pförtnerhaus hinter mir hatte und auf der offenen Landstraße war, spornte ich mein Pferd zum Galopp an. Weil ich so schnell wie möglich nach London zurück wollte, hielt ich mich an die Hauptstraße. Aber gerade Linien waren kein Charakteristikum dieser Gegend, des Besitzes der Wroth'; die Hauptstraße war wenig mehr als ein Saumpfad, der sich durch reiche Kornfelder und Weiden wand, und heute war Markttag. Schafe und Vieh, Gänse und Truthähne wurden in die Stadt getrieben, wie es eben nur ging und ich war zu einem Schneckentempo gezwungen. Ich schwitzte und fluchte.

Ich konnte mich praktisch nicht mehr rühren und versuchte mich aus Herden fettiger Schafe herauszuwinden, als ich hinter mir das Getrappel von Hufen vernahm, die sich schnell näherten. Das wilde Tempo ließ keinen Moment nach, trotz all der Tiere. Schreie, die das Blut in den Adern gefrieren ließen, zerrissen die Luft. Ich drehte mich um, um zu sehen, wer da so wenig Rücksicht auf die Tiere nahm. Zwei Reiter, die wie bei einem Angriff schrien, scheuchten alles vor sich auseinander. Wunderbarerweise teilten sich die Schafe wie die Wellen eines Meeres aus Fellen, und der junge Lord Wroth ritt schwer an meine Seite. Sein Pferd dampfte. Einen Moment später gesellte sich d'Urfey zu ihm.

Seine Lordschaft stieß einen wilden Fluch aus und griff nach meinem Zügel, um das Pferd zum Stehen zu bringen – eine überflüssige Geste, denn wieder waren wir von einer Welle der immer weiter strömenden Schafe gefangen.

Ich saß ruhig da und schaute in die sprühenden grauen Augen

Seiner Lordschaft. Das blasse zarte Gesicht war von Wut durchpulst, der Kopf zurückgeworfen, das üppige Haar fiel ihm unordentlich über den Rücken. Er saß auf seiner großen braunen Stute, mit der wilden Anmut eines arabischen Wüstenbewohners.

»Mein Cousin sagte mir, daß Ihr hier seid, um mir nachzuspionieren«, rief er. Seine Stimme schnitt durch das kopflose Blöken der Schafe.

»Dann hat Euer Cousin Euch etwas Falsches gesagt, Mylord«, sagte ich ruhig und versuchte, meine Zügel wieder in den Griff zu bekommen.

Wroth weigerte sich, sie mir zu überlassen und schlug mit dem Griff seiner Gerte nach meiner Hand.

»Er sagte mir, Ihr seid eine Art Polizist. Ein Constabler oder ein Spürhund. Gut, ich bin hier, um Euch zu sagen, daß ich Leute wie Euch nicht auf meinem Land dulde. Wir sind hier ziemlich traditionell. Wir haben unsere eigenen Methoden, mit Eindringlingen fertig zu werden.«

Nach einem kurzen Handgemenge gelang es mir, ihm die Zügel wieder zu entreißen.

»Es scheint, daß man Euch in jeder Hinsicht falsch informiert hat, Mylord«, sagte ich. »Ich bin weder ein Spion noch ein Eindringling. Ich kam auf Einladung Eurer Großmutter hierher, und sie hat mich mit einer bestimmten Angelegenheit beauftragt.«

Er schaute mich einen Moment lang unsicher an und wechselte einen kurzen, verwirrten, fragenden Blick mit d'Urfey. Der hübsche Jüngling betrachtete mich mißmutig. Mit seiner ruhelosen Hand hielt er den Griff seines Degens, der noch in der Scheide steckte.

»Was für eine Angelegenheit?« fragte Wroth schließlich.

»Das ist Sache Eurer Großmutter, Sir«, antwortete ich.

Wroth errötete und warf seinen Kopf zurück. Sein glattes, schönes Gesicht nahm eine Sekunde lang einen unvermutet häßlichen Ausdruck an. »Familienangelegenheiten der Wroth' sind *meine* Sache, Sir. Ich bin das *Oberhaupt* meiner Familie, bei Gott!«

Die Hand, die bisher locker auf seinem Degen geruht hatte, krampfte sich zusammen. Die Knöchel wurden weiß. D'Urfeys Hand hielt seine Waffe jetzt auch entschlossener.

Die Schafherde war jetzt nicht mehr ganz so dicht. Mit einem leichten Druck meiner Knie drängte ich meinen Rotschimmel vorwärts. Ein Schwarm Gänse schnatterte um Wroth' Pferd herum. Das Roß wich mit angelegten Ohren ein wenig zurück. Sein Herr fiel dadurch ungefähr einen Meter zurück, und ich nutzte diesen Moment, mich davonzumachen.

»Hat Sie Euch meinetwegen gerufen?« rief Wroth mir nach.

Ich ritt schweigend weiter, zog jedoch langsam den Degen aus seiner Scheide. Ich hielt es durchaus für möglich, daß ich mich würde verteidigen müssen. So verrückt, wie Seine Lordschaft aussah, war ihm jede Bosheit zuzutrauen.

Mit einem Sprung erreichte er mich, drängte mein Pferd in eine Hecke und blockierte die Straße vor mir.

»Ich habe Euch gefragt – geht es um mich?« zischte er.

»Und ich habe Euch gesagt, Mylord, daß es mir nicht freisteht zu antworten.«

Einen Moment lang starrten wir uns gegenseitig an. Dann gaben Wroth' Augen auf eine verrückte Weise nach. D'Urfey hatte schweigend hinter meinem Pferd Stellung bezogen. Sie waren drauf und dran, auf mich loszugehen. Ein flüchtiges Zeichen zwischen ihnen deutete ich richtig, kurz bevor sie losschlagen konnten.

Blitzartig hatte ich meinen Degen zur Hand und hielt ihn bereit. Er beschrieb einen sauberen Bogen in der Luft, um dann – mit zitternder Spitze – einen Zentimeter vor der Kehle Seiner Lordschaft innezuhalten.

Wroth starrte sie nachdenklich an.

D'Urfey hatte seine eigene Waffe gezogen. Jetzt schaute er sie dümmlich an.

»Wenn Ihr Eurem Freund sagen würdet, er möge seinen Degen wegstecken, Mylord«, sagte ich leichthin, »könnte ich meinen Weg fortsetzen.«

Wroth runzelte die Stirn, tat jedoch, was ich verlangt hatte.

»Und wenn Ihr jetzt den Weg freimacht, Sir, damit ich weiterreiten kann«, sagte ich, während ich weiter den Degen gerade vor mir ausgestreckt hielt.

Wroth hielt an.

»Einen Moment«, sagte er.

Ich wartete. Der junge Lord schaute mich kalt an. Starr wie der Tod saß er auf seinem Pferd.

»Ich glaube, ich weiß, warum Ihr meine Großmutter besucht habt«, sagte er heiser. Seine Stimme war kaum mehr als ein Hauch in der klaren Luft. »Wenn Ihr das möchtet, könnt Ihr ihr einen großen Dienst erweisen.«

Er lächelte. Ein ziemlich bösartiges Lächeln. Schweigend wartete ich. »Sagt ihr, daß sie sich nicht einmischen soll«, sagte er mit plötzlicher Leidenschaft. »Ratet Ihr, den Mann ohne Aufschub zu bezahlen. Sonst …«

Er machte eine Pause. Für einen so zarten Jüngling besaß seine Drohung eine erstaunliche Kraft.

»Sonst wird es um so schlimmer für … uns.«

4

Ich lag auf den üppigen, aufreizenden Brüsten meiner Geliebten, die in ihrer Welt den Namen ›Rotwein-Janet‹ trug. Diese Dame, von Natur aus ein leichtes Mädchen, war vielleicht der bedeutendste Teil meines Kapitals, das ich in mein neuentdecktes Gewerbe einbrachte, denn Janet ist stets bestens informiert über das Londoner Leben aller Schichten. Vielleicht ist das ganz verständlich. Wenn eine Frau den größten Teil ihrer Arbeitszeit mit beiden Füßen fest in der Luft verbringt, kann sie leicht immer ein Ohr am Boden behalten. Janet ist bei ihrer Arbeit eine Eingeweihte. Sie ist eine vollkommene Schatzkammer an Geheimnissen, obwohl es nicht unmöglich ist, ihre Brust zu öffnen, wenn man den Trick kennt.

»Erzähl mir von Asclepius«, bat ich sie, als wir von unseren angenehmen Bewegungen ausruhten.

»Von wem, mein Süßer?« murmelte sie schläfrig.

»Doktor Asclepius.«

»Ach, der.«

Ich streichelte ihren weichen, runden Bauch mit einer harten, runden Münze. Sie schloß mit einer nonchalanten Bewegung ihre Hand darum und ließ sie unter ihrem Kissen verschwinden.

»Der ›Schlaue Murrell‹, meinst du«, sagte sie mit ziemlichem Abscheu. »Dieser ehrgeizige Gauner.«

»Der ›Schlaue Murrell‹?« fragte ich. »Warum nennst du ihn so?«

»Weil das sein Name ist. Er ist einfach ein ungemein gewiefter Gauner«, sagte sie verächtlich. »Er ist jahrelang durch Wessex gezogen. Er war da berühmt als einer, der sich auskennt.«

»Einer der sich auskennt?«

»Es ist nicht schwer, in Wessex diesen Ruf zu erlangen«, sagte sie spöttisch. »Auf jeden Fall brachte er es da zu was und wurde anscheinend ehrgeizig. Er kam in die Stadt.«

»Und hat er es hier zu etwas gebracht?«

Sie lachte kurz auf.

»Die Reichen und diejenigen, die mit der Mode gehen, finden es oft langweilig, den Rat von Ärzten zu befolgen«, sagte sie. »Besonders wenn ihnen geraten wird, zu fasten oder ihre Vergnügungen einzuschränken. Sie ziehen es vor, zu einem Mann wie Murrell mit seinen Pillen und seinen Tränken zu gehen. Aber er hat sehr klein angefangen und die Menge auf der Straße mit seinen magischen Instrumenten unterhalten.«

»Oh? Was waren das für Instrumente?«

»Also, er hat ein magisches Glas. Er behauptet, daß er damit durch Ziegelmauern hindurchsehen kann!«

»Erstaunlich!«

»Oh, wirklich!« höhnte sie. »Ein wirklich erstaunliches Gerät. Es brachte dem Gauner unter dem einfachen Landvolk viel Ruhm ein.«

»Aber das erfahrene Volk in London hat er nicht beeindruckt?«

Sie lachte.

»Oh, hier kann er mit solchen Tricks nicht kommen«, sagte sie. »Ein Mann, den ich kenne, sah sich das Wunder an. Er hatte sein Geheimnis bald durchschaut.«

»Worum handelte es sich?«

»Um nichts weiter als eine einfache Anordnung von Spiegeln in einem Holzkasten. Er sagte, ein Schuljunge hätte es mit ein bißchen Geduld und den Einzelteilen einer Lupe bauen können. Aber er besitzt ein anderes Instrument, das um einiges interessanter ist.«

»Und was ist das?«

»Ein rundes Stück rohes Kupfer. Aber er sagt, daß er damit unterscheiden könne, ob jemand lügt oder die Wahrheit sagt. Denn ein Lügner kann es anstarren, bis seine Augen tränen: Er wird nie etwas anderes sehen als sein eigenes Abbild. Wenn du aber ein tugendhafter und ehrlicher Mann bist, dann kannst du etwas darin sehen. Etwas, dessen Geheimnis Murrell kennt, etwas, das du ihm als Beweis für die Wahrheit nennen mußt. Über jenes Etwas kann jedoch niemand ein Wort sagen, denn anscheinend hat es niemand je gesehen!« Sie lachte brüllend. »Aber der Glaube daran ist so groß wie Wessex, und es hat sich sehr für ihn bezahlt gemacht, denn es hat den Grund seines Vermögens gelegt.«

Sie lachte wieder und bewirkte damit, daß ihre Brüste gegen meinen Arm hüpften.

»Es ist eine große Zeit für Quacksalberei«, sagte sie. »Aber er hat aus reiner Frechheit die Oberhand über die meisten Empiriker.«

Sie ließ von Murrell und seinem Unsinn ab, indem sie eine äußerst unanständige Position einnahm, und ganze zwanzig Minuten lang wurde nichts irgendwie Sinnvolles mehr gesprochen.

Trotz ihres zweifelhaften Spitznamens ist meine Geliebte eine äußerst begehrenswerte Frau, groß und anmutig als Person, eher eine feine als eine schöne Frau, aber mit guten Zähnen, weichen Lippen, süßem Atem und ausdrucksvollen Augen. Sie hat einen vollen, festen und weißen Busen, ist klug, ohne vorlaut zu sein, und dabei lustig und lebendig. Sie ist menschlich und zärtlich und genießt selbst da am meisten, wo sie Genuß am liebsten geben möchte. Ich bin ein Mann mit einem guten und starken Rücken, und die Zeit verging angenehm.

Nach einer guten Stunde Spielens und Herumtollens, auch mit Hilfe von Bestechung, hatte ich noch einiges mehr über den ehemaligen schlauen Mann aus Wessex erfahren.

Asclepius war in der Tat die Inkarnation dieses Paphlagonischen Hochstaplers, Alexander, aus dem zweiten Jahrhundert. Wie der antike Scharlatan hatte er den Namen des griechischen Gottes der Gesundheit angenommen und darüber hinaus auch viele seiner Praktiken.

Mit den einfachsten Tricks war es ihm gelungen, eine unglaubliche Anzahl leichtgläubiger Leute davon zu überzeugen, daß der Gott in Form einer Schlange wiedergeboren worden war, und zwar unter dem Namen Glykon. Gerüchten zufolge nahm er seine Behandlungen vor, während diese große zahme Schlange, die einen menschlichen Kopf trug, an ihm hing. Er hatte ein Repertoire einer Reihe anderer seltsamer Praktiken und anscheinend eine Antwort auf alle Krankheiten dieses Lebens. Seine Praxis war mit fast allem Notwendigen ausgestattet. Wenn ein Mann Kopfschmerzen oder eine Kolik in den Eingeweiden oder Flecke auf seiner Kleidung hatte, hatte der Doktor die passende Kur oder das passende Mittel. Wenn jemand irgend etwas für seinen Körper oder seinen Geist brauchte, dann war das Haus des Doktors der Platz, wo er es finden konnte. Der Doktor konnte eine weggelaufene Frau, ein gestohlenes Pferd oder ein verlorenes Gedächtnis wiederfinden. Er hatte Schwindsucht, Gicht, Skorbut, das Königsübel und hypochondrische Winde geheilt. All das wurde durch eine Wunderkur bewirkt, so scheint es – ohne Aderlassen, ohne Schneiden. Sein Handwerk hatte ihn, so sagte er, ein Magier aus dem Orient gelehrt.

»Und wenn ihm wirkliche Krankheiten, die er kurieren kann, ausgehen, dann erfindet er selbst welche«, sagte Janet. »Er erfindet Mondkugel, die Marthambeln, Hockogrockel und die Starken Fünf.«

»Sehr geschickt«, sagte ich. »Wenn man eine Krankheit erfinden kann, ist es auch nicht weiter schwierig, ein Heilmittel dafür zu erfinden.«

Sie wurde ernst.

»Trotzdem scheint etwas an der Sache dran zu sein. Die Mädchen hier schwören auf seinen ›Spruch‹.«

»Oh? Kennt er sich auch in übernatürlichen Sphären aus?«

Wie die meisten Frauen ihres Typs war meine Geliebte sorglos im Leben, aber voller Schrecken bei dem Gedanken an das Jenseits. Über diesen Aspekt der Aktivitäten des Doktors wollte sie nicht spaßen. Es brauchte eine Menge Vorspiel, einen kleinen Strom honigsüßer Wendungen und fünf weitere Münzen, bevor sie mir von der Bekanntschaft des Doktors mit den okkulten Wissenschaften erzählte. Er hatte anscheinend ein eigenes Orakel, das Fragen beantwortete, die man ihm vorlegte. Und als Illustration seiner nekromantischen Fähigkeiten errichtete er eine Pyramide aus Zahlen, den Schlüssel Salomons – was populär die Kabbala genannt wird –, wodurch er willkürlich Antworten gewinnen konnte: entweder klare mehrdeutige oder unergründlich geheimnisvolle.

Ich begann die wahre Natur der Praxis des Doktors zu sehen. Wenn leichtgläubiges Volk solche Antworten auf seine Probleme sucht, dann bekommt es mit den Antworten meistens viel mehr, als es ursprünglich verlangt. Die drei besonders auffälligen Schuldscheine, die Lady Wroth kaufen sollte, hatten bei weitem mehr Gift enthalten, als jemals aus dem Körper der Lordschaft entfernt worden war.

So gerüstet mit ein wenig Wissen, machte ich mich auf, den Doktor zu konfrontieren. Mit Hilfe sanften Druckes konnte ich, so war ich sicher, ihn davon überzeugen, sich von den kompromittierenden Zeugnissen von Lord Wroth' Narrheiten oder Lastern oder Schlimmerem zu trennen.

5

Es war nicht allzu schwierig, das Etablissement des Doktors ausfindig zu machen, denn der Weg zu ihm war mit seinen Anzeigen gut ausgeschildert. Die Pfosten von Häusern und die Straßenecken waren mit seinen Plakaten und Papieren tapeziert, auf denen die Öffentlichkeit aufgefordert wurde, sich bei ihm irgendwelche Mittel zu kaufen. Er hatte eine Unzahl von Heilmitteln im Angebot.

UNFEHLBAR Vorbeugende Pillen gegen die Pest

NIE VERSAGEND Salben gegen Infektionen

SOUVERÄN Trank gegen die Auswirkungen schlechter Luft

GENAU Anweisungen für den Umgang mit dem Körper im Falle einer Infektion

HILFT IMMER Anti-Pest-Pillen

Das EINZIG wahre Pest-Wasser

Das KÖNIGLICHE Gegenmittel gegen alle Arten von Infektion und auch eine WUNDERBAR verschönernde Flüssigkeit, die einer Lady im Alter von fünfzig Jahren wieder zu jugendlicher Schönheit verhilft.

Es gab so viele, daß ich das Zählen aufgab. Er bot den Armen sogar umsonst seinen Rat an. Welcher darin bestehen würde – daran hatte ich keinen Zweifel –, sich operieren zu lassen.

Alle konnte man nur unter dem Schild des ›Schmerzstillenden Halsbands‹ bekommen, am Ostende von Barnards Row in der Nähe der Schule.

Barnards Row war eine graugesichtige, respektabel aussehende Straße hinter der hohen, lauten Fassade des Gerichtes. Das Zeichen des ›Schmerzstillenden Halsbandes‹ hing vor dem am solidesten gebauten Haus in dieser solide gebauten Straße. Offensichtlich blühte das Geschäft, was mich im Hinblick auf Janets Informationen kaum überraschte. Die Öffentlichkeit ist immer bereit, ihr Geld für Gaukeleien, Amulette, Liebestränke, Exorzismen und Magie aus dem Fenster zu werfen. Es ist in der Tat ein Goldenes Zeitalter für Quacksalberei, und ein Mittel ist so tödlich wie das andere!

Ich öffnete die Tür und trat unter dem schwingenden Schild ein. Eine Glocke schlug an, aber der Raum war leer.

In dieses ungewöhnliche, seltsam aussehende Geschäft einzutreten bedeutete, in eine vollkommen andere Welt versetzt zu werden. Hier gab es im Überfluß alle verschiedenen Ingredienzen eines Wanderheilers. Es war eher eine dunkle, magische Höhle denn ein Geschäft.

Es gab große Bottiche mit eingelegten Eingeweiden und Eimer mit etwas, was ich für schwarze, gesalzene Eier hielt; es hätten genausogut die in einer Marinade konservierten Hoden irgendeines Tieres sein können. Tische und Borde waren beladen mit Gläsern voll hellbunter Pulver und Päckchen mit schwarzen, abstoßenden getrockneten Substanzen. Manche der Gefäße waren mit so exotischen Informationen etikettiert wie: ›Schneckenwasser‹, ›Öl des Erdwurms‹, ›Gebratene Schnecken‹, ›Vipernfett‹ und sogar ›Lebende Läuse‹ – zum Einnehmen, hatte Janet mich informiert.

Es sah aus wie die Speisekammer einer Hexe. Es gab getrocknete Tintenfische, getrocknete Pilze, getrocknete Sprossen, Nüsse, Stengel, und von der Decke hingen die Bäuche getrockneter Fische. In einer Ecke gab es ein paar interessante lebende Reptilien in einem Glaskasten, so häßlich, daß sie selbst den Teufel erschreckt hätten. Von den Wänden hingen die Instrumente des Handwerks: eine funkelnde Sammlung von gefährlich aussehenden Messern, Scheren und Beilen. Der Laden hätte eine Rebellion mit Waffen ausrüsten können. Es war ein Ort mit einer gewaltigen Atmosphäre, und es stank fürchterlich.

Ich stand einen oder zwei Augenblicke lang inmitten all dieser Seltsamkeiten, bevor ich laut ›Kundschaft‹ rief. Die Augen toter Fische und lebender Reptilien starrten mich bewegungslos an. Ich hatte das unheimliche Gefühl, daß irgendwo außerhalb meiner Sicht noch mehr alptraumhafte Augen mich beobachteten. Ich stampfte mit meinem Stock auf den Boden. An der Hinterseite des Ladens öffnete sich eine Tür, und eine bizarre Gestalt tauchte aus dem Schatten auf. Er war ein ungewöhnlich unattraktiver junger Kerl von mittlerer Größe, stämmig und muskulös, mit einem grausamen Gesichtsausdruck und aggressivem Kinn. Sein Haar war von einem unschönen hellen Rot, seine Augenbrauen wie ein Fallgitter über kleinen und blutunterlaufenen Augen zusammengezogen. Aber das auffallendste Merkmal an ihm war das Paar weißer Eckzähne, die unter seiner Oberlippe hervorragten und mit absoluter Wildheit glänzten, wenn er lächelte. Von ihm ging ein eigenartiges, perverses Aroma aus, und er war in eine Art archaische Livree gekleidet.

»Kann ich etwas für Euch tun, Sir?«

Die Stimme war leise, seidig und überraschend schön. Eine Stimme, die wohlgeübt war, den möglichen Kunden in eine angenehme Stimmung zu versetzen.

Ich entschied mich sofort für ein dreistes Vorgehen.

»Ich möchte Mr. Murrell sprechen«, sagte ich.

Das Lächeln des jungen Mannes blieb starr, hatte jedoch etwas Obszönes.

»Mr. Murrell, Sir? Ihr müßt die falsche Adresse haben.«

»Nein, dies ist die richtige Adresse. Ich meine den alten schlauen Mann aus Wessex, den ›Schlauen Murrell‹.«

Das Lächeln war jetzt verschwunden, nur die roten Augen leuchteten.

»Hier gibt es keinen Mr. Murrell, Sir«, sagte er tonlos.

»Dann den Doktor«, sagte ich ungeduldig. »Asclepius. Den ›Makellosen Arzt‹.«

Die roten Augen starrten mich wild unter den fuchsroten Brauen an, aber seine Stimme blieb so weich wie Seide.

»Asclepius empfängt niemanden ohne Vereinbarung, Sir. Kann ich Euch vielleicht weiterhelfen?«

»Das bezweifle ich. Ich muß mit Eurem Herrn selbst sprechen. Sagen Sie ihm, ich komme, um eine Schuld zu begleichen.«

Die Neugier des jungen Mannes war jetzt gründlich geweckt. Er betrachtete mich ausgiebig und versuchte genau abzuschätzen, was er von mir zu halten hatte. Fast schnüffelte er an mir, witterte Gefahr. Nach einer Weile sagte er:

»Ich bin bevollmächtigt, Rechnungen zu begleichen, Sir.«

»Es steht nicht in Eurer Macht, diese Rechnung zu begleichen«, sagte ich. »Ich muß mit Eurem Herrn sprechen.«

Er zögerte. Er taxierte mich jetzt ziemlich offen ab, verglich meine körperliche Stärke mit seiner eigenen. Er kam zu dem Schluß, ich könnte mich als stärker erweisen.

»Mein Herr ist nicht hier«, sagte er stur.

»Dann werde ich warten.«

»Er wird erst sehr spät zurückkommen, wenn er heute überhaupt noch kommt.«

»Dann werde ich es mir so lange bequem machen.« Ich setzte mich auf einen kleinen vergoldeten Stuhl und lehnte ihn gegen den niedrigen, hölzernen Tresen zurück.

Der rotäugige Mann beobachtete mich einen Augenblick lang säuerlich. Dann drehte er sich auf dem Absatz um und verschwand wieder im hinteren Teil des Ladens. Das hellrote Haar erlosch wie eine Kerze in der Dämmerung. Wieder hatte ich das Gefühl, von zahlreichen Augen beobachtet zu werden.

Einen Moment später erschien der Diener abermals. Seine Augen hielten meinem Blick stand, sein Kinn war kampflustig vorgeschoben. Offensichtlich hatte er Anweisungen erhalten. Ich spannte mich an, denn ich erwartete, daß er versuchen würde, mich aus dem Laden zu werfen.

Aber er sagte geduldig: »Wenn Ihr mir sagt, worum es geht, werde ich die Angelegenheit für Euch erledigen.«

»Die Angelegenheit betrifft Euren Herrn«, wiederholte ich.

»Mein Herr ist nicht hier«, sagte er, ebenso unbeweglich.

»Dann werde ich warten.«

»Er wird heute nicht kommen.«

Ich kreuzte meine Beine und balancierte sorgfältig meinen Rücken am Tresen.

»Dann sagt mir, wo ich ihn finden kann«, sagte ich.

»Mein Herr empfängt ausschließlich hier.«

Seine kleinen roten Augen ruhten auf meinem Degen, der nachlässig an meiner Seite hing. Sein Fuß war so plaziert, daß eine schnelle Bewegung seines Beines, sollte es vonnöten sein, meinen Stuhl herumwirbeln konnte. Langsam erhob ich mich aus dem Stuhl und gähnte.

Es schien aussichtslos. Wenn der alte Betrüger mich nicht sehen wollte, besaß ich kein Mittel, ihn dazu zu zwingen, außer mit seinem grobschlächtigen jungen Gehilfen handgreiflich zu werden. Vorweg hatte ich für mich entschieden, die beste Weise mit Murrell umzugehen wäre, direkt auf ihn zuzugehen und zu versuchen, ihn in einer Konfrontation zur Herausgabe der Dokumente zu bringen. Aber ich konnte keinen Sinn darin sehen, ihn mir mit einer Handgreiflichkeit zum Gegner zu machen. Die Situation verlangte Fingerspitzengefühl. Im übrigen besaß das Gebäude, soweit ich wußte, einen Hinterausgang, und ein einzelner Mann kann unmöglich ein Haus mit mehreren Ausgängen unter Kontrolle behalten. Und vielleicht war es ja gar nicht schlecht, den Doktor ein bißchen schwitzen zu lassen.

Ich lächelte den jungen Mann freundlich an.

»Ich komme morgen wieder«, sagte ich. »Wann wird der Doktor mich empfangen?«

Der Diener zögerte. Er sagte düster: »Morgen wird er zu tun haben. Warum sagt Ihr nicht einfach, worum es geht, und die Sache ist erledigt?«

»Ich komme morgen wieder«, sagte ich in einem Ton, der Humor und Drohung zugleich beinhalten sollte.

Sein ruheloser Blick ließ nicht von mir ab, bis ich den Laden verlassen hatte.

Ich war überzeugt, daß der Doktor noch immer im Geschäft war und deshalb beschloß ich, auf ihn zu warten.

Schnell machte ich mich mit der Umgebung vertraut. Vor allem versicherte ich mich, daß Murrell nicht durch einen Hinterausgang entkommen konnte. Bei Geschäften wie dem Murrells gab es immer eine Hintertür.

Der einzige Hintereingang zu dem Haus schien in einem schmalen Gang zwischen den Häusern zu bestehen. Ich ging ihn schnell entlang und fand mich in einem großen Hof wieder, der von einer hohen Mauer umgeben war.

Zufrieden mit der Erkenntnis, daß der Doktor nur durch einen der beiden Ausgänge entwischen konnte, kehrte ich in die Straße zurück und hielt mich sorgfältig außer Sichtweite des Ladenfensters.

Wie Murrell hatte ich selbst auch ein oder zwei Tricks auf Lager. Auch ich besaß ein Glas, mit dem ich zwar nicht durch eine Ziegelmauer schauen konnte, aber doch um Ecken. Es war meine eigene Erfindung und bestand aus einem kleinen runden Spiegel, den ich mit Rauch mattiert hatte, um die Sonnenstrahlen nicht zu reflektieren, und der im Winkel an einem Teleskopstab befestigt war.

Ein primitives Gerät, doch mit seiner Hilfe konnte ich mich außer Sichtweite meiner Verdächtigen halten und sie doch weiter beobachten.

Ich bezog hinter einer Mauer Stellung, die zu Stallungen gehörte, und richtete meinen Spiegel auf das Geschäft.

Zwei Stunden lang blieb ich auf meinem Posten, ohne daß etwas Bedeutsames geschah. Ein paar Leute suchten das ›Schmerzstillende Halsband‹ auf, aber sie kamen nicht gerade in Scharen. Sie betraten den Laden fast ein wenig schuldbewußt, wenn nicht gar verstohlen, und wenn sie wieder gingen, hatten sie alle ein kleines Päckchen bei sich. Die Klientel des Doktors schien zum größten Teil aus Frauen mittleren Alters und hinfälligen alten Männern zu bestehen.

Aber niemand kam heraus, der nicht zuvor hineingegangen wäre, und mich beschlich das Gefühl, daß ich vielleicht etwas falsch machte.

Innerhalb dieser zwei Stunden war das Wetter dramatisch

umgeschlagen. Drohende Gewitterwolken zogen aus dem Westen heran, und gegen Mitte des Nachmittags war der Himmel so kalt und lastend wie der tiefe Sumpf eines Moores.

Mir kam der Gedanke, die Belagerung aufzugeben.

Dann, gegen fünf, wurde es vor dem Geschäft plötzlich unruhig. Eine Sänfte, die von zwei hageren Trägern gebracht wurde, hielt vor der Tür. Die Tür öffnete sich, der rothaarige Mann spähte heraus und die Straße hinauf und hinab. Sein Kopf verschwand, und einen Moment später kamen ein Mann und eine Frau die Stufen herab.

Sie waren ein skurriles Paar. Der Mann war ein alter dunkelhäutiger Mann, so trocken und präzise wie Arithmetik, hohlgesichtig, fast ohne Haare, langnasig, mit fliehendem Kinn und äußerst bösartigem, grobem Blick. Er stieg in die Sänfte, und die Träger schlossen die Tür hinter ihm.

Die Frau, die ihm aus dem Haus gefolgt war, war ein ganz außerordentliches Geschöpf. Ich hatte nie ein ähnliches Wesen gesehen. Sie war eine schwarze, kräftig aussehende Frau, so häßlich und ungestalt wie ihr Herr, glasäugig und krummbeinig. Ihr Alter zu schätzen war unmöglich, so sehr war ihr Gesicht von den Pocken und dem Bösen gezeichnet. Sie ging mit einer eigenartigen Seitwärtsbewegung, wie ein Seemann an Land, aber das kann auch daran gelegen haben, wie sie beladen war. Auf ihrem Kopf türmte sich ein riesiger Turban, auf dem ein Paket lastete, das sie mit einer Hand sicherte.

Sie war bepackt wie ein Maultier, mit einem Zaumzeug aus Paketen, zwei kleinen Körben wie ein Esel an ihren Hüften und einem Sack über ihren Schultern.

Die Männer hoben die Trage an und fielen in einen regelmäßigen Schritt. Die schwarze Frau folgte wie ein phantastisches Packpferd.

In vorsichtigem Abstand ging ich ihnen nach.

Sie tauchten ein in ein Labyrinth von sich windenden Straßen und stinkenden Gängen, die nach Cripplegate führten. Die Straße war von Löchern übersät, die mit dem Regenwasser der letzten Woche und dem täglichen Dreck gefüllt waren. Die Gossen waren voller Abfälle und Mist.

Ich ging weiter, behielt den Tragstuhl im Auge und hielt mir ein parfümiertes Tuch vor die Nase, denn der Gestank raubte mir den Atem. Ich hielt mich so dicht an die Wände, wie ich konnte, um mich vor Güssen aus den Fenstern zu schützen, obwohl das zunehmend schwieriger wurde, je tiefer wir in die Slums eindrangen, denn sogar die Wände selbst waren mit Unrat behaftet.

Als ich einer besonders üblen Stelle auf der Straße ausweichen wollte, wurde ich fast von zwei Reitern überrannt, die um eine Ecke gejagt kamen. Als ich zurück in die Sicherheit der Wand trat, wurde ich von einem riesigen jungen Wilden angegangen, der mir den Weg versperrte und mich am Weitergehen hinderte. Wir schlugen uns fast darum, wer ›die Wand bekommen‹ würde. Schließlich zog ich halb meinen Degen, und die drohende Gestalt trat mit einem rohen Fluch zur Seite.

Als ich schließlich das Ende der Straße erreicht hatte, war die Sänfte in der dicken Luft verschwunden.

6

Ich durchsuchte schnell die anliegenden Straßen, aber ohne Erfolg. Ich war völlig entmutigt. Sie waren wie Wasser in einem Abfluß verschwunden, ohne eine Spur zu hinterlassen. Ich verbrachte mehr als eine Stunde damit, die Sänfte ausfindig zu machen, und fragte eine Menge Leute.

Aber die Menschen in diesem Teil der Welt hatten wenig Lust, Informationen zu geben, nicht einmal für Geld. Die Leute in diesem Teil der Welt schienen kaum der menschlichen Rasse anzugehören. Jede Kreatur, die ich ansprach, war so grob wie ein Fleischerhund.

Mein Unmut über meine Dummheit wurde so ziemlich angefacht. Mein ganzes Herumwandern in der feuchten Hitze war völlig unnötig gewesen. Ich hätte mit mehr Klugheit vorgehen sollen, mich Murrell diplomatischer nähern und ihn erst dann konfrontieren sollen. Ich hatte einen taktischen Fehler begangen, als ich ihn die Gefahr merken ließ, die ihm drohte. Das sah ich jetzt. Für heute schien mir nichts übrig zu bleiben als aufzugeben.

Zwei Pferde schossen aus einer Seitenstraße und bespritzten mich mit kleinen Steinen und trockenem Dreck. Ärgerlich schaute ich hoch, stand dann mit offenem Mund und starrte ihnen nach.

Lord Wroth und d'Urfey jagten die Straße hinunter und gefährdeten dabei das Leben mehrerer unaufmerksamer Fußgänger.

Ich wandte meine Aufmerksamkeit eifrig der Straße zu, aus der sie so plötzlich aufgetaucht waren. Sie erwies sich als eine Sackgasse von noch weitaus finstererem Aussehen als der Rest des Viertels. Die Häuser auf beiden Seiten hatten heruntergekommene, fensterlose Wände aus schwarz gewordenen Ziegeln, die so hoch waren, daß sie einen permanenten Schatten auf die Straßen warfen.

Ich ging bis an das Ende der Gasse. Was ich vor mir sah, war so formlos wie der Rest. Eine Mauer, ohne Türen oder Fenster. Das einzige Tor war mit Brettern vernagelt und seit Monaten oder sogar Jahren nicht geöffnet worden.

Ich blieb verdutzt stehen. Ich war mir vollkommen sicher, daß die Reiter aus dieser Straße gekommen waren, und in der Tat verriet der stechende Geruch in der Nase, daß Pferde hier gewesen waren. Materieller Beweis lag auf den Pflastersteinen. Aber es schien unmöglich, daß Wroth und sein Gefährte jemanden in dieser Straße besucht hatten. Vielleicht war das Haus, das sie besucht hatten, ganz in der Nähe? Vielleicht hatten sie hier nur kurz ihre Pferde abgestellt?

Ich ging noch einmal die Gasse entlang und sah mir das Tor an. Es wirkte auf monströse Weise verfallen. Ich senkte meinen Blick und betrachtete das Pflaster unmittelbar davor. Ich bückte mich und hob mit Daumen und Zeigefinger ein klein bißchen graue Asche vom Boden auf: Jemand hatte erst vor ganz kurzer Zeit hier seine Pfeife ausgeleert. Dann bemerkte ich schwach silberne Kratzspuren auf den Steinen. Ein Pferd – oder mehrere – hatte vor diesem Tor gestanden und mit den Hufen unruhig auf dem Boden gescharrt.

Warum hatten sie vor diesem bestimmten Tor gewartet? Ich betrachtete es von neuem. Es war etwa anderthalb Fuß höher als ich. Ich langte hinauf, ergriff den Rand und zog mich hoch, um hinüberzuschauen.

Ich blickte in einen schmalen Hof und auf die Hinterseite eines hohen und gebeugten Hauses. Es lehnte sich gefährlich auf meine Seite, düster und drohend, und seine Fenster waren undurchsichtig vor Staub. Auf den ersten Blick schien es keinen Eingang zu dem Gebäude zu geben; doch dann entdeckte ich, daß Stufen zu einem tiefer liegenden Bereich führten, in den eine schmale Tür tief eingelassen war.

Der Hof war mit Abfall übersät und voller Dreck. Sogar von meinem Platz aus konnte ich die schwachen Spuren von Fußabdrücken erkennen, die über den Hof führten. Sie begannen etwa einen Meter entfernt mit einem tiefen Abdruck, wo jemand nach einem Sprung gelandet war, und die Fußspuren, die zurückführten, endeten an einer großen Kiste, die unmittelbar unter dem Tor stand.

Fast ohne nachzudenken kletterte ich über das Tor. Ich sprang in die graue Erde des Hofes. Es gab einen schmalen, unheimlichen Gang an der Seite des Hauses, der sich dann als Tunnel herausstellte. Vorsichtig trat ich ein und tauchte sofort in eine schwarze Düsternis, die nur von einem schwachen Licht erhellt war, das durch ein schmutziges, fächerförmiges Oberlicht einer Tür am anderen Ende des Raumes eindrang. Staub stieg in meine Nasenlöcher, und ich merkte, wie sie anfingen anzuschwellen. Es war ein feuchter, bedrückender Ort mit einer seltsam bedrohlichen Atmosphäre. Ich schritt langsam und vorsichtig, halb in der Erwartung, bei jedem Schritt in einen Hinterhalt zu geraten. Mit gezogenem Degen öffnete ich vorsichtig die Tür. Ich stöhnte wie eine Seele im Fegefeuer …

Ich war überrascht, mich in einem angenehmen, weiten Hof wiederzufinden, der elegant gepflastert und an den Rändern von wildem Wein und Jasmin gesäumt war. Eine Mauer umgab diesen Hof, die nur in der Mitte von einem beeindruckenden eisernen Gittertor durchbrochen war. Das Tor wurde von zwei Löwen aus Stein bewacht. Sie richteten sich wild auf und zeigten doch zugleich den Ausdruck unerschütterlicher Frömmigkeit. Ich betrat den Hof und drehte mich um, um das Haus zu betrachten.

Es war ein Haus von normaler Größe aus rotem Ziegelstein. Der Kontrast zwischen seiner Frontseite und seiner Rückseite war beträchtlich. Die Fassade war freundlich, solide und schlicht.

Die Läden waren in einem fröhlichen Gelb bemalt, und die große Fronttür hatte ein Vordach und ein fächerförmiges Oberlicht.

Einen Moment lang glaubte ich, ich hätte wieder einen Fehler begangen. Aber nein, die Sänfte stand in einer Ecke des Hofes, im kühlen Schatten eines duftenden Baumes.

Ich sah, daß dies das Haus war, das ich suchte. Aber wie war Murrell aus dem Labyrinth schmutziger Gassen hinter mir hierhergelangt? Zweifellos konnte ich das herausfinden, wenn ich ihm begegnete. Ich ging die breiten Stufen hinauf und zog am Klingelseil.

Die Glocke läutete tief im Inneren des Hauses, und ich wartete, bis das Echo verklungen war, bevor ich von neuem am Seil zog. Ich wartete zwei weitere Minuten und setzte die Glocke dann wieder in Bewegung. Keine Antwort.

Nach zwanzig Minuten vergeblichen Läutens und Klopfens war klar, daß das Haus entweder verlassen war, die Bewohner taub waren oder man mich mit Absicht ignorierte. Wieder beschlich mich das seltsame Gefühl, beobachtet zu werden. Ich spürte, daß sogar die Löwen ihr frommes Starren auf mich gerichtet hatten.

Ich warf einen Blick in die Parterrefenster, aber ich konnte nichts erkennen: Die schweren Vorhänge waren gegen das Abendlicht dicht zugezogen.

Ich wandte mich von dem Haus ab und beschloß, durch das Haupttor zu gehen. Natürlich war es verschlossen.

Einen Augenblick lang wußte ich nicht, was ich tun sollte. Ich wußte, daß jedem, der sich im Haus aufhielt – falls überhaupt jemand da war –, klar sein mußte, daß auch ich von der Hinterseite eingedrungen war, und das mußte sie aufs äußerste alarmiert haben.

Und es mußte sie vorgewarnt haben. Denn ich würde auf demselben Weg zurückkehren müssen. Ich ärgerte mich über meine Gedankenlosigkeit. Anscheinend hatte ich bei dieser Angelegenheit bisher tatsächlich noch nicht nachgedacht! Jetzt konnte ich mir aus dem ungewöhnlichen Verhalten des Angestellten im Laden zusammenreimen, daß ein Mann wie der Doktor jede Menge Feinde von größerer oder geringerer Bedeutung haben mußte. Mir war aus dem späteren Verhalten des Doktors auch klar, daß er ein schlaues und unangenehmes Individuum war, das mit seinen Feinden auf eine schlaue und unangenehme Weise verfahren würde. Kein Zweifel, in diesem Moment lauerte unten ein Vollblutschläger und harrte meiner vorsichtigen Schritte. Kriminelle sind immer gefährlich und brutal, und ich bin ein ziemlich mutiger Mann, halte jedoch nichts davon, das Unglück herauszufordern. Ich hatte nicht die Absicht, durch diesen verräterischen schwarzen Tunnel zurückzukehren.

Ohne Umschweife setzte ich einen Fuß auf den Rücken eines der Löwen, setzte den anderen auf sein königliches Haupt und schwang mich, nachdem ich mich vergewissert hatte, daß die Straße leer war, über die Mauer. Ich sprang auf der anderen Seite auf den Boden und fand mich auf einer breiten Straße.

»Welche Straße ist das hier?« fragte ich ein wenig töricht einen Passanten.

»Paradise Close natürlich, was sonst?« antwortete der erstaunte Mann.

Ich zeigte auf das Haus, das ich gerade verlassen hatte.

»Was ist das für ein Haus?« fragte ich.

Er schaute beleidigt.

»Das ist doch der berühmte Tempel der Gesundheit, Sir!« und eilte wild gestikulierend davon.

Dr. Godbolds berüchtigter Tempel der Gesundheit. Was hatte der ›Schlaue Murrell‹ alias Dr. Asclepius mit dieser Brutstätte der Quacksalberei zu tun?

Und wie hatte dieser ›weise Mann‹ es fertiggebracht, sich von den engen Gassen von St. Giles zu diesem weiträumigen und respektablen Anwesen bringen zu lassen? Mit Zauberei? Eher mittels eines Tricks. Sicher war er nicht durch das Hintertor durch den schmutzigen Hof hereingekommen. Ich war der Spur eines einzelnen Mannes über den Hof gefolgt; und außerdem hätte die Sänfte niemals durch den engen Tunnel gepaßt.

Wie also dann? Gab es einen dritten Eingang zu dem Haus? Ich beschloß, ihn ausfindig zu machen, sofern es überhaupt einen gab.

Ich würde diesen schlüpfrigen Mann auf der Straße stellen müssen, wenn er sich weiter weigerte, mich zu treffen.

Und wenn dieser Mann geheime Ein- und Ausgänge benutzte, wie es wahrscheinlich war, wäre es gut, sie zu kennen.

Der Doktor, so konnte ich jetzt sehen, würde ebensoschwer zu fangen sein wie der Teufel selbst.

7

Ich war dreimal um das Haus herumgegangen und zu dem Schluß gekommen, daß die Sänfte von der Stelle aus, wo ich sie aus den Augen verloren hatte, durch ein Labyrinth stinkender Gänge und schlecht beleuchteter Gassen getragen worden war. Das war der einzig mögliche Weg, den ich ausfindig machen konnte, nicht sehr befriedigend zwar, aber ich war jetzt davon überzeugt, daß es keine geheimen Ein- oder Ausgänge gab.

Ich kehrte zum Paradise Close zurück und bereitete mich auf längeres Warten vor. Es wurde dunkel, und ein schwacher Schein von Kerzenlicht war durch die Vorhänge zu sehen. Ich versuchte erneut, durch das Tor zu gelangen, fand es jedoch verschlossen vor. Ich sah keinen Sinn darin, über die Mauer zu klettern und an die Tür zu hämmern. Bei diesem diffusen Licht ließ sich schlecht einschätzen, was für ein Empfang mir bereitet würde.

Ich fand einen passenden Platz, an dem ich warten konnte, etwa fünf Häuser von dem Tempel entfernt, wo ich eine Nische mit einer etwas ramponierten Venus teilte. Sie war eine mächtige Dame mit einem gewaltigen, üppigen Busen, und ich war recht froh, daß sie in Bronze gegossen war.

Die Regenwolken schwollen an, und die feuchte Nacht nahte, die Sonne verabschiedete sich unter Tränen vom Westen.

Eine Stunde verging, und die breite Straße wurde immer verlassener. Noch eine Stunde, und es war dunkel, heiß und drückend – das Vorspiel zu einem Sturm.

Ein Licht zeigte sich an der Tür zum Tempel. Rauhe Stimmen wurden laut vor Ärger, Stahl rasselte an einer Mauer entlang. Anscheinend machte der Doktor sich wieder auf den Weg. Und diesmal mußten sich seine Diener bewaffnen.

Das Tor öffnete sich, und die laufenden Träger kamen in Sicht. Ein Junge lief voran, die Flamme seiner Fackel rauchte ruhig in der stillen Luft. Der Sänfte folgte die Negerin, die wie zuvor mit zahlreichen Päckchen beladen war. Die Träger waren alle mit einem kurzen Degen bewaffnet.

Die kleine Prozession verschwand in den finsteren Gassen. Ich folgte ihnen so dicht wie möglich. Die Fackel des Jungen führte mich zuverlässig weiter.

Sie hatten sich etwa eine halbe Stunde lang so fortbewegt, als der Sturm losbrach. Was dann geschah, war zu verwirrend, um es aus der Entfernung genau mitzuerleben. Der Regen fiel plötzlich wie ein Vorhang, und entweder wurde die Fackel durch die Nässe gelöscht, oder der Junge hatte sie absichtlich in den Schlamm fallen lassen. Mit einem Schrei des Entsetzens lief er davon.

Kräftig fluchend setzten die Träger die Sänfte ab und suchten im Schlamm nach der Fackel. Donner erschütterte den Himmel, und Blitze zuckten über die schwarzen Häuser.

Danach geschah alles mit unbeschreiblicher Schnelligkeit.

Eine Gruppe Männer kam laufend hinter Häusern hervor. Sie waren mit Knüppeln und langen Messern bewaffnet und schrien wie Wilde. Sie umzingelten die Sänfte und versuchten die Tür aufzureißen. Die Träger wandten sich um und rannten davon, ohne ihren Herrn zu verteidigen. Nur die Negerin versuchte tapfer, den Schwarm von Männern abzuwehren, wurde dabei jedoch von ihrer Last sehr behindert. Sie kämpfte wie ein Dämon, ritt quer über den Tragstangen der Sänfte, aber ein gut gezielter Schlag mit einem Knüppel warf sie hart auf eine Seite. Sie stürzte, rollte auf die Straße wie eine Schildkröte, die man auf den Rücken gedreht hatte, und versuchte verzweifelt, aufzustehen.

Sogar während sie hilflos auf dem Boden lag, gelang es ihr, ein stämmiges Bein zu packen und einen Mann auf den Rücken zu werfen.

In der Sänfte klammerte sich der erschreckte alte Mann verzweifelt an die Tür, aber seine Anstrengung war vergeblich. Mit dem Krachen splitternden Glases stieß ein Degen durch das Fenster, bohrte sich in seine Brust und nagelte ihn fest an die Rückwand der kleinen Kabine. Dann wurde der Degen wieder geschickt zurückgezogen, und der alte Mann sackte gegen das Fenster. Das zersplitterte Glas klirrte zu Boden.

Die Männer verschwanden in der Dunkelheit.

Ich lief zu der Sänfte. Der Negerin war es gelungen, sich auf die Knie zu setzen, sie stöhnte und murmelte zu sich selbst in einer fremden Sprache.

Ich zog die Tür auf und langte hinein. Blut lief mir über die Hand, und der alte Mann stöhnte schrecklich. Einen Moment lang dachte ich, er lebe noch, aber das Blut gurgelte mit kehligen Lauten von seinen Lippen, und er starb mit einem fürchterlichen Rasseln gerade in dem Moment, als ich gegen seine Brust drückte.

Schnell durchsuchte ich seine Taschen. Sie waren leer.

Die Negerin richtete sich hinter mir auf und zischte wütend. Ich drehte mich rechtzeitig um, um ihren Arm zu packen, mit dem sie auf mich zustieß und einen gefährlich aussehenden Dolch hielt. Ich wehrte den Stoß ab, indem ich sie heftig auf eine Seite warf. Sie fiel gegen die Sänfte, die dadurch mit einem ohrenbetäubenden Krach zu Boden stürzte und die Negerin mitriß. Hoch über der Straße wurden ein paar Fensterläden geöffnet, und Lichter zeigten sich an den Fenstern. Die Bürgerschaft begann, leises Interesse an der Angelegenheit zu zeigen. Ich verschwendete keine weitere Zeit mehr, sondern lief in dieselbe Richtung davon, die die Attentäter eingeschlagen hatten. Ich hielt an der Ecke der Straße und hatte drei Richtungen zur Auswahl. Von den Mördern gab es keine Spur.

8

Ich entfernte mich schnell aus der Gegend. Wenn die Negerin zu sich käme, würde sie zweifellos das Viertel alarmieren, und der Nachtwächter würde sich um die Leiche kümmern. Ich sah keinen Sinn darin, mich in Murrells Tod verwickeln zu lassen.

Während ich die ärmlichen Gassen entlang ging, war ich in Gedanken mit verschiedenen Vermutungen beschäftigt. Wer hatte den alten Mann getötet? War es nur ein Zufall gewesen? Gewalt und Tod waren in diesen Straßen nachts nur zu häufig. Es war gut möglich, daß Murrell einem gewöhnlichen Überfall zum Opfer gefallen war.

Oder war es von langer Hand geplant? War er das Opfer eines Komplotts? Der alte Scharlatan mußte sich während seiner Karriere viele Feinde gemacht haben. Ohne Zweifel war Lady Wroth nicht das einzige Mitglied der Aristokratie, das er mit solch einer Forderung herausgefordert hatte. Wir leben in einem freizügigen Zeitalter. Die Möglichkeiten, Verbrechen zu begehen, sind grenzenlos, und Murrell war ein Mann, der von ihnen profitierte. Es schien mehr als wahrscheinlich, daß irgend jemand, den er über einen gewissen Punkt hinaus gequält hatte, sich entschlossen hatte, sich dieses geldsaugenden Blutegels zu entledigen. Es ist einfach genug, einen Mörder anzuheuern. Manche Männer würden die Arbeit zum Preis einer Flasche Gin erledigen, und diese Sache sah geplant aus. Die Art, wie der Junge die Fackel gelöscht hatte und an genau der Stelle weggelaufen war, wo die Mörder im Hinterhalt gelegen hatten, legte eine Verbindung nahe. Oder waren ihnen die Mörder gefolgt? Dennoch, die Träger hatten sich nicht im geringsten gewehrt, allein die Negerin hatte Kampfgeist gezeigt. Vielleicht hatten sie den Kampf für zu ungleich gehalten, aber die Tatsache, daß sie schweigend geflohen waren, ohne um Hilfe oder nach der Wache zu rufen, schien darauf hinzuweisen, daß sie in eine Verschwörung verwickelt waren. Es wäre interessant zu erfahren, ob sie Bedienstete des Doktors waren oder ob sie nur für diese Gelegenheit gemietet waren. Wenn sie professionelle Träger gewesen waren, war es um so wahrscheinlicher, daß sie von den Mördern bezahlt worden waren. Einen Träger zu bestechen ist nicht weiter schwierig. Sie stehen oft im Lohn von Dieben und Halsabschneidern und locken ihre Mieter nicht selten in eine Falle, um dann wegzulaufen und sie ihrem Schicksal zu überlassen: ermordet, vergewaltigt oder ausgeraubt zu werden. Doch Murrell mußte ihnen doch vertraut haben, um sich von ihnen in der Nacht durch die Straßen tragen zu lassen? Er mußte doch gewußt haben, daß er in Gefahr war: Warum sonst hätte er seine Männer bewaffnet?

Je mehr ich darüber nachdachte, um so klarer wurde mir, daß die Sache irgendwie geplant gewesen war. Der deutlichste Beweis war, daß nur Murrell von den Mördern getötet worden war. Und sie hatten nicht darauf gewartet, ihn auszuplündern. Das deutete sicher auf den geplanten Versuch hin, ihn zum

Schweigen zu bringen. Gut, manche furchtsame Seele würde sich freuen, daß er nun zum Schweigen gebracht war.

Was hatte Wroth mit den Vorgängen dieser Nacht zu tun? Er kannte Murrells zweites Haus und die dunklen Wege, auf denen man es erreichen konnte. Er hatte es vorgezogen, den alten Scharlatan im geheimen zu sprechen. Warum war er gekommen? Um dem alten Mann zu drohen? Um ihn zu warnen? Er schien sich Sorgen zu machen, seine Großmutter könne sein eigenes Erbe verschwenden, um diesem ›weisen Mann‹ das Maul zu stopfen. Was war das Geheimnis von Murrells Macht über ihn? Es mußte schon schwerwiegend sein, wenn es ihn dazu veranlaßte, in solch einer Aufregung in die Stadt zu eilen. War er zu Murrell gegangen, um der Schuldscheine habhaft zu werden? Oder war sein erster Versuch fehlgeschlagen? Der Gedanke ließ mich aufmerken. War Wroth in den Mord verwickelt? Hatte er Vorkehrungen getroffen, die Papiere abends mit Gewalt an sich zu reißen, nachdem es ihm nicht gelungen war, sie nachmittags bei dem Gespräch zu bekommen?

Ich verwarf den Gedanken. Sogar der kopflose Lord Wroth würde wissen, daß Murrell solche Wertgegenstände kaum bei sich tragen würde. Sie würden sich in Sicherheit befinden, in einer Truhe weggeschlossen.

Weggeschlossen! Dieser Schluß traf mich wie ein Schlag. Wer immer den alten Mann getötet hatte, hatte den Deckel einer Büchse der Pandora gelüftet. Der unheilvolle Inhalt würde zu Skandalen führen, die London bis ins Mark treffen würden!

Wenn Murrells Tod einmal bekannt war, würde sein Haus von der Bow-Street-Polizei untersucht. Was er an Beweisen gegen Wroth in der Hand gehabt hatte, würde öffentliches Eigentum werden. Gott weiß, was andere zu leiden haben würden. Statt Murrell zum Schweigen zu bringen, hatten sie eher das Gegenteil bewirkt. Wenn tote Männer reden könnten, dann würde der alte ›Schlaue‹ von den Dächern rufen.

Mit dieser Tatsache konfrontiert, sah ich, daß ich zwei Möglichkeiten hatte, beide gleich unangenehm. Mein Auftrag lautete, die Papiere auf jede legal mögliche Weise wiederzubeschaffen. Wenn ich diese Aufgabe nicht erfüllte, würde mir eine sehr mächtige Fürsprecherin verlorengehen. Meine Karriere wäre beendet, kaum daß sie begonnen hatte. Um aber die Papiere zu beschaffen, würde ich ein noch gefährlicheres Risiko eingehen müssen. Ein Einbruch, wie sehr auch moralisch zu rechtfertigen, würde mich bei den Behörden in keinem guten Licht erscheinen lassen, falls ich erwischt würde.

Es war eine sehr knifflige Frage. Doch irgendwie mußte ich in den Besitz dieser Schuldscheine gelangen.

Zwei Stunden später hatte ich mir das Geschäft in Barnards Row vorgenommen. Ich hatte das Haus vom Keller bis zum Dachboden durchsucht, aber ohne Ergebnis. Was ich an Papieren fand, waren einfache Rechnungen. Entweder war mir jemand zuvorgekommen, oder Murrell bewahrte seine geheimen Papiere an einem weniger zugänglichen Ort auf. Letzteres schien mir am wahrscheinlichsten. Er war ein bei weitem zu gerissener Gauner gewesen, um einen solchen Schatz ungeschützt zurückzulassen.

Ich beschloß, das Haus in Paradise Close zu untersuchen.

Ich sah über den oberen Rand des Tores in den Hof hinein. Die Rückseite des Hauses neigte sich mir zu, so unerbittlich wie Gott und auch so schweigend.

Sorgfältig schwang ich mich über das Tor und ließ mich sanft in den Staub des Hofes hinab. Vorsichtig bewegte ich mich auf das Haus zu.

Ich sah mir die unteren Fenster an und schloß sie sofort als möglichen Eingang aus. Hinter dem schmutzigen Glas waren sie entweder mit Brettern vernagelt oder mit eisernen Gittern versperrt. Ich wandte meine Aufmerksamkeit dem Kellergeschoß zu. Am Fuß der Stufen war es stockdunkel, aber dafür war ich da in Deckung. Ich wagte, Feuer zu schlagen. Die Tür war massiv und seit Jahrzehnten nicht mehr benutzt worden. Spinnenweben glänzten aus den Ecken, und der aufgewirbelte Staub leuchtete in Wolken um mich herum. Nach einer kurzen Untersuchung der Tür wurde mir klar, daß nur ein Dutzend Männer mit einem Rammbock ihr etwas anhaben konnte.

Ich ging zurück in den Hof und sah an dem Haus hinauf. Die weit vorragenden Dachrinnen hingen über mir. Mein Blick blieb an etwas hängen, einem Wasserspeier in der Gestalt eines Fabelwesens. Wenn ich auf ihn hinaufkletterte, könnte ich von dort aus die oberen Fenster erreichen. Ich schaute mich im Hof um und entdeckte die Kiste, die Wroth benutzt hatte, um über das Tor zu klettern. Ich nahm sie auf die Schultern und trug sie zum Haus. Ich stellte sie unter das Fenster, stieg darauf, langte mit den Armen nach dem Wasserspeier und zog mich langsam nach oben.

Fünf anstrengende Minuten später balancierte ich auf dem häßlichen Kopf aus Stein und hatte das Fenster in Augenhöhe. Mit Erleichterung sah ich, daß es aus einfachem Glas und mit einem schmalen Holzrahmen versehen war und nur mit einem eisernen Riegel verschlossen. Ich nahm mein Taschenmesser und schob es unterhalb des Riegels zwischen die Holzrahmen. Rost blätterte unter meinem Druck ab, und mit einem leisen Quietschen drückte ich den Verschluß nach oben.

Ich öffnete das Fenster und zog mich über das Fensterbrett. Einen Moment später stand ich in einem Zimmer, das bis auf einen Spieltisch und drei wacklige Stühle unmöbliert war. Es war ein trauriger Ort: Die Farbe blätterte von den einst weißgestrichenen Wänden, die Decke war von jahrzehntealtem Staub schwarz geworden.

Ich bewegte mich über die knarrenden Dielen und wartete hinter der schäbigen Tür. Ich hörte keinen Laut. Mein Einbruch war unbemerkt geblieben. Ich öffnete die Tür, so leise ich konnte, aber die Scharniere ächzten trotzdem ein wenig. Ich schaute in einen langen und schmalen Korridor, der so kahl wie das Zimmer hinter mir war. Wasserpfützen auf dem Holzboden reflektierten das Licht aus einem staubigen Dachfenster. Offensichtlich wurde der hintere Teil des Hauses kaum genutzt.

Langsam und vorsichtig ertastete ich meinen Weg den Korridor entlang. Meine Schritte schienen mit unheilvoller Wirkung die gespenstische Stille eines leeren Hauses zu zerteilen.

Am Ende des Ganges kam ich zu einer Tür, die solider gebaut war. Ich wartete einen Augenblick und lauschte auf ein Zeichen von Leben hinter ihr. Es herrschte absolute Stille. Ich drehte den Knopf und öffnete die Tür vorsichtig Zentimeter für Zentimeter. Ein eigenartiges blaues Licht erfüllte den Raum. Es kam von einem Kohlebecken, war intensiv und wild und doch auch weich und schmeichelnd. Ich hatte nie ein ähnliches Licht gesehen.

Kleinere Lichter schimmerten aus den Ecken. Besonders eins zog meine Aufmerksamkeit auf sich: Es handelte sich um eine monströse Lampe, die auf einer Art Altar aus schwarzem Marmor stand. Sie hatte die obszöne Form einer Fledermaus mit einem erigierten Penis.

Die Lampen erleuchteten den seltsamsten Raum, den ich je gesehen hatte. Man kann ihn nur als ›dionysisch‹ beschreiben – eine orgiastische Atmosphäre wilden und ausschweifenden Charakters. Über die ganze Länge der bunt bemalten Decke genossen nackte Männer nackte Frauen in einer erstaunlichen Vielfalt von Stellungen. Von unten gesehen war es ein befremdlicher Anblick: Diese Paare schienen mitten im Raum zu kopulieren, und ihre Bewegungsfreiheit ermöglichte es ihnen, sich der erstaunlichsten Liebesakrobatik hinzugeben.

Die Wandgemälde waren nüchterner, obwohl die Modelle auch hier extrem gelenkig waren. Die Wandgemälde waren schlechte Kopien der unanständigen Gemälde antiker römischer Fresken. Alle bekannten Stellungen sexueller Befriedigung waren dargestellt, und wenn die menschlichen Partner erschöpft waren, wurde das Tierreich bemüht, zugleich mit allen erdenklichen Kreaturen der antiken Welt: Silenen, Satyrn, Kentauren und Pan. Aber die weiblichen Gestalten waren immer menschlicher Natur.

An den Seitenwänden des Raumes waren reich gepolsterte Sofas aufgereiht, hier und da stand eine – zumeist obszöne – Statue. Es gab eine Reihe ägyptischer Götter, darunter den Gott Min mit seinem stolz zur Schau gestellten Phallus. Unter den griechischen Göttern verschiedene Metamorphosen des Zeus und einen Hermes aus Bronze, der einen Stab mit einem phallischen Symbol hielt, dessen Spitze rot bemalt war. Rom wurde durch eine hockende Cloacina repräsentiert, die Göttin der Gosse, die ihren eigenen Schrein beschmutzte.

Ein orientalischer Duft lag in der Luft, und neben dem Kohlebecken stand eine Anzahl Gefäße. Sie waren mit ›magischen‹ Kräutern gefüllt, die darauf warteten, verbrannt zu werden: Belladonna, Hanf, Alraune, allesamt starke Narkotika.

In einem großen Glasbehälter gab es die übliche Ausrüstung von Prostituierten zur Unterstützung fleischlicher Begierden – Peitschen, Seile, hohe Stiefel und seltsam konstruierte Instrumente, deren genauer Verwendungszweck mir fremd war.

Der Raum war ein Schrein sexueller Abnormität. Anscheinend hatte Murrell nicht nur die Krankheiten seiner Patienten geheilt und ihre Zukunft vorhergesagt, sondern sich auch ihrer Lüste angenommen. Das heißt, *wenn* er in irgendeiner Verbindung zu dem Tempel stand. Janet hatte mir nichts davon erzählt, und wenn Murrell hieran beteiligt wäre, wüßte sie sicher davon.

An einer der Wände stand der Mittelpunkt der ganzen Einrichtung: ein großes Bett, ein extravagantes Stück, mit roter Seide bezogen, einem Baldachin auf Glassäulen und mit Essenzen parfümiert; ein Bett für die Lust geschaffen, dem Kult der Aphrodite gewidmet. Es war groß genug für wenigstens zehn Personen, und zweifellos hatten solche Begegnungen darin oft stattgefunden. Unter dem glänzenden Baldachin hing ein Spiegel, der die Vorgänge unten auf der Matratze reflektieren sollte. Ich hatte nie zuvor in meinem Leben ein solches Bett gesehen. Es hätte aus dem Palast des Sultans stammen können.

Mir wurde bewußt, daß ich Londons berühmtestes Bett vor mir hatte. Dr. Godbolds ›Himmlisches Bett‹, entworfen für ›die Fortpflanzung Rationaler Wesen, die Weit Stärker und Schöner sowohl an Geistigen wie auch an Körperlichen Gaben sind als die gegenwärtige Kümmerliche, Schwächliche und Sinnenlose Rasse von Christen. Niemand existiert, der so Kalt wäre, daß er sich dem Einfluß der Lust Dieser Zustände an diesem Zauberhaften Ort entziehen könnte.‹

Dies war das berüchtigte Bett, das die angegriffene Konstitution entkräfteter Jugendlicher und geschwächter alter Männer wiederherstellen und jeden Organismus beleben sollte, der nicht völlig in Auflösung begriffen war. Ich hatte gehört, daß ein paar verkommene Lüstlinge bis zu fünfhundert Pfund für das Privileg gezahlt hatten, auf diesem Bett ihrem Laster zu frönen. Zwei einflußreiche Lords schworen, ihre Erben seien in diesem Bett gezeugt worden, nachdem alle anderen Mittel versagt hätten. Ich prüfte seine Festigkeit; es schien mit elastischstem Haar gefüllt zu sein, fühlte sich aber sonst genauso an wie jede andere Matratze.

... Dr. Nathaniel Godbold. In was für einer Verbindung stand er mit Murrell? Oder war das nur ein anderer falscher Name? War dieser Tempel der wirkliche Kern der erpresserischen Aktivitäten? Dieser Raum würde sich, wenn es darum ging, Kunden Geheimnisse zu entlocken, als fruchtbarer erweisen als das Geschäft in Barnards Row. Männer sind am verletzlichsten, wenn man sie entweder beim Trinken oder bei der Lust antrifft, und was würden sie unter dem Einfluß dieses die Sinne überwältigenden Raumes nicht preisgeben?

Ja, ich war sicher, daß dieses Haus das Zentrum des Netzes war. Ich ging zur Tür und öffnete sie vorsichtig. Erschreckt sprang ich zurück.

In der Halle stand eine Gestalt mit einem Finger an den Lippen, als ob sie mir Schweigen gebieten wollte. Unbeweglich starrten wir uns gegenseitig an.

Dann lachte ich leise vor mich hin. Die Gestalt war eine Statue: Hippokrates selbst. Das Licht der Lampen, das auf seinem Gesicht flackerte, hatte ihn lebendig erscheinen lassen.

Ich ging einen breiten Korridor entlang, der nur spärlich von Kerzen in Wandleuchtern erleuchtet war. Ich öffnete fünf Türen, die in verschiedene Zimmer führten, alle bequem eingerichtet, aber unheimlich im flackernden Licht der Kerzen.

In einem Zimmer, das üppig ganz in Marmor eingerichtet war, hockte eine andere Statue der Göttin Cloacina auf einem Marmorpodest. Ich erkannte, daß dies der berühmte Tempel der Erleichterung war, der jenen Bittstellern gewidmet war, die an Verdauungsproblemen litten. Wieder waren verschiedene zweideutige Instrumente ausgestellt. Ich verließ das Zimmer und ging den Korridor entlang. Ein weiteres Treppenhaus führte in das Erdgeschoß, das in Dunkelheit gehüllt war. Am Ende der Treppe war eine schwere Tür aus Mahagoni. Ich versuchte vorsichtig den Türgriff. Die Tür blieb unerbittlich versperrt.

Ein paar Minuten Arbeit mit der Klinge meines Messers, und die Tür öffnete sich lautlos. Die Fensterläden waren verschlossen, das Zimmer daher stockdunkel. Nur einige wenige Konturen waren schwach zu erkennen; ich schlug Feuer.

Mein Blick wurde sofort von dem eisernen Panzerschrank angezogen. Er stand auf einem soliden Tisch.

Natürlich war er verschlossen. Es kostete mich weitere fünf Minuten konzentrierter Anstrengung, das Schloß zu bewältigen, und dann sank mir der Mut vor Enttäuschung: der Schrank enthielt nichts als ein in Leder gebundenes Buch mit einem beschädigten Schloß. In derselben sauberen Handschrift eines professionellen Schreibers, in der auch der Brief an Lady Wroth verfaßt war, war das Buch mit einem Durcheinander anscheinend bedeutungsloser Sätze und Zahlen vollgeschrieben. Ich sah, daß es ein raffinierter Code der Gaunersprache, des Dialekts der Verbrecher und Diebe, war. Das erste, was ich entziffern konnte, war ein Name, Charles Winstanley, in Verbindung mit dem Datum des 18. März 1769 und einem Ort: Capers Gardens. Ich dachte über diese Angaben nach und war plötzlich hellwach. Hatte es nicht in Capers Gardens einen berüchtigten Skandal um einen jungen Tunichtgut dieses Namens gegeben?

Ich steckte das Notizbuch in meine Tasche. Wahrscheinlich würde ich den Code brechen können, denn ich kenne die Gaunersprache ziemlich gut. Ich durchsuchte den Rest des Zimmers ohne Erfolg, ging die Stufen hinunter und wandte meine Aufmerksamkeit dem Erdgeschoß zu.

Die Halle dieses Tempels war ein Zeugnis für Godbolds (oder Murrells) Kuren. Sie war mit Krücken, Gehstöcken, Hörrohren, Brillen, Bruchbändern und so weiter geschmückt – alles Hinterlassenschaften dankbarer Patienten. Wäre er katholischen Glaubens gewesen, wäre der gute Doktor ein Kandidat für die Heiligsprechung gewesen.

Kaum eine halbe Stunde später verließ ich das Haus auf demselben Weg, den ich gekommen war. Die Räume im Erdgeschoß hatten sich als konventionelle Empfangszimmer erwiesen, die keine Geheimnisse preisgaben, weil keine darin verborgen waren.

9

Ich nahm meine Morgenschokolade im Kaffeehaus ›Schwarze Katze‹ am Greek Court und durchsuchte sorgfältig die *Gazette*, um zu sehen, was es für Meldungen über die Ereignisse der letzten Nacht gab. Es gab überhaupt keine, was mich wiederum kaum überraschte, denn Mord und Raubüberfall sind in diesen Straßen alltäglich. Die Bevölkerung von St. Giles hat eine Rattenperspektive vom Leben; die Leute sind hier scheuer als wilde Tiere und beinahe so unwissend. Ein Verbrechen mußte schon ganz besonders sensationeller Natur sein, um in einer Zeitung erwähnt zu werden.

In diesem Fall würden mir meine Ohren weiter helfen als meine Augen. Ich machte mich auf, um mich in den Tavernen und Kaffeehäusern des Viertels umzuhören. Aber ich hörte nicht ein Wort von Murrell. Nicht einmal meine Geliebte erwähnte ihn, obwohl ihr Arbeitstag mit Neuigkeiten von Laster und Verbrechen gewürzt ist. Wenn Janet von einem Ereignis keine Kenntnis hat, dann hat es normalerweise gar nicht stattgefunden. Aber nicht ein Detail von Murrells Tod war zu ihr durchgedrungen, niemand hatte ihn auch nur mit einem Wort erwähnt.

Dieses Schweigen irritierte mich fast so sehr wie das Geheimnis seines Todes. Es war so, als ob die Welt sich verschworen hätte, den Mord an ihm mit der größten Geheimhaltung zu behandeln.

Weil ich meine Verbindung mit der Affäre nicht publik machen wollte, stellte ich meine Untersuchungen diskret an. Am besten fragte man Janet dann aus, wenn sie sich ganz ihrer sinnlichen Erregung hingegeben hatte, denn dann war sie mit ihrer Aufmerksamkeit kaum bei den Fragen, und die Antworten kamen unfreiwillig über ihre Lippen. Deshalb nahm ich mir vor, sie an dem Morgen gründlich zu erregen. Als sie zärtlich ihre Arme um mich schlang, küßte ich sie ebenso zärtlich wieder. Als sie leidenschaftlich ihre Arme um meinen Hals legte, nahm ich ihre Beine mit gleicher Kraft und legte sie um meine Hüften. Ich erwiderte ihre Küsse und ihr lustvolles Murmeln mit genauso intensivem Liebesspiel und saugte an ihrer Zunge so bereitwillig wie sie an meiner. Als ich ihre Bänder löste und in sie eindrang, gurrte sie vor Lust und war in dem richtigen Zustand, jede Information, die sie besaß, preiszugeben. Aber sie wußte nichts von Murrell, obwohl ich ihr Gedächtnis so gründlich bearbeitete wie ihren Körper.

Als ich sie verließ, kitzelte sie sich lasziv mit einem Silberstück.

Ich dachte nach und beschloß, zurück in das dreckige Labyrinth von St. Giles zu gehen. Ich könnte, so meine Überlegung, in den Schnapshöhlen des Viertels eher Erfolg haben. An solchen Orten kann man immer Informationen einer bestimmten Sorte kaufen, wenn man sich in ihrem barbarischen Jargon auskennt.

Als ich in die stinkende Gasse der Jay Row einbog, sah ich eine Menschenmenge, die sich an einem offenen Brunnen versammelt hatte. Der schrille Klang ihrer Stimmen hallte an den Wänden der Häuser und ließ die Straße wie einen riesigen Bienenkorb summen. Eine Frau heulte hysterisch, eine andere schrie. Männerstimmen wurden in rechthaberischer Wut laut. Ich war mir nicht sicher, ob es ratsam war, mich länger dort aufzuhalten, um herauszufinden, was ihren Frieden gestört hatte. Denn den Londoner Pöbel sollte man unter allen Umständen meiden; sogar der König würde nicht wagen, sich ihm entgegenzustellen, wenn er einmal entfesselt ist. Und diese kochende Menge schmutziger Menschlichkeit war gründlich entfesselt. Unsicher ging ich um sie herum und suchte meinen Weg in all dem Schlamm und Dreck der Straße. Die Menge stank so schlimm, daß ich mich kaum beherrschen konnte, nicht aus reiner Sorge um meine Selbsterhaltung mein Taschentuch an die Nase zu pressen. Hätte ich das getan, wären sie mir sofort an die Kehle gegangen. Empfindlichkeit ist in der Gegend wie ein rotes Tuch für einen Bullen. Und sie waren in einer sehr schlechten Stimmung.

Zwei hünenhafte Männer schienen einen Gegenstand aus dem Brunnen zu ziehen. Als ich vorbeiging, wich die Menge ein wenig zurück, und die Männer ließen ihre Last auf den Boden fallen.

Es war ein toter Mann. Die Menge heulte vor wilder Wut.

»Allmächtiger Christ«, sagte eine Stimme in der Nähe. »S'ist schlimm genug mit Mäusen, Ratten und Katzen im Wasser – aber der Arsch von diesem dreckigen Bastard!«

»Wie zum Teufel ist er in den Brunnen gekommen?« fragte ein anderer.

»Das war das beste Wasser von St. Giles«, jammerte eine Frau. »Jetzt müssen wir's trinken, und er hat seine dreckigen Füße darin gewaschen.«

Die Menge heulte zustimmend. Eine Frau trat den durchweichten Körper.

Ich starrte den Toten an. Seine Augen starrten zurück, ohne Licht oder Ausdruck. Der Kopf stand grotesk von seinem Körper ab, als ob man ihm einen schweren Schlag versetzt hätte. Er sah wie eine große, ausdrucksvolle Puppe aus, die ein gedankenloses Kind gleichgültig weggeworfen hat. Die Augen leuchteten stumpf, und etwas Wasser lief aus seinem klaffenden Mund. Ein Messer ragte aus dem Ansatz seines Halses. Man sah kein Blut; das hatte das Wasser weggewaschen. Das Wasser des Brunnens war gerötet, wie ich in einem Eimer sehen konnte, den man heraufgezogen hatte. Die Haut der Leiche war von den Stunden, die sie in den Brunnen eingetaucht gewesen war, bläulich weiß.

Ein paar Stunden zuvor war er jung, schlank, sehr gut aussehend und *gefährlich* gewesen.

Ich sah die sterblichen Überreste von Lord Wroth' Duellpartner. Tom d'Urfey hatte seinen letzten Kampf verloren. Sein Körper begann in der Morgenluft auf obszöne Weise steif zu werden.

»Was ist passiert?« fragte ich meinen stimmgewaltigen Nachbarn.

Ein Dutzend wütende Stimmen brach los, um mich aufzuklären.

»Er ist in den Brunnen gefallen.«

»Dreckige Made!«

»Eher gestoßen!«

»Hat sich den Hals gebrochen, würd' ich sagen!«

»Stundenlang unten gewesen, der Kerl, das Wasser verstopft.«

»Wir konnten's nicht verstehen. Einfach kein Wasser mehr.«

»Wie eine Dürre.«

»Wie eine Strafe Gottes eher!«

»Verdammt! Bekam, was er verdiente, würd' ich sagen.«

Es folgte ein aufgeregter Streit darüber, wie der tote Mann in den Brunnen gelangt war. Unter seinem Schutz beugte ich mich nach vorne, um den Körper genauer betrachten zu können.

Ich konnte sofort sehen, daß er sich nicht beim Fallen selbst verletzt hatte. Der Schlag war mit einem schweren Gegenstand scharf und gut gezielt erfolgt. Er war von jemandem geführt worden, der wußte, was er tat. Einer, der einen Knüppel verwendete, um mit Vorsatz jemandem den Schädel einzuschlagen. Er war auch nicht ertrunken. Dafür hatte er nicht genug Wasser in seinem Körper.

Aus welchem Grund auch immer: Der junge d'Urfey war in kalter Absicht ermordet worden, und nicht in einem heißblütigen Streit. Erst erschlagen und dann mit dem Messer erstochen. Und zwar von jemandem, der in dieser Kunst erfahren war.

10

Am folgenden Morgen las ich wieder die *Gazette* von der ersten bis zur letzten Seite, in der Hoffnung, irgendeinen Hinweis auf Murrells Tod zu finden, aber er wurde nirgends erwähnt.

Andererseits wurde das frühzeitige Ende des jungen d'Urfey in nicht weniger als fünf wohlformulierten Absätzen verewigt – zweifellos wegen seiner ungewöhnlichen Beerdigung. Wenn Mord etwas Alltägliches ist, dann reizt nur das ungewöhnliche Detail den verwöhnten Gaumen der Öffentlichkeit.

Aber abgesehen vom natürlichen Gefühl der Empörung (nur ein völlig asozialer Mörder würde die Wasserversorgung auf diese Weise vergiften), gab die Zeitung keine Auskunft. Es gab nichts, womit man den Körper identifizieren konnte. Er hatte weder Geld noch Papiere bei sich, als er schließlich dem Bow Street Office übergeben wurde, um dann in ein Massengrab geworfen zu werden.

Sein Tod war einfach ein unaufgeklärtes Verbrechen mehr in der Chronik der täglichen Gewalt.

Ich beschloß, Murrells Geschäft einen weiteren Besuch abzustatten, und eine Stunde später stand ich seinem unhöflichen Assistenten gegenüber. Die roten Augen leuchteten wilder als sonst, und sein Haar stand ab, als ob es von einer unsichtbaren Hand zurückgebürstet worden wäre. Sein Lächeln war eisig.

»Ist Euer Herr nun bereit, mich zu empfangen?« fragte ich.

Er schaute über meine Schulter zur Tür, als erwartete er, den

Geist seines Herrn im Raum schweben zu sehen. Sein Benehmen war ungehobelt, aber deutlich höflicher als gestern.

»Nein, Sir. Er ist nicht hier. Wenn Ihr mir sagt, was Euer Anliegen ist, bin ich ermächtigt, ihn zu vertreten.«

»Und ich habe ausdrückliche Anweisung, nur mit Eurem Herrn zu verhandeln.«

»Er ist nicht hier«, wiederholte er deutlich zurückhaltender.

»Wo kann ich ihn dann finden, Mann?« stieß ich ungeduldig hervor. »Diese Angelegenheit hätte vor vierundzwanzig Stunden schon erledigt werden können. Vierundzwanzig Stunden hätten einen großen Unterschied bedeutet.«

Ein Ausdruck blinder Panik glitt über sein Fuchsgesicht. Sein Adamsapfel zuckte an seiner mageren Kehle auf und ab, als wolle er gleich aus seinem gaffenden Mund springen. Mit großer Anstrengung schickte er sich an, mir zu antworten. Seine Stimme erinnerte an eine zerbrochene Glocke.

»Er ist nicht hier. Er ist nicht in London ... Ihr müßt noch einmal kommen.«

»Morgen?« fragte ich ironisch.

»Morgen«, wiederholte er hohl.

Ich starrte ihn streng an. »Wo«, sagte ich nachdenklich, »werdet Ihr wohl morgen sein?«

Ich tippte an meinen Hut, drehte mich um und verließ das Geschäft.

Es war Zeit, wieder meine Stellung hinter der Mauer zu beziehen.

Das tat ich und stellte mein Beobachtungsglas ein.

Meine Geduld wurde diesmal bald belohnt. Aus dem Hintereingang tauchte die beladene Negerin auf, in einem ähnlichen Aufzug wie in der vergangenen Nacht. Aber heute zog sie einen kleinen Handwagen, der mit Schachteln bepackt war. Hinter ihr ging der rothaarige Angestellte. Er trug einen kleinen Degen und hatte auch, wie ich nach der ausgebeulten Form seiner Tasche vermutete, eine geladene Pistole bei sich. Ich ließ sie die ganze Länge der Straße vorausgehen, bevor ich mich aus meinem Versteck hervorwagte. Den Rest unserer gemeinsamen Reise hielt ich immer respektvoll eine Straßenlänge Abstand zwischen uns, denn ich hatte keine Lust, der Negerin wieder zu begegnen. Und was ihren feurigen Begleiter anging, sah er zu zittrig aus, um ihm mit Feuerwaffen zu trauen.

Ihnen durch den stinkenden Fuchsbau von St. Giles zu folgen war schwieriger als erwartet.

Abgesehen von den natürlichen Gefahren, denen man sich aussetzt, wenn man in zunehmender Dämmerung durch solche Straßen geht, gab es immer die Möglichkeit, hinter jeder Ecke oder Biegung blind in sie hineinzulaufen. In der Tat passierte das mindestens bei zwei Gelegenheiten, als der nervöse Gehilfe hinter der Negerin zurückgeblieben war, anscheinend aus Furcht, daß ihnen jemand folgte.

Ich war erleichtert, als sie das abstoßende Gewirr von St. Giles und Soho hinter sich gelassen hatten und wir in die großzügigeren Viertel von Mayfair kamen, obwohl sie zu beschatten hier eine neue Gefahr barg: auf den langen und breiten Straßen hatte ich noch weniger Deckung.

Während ich angestrengt versuchte, sie im Auge zu behalten, begann ich, ihnen mehr Vorsprung zu lassen, und schmiegte mich an die Hauswände. Und in den schattigen Ecken von Newick Square verlor ich sie ganz aus den Augen. Ich suchte alle vier Seiten des baumbestandenen Platzes ab, sah in die großen Stallungen an jeder seiner Seiten, doch zunächst ohne Erfolg. Dann, auf der südlichen Seite, in Richtung Green Park, sah ich eine Stallanlage, wo der Handwagen an einen Pfahl gelehnt war, an dem man sonst Pferde festbindet. Ich überschritt den Platz und hielt ein wachsames Auge auf die Fenster gerichtet. Zum Glück waren die Wände zu beiden Seiten größtenteils fensterlos.

Der Hof war leer, ebenso der Handwagen. Ein paar Strohhalme hingen an seinen Bodenbrettern. Halme desselben Strohs führten mich direkt zur Hintertür von Nr. 12, Newick Square. Die Tür war geschlossen, ihre Nägel starrten mit toten Augen in die Welt.

Ich ging auf demselben Weg zurück auf die Straße und stand vor der noch beeindruckenderen Fronttür von Nr. 12, Newick Square.

Ich fragte mich schlecht gelaunt, was für ein Haus das war und was für Leute da lebten. Mit Sicherheit niemand Respektables, entschied ich schließlich, aber jemand mit einem beachtlichen Einkommen – oder beachtlichem Verstand.

11

Als ich die Tür meiner Wohnung erreichte, rief eine vertraute Stimme nach mir. Sie war in meiner eigenen Umgebung so scharf, kühl und arrogant, wie sie in ihrem eigenen Stallhof gewesen war. Die Augen waren genauso hart und hell über der stolzen Nase, doch das Benehmen ihres Besitzers war ein wenig verbindlicher. Er verbeugte sich beinahe höflich.

»Ich würde gerne mit Ihnen sprechen, falls Sie Zeit haben«, sagte er.

Ich verbeugte mich als Antwort und wartete. Mr. Oliver Wroth war offenbar allein durch die Tatsache, daß er mich aufsuchte, äußerst verlegen. Er war die Sorte Mann, die einen Gentleman so nüchtern definieren kann wie einen Hering. Er gehörte dem Adel an, ich nicht. Nicht einmal ein anständiges Gewerbe hatte ich vorzuweisen. Ich beobachtete einen Moment lang, wie er sich wand. Er hatte keine genaue Vorstellung davon, wie er mich behandeln sollte.

Schließlich schloß ich meine Tür auf und ließ ihm den Vortritt in meine Räume. Er schien von meiner spartanischen Einrichtung beeindruckt zu sein (allein auf meine mittellose Lage zurückzuführen). Er betrachtete mit Interesse meine Beutestücke und Trophäen, Andenken an meine Reisen und Abenteuer, die im Zimmer verteilt waren.

»Ihr seid, wie ich annehme, kein Mann von großem Besitz«, sagte er direkt.

Ich wies mit einer Geste auf das Zimmer und sagte leichthin: »Sie sehen den gesamten Umfang meines Vermögens vor sich.«

Er war erstaunt über meine Offenheit und meinen Humor.

»Erhofft Ihr Euch von Eurem Gewerbe Reichtum?« fragte er nach einer Weile.

»Wenn das möglich ist.«

Er sah mich fest an, als ob er meine Chancen abschätzen wollte.

»Ich glaube, es gäbe da eine Möglichkeit«, sagte er vorsichtig.

Er erwartete eine Antwort von mir. Den Gefallen tat ich ihm nicht. Nach einem Augenblick fuhr er mit sichtlichem Unbehagen fort: »Ich versuche seit mindestens sechs Stunden, Euch zu erreichen. Ihr seid ein schwer ausfindig zu machender Mann.«

»Das Talent besitze ich«, sagte ich trocken und wartete wieder.

Er schien in tiefe Düsternis versunken zu sein.

»Ist etwas passiert?« fragte ich schließlich.

»Passiert?«

»Ich denke, daß der Freund Eures Cousins jetzt der ehemalige Freund Eures Cousins ist«, sagte ich schroff.

Mit einem Ruck schaute er auf.

»D'Urfey?«

»Ja.«

»Ist er tot?«

»Ja.«

Er nagte eine Weile an seiner Unterlippe und schien die Sache dann abgehakt zu haben.

»Nun ja, es ist kein großer Verlust für die Menschheit«, sagte er. »Zweifellos fand er ein rechtmäßiges Ende.«

»Ein poetisches Ende zumindest. Mit dem Gesicht nach unten in einem öffentlichen Brunnen.«

Er starrte mich an, schien jedoch mehr erstaunt denn schockiert.

»Ein öffentlicher Abwasserkanal wäre passender gewesen«, sagte er wild und setzte sich. »Aber wie auch immer. Ich bin wegen einer anderen Sache zu Euch gekommen.«

Wieder wartete ich. Schließlich sagte er, während er seine Hand bedeutungsvoll auf seine Brieftasche legte: »Es ist Euch gänzlich unmöglich, mir zu sagen, warum meine Großmutter nach Euch geschickt hat?«

»Gänzlich unmöglich.«

»War es wegen meines Cousins Wroth?« insistierte er. Er schien meine Antwort nicht gehört zu haben, und seine Hand bewegte trotzdem die Brieftasche, bis sie über seiner Tasche sichtbar wurde.

»Ich darf nicht darüber sprechen, Mr. Wroth«, sagte ich streng. »… um keinen Preis.«

Er betrachtete mich von nahem, las in meinem Gesicht, und seine Hand löste sich von seiner Tasche. Irgendwie schien er sich über meine Haltung zu freuen.

Er dachte einen Moment nach, langte dann in die Tasche seines Mantels und zog einen dicken Umschlag hervor. Als er ihn mir reichte, bemerkte ich ein leichtes Zittern seiner Hand.

»Lest das«, sagte er. »Dann sagt mir, ob Ihr deshalb von meiner Großmutter angestellt wurdet.«

Ich öffnete den Umschlag. Er war an Mr. Oliver Wroth in derselben sauberen Handschrift adressiert, in der auch der Brief an seine Großmutter verfaßt worden war. Ich nahm ein Blatt Papier heraus, das unsigniert war. Es war nur eine Kopie eines weiteren Schuldscheins für Lord Wroth geleistete Dienste. Es ging um äußerst originelle und erstaunlich obszöne Dienstleistungen. Das Original des Beleges war von Lord Wroth unterzeichnet worden, wie auf einem beigelegten Zettel vermerkt war.

Ich hob meinen Blick von dem Papier und sah in das undurchdringliche Gesicht des jungen Wroth. Die hellen Augen glänzten schwach, sonst war das schöne Gesicht makellos gefaßt.

»Wieviel verlangen sie?« fragte ich.

»Anscheinend gibt es noch mehr«, sagte er zwischen seinen Zähnen.

»Aber wieviel wollen sie?«

»20 000 Pfund. Für alle Schuldscheine zusammen. Wir müssen bis Samstag bezahlen, sonst veröffentlichen sie Einzelheiten. Wenn sie das tun, ist mein Cousin in der Gesellschaft erledigt. Seine Aussichten auf eine passable Heirat wären dann gleich null.«

»Kam die Forderung mit diesem Brief?«

Wroth lächelte unangenehm. »Ja.«

»Habt Ihr den Brief?«

Sein Lächeln wurde noch unangenehmer.

»Nein. Der Bote ließ mich die Forderung lesen, dann nahm er sie wieder mit.«

»Was für eine Art Mann war dieser Bote?«

»Ein schwer bewaffneter Mann«, antwortete er mit verzerrtem Gesichtsausdruck.

»Hatte er leuchtend rotes Haar und Augen wie die Spitzen von Schürhaken?«

»Nein. Ein Mann mit einem grauen Gesicht.«

»Was sagte er genau?«

»Sehr wenig. Er lieferte nur den Brief ab. Ich glaube eher, daß er von der Sache selbst nichts wußte.«

»Es gibt also keinen Beweis für die Forderung«, sagte ich.

»Nicht im geringsten. Wirklich verdammt clever.«

»Und das ist alles, worum es geht?« fragte ich scharf.

Die Frage überrumpelte ihn. Ein beinahe schreckhafter Ausdruck stand kurz in seinen Augen, und er preßte die Lippen fest zusammen.

»Reicht das nicht?« fragte er bitter. »Ihr kennt doch die englische Gesellschaft. Wenn etwas nur ein Gerücht ist, kann man es übergehen. Jemand kann sogar einen heimlichen schlechten Ruf haben. Aber wenn es an die Öffentlichkeit gelangt, dann ist ein Mann so gut wie tot. Zur Zeit gilt mein Cousin als hirnloser, junger Exzentriker wie nicht wenige seiner Art. Vielen jungen Leuten fehlt heutzutage die innere Kraft, die zu einer Heilung durch selbstauferlegte Disziplin führen könnte ...« Er wies mit Abscheu auf das Papier.

»Aber wenn diese Gemeinheit einmal allgemein bekannt ist, dann gibt es keine angesehene Familie in England, die uns noch grüßen, geschweige denn an einer Heirat interessiert sein wird.«

»Wo ist Seine Lordschaft jetzt?«

»Zu Hause.«

»Wo war er gestern abend?«

»Gestern abend? Zu Hause natürlich.«

»Die ganze Nacht?«

»Meines Wissens ja. Ich selbst war in London.«

»In London?«

»In der Italienischen Oper. Ich wollte die Catiani singen hören. Sie hat eine verdammt schöne Stimme«, fügte er anerkennend hinzu.

»Sie hält sie in einem verdammt schönen Brustkasten«, sagte ich.

Er sah gefällig drein. »Er ist auch nicht allzu schwer zu öffnen, wenn Sie den richtigen Schlüssel haben«, sagte er bescheiden. Ich vermutete, daß er sich an dem Schloß schon versucht hatte.

»Und d'Urfey?«

»Was ist mit dem?«

»Sind er und Euer Cousin nicht im allgemeinen unzertrennlich?« Ich ließ die Andeutung so stehen und ein wenig wirken. Er schien sie kaum zu bemerken.

»Im allgemeinen. Aber nicht gestern abend, scheint es.«

Ich klopfte auf das Papier. »Werdet Ihr das bezahlen?«

»Wenn ich das Geld zusammenbekomme.«

»Ist das möglich?«

»Zumindest nicht unmöglich.«

»Eure Großmutter wird zweifellos …«

»Nein!« sagte er scharf. »Sie soll damit nicht belästigt werden. Ich kann das Geld woanders auftreiben.«

»Oh?«

»Ich kann es leihen. Vielleicht bei Geldverleihern. Von Freunden.«

»Warum geht Ihr nicht zur Bow-Street-Polizei?« fragte ich nachdenklich.

»Ich kann nicht«, sagte er einfach. »Ich muß Großmutter schützen.« Und als weiteren Gedanken fügte er hinzu: »Und meinen Cousin.«

Ich wies wieder mit der Hand auf das Papier. »Aber wenn das alles ist – in einer Angelegenheit dieser Art würden sie vollkommenes Stillschweigen bewahren …«

»Nein!«

Eine unangenehme Pause trat ein. Dann begann er wieder zu sprechen, diesmal nur mit Mühe: »Ich kann nicht. Es würde früher oder später bekannt werden. Der Skandal würde Großmutter umbringen und uns alle ruinieren.«

Arrogant hob er seinen Kopf, sein Stolz war deutlicher erkennbar als sein Gewissen.

Ich wurde das Gefühl nicht los, daß es hinter seiner Weigerung noch etwas anderes gab. So abstoßend dieser Schuldschein war, ich spürte, daß ihm noch Schlimmeres durch den Kopf ging. Ich sprach es aus.

Heiß errötete er.

»Es gibt nichts Schlimmeres. Was könnte es Schlimmeres geben als … das!« Er riß das Papier aus meiner Hand und stampfte wütend darauf.

Plötzlich sah er mich beinahe flehend an. Anstrengung und

Angst zeichneten sich deutlich in seinem Gesicht ab. Nur Stolz hielt ihn von einer ausgesprochenen Bitte ab.

»Könnt Ihr mir helfen? Deshalb bin ich gekommen.«

»Es wäre möglich«, sagte ich vorsichtig.

12

Der Tempel der Gesundheit stand über dem geschäftigen Treiben des Paradise Close wie ein Schiff, das hoch auf einen Strand gezogen ist, weit entfernt von der Brandung. Die Fenster sahen so leer aus wie das dahinterliegende Haus.

Das Haus *war* leer, das wußte ich genau, denn ich hatte es während der letzten vierundzwanzig Stunden beobachtet. Wie das Geschäft in der Barnards Row war es ohne viel Umstände verlassen worden, und die Bewohner waren Gott weiß wohin geflohen.

Nachdem ich es so genau und ohne ein Lebenszeichen zu bemerken beobachtet hatte, war ich fast entschlossen, aufzugeben. Aber ein seltsamer Dämon von Sturheit hielt mich auf meinem Posten. Obwohl ich das Gefühl hatte, daß das Haus alle seine Geheimnisse preisgegeben hatte, glaubte ich, daß Geduld mich noch belohnen würde. Zum einen war ich sicher, daß das Buch, das ich aus dem Panzerschrank genommen hatte, ein Schlüssel zum Geheimnis war. Wenn man bemerken würde, daß dieser Schlüssel fehlte, würde man kommen, um nach ihm zu suchen. Natürlich würde man dann hierher zu diesem Haus kommen. Deshalb setzte ich meine Wache fort.

Ich fragte mich, ob andere das Buch besser verstanden hätten als ich. Bisher waren meine eigenen Versuche, den Code zu brechen, beklagenswert erfolglos. Abgesehen von ein oder zwei unwichtigen Einzelheiten war mir das Buch ein Rätsel.

Das Tageslicht schwand langsam, und ich war kurz davor zu gehen, als mir eine winzige Bewegung hinter einem Dachfenster auffiel. Einen Moment lang fragte ich mich, ob ich es mir nur eingebildet hatte. Als ich aber genauer hinsah, sah ich, daß ein Fensterladen wirklich ein klein wenig offen stand. Bei meiner letzten Inspektion war er fest geschlossen gewesen.

In fünf Minuten war ich jenseits der Mauer, eilte durch den

Gang und stieg hinten durch das Fenster im oberen Stockwerk ein. Passenderweise war es schon von einem Besucher für mich geöffnet worden, der seine Spuren in deutlichem Abstand zu der Mauer hinterlassen hatte.

Vorsichtig wie eine Katze schlich ich durch die oberen Zimmer zur Treppe. Ich hielt an und lauschte angestrengt auf ein Geräusch von oben oder unten.

Ein kaum wahrzunehmendes Knacken vom oberen Treppenabsatz alarmierte mich. Ich zog mich in einen Winkel zurück und lockerte meinen Degen in der Scheide.

Ein Bein erschien an der Biegung der Treppe und tastete nach der nächsten Stufe. Es war ein schlankes, wohlgeformtes Bein. Kurz darauf kam der Oberkörper in Sicht, und noch einen Moment später sah ich in das glatte Gesicht des jungen Lord Wroth. In dem schummrigen Licht war es wirklich erstaunlich, wie bedrohlich dieses zarte Gesicht wirken konnte. Es sah mit seiner frischen, durchscheinenden Haut zugleich alt und verzerrt aus. Die Augen enthielten kein Gefühl. Ich spürte, daß er in den letzten paar Stunden eine große emotionale Krise durchgemacht hatte.

Wie ich selbst hielt er seine Hand auf dem Griff des Degens, doch aus irgendeinem Grund zog er ihn nicht, als ich mit griffbereitem Degen aus meiner Ecke hervortrat.

Ich verbeugte mich leicht vor ihm.

Er starrte mich mit einem seltsamen, leeren Blick an. Ich hätte schwören können, daß er mich kaum sah und ganz sicher nicht erkannte.

»Was macht Ihr hier, Mylord?«

Er starrte mich weiter an und versuchte offensichtlich, mich einzuordnen.

»Erinnert Ihr Euch an mich, Mylord?«

Er schluckte, runzelte die Stirn und nickte dann. Die Augen wurden langsam lebendig. Schmerzhaft errötete er. Ein verrücktes Funkeln erschien in seinen Augen und war genauso schnell wieder verschwunden. Dann waren sie so leer wie zuvor.

»Was tut Ihr hier, Mylord?« fragte ich geduldig ein zweites Mal.

»Was tut Ihr hier?« entgegnete er tonlos. Seine Finger began-

nen nervös am Griff des Degens zu nesteln, doch machte er keine
Anstalten, ihn zu ziehen – zumindest im Moment nicht.

Offensichtlich würde er meine Frage nie beantworten. Er
benahm sich wie ein Mann, dessen Antriebsfeder zerbrochen ist.
Ich hielt den Augenblick für gekommen, ihm einen Schock zu
versetzen.

»Wer hat ihn getötet, Mylord?«

»Getötet?« wiederholte er. Das Wort hing wie Staub in der
Luft.

»Wer hat Tom d'Urfey getötet?«

Die Augen verdrehten sich plötzlich, und sein ganzer Körper
zuckte wie in Krämpfen.

Der Degen rasselte aus seiner Scheide und schrammte dann
die Wand entlang, als er an seiner Seite zu Boden fiel. Sein Körper sackte kraftlos zusammen.

»Ich weiß nicht«, sagte er stumpf und seufzte tief.

Es war an der Zeit, ihm einen zweiten Schock zu versetzen.

»Vielleicht war es der Magier?«

Er warf seinen Kopf zurück, und seine Augen rollten wild.
Einen Moment lang sah es so aus, als würde er über meinen Kopf
springen und fliehen. Er wich an die Wand zurück.

»Asclepius«, sagte ich. »Alias der ›Schlaue Murrell‹.«

Er sah ängstlich über meine Schulter. Halb fragte ich mich, ob
er erwartete, Murrells verstümmelten Körper vor sich auftauchen zu sehen. Dann wurden seine Augen klarer, das abergläubi-
sche Staunen verschwand, und er sah mich verächtlich an, aber
mit größerer Aufmerksamkeit, beinahe interessiert.

»Aber andererseits«, sagte ich sanft, »könnte der gute Doktor
kaum von den Toten auferstanden sein, um sich zu rächen, oder?
Trotz seiner Kräfte.«

Er sah mich jetzt mit wachsendem Interesse an.

»Es muß also jemand anders gewesen sein, der Euren Freund
umgebracht hat«, sagte ich.

Er atmete langsam aus.

»Ja«, flüsterte er. »… ja.«

»Warum seid Ihr hierhergekommen, Mylord?« fragte ich wieder.

Dann verschwand das Interesse in seinen Augen. Ich wiederholte meine Frage noch einmal. Dieses Mal kam es mir so vor, als spräche er mit sich selbst.

Mit einem Schock merkte ich, daß er *tatsächlich* mit sich selbst sprach. Er hatte keine klare Vorstellung davon, weshalb er hier war.

»Habt Ihr etwas gesucht?«

Er runzelte die Stirn.

»Was hofftet Ihr hier zu finden?«

Das Stirnrunzeln wurde stärker. Ich nickte zu den oberen Etagen hin. »Ihr habt es da nicht gefunden?«

» … Nicht da«, sagte er langsam.

»Vielleicht unten?«

Er schaute zu den Stufen nach unten, als ob er sie nie zuvor gesehen hätte. Da er einen großen Teil seines Lustlebens hier zwischen diesen Mauern verbracht haben mußte, war seine Verwirrung jetzt äußerst irritierend, beinahe entnervend.

Wie ein Schlafwandler begann er, die Stufen hinabzusteigen; wie jemand, der sich verlaufen hat, den Degen hinter sich herschleifend wie ein weggeworfenes Spielzeug. Meine Anwesenheit schien er vergessen zu haben. Ich folgte ihm im Abstand von wenigen Schritten, um zu sehen, wohin er seine Schritte lenken und welcher Teil des Hauses sein Gedächtnis beleben würde.

Der nachschleifende Degen in diesem losen Griff sah harmlos genug aus, aber in Erinnerung an seine Geschicklichkeit auf dem Rasen hielt ich meine eigene Waffe fest in der Hand.

Es war eine unheimliche Erfahrung, durch diese obszönen Räume hinter diesem einst bevorzugten Kunden herzugehen, der in keiner Weise auf das, was er sah, reagierte. Mit seinem hellen, fast engelgleichen Gesicht sah er völlig unschuldig aus, ein christlicher Chorknabe, der zufällig in einen heidnischen Tempel geraten ist.

Auf diese Weise gelangten wir in die Empfangshalle. Mittlerweile war das letzte Tageslicht vom Himmel verschwunden. Die Halle war eine düstere Höhle aus Marmor und Porphyr.

Wroth stand verloren in der Halle. Er sah sich benommen um. Seine Augen waren wieder leer.

Dann erstarrte er plötzlich und ich mit ihm. Er hatte das

schwache Quietschen des eisernen Tores gehört, als es sich öffnete.

Schritte hielten vor den Stufen inne, dann eilte jemand die Treppe hinauf. Ein Schlüssel drehte sich im Schloß, und ein Streifen trüben Tageslichtes glitt über den Boden, als sich die Tür öffnete.

Aber lange bevor die Tür ganz offen war, hatte ich Wroth in die Sicherheit einer kleinen Kammer gezogen. Ich beugte mich leicht vor und versuchte zu erkennen, wer eingetreten war. Der junge Wroth lehnte sich kraftlos an meinen Arm. Ich konnte spüren, wie er zitterte, sein Atem war kurz und flach. Er würde uns so bald verraten. Ich legte ihm eine Hand auf den Mund. Er sträubte sich eine Weile, und riß erschreckt die Augen weit auf. Dann schien er sich zu entspannen, sein Atem löste sich, und auch ich selbst atmete freier. Ich merkte, daß er überhaupt keine Angst hatte. Er war eher aufs äußerste erregt.

Nicht, daß meine Furcht, entdeckt zu werden, unmittelbar gerechtfertigt gewesen wäre: Wer immer eingetreten war, zeigte kein Interesse an unserem Versteck. Er war entschlossen in die Richtung des hinteren Teils des Gebäudes gegangen, wo er Feuer schlug und eine Kerze anzündete. Er verschwand eine Treppe hinunter, und einen Moment später hörte ich, wie sich eine Reihe von Türen in den Kellern öffnete und schloß.

Ein paar Minuten angestrengter, quälender Stille. Dann hörte man von unten einen gedämpften Fluch, und ein schwerer Gegenstand fiel krachend auf den Boden. Gleich darauf kam der Mann die Treppe heraufgelaufen, als ob der Teufel und seine Meute hinter ihm her wären. Die Fronttür wurde geöffnet und donnernd wieder zugeworfen.

Ein paar Sekunden hörte man den Widerhall, dann unheimliche Stille. Der junge Wroth schnappte nach Luft wie jemand, der aus tiefem Wasser wieder auftaucht. Er schüttelte sich wie ein Hund. Zum ersten Mal sah ich ein wirkliches Zeichen von Intelligenz in seinen Augen.

»Pelham«, sagte er heiser. Der Name schoß aus ihm hervor wie der Korken aus einer Flasche.

Pelham? Der Pelham? Der berüchtigte Sir Harry Pelham?

»Pelham?« fragte ich.

»›Pelham, der Spieler‹.«

Der Pelham. Sir Harry Pelham. In welcher Verbindung stand er zu diesem Haus? Ich wußte, daß er eine Spielhölle besaß und man ihm nachsagte, daß er an Mutter Wells Bordell beteiligt war, aber in welcher Beziehung stand er zu Godbold (oder Murrell)? In einer sehr engen, soweit ich es beurteilen konnte. Er hatte sich mit großer Vertrautheit in diesem Haus bewegt.

Ich wandte mich Wroth zu, um ihn weiter auszufragen, aber seine Augen waren wieder glasig geworden, und er hatte sich in seine eigene innere Welt zurückgezogen.

Ich beschloß, unten weitere Nachforschungen anzustellen. Aber was sollte ich so lange mit Wroth machen? Ich hielt es für das beste, Seine Lordschaft nicht sich selbst zu überlassen. Ich fühlte mich sicherer, wenn ich ihn unter meinen Augen behielte. Wenn er zu ›sich‹ käme, wäre ich womöglich sein nächster Duellpartner. Ich nahm ihn beim Arm und führte ihn an den Kopf der Kellertreppe. Er folgte so brav wie ein Kind. Ich selbst hielt den Leuchter, den Sir Harry auf seiner Flucht fallen lassen hatte.

Wir begannen, die Treppen hinabzusteigen..

Der erste Raum, in den wir kamen, war die Küche: Ein geräumiger Ort mit der Ausstattung eines gut geführten Haushalts. Meine Kerze wurde vielfach von funkelndem Kupfer und stumpfem Zinn reflektiert. Es gab nichts Auffälliges zu sehen; alles war genau so, wie ich es zuletzt gesehen hatte.

Nach einem kurzen Korridor gelangten wir zu einer anderen Tür, und hinter dieser lag, wie ich mich erinnerte, ein kleines Büro. Auch das war so, wie ich es zuletzt gesehen hatte, bis auf eine Einzelheit.

Hinter dem Büro gab es einen anderen Raum – einen Raum, der bei meinem letzten Besuch nicht zu sehen gewesen war.

Ein Teil der Täfelung war in die Wand zurückgeschoben und gab den Zugang zu einer geheimen Kammer frei. Sie wirkte nicht größer als ein geräumiges Grab. Und das war es jetzt auch. Grabkerzen leuchteten jenseits der Täfelung. Ein dumpfer, schaler Geruch mischte sich mit intensivem Duft von Weihrauch.

Ich spürte, wie sich Wroth' Arm unter meiner Hand anspannte, und seine Knöchel wurden weiß an seinem Degengriff.

Mit meiner eigenen Hand packte ich ihn fest am Arm, während ich auf seine nächste Bewegung wartete.

Nichts geschah, außer daß er wieder kraftlos wurde. Wie ein Schlafwandler bewegte er sich unter dem sanften Druck meiner Hand vorwärts. Das Kerzenlicht flackerte, als wir uns bückten, um in die geheime Kammer zu gelangen, dann beruhigte es sich. Das Licht wurde von den unzähligen Silber- und Kupferornamenten, die den Raum auskleideten, vervielfacht.

Einen Moment lang waren wir wie betäubt, dann übersahen wir mit erstaunten Augen die gesamte schreckliche Szenerie. Bunte Götterbilder standen auf Podesten, umgeben von monströsen Blumen. Ketten mit Glasperlen, blinkender Tand und billige Rosenkränze hingen von verschiedenen goldenen Kruzifixen. Eine Jungfrau Maria mit einem Gesicht so dunkel wie die Nacht entblößte ihre Brüste für ein Jesuskind von ebenso dunkler Hautfarbe. In einer Ecke stand ein riesiges Holzkreuz, das ein schwarzer Dreispitz krönte. Ein Schädel mit Brillanten in den Augenhöhlen lugte darunter hervor und grinste uns an.

Es war eine obszöne und heidnische Begräbniskammer, die eine unangenehme Wirkung auf mich ausübte. Wie sie auf die weniger geordneten Sinne des jungen Wroth wirken mochte, ließ sich nur erahnen. Sein Arm zitterte wie Espenlaub unter meinen Fingern.

Der Mittelpunkt dieses bunten Arrangements thronte auf einem Stuhl. Der ›Schlaue Murrell‹ saß mit wächsernem Gesicht und in einer Robe, die mit seltsamen Hieroglyphen bedeckt war, und starrte uns mit schrecklichem leblosem Blick unter seinem Magierhut hervor an. Sein Körper befand sich schon im Zustand der Verwesung.

Die Hitze der Kerzen und der ranzige Geruch der Leiche erfüllten den Raum, so daß sich einem der Magen umdrehen konnte.

Jetzt war klar, warum über den Mord an Murrell nichts berichtet worden war. In den Augen seiner Dienerin, der armen, halbwilden Negerin, war ihr Herr nicht gestorben. Er saß hier inmitten von all dem Tand und erwartete die Auferstehung!

Derselbe Gedanke mußte eben auch Lord Wroth gekommen sein. Mit einem unheimlichen Aufheulen riß er sich von mir los und floh die Stufen hinauf.

13

Es war an der Zeit, dem Haus am Newick Square einen Besuch abzustatten. Ich wußte jetzt, daß es Sir Harry Pelham gehörte. Ich stand vor der imposanten Tür und zog die Klingelschnur. Ein Diener, der stolz und ein wenig unverschämt aussah, öffnete mir.

»Sir?« fragte er frech.

»Ich möchte Sir Harry Pelham sprechen.«

»Viele möchten das, Sir«, sagte er grob. »Welchen Namen darf ich melden?«

»Mein Name ist Nash. Captain Nash.«

»Und in welcher Angelegenheit, Captain?«

»In meiner Angelegenheit.«

»Sir?« Die schamlosen Augen weiteten sich arrogant. Er grinste mich offen an. Er war ein guter Mann an der Tür. Sie begann sich kaum wahrnehmbar zu schließen. Ich sah, daß er alle Qualifikationen besaß, die ein Diener braucht. Zweifellos hatte er an diesem Morgen schon ein Dutzend Narren weggeschickt. Er kannte seine Pflicht gegenüber seinem Herrn – für ihn zu lügen, für ihn Zuhälterdienste zu verrichten und niemandem zu erlauben, ihn zu betrügen, außer ihm selbst. »Sir Harry empfängt heute nicht«, sagte er und starrte über meinen Kopf hinweg.

Wie in Gedanken rieb ich eine kleine Münze an meiner Nase. Seine Augen wanderten langsam mein Gesicht hinunter. Die Bewegung der Tür kam zum Stillstand.

»Mein Herr empfängt heute nicht«, wiederholte er und fixierte die Münze.

»Wird er den ganzen Tag zu Hause bleiben?« fragte ich.

»Er geht in der nächsten Stunde in seinen Klub«, sagte er. Mit überraschender Schnelligkeit verschwand die Münze in der Spitzenmanschette seines Ärmels, und die Tür wurde mir vor der Nase zugeschlagen.

Ich beschloß zu warten.

Tatsächlich öffnete sich etwa vierzig Minuten später die Tür, und die große, bullige Gestalt Sir Harry Pelhams kam die Stufen herunter. Entschlossen schlug er die Richtung nach St. James ein, und ich folgte ihm ebenso entschlossen.

Sir Harry Pelham war ein sehr berüchtigter Gauner mit einer

skandalreichen Vergangenheit. Es war ihm immer um Ruhm und Aufsehen gegangen. Als Student in Cambridge hatte er das meiste Bier getrunken, die wildesten Flüche ausgestoßen, die lautesten Lieder gesungen und die meisten Duelle ausgefochten. Er hatte alle seine Freunde durch den unbefangensten Zugriff auf ihre Börsen beehrt. Nach Ausschluß vom College kam er nach London, wo er sich schnell der Überreste eines kleinen Vermögens entledigte. Als Jugendlicher war er ein trauriger Schlingel gewesen, im Mannesalter wurde er zu einem ausgemachten Wüstling. Um sich die Mittel dazu zu verschaffen, mußte er auf solche Quellen zurückgreifen, wie sie sich einem Schwachkopf mit nicht übermäßig ausgeprägten Skrupeln bieten. Nachdem er beim Falschspiel erwischt und aus einer Spielhölle nach der anderen hinausgeworfen war, bis ihm überall der Boden zu heiß wurde, hatte er sich darauf verlegt, Kartenpartys zu veranstalten, die trotz (oder wegen) seines extremen Rufes gut besucht waren. Er war der perfekte Wüstling; er würde an zügellosen Liebschaften, gezinkten Karten und scharfen Getränken sterben – aber er würde es sich bis zuletzt gutgehen lassen.

Ich holte ihn ein, als er in den Green Park einbog.

»Sir Harry!«

Er sah mich forschend an. Als ein Mann mit einer tödlichen Abneigung gegen Konstabler und jede Art von Polizei betrachtete er mich einen Moment lang, als sei ich unter einem Stein hervorgekrochen. Als er erkannte, daß ich kein Agent des Gesetzes war, sah er mich aus seinen schwerlidrigen braunen Augen mit stumpfer Undurchdringlichkeit an. Trotzdem hielt seine Hand mit festem Griff seinen Gehstock, sein ›Handtuch aus Eiche‹, sein ›schlagendes Argument‹, wie er ihn nannte.

»Sir?«

Ich verbeugte mich.

»Was wollt Ihr von mir, Sir?«

»Es geht um Murrell«, antwortete ich.

Es zeigte sich keine Spur von Bewegung in seinem starrenden dunklen Blick.

»Murrell?« murmelte er. Seine Stimme hatte diese leichte, unverschämte Eigenart, die die banalste Feststellung wie ein Epigramm klingen lassen kann. Vor allem auf diese Eigenart gründete sich sein Ruf, ein geistreicher Mann zu sein.

»Der ›Schlaue Murrell‹«, sagte ich. »Oder Dr. Asclepius, wenn Euch der Name lieber ist.«

»›Der Paphlagonier‹?« fragte er lässig, und leises Interesse glomm in seinen Augen auf. Seine Hand packte seinen Stock mit einem festeren Griff. »Was habe ich mit seinen Angelegenheiten zu tun?«

Ich lächelte ihn vertrauensvoll an.

»Ihr habt seine Sachen in Euren Kellern gelagert, Sir«, sagte ich. »Unglücklicherweise fehlt Euch der Schlüssel, wie Ihr jetzt wohl wißt. Ich habe das Codebuch.«

Ein Funkeln wie von einem glühenden Stück Kohle erschien in den sirupfarbenen Augen. Eine langsame und gefährliche Wut.

»Sollen wir ein wenig im Park spazieren gehen, Sir Harry?«

Er war sofort entschlossen. Vielleicht war ich für seinen Spielerinstinkt eine zu große Herausforderung. Mit einer kleinen ironischen Verbeugung wies er auf einen Pfad, der zu einer begrünten Laube führte.

Gemeinsam gingen wir langsam den Pfad hinunter. Wir wechselten kein einziges Wort, bis wir die Abgeschiedenheit der Bäume erreicht hatten.

»Nun, Sir?« murmelte er.

Ich wartete, bis ein Kindermädchen mit seinen Schützlingen außer Hörweite war. Er wurde unruhig.

»Geduld gehört nicht zu meinen Tugenden, Sir«, sagte er.

»Vorsicht auch nicht, Sir«, antwortete ich kühl.

Er hob die Augenbrauen.

»Die kleine Prozession, die die Ware an Eure Hintertür gebracht hat, Sir Harry«, erklärte ich vorwurfsvoll. »Ein richtiger Zirkus. Ich war überrascht, daß Ihr nicht die Hälfte der Kinder Londons auf dem Hals hattet.«

Sir Harry seufzte traurig.

»Die Zeit hat keinen gelungeneren Auftritt erlaubt«, sagte er schwer. »Was wollt Ihr? Ihr sagtet, Ihr besäßet das Codebuch.«

»Und Ihr habt die Vorräte«, sagte ich. »Die Patente und die Medizin.«

Mein Plan war, ihn im Hinblick auf meine Motive zu verwirren. Ich fühlte, er würde sich auf kein Geschäft einlassen, wenn er es für ehrlich hielt.

»Die Patente! Die Medizin«, schnappte er. »Quacksalberei. Zucker und Wasser! In so etwas habe ich investiert.«

»Es ist also alles völlig wertlos?« fragte ich.

Seine Augen glühten jetzt wie Kohlen.

»Wasser kann man nicht zu Wein machen, Sir, ohne jemanden, der Wunder wirken kann!« sagte er kurz.

»Aber man kann Geld aus seinen Narren herausholen – wenn man den Code lesen kann.«

Eine stumpfe Röte legte sich auf sein Gesicht.

»Es gibt berühmte Namen in diesem Buch, Sir Harry«, fuhr ich fort und insistierte sanft. »Die ganze Welt wäre an der Enthüllung ihrer Laster interessiert.«

Der Stock zitterte leicht in seiner Hand.

»Zwischen seinen Deckeln liegt eine Schatzkammer«, sagte ich.

Pure Angst lag in seinen dunklen Augen.

»Natürlich«, sagte ich ihm fast mit Zuneigung, »würde so ein Unternehmen einen beträchtlichen Aufwand an Organisation im Hintergrund erfordern, wenn es glattgehen soll. Es wäre ein Mann vonnöten, der sich auf seine Position in der Gesellschaft verlassen kann, um es richtig zu führen. Einen Mann, der daran gewöhnt ist, die Launen und Einfälle der Großen und Edlen zu bedienen.«

»Richtig«, stimmte er zu und spie verächtlich aus. »Murrell war inkompetent, ein Mann ohne Stil.« Seine Augen maßen mich von oben bis unten wie ein Pferdezüchter, der den Bestand des Jahres prüft. »Rechnen Sie sich in diesem Gewerbe Chancen aus, Mr ...?«

»Nash«, sagte ich, »Captain Nash.«

»Also, Captain? Wie ist es?«

Ich zuckte nonchalant mit den Schultern. »Ich würde kaum weniger in das Gewerbe einbringen als Murrell«, antwortete ich. »Ich wüßte allerdings, worin die Gefahr besteht.«

»Die Gefahr?«

»Ich wüßte, wer meine Feinde sind, Sir Harry.«

»Und Murrell kannte sie nicht?«

»Er war einmalig sorglos. Er hätte sich niemals so spät in der Nacht und in so einer Gegend einer Sänfte anvertrauen sollen.«

»Woher wißt Ihr das?«

»Ich war dabei, Sir, ich habe alles gesehen.«

Er war irritiert von mir. Er dachte einen Moment nach, während seine große Hand den breiten Knauf seines Stockes massierte.

»Er muß einen dringenden Ruf erhalten haben, um ihn zu der Stunde in jene Straßen zu bringen«, sagte ich bedeutungsvoll.

Ein seltsames Lächeln umspielte seine Lippen, verschwand jedoch sofort wieder.

»Wollt Ihr damit sagen, daß ich für seinen Tod verantwortlich bin, Sir?« fragte er.

»Ich sage, daß man es so darstellen könnte, als sei es so gewesen.«

Er hob den Stock und schlug mit einem harten Schlag auf den Boden.

»Ihr riskiert etwas, Sir«, sagte er leise.

»Ich sage nur, daß man Euch die Sache zur Last legen könnte, Sir Harry. Der Beweis, nichts damit zu tun zu haben, wäre für Euch schwer zu erbringen.«

Er zuckte müde mit den Schultern.

»Warum sollte ich mich eines Partners bei einem so lukrativen Geschäft entledigen wollen?« fragte er.

»Um das Unternehmen noch lukrativer zu machen – für Euch selbst vielleicht?« schlug ich vor.

»Pah! Wie ich vorhin sagte, Wunder brauchen eine Hand, die Wunder wirken kann. Murrell war der Magier.«

»Murrell war eine Kiste voller Tricks, Sir Harry. Mehr nicht. Ein Schwindler, das war Murrell, Sir. Solche Tricks kann man jedem beibringen, der sie wirklich erlernen will.«

Er dachte darüber nach.

»Was wollt Ihr von mir?« fragte er schließlich.

»Wenig genug«, sagte ich. »Ich will die Papiere der Familie Wroth.«

»Die Papiere der Familie Wroth?«

»Die Schuldscheine, die Lord Wroth unterzeichnet hat. Im Gegenzug gebe ich Euch das Codebuch und mein Schweigen.«

Er runzelte die Stirn. »Und wenn ich die Schuldscheine nicht habe?«

»Ich glaube, daß Ihr sie habt, Sir.«

Er lächelte schief.

»Und wenn ich Euch versichere, Sir, daß ich sie nicht habe?«

Er lachte freudlos und beantwortete dann meine unausgesprochene Frage.

»Der alte Gauner! Ich fürchte, unser Magier hatte vielleicht mehr Partner, als uns lieb ist.«

Er lachte laut – ein erschreckender Laut. Wenn ein Tiger lachen könnte, dann würde er solch einen Ton von sich geben.

Wir kamen an eine Lichtung, und Pelhams Lachen wurde zu einem erstickten Gurgeln. Er fiel schwer gegen einen Baum, während sein Stock unter ihm zerbrach.

Ein Messer war durch die grüne Luft gezischt und hatte ihn in die Schulter, ein wenig unterhalb des Halses getroffen.

14

Er war nicht ernstlich verletzt, blutete jedoch heftig und fluchte wie eine Herzogin in Wehen. Das Messer lag am Boden, wohin er es geworfen hatte. Er versuchte das Blut mit einem seidenen Taschentuch zu stillen. Er schaute auf; in seinem Gesicht arbeitete es wild.

»Ihm nach!« stieß er hervor. »Ich bin nicht tot – auch nicht schwer verletzt. Ihm nach! Ihm nach, Mann!«

Er sprach zu mir, wie man mit einem Hund gesprochen hätte. Ich lief über die Lichtung, ohne einen anderen Gedanken, mit voller Kraft.

Von seinem Angreifer gab es außer ein paar geknickten Zweigen und Blättern, die wohl von einem Mantel beiseite gefegt worden waren, keine Spur. Und eine kleine Ledertasche. Ich hob sie auf, steckte sie in meine Tasche und rannte dann weiter zwischen den Bäumen windschnell bis dahin, wo sich der Park in der Nachmittagssonne ausbreitete.

Es war alles sehr ruhig, ein typisch englischer Park, mit Park-wächter und grasendem Rotwild. In der Nähe des Sees gingen ein paar Leute spazieren.

Ich ging um die kleine Baumgruppe herum, in der der Attentäter sich versteckt gehalten hatte. Von ihm fehlte jede Spur. Außer Vogelgezwitscher herrschte völlige Stille in dem Wald. Vorsichtig ging ich zu Pelham zurück.

Er hatte sich mühsam aufgerichtet und lehnte matt an dem Baum, der seinen Fall aufgehalten hatte. Seine Hände, die den Stoff auf die Wunde preßten, waren mit Blut bedeckt.

Ich nahm mein Halstuch ab und versorgte die Wunde, so gut ich konnte. Er sah mich mit Augen an, die so stumpf wie Melasse waren.

»Habt Ihr ihn gesehen?«

»Ihn?« fragte ich.

»Wroth«, antwortete er heiser.

»Wroth!«

Sein Mund zuckte bitter. »Ihr habt ihn also nicht gesehen?«

Ich schüttelte den Kopf.

»Natürlich nicht«, sagte er sarkastisch. »Ihr seid ihr Mann.«

Ich sah ihm ins Gesicht.

»Habt Ihr ihn gesehen, Sir Harry?« fragte ich. »… Wirklich?«

Seine Augen wichen zur Seite aus.

»Ich dachte, ich hätte. Es schien so.«

»Trug er ein farbiges Kopftuch?« fragte ich abrupt.

Er schaute von dem Blut hoch, das immer noch aus der Wunde hervorquoll. Sein Blick war fragend.

»Ein Kopftuch?«

»Ja.«

»Was meint Ihr, Mann?«

»Das habe ich im Wald gegenüber gefunden«, sagte ich und zeigte ihm die Ledertasche.

»Und?«

Ich drehte sie um. Auf der Rückseite war ein seltsames Zeichen eingeprägt. Ich hob das Messer auf. Auf dem billigen vergoldeten Griff war dasselbe Zeichen eingraviert.

Seine Augenlider zuckten nervös. Einen Moment lang leuchtete das Weiß seiner Augen wild auf, dann wurde es wieder stumpf. Ich wußte, daß er das Symbol erkannt hatte. Es war in Murrells Grabkammer an deutlich sichtbarer Stelle zu sehen gewesen.

»So?« fragte er wieder.

»Ihr habt das nie zuvor gesehen?«

Er schüttelte langsam den Kopf.

»Und doch war Murrell Euer Partner?«

»Gehört es ihm?«

»Sind Euch nie seine kabbalistischen Zeichen aufgefallen?« fragte ich. »Ich müßte sie auf dem Gewand gesehen haben, das seine Leiche bedeckte.«

Diesmal hatte ich getroffen. Der Atem wich aus seinem Körper.

»Seine Leiche?«

»Ihr habt sie im Tempel der Gesundheit ausgestellt gesehen.«

Unsere Blicke trafen sich. Ein Blick abergläubischer Furcht glitt über sein Gesicht.

»Seid Ihr eigentlich überall zugleich?« fragte er nach einer Weile …

»Ich war da.«

Er wies auf die Ledertasche.

»Und das?«

»Darin befand sich das Messer.«

Seine Lippen zuckten wild.

»Ist Murrell denn von den Toten auferstanden? Um einen Mann niederzumachen, der ihm nie etwas getan hat?«

»Nicht Murrell, nein. Aber seine Sklavin, möglicherweise.«

»Seine Sklavin?«

»Seine Dienerin, wenn Ihr so wollt.«

»Die schwarze Frau?«

»Ja.«

Er schaute ungläubig.

»Sie glaubt, ich hätte ihren Herrn umgebracht?«

»Es sieht so aus«, sagte ich.

Er wankte und schauderte heftig. Ich glaubte, er würde fallen, und streckte eine Hand aus, um ihn zu halten.

»Ihr bringt mich besser nach Hause«, sagte er.

Der respektlose Bediente ließ uns in das Haus ein. Sein Gesicht verriet eine Mischung aus Sorge um den Zustand seines Herrn und Überraschung darüber, daß ich es war, der sich um ihn kümmerte. Ich schickte sofort nach einem Arzt und sorgte dafür, daß Pelham entkleidet und zu Bett gebracht wurde. Es handelte sich zwar nur um eine Fleischwunde, die ihm aber gefährlich hätte werden können, wenn sie einen halben Zentimeter tiefer oder höher gelegen hätte.

Pelham lag auf seinem roten Damastbett. Bisher war kein Laut der Klage über seine Lippen gekommen, obwohl er saftig und häufig über die Schar der Diener fluchte, die immer wieder in sein weitläufiges Zimmer drängte. Er hatte ihnen verboten, die Bow Street Männer zu holen, und hielt daran fest, er sei nur in einen normalen Streit auf der Straße verwickelt worden, der die Mühe nicht wert sei, das Gesetz hinzuzuziehen. Seine Diener, die ihren Herrn kannten, gaben ihm bereitwillig darin nach.

Inmitten all dieser Aktivität stand ich am Kamin des eleganten Raumes und war tief in Gedanken versunken. Ich versuchte, in den Ereignissen der letzten Stunden ein Muster zu erkennen. Aber es ließ sich nichts Klares dabei erkennen.

Mit dem jüngsten Ereignis war ich am meisten beschäftigt.

Warum dachte Pelham, er hätte Wroth in der Lichtung gesehen? Hatte er ihn wirklich gesehen? Wenn es so war, was hatte Wroth da gewollt? Hatte er das Messer geworfen? Diese Möglichkeit mußte man einräumen. Es war sogar möglich, daß das Messer ihm gehörte, daß Murrell es ihm geschenkt hatte; es war ein Spielzeug, das ihm gefallen würde. Vielleicht hatte Murrell einen magischen Spruch darüber gesprochen, um es so unfehlbar wie Achilles' unsterbliche Waffe zu machen? Das war die Art von hochtrabendem Geschwätz, die Seine Lordschaft beeindrucken würde.

Ich betrachtete das Messer, das auf einem Pembroketisch lag. Seine Klinge war blutverkrustet. Ja, es war sehr wahrscheinlich, daß Wroth es geschleudert hatte; wenn ich an seine Geschicklichkeit mit dem Degen dachte, dann schien dieses tödliche Spielzeug eine Waffe zu sein, die er möglicherweise verwenden würde.

Andererseits, gerade wenn ich mich an seine Geschicklichkeit erinnerte, schien es wahrscheinlicher, daß er Pelham direkt zu einem verrückten und fanatischen Duell herausgefordert hätte, wenn er irgendeinen Streit mit ihm gehabt hätte. Diese Methode, ihn zu beseitigen, schien alles in allem zu zwielichtig, zu heimtückisch für einen so impulsiven Menschen.

Der Erinnerung an Lord Wroth, wie er im Tempel der Gesundheit neben mir gestanden hatte, kam mir in den Sinn. Er war seltsam widerstrebend gewesen, seinen Degen aus der Scheide zu ziehen, obwohl er ihn schon halb herausgezogen hatte. All die irrsinnige, mörderische Wut in ihm schien erloschen zu sein. Könnte es sein, daß er ohne d'Urfey, der ihn angestachelt hatte, an dem Spiel keinen Gefallen fand? Lady Wroth hatte d'Urfey einen professionellen Duellanten genannt – hatte er den jungen Wroth mit einem Degen vielleicht besser aussehen lassen, als er in Wirklichkeit war? Es wäre für ihn von Vorteil gewesen, wenn er Seiner Lordschaft geschmeichelt hätte. Und Wroth war vielleicht nicht so verrückt, nicht zu merken, daß er gegen einen stärkeren Gegner ohne Unterstützung durch seinen Freund keine Chancen hatte; zumindest nicht gegen einen Mann von Pelhams Fähigkeiten.

In diesem Fall mochte er zu heimtückischeren Methoden gegriffen haben. Aber sein Wurf hatte sein Ziel deutlich verfehlt, und diese Tatsache irritierte mich, wenn ich ihn als Verdächtigen in Betracht zog. Denn Wroth hatte bewiesen, daß er treffsicher war, und dieses Messer sollte Pelhams gut sichtbaren Nacken erwischen.

Pelhams Hals! Das Messer, das d'Urfey getötet hatte, hatte aus dem Ansatz seines Halses geragt, obwohl er ein Opfer war, das keinen Widerstand mehr leistete, als der Stich es traf. War es möglich, daß, wer immer d'Urfey getötet hatte, ihn auf dieselbe Weise getötet hatte, wie Wroth es vielleicht mit Pelham vorgehabt hatte? Oder war es reiner Zufall gewesen? Aber nein, ein Zusammenhang erschien nur zu wahrscheinlich. Pelham hatte sich geirrt, als er geglaubt hatte, den jungen Wroth zu sehen. Außer natürlich, der Junge hielte Pelham für verantwortlich für den Tod d'Urfeys und hatte dasselbe Ende für ihn vorgesehen? Das hätte den rechten blutigen poetischen Stil gehabt.

Aber ... Ich wendete die Ledertasche in meiner Hand. Das Zeichen leuchtete im Licht der Sonne auf ... Was war mit der Negerin? Diese Tasche schien sie mit dem Verbrechen eher in Verbindung zu bringen als Wroth. Einen Mann mit einem aus einem Versteck geschleuderten Messer zu töten schien eine allzu primitive Methode der Beseitigung zu sein, als daß ein Engländer sie in einem Londoner Park anwenden würde. Und das Messer deutete offensichtlich auf Murrell hin. Es hatte etwas Barbarisches an sich. Es sah wie ein rituelles Messer aus. So ein Mord würde für eine Frau wie sie eher den Charakter einer Zeremonie denn eines einfachen Racheaktes haben.

Aber warum sollte sie versuchen, Pelham zu ermorden, der doch der Freund ihres Herrn gewesen war? Und wenn sie Pelham auf diese Weise angegriffen hatte, mußte sie dann auf gleiche Weise auch d'Urfey beseitigt haben? Abgesehen davon, daß dieser Angriff mißlungen war, war das Mittel der Anschläge in beiden Fällen dasselbe und zwei auf dieselbe Weise begangene Morde ohne Zusammenhang: Das wäre als bloßer Zufall zu unwahrscheinlich. Aber es konnte doch kaum eine Verbindung zwischen dem ermordeten jungen Mann und dem glücklich entkommenen Pelham geben?

Was meinen Gedanken wieder zu Wroth zurückkehren ließ.

Wroth! Ein plötzlicher Schauer rieselte mir den Rücken hinunter. Warum war mir diese wichtige Tatsache bis jetzt entgangen?

Pelham hatte nicht von *Lord Wroth* gesprochen. Und auch nicht von dem *jungen* Wroth. Er hatte einfach ›Wroth‹ gesagt. Konnte er seinen Cousin gemeint haben? Hatte er geglaubt, Oliver Wroth gesehen zu haben?

Plötzlich entstand Bewegung unter den Dienern, als der Arzt sich anschickte zu gehen. Ich trat nach vorne und stand am Fußende des Bettes. Ich wartete darauf, Sir Harry meine Frage zu stellen. Als sich der Arzt abwandte, legte er einen mahnenden Finger an seine Lippen, als ob er sagen wollte: »Bitte heute keine Aufregung mehr.«

»Ich habe Sir Harry ein Mittel gegeben«, sagte er wichtig. »Er wird jetzt tief schlafen.«

Und Pelham war tatsächlich tief eingeschlafen.

15

Ich verbrachte den Rest des Tages versunken in tiefes Nachdenken, beschäftigte mich mit dem Für und Wider meines Berufes.

Ich fühlte mich unwohl, denn es wurde mir immer klarer, daß ich nicht viel länger in dieser Angelegenheit gegen das Gesetz handeln konnte. Ich sollte zumindest meine Entdeckung dem Bow Street Office melden. Zwei Männer, die beide eng mit diesem Fall zu tun hatten, waren getötet worden, und ein weiterer war dem Tod knapp entgangen. Das war Sache der offiziellen Behörden des Gesetzes, und konnte ich es mir in diesem Stadium meiner neuen Karriere leisten, sie zu ignorieren?

Auf der anderen Seite mußte ich meine Auftraggeberin schützen und meinen Lebensunterhalt verdienen. Wie konnte ich mit meiner Geschichte zur Polizei gehen, ohne sie dabei hineinzuziehen? Ich war befugt, als Hilfsbeamter der Polizei zu handeln, aber wie konnte ich mit zukünftigen Empfehlungen rechnen, wenn ich meine Auftraggeberin den Händen jener auslieferte, die sie ausdrücklich meiden wollte?

Nein, bevor ich zur Polizei ging oder auch nur zu meinem Cousin Scrope im Büro des Commissioners, mußte ich in der Lage sein, ihnen hinreichend Beweismaterial zu liefern, das es ihnen ermöglichte, ihre Pflicht zu tun, ohne meine Auftraggeberin zu belasten. (Der Aspekt der Erpressung mußte vermieden werden, zumindest soweit er die Namen der Beteiligten betraf.)

Meine Stimmung sank unter der Last dieses Alptraums, den die rechtliche Lage mit sich brachte. Wie konnte ich die Familie Wroth aus diesen Verbrechen heraushalten? Sie war zu tief darin verwickelt, wenn nicht gar ihr Mittelpunkt selbst. Wie konnte ich die beiden Morde unabhängig voneinander aufklären und dabei zugleich Lady Wroth' Namen unerwähnt lassen, ohne mich selbst dabei zu opfern?

Um fünf Uhr nachmittags, als die Schatten über meinen abgenutzten Teppich krochen, war ich nicht gerade in einer optimistischen Geistesverfassung.

Doch um halb sieben desselben Abends fühlte ich mich schon ein wenig besser.

Die Türglocke läutete, und ich ging an die Tür. Pelhams respektloser Diener stand vor mir. Er sah mich mit deutlich weniger Verachtung an, als er mir an seiner eigenen Tür gezeigt hatte.

»Ja?« fragte ich.

Er hatte eine Nachricht von Sir Harry für mich: Ob ich sofort mit ihm kommen könnte?

»Um was für eine Angelegenheit handelt es sich?« fragte ich knapp.

»Um Sir Harrys Angelegenheiten«, antwortete er munter.

»Treffer«, sagte ich. »Einen Augenblick.«

Ich ließ ihn vor der Tür warten, während ich in meine Wohnung zurückkehrte, um mich für den Besuch umzukleiden. Als ich zehn Minuten später mit ihm aufbrach, hing mein Degen an meiner Seite. Außerdem trug ich als zusätzlichen Schutz eine Pistole bei mir.

Sir Harry schien wieder bei vollem Bewußtsein zu sein und wollte mich dringend sehen. Umsichtig wie er war, hatte er eine Kutsche geschickt. Ich nahm im eleganten Inneren Platz, der Bedienstete hievte sich nach oben neben den Kutscher. Fünfzehn Minuten später wurde ich in Pelhams Schlafzimmer geführt. Sir Harry betrachtete mich säuerlich. Er war im Vollbesitz seiner geistigen Kräfte und abgesehen von dem Verband an seiner Kehle bei erstaunlich guter Gesundheit.

Er streckte mir eine massige Hand entgegen.

»Ich habe Euch zu danken, Captain Nash«, sagte er.

»Ich habe nichts getan, Sir«, antwortete ich.

Ein Anflug eines sardonischen Lächelns zeigte sich tief in seinen verklebten Augen. »In dem Punkt brauche ich noch eine Bestätigung«, sagte er mit einem leichten Zucken um seinen Mundwinkel.

»Sir?«

»Woher weiß ich, daß ich es nicht Euch zu verdanken habe, in einen Hinterhalt geraten zu sein?« fragte er. »Ich kenne Euch nicht gerade gut, Mann.«

»Ihr kennt meinen Namen, Sir«, sagte ich. »Und Ihr wart es, der den Weg wählte, den wir zusammen gingen.«

»Und Ihr wart es, der einen Spaziergang im Park vorschlug.«

Eine unangenehme Pause entstand. Er sah mich scharf an.

Wenn Augen kochen könnten, dann wäre das jetzt bei Pelhams Augen der Fall.

»Ich kann Euch nur mein Wort geben, Sir Harry«, sagte ich. »Wenn ich aber Euren Tod gewollt hätte, warum hätte ich Euch dann in Sicherheit bringen sollen? Es liegt nicht in meinem Interesse, einen so wichtigen Kontakt wie den zu Euch zu verlieren.«

Ein Ausdruck erstaunter Ungeduld trat in sein Gesicht.

»Wer seid ihr, Mann? Und was für ein Interesse verfolgt Ihr in dieser Sache?«

Einen Moment lang dachte ich angestrengt nach. War es in diesem Stadium angezeigt, mein wirkliches Interesse preiszugeben, oder sollte ich mich weiterhin bedeckt halten? Wenn Pelham mit Murrell unter einer Decke gesteckt hatte, dann wußte er von diesen Schuldscheinen, und wenn aus dieser Situation Profit zu schlagen war, konnte ich kaum von ihm erwarten, sich mit mir zu verbünden. Auf der anderen Seite besaß ich das Codebuch, ohne das er nichts weiter unternehmen konnte. Wenn er mir nicht die Rückgabe der Schuldscheine garantierte, dann besaß ich das Mittel, ihm ein viel größeres Vermögen zu verwehren. Er war nicht der Mann, der eine Makrele für eine Sprotte aufgibt.

Vielleicht konnte ich mit ihm handeln?

Ich entschied mich für Offenheit.

»Es ist so, wie ich es Euch im Park gesagt habe, Sir. Ich bin nur an den Schuldscheinen der Familie Wroth interessiert.«

Seine Augenbrauen hoben sich arrogant.

»Ich bin von Lady Wroth beauftragt, gewisse kompromittierende Schuldscheine zu beschaffen, die ihren Enkel betreffen …«

»Welchen Enkel?« fragte er scharf.

»Den jungen Lord Wroth.«

Er runzelte die Stirn. Die braunen Sirupaugen sahen listig drein.

»Oh?«

»Diese Schuldscheine befanden sich in Murrells Besitz«, sagte ich. »Wenn es mir gelingt, diese Papiere Lady Wroth auszuhändigen, ist mein Interesse an dieser Sache erledigt.«

Er sann eine Weile darüber nach.

»Wenn Murrell wegen dieser Schuldscheine starb, dann waren sie zweifellos ein Vermögen wert«, sagte er nach einer Pause und warf mir einen berechnenden Blick zu. »Und ich nehme an, Ihr wollt sie umsonst haben?«

»Nein. Ich bin bereit, dafür zu zahlen.«

»Wieviel?«

»Ich kenne die genaue Summe ... noch nicht.«

Er sah mich erstaunt an.

»Was meint Ihr damit, Sir?«

»Ich bin bereit, das Codebuch gegen die Schuldscheine zu tauschen.«

Er lachte in seine Kissen; das Ganze schien ihn sehr zu amüsieren. Schließlich faßte er sich wieder und sagte:

»Gut, Sir! Wir werden sehen!« Er langte nach der Klingelschnur. Ich hielt seine Hand an, als er sie berühren wollte.

»Einen Augenblick, Sir Harry.«

Er sah zu mir auf.

»Ja?«

»Ihr sagtet heute nachmittag, Euer Angreifer wäre Wroth gewesen.«

»Ja.«

»Habt Ihr ihn gesehen?«

Seine Hand strich nachdenklich über die Klingel.

»Oder habt Ihr Euch nur eingebildet, Ihr hättet ihn gesehen?« fragte ich.

Er sah mich unter müden Lidern an. »Warum sollte ich mir das eingebildet haben?«

»Weil Ihr womöglich einen Angriff aus der Richtung erwartet habt«, sagte ich mit Nachdruck.

Er blickte erschreckt auf, dann sah er mich respektvoll an.

»Und warum sollte ich einen Angriff aus der Richtung erwarten?« fragte er leise.

»Das wißt Ihr selbst am besten, Sir Harry. Wenn Ihr wirklich Murrells Partner wart ...«

Er schnaufte wieder in seine Kissen und schüttelte sich vor Lachen.

»Ah!« sagte er, als er sich wieder gefaßt hatte, »Ihr dachtet, ich meinte *den* Wroth.«

Seine Schultern zuckten, als er klingelte, bevor ich weitere Fragen stellen konnte.

Ein Diener erschien in der Tür.

»Captain Nash möchte uns jetzt verlassen, Griddle«, sagte Pelham.

»Und mein Angebot, Sir Harry?« fragte ich.

Er lachte kurz auf. »Also, Captain, wenn ich die fraglichen Schuldscheine hätte, würde ich sie zweifellos mit Euch tauschen«, sagte er. »Aber leider habe ich sie nicht, versteht Ihr?«

Er verbeugte sich vom Bett aus, während seine Schultern immer noch schwach zuckten. Ich fragte mich, worin der Witz bestand. Es mußte ein ungewöhnlicher Witz sein.

Pelham hatte anscheinend nicht die Absicht, mich aufzuklären. Er verabschiedete mich, indem er mir zuwinkte. Ich drehte mich um und verließ das Zimmer, während mir sein Lachen, das er jetzt nicht länger zurückhielt, deutlich bis in die Halle nachfolgte.

Während ich zu Fuß zu meiner Wohnung zurückkehrte – der Luxus der Kutsche blieb mir diesmal verwehrt – dachte ich über diese neue Entwicklung nach. Warum sollte Pelham denken, daß Oliver Wroth sein Angreifer war? Welchen Grund mochte er haben, sich an Sir Harry zu rächen? Glaubte Wroth, daß Pelham die Schuldscheine besäße? Oder gab es noch eine andere Erklärung? Bevor er mich in meiner Wohnung aufgesucht hatte, hatte seine größte Sorge anscheinend dem Verschwinden seiner Cousine gegolten.

Ich drückte mit der Hand auf den Türknauf.

Seine Cousine. Die Cousine, die auf so geheimnisvolle Weise verschwunden war. Hatte Pelham irgend etwas mit ihrem Verschwinden zu tun? Hatte ihr Verschwinden etwas mit den Papieren zu tun? Vielleicht lohnte es sich, dem nachzugehen. In der Zwischenzeit würde eine erholsame Nacht nicht schaden.

Ich öffnete die Tür und stand erstaunt auf der Schwelle. Meine Zimmer sahen aus, als wäre eine Horde Räuber hier durchgezogen. Schubladen waren herausgezogen, Schränke standen offen, Vorhänge waren von ihren Stangen gerissen, Polster aufgeschlitzt. Sogar die Füllung meiner Matratzen war über das Bett verstreut.

Ich wußte jetzt, warum Sir Harry den Witz so amüsant gefunden hatte. Das Gespräch mit ihm war nichts als eine kleine Posse gewesen, nur leeres Gerede. Der einzige Grund, weshalb er nach mir geschickt hatte, war, sicherzugehen, daß ich nicht in meiner Wohnung wäre, wenn seine Leute kämen, um sie auf den Kopf zu stellen.

Aber er hatte die Rechnung ohne den Wirt gemacht. Das Codebuch war nicht in der Wohnung. Ich hatte es längst an einem anderen Ort in Sicherheit gebracht.

16

Janet machte es sich bequem und spreizte die Beine. Sie nahm die Münze, die ich ihr gegeben hatte, und strich damit wollüstig zwischen ihren Brüsten entlang, über ihren glatten weißen Bauch und zwischen ihren Schenkeln. Janet hatte ein erotisches Verhältnis zu Bargeld.

»Catherine Wroth?« sagte sie. »Nun, ihr Verschwinden war kein Geheimnis. Alle Welt wußte damals davon.«

»Ich habe nie davon gehört.«

»Dann warst du zu der Zeit nicht in England. Es war damals ein großer Skandal. In jedem Kaffeehaus redete man über nichts anderes.«

»Was war passiert?«

»Das weiß Gott allein. Es ist immer noch ein Geheimnis.«

»Aber was hat man sich darüber erzählt?«

»Eine Menge. Das meiste waren wilde Spekulationen, da bin ich mir sicher! Tatsachen waren kaum bekannt. Aber es gibt ein Gerücht, das sich bis heute gehalten hat.«

»Was?«

»Sie waren alle der Meinung, daß sie Pelhams Geliebte war, obwohl man nicht wußte, wie sie es geworden war. Darüber kursierten verschiedenste Gerüchte. Manche sagten, sie sei von sich aus weggelaufen, andere sagen, sie sei dazu gezwungen worden, zu ihm zu gehen, und wieder andere, sie sei gewaltsam entführt worden. Aber sie stimmen darin überein, daß sie jetzt von ihm festgehalten wird – in völliger Abgeschiedenheit, irgendwo tief im Herzen dieses Landes.«

»Wie soll man sie gezwungen haben?«

»Er hat sie erpreßt.«

»Wie?«

Janet zuckte mit den Schultern.

»Das weiß niemand«, sagte sie.

»Aber man glaubt, daß sie jetzt seine Geliebte ist?«

»O ja. Warum sollte sie sonst mit ihm leben – tief im Inneren des Landes? Weit entfernt von jeglicher Zivilisation!«

Sie schauderte bei dieser traurigen Vorstellung, und ihre prachtvollen Brüste zitterten.

Ihre kleine Vorstellung mit der Münze hatte ihre übliche Wirkung auf mich. Ich war wieder einmal zu allem bereit. Ich gab meine Fragerei auf, während wir uns zärtlich küßten. Ihr Haar, das ihr jetzt in weichen Wellen über den Körper fiel, knisterte, während wir auf dem Bett ritten. Es war wahrlich ein Paradies der Lust, und bald drang ich in sie ein und stillte meine Leidenschaft.

Nachdem sie schließlich angenehm gesättigt war und alle meine Fragen beantwortet waren (und sie mir mein ganzes Kleingeld abgenommen hatte), verließ ich sie und ging nach Hause. Ich dachte über all das nach, was sie mir erzählt hatte.

Anscheinend war Pelham durch zwei voneinander unabhängige Skandale eng mit der Familie Wroth verbunden. Ich fragte mich, ob sie nicht doch irgendwie miteinander zusammenhängen konnten? Was konnte er von ihrer Familiengeschichte wissen, das sowohl Miss Wroth zwingen konnte, ihre Ehre zu kompromittieren, als auch die Familie, Murrells Forderungen zu erfüllen? Und falls einer der beiden Wroth' versucht hatte, ihn gestern in Green Park zu ermorden: Sollten da zwei getrennte Rechnungen beglichen werden, oder hingen beide miteinander zusammen?

Diese Gedanken beschäftigten mich, während ich darauf wartete, daß Pelham noch einmal wegen des Codebuchs an mich heranträte. Eines verwirrte mich besonders. Wenn Pelham Miss Wroth verführt hatte, warum hatte er sie nicht geheiratet? Sie war in jeder Hinsicht eine gute Partie – jung, schön, aus guter Familie und auch selbst einigermaßen wohlhabend. Für einen Mann in Pelhams Position schien es seltsam, daß er sich so eine Gelegenheit entgehen lassen sollte, sein Vermögen zu vermehren. Nichts stand ihm im Wege, so weit es sich absehen ließ. Er war Junggeselle von gleichem Rang in der Gesellschaft und besaß sogar einen Pfarrer! Und doch hatte er sie nicht auf gesetzliche Weise an sich gebunden.

Ein anderer verwirrender Aspekt des Falles war die Sache mit Miss Wroth' Pferd. Denn Miss Wroth liebte, wie jedes andere blaublütige englische Mädchen, leidenschaftlich ihr Pferd Zubaydah. Doch am Tag, an dem sie verschwand, war sie von ihrem Landsitz auf ihrer geliebten Stute weggeritten und Zubaydah war zehn Meilen westlich von Stukeley friedlich grasend gefunden worden. Es hatte kein Anzeichen eines Verbrechens oder eines Unfalls gegeben. Der Sattel war unversehrt, das Pferd war ruhig, ohne Schweiß und unverletzt. Warum sie dieses wertvolle und geliebte Tier zurückgelassen hatte, war ein anderes Geheimnis. Der Stute standen noch viele Jahre als gutes Reitpferd bevor.

Eine andere Tatsache, die ich herausgefunden hatte, war vielleicht weniger überraschend. Miss Wroth hatte ihre Schmuckschatulle bei sich, ein Erbe ihrer Mutter. Zumindest hat man die Schatulle nach ihrem seltsamen Verschwinden nie wieder gesehen. Der Wert der Juwelen war nicht unbeträchtlich, aber seltsamerweise hatte sie keine weiteren Ansprüche auf ihr Vermögen erhoben. Was auch immer also Pelhams Motiv für die Verführung des Mädchens und der Grund für ihr Verschwinden aus dem Kreis ihrer Familie gewesen war, Geld hatte dabei keine große Rolle gespielt.

Wie ich zudem herausfand, gab es keinen überzeugenden Beweis für das Gerücht, daß Miss Wroth mit Pelham lebte, sei es als Gefangene, sei es freiwillig. Ihr Name war mit seinem während einer Londoner Saison verbunden gewesen, und das war die einzige Grundlage des Gerüchts. Bei einem Ruf wie dem Pelhams lag es natürlich nahe, anzunehmen, daß er sie auf irgendeine Weise auf einen Weg gelockt hatte, der ihrem guten Ruf schadete. Aber in Wahrheit konnte sie genausogut einfach aus freien Stücken verschwunden sein.

Eine weitere irritierende Tatsache war, daß die Familie Wroth keine offiziellen Nachforschungen wegen ihres Verschwindens veranlaßt hatte, was meines Erachtens nahelegte, daß sie zumindest wußte, wo sie sich aufhielt, und auch ihre Situation tolerierte. Das heißt, in der Öffentlichkeit. Aus irgendeinem Grund – ich vermutete vor allem Stolz – hatten die Wroth' beschlossen, ihre Entfremdung zu ignorieren. Und Oliver Wroth hatte befürchtet (oder vorgegeben zu befürchten!), daß ich beauftragt worden war, sie zu ihrer Familie zurückzubringen!

All das führte zu einem sehr wichtigen Punkt – einem Punkt, der mir zunehmend deutlicher wurde. Es war beträchtlich mehr an der Geschichte mit den Papieren dran, als man mir erzählt hatte. Die Schuldscheine waren nur ein Köder. Wäre Lady Wroth Murrells Forderung nachgekommen, hätte sie sich mit einer größeren Forderung für die Unterlassung einer Bloßstellung wegen noch peinlicherer oder krimineller Tatsachen konfrontiert gesehen – peinlicher als der unangenehme Inhalt der Schuldscheine, die Oliver Wroth mir gebracht hatte. Und ich war überzeugt, daß auch sie davon wußte – warum sollte sie sich sonst solche Mühe machen?

Wenn es ein Skelett im Schrank der Familie Wroth gab, wer konnte besser an ihm rütteln als ein Mann wie Pelham? Falls es stimmte, daß die Enkelin seine Geliebte war, dann hatte er zweifellos von diesem Geheimnis erfahren.

Miss Wroth war einer Nachforschung wert. Wenn sie am Leben war, mußte sie irgendwo eine Spur ihrer Existenz hinterlassen haben. Wenn sie auch noch so entfernt mit Pelham Kontakt hatte und mit ihm lebte, dann konnte sie ausfindig gemacht werden. Wenn sie allein und unabhängig lebte, dann mußte sie eine Spur von Stukeley zu ihrem jetzigen Aufenthaltsort hinterlassen haben, wo immer er sein mochte – ein Bett, in dem sie geschlafen hatte, ein Mahl, das sie eingenommen hatte, ein Schmuckstück, das sie verkauft oder als Pfand beliehen hatte.

Die Affäre Wroth war an einem toten Punkt angelangt. Eine Suche in einer anderen Richtung konnte gut jene bekannten Echos wiedererwecken, die, wenn sie an das Ohr zurückgelangen, einen wie eine Fledermaus zum Licht der Realität führen können.

Es erschien mir logisch, meine Suche in Stukeley zu beginnen. Außerdem schuldete ich meiner Auftraggeberin einen Bericht über die Fortschritte meiner Bemühungen.

17

Ich folgte Chives' breitem Rücken die eichene Treppe hinauf und betrachtete die Familienporträts genauer als das letzte Mal.

Ich hielt vor den Porträts von Lord Wroth und Mr. Oliver. Zur Linken des letzteren zeigte eine leichte Verfärbung der Wand eine Stelle an, an der möglicherweise ein anderes Bild gehangen hatte. Die übrigen zwei Bilder hatte man ein wenig umgehängt, um die Lücke zu vertuschen. Ich vermutete, daß man Miss Wroth aus der Galerie verbannt hatte.

Chives hatte gemerkt, daß ich nicht mehr unmittelbar hinter ihm war, und war an der Tür zum Sonnenzimmer stehengeblieben.

»Hat die Lady ihr eigenes Porträt mitgenommen, Chives?« fragte ich. Er starrte mich an.

»Mylady erwartet Euch, Sir«, sagte er ein wenig vorwurfsvoll und öffnete die Tür. Ich betrat den hellen Raum. Lady Wroth wartete auf mich in ihrem großen Sessel, funkelnder denn je, ein wahres Meer von Brillanten. Die Bänder einer weiten Kappe über ihrem hoch aufgetürmten Haar kreuzten sich unter dem Kinn und waren im Nacken zusammengebunden. Sie trug ein Morgenkleid von betäubender Farbe.

Ich verbeugte mich, und sie antwortete mit einem graziösen Kopfneigen.

Die Tür schloß sich leise hinter uns, und sie fragte ungeduldig: »Also, Captain Nash? Habt Ihr die Schuldscheine?«

»Nein, Mylady«, sagte ich. »Und ich weiß auch nicht, wer sie hat.«

Sie schlug mit ihrem Fächer böse an die Seite ihres Sessels, ihre Augen glitzerten eisig.

»Sir?«

Ich erklärte die Situation sorgfältig. Sie hörte mit zunehmender Feindseligkeit zu.

»Gut, Sir«, sagte sie, als ich meinen Bericht beendet hatte, »stinkender Fisch wird nicht frischer, wenn er faul herumliegt.«

Sie sah mich wütend an und schien mich fast der Nachlässigkeit in der Sache anzuklagen; sie versuchte mir indirekt das

Gefühl zu vermitteln, ich sei in irgendeiner Weise für das Geschehene verantwortlich.

»Ich hatte nicht den Auftrag, Murrells Leben zu schützen, Madam«, ermahnte ich sie sanft. »Und auch nicht d'Urfeys.«

Sie lachte abrupt, ohne Humor, und zeigte ihre erschreckend grauen Zähne.

»Und was schließt Ihr aus alldem, Sir? Was habt Ihr entdeckt?« fragte sie scharf.

Ich sah sie ruhig an. »Ich schließe daraus, daß Murrell von jemandem ermordet wurde, der Interesse an seinem Ableben hatte. Es gibt unzählige Leute, die daran interessiert waren. Ich schätze, etwa die halbe Londoner Gesellschaft.«

»Und was ist mit d'Urfeys Tod?« fragte sie weniger streng. »Glaubt Ihr, daß es einen Zusammenhang gibt?«

»Es scheint einen gewissen Zusammenhang zu geben, Lady Wroth. Das ist wahrscheinlich.«

»Wahrscheinlich, Sir!« schnaubte sie. »Genaueres wißt Ihr nicht?«

»Sehr wahrscheinlich, wenn Ihr so wollt.«

»Nein, Sir«, rief sie leidenschaftlich aus. »Ich will *nicht*!«

Eine Weile saß sie sehr still, dann beschäftigte sie sich nacheinander mit ihrem Taschentuch, ihrer Schnupftabakdose, ihrem Parfümflakon und ihrem Kopfkratzer. Dann nahm sie wieder ihren Fächer zur Hand und sagte nach längerem Schweigen traurig: »Wenn d'Urfey in die Geschichte verwickelt war, dann muß auch dieser Gauner von meinem Enkel irgendwie beteiligt sein.«

»Nicht notwendigerweise, Madam«, sagte ich gleichmütig. »D'Urfey kann seinen eigenen Geschäften nachgegangen sein.«

»Seinen eigenen Geschäften?«

Ihre Brillanten funkelten, als ihre Hand zitterte, und ich hatte plötzlich eine Eingebung. Seine eigenen Geschäfte, tatsächlich. Ich hatte eine Vision von d'Urfey, dem lieben Freund, dem Busenfreund und Kameraden, dem ein Knabe sein Vertrauen geschenkt hatte. Konnte er hinter alldem gesteckt haben? Wenn es Leichen im Keller der Familie Wroth gab, würde er darüber Bescheid gewußt haben. Er, d'Urfey, der privilegierte Gast. Er könnte gut das Bindeglied zu Murrell gewesen sein – und war dann, nachdem er seinen Zweck erfüllt hatte, wie Murrell beseitigt worden.

Aber auf die gleiche Weise wie Pelham? Mit einem Messer durch die Kehle? Da war ein Bruch in meiner Vision, der göttliche Atem verließ mich.

»Was denkt Ihr, Captain Nash?« fragte Lady Wroth und sah mich neugierig an.

Ohne nachzudenken antwortete ich: »Wenn Ihr nur ehrlich zu mir wärt, Madam!«

Sie wich zurück. »Sir?«

»Mylady ist vielleicht nicht bewußt, daß ich zweimal Informationen zurückgehalten habe, die zwei Verbrechen betreffen ... jedenfalls bisher. Ich habe das getan, um Euren Interessen zu dienen. Wenn Ihr nur mehr Vertrauen in mich hättet.«

Sie entspannte sich etwas. Aber trotzdem sah sie mich durchdringend an, als sie sagte: »Ich habe Euch alles gesagt, was ich weiß.«

»Nicht ganz, Madam«, antwortete ich.

Sie zuckte bei meiner Respektlosigkeit etwas zusammen, faßte sich jedoch gleich wieder. Sie bot das Bild einer vollkommenen großen Dame, die es mit einem unverschämten Untergebenen zu tun hat.

»Zum Beispiel, Sir?« fragte sie.

»Wo ist Eure Enkelin, Miss Catherine Wroth?«

Eine erstaunte Pause. Sie verlor die Kontrolle über sich selbst – ihre Tage als Schauspielerin lagen weit zurück. Sie starrte mich mit offenem Mund an und stotterte: »Was hat das hiermit zu tun, Sir?«

Ich kam auf den Punkt.

»Lady Wroth, Eure Enkelin verschwand und kehrte einem großen Vermögen und ihrem Platz in der Gesellschaft den Rücken. Sie verschwand in großer Eile, und dafür muß es einen Grund gegeben haben.

Gerüchten zufolge lebt sie mit Sir Harry Pelham zusammen, und wir wissen, daß er an Murrells dunklen Geschäften beteiligt war. Ich glaube, daß an den Papieren mehr dran ist als das, was darauf geschrieben steht. Murrell besaß Kenntnisse geheimer und skandalöser Natur, die Eure Familie betreffen. Er war bereit, sie zu verkaufen. Jemand muß Murrell diese Informationen gegeben haben, und ich glaube, es war ...«

Ich wollte Pelham sagen, aber sie unterbrach mich mit einem Schrei.

»Nein, Sir! Das ist ein abwegiger Gedanke. Sie kann solche Information nicht mehr an diesen ...«

Sie unterbrach sich und warf mir einen wilden Blick zu.

»Sie ist also bei Pelham?« sagte ich.

»Das, Sir, geht Euch nichts an. Sie hat getan, was sie tun mußte, und das geht nur ihren Schöpfer etwas an. Aber ich weiß, daß sie in keiner Weise etwas mit dieser Sache zu tun hat.«

»Sie lebt mit Pelham, und er ist in die Sache verwickelt«, sagte ich hartnäckig.

»Genug, Sir!« rief sie und stand auf. Ich stand kurz davor, aus dem Zimmer gewiesen zu werden und wahrscheinlich meinen Auftrag zu verlieren.

Sie zögerte. Die Fassade der großen Dame bröckelte ab, und eine beunruhigte alte Lady schaute mir ängstlich entgegen.

Ich sprach freundlich zu ihr. »Verzeiht mir, wenn ich Euch verletzt habe, Lady Wroth«, sagte ich. »Aber Ihr müßt zugeben, daß Ihr nicht eben aufrichtig mit mir gewesen seid.«

»Ich habe Euch alles gesagt, was Ihr wissen müßt, Captain Nash«, antwortete sie. »Ihr habt lediglich den Auftrag erhalten, Euch mit den Papieren zu befassen, Sir«, und fügte böse hinzu: »Wobei Ihr versagt habt!«

Sie läutete energisch ihre Klingel.

»Noch nicht ganz, Madam«, sagte ich bestimmt.

Sie sah überrascht auf, das Glöckchen verstummte unverzüglich. Ihr Mund zuckte vor Verachtung.

»Wollt Ihr damit sagen, daß Ihr sie mir immer noch beschaffen könnt?«

»Ja.«

Sie sah mich fragend an.

»Wie, Sir?«

»Ich habe immer noch einen wichtigen Gegenstand, mit dem ich handeln kann, Mylady«, sagte ich. »Das Codebuch. Pelham wird es bald brauchen. Er ist jetzt schon dringend daran interessiert – so sehr, daß er bereit war, in meine Wohnung einzudringen, um dessen habhaft zu werden.«

Sie hielt den Atem an.

»Glaubt Ihr, daß Pelham die Schuldscheine hat?« Sie sah beinahe verängstigt aus.

»Wenn er sie nicht hat, dann weiß er zumindest, wo er sie suchen muß«, lächelte ich. »Möchtet Ihr immer noch, daß ich in Eurem Auftrag handle?«

»Vorausgesetzt, Ihr könnt das, ohne unschuldige Menschen hineinzuziehen«, sagte sie grimmig.

Die Tür öffnete sich. Chives erwartete seine Anweisungen. Lady Wroth schaute von mir zu ihm und wieder zurück.

Sie faßte einen Entschluß.

»Bringt Tee, Chives«, befahl sie. »Captain Nash bleibt noch eine Weile hier.«

Sie setzte sich und bedeutete mir, ebenfalls wieder meinen Platz einzunehmen.

Chives schloß die Tür. Lady Wroth begann, mir von ihrer Enkelin, Miss Catherine, zu erzählen.

Und eine Stunde später, als ich von Stukeley wegritt, war ich nach ihren vertraulichen Mitteilungen nicht viel schlauer. Lady Wroth hatte ziemlich offen gesprochen, aber ohne die geringste Information preiszugeben. Sie wußte, wo das Mädchen war; sie befände sich nicht in Gefahr, weder in physischer noch moralischer, und sie sollte nicht im geringsten in diese Sache verwickelt werden. Mehr wollte sie dazu nicht preisgeben. Aber was sie erzählte, schilderte sie mit großem Nachdruck. Ihre Enkelin wäre ein ehrliches, anständiges Mädchen, das die Welt verleumdete. Sie hätte ihre eigenen Gründe für ihr Verhalten, und so falsch ihr Verhalten vielleicht war, sie hätte in aller Ehre gehandelt. Aber auf jeden Fall ginge das die Gesellschaft nichts an. Und mich ginge es auch nichts an.

Und im Hinblick auf das, was mich etwas anging, fragte sie, wie bald ich die Schuldscheine beschaffen könnte, um die schmutzige Affäre zu einem Ende zu bringen?

Ach ja, wann nur? fragte ich mich, als ich in meine Straße einbog. Es hing ganz davon ab, was von jetzt an geschehen würde.

Aber eine neue Entwicklung schien sich schon anzudeuten. Denn während der letzten vier Meilen hatte ich gemerkt, daß mir jemand folgte. Offenbar war mir jemand den ganzen Weg über von Stukeley gefolgt.

Ein grauer Mann auf einer grauen Stute versuchte sein Bestes, in dem grauen Tag unbemerkt zu bleiben, was ihm nicht ganz gelang.

Und was ihm vielleicht mit Absicht nicht ganz gelang.

18

Ich saß in meiner Wohnung und wartete auf das Geräusch des Türklopfers. Doch Pelham schien es nicht eilig zu haben, wieder mit mir Kontakt aufzunehmen.

Entweder hatte er das Interesse an dem Codebuch verloren, oder er hatte Schwierigkeiten damit, die Schuldscheine zu beschaffen. Daß er das Interesse verloren hatte, hielt ich kaum für möglich, deshalb schien letzteres wahrscheinlicher. Wenn das so war, so wurde mir klar, dann wäre es auch für mich nicht leicht, sie zu bekommen. Sowohl Murrells rothaariger Gehilfe als auch die unangenehme Negerin schienen im Limbus des Jenseits verschwunden zu sein, und obwohl ich meine Kontakte in der Unterwelt eingeschaltet hatte, um zu versuchen, ihren Schlupfwinkel ausfindig zu machen, hatte ich bisher keine ermutigenden Neuigkeiten aus dieser Richtung.

Meine größte Hoffnung war Pelham. Ich hatte einen Mann damit beauftragt, sein Haus am Newick Square zu beobachten. Dieser Mann, Droop mit Namen, war ein alter und erfahrener Helfer, wenn es ums Beobachten ging. Er sollte mir beim leisesten Zeichen einer Aktivität eine Nachricht schicken und mir über alle Besuche Sir Harrys Bericht erstatten. Bisher hatte er nichts von Bedeutung gesehen, nur das Kommen und Gehen von Lieferanten, nichts weiter Verdächtiges, wenngleich bei einem Mann von Pelhams Kaliber nichts von vornherein als ganz unverdächtig gelten konnte. Aber ich ließ ihn auf seinem Posten, weil ich sicher war: Wenn ich in eine neue Richtung geführt werden sollte, dann würde Pelham mir den Weg weisen.

Als ich mein Abendessen beendet hatte, läutete es. Ich öffnete die Tür und erblickte einen zerlumpten Straßenjungen, der mich von unten herauf angrinste.

»Captain Nash?« tönte er.

»Ja, Junge.«

»Droop sagt, Ihr sollt kommen, Euer Ehren.«

Er streckte eine schmutzige Hand aus, in die ich eine Münze fallen ließ. Mit einem Nicken und einem Augenzwinkern verschwand er in der Nacht.

Fünf Minuten später folgte ich ihm. An einer Stelle meines Weges bemerkte ich den Mann in Grau, der von Schatten zu Schatten hinter mir her huschte. Er sah in dem unsicheren Licht wie der graueste Mann aus, den ich je gesehen hatte: grau vom Kopf bis zu den Stiefeln. Sogar sein Gesicht schien die Farbe einer feinen Grauschattierung aufzuweisen.

Ich hielt mich an die Hauptwege und weitgehend im Licht.

Am Abend waren die Straßen einigermaßen mit umherflanierenden Menschen belebt. Während ich zielstrebig den Newick Square ansteuerte, hielt mein Verfolger gleichmäßigen Abstand zu mir. Als ich für ein paar Minuten eine dunkle, menschenverlassene Stelle passieren mußte, beschleunigte ich meine Schritte ein wenig, in der Erwartung, der Mann würde etwas unternehmen, und wappnete mich für einen plötzlichen Angriff von hinten.

Aber nichts dergleichen geschah. Der Mann hielt weiterhin Abstand, und ich erreichte den Newick Square ohne besondere Vorkommnisse: Droop erwartete mich schon. Er tauchte hinter dem Sockel einer Statue auf, wo er gelauert hatte.

»Was gibt's?« fragte ich.

»Rotkopf«, antwortete er. »Er hat das Haus von hinten betreten. Vor etwa einer halben Stunde.«

Ich betrachtete Pelhams Haus. Fast alle Zimmer waren hell erleuchtet, eine unfaßbare Verschwendung. Man sollte meinen, er gäbe eine Abendgesellschaft, statt das Zimmer zu hüten. Hatte Murrells Gehilfe endlich die Schuldscheine gebracht? Wenn ja, dann würde Pelham bald mit mir Kontakt aufnehmen, um die Übergabe zu arrangieren.

Wir standen halb hinter der Statue verborgen und warteten. Eine Ecke weiter wartete auch mein Verfolger. Schemenhaft konnte ich seine graue Gestalt hinter einer Hausecke erkennen.

»Seht Euch nicht um«, sagte Droop heiser, »wir werden nämlich verfolgt.«

Ich mußte lachen. Droops scharfem Blick entging nur wenig.

»Er ist mir bis hierher gefolgt«, sagte ich.

»Soll ich ihn fortjagen?«

»Nein. Wenn wir gehen, kannst du ihm folgen.«

»Ihm folgen, wenn er Euch folgt, meint Ihr?«

»Genau.«

Droop lachte leise. Die Vorstellung eines Spürhundes, der einem Spürhund folgt, amüsierte ihn sehr.

Wir warteten weitere zehn Minuten. Nichts geschah. Die Menschen verschwanden nach und nach von der Straße. Eine Kutsche holperte über die Pflastersteine. Ein offener Wagen hielt vor einem Nachbarhaus, und ein vornehm gekleideter, gepuderter Edelmann wurde zu seiner abendlichen Unterhaltung gefahren.

Vermutlich alle Anwohner von Newick Square waren an diesem Abend ausgegangen, denn ihre Häuser waren nur mäßig erleuchtet. Nur Pelhams Haus war beleuchtet wie für einen Ball. Licht strömte aus allen Fenstern, außer einem. Dieses Zimmer hielt ich für sein Schlafzimmer: Es war ein schwarzes Oval und stand in einem seltsamen, fast unheimlichen Kontrast zum Rest des Hauses.

Einmal glaubte ich einen Schrei zu hören, der von dem dunklen Fenster herrührte.

»Hast du etwas gehört, Droop?« fragte ich.

»Was?«

»Etwas wie einen Schrei.«

»Nee.«

Droops Ohren waren scharf wie die eines Fuchses. Also hatte ich mir den Schrei wohl nur eingebildet.

Zehn Minuten schlichen dahin.

Aber mit einemmal wurde es unruhig um das Haus herum. Der arrogante Bediente steckte seinen Kopf aus der großen Fronttür und sah die Straße hinauf und hinunter. Droop und ich duckten uns schnell in unser Versteck. Die Tür schloß sich.

Fünf Minuten später schaukelte eine Kutsche schwerfällig aus Pelhams Stallgebäuden. Schwer ächzend fuhr sie an uns vorbei und schlug die Richtung Piccadilly ein.

Augenblicklich faßte ich einen Entschluß. »Folge dem Kerl da hinten«, befahl ich Droop und nickte in Richtung des grauen Mannes, der immer noch in seiner Ecke lauerte.

Ich lief schnell und lautlos der Kutsche nach. Als sie einen Moment anhielt, bevor sie in den dichten Verkehr von Piccadilly einbog, sprang ich leichtfüßig auf die hintere Achse und setzte mich auf das Brett zwischen den Rädern. Das Gehäuse neigte sich ein wenig unter meinem Gewicht, aber da die Kutsche gerade in dem Moment mit einem Ruck anfuhr, als ich aufsprang, vertraute ich darauf, daß man mich nicht bemerkt hatte.

Als es schließlich die Zollschranke von Knightsbridge hinter sich gelassen hatte und auf der offenen Straße war, wurde das Gefährt deutlich schneller. Ich staunte über die Geschwindigkeit, die der Kutscher aus so einem schwerfälligen Vehikel heraus-holte.

Eine Stunde oder mehr verging. Wir waren jetzt auf dem Land, irgendwo in der Nähe des Dorfes Hammersmith. Die Kutsche wandte sich dem Fluß zu. Eine Brise kam auf, und die Leder-gurte, an denen ich mich festhielt, wurden in der feuchten Nacht-luft klamm.

Die Kutsche bog jetzt von der Hauptstraße in einen grasbe-wachsenen Weg ein. Ich mußte mächtige Stöße aushalten, als wir mit unverminderter Geschwindigkeit weiterholperten. Der Kut-scher war in tödlicher Eile.

Wir hielten am Rand eines Feldes. Kein Gebäude war in Sicht. Die Lichter von Hammersmith leuchteten eine Meile entfernt. Ein dumpfer Geruch stieg vom Fluß her auf, der ein paar Meter entfernt geisterhaft glänzte. Ich kauerte mich tiefer unter das Gehäuse des Wagens.

Der Kutscher stieg ab und öffnete das Tor auf das Feld. Er war ein stattlicher Geselle, sogar noch, nachdem er seinen Mantel abgelegt hatte. Er öffnete die Tür und langte hinein. Heftig atmend zog er einen Gegenstand über den Boden und warf ihn sich mit einem Grunzen über die Schulter. Von meinem Beobach-tungsposten unter dem Gehäuse aus sah ich ihn über das Feld zum Fluß gehen. Über der Schulter trug er eine weißverhüllte Gestalt.

Die Pferde schnaubten leise, als ich aus meinem Versteck schlüpfte. Ich ging durch das Tor, dann durch die Lücke einer

Hecke und folgte dem stolpernden Bedienten das Feld entlang. Als er das Bündel auf den sumpfigen Boden am Rand des Flusses fallen ließ, suchte ich hinter einem dichtbeblätterten Baum Schutz.

Der Mann machte sich nicht die Mühe, sich umzuschauen. Anscheinend war er sich sicher, daß er nicht beobachtet wurde. Ohne Umstände riß er das weiße Tuch von der schwarzen Gestalt. Er holte einmal tief Luft, hob sie hoch über seine Schultern und schleuderte sie mit großer Kraft in den Fluß.

Sie fiel mit einem dumpfen Platschen in das Wasser, und eine kleine Welle rauschte an das schilfige Ufer. Der Kutscher wartete nur so lange, bis er sicher war, daß seine Last weit genug vom Ufer entfernt war, um bei Ebbe in die Strömung des zur See hin ablaufenden Wassers zu gelangen. Befriedigt hob er das weiße Tuch auf und wandte sich vom Ufer ab. Im nächsten Moment hatte er das Feld zur Hälfte überquert. Das Tuch leuchtete in dem unheimlichen Licht.

Ich schaute auf den Fluß. Eine unklare Form trieb knapp über der Wasseroberfläche ein paar Meter weit draußen. Die Strömung hatte sie schon erfaßt und zog sie flußabwärts, ein buckliger Gegenstand wie ein obszöner Fisch.

Plötzlich änderte die dunkle Masse die Richtung. Sie begann in Richtung Ufer zu treiben. Aufgeregt ging ich die Wasserlinie entlang und blieb auf gleicher Höhe mit der schwimmenden Masse stehen. Eine kleine Landspitze ragte etwa fünf Meter weit in den Fluß, und ich sah, daß die schwarze Masse dort angetrieben würde. Ich lief ein Stück vor und packte einen abgebrochenen Zweig, um sie damit an Land zu ziehen.

Zwei Minuten später hatte ich den von der Themse durchweichten Körper von Murrells einzigartigem Gehilfen vor mir. Seine Hände und Füße waren mit dünner Schnur leicht gefesselt, seine Augen starrten mich entsetzt an, seine Eckzähne ragten in grimmigem Lachen vor – die Parodie einer Grimasse.

Ich schlug Feuer und beugte mich über den Körper. Sein nasses Hemd war an einem treibenden Stück Holz aufgerissen, und wo das Fleisch sichtbar war, konnte ich schwache blaue Flecke erkennen. Offenbar hatte man ihn gefoltert. Meine Ohren hatten mich nicht getäuscht.

Hatte man ihn zu Tode gefoltert? Anscheinend war er durch einen stumpfen Gegenstand zu Tode gekommen. Eine dunkle Wunde hob sich von der bleichen Haut ab. Ich betastete seinen Kopf, betrachtete die Wunde genau, bewegte den Kopf mit beiden Händen und befühlte seine Rippen. Ich hob die schlaffe Hand und prüfte die Fingernägel. Ich ließ die Hand fallen. Er war an Genickbruch gestorben. Schon begann der Körper in der Kühle der Nachtluft steif zu werden.

19

Die Türglocke riß mich aus meinem Schlaf und unterbrach einen sanften, angenehmen Traum. Ich stieg die Treppe hinunter, mehr schlafend als wachend. Es war drei Uhr früh gewesen, als ich diese Treppen erschöpft hinaufgestiegen und zu Bett gegangen war. Ich öffnete die Tür und war plötzlich mit einem Ruck hellwach. Ich wäre nicht schneller so hellwach geworden, wenn man mir einen Guß eiskalten Wassers verabreicht hätte.

Der graue Mann stand auf meinen Stufen, grauer denn je in dem hellen Morgenlicht.

»Captain Nash?« fragte er mit grauer, gespenstischer Stimme, so dicht wie Flußnebel.

»Ich glaube, Ihr kennt mich bereits, Sir«, sagte ich halb streng, halb amüsiert.

Er wurde rot, wenn das ein passendes Wort ist, um zu beschreiben, wie ein dunklerer Farbton unter seine grauen Wangen kroch.

»Ich würde Euch gerne sprechen, Captain«, sagte er ziemlich kleinlaut.

Ich sah ihn prüfend an. Bei Tageslicht sah er vergleichsweise harmlos aus. Wenn er nicht im Schatten war und ohne alle Heimlichkeit, gab er eine ziemlich unauffällige, beinahe mitleiderregende Figur ab.

Er hatte keine Waffen bei sich, dessen war ich mir sicher. Also ließ ich ihn ein.

Er saß in meinem Zimmer wie ein geschrumpfter Elefant. Seine Haut hing schlaff an ihm herunter, wie eine Tierhaut, grau und ledrig; alle Falten verliefen auf äußerst deprimierende Weise nach unten.

»Mein Name ist Smith«, sagte er in seiner Flüsterstimme. »›Sarg-Smith‹«, fügte er hinzu. Auf den Beinamen legte er Wert. Ich verbeugte mich. Er errötete wieder, als wäre normale Höflichkeit eine Beleidigung für ihn. Er war an Beleidigungen gewöhnt, das konnte ich sehen.

Er fuhr sich nervös mit der Zunge über die Lippen und sah sich im Zimmer um. Um ihm ein wenig seine Hemmungen zu nehmen und weil ich befürchtete, sonst würde er nie zur Sache kommen, bot ich ihm eine Prise Schnupftabak an. Oft faßt ein Mann beim Genuß solcher Kleinigkeiten Vertrauen. So unbedeutende Handlungen führen dann dazu, daß die Spannung sich ein wenig legt.

Er errötete oder ›ergraute‹ vielmehr und nahm linkisch die Tabakdose entgegen. Er nahm den Tabak sehr ungeschickt zwischen seine Fingerspitzen und inhalierte mit äußerst unanständigem Geräusch das Pulver. Nach einem gewaltigen Niesen sagte er: »Allmächtiger!« und saß dann einfach da, wobei er so erbärmlich und grau wie je aussah.

»Ich bin ein Freund von Betty«, sagte er und wartete.

Offensichtlich ging er davon aus, daß ich wußte, wer Betty war. Da sie mir unbekannt war, hielt ich es für das beste, in mysteriösem Schweigen zu verharren. Ich konnte sehen, daß ihn das sehr beeindruckte.

»Betty ist eine gute Frau«, sagte er und legte wieder eine Pause ein.

»Ich habe keinen Zweifel daran«, antwortete ich gleichmütig. Er errötete wieder. Er schien einen kritischen Unterton in meiner harmlosen Bemerkung gehört zu haben.

»Der alte Bastard hat sie schlecht behandelt«, sagte er.

Ich wartete eine volle Minute darauf, daß er weitersprach, aber er sagte nur: »Sie ist eine gute Frau«, und warf mir einen schnellen, kampflustigen Blick zu, als ob er erwartete, ich würde ihn in diesem Punkt herausfordern.

»Und was möchte Betty von mir?« fragte ich, denn ich hatte das Gefühl, ich mußte seine Geschichte aus ihm herausbekommen, bevor er sein Vertrauen ganz verlor.

Er wand sich unruhig hin und her und nieste noch einmal gewaltig.

»Sie möchte mit Euch ein Geschäft abschließen«, sagte er endlich.

»Oh?« sagte ich vorsichtig.

Er putzte sich mit einem schmutzigen Taschentuch die Nase.

»Seid Ihr deshalb die letzten vierundzwanzig Stunden hinter mir her gewesen?« fragte ich.

Unglücklich schaute er zur Seite, als ob ich ihn mit seiner Hand an meiner Börse erwischt hätte.

»Sie will ein Geschäft machen«, sagte er wieder.

»Was für ein Geschäft?« bellte ich, denn plötzlich verlor ich die Geduld.

Er blinzelte.

»Ihr könnt ihr trauen«, sagte er dann und reizte meine Geduld noch mehr. »Auch wenn sie außen schwarz ist.«

Blitzartig wurde mir alles klar. Murrells Packesel. Die häßliche Negerin. Hier war ihr Bote.

»Hat sie die Schuldscheine?« fragte ich.

»Sie weiß, wo sie sind«, sagte er.

»Kann sie sie mir beschaffen?«

Er schüttelte den Kopf.

»Nein, Captain. Aber Ihr könnt es.«

»Ich kann? Wie?«

»Sie wird es Euch sagen. Für hundert Pfund.«

Mit diesem Angebot konnte etwas nicht stimmen. Ich überlegte einen Moment, dann sah ich, was es war. Der Preis, den sie verlangte, war viel zu niedrig. Einhundert Pfund für Schuldscheine, die Tausende wert waren. Warum war sie bereit, sie so billig zu verkaufen?

Er sah mich ängstlich an.

»Seid Ihr interessiert?«

»Soll ich nur die Information kaufen?«

Er nickte. »Ja. Aber es ist die einzige Möglichkeit, sie zurückzubekommen. Ihr werdet sie in hundert Jahren nicht finden ohne Bettys Hilfe.«

»Seid Ihr sicher?«

Er sah mich von meiner Frage verwirrt an.

»Was meint Ihr, Sir?«

»Ist sie die einzige Person, die weiß, wo sie sind?«

»Es gibt niemanden sonst«, antwortete er fest.

Ich dachte an den verletzten und gefolterten Körper des rothaarigen Gehilfen. Wenn er von den Papieren gewußt hatte, dann war es unwahrscheinlich, daß das Geheimnis mit ihm gestorben war. Ich konnte mir nicht vorstellen, daß dieser wild grinsende Mund unter dem Druck solcher Schmerzen Schweigen bewahrt hatte. Pelham mußte jetzt auch das Geheimnis kennen. Und dann wäre das Codebuch immer noch mein bester Trumpf. Und billiger noch dazu.

»Es ist mehr an diesen Papieren dran, als Ihr denkt«, sagte Smith scharf. In seinem grauen Gesicht lag plötzlich ein listiger Ausdruck.

»Oh?«

»Dafür bezahlt Ihr auch.«

»Ihr scheint dringend Geld zu brauchen, da Ihr so billig verkaufen wollt«, sagte ich.

Er rieb sich unbehaglich an der Rücklehne des Stuhls.

»Wir müssen weg«, sagte er.

Pelham. Sie hatten Angst vor Pelham.

»Das Klima hier ist nicht gut für Eure Frau«, sagte ich freundlich.

»Kauft Ihr?« fragte er.

»Vorher muß ich mehr wissen.«

»Es ist Bettys Sache«, sagte er. »Ich bin nur ihr Bote.«

»Und wann machen wir das Geschäft?« fragte ich.

»Kommt heute nacht an meinen Platz«, sagte er. »Roachs Landings, da bin ich zu finden.«

»Nein«, sagte ich. »Ihr müßt herkommen.«

Ich stellte mir meinen Empfang in Roachs Landings vor. Ein schneller Schlag hinter das Ohr und ewige Dunkelheit für George Nash. Hielten sie mich für einen Narren?

Er rutschte unruhig auf seinem Stuhl hin und her.

»Sie geht nicht raus«, sagte er. »Nicht bevor wir soweit sind und weggehen.«

»Sie muß große Angst haben«, sagte ich. »Traut sie ihrer eigenen Magie nicht?«

Verdruß machte sich in seinem Gesicht breit. Sein Blick wirkte verschlossen. Ich beschloß, nicht weiter in seine außergewöhnliche Beziehung mit der schwarzen Wilden einzudringen. Ich fragte mich kurz, ob Murrell inzwischen wohl ein anständiges Begräbnis bekommen hatte. Vermutlich hatte die arme Kreatur die Hoffnung auf seine Rückkehr von den Toten aufgegeben, denn sie fühlte sich offenbar nicht länger von seinen magischen Kräften geschützt.

»Werdet Ihr kommen?« fragte Smith.

Ich erwog die Möglichkeiten. Bis Pelham handelte, war dieses ungleiche Paar meine wichtigste Spur zu den Papieren. Es wäre besser, ihnen zu trauen – bis zu einem gewissen Punkt.

»Ich komme zu Roachs Landings für die Information«, sagte ich. »Aber Ihr müßt Euch hierher begeben, um das Geld zu bekommen.«

Er machte nur eine kurze Pause, dann nickte er zustimmend. Falls ich eine ärgerliche Reaktion auf meinen Vorschlag erwartet hatte, so wurde ich enttäuscht. Er akzeptierte meine Bedingung stoisch. ›Sarg-Smith‹ war gewohnt, die Grenzen anderer Leute auszuloten. Er hatte sein ganzes Leben lang nach fremder Melodie getanzt.

»Wir gehen jetzt besser«, sagte er.

Roachs Landings erreichte man durch ein Gewirr übelriechender Gassen. Verkommene Häuser und einstürzende Mauern kennzeichneten den Ort. Die meisten Gebäude schienen im Schlamm versunken zu sein, und der Rest sah aus, als würde er schon bei einem Husten zusammenfallen. Die einzigen ermutigenden Zeugen dieser üblen Szenerie waren die Sonne, die auf die Themse schien, und die Boote, lockende Symbole der Flucht, deren Masten wie ein bizarrer Wald hinter den Kaminen aufragten. Es war eine äußerst zwielichtige Gegend, zwischen Lagerhäusern und Werkstätten, umgeben von den hohen Rampen der Dockwände. Schrille Stimmen erschütterten die Luft um uns herum, und Ruß klebte in der drückenden Hitze an meiner Haut.

Smith fand seinen Weg durch die gewundenen, schmutzigen Gassen mit der Sicherheit langer Bekanntschaft. In diesem Teil der Welt war er voller Selbstvertrauen.

Ich war allerdings weit davon entfernt, Selbstvertrauen zu

empfinden. Wir waren wenigstens an einem halben Dutzend Galgen vorbeigekommen, an denen sich die Leichen an den eisernen Käfigen rieben, in denen sie ausgestellt waren. Aber es war nicht anzunehmen, daß die Leute, die wir sahen, von solch düsteren Warnungen besonders beeindruckt waren. Sie sahen einen mit berechnenden Blicken an, und ich ging weiter voran, die Hälfte meiner Aufmerksamkeit nach hinten gerichtet. Die Bewohner von Roachs Landings waren kaum menschlich zu nennen. Sie wurden von ihrer Obrigkeit kaum besser als wilde Tiere behandelt, und das aus gutem Grund. Gesetzeshüter patrouillierten hier nur zu fünft, und zwar nur bei Tage. Ich wünschte fast, ich hätte mich an dem Morgen mit weniger Sorgfalt gekleidet.

Ich hatte meine Hand bereit an meinem Degen und spürte eine Mischung aus Erleichterung und Angst, als wir in eine bedrohlich dunkle Einfahrt einbogen, die nach Katzen und Urin stank. Ein Dutzend Augen folgte uns, als wir die zerbrochenen Treppen hinaufstiegen. Die Wände schwitzten und blätterten ab, die Luft war beladen mit Feuchtigkeit und Verzweiflung.

Als wir den Treppenabsatz erreichten, schlug Smith Feuer. Die Luft wurde immer schlechter, je höher wir hinaufstiegen, und das einzige Licht fiel durch die Ritzen im Dach, durch das der Winterregen eingedrungen war.

Er klopfte ein verabredetes Zeichen an eine Tür. Keine Antwort. Er wartete einen Augenblick, dann wiederholte er das Zeichen. Wieder unheimliche Stille. Smith atmete mit einem erstickten Laut heftig ein. Etwas Weiches streifte meine Knöchel. Es war kein Laut zu vernehmen, abgesehen von einem schwachen Flüstern hinter der Täfelung und dem dumpfen Gemurmel von der Straße unten her.

Smith rief ihren Namen.

Es kam keine Antwort. Bevor ich ihn zurückhalten konnte, hatte Smith eine Schulter an die Tür gelegt und brach in das Zimmer ein.

Er hielt abrupt inne, erschüttert von dem Anblick, der sich ihm bot. Ein heiserer, mitleiderregender gebrochener Schrei brach aus ihm hervor. Ich hätte nie gedacht, daß ein so deutlicher Laut aus diesem grauen Mund kommen konnte.

Der heiße, kleine Raum war nur noch ein Trümmerhaufen. Die wackligen Stühle und der billige Tisch aus Holz lagen zersplittert und zerbrochen da; Scherben von Porzellan lagen da, wo man es zerschmettert hatte. Die schmierigen Wände waren mit Blut bespritzt, und blutige Haut lag auf dem staubigen Boden. Ein grausamer Kampf hatte sich hier abgespielt, und die Verliererin lag da, wo sie auf das schmutzige Bett gefallen war. Die Negerin hing beinahe nackt über der blutgetränkten Matratze. Ihre Augen waren wild verdreht, ihre glänzenden Beine zeigten kerbenartige Einschnitte, und weitere schreckliche Wunden blühten wie obszöne Rosen auf ihren Brüsten und ihrem Bauch.

Es war eine grausame und teuflische Szene, eine verrückte Szene aus einem Irrenhaus. Rachedurstig war sie mit einem Degen getötet worden. Sie mußte unglaublich gelitten haben.

Smith stand an dem Bett; nach einer tödlichen Pause bedeckte er den grotesken Körper mit einem Laken. Inmitten dieser wahnwitzigen Atmosphäre sah er plötzlich sehr gefaßt aus. Als er sich umdrehte und mich anschaute, waren seine Augen so trocken und so leblos wie die Leiche.

Er begann still zu fluchen. Eine Reihe wildester Flüche drang aus seinem Mund, hervorgebracht mit heiserer, grauer Stimme.

20

Ich verbrachte den Tag in einem Zustand tiefer Dämmerung, zugleich mit dem Bewußtsein, völlig versagt zu haben. Betty war tot, und mit ihrem Tod waren alle meine Chancen darauf, an die richtigen Informationen zu gelangen, wahrscheinlich nichtig. Der Fall ähnelte in seinem Verlauf dem Schicksal eines leckgeschlagenen Bootes, das langsam von Ebbe und Flut begraben wird.

Betty hatte gewußt, wo die Schuldscheine zu finden waren. Pelham wußte es auch – oder auch nicht. Wenn er es nicht gewußt hatte, war er dann für die schreckliche Metzelei in dem ärmlichen Zimmer verantwortlich? Hatte er nun den Aufbewahrungsort erfahren?

Ich hielt es für recht unwahrscheinlich. So wie der grimmige Körper aussah und wie der Zustand des Zimmers war, konnte ich mir kaum vorstellen, daß eine Frau, die so tapfer kämpfen konnte, mit ihrem Wissen leicht herausgerückt wäre.

Ich wurde das Gefühl nicht los, daß ihr Geheimnis mit ihr gestorben war.

Pelham mußte immer noch so unwissend sein wie ich selbst. Aber mehr als ich gewillt, Abhilfe zu schaffen! Drei Männer und eine Frau waren gestorben. Ich wußte, daß er den Gehilfen getötet hatte. Wenn ein Tod zu seinen Lasten ging, warum nicht alle vier? Es war möglich, sogar logisch. Und wenn er bereit war, so weit zu gehen, um an die Schuldscheine zu gelangen, wie weit würde er dann gehen, um in den Besitz des Codebuches zu gelangen?

Und doch war ich bisher unbehelligt geblieben.

Ein anderer Gedanke beschäftigte mich. Bei aller berüchtigten Verkommenheit Pelhams, man hatte ihm niemals physische Grausamkeit nachgesagt. Immer wenn ich an die Szene in dem unglückseligen Zimmer dachte, irritierte mich am meisten die Rohheit, mit der dort gewütet worden war. Sie vertrug sich schlecht mit Pelhams Methoden, soweit sie mir bekannt waren. Sie trug nicht seine Handschrift.

Andererseits fiel mir der Körper des rothaarigen Mannes ein, die Verletzungen, der Schrecken, der in dem unheimlich grinsenden Gesicht stand. Pelham hatte entweder seinen Stil geändert oder hatte begonnen, sich besonders bösartiger Helfer zu bedienen.

Meine eigene Situation war sehr prekär geworden. Ich mußte mit jeder erdenklichen Gefahr rechnen. Das Codebuch war immer noch das Wichtigste, was ich in der Hand hatte, und Pelham, so schien es jetzt, war nicht der Mann, der ruhig dasaß und feilschte, wenn er seinen Willen mit wirkungsvolleren Mitteln durchsetzen konnte.

Inmitten solcher Überlegungen läutete es. Als ich die Tür öffnete, stand mir Pelhams blasierter Diener gegenüber. Sir Harry würde mich gerne dringend sehen, sagte der Mann. Ich sollte sofort kommen, die Kutsche stünde vor der Tür.

»Richtet Eurem Herrn aus«, sagte ich, »daß mich nichts dazu

bewegen kann, sein Haus zu betreten. Wenn er etwas mit mir besprechen möchte, muß er herkommen und es hier tun.«

Der Diener sah sehr erstaunt aus. Dann drehte er sich auf dem Absatz um und besprach sich mit dem Kutscher, demselben riesigen Kerl, der mich ohne sein Wissen nach Hammersmith gefahren hatte. Ich beobachtete sie.

Dann stieg der Diener ein, und die Kutsche verschwand in der Nacht.

Eine Stunde später läutete es wieder. Ich legte mein Buch zur Seite und ging zur Tür. Ich öffnete sie und sah Pelham vor mir auf der Treppe. Er stützte sich schwer auf seinen Gehstock. Hinter ihm stand drohend die riesige Gestalt des Kutschers.

Pelham verbeugte sich in seiner lässigen, ironischen Art und zog eine kleine, elegante Schnupftabakdose aus seiner Tasche. Mit einer gezierten Bewegung nahm er eine Prise und führte sie an seine Nase.

»Gut, Sir, hier bin ich«, sagte er einigermaßen freundlich.

Ich verbeugte mich, trat ein wenig zur Seite und öffnete die Tür ein wenig weiter.

Mit einer flinken Bewegung nach oben warf Pelham mir den Inhalt der Tabaksdose ins Gesicht. Ein stechendes Pulver drang mir in die Augen, die sofort anzuschwellen begannen und fürchterlich schmerzten. Ich zuckte halb geblendet zurück, die Türkante immer noch in meiner Hand.

Ich versuchte die Tür zu schließen, aber Pelham hatte einen Fuß in den Rahmen gestellt.

Aus der stechenden Wolke von Dunkelheit nahm ich dunkel wahr, wie sich die riesige Masse des Dieners auf mich warf. Die Tür krachte gegen die Wand, als er sie mir aus der Hand stieß. Ich spürte, wie mich zwei riesige Arme umfaßten. Ich wurde hochgehoben und hustend und niesend in die Kutsche getragen.

Er warf mich in ihr lederverkleidetes Inneres.

Pelham lag wieder in seinem eleganten Bett und sah so aus, als hätte er es nie verlassen. Der Diener kümmerte sich um ihn, rückte die Kissen zurecht und zog die Bettdecke glatt. Er stellte ein Glas mit einer hellen, farbigen Flüssigkeit auf dem Nachttisch an der Seite seines Herrn ab und verließ das Zimmer.

Der riesige Kutscher stand hinter mir.

Ich saß in einem Chippendalestuhl aus Mahagoni. Meine Arme waren gefesselt, so daß ich mich nicht rühren konnte. Meine Augen juckten immer noch fürchterlich von dem Pulver. Es brannte in meinen Nasenlöchern, und mein Mund war ausgetrocknet.

Pelham nahm einen tiefen Zug von der bernsteinfarbigen Flüssigkeit. Er lächelte mich an, als ich ohne zu wollen mit meiner Zunge über meine schmerzenden Lippen fuhr. Es war ein langsames, breites Lächeln und fast ganz ohne Bosheit.

»Es tut mir leid, daß Ihr glaubtet, meine Einladung ablehnen zu müssen, Captain«, sagte er höflich, als ob er auf einer Abendgesellschaft wäre. »Aber ich bin froh, daß Ihr am Ende doch bereit wart zu kommen.«

»Wie könnte ich eine so freundliche Bitte abschlagen?« antwortete ich und versuchte, soviel Gelassenheit aufzubringen, wie es mir unter den Umständen möglich war. Ich war überhaupt nicht gelassen. Mit dem stummen Bären von Mann hinter mir, der nach Leder und Pferdeschweiß roch.

»Warum lehntet Ihr ab?« fragte Pelham neugierig.

Ich wies mit einer Geste meines Kopfes auf meine gefesselten Hände. Das schien als Antwort zu reichen.

Pelham nahm einen zweiten Zug aus seinem Glas. Ich beobachtete, wie die Flüssigkeit in seinen Mund floß, und mein eigener fühlte sich trockener an als Sommerstaub. Er sah wieder, wie ich meine Lippen leckte und hob das Glas in spöttischer Geste, als wollte er auf mein Wohl trinken.

»Mein Allheilmittel«, sagte er lächelnd.

»Eins von Murrells Rezepten zweifellos«, murmelte ich. Er lachte verbindlich.

»Guter Gott, Mann, eher würde ich Pisse trinken«, sagte er. »Murrell war ein billiger Gauner.«

Ich runzelte die Stirn. Er hob in dem Moment seinen Blick und sah den ungläubigen Ausdruck auf meinem Gesicht. Er lachte wieder.

»Ein billiger Gauner«, wiederholte er. »Und ein Narr.«

Er lehnte sich in seine Kissen zurück und starrte gedankenverloren in die gelbe Flüssigkeit in seinem Glas. Seine sirupbraunen Augen schauten unergründlich, als er fragte: »Wo ist das Codebuch?«

Ich atmete tief ein.

»Wo sind die Schuldscheine?« konterte ich.

Pelham nickte kaum wahrnehmbar. Der schmierige Riese hinter mir lehnte sich leicht nach vorne, und ich spürte sanften Druck auf meiner Schulter.

Sir Harry gähnte.

»Ich hoffe, Ihr werdet in dieser Sache vernünftig sein, Nash«, sagte er. »Ich verabscheue unnötige Gewalt und verachte unnötige Heldentaten.«

Die großen Hände des Riesen massierten sanft meine Schultern.

»Wir haben ein Geschäft vereinbart, Sir Harry«, sagte ich.

»Unglücklicherweise ist es eine Vereinbarung, die ich nicht einhalten kann«, sagte er affektiert und fügte frech hinzu: »Ich gebe Euch mein Wort darauf.«

»Und wenn ich darauf bestehe, daß Ihr die Vereinbarung einhaltet?«

Der Kutscher mußte der Bastard eines Masseurs sein, nur bestand sein Handwerk darin, die Knochen eines Mannes aus den Gelenken zu reißen, statt sie wieder in ihre ursprüngliche Stellung zu bringen. Die Finger, die sich in meinen Nacken gruben, schienen alle Muskeln voneinander zu trennen. Der Schmerz war kurz, aber teuflisch.

Ein oder zwei Minuten lang war alles um mich herum schwarz.

»Ihr seid nicht in der Position, auf etwas zu bestehen«, sagte Pelham gelassen. »Ich muß darauf hinweisen, daß eine Verletzung am Genick ernster ist als an jedem anderen Körperteil. Ein Bruch kann zu einer Lähmung führen, oder falls Jemmy Eure Wirbelsäule ...« Er überließ den Rest meiner Phantasie.

Die Finger fingen nun ernsthaft an zu arbeiten. Ein Lichtschimmer tanzte vor meinen Augen wie ein bösartiges Glühwürmchen. Schmerz schoß von meinem Nacken in jede Richtung, nur um sich unter den eindringenden Fingern des Riesen wieder zu einem festen Knoten zu sammeln. Ich biß die Zähne zusammen und begann zu schwitzen.

Die Folter hörte auf, als Pelham wieder sprach.

»Würdet Ihr mir glauben, Nash, wenn ich Euch sagte, daß diese Schuldscheine, die Ihr unbedingt finden wollt, gar nicht existieren – und auch niemals existiert haben?«

Die Finger ließen ihren Griff nach, und der rote Nebel vor meinen Augen klärte sich ein wenig. Ich sah hinüber zu dem Bett, das in leichtem Dunst zu schwimmen schien.

Pelham lächelte sein träges Lächeln. Wieder schien nichts Böses darin zu liegen.

»Sagt Ihr mir das, weil Ihr es wirklich wißt, Sir Harry?« fragte ich. »Oder habt Ihr alle Möglichkeiten erschöpft, sie zu finden?«

Er runzelte die Stirn und konnte mir einen Moment lang nicht folgen. Die Bedeutung meiner Worte schien ihn unerwartet zu treffen. Seine Augen glühten wie Kohlen. Mit einem völlig veränderten Gesichtsausdruck gab er dem Kutscher ein Zeichen.

Der Kutscher trat vor, aber diesmal war ich auf ihn vorbereitet. Ich rollte mich unter den teuflischen Fingern weg, beugte meine Knie und sprang in die Senkrechte. Dabei nahm ich den Stuhl wie eine absurde Erweiterung meines Gesäßes mit. Als ich mich in einem engen Kreis drehte, zielte ich mit den Stuhlbeinen mit einer bösen, stechenden Bewegung auf das Geschlecht des Mannes. Mit einem Geheul von Wut und Schmerz griff er nach seinen Hoden, und während er das tat, wirbelte ich den Stuhl über seinen gebeugten Kopf. Ich fühlte mich wie ein Terrier, der einen Bullen angeht. Aber der Bulle hatte die Balance verloren, stürzte schwer und schlug dabei mit dem Kopf gegen eine schwere Mahagonikommode. Er stöhnte und blieb dann still liegen. Meine Handgelenke fühlten sich an, als wären sie sauber in zwei Stücke gebrochen, und ich war ärgerlicherweise immer noch an den Stuhl gefesselt.

Ich wandte meine Aufmerksamkeit dem Bett zu. Pelham lag da, halb betäubt, halb amüsiert über meine Vorstellung. Plötzlich wurde er sich seiner eigenen Lage bewußt. Er machte eine verspätete Bewegung in Richtung der Klingelschnur, die an der Seite seines Bettes hing. Mit einem wackligen Schritt fiel ich gegen die ausgestreckte Hand, stieß ihn zurück auf seine Kissen und zielte auf seinen verletzten Hals. Er verzog sein Gesicht vor Schmerzen, als ich seine Schulter traf, aber die Wirkung war für mich fast genauso schmerzhaft. Ich stand da, außer Atem von meiner Anstrengung, und sah auf ihn hinunter. Ich muß eine seltsame Figur abgegeben haben: verletzt, außer Fassung, mit dem Stuhl hinter mir.

Pelham lag blaß und erschöpft auf seinen Kissen. Er sah fast so aus, als erwartete er einen Schlag; wären meine Hände frei gewesen, hätte ich seine Erwartung zweifellos erfüllt.

Meine Anstrengungen hatten, schmerzhaft wie sie waren, doch Wirkung gezeigt. Die Fesseln, die meine Hände am Stuhl festhielten, hatten sich gelockert und schnitten schmerzhaft in die Haut ein. Jetzt bekam ich nach ein paar schmerzhaften Drehungen meiner Handgelenke eine Hand frei. Ich arbeitete an der anderen Hand, immer mit einem Auge auf Pelham, und kurz darauf fiel der Stuhl mit einem Krachen zu Boden.

Während dieser ganzen Zeit lag Pelham mit geschlossenen Augen da, weiß wie Wachs. Ich ergriff sein Glas und nahm einen tiefen Zug. Die blasse Flüssigkeit rann glatt meine Kehle hinunter, obwohl sie kaum gegen das Jucken des Staubes in meinem Mund half. Dann entbrannte ein kleines Feuer in meinen Eingeweiden.

Pelham öffnete ein Auge und sah mich abschätzend an. Ich sah mich im Zimmer um und entdeckte, was ich im Moment am dringendsten brauchte: Ein Paar Duellpistolen lag in einem mit Intarsien versehenen Kasten auf einem Schränkchen. Ich griff nach einer der Pistolen, wog sie sorgfältig in der Hand und ging hinüber zu dem hingestreckten Körper des Kutschers, der wie ein Berg Kleider da lag, wo er hingefallen war. Eine Blutlache hatte sich um einen tiefen Schnitt am Kopf gebildet. Er lag so steif da wie ein Toter: in einer seltsam verdrehten Haltung, mit einer Hand immer noch schützend über seinem Geschlecht. Ich hoffte, daß seine Hoden mittlerweile zu schmerzhafter Größe geschwollen waren. Ich dachte einen Moment lang, ich hätte ihn tatsächlich getötet, dann schnarchte er plötzlich.

Ich ging zum Bett zurück. Pelham sah die Pistole fragend an.

»Und, Sir?« fragte er.

»Ich danke Euch für Eure Einladung, Sir Harry, aber ich glaube, ich kann leider doch nicht bleiben.«

»Schade«, sagte er und zog eine Grimasse. »Und wie wollt Ihr hier herauskommen?«

»Oh, ich habe einen Freibrief«, antwortete ich und schwenkte heiter die Pistole vor seiner Nase.

Er lachte sein angenehmes Lachen.

»Das Glück ist mit den Rücksichtslosen«, sagte er. »Wenn Ihr das Glück auf Eurer Seite habt, braucht Ihr kein Hirn.«

Auf dem Nachttisch lag eine Schere.

Ich nahm sie, durchschnitt das Klingelseil und ließ nur ein Ende übrig, das deutlich außer Pelhams Reichweite war.

Er sah zu mir auf, mäßig amüsiert.

»Habt Ihr das Codebuch immer noch im Angebot?« sagte er geziert.

»Und sind die Schuldscheine jetzt endlich zu kaufen?« fragte ich und band das Seidenband um seine Arme.

Ich ging zur Tür.

»Soweit ich weiß, gibt es keine Schuldscheine«, sagte Pelham ruhig. »Aber wenn sie existieren, bin ich bereit, viel für sie zu bezahlen. Wieviel hofft Ihr an dem Auftrag von Lady Wroth zu verdienen?«

Ich sagte es ihm.

»Ich zahle Euch das Dutzendfache.«

Auf dem Weg zur Tür blieb ich stehen. Etwas in seinem Ton hielt mich zurück: ein neuer und unerklärlicher Ton von Ehrlichkeit.

Er sah mein Zögern und sagte eilig mehr: »Und Ihr könnt sicher sein, daß keiner dieser Schuldscheine jemals gegen Seine Lordschaft verwendet wird.«

Ich drehte mich zu ihm um. Die sirupfarbigen Augen waren erstaunlich wachsam. Er sah beinahe aufrichtig aus.

»Ihr scheint davon überzeugt zu sein«, sagte ich.

Er lächelte ein müdes Lächeln, das kaum die Muskeln um seinen Mund in Bewegung setzte.

»Wie Ihr schon sagtet, ich habe die Möglichkeiten erschöpft. Ich bin jetzt überzeugt, daß sie nicht existieren.«

Ich betrachtete ihn näher. Sein Gesichtsausdruck schien jetzt bar aller Täuschungsversuche. Er sah mich starr mit einem Ausdruck unendlicher Müdigkeit an.

Sagte er die Wahrheit? Wie sollte das möglich sein? Waren drei Männer und eine Frau für etwas gestorben, das nie existiert hatte? Eine tödliche Chimäre? Es schien unmöglich.

»Ihr glaubt mir nicht?«

Ich zuckte mit den Achseln. Ich hatte immer noch meine Zweifel.

»Wenn ich Euch jetzt glauben würde«, sagte ich, »Euch das Codebuch aushändigen würde, und Ihr würdet hingehen und die Familie Wroth erpressen: Was für einen Narren würde ich abgeben.«

Er machte eine ungeduldige Geste.

»Ich habe Euch schon einmal gesagt, daß sie nicht belästigt werden«, sagte er.

»Meine Aufgabe ist es, meine Auftraggeberin zu schützen«, antwortete ich.

»Und meine ist es, meine Kinder zu schützen«, antwortete er darauf. »Meine Kinder«, betonte er schroff und sah mich mit einem intensiven Ausdruck in den Augen an. Dann fügte er langsam und klar hinzu:

»Euer Schutz von Lady Wroth und mein Schutz meiner eigenen Kinder läuft auf dasselbe hinaus.«

Ich starrte ihn in blankem Erstaunen an.

»Als Vater litt ich unter verspätetem Verantwortungsgefühl«, sagte er nachdenklich. »Aber trotzdem habe ich ein Verantwortungsgefühl. Mein Wunsch, Lady Wroth' Enkel zu beschützen, ist so groß wie ihr eigener. Der einzige Unterschied unserer Situation besteht darin, daß es nicht *ihre* Enkel sind – sondern *mein* Fleisch und Blut.«

Ich starrte ihn weiter sprachlos an.

»Ihr habt vielleicht gehört, daß Kitty Wroth bei mir leben soll. Gut, das ist nur zu wahr – sie lebt tatsächlich bei mir. In angemessenem Stil auf meinem Landsitz in Shropshire. Sie ist die Hausherrin, aber sie ist nicht meine Geliebte.« Er lächelte schief, als mein Mund weiter in blankem Unglauben offenstand.

»Kitty ist meine uneheliche Tochter von Lady Lavinia Wroth. Auch der junge Charlie stammt aus dieser Verbindung.«

Ich blinzelte.

»Kitty erfuhr im letzten Jahr von ihrer Mutter davon, bevor

diese starb. Da sie ein ehrbarer und kluger Mensch ist, befand sie, es nicht länger ertragen zu können, weiter als eine Wroth zu leben. Sie sagte, ich sei für sie verantwortlich und ich habe für meine Handlungen einzustehen. Sie kam mit nichts als dem Schmuck ihrer Mutter und den Kleidern, die sie auf dem Leib hatte, zu mir«, fügte er mit gewissem Stolz hinzu. »Sie hatte nicht einmal ihre geliebte Stute mitgebracht.«

»Aber Lady Wroth?« stammelte ich verständnislos.

»Sie weigert sich, die Wahrheit anzuerkennen. Das hat sie schon immer getan und wird es weiter tun, bis sie stirbt. Nennt es, wie Ihr wollt: Stolz einer alten Frau kommt der Wahrheit wohl am nächsten, nehme ich an. Eine äußerst merkwürdige Form von Stolz, denn sie weigert sich zu glauben, daß ihr eigener Sohn so steril wie ein Eunuch war. Vielleicht ist es auch nicht so schwer zu verstehen. Sie selbst war stolz darauf, frisches, gesundes Blut in die Wroth-Sippe gebracht zu haben. Ich weiß nicht, was für ein Wunder sie bei ihrem Gatten gewirkt hat, aber sie brachte es fertig, zwei Söhne zur Welt zu bringen Und der alte Thomas Wroth war so zeugungsunfähig wie der letzte Spanische Habsburger. Stukeley ist seit zwei Generationen ein Ort der Impotenz ...«

Ich dachte an das verlorene, dümmliche Gesicht von Lord Wroth' Großvater und gab zu, daß Pelham da vielleicht recht hatte.

»Ich kann mir nicht vorstellen, was für Demütigungen die alte Frau bei dem Versuch auszuhalten hatte, von dem alten Thomas schwanger zu werden. Aber sie brachte es fertig, zweimal zu gebären. Das erklärt, warum sie sich zu glauben weigert, daß ihre eigenen Söhne nicht zur Fortpflanzung fähig waren. Sie weigert sich, ihren Augen zu trauen. Ihr müßtet nur meine Kitty sehen, um die Wahrheit meiner Worte zu erkennen. Sie hat die Augen der Pelhams.« Seine braunen, vorstehenden Augen starrten entschlossen in meine.

»Und Seine Lordschaft?« fragte ich. Pelham runzelte die Stirn.

»Er steht auf seiten seiner Mutter. In jeder Hinsicht, außer seiner Natur nach.«

»Und weiß Lord Wroth von seiner wahren Abstammung?«

Ein seltsam grüblerischer Ausdruck erschien in Pelhams Gesicht.

»Wer weiß schon, was Seine Lordschaft weiß?«

Wer in der Tat, fragte ich mich. Welcher Mann bei Verstand würde das Vermögen der Familie Wroth und einen Titel von solcher Qualität aufgeben, um sich als Bastard eines wertlosen Wüstlings wie Pelham zu bekennen?

Ich schaute auf und sah, wie Sir Harry mich nachdenklich anblickte. Er senkte seinen Blick.

»Was für ein Vater wäre ich, wenn ich meinen Sohn auffordern würde, eine bedeutende Stellung im Leben aufzugeben?« fragte er mit einem verzerrten Lächeln. Ein amüsierter Ausdruck trat in sein Gesicht. »Aber Ihr seht, Nash, daß ich keine Veranlassung habe, ihm etwas zuleide zu tun.«

»Nicht im geringsten, Sir Harry ... Wenn das, was Ihr sagt, wahr ist«, antwortete ich.

Ein Anflug von Ärger zeigte sich in seinen Augen.

»Falls Ihr weitere Beweise braucht, Nash: Die kann Euch meine Tochter liefern.«

»Aber Ihr sagtet, sie lebt in Shropshire«, sagte ich.

»Mein Gott, Mann! Shropshire ist nicht das Ende der Welt. Sie ist erreichbar!«

Ein kurzes und unangenehmes Schweigen folgte. Ich versuchte, verschiedene widersprüchliche Fragen zu klären. Pelham sah mich unvermittelt an. Ich fragte mich, was für Gedanken ihn wohl gerade beschäftigten. Dann sagte er weich:

»Ich versichere Euch, ich habe alles versucht, was in meiner Macht steht, an die Schuldscheine zu gelangen. Ihr müßt mir glauben, daß sie nicht existieren. Ich werde Euch gut für das Codebuch bezahlen.«

Eine plötzliche Vision kam mir in den Sinn. Ich hatte das Bild von zwei jungen Männern vor Augen, die, in kostbare Frauenkleider gewandet, auf einem pfefferminzgrünen Rasen tanzten: Degen trifft auf Degen. An der Ecke der Mauer steht ein schweigender Beobachter. Ein junger Mann mit scharfem Profil schaut verächtlich zu.

»Sagt mir, Sir Harry«, fragte ich. »Weiß der junge Mr. Oliver Wroth von Eurer Rolle bei der Zeugung seines Cousins?«

Einen Moment lang war er überrascht.

»Was?«

»Kennt auch er die wahre Geschichte, Sir?«

»Es ist möglich, daß er es von meiner Tochter weiß, ja.« Man sah ihm an, daß er nur widerwillig antwortete. »Ich nehme an, ja.«

»Und, sagt mir, Sir Harry«, fragte ich vorsichtig, »ist Mr. Oliver auch ein Kind der Liebe?«

»Nun, Sir«, antwortete Pelham wieder gelassen, »soweit ich weiß, ist Mr. Oliver das Ergebnis eines Triumvirats. Wenigstens drei Gentlemen teilen sich die Ehre seiner Zeugung.«

Es gab eine lange Pause, während der wir uns nur anstarrten. Ich versuchte herauszufinden, ob er mich belogen hatte, und er versuchte zu ergründen, ob ich ihm geglaubt hatte.

In der Ecke stöhnte der gefällte Diener und begann, sich zu rühren. Pelham sah erwartungsvoll zu ihm hin, aber die Hoffnung wich wieder aus seinen Augen, als er sah, daß der Mann ihm noch eine Weile nicht würde dienen können.

Für mich war es an der Zeit zu gehen. Ich bewegte mich zur Tür.

»Wohin geht Ihr?« rief Pelham mir nach.

»Nun, Sir Harry, ich werde Eure außergewöhnliche Geschichte überprüfen, da könnt Ihr sicher sein«, antwortete ich.

Ich ging durch die Tür und zog sie fest hinter mir zu; dann verschloß ich sie und steckte den Schlüssel ein. Niemand war auf dem Treppenabsatz oder in der Vorhalle. Mit gespannter Pistole ging ich schnell die Treppe hinunter und auf die Straße.

21

Auf meinem Ritt nach Stukeley versuchte ich, so gut ich konnte, die einzelnen Puzzleteile zusammenzusetzen. Als ich schließlich das große Tor zur Auffahrt erreicht hatte, hatte ich mir trotz aller widersprüchlichen Aspekte einen Reim auf die ganze Geschichte gemacht. Das heißt, wenn ich einmal davon ausging, daß Pelhams Version der Wahrheit entsprach. Wenn ich ihm glauben konnte, verhielt sich die Geschichte so:

Sir Harry hatte sowohl Lord Wroth als auch dessen Schwester Kitty gezeugt. Der junge Charles hatte nicht nur die Folgen der

Inzucht in der Familie Wroth geerbt, sondern auch die Wildheit Pelhams. Als natürliches Ergebnis seiner Tollheiten war er in die manipulativen Hände Murrells gefallen, der zufällig von dem Geheimnis seiner Geburt erfahren hatte. Weil er wußte, daß die herrschende Lady Wroth ehrgeizige Pläne für die Zukunft ihres Enkels hatte, beschloß er, seine Entdeckung zu Geld zu machen. Aber als der abartige Gauner, der er war, hatte er zuerst sein künftiges Opfer ausgelotet. Daher der vorgetäuschte Erpressungsversuch mit dem Hinweis auf unaussprechliche Geheimnisse. Der Inhalt der Schuldscheine war zwar widerwärtig, aber an sich kein Grund zur Furcht. So schlimm sie auch aussahen, über die Extravaganzen eines jungen Mannes würde jede ehrgeizige Familie hinwegsehen, die in die landbesitzende Aristokratie einheiraten wollte. Aber wenn es einen berechtigten Zweifel am legitimen Recht eines Erben auf Titel und Besitz gab, dann sähe die Sache anders aus. Das wäre ein Geheimnis, dessen Bewahrung gutes Geld wert wäre. Wenn es auch nur eine Spur von Wahrheit an so einem Gerücht gäbe, würde Lady Wroth zahlen, um einen künstlichen Skandal zu vermeiden und dadurch ihre Familie vor der größeren Bedrohung des tatsächlichen Skandals zu schützen.

Aber Lady Wroth war eine sture Frau und keine Närrin. Sie hatte die Schuldscheine als einen Test durchschaut und gemerkt, wenn sie Murrells Spiel mitmachte, würde sie es bis zum bitteren Ende spielen müssen. Deshalb hatte sie mich angestellt, nicht um die Schuldscheine wiederzubeschaffen, sondern um ihr genügend Informationen zu verschaffen, damit sie Murrell mit einer Bedrohung seiner Freiheit zum Schweigen bringen konnte. Murrells brutales Ende hatte die Situation nur insofern verändert, als eine einzige Bedrohung zu einer vielköpfigen Hydra geworden war. Falls er ermordet worden war, um ihn zum Schweigen zu bringen, hatten seine Mörder eine wichtige Tatsache übersehen – Murrell hatte Komplizen. Andere waren nur allzu bereit, seine Arbeit fortzusetzen.

Doch konnte ich nur vermuten, daß Murrell *tatsächlich* zum Schweigen gebracht worden war. Und wer konnte das getan haben? Die Liste möglicher Mörder war beeindruckend lang, wenn man nach den Namen ging, die im Codebuch auftauchten.

Aber von diesen zahlreichen Narren mußte ich meine Aufmerksamkeit auf die Hauptverdächtigen konzentrieren.

Was mich zu einem anderen Punkt führte. Wenn Murrell nicht ermordet worden war, damit er nicht mehr reden konnte, dann mußte er aus anderen Gründen ausgeschaltet worden sein. Wenn das so war, dann gab es nur einen möglichen Verdächtigen – Pelham. Ich konnte mir weder den rothaarigen Gehilfen noch die schwarze Betty mit ihrem graugesichtigen Galan vorstellen, wie sie auf seinen Tod hinarbeiteten, um sein Geschäft zu übernehmen. So ein Unternehmen verlangte Stil, und dafür kam allein Pelham in Frage. Der Gehilfe war eindeutig auf seine Veranlassung hin gestorben, wenn nicht sogar durch seine Hand. Und die arme schwarze Frau auch?

Das schien möglich. Sie standen beide zwischen Pelham und der Verwirklichung seiner Pläne, falls sie den Aufbewahrungsort der Schuldscheine kannten. Denn Pelham mußte die Schuldscheine bekommen, um an das Codebuch zu kommen. Und wie er selbst zugegeben hatte, hatte er alle Möglichkeiten, der Schuldscheine habhaft zu werden, erschöpft.

Aber d'Urfey? Wie war d'Urfey gestorben?

D'Urfeys Tod konnte ich mir, im Gesamtzusammenhang betrachtet, nicht erklären. Wenn er gestorben war, weil auch er ein Komplize war, wessen Komplize war er dann gewesen? Ich hielt es für sehr wahrscheinlich, daß der junge Adonis eine entscheidende Rolle in der Affäre gespielt hatte, denn er schien der Typ Mann zu sein, der davon profitierte, an der richtigen Stelle plaziert zu sein. Ich hielt es für möglich, daß er Wroth' wahre Abstammung an Murrell verraten hatte. Ich hielt es für mehr als wahrscheinlich, daß er zu dem alten Scharlatan mit dem Vorschlag gegangen war, zuerst die alte Lady Wroth zu erpressen. Und hatte sich Pelham, als er sich eines Partners entledigte, zugleich des Urhebers der Idee entledigt?

Aber das setzte voraus, daß Pelham Murrells Entdeckung kannte und mit zu der Verschwörung gehörte. Doch ich war mir ziemlich sicher, daß er nichts von Murrells Verbindung zu dem jungen Wroth wußte, bis ich ihn darüber aufgeklärt hatte. Der sorgenvolle Ausdruck in seinen Augen, als ich ihm davon erzählte, schien mir überzeugend.

Außer er war ein genialer Schauspieler, und seine Erzählung war von Anfang bis Ende eine phantastische Erfindung.

Ich trabte vor mich hin und versuchte die Teile von Informationen, die ich hatte, zusammenzufügen. Es sah so aus, als gäbe es zwei voneinander unabhängige Stränge, die jeweils für sich genommen ein einigermaßen deutliches Muster ergaben; wenn ich sie aber zusammenzubringen versuchte, sträubten sie sich dagegen, ein überzeugendes Ganzes zu bilden.

Meine erste Theorie war, daß Murrell von Pelham mit der Absicht beseitigt worden war, sich von einer Last zu befreien. Als ich Sir Harry dadurch verwirrt hatte, daß ich das entscheidend wichtige Codebuch in meinen Besitz gebracht hatte, hatte er die unglücklichen Gehilfen in seinem Bemühen zu Tode gebracht, die verschwundenen Schuldscheine zu finden.

Dies war meine Lieblingstheorie, denn die beiden letzten Morde, da war ich sicher, gingen auf Pelhams persönliches Konto. Aber das erklärte keinesfalls d'Urfeys Tod; und auch nicht die Tatsache, daß der Anschlag auf Pelhams eigenes Leben eine gewisse Ähnlichkeit mit dem Mord an d'Urfey hatte.

Meine zweite Theorie war, daß Lord Wroth und d'Urfey Murrells Tod zusammen geplant und veranlaßt hatten, wenn sie nicht sogar selbst an dem blutigen Überfall teilgenommen hatten. Dies schien mir die naheliegendste Lösung für einen jungen Mann wie Seine Lordschaft, mit der Bedrohung seiner ›Ehre‹ fertigzuwerden. Die schwarze Sklavin hatte daraufhin auf ihre Weise Rache genommen und d'Urfey getötet. Dann hatte sie einen ähnlichen Anschlag auf Pelhams Leben versucht, wobei sie immer noch unsicher über die wahre Identität der Mörder ihres Herrn war. Falls sie Rache an Lord Wroth nehmen wollte, war sie ihrer Befriedigung durch ihr eigenes vorzeitiges Ende beraubt worden.

All das ergab in meinem Kopf ein gewisses Muster, aber es gab zu viele unerklärliche Knoten in dem Gewebe, zu viele lose Enden. Die beiden Stränge wollten sich nicht zusammenfügen. Zumindest solange ich Pelham beim Wort nahm.

Wenn ich natürlich seine Version außer acht ließ, sah das Muster ganz anders aus und war viel gefälliger. Pelham selbst war der böse rote Faden. Alles, was bisher geschehen war, konnte ihm angelastet werden. Er hatte Murrell ermordet, den Gehilfen, die Negerin und möglicherweise auch d'Urfey.

Der Angriff auf sein eigenes Leben war von der schwarzen Frau verübt worden, und er hatte versucht, mich zu verwirren, indem er Oliver Wroth erwähnte und hineinzuziehen versuchte.

Was mich an Oliver Wroth denken ließ. Was hatte er mit der Sache zu tun, wenn er überhaupt darin verstrickt war? Seine einzige Sorge galt seinen Worten zufolge dem Schutz seiner Großmutter.

Warum hatte er versucht, mich von der Suche nach seiner Cousine Kitty abzuhalten? Wenn Pelhams Geschichte wahr und Lord Wroth nicht der legitime Erbe war, dann hatte Oliver einen größeren Anspruch auf die Erbfolge. Und wenn Oliver diese außergewöhnliche Geschichte kannte, wäre er ein außergewöhnlicher Mann, wenn er nicht versuchen würde, davon zu profitieren. Und doch hatte er versucht, mich davon abzubringen, Kitty zu finden, die doch diejenige war, die ihm zu dem Titel verhelfen konnte.

Wenn ich nur in der Lage wäre, in Pelhams Geschichte Tatsachen von Erfindung zu unterscheiden! Wenn ich doch nur einfach nach der Version der Familie Wroth von dieser Geschichte fragen könnte!

Aber wie konnte ich Lady Wroth in dieser so heiklen Angelegenheit ansprechen? Sie hatte mich damit beauftragt, die Schuldscheine zu beschaffen, nicht eine potentielle Schlangengrube aufzudecken. Reichte es nicht schon aus, ihr sagen zu müssen, daß keine solchen Schuldscheine existierten, statt auch noch ihre Familienehre zu kränken?

Die Antwort darauf hatte ich noch nicht gefunden, als ich schließlich in das Haus eingelassen wurde.

22

Meine Unsicherheit stellte sich als unnötig heraus, denn mir wurde nicht gestattet, Lady Wroth zu sehen. Statt dessen überließ man mich unten etwa eine halbe Stunde lang meinen Grübeleien. Als sich die Tür öffnete, trat Mr. Oliver in das Zimmer.

Er neigte seinen Kopf beinahe unmerklich. Offensichtlich hatte er wieder zu seiner distanzierten Haltung zurückgefunden. Er trat an einen Tisch, nahm eine Geldbörse aus der Tasche und zählte eine Anzahl Münzen ab.

»Dies war die Summe, die für Eure Dienste vereinbart war, Captain Nash. Wenn Ihr mir eine Abrechnung über Eure Ausgaben gebt, können wir diese Angelegenheit abschließen.«

»Wir, Sir?« sagte ich, ein wenig außer Fassung.

»Meine Großmutter ist unpäßlich. Die Geschichte hat ihr beträchtliche Unannehmlichkeiten verursacht. Sie bittet mich, Euch in ihrem Namen zu danken und mit Euch abzurechnen.«

»Aber, Sir«, protestierte ich. »Meine Arbeit ist noch nicht beendet.«

Die hellen Augen waren plötzlich so stumpf wie Steine.

»Ich versichere Euch, sie ist es, Captain. Wir brauchen Euch nicht weiter.«

»Ich habe noch nicht …«

»Die Angelegenheit ist beendet!« sagte er scharf. »Die Schuldscheine wurden gestern abend hierhergebracht.«

»Gebracht?« Ich war wie betäubt. Ich war gekommen, um über die Möglichkeit zu berichten, daß solche Schuldscheine gar nicht existierten.

»Wie?« fragte ich.

»Sie wurden einfach abgegeben«, wiederholte er grimmig. »Das ist alles, was Ihr wissen müßt, denke ich .«

»Nun, Mr. Wroth«, sagte ich scharf. »Ich kann das nicht glauben, Sir.«

Seine Augenbrauen hoben sich hochmütig.

»Nein?«

»Nein, Sir. Ich habe gewisse Rechte in dieser Angelegenheit. Es ist Euch vielleicht nicht in den Sinn gekommen, Mr. Wroth, aber ich habe meinen Ruf in gewissem Maße bei dem Versuch kompromittiert, die Schuldscheine zu erwerben. Ich finde, ich habe ein Recht darauf, zu erfahren, auf welche Weise sie Euch wiedergegeben wurden und von wem.«

Er sah auf die Börse auf dem Tisch; seine hellbraunen Augen waren verschleiert. Als er sprach, war er höflich, beinahe sanft.

»Ich erkenne an, daß Ihr der Meinung seid, gewisse Rechte zu haben, Captain Nash, und wenn Ihr unseretwegen Euer Ansehen kompromittiert habt, dann danke ich Euch.« Der Schleier lüftete sich ein wenig, und seine Augen blitzten wie Pfeilspitzen. »Allerdings, je weniger von Kompromittierung die Rede ist, desto besser für uns alle.«

Er sah mich direkt an. Der Ausdruck in seinen Augen war deutlich genug. Wenn ich ihren Namen schützte, würde ich zugleich meinen eigenen schützen.

»Im Gegenteil, Mr. Wroth«, antwortete ich und nahm die Herausforderung an. »Es ist meine Pflicht, dem Obersten Gericht einen Bericht zu erstatten, in welcher Form auch immer.«

Er zuckte zusammen.

»Unsere Angelegenheit betreffend?«

»Vier Todesfälle betreffend, Mr. Wroth. Und jeder von ihnen *könnte* mit den Papieren in Verbindung gebracht werden.«

»Dafür habt Ihr keine Beweise!« sagte er grob.

»Seid Ihr sicher?« sagte ich und machte eine Pause. Seine Augen begegneten forschend meinem Blick, dann schlug er sie nieder.

»Ich war nicht vollkommen untätig«, fuhr ich fort. »Aber da ich mein Ansehen schützen muß und da ich offenbar das Vertrauen Eurer Familie verloren habe …«

Er nahm die Börse und entnahm ihr weitere Münzen. Er sah mich fest an, während er sechs Münzen auf die Tischplatte legte.

»Captain Nash, wenn ich Euch mein Wort gebe, daß unsere Familie für keinen dieser Todesfälle die Verantwortung trägt, würdet Ihr … könntet Ihr in Erwägung ziehen, Euren Bericht an das Oberste Gericht abzufassen, ohne unseren Namen ins Spiel zu bringen?«

Er schob die Münzen bedeutungsvoll auf mich zu.

»Ich wüßte nicht, wie das möglich sein sollte, Mr. Wroth.«

Er zog die Hand, die die Münzen bewegt hatte, abrupt zurück.

»Bringt Ihr die Todesfälle mit meiner Familie in Verbindung?« fragte er kalt.

»Murrell hat Euch erpreßt, Sir. Er starb. Seine Gehilfen starben auch. Auf brutale Art. Und was d'Urfey angeht: Er war der engste Freund Eures Cousins.«

»Aber wir haben so gut wie nichts damit zu tun.«

Ich schwieg. Er sah mich streng an. Dann fiel die arrogante Fassade in sich zusammen, und sein Gesicht nahm wieder den beinahe flehenden Ausdruck an, den ich früher schon an ihm gesehen hatte.

»Meine Großmutter liegt im Sterben«, sagte er ruhig. »Ich möchte, daß sie in Frieden sterben kann.«

»Und in Unwissenheit?« fragte ich.

Sein Kopf zuckte zurück.

»Unwissenheit?«

Ich hielt dem Bluff stand.

»Mr. Wroth, wieviel wißt Ihr über Eure Vorfahren?«

Er errötete. Ich sah, daß ich ins Schwarze getroffen hatte.

Plötzlich war ich überzeugt, daß Pelham mir die Wahrheit gesagt hatte.

Ich erlebte eine kurze und heftige Offenbarung. Oliver Wroth wußte, daß er der rechtmäßige Erbe war (wenn man Pelhams boshafte Unterstellungen seine eigene Abstammung betreffend außer acht ließ). Wenn man das wußte, konnte man den Wirrwarr seiner Gefühle nur erahnen. Die starrköpfige Weigerung seiner Großmutter, seinen wahren Rang anzuerkennen, mußte ihn über alle Erträglichkeit hinaus quälen. Die Einsicht, daß er niemals seinen Anspruch unter Beweis stellen konnte, und der Gedanke, sowohl Titel als auch Vermögen an einen nichtsnutzigen Bastard zu verlieren, mußte beinahe mehr sein, als er ertragen konnte. Er war ein junger Mann mit einem kühlen Kopf und robustem Magen, das war deutlich zu sehen. Hatte er ein verzweifeltes Mittel gegen das Unrecht gesucht, das ihm geschah? Hatte er im Wissen, daß er keine legalen Mittel besaß, seine Erbfolge anzutreten, versucht, einen Teil seines eigenen Vermögens mit unlauteren Mitteln zu erlangen?

Ohne das volle Ausmaß seiner Motive zu erfassen, spürte ich deutlich, daß er hinter der ganzen Affäre gestanden hatte. Diese Vorstellung war wahnsinnig, aber deshalb nicht weniger wahrscheinlich.

Ich beobachtete ihn genau, als ich sagte: »Sir Harry Pelham sagt, daß überhaupt keine Schuldscheine existieren, Mr. Wroth. Er sagt auch, daß Lord Wroth sein natürlicher Sohn und Miss

Kitty seine natürliche Tochter ist. Wenn das so ist, werde ich jetzt mit dem wahren Lord Wroth sprechen.«

Er errötete wieder, und als er antwortete, hörte sich seine Stimme merkwürdig distanziert an.

»Pelham lügt in beiden Fällen, Sir. Mein Cousin ist das, für was die Welt ihn hält, und die Schuldscheine wurden uns gestern abend übergeben. Die Affäre ist vorbei.«

Er nahm das Geld wieder zurück. Ganz plötzlich schien er seine Fassung wiedererlangt zu haben. Er betrachtete mich mit der gewohnten kühlen Arroganz.

»Wenn Ihr Eure Ausgaben notiert habt, Captain Nash, werden wir unsere Abrechnung abschließen. Was Eure Geschäfte mit dem Obersten Gericht angeht, könnt Ihr erzählen, was Ihr wollt. Wenn Ihr meine Familie unnötig mit den Todesfällen belastet, die Ihr erwähntet, werden wir natürlich Maßnahmen ergreifen.«

Die hellen Augen glühten mich an. Generationen von privilegierten und hochnäsigen Vorfahren sahen mich daraus an.

»Ich werde tun, was ich kann, um meine Großmutter zu schützen, solange sie lebt«, sagte er ruhig. »Wenn sie gestorben ist, werde ich bekommen, was mir zusteht.«

Meine Offenbarung war ein Fehlschlag gewesen. Ich hatte ihn falsch eingeschätzt. Er war nicht der Mann, der seine eigene Verwandtschaft erpreßt. Ich sah jetzt, warum er seine Cousine Kitty schützen wollte. Sie würde die wertvollste Zeugin sein, wenn er seine Rechte einklagte. Und sie würde zweifellos sicherer unter Pelhams Schutz sein.

Unter dem Druck dieser hellen Augen schaute ich beiseite.

An der Tür hörte man dringendes Klopfen, und fast bevor Wroth antworten konnte, öffnete sie sich, und Chives trat mit würdeloser Hast ein. Er war für einen soweit eher ausdrucksarmen Mann seltsam aufgeregt. Ich war überrascht, daß sein sonst so gefaßtes Gesicht so viel Leidenschaft verraten konnte.

»Was gibt es, Chives?«

Es dauerte eine Weile, bis Chives sich verständlich machen konnte, so groß war das Ausmaß seiner Empörung.

»Es ist der Herr, Mr. Oliver! Seine Lordschaft! Er wurde entführt!«

»Entführt? Wo entführt? Von wem?«

Mit zitternden Händen reichte der alte Diener ihm einen mit einer rostigen Nadel versiegelten Brief.

»Wir haben das auf Knottersmole Common gefunden, Sir. Seine Lordschaft war den ganzen Morgen da draußen beim Taubenschießen. Ich hatte nach ihm geschickt, um ihn daran zu erinnern, daß heute das Dinner früher stattfindet – und Grimes kam hiermit zurück. Es war an einen Baum am See genagelt. Seine Lordschaft ist verschwunden, Sir. Daran ist kein Zweifel. Wir haben überall nach ihm gesucht.«

Wroth sah von dem Blatt Papier auf. Ich sah, daß auf der Außenseite in groben, roten Buchstaben die Worte standen: LADY WROTH. IN ALER EILE. Das Papier sah aus, als sei es durch eine Reihe nicht allzu sauberer Hände gegangen.

»Mein Cousin ist entführt worden«, sagte Wroth. Er reichte mir das Papier.

Der Brief lautete: WEN IR LORD WROTH LEBENT WIDER SEHEN WOLT, BEFOLLGT UNSERE BEFELE GANTZ GENAU. NEMT 5000 PFUND. LORD WROTH WIRD DIE SEINEN WIDER SEHN, WEN IR DIE KOLE ZALT. VERSUCHT NICHT UNS ZU LEIMEN UND KEIN LAUT ZUR BOW STREET. AUCH NICHT VERSUCHEN UNS ZU KRIGEN SONST STIRBT LORD WROTH UND DIE ALTE LADY MUS EIN NEUES TESTAMENT MACHEN.

WIR GEHBEN EUCH 2 TAGE UM KOLE AUFZUTREIBEN. TUT DIE KOLE IN EINEN KASTEN UND WARTET AUF NEUE BEFELE.

»Ich verstehe nicht einmal die Hälfte davon«, sagte Wroth mit leerem Blick.

»Dem Schreiber scheint daran zu liegen, daß Ihr Mylady nicht verletzt«, sagte ich.

Seine Augenbrauen hoben sich in der vertrauten Weise. »Sir?«

»Der Brief scheint mehr an Euch gerichtet zu sein, Sir, als an Eure Großmutter. Trotz der Tatsache, daß er an sie adressiert ist. Es sieht so aus, als ob sie Angst hätten, Ihr würdet nicht zahlen, Mr. Wroth, wenn man Euch nicht daran erinnert, daß Lady Wroth letztlich die Hand auf der Börse hat.«

Die braunen Augen glitzerten. Er riß das Papier aus meiner Hand und bemerkte bissig: »Ich erinnere Euch daran, Sir, daß unsere geschäftlichen Beziehungen beendet sind. Chives, begleitet den Captain zu seinem Pferd.«

Er verbeugte sich und ging steif aus dem Zimmer.

Chives hustete diskret hinter einer diplomatisch vorgehaltenen Hand hervor.

»Lady Wroth wünscht, Euch zu sehen, Captain«, sagte er.

Als wir die düsteren Treppen hinaufstiegen, war ich überzeugt, daß ich in meine alte Funktion wieder eingesetzt würde; und mir war auch schon klar, daß ich die Lösung des Falles bereits kannte.

Der Schlüssel lag in der Art der Botschaft der Entführer, da war ich sicher. Die Gaunersprache klang irgendwie falsch. Ihr Ton war zu pathetisch, während die Schreibweise und die Grammatik zu gewollt aussahen.

Es herrschte kein Mangel an Augenzeugen der Entführung, obwohl ihre Versionen dessen, was geschehen war, mehr Fragen aufwarfen, als sie Klarheit brachten.

Ein schwerfälliger Farmarbeiter, der auf einem Feld gearbeitet hatte, das an das Common angrenzte, sagte aus, er habe einen Mann gesehen, der Seiner Lordschaft ähnelte und in Begleitung eines älteren Mannes in eine schwarze, vierrädrige Kutsche gestiegen sei. Er beschrieb, daß dieser Mann einen grauen Mantel und Kniehose trug. Seine Lordschaft schien keinen Widerstand dagegen zu leisten, weggefahren zu werden.

Ein Lastkutscher, der den Osteingang von Stukeley (das dem Common am nächsten gelegene Tor) passierte, hatte eine schwarz-silberne offene Kutsche unter einer Gruppe Bäume stehen sehen. Aber er hatte weder Seine Lordschaft noch seine Entführer in die Kutsche einsteigen sehen. Ein anderer Zeuge (ein Milchmädchen) hatte wieder eine andere Kutsche gesehen, die von einem Mann gelenkt wurde, der einen Biberhut und einen grauen Mantel trug.

Es sah so aus, daß Lord Wroth, der meiner Einschätzung nach nicht gerade von ruhigem Gemüt war, ziemlich brav seinen Entführern gefolgt war. Obwohl er ein Gewehr bei sich hatte, war er gezwungen gewesen, den Wald ohne Gegenwehr zu verlassen.

Der ältliche Jagdhüter, der ihn begleitet hatte, um die Vögel auf-
zuscheuchen, war etwa eine halbe Meile weitergegangen, bis er
gemerkt hatte, daß die Vögel, die bei seinem Kommen aufgeflo-
gen waren, auf ihre Bäume zurückkehrten, ohne daß auf sie
geschossen worden war. Überflüssig zu sagen, daß er vom Verschwinden seines Herrn nichts bemerkt hatte.

Das Verbrechen schien von langer Hand geplant gewesen zu
sein. Die schwarz-silberne Kutsche war in der Nachbarschaft an
vielen Tagen vor der Entführung gesehen worden, und in mehreren Nächten waren Hunde in Zwingern der Nachbarschaft von
Landstreichern gestört worden. So jedenfalls berichteten mir
bereitwillige Zeugen.

Unter ihren Berichten, die ich sammelte, fielen besonders zwei
auf, die sich vollkommen widersprachen.

Eine Hausangestellte aus dem Dorf sagte aus, daß sie um drei
Uhr am Tage der Entführung die schwarze Kutsche mit zwei
Männern hinten drin vorbeifahren sehen hatte; anscheinend hat-
ten sie miteinander gekämpft.

Dagegen stand die Geschichte des Zollwächters, der zur selben Zeit eine offene schwarze Kutsche in die entgegengesetzte
Richtung hatte fahren sehen – das heißt, in Richtung London. Es
hatten zwei Männer darin gesessen, einer an den Zügeln und der
andere zum Teil von einer Decke verhüllt. Der Fahrer hatte dem
Zollwächter eine Handvoll Kupfermünzen ins Gesicht geworfen
und gerufen, sein Mitfahrer sei an der Pest erkrankt. Der Wagen
war mit ungewöhnlicher Geschwindigkeit in Richtung London
gerast, was den Zollwächter in Anbetracht des alarmierenden
Zustandes des Patienten kaum überrascht hatte.

In all diesen widersprüchlichen Berichten stimmten nur zwei
Tatsachen überein. Erstens war die Kutsche immer schwarz,
obwohl die Bauart auf dreierlei Weise beschrieben wurde. Zweitens wurde der Entführer in allen Beschreibungen als grau
gekleidet beschrieben – ein Detail, das ich noch nützlicher fand.
Als der Zollwächter hinzufügte, die Stimme des Fahrers sei seltsam heiser gewesen – »rauh wie Packpapier«, drückte er sich
aus – hatte ich das Gefühl, daß ich der Wiedergewinnung Seiner
Lordschaft und meines Rufes ein gutes Stück näher war.

Ich kannte nur einen grauen Mann mit einer sehr heiseren

Stimme, der ein Interesse daran haben konnte, Lord Wroth zu entführen. Doch fürchtete ich, daß er wenig Interesse daran hatte, den Jungen den ›Seinen‹ lebend zurückzugeben!

23

Roachs Landing stank so bedrohlich wie je in der glühenden Mittagshitze. Magere Straßenjungen ließen in fauligem Abwasser ihre Boote segeln und fischten, als ich mir einen Weg durch eine Herde Schweine bahnte, die an den Abfällen schnüffelten, die auf den ungepflasterten Straßen aufgehäuft waren.

Ich stieg die schmierigen Stiegen hinauf und ließ den Gestank verfaulenden Gemüses hinter mir zurück, der die Luft verdarb, und tauschte ihn gegen den ebenso unangenehmen Stoff, der in der Behausung des grauen Mannes als Frischluft galt.

Gerade als ich meinen Fuß auf die letzten Stufen setzen wollte, zögerte ich. Das dumpfe Gemurmel von Stimmen drang über die Treppe zu mir. Ich konnte die heiseren Laute des grauen Mannes und eine kräftige, rauhe Stimme unterscheiden.

Leichtfüßig wie ein Tanzlehrer eilte ich die übrigen Stufen hinauf und stakste wie ein Kiebitz über die staubigen Dielen zu einem Winkel, der schräg an die Kammer des grauen Mannes anstieß. Ein schmutziges Tuch hing von einer Stange und gab mir etwas Deckung. Schnell begab ich mich in den engen Raum und drapierte das zerlumpte Stück Stoff so, daß es mich vor jedem verbarg, der die Treppe heraufkommen sollte.

Ich horchte an der Wand.

Die rauhe Stimme schien mir direkt ins Ohr zu brüllen. Auf der anderen Seite der Wand konnte er nicht weiter als einen Fuß von mir entfernt sein.

»Du bist nicht sehr schlau, ›Sarg‹«, sagte er. »Nicht einmal, wenn's hoch kommt! Ich glaube, die Schwarze hat dir den Verstand verhext. Du hättest dich nie in so was reinziehen lassen sollen.«

Der graue Mann fluchte heiser. »Halt die Schnauze.«

»Wo sind die Schuldscheine?« fragte die rauhe Stimme.

Smith' Mut war ziemlich kurzlebig. Ein bittender Ton schlich sich in die grauen Laute, als er geduldig sagte: »Ich habe es dir gesagt – immer wieder und wieder. Sie sind da, wo sie immer waren – bei *ihm*.«

Der rauhe Mann spuckte aus.

»Es ist wahr«, jammerte Smith.

»Mein Herr will die Schuldscheine. Und ich soll sie mitbringen. Denk daran, was Betty passiert ist.«

Die rohe Drohung in der Stimme brachte mir ein Bild in Erinnerung: die irrsinnige Metzelei an der armen schwarzen Frau mit ihren blühenden Wunden.

Die Warnung mußte Smith ähnlich getroffen haben. Ich mußte mich anstrengen, um seine kleinlaute Antwort verstehen zu können.

»Das Spiel ist zu Ende. Wir sind rasiert. Wir sind alle rasiert. *Er* hat Narren aus uns allen gemacht.«

»Hör auf mit der Leier, Smith, oder ich laß dich zur Ader.«

Ein Ton verzweifelter Aufrichtigkeit drängte sich in die Laute des grauen Mannes, so daß seine dünne Stimme beinahe Fülle bekam.

»Häng mich, wenn das nicht wahr ist.«

Der andere Mann lachte grob. »Hängen ist ein zu schneller Tod!«

Unzählige schmale Lichtstrahlen drangen durch die Ritzen des hinfälligen Puzzles. Ich drückte mein Auge an die größte und blinzelte hindurch.

Der graue Mann starrte mich trostlos an. Einen Moment lang geriet ich in Verwirrung. Er schien so nah, und sein forschender Blick war so intensiv auf mich gerichtet, daß ich mir einbildete, daß er ein Funkeln meines Auges durch die Ritze gesehen haben mußte. Dann sah ich deutlicher, daß sein Starren auf einen Punkt ein wenig zu meiner Linken fixiert war, was bedeutete, daß der Mann, der ihm die Fragen stellte, hinter der Tür stand.

Das graue Gesicht des Mannes schien grauer denn je. Seine graue Gestalt schien das Licht zurückzuwerfen. Seine Augen starrten, soweit ich sehen konnte, mit verzweifeltem Haß auf einen Punkt etwa einen guten Meter über dem Boden. Ich fragte mich, ob das Objekt seines Abscheus ein Messer, eine Pistole oder ein Degen war.

Was immer es war, ich beschloß, ihm zu Hilfe zu kommen, und deshalb schob ich mich langsam zur Tür. Einem kräftigen Stoß würde das dünne Holz kaum Widerstand leisten, und die Gewalt meines Eintritts würde den Mann aus dem Gleichgewicht bringen – wenn er hinter der Tür blieb. Smith und ich konnten den folgenden Streit unter uns ausmachen. Auf jeden Fall mußte ich den grauen Mann retten. Er war meine einzige Hoffnung, den jungen Wroth wiederzufinden.

Was als nächstes folgte, geschah mit einer solchen Geschwindigkeit, daß ich vollkommen überrumpelt wurde. Die Tatsache, daß es sich außerhalb meiner Sicht ereignete, verwirrte mich zusätzlich. Beim Verändern meiner Position mußte ich meine Anwesenheit irgendwie verraten haben, obwohl ich glaubte, ich hätte mich so behutsam wie ein Ratcliffe-Nebel bewegt.

Smith' unwillkommener Gast mußte sich leicht gedreht haben, ein wenig von dem Geräusch abgelenkt, und schnell wie eine Katze hatte der graue Mann angegriffen. Ich hörte seinen Atem vor Anstrengung pfeifen und spürte die Wand zittern, als ein schwerer Körper gegen sie fiel. Gleich darauf folgte der betäubende Donner einer Pistole, der unter den Balken widerhallte, gefolgt von unheimlicher Stille.

Ein gedämpfter Fluch, ein Stöhnen. Jemand bewegte sich. Den Degen in der Hand, trat ich gegen die Tür. Sie flog auf und schlug gegen einen Gegenstand, der dahinter lag.

Der üppige Körper von Pelhams Kutscher lag zusammengesunken an der Wand. Sein Leben verließ ihn schnell. Seine Hände faßten kraftlos nach seinem Nacken, aus dem ein Messer wie ein hellroter Stachel herausragte. Mein Gesicht war das letzte, was er auf Erden sah. Er knurrte schwach, während das Blut blasig aus seinem Mund hervorquoll, als er starb.

Auch der graue Mann war auf die Knie gesunken. Seine Hände glitten leicht über das Bett, auf dem die Negerin ihr grausames Ende gefunden hatte. Ich fing ihn auf, als er mit dem Gesicht nach unten fiel und drehte ihn ans Licht. Blut tränkte meine Hände.

Unerklärlicherweise war er nicht tödlich verwundet. Die Kugel war nur durch seinen rechten Arm gedrungen und hatte ihn zu einer Masse von Blut, Fleisch und Knochensplittern gemacht. Er würde nie wieder ein Messer mit so vernichtender Wirkung werfen, aber er würde leben, um das Schafott zu besteigen.

Seine Augen wurden allmählich glasig. Sie schienen plötzlich zu schrumpfen und nach innen zurückzutreten. Seine Haut hatte die Farbe erstarrter Soße. Er wurde in meinen Armen ohnmächtig, wobei er mein Leinen reichlich mit seinem Blut befleckte.

Ich verband ihn notdürftig. Laienhaft benutzte ich das Bettleinen, um den Blutfluß zu stillen. Ich bin kein Arzt, aber ich tat mein Bestes für ihn. Trotz seines grauen Äußeren war er gesund wie ein Pferd, und wie einem Pferd hätte man ihm literweise Blut abnehmen können. Er hatte in seinem Leben genug überstanden – wenigstens die Pocken, nach dem Zustand seiner Haut zu urteilen –, und er hatte das Gefängnisfieber vor sich. Als ich schließlich mit seinem Arm fertig war, füllte ich seinen Mund mit Brandy; er hustete schwach, seine Augen öffneten sich vorwurfsvoll und füllten sich mit einer stumpfen Art von Wiedererkennen.

»Wo ist Lord Wroth, ›Sarg‹?« fragte ich.

Seine Lippen zuckten in schwachem Trotz. »Halt die Schnauze«, flüsterte er.

Ich stieß ihn sanft am Arm. Eine Welle von Übelkeit überzog sein graues Gesicht. Er fluchte wieder, wenngleich nicht mehr so überzeugend.

Ich langte nach seinem gebrochenen Arm. Er wimmerte in Erwartung des Schmerzes. Mein ausgestreckter Finger bedrohte sein Wohlbefinden, als ich ihn wieder fragte: »Wo ist Lord Wroth?«

Er hatte keine Kampfkraft mehr in sich, aber er versuchte immer noch, seine Situation auszunutzen. Es gibt wahrhaftig keine Ehre unter den Dieben! Der Informant ist der wichtigste Helfer des Gesetzes. Wenn man sein Verbrechen mit einem Komplizen begeht und wenn man ihm wenig vertraut, ist es immer tröstlich zu wissen, daß man sich an die Gerichtsbarkeit wenden und den eigenen Kopf retten kann, wenn man die ganze Geschichte auspackt, und obendrein erhält man vielleicht noch eine saftige Belohnung.

In seinem halb fiebrigen Zustand versuchte Smith ein solches

Geschäft mit mir zu machen. Mein drohender Finger machte ihm die Wirklichkeit seiner Situation klar. Ich war nicht in der Lage – und nicht in der Stimmung –, mit ihm ein Geschäft zu machen. Er heulte wie ein Hund, bevor er wieder ohnmächtig wurde.

»Wo ist Lord Wroth und wer ist ›Er‹?« fragte ich, als er wieder zu Bewußtsein kam.

Dann packte er aus. Er erzählte mir alles. Eine verrücktere Geschichte habe ich nie zuvor in meinem Leben gehört.

24

Ich ging den Rand des Common entlang und näherte mich einem kleinen Wäldchen. Als ich die vorderste Reihe Bäume erreicht hatte, sah ich vor mir eine vertraute Gestalt, die geräuschlos von Baum zu Baum huschte, welche Absicht auch immer sie dabei im Sinn haben mochte.

Die Gestalt verschwand im Wald. Ein Geflatter von Flügeln, als ein Vogelschwarm aufflog, die der Knall eines Gewehres aufgeschreckt hatte. Der Knall war von meiner Linken gekommen, und ich wandte mich in diese Richtung. Ich versteckte mich zwischen den jungen Bäumen und arbeitete mich in Richtung des Schusses vor.

Ein Schrei ertönte durch den Wald: Der Schrei irgendeines Vogels.

Ich begann zu laufen, brach durch die Bäume wie ein wilder Eber. Zweige schlugen meine Arme und peitschten meinen Rücken, während ich mich durch das dichte Gestrüpp drängte. Mit einem Stöhnen hielt ich kurz vor dem Rand des Wäldchens. Ein dünner Zweig traf meine Wange, als ich in die Lichtung fiel. Ich sah erstaunt auf.

»Mylord!«

Lord Wroth stand gebückt gegen einen Baum gelehnt, sein bleiches Gesicht war verzerrt. Das Gewehr, das er bei sich gehabt hatte, lag da, wo es in das Gestrüpp gefallen war. Seine Lordschaft drehte sich zu mir um. Sein Gesicht war hellweiß.

»Helfen Sie mir!«

Halb ohnmächtig vor Schmerzen zeigte er nach unten, wo sein

elegantes Fußgelenk in der grausamen Umklammerung einer furchtbar aussehenden Falle gefangen war. Ahnungslos war er in sie hineingelaufen.

Ein merkwürdiger Fehler für einen Mann, der sich auf seinem eigenen Grund befand, aber Lord Wroth war nicht vertraut mit der Gegend. Slope Manor lag einige Meilen von Stukeley entfernt, ein entlegener und unbeachteter Besitz, der von seiner Familie wenig genutzt wurde und ein perfekter Ort war, um von dort aus eine Entführung zu arrangieren!

Trotz ihrer Krankheit hatte die alte Dame nach mir geschickt und verlangt, daß ich ihr alles erzählte. Sie lag in ihre Kissen zurückgelehnt; ihr Gesicht hatte die Farbe von billigem Talg.

Ich legte die Schuldscheine auf die Bettdecke. Oliver Wroth hatte mir dieses Privileg zugestanden. Sie zupfte kaum an ihnen und betrachtete sie mit eisigen Augen. Lady Wroth sah man ihr hohes Alter an. Ich gab ihr höchstens noch fünf Monate.

»Also, Sir«, sagte sie grob. »Ich nehme an, man muß Euch zu einer erfolgreichen *Detektivarbeit* gratulieren.«

Ich verneigte mich zum Dank für das widerwillig gegebene Kompliment

Ihr entfloh ein Laut. Ich konnte nicht sagen, ob sie schluchzte oder ausspie.

»Sagt, was Ihr wißt, Captain Nash.«

Ich schaute zu Oliver Wroth, der am Kopfende des Bettes stand. Er runzelte leicht die Stirn und schüttelte seinen Kopf.

Lady Wroth bemerkte die Geste, als sie aufsah.

»Man wird es mir sagen!« schnappte sie. »Und ich will die Wahrheit wissen. Ich war es, die Euch für Eure Dienste bezahlt hat, oder? Ich will die Wahrheit wissen.«

Oliver zuckte mit den Schultern und gab unwillig seine Zustimmung.

Also begann ich mit dem Anfang. Ich erklärte zuerst von meinen Versuchen, den Code von Murrells Buch zu brechen, und von den Ergebnissen meiner Anstrengungen.

»Habt Ihr etwas aus dem Buch erfahren?« fragte sie.

»Ja, Mylady. In der Folge erfuhr ich etwas sehr Wichtiges. Ich erfuhr, daß weder Euer Name noch der Seiner Lordschaft unter den vielen bekannten Namen darin vorkam.«

»Und was habt Ihr daraus geschlossen?« fragte sie.

»Das sagte mir, daß Murrell seinen Partner betrogen hatte. Denn Ihr könnt sicher sein, daß Sir Harry es nicht in Kauf genommen hätte, Seine Lordschaft einem Skandal auszusetzen.«

Das brachte eine trübe Röte in ihre ausgezehrten Wangen.

»Sir?«

»Ob zu Recht oder nicht, Pelham hält sich für den Vater von Miss Kitty und Lord Wroth!«

Sie winkte diese Idee mit dem Anflug einer theatralischen Geste beiseite. Aber es war eine theatralische Geste, leer wie Luft.

»Obwohl natürlich«, fuhr ich fort, als sie sich zurücklehnte, »Murrell Sir Harry betrogen hat, und ohne Zweifel Sir Harry das in gewisser Weise wußte. Aber er hat den alten Mann nicht ermordet. Ich weiß, daß das so ist, denn Pelham wußte nichts von Lord Wroth' Beteiligung und war aufrichtig schockiert, als er vom Tod des alten Scharlatans erfuhr. Mehr noch, er war von ihm abhängig. Ich schloß ihn hinsichtlich seines Todes ziemlich früh schon aus. Murrell wurde von seinem anderen Partner ermordet.«

»Pelhams anderem Partner?« fragte Lady Wroth und atmete scharf ein. Ihre alten Augen blitzten ängstlich zu ihrem Enkel hinüber. Dieser junge Mann starrte düster aus dem Fenster hinaus, als wollte er die Tiefen der Wolken mit bloßem Auge durchdringen.

»Nein, Madam, Murrells. Murrell war nicht der Mann, der so ein Geschäft allein durchführen konnte«, sagte ich. »Er besaß nicht das nötige Feingefühl. Und in diesem Fall besaß er auch nicht das nötige Wissen. Das Wissen konnte nur von einem Vertrauten an besonderer Stelle kommen.«

»D'Urfey?«

»Ja, der junge d'Urfey, obwohl selbst er nicht auf seine eigene Rechnung handelte. Er hatte auch einen Partner …«

Ihre Diamantaugen weiteten sich in einem frostigen Leuchten, und wieder schaute sie zu Oliver Wroth hinüber.

»… Wer, Sir?«

Aber sie brauchte nicht zu fragen. In ihrem Herzen kannte sie die Antwort.

»Lord Wroth, Madam.«

Sie erhob sich halb im schwachen Versuch eines Protestes, aber diese Anstrengung war zuviel für sie. Sie fiel zurück, und ihre Finger zupften an der Bettdecke.

»Wie kommt Ihr zu der Vermutung?«

»Es ist keine Vermutung, Lady Wroth. Es ist eine Tatsache, die sich beweisen läßt. Und wie Ihr selbst sagtet, um Seine Lordschaft ist es übel bestellt. Er ist hochverschuldet und noch Jahre von seiner Erbschaft entfernt. Er brauchte Geld, und Ihr verweigertet es ihm. Da wurde ihm ein Ausweg aus seinen Schwierigkeiten angeboten.«

»Ein Ausweg angeboten?«

Sie schien sich an diesen tröstenden Strohhalm zu klammern.

»Es war ursprünglich d'Urfeys Idee, Madam. Er war es, der Seine Lordschaft darauf brachte.«

»Aber er wurde getötet, und die Forderungen kamen immer noch!«

»Deshalb mußte ich ausschließen, daß er der einzige Kandidat war. Er setzte einfach das Komplott in Gang. Und später, als Murrell tot war und seine beiden Diener ermordet waren und die Schuldscheine immer noch nicht gefunden, da mußte ich zugeben, daß es noch einen anderen Partner gab.«

»Pelham«, sagte sie starrköpfig. »Warum konnte es nicht Pelham sein?«

»Pelham suchte noch vor drei Tagen nach den Papieren«, sagte ich sanft. »Er schickte seinen Mann auf die Suche nach ihnen. Deshalb blieb nur der eine übrig, nachdem alle anderen zunächst Verdächtigen ausgeschlossen waren.«

Sie wollte mir nicht erlauben, den Namen dieses einen zu nennen.

»Als Mr. Oliver mir erzählt hatte, die Schuldscheine seien auf geheimnisvolle Weise zurückgegeben worden, aber nicht sagen wollte, von wem, war mein Verdacht bestätigt. Ich wußte, daß es nur ...«

Wieder hielt mich eine Geste davon ab, den Namen laut auszusprechen.

Von seinem Platz am Fenster aus sprach Oliver.

»Ich entdeckte sie in Charlys Zimmer«, sagte er rauh.

Mit einem Wirbel von Brillanten wischte die alte Lady die widerwärtigen Schuldscheine vom Bett.

»Sie sehen also«, sagte ich ruhig, »ich konnte kaum Eigentum wiederbeschaffen, das sich bereits unter Eurem Dach befand.«

Sie wandte sich ab; ihr Gesicht war von dem Spitzenbesatz ihres Kissens verdeckt.

»Als Ihr mich damit beauftragtet, die Schuldscheine wiederzubeschaffen«, fuhr ich fort, »bekam Lord Wroth Angst. Er hatte Angst, Ihr würdet seine Mittäterschaft in dieser Sache entdecken. Entsprechend versuchte er, mich abzuschrecken. Als er merkte, daß ich mich nicht einschüchtern ließ, unternahm er einen verrückten Ausflug nach London und versuchte die ganze Affäre zu beenden. Aber Murrell war ein gieriger Kerl, und er seinerseits weigerte sich, sich von der Sache abbringen zu lassen. Also arrangierte d'Urfey seine Beseitigung.«

»D'Urfey?« fragte sie stumpf. Ihr Gesicht war immer noch verborgen. Ich ersparte ihr die krasse Wahrheit und fing einen dankbaren Blick ihres Enkels auf.

»Euer Enkel war in der Nacht hier in Stukeley.«

Sie bewegte sich nicht. Die unnachgiebige Haltung, in der sie dalag, gab mir keinen Hinweis darauf, ob sie mir glaubte oder nicht.

»Die schwarze Frau, Betty, muß d'Urfey irgendwie erkannt haben. Auf ihre primitive Weise erkannte sie ihre Pflicht ihrem Herrn gegenüber. D'Urfey wurde zum Vergiften eines Brunnens liegengelassen. Darüber hinaus fühlte sie sich verpflichtet, zu versuchen, Pelham zu beseitigen, denn auch er konnte leicht ein Motiv gehabt haben, Murrell ermorden zu lassen.«

»Und mein Enkel? Warum wurde er nicht ermordet, wenn sie wußte, daß er mit d'Urfey unter einer Decke steckte?«

»Es ist ein Wunder, daß das nicht geschah, Madam. Die schwarze Frau hatte einen Beschützer. Einen Mann mit Namen Smith. Eine Zeitlang dachte ich, er glaubte, daß Lord Wroth sich an der Negerin gerächt hätte.«

Ihr Kopf zuckte scharf von ihrem Kissen zurück. Sie konnte die Frage nicht über ihre Lippen bringen.

»Es war Pelhams Kutscher, Mylady«, beruhigte ich sie froh. »Er suchte nach Informationen.«

Sie sank auf ihre Kissen zurück und entnahm meinen Worten soviel Trost, wie sie konnte.

»Und die Entführung?«

»Das war zum Teil Smith' Plan ... aber zum größten Teil der Eures Enkels.«

Sie kroch tiefer unter die Bettdecke und zitterte leicht.

»Warum?« Ihre Stimme brach. Sie klang unendlich alt, müde und gebrochen.

»Die Sache mit den Schuldscheinen war fehlgeschlagen, und Lord Wroth' Schulden waren immer noch unbezahlt. Er war verzweifelt und hatte nur noch einen Bekannten in St. Giles: den grauen Mann, Smith. *Er* war genauso verzweifelt. Er hatte Anlaß genug, das Land zu verlassen, aber ihm fehlten die Mittel dazu. Euer Enkel benutzte ihn, um mit seiner Hilfe zu versuchen, doch noch an das Geld zu kommen, und beide zusammen arbeiteten den Plan aus.«

Es herrschte Schweigen. Oliver starrte immer noch aus dem Fenster, und seine Großmutter lag immer noch wie ein Bildnis in ihrem riesigen Bett.

»Seid Ihr mit Eurer Detektivarbeit, Euren Entdeckungen zufrieden?« fragte sie schließlich.

Ich verbeugte mich in Ermangelung einer Antwort.

Die alten Finger machten sich ärgerlich an der Bettdecke zu schaffen. Ihr gelbliches Gesicht schien sich plötzlich in hundert häßliche Linien aufzulösen. Schmerz und Demütigung waren hinter ihren Augen sichtbar geworden. Sie stützte sich auf einen Ellbogen und starrte mich anklagend an; ihre Stimme schlug nach mir wie eine dünne, abgenutzte Peitsche.

»Also, Sir! Ich glaube kein Wort davon!« rief sie. »Ich glaube, daß Ihr Euch vollständig irrt! Ihr seid ein vorschneller Amateur, Sir, und habt Euch nicht einzumischen! Ihr seid nichts weiter als ein *blutiger Anfänger*!«

Sie sank auf ihre Kissen zurück und entließ mich mit einem schwachen Winken ihrer Hand. Sie war dahingeschieden. Für immer.

Ich verneigte mich leicht; mir fehlten die Worte. Oliver kam und nahm mich sanft am Arm. Ruhig und höflich führte er mich aus dem Zimmer.

»Ich danke Euch, Captain Nash«, sagte er ernst.

»*Ihr* dankt mir, Sir?«

»Dafür, daß Ihr nicht versucht habt, Euch vor meiner Großmutter zu verteidigen.«

»Ich sah keinen Sinn darin, Sir.«

»Nein«, sann er traurig, »sie ist für Argumente nicht offen und ist nicht in der Lage, vernünftig zu urteilen.«

»Worüber zu urteilen, Sir?«

»Über Eure Arbeit, Captain.«

Ich lächelte über dieses unbeholfene Kompliment und wußte, ich würde kein anderes bekommen.

»Nun, Sir«, antwortete ich, »was das angeht, muß ich mit Eurer Großmutter übereinstimmen. Ich *bin* ein blutiger Anfänger, und was sonst sollte ich sein als ein Amateur? Was ich mache, ist noch kaum ein Beruf!«

Epilog

So endete mein erster Fall. Während ich in die Stadt zurückritt, dachte ich über meine Zukunft nach. Obwohl ich die Affäre Wroth abgeschlossen hatte, hatte ich das nicht tun können, ohne mir selbst zu schaden: Ich hatte mir nämlich in Sir Harry Pelham und Lord Wroth zwei mächtige Feinde gemacht. Andererseits hatte ich mir aber auch den Respekt des jungen Oliver verschafft, wenngleich ich noch nicht wußte, ob er die Erbschaft der Wroth' antreten würde. (Es stellte sich heraus, daß er schließlich nicht den Versuch unternahm, seine Rechte geltend zu machen, möglicherweise weil eine Anklage gegen seinen Cousin wegen illegitimer Geburt Zweifel an seiner eigenen Abstammung wecken und der ganzen Familie einen schlechten Ruf einbringen konnte. Eine Familie von dem hohen Rang der Wroth' würde einen offenen Skandal um jeden Preis vermeiden, wie ich gesehen hatte. Lord Wroth wurde von einem wilden Jüngling zu einem noch wilderen Mann, heiratete seine Erbin und zeugte vierzehn Kinder mit ihr, bevor er 1835 an Gicht und hohem Alter starb.)

Aber um zur gegenwärtigen Affäre zurückzukehren: Ich war sehr besorgt darum, wie ich meine Verwicklung in die Todesfälle von fünf Menschen erklären sollte. Ich würde dieses Problem mit meinem Cousin Scrope im Büro des Commissioners besprechen müssen.

Scrope dämpfte meine Befürchtungen, indem er die Situation in eine bestimmte Richtung brachte: Ein junger Wüstling hatte einen alten Scharlatan ermordet und war seinerseits von einer Halbwilden ermordet worden. Sie war von Sir Harrys sadistischem Kutscher umgebracht worden, der dann selbst ein schlimmes Ende gefunden hatte. Sein Mörder, ›Sarg-Smith‹, war zwei Tage nach seiner Verurteilung am Gefängnisfieber gestorben. So waren passenderweise alle Mörder tot, und da der Tod jenseits der Reichweite des Rechts liegt, würde das Gericht somit über die ganze Affäre schweigen.

»Aber was ist mit dem Gehilfen von Murrell?« fragte ich. »Er wurde in Pelhams Haus ermordet.«

»Schon, in Pelhams *Haus*«, antwortete mein Cousin. »Aber welchen Beweis hast du, daß Pelham selbst es getan hat? Pelham war zu der Zeit an sein Bett gefesselt.«

Ich erinnerte mich an mein eigenes Abenteuer, als Pelham in seinem Krankenbett lag.

»Aber er kann seinen Tod befohlen haben.«

»Schon, das *kann* er. Aber sein Wort stünde gegen deines. Und falls du den Prozeß verlierst …«

Er brauchte nicht mehr zu sagen. Pelham war unter den gegenwärtigen Umständen ein Feind, der mächtig genug war, und es hatte wenig Sinn, ihn weiter zu reizen. Obwohl mir der Gedanke an einen unaufgeklärten Mord zu schaffen machte.

»Es sieht nicht gerade danach aus, als hätte ich die Sache zufriedenstellend gelöst.«

Mein Cousin schlug mir ermutigend auf die Schulter.

»So darfst du nicht denken, George! Du hast dich gut geschlagen. Fieldings Leute hätten es nicht besser gemacht – bei dieser merkwürdigen Affäre der Familie Wroth!«

»Aber *ich* habe das Gefühl, ich hätte es besser machen können. Fieldings Leute arbeiten nicht methodisch.«

»Mein Gott, Mann!« rief er. »Was für Chancen hast du unter dem gegenwärtigen System? Wir leben in einem Staat legaler Anarchie. Willst du versuchen, die Verfassung mit einem Schlag zu revolutionieren? Fielding hat zwanzig Jahre gebraucht, um zu zeigen, daß Verbrechen bekämpft werden können, ohne diesem Rechtssystem zu schaden. Er hat uns von Straßenbanden befreit und die Straßen von Wegelagerern gesäubert, aber wurde seine Arbeit wirklich anerkannt? Pustekuchen! Doch die Zeiten werden sich ändern, Cousin! Deine methodische Aufklärungsarbeit wird einst gewürdigt werden. Hab Geduld, George.«

Originaltitel: *Captain Nash and the Wroth Inheritance*
Ins Deutsche übertragen von Peter Brandenburg

Der Fall Doomdorf

Melville Davisson Post

Der Amerikaner Post (1871–1930) war gegen Ende des vergangenen Jahrhunderts als Anwalt tätig, bevor er sich ganz der Schriftstellerei verschrieb. Sein erstes Buch, Die seltsamen Intrigen des Randolph Mason *(1896), hatte als Hauptfigur einen unorthodoxen Rechtsanwalt, der oft zur Verteidigung seiner Klienten das Recht beugte. Dieses Figur wurde später weiterentwickelt, und die Geschichtensammlung* Der Korrektor der Schicksale *(1980) gilt als einer der Meilensteine der amerikanischen Kriminalliteratur. Mit der Schaffung Onkel Abners machte Post einen kühnen Schritt nach vorne.*

Es war das erste Mal, daß eine fiktive Figur in eine historische Periode versetzt wurde und mit den Methoden eines Detektives arbeitete. Abner war ein Landbesitzer im Virginia des frühen 19. Jahrhunderts. Er war ein rechtschaffener und gottesfürchtiger Mensch und zudem ein sehr aufmerksamer Beobachter des menschlichen Wesens. Seine detektivischen Fähigkeiten wurden nur von Sherlock Holmes übertroffen. Erstaunlicherweise hatten diese Geschichten in Großbritannien nie durchschlagenden Erfolg, doch in Amerika erfreuen sie sich bis heute sehr großer Beliebtheit. Ellery Queen bezeichnete seine Geschichten als die zweitwichtigsten Detektivgeschichten amerikanischer Autoren nach den Erzählungen von Poe und gab ihnen das Etikett Crème der Krimis. *Die hier abgedruckte Geschichte erschien erstmals in der* Saturday Evening Post *vom 18. Juli 1914 und ist zugleich eine der spannendsten der ganzen Sammlung.*

Es gab nicht nur Pioniere in den beeindruckenden Bergen im Hinterland von Virginia. Nach den Kolonialkriegen gesellten sich seltsame Fremdlinge hinzu, denn in allen ausländischen Armeen gab es eine Handvoll Abenteurer, die Wurzeln faßten und blieben. Sie kamen von Braddock und La Salle und wurden aus Mexiko in Richtung Norden getrieben, nachdem die dortigen Reiche zerfallen waren.

Ich nehme an, daß Doomdorf zusammen mit Iturbide den

Ozean überquert hatte, als dieser unglückselige Abenteurer zurückkehrte und an die Wand gestellt wurde. In seinen Adern floß jedoch kein südländisches Blut. Sein Aussehen ließ darauf schließen, daß er von einer fernen und barbarischen europäischen Rasse abstammte. Er war ein sehr großer Mann mit einem schwarzen Bart wie eine Schaufel und hatte breite Hände mit flachen Fingern.

Er hatte ein Stück Land gefunden zwischen dem Grundstück, daß Daniel Davisson von der Krone überlassen wurde, und einem Grundstück, daß von Washington vermessen wurde. Es war unbewachsen und hatte die Form eines Dreiecks; niemand hatte sich die Mühe gemacht, es einzugrenzen. Ohne Zweifel ist es einfach nicht beachtet worden. Der am tiefsten gelegene Punkt war ein karger Felsen, der aus dem Fluß hervorragte; zum Norden bildete eine Bergspitze den höchsten Punkt.

Doomdorf kauerte auf dem Felsen. Er mußte wohl an einiges Gold gekommen sein, denn er hatte sich ein Pferd gekauft und ein paar Sklaven vom alten Robert Steuart angeheuert, um sich ein Steinhaus auf dem Felsen zu bauen. Das Holz für die Einrichtung besorgte er sich von einer Fregatte auf dem Chesapeake. Dann pflanzte er auf dem Berg hinter seinem Haus Pfirsichbäume an, wo immer eine Pflanze im Mutterboden Wurzeln fassen konnte. Schließlich ging ihm das Gold aus, doch der Teufel hat immer gute Ideen. Doomdorf baute einen Schuppen mit einem Destillierapparat und verwandelte die ersten Früchte seines Gartens in ein höllisches Gebräu. Faules und bösartiges Volk strömte herbei und füllte seine steinernen Krüge damit. Die Folge waren gewalttätige Krawalle.

Die Regierung Virginias war weit weg, und der Arm des Gesetzes konnte nicht viel ausrichten, aber die Männer, die den Wilden unter Bezahlung von George das Land westlich der Berge abstrittig machten und sich schließlich gegen George selbst richteten, reagierten prompt. Lange Zeit behielten sie ihre Geduld, doch als das nichts nützte, verließen sie ihre Felder und trieben das Übel wie eine Geißel Gottes aus dem Land.

Eines Tages dann ritten mein Onkel Abner und der Gutsbesitzer Randolph durch die Gebirgsschlucht, um sich mit Doomdorf auszusprechen. Das Werk dieses Gebräus, das himmlisch roch, aber eine teuflische Wirkung hatte, konnte nicht länger hingenommen werden. Die betrunkenen Schwarzen hatten das Vieh vom alten Duncan erschossen und sein Heu angesteckt. Das Land war in Aufruhr.

Sie ritten alleine, doch sie waren so stark wie eine kleine Armee. Randolph war zwar eitel und wichtigtuerisch und neigte außerdem zu einer übertrieben gewählten Ausdrucksweise, doch war er im Grunde ein Gentleman, für den Furcht ein Fremdwort war. Abner war so etwas wie seine rechte Hand.

Es war ein heißer frühsommerlicher Tag. Sie durchquerten die Schlucht und ritten im Schatten der Kastanien am Fluß entlang. Der Weg war nur ein schmaler Pfad, und die Pferde trotteten hintereinander her. Als es bergauf ging, verließen sie den Lauf des Flusses, und nach einem kurzen Abstecher durch das Pfirsichwäldchen erreichten sie das Haus auf dem Berg. Randolph und Abner stiegen von den Pferden, sattelten sie ab und brachten sie zum Grasen. Sie wußten, daß ihr Treffen mit Doomdorf länger als eine Stunde dauern würde. Dann folgten sie einem steilen Pfad, der sie zum Haus auf der Bergseite führte.

Auf dem gepflasterten Hof vor der Tür saß ein hagerer alter Mann auf einem rötlich-grauen Pferd. Er trug keinen Hut, seine Hände ruhten auf dem Sattelknauf, und sein Kinn war in der schwarzen Halsbinde versunken. Er hatte das Gesicht nach hinten gewandt, und der Wind wehte sanft durch sein volles weißes Haar. Sein riesiges rotes Pferd sah aus, als wäre es aus Stein gehauen.

Weit und breit war kein Geräusch zu vernehmen. Die Tür zu dem Haus war geschlossen. Insekten flogen im Sonnenlicht; die Figur auf dem Pferd warf einen schwachen Schatten, und gelbe Schmetterlinge manövrierten durch die Luft wie eine Armee.

Abner und Randolph blieben stehen. Sie kannten diese tragische Figur – es war ein Mann, der durch die Berge ritt und die Schmähung von Jesaja predigte, als wäre er das Sprachrohr eines militanten rachesüchtigen Oberherrn, der in der Regierung Virginias die abscheuliche Theokratie des Buchs der Könige sah. Der Schweiß tropfte von dem Pferd, und die Kleidung des Mannes war staubig von einer langen Reise.

»Bronson«, sagte Abner, »wo ist Doomdorf?«

Der alte Mann hob den Kopf und sah über den Sattelknauf auf Abner hinab.

»Sicherlich«, sagte er, »wird er seine Füße in seinem Sommerzimmer zugedeckt haben.«

Abner ging hinüber und klopfte an die geschlossene Tür, in der das weiße und erschrocken wirkende Gesicht einer Frau erschien. Es war eine verrunzelte kleine Frau mit hellem Haar. Sie hatte ein breites ausländisches Gesicht, dessen Züge auf ein sanftes Wesen schließen ließen.

Abner wiederholte seine Frage.

»Wo ist Doomdorf?«

»Oh, mein Herr«, sagte sie mit einem seltsamen lispelnden Akzent, »er hat sich nach dem Mittagessen im Südzimmer schlafen gelegt. Ich war im Garten, um zu sehen, ob es schon reife Früchte gibt.« Sie zögerte, und ihre lispelnde Stimme wurde zu einem Flüsterton: »Er kommt nicht heraus, und ich kann ihn nicht wecken.« Die beiden Männer folgten ihr durch den Flur, gingen die Treppe hinauf und standen schließlich vor der Tür.

»Sie ist immer verriegelt, wenn er schläft«, sagte sie und klopfte mit den Fingerspitzen vorsichtig an die Tür.

Niemand gab Antwort, woraufhin Abner am Türknauf rüttelte.

»Komm raus, Doomdorf!« brüllte er mit seiner gewaltigen Stimme.

Doch es blieb weiterhin still, und man hörte nur das Echo von Abners Worten vom Dachsparren widerhallen. Dann stemmte sich Randolph mit der Schulter gegen die Tür und brach sie auf.

Sie gingen hinein. Die Sonne, die durch die großen Südfenster hereinschien, durchflutete den Raum. Doomdorf lag auf einer Couch in einer Ecke, auf seiner Brust war ein blutroter Fleck, auf dem Boden eine blutrote Pfütze.

Einen Moment lang starrte die Frau vor sich hin, dann schrie sie:

»Endlich habe ich ihn getötet!« Dann lief sie fort wie ein verschreckter Hase.

Die beiden Männer verschlossen die Tür und gingen zur Couch hinüber. Doomdorf war erschossen worden. In seiner Weste prangte ein riesiges Loch. Sie begannen nach der Tatwaffe zu suchen und wurden schnell fündig. Es war eine Schrotflinte, die auf zwei hölzernen Gabeln an der Wand hing. Das Gewehr war gerade erst abgefeuert worden; unter dem Hahn lag eine frisch explodierte Patronenhülse.

Das Zimmer war spärlich eingerichtet – auf dem Boden ein schäbiger Webteppich, Fensterläden aus Holz, ein mächtiger Eichentisch und darauf eine große runde Wasserflasche, die bis obenhin mit Schnaps von der Brennerei gefüllt war. Das Zeug war klar und durchsichtig wie Quellwasser, und wenn es nicht diesen stechenden Geruch ausströmen würde, hätte man es für ein Werk Gottes halten können.

Sonnenstrahlen fielen auf den Tisch und auf die Wand. Dort hing die Waffe, die den Toten ins Jenseits befördert hatte.

»Abner«, sagte Randolph, »hier handelt es sich um Mord! Die Frau nahm die Waffe von der Wand und erschoß Doomdorf, während er schlief.«

Abner stand am Tisch, die Hand am Kinn.

»Randolph«, antwortete er, »was hat Bronson hierhin verschlagen?«

»Der gleiche Aufruhr, der auch uns hierhin führte«, sagte Randolph. »Der verrückte alte Wanderprediger hat in der gesamten Umgebung zum Kreuzzug gegen Doomdorf aufgerufen.«

Abner antwortete, ohne seine Finger vom Kinn zu nehmen:

»Ihr glaubt, diese Frau hätte Doomdorf umgebracht? Nun gut, gehen wir und fragen Bronson, wer es getan hat.«

Sie ließen den toten Mann auf der Couch liegen, schlossen die Tür und gingen hinunter in den Hof.

Der alte Wanderprediger hatte sein Pferd abgestellt und sich eine Axt besorgt. Er hatte seinen Mantel ausgezogen und die Hemdsärmel hochgekrempelt. Er war auf dem Weg zur Brennerei, um die Schnapsfässer zu zerstören.

Als die beiden Männer herauskamen, hielt er inne. Abner rief ihm zu:

»Bronson«, sagte er, »wer hat Doomdorf getötet?«

»Ich habe ihn getötet«, antwortete der alte Mann und ging weiter in Richtung Brennerei.

Randolph fluchte leise vor sich hin. »Beim Allmächtigen«, sagte er, »nicht jeder kann ihn getötet haben!«

»Wer weiß schon, wie viele daran beteiligt waren?« antwortete Abner.

»Zwei haben schon gestanden!« rief Randolph. »Gab es vielleicht noch einen Dritten? Habt Ihr ihn getötet, Abner? Ich selbst womöglich. Mann, das ist doch unmöglich!«

»Das Unmögliche«, antwortete Abner, »könnte hier die Wahrheit sein. Kommt mit mir, Randolph, und ich werde Euch etwas zeigen, das noch unmöglicher als diese Angelegenheit ist.«

Sie gingen zurück zum Haus und über die Treppenstufen wieder zu dem Raum. Abner schloß die Tür hinter ihnen.

»Seht Euch diesen Türriegel an«, sagte er, »er befindet sich an der Innenseite und ist nicht mit dem Schloß verbunden. Wie soll derjenige, der Doomdorf getötet hat, in den Raum gelangt sein, wenn er verschlossen war?«

»Durch die Fenster«, antwortete Randolph.

Es gab nur zwei Fenster, beide gen Süden, durch die das Sonnenlicht hereinschien.

»Seht!« sagte er. »Die Hauswand geht direkt in den nackten Fels über, der hundert Fuß bis zum Fluß steil abfällt und glatt wie eine Glasscheibe ist. Aber das ist noch nicht alles. Seht Euch diese Fensterrahmen an. Sie sind in die Halterung einzementiert und voller Staub und mit lauter Spinnweben in den Ecken. Diese Fenster sind nicht geöffnet worden. Wie soll der Mörder hineingekommen sein?«

»Die Antwort liegt doch auf der Hand«, sagte Randolph: »Derjenige, der Doomdorf getötet hat, hielt sich im Raum versteckt, bis er eingeschlafen war. Dann hat er ihn erschossen und ist wieder hinausgegangen.«

»Bis auf einen Punkt eine exzellente Erklärung«, antwortete Abner: »Wie soll der Mörder die Tür verriegelt haben, nachdem er den Raum verlassen hatte?«

Randolph machte eine hilflose Geste mit seinen Armen.

»Wer weiß?« rief er. »Vielleicht hat sich Doomdorf selbst gerichtet.«

Abner lachte.

»Und nachdem er sich eine Ladung Schrot ins Herz geschossen hatte, stand er wieder auf und hängte die Flinte sorgfältig an den Haken.

»Gut«, rief Randolph. »Es gibt noch eine mögliche Erklärung für diesen Fall. Bronson und diese Frau sagen, sie hätten Doomdorf getötet, und falls sie ihn getötet haben sollten, werden sie sicherlich auch wissen, wie sie es gemacht haben. Laßt uns hinuntergehen und sie fragen.«

»Im Gerichtssaal«, antwortete Abner »würde diese Vorgehensweise als plausibel eingeschätzt werden, aber wir stehen hier vor Gottes Gericht, und hier werden solche Angelegenheiten auf andere Weise geregelt. Bevor wir gehen, sollten wir herausfinden, um welche Uhrzeit Doomdorf starb.«

Er ging zu ihm hin und zog eine große Silberuhr aus der Tasche des Toten. Sie war durch einen Schuß zerbrochen und zeigte auf eine Stunde nach Mittag. Einen Moment lang faßte er sich wieder ans Kinn.

»Um ein Uhr«, sagte er. »Ich glaube, Bronson war auf dem Weg hierher und die Frau bei den Pfirsichbäumen auf dem Berg.«

Randolph zuckte die Schultern.

»Warum die Zeit mit Spekulationen vergeuden, Abner?« sagte er. »Wir wissen, wer es getan hat. Wir wollten uns die Geschichte von ihnen selbst erzählen lassen. Doomdorf wurde entweder von Bronson oder von dieser Frau umgebracht.«

»Ich würde das auch gerne glauben, gäbe es da nicht dieses fürchterliche Gesetz.«

»Welches Gesetz?« fragte Randolph. »Steht es im Gesetzbuch von Virginia?«

»Es ist ein Gesetz«, antwortete Abner, »von einer gewissermaßen übergeordneten Stelle. Achtet auf die Sprache: ›Wer mit dem Schwert tötet, muß mit dem Schwert getötet werden.‹«

Er ging zu Randolph hinüber und faßte ihn am Arm.

»Muß! Randolph, habt Ihr auf das Wort ›muß‹ geachtet? Es ist ein zwingendes Gesetz. Es läßt keinen Spielraum für das Auf und Ab von Zufall und Glück. An diesem Ort führt kein Weg vorbei. Denn wir ernten nur, was wir sähen und sonst nichts. Wir bekommen, was wir geben, nicht mehr. Es ist die Waffe in unserer Hand, die uns schließlich zerstört. Ihr seht sie gerade an.« Dann drehte er sich in die Richtung des Tisches, so daß er die Waffe und den toten Mann vor Augen hatte. »›Wer mit dem Schwert tötet, muß mit dem Schwert getötet werden.‹ Und jetzt«, sagte er, »werden wir hingehen und mit den Methoden des Gerichtssaals arbeiten. Sie vertrauen darauf, daß sie auf diesem Weg zur Weisheit gelangen.«

Sie fanden den alten Wanderprediger bei der Arbeit in der Brennerei vor. Er war gerade dabei, die Schnapsfässer einzuschlagen, wobei er die eichenen Deckel mit der Axt spaltete.

»Bronson«, sagte Randolph, »wie habt Ihr Doomdorf getötet?«

Der alte Mann hielt inne und lehnte sich auf die Axt.

»Ich habe ihn getötet«, antwortete der alte Mann, »so wie Elias die Hauptmänner von Ahaziah und ihre fünfzig Mannen getötet hat. Denn ich betete zum Herrgott, Doomdorf nicht durch die Hand eines anderen Menschen zu zerstören, sondern durch das Feuer vom Himmel zu vernichten.«

Er stand auf und breitete seine Arme aus.

»Seine Hände waren voller Blut«, sagte er, »mit dieser Abscheulichkeit aus den Wäldern von Baal hat er die Menschen zu Zwietracht, Mißgunst und Mord angestachelt. Die Witwe und die Waise riefen den Himmel zur Hilfe. ›Ich werde ihren Ruf sicher erhören‹, heißt es in der Bibel. Das Land war ihn leid, und ich betete zum Herrgott, daß er ihn durch das Feuer vom Himmel vernichten möge, so wie er die Prinzen von Gomorrah in ihren Palästen vernichtet hat!«

Randolph machte eine wegwerfende Geste, aber Abners Miene nahm einen ernsten Ausdruck an.

»Mit dem Feuer des Himmels!« wiederholte er leise vor sich hin. Dann stellte er eine Frage. »Vor einer Weile«, sagte er, »als wir hier ankamen, habe ich Euch gefragt, wo Doomdorf sei, und Ihr antwortet mir in der Sprache des dritten Kapitels des Buchs der Richter. Warum habt Ihr mir in dieser Form geantwortet, Bronson? – ›Sicherlich wird er seine Füße im Sommerzimmer zugedeckt haben‹.«

»Die Frau hatte mir gesagt, daß er den Raum, in den er sich schlafen gelegt hatte, nicht wieder verlassen hat«, antwortete der alte Mann. »Und daß die Tür abgeschlossen war. Und da wußte ich, daß er tot wie Eglon, König von Moab, in seinem Sommerzimmer lag.«

Er breitete seine Arme in Richtung Süden aus.

»Ich kam von dem Großen Tal hier her, um die Früchte des

Hains abzuschneiden und diese Scheußlichkeit wegzuschütten, aber bis ich in diese Berge kam und vor dieser Tür stand, wußte ich nicht, daß der Herr mein Gebet erhört hatte und sein Zorn auf Doomdorf gefallen war. Als die Frau sprach, wußte ich es.« Er ging zu seinem Pferd und ließ die Axt bei den zerschlagenen Fässern liegen.

Randolph fiel ihm ins Wort.

»Komm, Abner. Wir verschwenden unsere Zeit. Bronson hat Doomdorf nicht getötet.«

Abner antwortete ihm langsam mit seiner tiefen, ruhigen Stimme:

»Randolph, seid Ihr darüber im klaren, wie Doomdorf gestorben ist?«

»Auf jeden Fall nicht durch das Feuer vom Himmel«, sagte Randolph.

»Randolph«, sagte Abner, »seid Ihr Euch dessen sicher?«

»Abner«, rief Randolph aus, »ihr beliebt zu scherzen, aber mir ist es todernst. Hier ist ein Verbrechen gegen den Staat begangen worden. Ich bin Gerichtsbeamter und versuche, den Mörder zu finden, sofern es mir möglich ist.«

Er ging wieder zurück zum Haus. Abner folgte ihm, die Hände hinter dem Rücken verschränkt, seine breiten Schultern leicht vorgebeugt und mit einem grimmigen Lächeln im Gesicht.

»Es hat keinen Sinn, mit dem verrückten alten Prediger zu sprechen«, fuhr Randolph fort. »Er soll den Schnaps wegschütten und dann fortreiten. Ich werde gegen ihn keinen Haftbefehl ausstellen. Ein Gebet mag ein praktisches Werkzeug sein, um einen Mord zu verüben, aber nach dem Gesetz von Virginia ist es keine tödliche Waffe. Doomdorf war schon tot, als Bronson hier mit seinem biblischen Gefasel auftauchte. Diese Frau hat Doomdorf getötet. Ich werde sie vernehmen.«

»Wie Ihr wünscht. Ihr vertraut weiterhin auf die Methoden des Gerichtssaals.«

»Kennt Ihr irgendwelche besseren Methoden?« fragte Randolph.

»Vielleicht«, antwortete Abner, »wenn Ihr damit fertig seid.«

Mittlerweile war die Nacht über das Tal hereingebrochen. Die beiden Männer gingen in das Haus und bereiteten die Leiche für das Begräbnis vor. Sie holten Kerzen, bauten einen Sarg, legten Doomdorf hinein, streckten seine Gliedmaßen aus und kreuzten ihm die Hände über dem durchschossenen Herzen. Dann stellten sie den Sarg auf Böcken im Flur ab.

Sie entzündeten ein Feuer im Kamin des Eßzimmers und setzten sich davor. Durch die offene Tür schien das Licht des Feuers auf das enge Heim für die Ewigkeit, in dem der tote Mann ruhte. Die Frau hatte ihnen kaltes Fleisch, goldfarbenen Käse und ein Stück Brot zum Essen an den Tisch gebracht. Sie konnten sie zwar nicht sehen, hörten aber, wie sie im Haus umherging. Schließlich hörten sie draußen ihre Schritte auf dem Kies und das Wiehern eines Pferdes. Dann kam sie herein. Sie war gekleidet, als wolle sie auf eine Reise gehen. Randolph sprang auf.

»Wo geht Ihr hin?« fragte er.

»Zu einem Schiff auf dem Meer«, antwortete die Frau.

Dann wies sie mit einer Handbewegung auf den Flur. »Er ist tot, und ich bin frei.«

Ihr Gesicht begann plötzlich zu glänzen. Randolph tat einen Schritt auf sie zu. Seine Stimme war laut und sehr grob.

»Wer hat Doomdorf getötet?« rief er.

»Ich habe ihn getötet«, antwortete die Frau. »Es war gerecht!«

»Gerecht!« war das Echo des Richters. »Was meint Ihr damit?«

Die Frau zuckte mit den Schultern und machte eine vage Geste mit den Händen.

»Ich erinnere mich an einen alten Mann, der an einer sonnigen Mauer lehnte, und an ein kleines Mädchen, und an jemanden, der kam und lange mit dem alten Mann redete, während das Mädchen gelbe Blumen vom Gras pflückte und sie sich ins Haar steckte. Schließlich gab der Fremde dem alten Mann eine Goldkette und nahm das kleine Mädchen mit.« Sie gestikulierte mit ihren Händen. »O ja, es war gerecht, ihn zu töten!« Sie blickte auf, ein seltsames, mitleiderweckendes Lächeln im Gesicht.

»Der alte Mann wird wohl schon fortgegangen sein«, sagte sie, »aber vielleicht finde ich die Mauer, auf die die Sonne scheint, und die gelben Blumen im Gras. Darf ich jetzt gehen?«

Es ist ein Gesetz der Kunst des Geschichtenerzählers, daß nicht er die Geschichte erzählt. Der Zuhörer ist es, der die

Geschichte erzählt; der Erzähler gibt ihm lediglich den Anstoß dazu.

Randolph stand auf und ging auf und ab. Er war Friedensrichter zu einer Zeit, zu der dieses Amt nach englischem Vorbild nur vom landbesitzenden niedrigen Adel ausgeübt werden konnte. Die Bürde des Amtes wog schwer auf seinen Schultern. Wenn er sich über die Gesetzesvorschriften hinwegsetzte, wie sollten dann die Schwachen und Bösen dazu gebracht werden, diese zu respektieren? Vor ihm stand eine Frau, die einen Mord gestanden hatte. Durfte er sie einfach gehen lassen?

Abner saß unbeweglich am Feuer, den Ellbogen auf die Armlehne des Stuhls gestützt, mit der Hand unter dem Kinn, das Gesicht in tiefe Falten geworfen. Randolph war verzehrt von Eitelkeit und der Schwäche zur Prahlerei, doch er nahm seine Pflicht allein auf sich. Er unterbrach seinen Gedankenfluß und betrachtete die Frau, die schwach und verblüht aussah wie ein Gefangener aus einer Legende, der einem düsteren Verlies entkommen und an die Sonne gelangt war. Das Licht des Feuers flackerte an ihr vorbei und fiel auf die Kiste auf den Böcken, die im Flur stand. In diesem Augenblick wurde er überwältigt von einer Vision der großartigen, unergründlichen, himmlischen Gerechtigkeit.

»Ja«, sagte er. »Geh! Es gibt keine Geschworenen in Virginia, die eine Frau für den Mord an einer solchen Bestie verurteilen würden!« Er streckte den Arm aus und zeigte mit dem Finger auf den toten Mann.

Die Frau machte einen etwas ungeschickten kleinen Knicks.

»Ich danke Euch, Sir.« Sie zögerte einen Moment und wisperte: »Aber ich habe ihn nicht erschossen.«

»Nicht erschossen!« brüllte Randolph. »Aber das Herz des Mannes ist vollkommen durchlöchert!«

»Ja, Sir«, sagte sie einfach, wie ein Kind. »Ich habe ihn getötet, aber nicht erschossen.«

Randolph machte zwei große Schritte auf die Frau zu.

»Nicht erschossen!« wiederholte er. »Wie dann, in Gottes Namen, hast du Doomdorf getötet?« Seine mächtige Stimme füllte den gesamten Raum aus.

»Ich werde es Euch zeigen, Sir«, sagte sie.

Sie machte kehrt und ging ins Haus. Dann kehrte sie mit einem Leinentuch zurück, in das etwas eingewickelt war. Sie legte es zwischen den Laib Brot und den Käse auf den Tisch.

Randolph lehnte sich über den Tisch, und die geschickten Hände der Frau packten den tödlichen Inhalt aus, bis das Ding dort unverhüllt lag.

Es war eine unförmige kleine Figur eines Menschen aus Wachs, dessen Brust von einer Nadel durchbohrt war.

Randolph richtete sich auf und mußte tief Luft holen.

»Magie! Allmächtiger!«

»Ja, Sir«, erklärte die Frau, deren Stimme und Benehmen eher einem Kind entsprach. »Ich habe oft versucht, ihn zu töten, – oh, sehr oft! – mit Hexereien, die ich kenne; aber es hat nie geklappt. Dann, endlich, habe ich ihn aus Wachs gemacht und eine Nadel durch sein Herz gestochen, und ich habe ihn sehr schnell getötet.«

Es war sonnenklar, daß die Frau unschuldig war, das mußte selbst Randolph einsehen. Ihre kleine harmlose Magie war der armselige Versuch eines Kindes, einen Drachen zu töten. Er zögerte einen Moment, bevor er sprach. Schließlich faßte er den Entschluß, sich wie ein Ehrenmann zu verhalten. Wenn das Kind glaubte, seine verhexte Puppe hätte das Monster erlegt – dann wollte er es in dem Glauben lassen.

»Und jetzt, Sir, darf ich gehen?«

Randolph blickte die Frau verwundert an.

»Fürchtest du dich nicht vor der Nacht allein in den Bergen und auf dem langen Weg?«

»O nein, Sir«, sagte sie schlicht. »Der liebe Gott wird jetzt überall bei mir sein.«

Das war eine schreckliche Bemerkung über den Toten – daß diese kindliche Frau glaubte, alles Übel dieser Welt wäre mit seinem Tod vergangen und die Sonne würde nun jeden Winkel erleuchten.

Keiner der beiden Männer wollte ihr diesen Glauben nehmen, und so ließen sie sie fortgehen. Bald würde der Tag anbrechen, und der Weg über den Chesapeake war frei.

Randolph kam zurück zum Kamin, nachdem er ihr in den Sattel geholfen hatte, und setzte sich hin. Eine Weile lang stocherte er mit dem Eisen im Feuer herum, und schließlich fing er an zu reden.

»Das ist eines der seltsamsten Dinge, die mir je passiert sind«, sagte er. »Erst der verrückte alte Prediger, der behauptete, Doomdorf durch das Feuer vom Himmel getötet zu haben, und dann die kindliche Frau, die ihn mit mittelalterlicher Magie getötet haben will – und beide sind so unschuldig an seinem Tod wie ich selbst. Und doch, beim Allmächtigen, die Bestie ist tot!«

Er klopfte mit dem Feuereisen auf den Kaminrost, indem er es zwischen seinen Fingern auf und abgleiten ließ.

»Irgendwer hat Doomdorf erschossen. Aber wer? Und wie ist er in das verschlossene Zimmer hinein- und wieder herausgekommen? Der Mörder von Doomdorf muß in den Raum gelangt sein, um ihn zu töten. Wie ist er da bloß hineingekommen?« Er schien mit sich selbst zu sprechen, doch mein Onkel, der vor dem Kamin saß, antwortete ihm:

»Durch das Fenster.«

»Durch das Fenster!« wiederholte Randolph. »Wie soll das denn gehen, Mann. Ihr selbst habt mir gezeigt, daß das Fenster nicht geöffnet wurde, und den Abgrund hätte nicht einmal eine Fliege hochklettern können. Wollt Ihr damit sagen, das Fenster wurde geöffnet?«

»Nein«, sagte Abner, »es wurde niemals geöffnet.«

Randolph stand auf.

»Abner«, rief er, »wollt Ihr behaupten, daß der Mörder den nackten Felsen hochgeklettert und durch das geschlossene Fenster eingedrungen ist, ohne daß der Staub und die Spinnweben am Fensterrahmen berührt worden wären?«

Mein Onkel sah Randolph ins Gesicht.

»Der Mörder von Doomdorf tat noch mehr als das«, sagte er. »Er ist nicht nur den Felsen hochgestiegen und durch das geschlossene Fenster hineingelangt, sondern hat außerdem auch noch Doomdorf erschossen und ist dann wieder hinausgegangen, ohne eine einzige Spur zu hinterlassen und ohne ein Staubkörnchen aufgewirbelt oder eine Spinnwebe zerstört zu haben.«

Randolph schwor einen heiligen Eid.

»Das ist ein Ding der Unmöglichkeit!« rief er. »Heutzutage werden in Virginia keine Menschen durch schwarze Magie oder einen Fluch Gottes getötet.«

»Durch schwarze Magie nicht«, antwortete Abner, »wohl aber durch einen Fluch Gottes.«

Randolph schlug seine zusammengeballte rechte Faust in seine Linke.

»Beim Allmächtigen!« schrie er. »Ich würde gerne wissen, ob derjenige, dem ein solcher Mord gelungen ist, ein Kobold aus der Hölle oder ein Engel des Himmels war.«

»Sehr gut«, sagte Abner unbeeindruckt. »Wenn er morgen wiederkommt, werde ich Euch den Mörder von Doomdorf zeigen.«

Bei Tagesanbruch schaufelten sie ein Grab und beerdigten den Toten unter seinen Pfirsichbäumen auf dem Berg. Als sie ihre Arbeit beendet hatten, war es Mittag. Abner warf seinen Spaten hin und blickte hinauf auf die Sonne.

»Randolph«, sagte er. »Wir werden jetzt gehen und den Mörder in einen Hinterhalt locken. Er ist auf dem Weg hierher.«

Das war ein seltsamer Hinterhalt, den er sich da ausgedacht hatte. Als sie wieder in den Raum gekommen waren, in dem Doomdorf starb, verriegelte er die Tür. Dann lud er die Schrotflinte und hängte sie sorgfältig zurück an den Haken. Danach tat er etwas sehr Merkwürdiges: Er nahm den blutüberlaufenen Mantel, den sie dem Toten bei der Vorbereitung zur Beerdigung ausgezogen hatten, stopfte ihn mit einem Kissen aus und legte ihn exakt an die Stelle auf der Couch, wo Doomdorf geschlafen hatte. Und während er das tat, sprach er mit Randolph, der verwundert dastand:.

»Ihr werdet sehen, Randolph … Wir werden den Mörder austricksen … Wir werden ihn bei der Tat überraschen.«

Dann ging er zu ihm hinüber und faßte den Richter am Arm.

»Paßt auf!« warnte er. »Der Mörder kommt an der Wand entlang.«

Aber Randolph hörte und sah nichts. Nur die Sonne schien herein. Abner griff seinen Arm fester.

»Es ist da. Seht!« Er zeigte auf die Wand.

Randolph folgte dem ausgestreckten Finger und sah, wie ein kleiner heller Lichtstrahl, der die Form eines Kreises hatte, sich langsam auf den Verschluß der Schrotflinte zubewegte.

Abners Hand wurde zum Schraubstock, und seine Stimme klang wie Metall.

»Der mit dem Schwert tötet, muß mit dem Schwert getötet werden.« Es war die Wasserflasche, gefüllt mit Doomdorfs Gebräu, die das Sonnenlicht bündelte. »Seht, Randolph, wie Bronsons Gebet erfüllt wird.« Der winzige Lichtstrahl wanderte auf die Platte des Verschlusses.

»Es ist das Feuer des Himmels!«

Seine Worte übertönten den Knall der Schrotflinte, und Randolph sah, wie der Mantel des Toten, der von dem Schuß zerfetzt worden war, auf der Couch hochgeschleudert wurde. Die Waffe, die immer noch an der Wand hing, war auf die Couch an der Wand am Ende des Zimmers gerichtet. Der gebündelte Sonnenstrahl hatte das Zündhütchen zum Explodieren gebracht.

Randolph machte eine großspurige Geste und breitete die Arme aus.

»Die Welt«, sagte er, »ist voller mysteriöser Verkettungen von Zufällen!«

»Die Welt«, antwortete Abner, »ist erfüllt von der mysteriösen Gerechtigkeit Gottes!«

Originaltitel: *The Doomdorf Mystery*
Ins Deutsche übertragen von Johannes Rumpf

Mord in der Rue Royale

Michael Harrison

Michael Harrison (1907–1991) hat über viele verschiedene Themen geschrieben, doch seine wahre Leidenschaft galt der Kriminalgeschichte, insbesondere der Welt von Sherlock Holmes. Er wurde als einer der besten Kenner Holmes bezeichnet.

Geboren als Sohn eines Rechtsanwalts und mit einem Architekten als Onkel, wollte er in die Fußstapfen seines Onkels treten und studierte Architektur. Da sein erster Roman Weep for Lycidas *(1934) ein Erfolg wurde, widmete er sich jedoch dem Journalismus und der Schriftstellerei. In den nächsten fünfzig Jahren schrieb er unter seinem Namen und unter verschiedenen Pseudonymen mehr als fünfzig Bücher. Sein vielleicht berühmtestes Buch dürfte* Ich, Sherlock Holmes *(1970), gewesen sein. Es war der Versuch, eine Autobiographie von Holmes zu schreiben.*

Harrison beschränkte sich jedoch nicht nur auf die Welt von Holmes, sondern befaßte sich auch mit dessen fiktivem Vorgänger August Dupin, einer Figur, die von Edgar Allen Poe geschaffen wurde. In den späten Sechzigern schrieb er eine Reihe Geschichten von Ellery Queen's Mystery Magazine. *Eine Sammlung dieser Geschichten wurde in Amerika unter dem Titel* Die Abenteuer des Chevalier Dupin *(1968) veröffentlicht und später für eine Publikation in England unter dem Titel* Mord in der Rue Royale *(1972) erweitert. Die folgende Geschichte gab diesem Band den Titel.*

Harrisons Dupin ist möglicherweise näher an Holmes orientiert als Poes Original, doch nichtsdestotrotz sind diese Geschichten faszinierend und gewähren uns einen Einblick in die Welt des allerersten Detektivs der Literaturgeschichte.

Der Mord an dem bedeutenden Bankier Monsieur Cuvilliers-Millot in seinem Schlafzimmer hat etwas ausgelöst, was die Zeitungen immer gerne als ›tiefstes Interesse‹ bezeichnen. Selbst in der Hauptstadt, die, wie unser Freund G- beteuern würde, über die beste und effizienteste Polizeitruppe der Welt verfügt, werden zahlreiche Verbrechen verübt, gelegentlich auch Morde. Doch der *bizarre* Charakter dieses bestimmten Verbrechens trug dazu bei, daß es dauerhafter im Bewußtsein der Öffentlichkeit haften blieb als die üblichen neun Tage, nach denen die Erinnerung der Menschen gewöhnlich verblaßt. Mord ist, in größerem oder geringerem Ausmaße, immer ein Problem für die, die nicht getötet wurden.

Der Mord an Monsieur Cuvilliers-Millot jedoch warf eine Reihe von Fragen auf, die über das hinausgingen, was erfahrungsgemäß untrennbar mit dem gewalttätigen Beenden eines Menschenlebens verbunden ist. So ist beispielsweise in diesem Fall zu klären, wie es dem Mörder gelungen ist, nach dem Abfeuern der tödlichen Schüsse auf den bekannten Bankier innerhalb von Sekunden aus dem Fenster im zweiten Stockwerk zu flüchten. Außerdem bleibt die Frage offen, wie er so wundersam schnell fliehen konnte, daß selbst diejenigen, die die Tür zu seinem Schlafzimmer aufbrachen, nichts von ihm zu sehen bekamen. Es gab noch andere verwirrende Punkte, aber es herrschte eine allgemeine Übereinkunft, daß diese, verglichen mit den beiden grundlegenden Fragen, eher unbedeutend waren. Man hätte fast schon die Idee verworfen, daß es überhaupt einen Mörder gab, wäre da nicht die Leiche Monsieur Cuvilliers-Millots im Himmelbett als Beweis gewesen. Und die Tatsache, daß er sich die Schußwunde in seinem Nacken kaum selbst beigebracht haben konnte (und selbst wenn man von letzterer Annahme ausgehen wollte, wo war dann die Pistole, die der Verschiedene bei seinem Selbstmord abgefeuert haben mußte?«

Je mehr man nun über diese verblüffenden Umstände nachdachte, desto verblüffender erschienen sie. Die Polizei war wie vor den Kopf gestoßen, obwohl sie eine ›schnelle Verhaftung‹ versprach. Das ließ sie bei allen Mordfällen verlautbaren, in denen sich der Mörder oder zumindest ein potentieller Tatverdächtiger noch innerhalb von 24 Stunden im *Dépot de la Préfecture de Police* in sicherer Verwahrung befand. Sie konnten den Verdächtigen schlecht unter den stadtbekannten Einbrechern von Paris suchen, denn aus dem Schlafzimmer von Monsieur Cuvilliers-Millot war nichts entwendet worden. Dabei hätte ein Einbrecher sicherlich genügend Zeit gehabt, die herumliegenden Wertsachen einzustecken – einen Diamantring, einen diamantenen Halstuchanstecker, eine Bréquet-Uhr und eine sehr gut gefüllte Brieftasche, denn all dieses lag auf einer Kommode neben dem Bett.

Was das Motiv betrifft, war die einzige Person, die – abgesehen von dem hypothetischen Einbrecher –, ein denkbares Interesse an dem Tod des Bankiers gehabt haben könnte, sein Neffe und vermutlicher Erbe, der mit Monsieur Cuvilliers-Millot zusammenlebte. Er spielte auch bei den Ereignissen kurz vor der Entdeckung des Leichnams seines Onkels eine wichtige Rolle. Der tote Bankier, ein Witwer, dessen Sohn im Algerienkrieg umgekommen war, hatte seinen einzigen Neffen, den Sohn eines Cuvilliers-Millots, von London nach Paris zurückgeholt. Sein Vater war während der Terrorwelle '93 nach England geflüchtet, und war, abgesehen von kurzen Besuchen bei seinem sehr viel wohlhabenderen Bruder in Paris, nie wieder in sein Geburtsland zurückgekehrt. Gaspard Cuvilliers-Millot, Erbe des immensen Vermögens seines ermordeten Onkels, hatte eine der englischen Schulen besucht, die nach der Reformation nach Frankreich verlegt worden waren. Mehr als zwei Jahrhunderte später wurden sie aufgrund der Unruhen, in die Frankreich während der Revolution von 1789 gestürzt war, wieder nach England verlegt.

Nach ein paar Semestern in Oxford hatte der junge Monsieur Gaspard Cuvilliers-Millot eine Anstellung in dem angesehenen Bankhaus Herries, Farquhar & Co in der Londoner James Street angenommen. Man könnte meinen, dieser Schritt wäre berechnet gewesen, um seinem wohlhabenden Onkel in Paris angenehm aufzufallen. Monsieur Gaspard diente dem Londoner Bankhaus, das durch seine Geschäfte mit zirkulierenden transferierbaren Devisen in ganz Europa Ruhm und Einfluß erlangt hatte, bis ihn der Tod seines Cousins bei einem Gefecht in Tlemcen nach Paris brachte, um den Platz des im Kriege gefallenen Sohnes einzunehmen.

Die Geschichte des glücklichen jungen Mannes (bis hierhin) verdanken wir G-, dem Präfekten der Pariser Polizei, der uns zwei Tage nach dem Mord, der ganz Paris in Aufregung versetzt hatte, nach dem Frühstück aufsuchte. An einem sonnenlosen Frühlingstag im Jahre 183- saß G- in unserer kleinen Bibliothek, (oder, besser gesagt, unserem Bücherkabinett), *au troisiéme*, No. 33, Rue Dunôt, Faubourg St. Germain, nippte an einer heißen Schokolade und machte insgesamt den Eindruck eines Mannes, der mit seinem Latein am Ende war.

»Wenn ein Bankier ermordet wird«, sagte G- in gebieterischem Ton, dessen er sich immer zu bedienen pflegte, wenn er nicht weiter wußte und um seinen Ruf und seine lukrative Stellung bei der Regierung fürchtete, »dann ist davon nicht nur die Familie betroffen. Die Auswirkungen auf die Börsen in allen Hauptstädten Europas, nun, Sie verstehen mich sehr gut, davon bin ich überzeugt, mein lieber Chevalier?«

»Ja, ja. Ich verstehe Sie sehr gut«, antwortete Dupin und unterdrückte ein Gähnen, denn wir waren die vorherige Nacht lange aufgeblieben. »Monsieur Cuvilliers-Millot hatte Brasilien gerade acht Millionen goldene Francs Startkapital gewährt, Neu Granada zwei Millionen, der Türkei dreißig Millionen und war kurz davor, für Spanien dreißig Millionen aufzubringen, mit denen auf der iberischen Halbinsel ein Eisenbahnsystem aufgebaut werden sollte. Ja, auch ich lese Zeitungen.«

»Dann werden Sie auch wissen«, sagte G-, in keiner Weise von der kurz angebundenen Art meines Freundes beeindruckt, »daß wir bald wieder so weit sind wie bei den Unruhen von 1830 und 1832 und daher alarmiert sein müßten, sollte die Stabilität der Regierung, unter der wir leben, in irgendeiner Weise angezweifelt werden. Zwei französische Revolutionen in fünfzig Jahren sind genug – aber es gibt immer radikale Zeitungen und unverantwortliche Demagogen, die jedesmal von Korruption sprechen, wenn etwas in der Bankenwelt vorfällt.«

»Ich bin mir dessen bewußt«, sagte Dupin und griff nach der Tabakdose aus schwerem Zinn, in der er seinen Lieblingstabak aufbewahrte. »Genauso wie ich mir bewußt bin«, fügte er hinzu und begann, seine Meerschaumpfeife zu füllen, »daß Sie gekommen sind, um in dieser Angelegenheit meine Unterstützung zu erbitten, weil Ihre eigenen Methoden nicht zu den erhofften Ergebnissen geführt haben. Also gut, was haben Ihre bisherigen Untersuchungen ergeben?«

»Ich fürchte, sehr wenig«, war G-s ehrliche Antwort.

»Wir haben natürlich die Todesursache festgestellt ...«

»Tatsächlich!« bemerkte Dupin mit sarkastischem Unterton. Er zog kräftig an seiner Pfeife, so daß man seine Stimme aus einer Wolke heraus vernahm, als er mit täuschender Freundlichkeit fragte: »Und was war, bitte, die Ursache des Todes von Monsieur Cuvilliers-Millot?«

»Es steht doch in allen Zeitungen ...«

»Es geht mir nicht darum, was die Zeitungen drucken oder was ich in ihren Kolumnen lese. Ich frage *Sie*. Was war die Todesursache des Bankiers?«

»Ein Schuß in den Schädel aus einer Pistole.«

»Haben Sie die Kugel herausgeholt?«

»Nein.«

»Warum nicht?«

»Hören sie, Dupin. Warum hätten wir die Kugel suchen sollen? Es war ganz offensichtlich, wodurch der Bankier getötet wurde.«

»Wollen Sie mit dieser Bemerkung andeuten, daß die üblichen Untersuchungen auf einen Schuß hindeuten – Schmauchspuren rings um die Wunde, Schwärzung der Haut an dem Punkt, wo die Kugel eintrat, und so weiter?«

»Genau«, antwortete G- und zeigte einen Gesichtsausdruck voller Selbstzufriedenheit.

»Es gab keine *Post-mortem*-Untersuchung der Leiche?«

»*Que diable*, Dupin! Natürlich nicht. Warum um alles in der welt sollten wir die Leiche einer Autopsie unterziehen und damit sowohl die Lebenden als auch den Toten beleidigen, wo die Todesursache so eindeutig ist? Ich sagte es Ihnen doch, der Mann starb an einer Schußwunde im obersten Teil der Wirbelsäule, direkt unter dem Kleinhirn – *hier!*« Um es zu veranschaulichen, beugte G- seinen Kopf vor und deutete mit dem Zeigefinger seiner rechten Hand auf die Stelle, unmittelbar oberhalb seines gestärkten Halstuchs. »Eine Schußwunde an dieser Stelle ist, wie Sie wissen, immer tödlich.«

»Wenn der Mörder den Lauf der Waffe auf eine so verflucht sensible Stelle gerichtet hat, wird die gemeine Justiz dem Mörder nicht die Belohnung für Totschlag verwehren. Aber sagen Sie, mein lieber G-, was hat das berühmte Opfer die ganze Zeit getan, als der Mörder sich hinter es stellte? War der Schuß nur aus Versehen auf den Nacken gezielt? War die Wunde die Folge eines *ricochet?* Oder, warten Sie!! – hat das Opfer vielleicht die ganze Zeit geschlafen?«

»Nein«, sagte G- mit einem energischen Kopfschütteln, »das ist unmöglich. Der Lärm von aufgeregten Stimmen hat die Bewohner des Hauses – ich sollte besser sagen, die *anderen* Bewohner, aufgeschreckt, woraufhin sie zu der Tür des Monsieur Cuvilliers-Millot eilten, die sie natürlich abgeschlossen vorfanden und daher gewaltsam öffnen wollten. Während sie nun dastanden und diskutierten, was zu tun sei, fiel der tödliche Schuß. Dann wurde die Tür von zwei Dienern, kräftigen Bauernjungen aus der Normandie, in Angriff genommen und schließlich aufgebrochen. Ihr Herr lag auf dem Bett – tot –, und der Mörder war nirgends zu sehen.«

»Und das Fenster war geöffnet, sagen Sie?«

»Die Dimitzvorhänge waren hereingeweht – die schweren drapierten Vorhänge waren zurückgezogen. Als sie in den Raum hineinkamen, haben einige von ihnen überlegt, wie sie dem Opfer helfen könnten, die anderen rannten zum Fenster. Aber sosehr sie auch auf den umliegenden Höfen und Straßen Ausschau hielten, konnten sie niemanden sehen, der vom Schlafzimmer geflüchtet sein konnte, nachdem er ihren Herrn umgebracht hatte. Und diese Tatsache, Dupin, macht die ganze Angelegenheit so mysteriös.«

»Was genau macht die Angelegenheit mysteriös? Meinen Sie damit die Tatsache, daß man vom Fenster aus niemanden sehen konnte? Ich finde, das ist möglicherweise eine der weniger mysteriösen Fakten. Jetzt«, als er sah, daß G- protestieren wollte, »sollten wir über den tödlichen Schuß nachdenken, wie man sagt …«

»Wie *ich* sagte …«

»Wie Sie sagten. Was auch immer Sie und ihre Kollegen vermutet haben mögen, es bleibt immer noch zu beweisen, daß der tödliche Schuß gehört wurde, oder genauer, ob das, was gehört wurde, wirklich ein tödlicher Schuß war.«

»Aber es *wurde* ein Schuß gehört. Wir haben ein Dutzend Zeugen, die diese Tatsache unter Eid bestätigen.«

»Möglicherweise. Möglicherweise auch nicht. Ein Dutzend Zeugen kann sich genauso irren wie ein einziger. Angenommen, *Sie* erzählen mir jetzt, was die zwölf Zeugen zu hören glaubten?«

»Nun, da müssen wir etwas weiter ausholen. Ich sollte kurz erwähnen, daß Monsieur Gaspard die Angewohnheit hatte, früher als sein Onkel aufzustehen, so daß er ein paar Minuten vor der Öffnungszeit der Bank, also vor 8 Uhr 30, unten an seinem Schreibtisch saß. Er sieht nicht nach seinem Onkel, normalerweise jedenfalls nicht. Dieser wird um 7 Uhr 30 von seinem Diener geweckt, der ihm ein Tablett mit Schokolade, Brötchen und eine Morgenzeitung bringt.«

»Als Monsieur Gaspard jedoch über den Korridor zum Bad ging – ja, es gibt dort ein mit allem Komfort ausgestattetes modernes Badezimmer, sogar mit einer patentierten englischen Vorrichtung zur Erhitzung des Wassers –, auf dem Weg zum Bad, das er offenbar sehr ausgiebig nutzte, denn sein äußeres Erscheinungsbild hat er peinlich gepflegt, ging er an der Schlafzimmertür seines Onkels vorbei. Obwohl es sich um eine Tür aus massivem Mahagoni handelt, ist sie nicht besonders dick, so daß man Geräusche aus dem Zimmer im Korridor hören konnte. Monsieur Gaspard sagte mir, daß er im Vorbeigehen seinen Onkel oft schnarchen hören konnte.

Nun, heute ist Dienstag, das heißt, all dies geschah Dienstag vor einer Woche. An jenem Dienstag geschah etwas Außergewöhnliches. Monsieur Gaspard stand auf – ich vergaß, ihnen zu sagen, daß er nicht von einem Diener, sondern von einem kleinen Wecker, der auf seinem Nachttisch stand, geweckt wurde –, Monsieur Gaspard stand wie gewohnt auf, zog seinen Morgenmantel an, trat auf den Korridor hinaus und machte sich auf den Weg zum Bad.«

»Alles genauso wie immer?«

»Alles genauso wie immer. Bis auf – das war sicherlich ungewöhnlich – die Geräusche, die durch die Tür aus dem Schlafzimmer des Onkels zu vernehmen waren – Geräusche aufgeregter Stimmen, es klang wie Vorwürfe, Drohungen, weiß der Himmel was noch. Monsieur Gaspard blieb sofort stehen; er ist von Natur aus sehr diskret in solchen Dingen, und er fand keinen Gefallen an dem Gedanken, an der Tür seines Onkels zu stehen und zu lauschen.«

»Oder dabei erwischt zu werden? Egal. Fahren Sie fort mit ihren Ausführungen. Ich finde sie sehr interessant.«

»Auf jeden Fall bemerkte Monsieur Gaspard, als er dort zuhörte, wie die Auseinandersetzung ihren Höhepunkt erreichte. Er konnte zwar nicht jedes Wort verstehen, doch es stand außer Zweifel, daß die beiden Männer sehr erregt waren und einer den anderen bedrohte.

Monsieur Gaspard war höchst beunruhigt und lief los, eher um Rat zu ersuchen, als um Hilfe zu bitten. Er eilte die Treppe hinunter und erzählte dem alten *suisse*, der schon vor der Revolution im Haushalt tätig war, was vorgefallen war.«

»Sie haben den Mann natürlich als Zeugen verhört, nicht wahr?«

»Ja – und wir haben auch alle anderen, die dafür in Frage kamen, als Zeugen vernommen. Um fortzufahren: der *suisse* vertrat die Ansicht, daß sich alle möglichst schnell vor der Tür einfinden und Monsieur Cuvilliers-Millot rufen sollten – für den Fall, daß er Hilfe brauchte, um jemanden loszuwerden, der ihn bedrohte.«

»Einen Moment, bitte! Warum hat Monsieur Gaspard nicht einfach die Tür zum Schlafzimmer seines Onkels geöffnet und ist hineingegangen?«

»Er sagte, er wäre, was seinen Onkel betrifft, immer sehr ängstlich gewesen. Der Bankier war sehr streng und war ein Tyrann zu Hause. Ich kann gut verstehen, daß der Neffe zögerte, bevor er sich in eine peinliche Situation begab. Auf jeden Fall stellte sich später heraus, daß die Tür verschlossen war.«

»Aber er kann nicht sagen, ob die Schlafzimmertür schon verschlossen war, als er vorbeiging – oder, sagen wir, als er stehenblieb und hörte, wie der Fremde seinen Onkel bedrohte?«

»Nein, das kann er nicht sagen. Ich habe ihm diese Frage gestellt, aber er konnte sie absolut nicht beantworten.«

»Ha! Ich möchte sagen, der liebenswerte Monsieur Gaspard scheint eine ziemliche Memme zu sein. Fahren wir fort. Kaum hatte der äußerst vorsichtige Neffe den *suisse* um Rat gefragt, da rief er schon alle Diener zusammen und führte sie geschlossen zum Schlafzimmer ihres Herrn. Oder, warten Sie!! - ist gar Monsieur Gaspard, der sich geschämt hatte und wenigstens jetzt Entschlossenheit zeigen wollte, vorangegangen? Ah, jetzt ja, er hat sie angeführt. Gut! Und was hatte Ihnen der *suisse* und das Hauspersonal über die Art der Stimmen zu sagen, die aus der schweren, aber dünnen Tür drangen?«

»Nun, jetzt stoßen wir auf ein großes Problem. Ich hatte gehofft, jemand würde sich an seine Stimme erinnern können. Das wäre eine große Hilfe bei der Suche nach dem Mörder gewesen.«

»Aber es war still? Die Stimmen waren verstummt?«

»Ganz genau.«

»Der Bankier war tot – und der Mörder durch das Fenster entflohen?«

»Das ist unmöglich. Gerade als Monsieur Gaspard und die Diener die Tür aufbrechen wollten – ich hatte doch erwähnt, daß Monsieur Gaspard die Tür öffnen wollte und sie verschlossen war? –, just in dem Moment, als sie die Entscheidung getroffen hatten, die Tür aufzubrechen …«

»Einen Moment, bitte! *Warum* sind sie zu dieser sehr gewichtigen Entscheidung gelangt? Wollten sie nicht zuerst rufen und Monsieur Cuvilliers-Millot fragen, ob irgend etwas nicht in Ordnung wäre? Ah, Sie vergaßen, das zu erwähnen. Fahren Sie fort.«

»Sie hatten recht, mich daran zu erinnern, daß ich etwas ausgelassen hatte. Es ist wahr, daß, als die Gruppe vor der Tür stand, Monsieur Gaspard mehrere Male gerufen hatte: ›Onkel, ist irgend etwas nicht in Ordnung?‹ oder etwas in der Art. Aber es kam keine Antwort, und auf ein Zeichen von Monsieur Gaspard traten die Diener einen Schritt vor, um sich gegen die Tür zu werfen. In dem Moment hörten sie einen Schuß – nur einen einzigen Schuß, sehr deutlich, aber nach den Aussagen der Zeugen nicht sehr laut.«

»Aber es war ohne Zweifel ein Schuß? Woraufhin sich die Diener gegen die Tür warfen – mit bemerkenswertem Mut, denn der Mörder hätte im Schlafzimmer auf *sie* warten können –, die Tür brach auf, sie fielen Hals über Kopf in den Raum und sahen, was sie schon beschrieben hatten – nämlich nichts. Jetzt kommt ein sehr wichtiger Punkt. Hatte jemand die Schritte des Mörders im

Raum gehört, nachdem der Schuß abgefeuert wurde? Hat jemand gehört, wie das Fenster geöffnet wurde?«

»Nein. Dafür gibt es einen guten Grund. Als sie den Schuß hörten, fingen die weiblichen Hausangestellten, angeführt von der Köchin, ein fürchterliches Geschrei an, so daß es nicht aufgefallen wäre, wenn eine ganze Armee durch den Raum getrampelt wäre.«

»So. Und obwohl nur eine Person, nämlich Monsieur Gaspard, bezeugen kann, daß es einen lauten Streit gab, können viele bestätigen, daß sie, kurz bevor die Tür aufgebrochen wurde, einen Schuß gehört haben?«

»Genau. Alle Anwesenden bezeugten dies. Sie hörten nicht nur den Schuß einer Waffe, sondern fanden zudem den Raum voller Rauch vor, ganz zu schweigen von dem typischen Geruch nach Schießpulver.«

»Wir müssen unbedingt die Kugel haben – wenn sie immer noch im Kopf des Toten steckt. Ist das der Fall?«

»Ob sie immer noch im Kopf des Toten steckt? Ja, es gibt nur eine Wunde – die vom Einschuß. Offenbar hatte die Kugel nicht genügend Schwung, um durch den Schädel zu dringen.«

»Finden Sie das nicht bemerkenswert?« fragte Dupin.

»Wieso? Das bedeutete lediglich, daß es sich um eine leichte Ladung handelte. Die Muskeln am Hinterkopf sind sehr dick und fest – Ich habe viele Fälle erlebt, in denen solche Muskeln eine Kugel aufgehalten haben.«

»Vielleicht. Aber haben Sie auch schon davon gehört, daß die Muskeln eine Kugel aufhalten, die direkt auf der Haut abgefeuert wurde? Es spielt jetzt keine Rolle, diese Dinge werden wir später klären. Worum ich Sie erst einmal bitten möchte, ist, einen Polizeichirurgen zu veranlassen, die Kugel zu suchen, und wenn sie gefunden wird, sie herauszuholen, ohne daß sie dabei beschädigt wird. Ist das möglich?«

G- sah ihn zweifelnd an. »Die Freunde der Familie werden das nicht gutheißen. Der tote Bankier liegt noch feierlich aufgebahrt in seinem Wohnzimmer. Aber, ja natürlich, Dupin, Sie sollen die Kugel haben. Warum bestehen Sie darauf?«

»Ich möchte wissen, aus was für einer Waffe sie stammt.«

Dupin und ich waren zugegen, als zwei Chirurgen der Polizeipräfektur die *Post-mortem*-Untersuchung am toten Bankier durchführten. Die formale Erlaubnis mußte von einem der nächsten Verwandten des Toten eingeholt werden – in diesem Fall von Monsieur Gaspard –, und obwohl der junge Mann dagegen etwas einzuwenden hatte, konnte G- ihn schließlich überzeugen, daß die Autopsie eine Notwendigkeit für die Interessen der Justiz darstellte.

Die Leiche wurde in einen kleinen Nebenraum des Wohnzimmers getragen. Hier trafen die Chirurgen Vorbereitungen für die Extraktion der Kugel, an der Dupin ein so reges Interesse hegte.

Die Leiche war natürlich gewaschen und mit Hilfe der kosmetischen Künste, die unsere modernen Bestattungsunternehmer so gut beherrschen, präsentabel hergerichtet worden.

Dupin sprach den Wunsch aus, den gesamten Körper – insbesondere den Kopf – untersuchen zu dürfen, bevor die Chirurgen ihn mit ihren Instrumenten aufschnitten. Dupin untersuchte den ganzen Körper mit einer starken Lupe. Nach einer eingehenden Untersuchung der Wunde im Nacken hob Dupin den Kopf und fragte G- , ob den Zeugen, die die Leiche als erste entdeckt hatten, die charakteristische Schwärzung der Schußwunde aufgefallen war.

»Ja, ohne Zweifel. Ich sehe, daß es jetzt nicht mehr erkennbar ist, weil die Frau des Bestatters das verbrannte Pulver abgewaschen haben muß.«

»So gründlich? Die Haut zeigt auch keine Spuren von Verbrennungen. *Diable,* für eine Wunde, die von einer Kugel herrührt, ist das äußerst eigenartig! Monsieur le Préfet, ich würde Sie gerne einen Augenblick sprechen.«

Dupin führte den Präfekten außer Hörweite des Chirurgen in die hinterste Ecke des Raumes und fragte ihn: »Wenn dieser Haushalt sich nicht allzusehr von anderen unterscheidet, wird immer montags gewaschen. Heute ist Donnerstag. Weisen Sie einen Beamten an, die gesamte Wäsche für die nächste Woche zu beschlagnahmen. Wonach er suchen soll? In erster Linie nach einem besonders schmutzigen Taschentuch.«

Mehr wollte Dupin dazu nicht sagen. Nachdem G- die gewünschten Anweisungen gegeben hatte und zurückkehrte, faßte Dupin ihn am Arm und machte ihn auf die Wunde aufmerksam. Er reichte ihm die starke Lupe, so daß G- mit eigenen Augen sehen konnte, was Dupin aufgefallen war.

»Beachten Sie«, sagte Dupin, »die vollkommen kreisförmige Rötung, von der die Wunde umgeben ist. Das ist *keine* gewöhnliche Verbrennung, die von einer Schußwunde herrührt, sondern etwas ganz anderes. Eine andere Sache: Hat einer der Herren – er richtete sich an die Chirurgen – jemals von einem Fall gehört, bei dem die Waffe so nahe an den Körper gehalten wurde, daß eine Verbrennung verursacht wurde, ohne dabei die Haut ernsthaft durch Austritt von Gasen in der Schußwunde zu zerstören? Nein, meine Herren, das habe ich auch noch nie gehört. Monsieur G-meinte, die seltsame Form der Wunde sei dadurch zu erklären, daß der Mörder nur eine geringe Ladung Pulver benutzt hatte. Aus welchem Grund, kann ich nicht sagen. Es wäre möglich. Aber jetzt sollten wir fortfahren.«

»Die Schädeldecke öffnen, Sir?« fragte der ältere der beiden Chirurgen, der ein Skalpell in der Hand hielt.

»Noch nicht, Sir. Zuerst hätte ich gerne den Magen ausgepumpt. Ich nehme an, Sie haben eine Magenpumpe mitgebracht?«

Daraufhin wurde der Magen des Toten ausgepumpt und der Mageninhalt in eine zugedeckte Schüssel gefüllt. Dupin machte sich daran, dieses unangenehme Material genauestens zu untersuchen, denn er kannte keine Hemmungen, wenn es galt, die Interessen der Justiz zu verfolgen. Schließlich wandte er sich uns triumphierend zu und sagte:»Ich bin erschüttert, daß wir es nicht gleich am Geruch des Mannes gemerkt haben! Also wirklich, Monsieur G-! Bei Ihrem Geruchssinn! Ja, meine Herren – Laudanum – in einer sehr hohen Konzentration. Einer Sache können wir uns sicher sein: Der tote Bankier war an jenem Dienstag morgen um halb acht nicht ganz bei sich, was auch immer Monsieur Gaspard durch die verschlossene Tür vernommen haben mag.

Hat ihm sein Arzt Laudanum verschrieben? Nun, wie dem auch sei, wir werden es herausfinden. Und nun, meine Herren, bevor Sie anfangen zu schneiden, darf ich Sie bitten, die Wunde *äußerst* sorgfältig zu untersuchen und mir zu sagen, wie tief unter der Oberfläche die Kugel sitzt?«

Unter den verblüfften Gesichtern von G- und mir (denn auch

ich wurde, wie ich zugeben muß, nicht recht schlau daraus) führte der ältere Chirurg eine kleine, aber starke Drahtsonde in die Wunde ein und schob sie vorsichtig hinein, bis er auf einen festen Gegenstand stieß, den er für die gesuchte Kugel hielt. Dupin hatte beobachtet, wie weit der Draht reichte, bis er auf die Kugel stieß, und rechnete die Länge mit Hilfe eines Lineals schnell in Zentimeter um.

»Etwas mehr als siebeneinhalb Zentimeter – drei Inch.«

Seinerzeit war die alte Maßeinheit noch sehr viel gebräuchlicher. »Nun, meine Herren, können Sie mit dem Aufschneiden beginnen. Ich möchte Sie bitten, die Kugel in keiner Weise zu beschädigen.«

Nach ein paar Minuten überreichten die Chirurgen Dupin eine Bleikugel. Er untersuchte sie mit seiner starken Lupe und stieß einen kurzen Freudenschrei aus, bevor er Lupe und Kugel an G- weiterreichte.

»Was sehen Sie, Monsieur le Préfet?«

»Das ist *außerordentlich* merkwürdig!« sagte G- und starrte auf die Kugel in seinen großen Händen. »Das ist – *äußerst seltsam!* Ich sehe etwas, das aussieht wie ein kleiner Kreis voller Zahnabdrücke. Dupin, wie erklären Sie sich das? Ist es möglich, daß das Blei der Kugel beim Abfeuern derart ungewöhnliche Markierungen hinterläßt?«

Dupin antwortete nicht. Er nahm G- die Kugel ab, steckte sie in seine Westentasche und sagte brüsk: »Die Leiche kann wieder für die Aufbahrung hergerichtet werden. Monsieur G-, ich wäre Ihnen sehr verbunden, wenn Sie mir einen Blick in das Schlafzimmer des Toten und vor allem in den Medikamentenschrank gestatten würden.«

Nachdem wir die Diener entlassen hatten, die uns aus langer Gewohnheit begleiten wollten, gingen wir die Treppe hinauf. Dupin sah sich das Zimmer, in dem Monsieur Cuvilliers-Millot starb, sehr genau an.

Wenn man meinen Freund bei der Arbeit beobachtete, gewann man den Eindruck, daß er mit seinen Augen einfach alles sah – was von Bedeutung war und was nicht –, und daß er eine komplette Aufzeichnung seiner visuellen, auditiven und taktilen Eindrücke (die olfaktorischen nicht zu vergessen) mitnahm, um sie dann in in der Rue Benôt zu analysieren und zu katalogisieren. Als wir das Zimmer durchquerten und in das kleine Ankleidezimmer nebenan gingen, sagte er träge: »Haben Sie schon Erkundungen über den Charakter und die Position von Monsieur Gaspard eingeholt? Ich wage zu vermuten, daß sie auf skandalöse Informationen gestoßen sind.«

»In der Tat. Ich kann mir kaum vorstellen, daß er noch weiter in der Gunst seines Onkels gestanden hätte, wären dem Bankier seine Extravaganzen und Schulden zu Ohren gekommen. Aber was noch schwerer wiegt: Er war oder ist, wie man besser sagen sollte, in schwerer Zahlungsbedrängnis. Er ist mit einer sehr kostspieligen jungen Person eine dieser Verbindungen eingegangen, die im allgemeinen ebenso kostspielig wie ungebührlich sind. Jedoch wird er jetzt, mit den Millionen seines Onkels in der Tasche, auf seine Gläubiger pfeifen können. Ich meine, für ihn war es ein glücklicher Unfall, durch den ihm der Mörder zu einem Vermögen verholfen hat.«

»Ich sehe«, sagte Dupin, der den Medikamentenschrank über einem Ecktisch öffnete, »daß Monsieur Cuvilliers-Millot offenbar kein kränklicher Mann war. Hier sind keine Medikamente, die man in fast jedem Haushalt findet. Vielmehr fehlen sogar einige Mittel, die man erwartet hätte. Schwefelblume. Diesen Blutreiniger nehme ich selbst auch. Ein exzellentes Mittel zum Gurgeln. Hat Monsieur Cuvilliers-Millot an Halsschmerzen gelitten?«

»Das kann ich herausfinden. Aber ich nehme an, da er im Chor der La Madelaine sang – ja, wirklich. Überrascht Sie das? –, nahm er regelmäßig Pottasche. Was noch? Kein Laudanum. Nun, damit hatte ich auch kaum gerechnet. Aber vielleicht finden wir es an anderer Stelle im Haus.«

Wir öffneten die Fensterflügel und lehnten uns hinaus. Es war wirklich schwer zu verstehen, wie es dem Mann überhaupt gelungen war, zu entfliehen, noch dazu so schnell, daß ihn niemand sehen konnte.

Ich äußerte die Meinung dazu, und G- stimmte mir zu.

»Wenn ich Ihnen das erkläre«, sagte Dupin, »werden Sie in Kenntnis *aller* Tatsachen dieses außergewöhnlichen Falles sein. Ich habe jetzt gesehen, was ich sehen mußte. Mit Ihrer Erlaubnis,

Monsieur Le Préfet, werde ich mir diesen eisernen Türstopper ausleihen.«

»Türstopper? Warum wollen Sie den mitnehmen?«

»Wenn Sie heute nachmittag um Punkt 5 Uhr bei uns vorbeikommen, werden Sie erfahren, warum. Darf ich Ihre Aufmerksamkeit auf diese herrliche Uhr hier auf dem Kaminsims richten? Ja, natürlich von Bréquet. Ich frage mich, ob der Diener, der dafür zuständig ist, bei der ganzen Aufregung daran gedacht hat, sie aufzuziehen? Wo ist denn der Schlüssel? Ah, da liegt er ja – wo er hingehört, hinter der Uhr.«

Dupin hielt ihn uns vor die Augen und stellte uns wiederum vor ein Rätsel. Es war ein ganz gewöhnlicher Schlüssel für eine Aufziehuhr, gefertigt in dem Stil, der vor etwa fünfzig Jahren in Mode war und von den meisten Pariser Uhrmachern noch immer geschätzt wird. Der Schlüssel bestand aus einem kurzen Stück hohlen Metalls, das in eine Öffnung an der Vorderseite der Uhr paßte, mit einem Kurbelgriff, der mit einem polierten Holzknauf versehen war.

Dupin nahm seine Lupe zur Hand und unterzog diesen vollkommen gewöhnlichen Haushaltsartikel einer eingehenden Untersuchung. »In der Tat, wir müssen demjenigen gratulieren, der selbst den Schlüssel mit größter Sorgfalt abgewischt hat. Trotzdem kann ich damit etwas anfangen, und mit Ihrer Erlaubnis werde ich auch diesen Gegenstand mitnehmen.«

»Sie können mitnehmen, was Sie wollen, Dupin«, sagte G- mißmutig. »Ihre merkwürdiges Verhalten übersteigt meine armselige Vorstellungskraft bei weitem. Dennoch bin ich mir im Gegensatz zu Ihnen nicht so sicher, daß die Diener durch das Geschehen nicht verstört wurden. Nehmen Sie beispielsweise den Türstopper, den Sie mitnehmen wollen: Ich denke, Ihnen ist nicht aufgefallen, daß er nicht nahe der Tür stand, sondern am Kamin abgestellt wurde – hinter dem stählernen Kamingitter?«

»Ah!« sagte Dupin mit einem zufriedenen Gesichtsausdruck, »Ihnen *ist* es also aufgefallen? Gratuliere! Ist Ihnen auch ein weiterer banaler Beweis aufgefallen – nämlich das hier?«

»Was ist das?« fragte G- und trat näher heran, um das Objekt zu begutachten, das mein Freund zwischen zwei Fingern hielt.

»Ah, ja. Ein kurzes Stück Zwirn. Ist das wichtig? Wo haben Sie das gefunden?«

»Es könnte wichtig sein. Ich fand es im Klingelzug eingeklemmt, neben dem Kamin.«

Auf Dupins Wunsch hin begleitete ich ihn nicht zurück nach Hause. Statt dessen spazierte ich müßig in Richtung des Flusses. Ich ging die Rue Royale hinunter, kreuzte die Rue St. Honoré und fand mich auf der Place de la Concorde wieder. Dort gab ich einer Laune nach und zahlte zehn Sous Eintritt für das *Navalorama*, ein Spektakel, daß ich noch nie gesehen hatte.

Dieses beeindruckende Panorama am Eingang zu den Champs Elysées ist eine originalgetreue Nachbildung einiger der berühmtesten Seeschlachten der Geschichte; die Schiffe und das Wasser sind in Bewegung, und das Waffenfeuer klingt echt. Ich fand das Ganze so ansprechend, daß die Zeit schnell verging, und so mußte ich eine Kutsche anhalten, um meine Verabredung mit Dupin und G- im Faubourg St. Germain einhalten zu können.

Die Uhr in der Glockenstube von St. Germain-des-Prés schlug gerade fünf, als ich den Eingang unseres Hauses betrat und von Hyacinthe begrüßt wurde. Ich wußte, daß G- schon eingetroffen war, denn ich hatte seinen nagelneuen englischen Tilbury im Hof gesehen und auch, daß Monsieur le Chevalier mich bereits im Wohnzimmer erwartete.

»Bravo!« sagte Dupin in sarkastischem Ton, als ich das Wohnzimmer betrat. »Sie lernen die englische Art der Pünktlichkeit – so peinlich genau pünktlich zu sein, als wäre man zu spät! Doch nun, da wir alle anwesend sind, lassen Sie uns noch oben in unsere kleine Bibliothek gehen. Es tut mir leid, Monsieur G-, daß ich Sie dazu nötigen muß, noch mehr Treppen zu steigen, aber ich habe oben etwas für Sie, das die Mühe lohnt. Bitte folgen Sie mir.«

Offenbar war Hyacinthe in meiner Abwesenheit angewiesen worden, uns nicht zu begleiten, und so gingen wir, von Dupin angeführt, hinauf zu unserem Lieblingsraum. Die Tür war wie immer geschlossen. Dupin legte seine Hand auf den Türknauf, und kaum daß er das getan hatte, hörte man einen lauten Knall wie von einer Pistole aus dem Raum hallen. Dupin stieß die Tür auf und rief: »Der Mörder! Haltet ihn!!«

Das Fenster war offen – die Musselinvorhänge wurden vom

Wind draußen und dem Zug der offenen Tür aufgebläht. Dupin stürzte sich förmlich in den Raum, lehnte sich halb aus dem Fenster und zeigte mit dem Finger wild gestikulierend nach unten. Wir eilten hinter ihm her, stellten uns zu beiden Seiten neben ihn, um einen kurzen Blick zu erhaschen – auf was?«

»Er ist verschwunden«, sagte Dupin, mit einem merkwürdigen Ausdruck von Empörung. »Er muß, nein, er kann sich nicht mit den Fingern in den Backsteinritzen festgehalten haben – ja, ich habe es! Er muß in einem von Mr. Greens Ballons geflüchtet sein. Schnell, G-, schauen Sie nach oben, um festzustellen, ob der Schurke in den Wolken verschwunden ist!«

G- warf sich mit einer verärgerten Bemerkung in einen Sessel. »Verdammt!« sagte er. »Ist das einer von Ihren Witzen, Dupin? Es ist doch ein Witz, oder?«

»Falls es das wäre«, sagte mein Freund mit ernster Mine, »wäre es ein Witz, der Monsieur Cuvilliers-Millot das Leben gekostet hat. Aus einer Folge von Beweisen, die mir Augen, Ohren und Nase lieferten, habe ich eine Theorie aufgestellt, der zufolge der Mörder zuschlug, als Monsieur Gaspard, der von dem Tod des Bankiers am meisten profitierte, von zwölf vertrauenswürdigen Zeugen umgeben war. *Er* hat den Schuß nicht abgegeben. O nein! Wie hätte er das bewerkstelligen sollen, wo doch der Schuß von der anderen Seite der Tür abgefeuert wurde?«

»Aber sagen Sie mir, Monsieur le Préfet, haben Sie nicht einen Schuß gehört? Haben Sie nicht Schießpulver gerochen? Haben Sie nicht ein offenes Fenster gesehen und sind zu dem Schluß gelangt – auf den *ich Sie* schlauerweise gebracht habe –, daß da jemand gewesen sein *muß*, der den Schuß abfeuerte, und daß jemand durch das Fenster geflüchtet sein *muß*, da er im Raum nicht zu sehen war?

Doch jetzt sieht alles ganz anders aus, nicht wahr? Ein Moment des Nachdenkens hat Sie zu der Einsicht gebracht, daß es unmöglich ist, durch ein dermaßen hoch gelegenes Fenster zu fliehen, ohne Bäume oder andere Hilfsmittel, über die ein noch so agiler Mann so schnell hätte entkommen können. Sie fragten mich, ob das ein Witz wäre? Es ist kein Witz. Hätten Sie mich gefragt, ob es ein Trick war, hätte ich mit ja geantwortet.«

»Sie wollen andeuten«, sagte G- nachdenklich, »daß Monsieur Gaspard der Mörder ist, den wir suchen?«

»Monsieur Gaspard«, sagte Dupin bestimmt, »ist ohne Zweifel der Mörder. Er hatte das Motiv, die Mittel und die Gelegenheit dazu, wie ich Ihnen demonstrieren werde. Um ihn zu dem Geständnis zu bewegen, das wir von ihm benötigen, werden Sie ihn jedoch austricksen müssen, so wie auch er Sie ausgetrickst hat. Haben Sie in der schmutzigen Wäsche ein stark verschmutztes Taschentuch gefunden?«

»Ja, hier habe ich es.« G- nahm ein Päckchen aus seiner Manteltasche und reichte es Dupin, der es sofort öffnete, untersuchte und es an die Nase hielt.

»Exzellent! Das ist ganz einfacher Farbruß. Es riecht nach verbranntem Walrat, wie es für Lampen benutzt wird, und nicht nach verbranntem Schießpulver. Monsieur Gaspard hätte es fast schon verdient, mit seinem teuflischen Plan Erfolg zu haben, weil er so klug vorging. Für den Mord an seinem Onkel benutzte er nur Dinge, die im Haushalt zu finden waren. Er machte nicht den Fehler, irgendwo Arsen zu kaufen, was ihn verraten hätte. Schlichter Farbruß, den er um die Wunde schmierte! Nein, nicht ein Gegenstand oder eine Substanz, die im Haus nicht zur Hand war.«

»Aber wie in Himmels Namen hat er seinen Onkel erschossen?!« rief G-.

Dupin lächelte.

»Er hat seinen Onkel nicht erschossen. *Monsieur Cuvilliers-Millot wurde nicht erschossen.* Sehen Sie sich dieses Stück Gips an. Es ist ein Abdruck von der Kugel aus dem Schädel des Toten.«

G- nahm es in die Hand und untersuchte es.

»Nun, hier sind die Einkerbungen, die mir aufgefallen waren, als die Chirurgen die Kugel entnahmen. Die Einkerbungen auf dem Gips sind wie kleine hochstehende Zähne. Verdammt! Woran erinnert mich dieser Zahnkranz bloß?«

»*Hieran*, würde ich vorschlagen«, sagte Dupin und holte den Uhrenschlüssel hervor. Er zeigte auf das Endstück des hohlen Metalls.

»Dupin, was wollen Sie damit sagen?«

»Sie werden sehen«, sagte Dupin ruhig, »daß Monsieur Gaspard zwar nicht am Morgen das Zimmer seines Onkels betreten hatte, ihm wohl aber am Abend zuvor sein abendliches Glas Gewürzwein gebracht hatte. Und am Abend vor der Entdeckung des Mordes war der Wein sehr viel kräftiger gewürzt als sonst – mit Laudanum. Selbst wenn der alte Mann normalerweise kein Laudanum einnahm, muß es irgendwo im Haus zu finden sein.«

»Irgendwann am frühen Abend – allerdings nicht zu früh – ging Monsieur Gaspard in das Schlafzimmer seines Onkels, nahm eine Kugel, drehte den betäubten Mann mit dem Gesicht nach unten und schlug die Kugel mit einem in ein Tuch eingewickelten Hammer und dem Uhrschlüssel als Verlängerung in das Hirn seines bewußtlosen Onkels. Dieses Stück ist ungefähr drei Inch lang. Und genauso tief steckte die Kugel im Kopf. Das reichte, um den Tod herbeizuführen. Er wischte den Schlüssel ab – am Taschentuch müßten neben dem Farbruß auch Blutspuren zu finden sein – und legte ihn zurück an den gewohnten Platz hinter der Uhr. Dann baute er eine geniale Vorrichtung, mit der er die Hausangestellten einige Stunden später täuschen sollte.

Daraufhin öffnete er das Fenster, verließ den Raum und schloß die Tür ab.

Zu seiner gewohnten Aufstehzeit rannte er die Treppe hinunter und berichtete von dem Streitgespräch im Zimmer seines Onkels. Doch der arme Monsieur Cuvilliers-Millot war zu dieser Zeit schon seit etwa zwei Stunden tot.

Als nun alle Hausangestellten als Zeugen beisammen waren, näherte sich Monsieur Gaspard der Tür. Alle Zeugen würden später aussagen, daß sie einen Schuß gehört hätten.

Daraufhin wurde die Tür aufgebrochen.

Um ganz genau zu sein, ging der Schuß genau in dem Moment los, als Monsieur Gaspard seine Hand auf den Türknauf legte. Denn er tat nichts anderes, als an dem Stück Zwirn zu ziehen, das durch das Schlüsselloch mit dem Griff des Klingelzugs am Kamin verbunden war. Dieser wiederum war mit einem schnell lösbaren Knoten, wie ihn Seemänner und Reiter kennen, mit dem eisernen Türstopper verbunden, den ich mitgenommen hatte und den Sie jetzt wieder zurück in das Haus in der Rue Royale bringen können.

Der Türstopper, vom Knoten erlöst, fiel nun geradewegs hinunter auf das Kamingitter vor dem Kamin. Aber – hören Sie gut zu – er fiel auf eine Mischung aus zwei sehr gebräuchlichen Substanzen, die fast in jedem Medikamentenschrank stehen. Pottasche und Schwefelblume, eine hochexplosive Mischung, die schon durch einen leichten Schlag zur Detonation gebracht wird.«

»*Diable!* Natürlich!«

»Der Knall – der Schwefelgeruch – das offene Fenster – wer hätte nicht auf zwanzig Bibeln geschworen, daß er einen Schuß gehört hatte und zu spät da war, um den Mörder zu erspähen und ihn fast – aber nicht ganz – *flagranti* zu fassen?«

»Übrigens. Dank seiner ehrenwerten Neigung, nur Gegenstände aus dem Haus zu benutzen, wird man im Pistolenkoffer in der Bibliothek oder im Waffenraum, falls es einen gibt, eine Kugel finden, die der von Monsieur Gaspard benutzten entspricht. Eine mikroskopische Untersuchung wird die Herkunft der Kugel im Kopf des Toten bestimmen.«

G- hüstelte.

»Dupin … verzeihen Sie, aber da Sie mir schon so weit geholfen haben, sagen Sie mir doch: Wie soll ich die Schuld des genialen Verbrechers beweisen?«

Dupin lächelte und griff nach seiner Tabakdose.

»Nun, mein guter G-. Sie sollten das gleiche Schauspiel veranstalten, mit dem ich Sie erschreckt habe. Selbst Monsieur Gaspards Gelassenheit wird erschüttert werden, wenn er einen *weiteren* Schuß aus dem Schlafzimmer des Onkels hört, so daß Sie ihn zu einem Geständnis bringen werden …«

Und so war es auch. Trotz aller Versuche der besten französischen Anwälte, die Monsieur Gaspard mit seiner Verteidigung beauftragt hatte, marschierte drei Monate später eine traurige Prozession auf einen bestimmten Ort innerhalb der Barrière de St. Jacques zu. Dort zahlte ein hinterhältiger Mörder seine letzte Strafe.

Originaltitel: *Murder in the Rue Royale*
Ins Deutsche übertragen von Johannes Rumpf

Der letzte Wille der Madame Thevenet

John Dickson Carr

Die nachfolgende Geschichte, verfaßt vom Meister des unmöglichen Verbrechens, ist eine weitere Huldigung an Edgar Allan Poe. Carr (1906–1977) schrieb – ob unter seinem richtigen Namen oder als Carter Dickson – immer wieder serienweise phantastische Geschichten, in denen stets ein verschlossener Raum eine geheimnisvolle Rolle spielt. Die folgende Geschichte ist ein gutes Beispiel dafür. Carr war einer der Pioniere des historischen Detektivromans. Seine besten Werke sind zweifellos The Bridge of Newgate *(1950) und* The Devil in Velvet *(1955), doch am bekanntesten machte ihn eine Reihe von Romanen um Dr. Gideon Fell, einen leicht übergewichtigen und außergewöhnlichen Detektiv, der dennoch ein Talent dafür hat, die unmöglichsten Fälle zu lösen.* The Hollow Man *enthält ein Kapitel, in dem Carr ein Paradebeispiel für ein Geheimnis um einen verschlossenen Raum liefert, eine bis heute unübertroffene Studie.*

Carlton House Hotel
Broadway, New York
14. April 1849

Lieber Bruder,

wäre meine Hand nicht zu zittrig und meine Seele weniger erregt, Maurice, dann hätte ich Dir schon früher geschrieben.

Es ist alles in Ordnung, das kann ich dir vorab schon einmal sagen. Der Rest jedoch ... Ich finde keinen Schlaf mehr, nicht nur, weil ich ein Fremder und Ausländer in New York bin. Hör zu und urteile selbst! Ich denke, wir haben über die Demütigung gesprochen, die es für einen Franzosen bedeutet, nach England reisen zu müssen, ehe er auf einem zuverlässigen Schiff eine Passage nach Amerika buchen kann. Die *Britannia*, ein Dampfpostschiff, verließ Liverpool am zweiten und erreichte die Neue Welt am siebzehnten.

Ich flehe Dich an, lache nicht, wenn ich dir gestehe, daß mich mein erster Gang auf amerikanischem Boden in ›Platt's Saloon‹ führte, über dem sich das ›Wallack's Theater‹ befindet.

Großer Gott, diese Überfahrt!

Nicht einmal Champagner konnte mein Magen bei sich behalten. Ich fühlte mich schwach wie ein kleines Kind, und das bei meiner Größe und meinem Gewicht!

»Bitte, seien Sie so gut und fahren mich zu einem besseren Lokal, wo ich eine Erfrischung zu mir nehmen kann«, rief ich einem Kutscher mit Pelzmütze zu, nachdem ich mich durch die Horde irischer Einwanderer gekämpft hatte.

Es freute mich, daß der Kutscher keine Schwierigkeiten hatte, mein Englisch zu verstehen. Wie außergewöhnlich sind doch diese ›Saloons‹!

Der Saloon von Monsieur Platt war erfüllt von dem lauten Gehämmere, mit dem das Eis zerkleinert wurde, das in großen Blöcken geliefert wird. Obwohl die handbemalten Glaszylinder der Gaslampen und die auf die Vorderseite der Theke gemalten Rosenmuster genauso fein waren wie die, die man in Paris im ›Three Provincial Brothers‹ bewundern kann, muß ich gestehen, daß es dort nicht so angenehm roch. An der Theke standen einige Gentlemen, die sich laut unterhielten. Die Hüte, die sie trugen, waren ein wenig größer, als sie zur Zeit bei uns zu Hause Mode sind. Ich erregte kein Aufsehen, bis ich einen Sherry mit Eis bestellte.

Einer der ›Bartender‹, wie man in New York die Barmänner nennt, warf mir einen scharfen Blick zu, als er mein Getränk zubereitete.

»Gerade aus der Alten Welt angekommen, nicht wahr?« sagte er nicht unfreundlich.

Obwohl es ungewohnt ist, unser Frankreich so bezeichnet zu hören, lächelte ich zustimmend und deutete eine Verbeugung an.

»Italiener vielleicht?« riet er.

Natürlich konnte dieser Bartender nicht wissen, welche tödliche Beleidigung diese Unterstellung war.

»Sir, ich bin Franzose«, erwiderte ich.

Diese Tatsache gefiel ihm wirklich. Sein aufgedunsenes Gesicht erhellte sich, und als er lächelte, kamen seine Goldzähne zum Vorschein. »Tatsächlich? Na, dann!« entfuhr es ihm. »Und wie mag wohl Euer Name lauten? Es sei denn …«, fügte er hinzu, wobei sich sein Gesicht plötzlich verfinsterte und jenen eigentümlichen Ausdruck von Abwehr und Mißtrauen annahm, die sich so oft – auch wenn ich nicht weiß, aus welchem Grund – in die Herzen der Amerikaner schleichen,»… es sei denn, Ihr wollt ihn nicht nennen.«

»Natürlich will ich das!« versicherte ich ihm ernst. »Armand de Lafayette, zu Euren Diensten!«

Lieber Bruder, was dann folgte, war unglaublich!

Stille trat ein. Alle Geräusche verstummten in dem Raum, der mit Steinfliesen ausgelegt war. Selbst das schwache Zischen des ausströmenden Gases in den Lampen schien aufzuhören. Die Männer entlang der Theke starrten mich an. Ich nahm nur noch Gesichter wahr, die meisten mit Backenbärten unter dem Kinn statt entlang der Wangenknochen. Sie alle sahen mich wie versteinert an.

»So, so so! Ihr werdet doch am Ende nicht gar ein Verwandter des Marquis de Lafayette sein, oder doch?« spottete der Bartender.

Nun war es an mir, erstaunt zu sein. Obwohl unser Vater uns stets verboten hatte, den Namen unseres verstorbenen Onkels wegen seiner Sympathien für die Republikaner zu erwähnen, wußte ich doch, daß ihm ein wenn auch nur geringer Platz in der französischen Geschichte gebührte. Ich fand es allerdings verwirrend zu hören, daß diese Leute ihn kannten.

»Der verstorbene Marquis de Lafayette war mein Onkel«, mußte ich zugeben.

»Ihr solltet lieber etwas vorsichtiger sein, junger Freund!« schrie plötzlich ein schmutziger kleiner Mann, der unter seinem langen Mantel eine Schußwaffe trug. »Wir mögen es nicht besonders, wenn man sich über uns lustig macht!«

»Sir«, erwiderte ich, während ich das Bündel mit meinen Papieren aus meiner Tasche nahm und heftig auf die Theke legte, »würdet Ihr die Freundlichkeit haben, meine Beglaubigungsschreiben zu überprüfen? Solltet Ihr dann immer noch Zweifel an meiner Identität hegen, so können wir auf jede von Euch gewünschte Art und Weise weiter darüber debattieren.«

»Sie sind in einer fremden Schrift geschrieben, die ich nicht lesen kann!« rief der Bartender.

Und dann – welch wunderbar melodischen Klang vernahm mein Ohr! – sprach mich eine Stimme in meiner Muttersprache an.

»Vielleicht, Sir, bin ich in der Lage, Euch einen kleinen Dienst zu erweisen«, sagte jemand in ausgezeichnetem Französisch und mit großer Würde.

Der Neuankömmling stand ein Stück hinter mir. Es war ein schmächtiger Mann mit dunklem Teint, eingehüllt in einen schäbigen alten Militärmantel. Wenn ich ihm auf der Straße begegnet wäre, hätte ich ihn nicht sehr anziehend gefunden. Sein Blick war wild und unstet, die Augen glänzten vom Brandy, und er stand nicht allzu fest auf seinen Beinen. Seine Manieren jedoch ließen mich unwillkürlich den Hut vor ihm ziehen, Maurice. Auch der Fremde nahm feierlich seinen Hut vom Kopf.

»Und mit wem habe ich die Ehre?« fragte ich.

»Ich bin Thaddeus Perley, zu Euren Diensten, Sir!«

»Noch ein Ausländer!« bemerkte der schmutzige kleine Mann angewidert.

»In der Tat, ich bin ein Fremder«, erwiderte Monsieur Perley nun auf englisch, in messerscharfem Tonfall. »Ein Fremder in diesem Schnapsladen. Ein Fremder in dieser Umgebung. Ein fremder in …« Er machte eine Pause, und in seinen Augen flammte Abscheu auf. »Dennoch habe ich noch nie gehört, daß es eine besonders seltene Fähigkeit wäre, Französisch lesen zu können.«

Gebieterisch, aber mit einer gewissen Nervosität, wie mir schien, näherte sich Monsieur Perley mir und nahm das Bündel mit meinen Papieren auf.

»Niemand verlangt von Euch, daß Ihr mir Glauben schenkt, wenn ich Euch diese Papiere übersetze. Aber hier …« er ging einige der Dokumente durch, »ist ein Empfehlungsschreiben auf englisch. Es stammt vom amerikanischen Konsul in Paris und ist an Präsident Zachary Taylor gerichtet.«

Wieder, mein Bruder, trat Stille ein. Ein Schrei des Bartenders durchbrach sie. Er hatte Monsieur Perley die Dokumente entrissen. »Jungs, das ist kein Scherz! Der Mann sagt die Wahrheit!« erklärte er.

»Er ist ein Betrüger!« brüllte ungläubig der schmutzige kleine Mann.

»Ist er nicht! Ich will verflucht sein, wenn er einer ist!« entgegnete der Bartender.

Ja, Maurice, wir haben beide erlebt, wie schnell der Mob in Paris die Stimmung wechseln kann. Die Amerikaner reagieren noch emotionaler. Von einer Sekunde auf die andere wurde aus Feindseligkeit überschäumende Zuneigung. Man klopfte mir auf den Rücken und drückte meine Hand. Ich wurde von der Menge gegen die Theke gepreßt, weil jeder versuchte, mir etwas zu trinken zu bestellen.

Immer wieder wurde der Name Lafayette mit fast heiliger Ehrfurcht genannt. Vergeblich suchte ich zu ergründen, warum das so war. Sie schienen zu glauben, ich scherze, und brüllten vor Lachen. Ich wollte mich an Monsieur Thaddeus Perley wenden, von dem ich mir eine Erklärung erhoffte.

Aber beim ersten Ansturm der Meute auf meine Person war Monsieur Perley zurückgedrängt worden. Er war der Länge lang auf den durch Tabaksaft verschmutzten Boden gefallen, so daß ich ihn nun überhaupt nicht mehr sehen konnte. Ich selbst fühlte mich schwach, da ich so lange nichts mehr gegessen hatte. In meinem Kopf drehte sich alles, weil ich gezwungen war, einen randvollen Becher mit Whisky auszutrinken, da aller Augen erwartungsvoll auf mich gerichtet waren. Ich fühlte mich genötigt, meine Stimme zu erheben.

»Gentlemen, hättet Ihr die Güte, mir zuzuhören?« flehte ich sie an.

»Ruhe für Lafayette!« rief ein großer, sehr alter Mann, dessen einst roter Backenbart nun stark mit Weiß durchsetzt war. Mit Tränen in den Augen hatte er ein Lied gesummt, das ›Yankee Doodle‹ heißt.

»Glaubt mir«, begann ich, »ich danke euch von Herzen für Eure Gastfreundschaft, aber ich habe hier in New York eine bestimmte Angelegenheit zu erledigen, eine Angelegenheit von unaufschiebbarer und schrecklicher Dringlichkeit. Wenn Ihr mir daher erlauben würdet, nun meine Rechnung zu bezahlen ...«

»Für Euer Geld kriegt Ihr hier nichts, Monsieur!« rief der Bartender. »Aber Ihr werdet hier auch so gut und anständig abgefüllt!«

»Aber ich möchte mich nicht betrinken! Das könnte meine ganze Mission gefährden! Glaubt mir! In der Tat möchte ich jetzt lieber gehen.«

»Wartet eine Minute!« forderte der schmutzige kleine Mann und sah mich listig an. »Um was für eine Angelegenheit handelt es sich denn?«

Du, Maurice, hast mich oft weltfremd und überspannt genannt. Das stimmt nicht. Außerdem nanntest du mich unklug. Vielleicht hast Du damit recht, aber welche Wahl blieb mir nun noch?

»Hat irgendeiner der hier anwesenden Gentlemen schon jemals von einer gewissen Madame Thevenet gehört? Sie wohnt in der Thomas Street Nr. 23, in der Nähe der Hudson Street.«

Natürlich hatte ich keine positive Antwort erwartet. Ein paar Männer lachten jedoch, als ich die Straße nannte, einige nickten sogar.

»Eine alte, geizige Frau?« fragte ein sportlicher Kerl in karierten Hosen.

»Ich muß mit Bedauern gestehen, daß Ihr sie korrekt beschrieben habt, Sir. Madame Thevenet ist sehr reich. Und ich bin hierhergekommen, um ein abscheuliches Unrecht wiedergutzumachen.«

Ich konnte mich bemühen, wie ich wollte, ich kam aus dieser Sache nicht mehr heraus.

Sofort fragte mich ein halbes Dutzend Männer, worum es sich eigentlich handelte. Ich sah mich genötigt, ihnen zu erklären, daß Madame Thevenets Tochter, Mademoiselle Claudine, in schlimmer Armut in Paris lebt.

»Madame selbst wurde durch Zauberei hierhergebracht, von einem Teufel von einer Frau, sie selbst nennt sich ... Gentlemen, ich flehe Euch an!«

»Und ich wette«, rief der schmutzige kleine Mann mit der Schußwaffe, »Ihr seid verliebt in diese Kleine – wie war doch gleich ihr Name? Ihr seid es doch, oder?« Das Ganze schien ihm Spaß zu machen.

Wie, um Himmels willen, war es diesen Leuten gelungen, meinem Geheimnis auf die Spur zu kommen? Dennoch fühlte ich mich verpflichtet, die Wahrheit zu sagen.

»Ich möchte Euch nicht verheimlichen, daß ich Mademoiselle Claudine verehre und die größte Hochachtung für sie empfinde. Aber diese Dame ist mit einem Artillerieoffizier, einem Freund von mir, verlobt.«

»Was habt Ihr denn dann davon, he?« fragte der schmutzige kleine Mann und schaute mich wieder so listig an.

Die Frage verwirrte mich, und ich konnte nicht antworten. Der Bartender mit den Goldzähnen lehnte sich über die Theke zu mir und meinte: »Wenn Ihr die alte Französin noch lebend antreffen wollt, solltet Ihr Euch besser beeilen. Man hat erzählt, daß sie heute morgen einen Schlaganfall erlitten hat.« (*sic*, Maurice)

Einige beharrten lautstark darauf, mich hier zu behalten, obwohl diese letzte Neuigkeit mich fast zum Verzweifeln brachte.

Doch da erhob sich der große, alte Mann mit dem verblichenen roten Backenbart. Er machte einen so rüstigen Eindruck, daß ich mir gar nicht vergegenwärtigt hatte, wie alt er tatsächlich war.

Plötzlich packte er den schmutzigen kleinen Kerl beim Kragen und fragte: »Wer von euch diente unter Washington?« Dann fuhr er mit Verachtung fort: »Gebt den Weg frei für den Neffen von Lafayette!«

Maurice, auf einmal ließen sie mich hochleben, begleiteten mich zur Tür, baten mich, doch ja zurückzukommen, und versprachen, auf mich zu warten. Mit einem flüchtigen Blick suchte ich nach Monsieur Thaddeus Perley, ich weiß selbst nicht, warum. Er saß unter einer Gaslampe, erschien blasser denn je, und immer noch wischte er sich Tabaksaftflecken von seinem Mantel.

Eine Droschke brachte mich zur Thomas Street. Noch nie hatte sich mir ein so trauriger Anblick geboten. Vielleicht lag es aber auch nur an der Sorge, die ich empfand, denn was wäre, wenn Madame Thevenet gestorben war, ohne ihrer Tochter auch nur einen Sou zu hinterlassen?

Die Fassaden der Häuser in der Thomas Street waren mit schmutzigen gelben Ziegeln verkleidet, und ein dreckig-dunkler Himmel hing über den Schornsteinen. Den ganzen Tag über war es warm gewesen, dennoch fühlte ich mich unerträglich niedergeschlagen. Der Himmel weiß, wie schmutzig die Straßen in Paris sind, dennoch erlauben wir nicht, daß Schweine auf ihnen herumlaufen wie hier auf dieser. Diese gottverlassene Straße lag wie ausgestorben da; nichts regte sich bis auf die Schweine und einen blinden Straßenmusikanten mit seinem Hund und einem ›Banjo‹ genannten Instrument, doch auch er blieb still.

Mir kam es so vor, als ob ich den Türknauf des Hauses Nr. 23 minutenlang betätigt und einen schrecklichen Lärm dabei gemacht hätte. Zuerst rührte sich nichts. Schließlich wurde der eine Flügel der Tür einen Spaltbreit geöffnet, so wie man es macht, wenn man einen Blick nach draußen werfen will. Dann hörte ich, wie jemand den unteren Türriegel wegschob, und beide Türflügel wurden aufgestoßen.

Ist es nötig zu sagen, daß vor mir die Frau stand, die wir beide Mademoiselle Jezebel zu nennen pflegen?

»Und nun, Monsieur Armand?« sagte sie.

»Madame Thevenet!« rief ich. »Lebt sie noch?«

»Sie lebt, aber sie ist vollständig gelähmt«, erwiderte mein Gegenüber, während sie mit ihren grünen Augen zu mir aufschaute.

Ich habe nie geleugnet, Maurice, daß Mademoiselle Jezebel eine gewisse Anziehungskraft besitzt. Sie ist nicht sehr alt, noch nicht einmal in den mittleren Jahren. Wenn ihr Teint nicht so grau wäre wie der verhangene Himmel über uns, könnte man sie sogar als hübsch bezeichnen.

»Und was Claudine betrifft, die Tochter von Madame …«, sagte ich zu ihr.

»Ihr seid zu spät gekommen, Monsieur Armand!«

Ich erinnere mich genau, daß in diesem Moment das Banjo des Straßenmusikanten erklang und die triste Straße mit Musik erfüllte. Die Banjoklänge kamen näher. Es handelte sich um ein bestimmtes Lied, dessen Text etwa so geht:

Oh, I come from Alabama
With my banjo on my knee
I depart for Louisiana
My Susannah for to see

Über Mademoiselles Gesicht huschte ein seltsames Lächeln, ein Lächeln wie der Schnitt mit einem Rasiermesser, bevor das Blut zu fließen beginnt.

»Gold«, flüsterte sie. »Wie man hört, sind neunzigtausend Menschen aufgebrochen, um danach zu suchen. Geht nach Kalifornien, Monsieur Armand. Das ist der einzige Ort, an dem Ihr Gold finden werdet!«

Man sagt, daß es sich bei dem Lied um eine fröhliche Weise handelt. Den Anschein machte es nicht, als das traurige Geklimper in der Ferne verklang. Mademoiselle Jezebel, die ihr stumpfes blondes Haar nach der neuesten Mode in der Mitte gescheitelt und über die Ohren gekämmt trug, starrte mich mit ihren grünen, weit aufgerissenen Augen unerbittlich an. Ihr altes braunes Taftkleid betonte ihre Figur, ihren vollen Busen und ihre schmale Taille. Der Stoff raschelte, als sie einen Schritt vorwärts machte.

»Habt die Güte, beiseite zu treten, ich möchte hinein!« sagte ich.

Bis dahin hatte ich sie stets nur demütig und fügsam erlebt.

»Ihr seid kein Verwandter. Ich werde Euch nicht erlauben einzutreten«, antwortete sie.

»Ich bedaure, aber in diesem Fall muß ich darauf bestehen.«

»Wenn Ihr doch nur einmal ein freundliches Wort zu mir gesagt hättet«, flüsterte Mademoiselle, während sie zu mir aufschaute und ihr Busen sich heftig hob und senkte, »oder eine Geste der Zuneigung gezeigt hättet, dann hättet Ihr teilhaben können an fünf Millionen Francs.«

»Tretet beiseite«, sagte ich!«

»Wie es scheint, zieht Ihr eine puppengesichtige Schwindsüchtige aus Paris vor. So sei es denn!«

Ich muß gestehen, daß ich vor Wut außer mir war, Maurice, aber ich zwang mich zu kühler Besonnenheit.

»Solltet Ihr damit Claudine Thevenet meinen?«

»Wen denn sonst?«

»Dann muß ich Euch wohl daran erinnern, daß die Dame meinem guten Freund Leutnant Delage versprochen ist. Ich habe auf sie verzichtet.«

»Wirklich?« fragte unsere Jezebel, während sie mich mit einem seltsam gierigen Ausdruck in den Augen anschaute. Mit Schadenfreude fügte Mademoiselle Jezebel hinzu: »Nun, sie wird sterben, falls Ihr nicht ein Rätsel lösen könnt!«

»Ein Rätsel?«

»Ich hätte nicht Rätsel sagen sollen, Monsieur Armand, denn es ist unmöglich, eine Lösung dafür zu finden. Es ist vielmehr ein Akt höherer Gerechtigkeit.«

Hinter ihr hatte die gläserne Tür zur Vorhalle offengestanden. Geschlossene Fensterläden verbreiteten Dunkelheit im Inneren.

Verbrauchte Luft und ein Hauch von Fäulnis drangen nach draußen. Jemand, der eine brennende Kerze trug, näherte sich.

»Wer spricht da?« fragte eine zitternde Männerstimme. Der Mann sprach französisch, so wie Mademoiselle Jezebel auch. »Wer sprach von einem Akt höherer Gerechtigkeit??«

Ich trat über die Schwelle. Sofort schloß Mademoiselle, die nicht von meiner Seite wich, die Haustür und verriegelte sie. In der Dunkelheit kam der Schimmer der Kerze immer näher. Ich hätte vor Freude schreien können, als ich den Mann sah, den zu treffen ich gekommen war.

»Ihr seid Monsieur Duroc, der Anwalt! Ihr seid der Freund meines Bruders!« vermutete ich richtig.

Um mich zu betrachten, hielt Monsieur Duroc die Kerze höher. Er war ein großer, schwerer Mann, an dessen Körper das Fleisch herunterzuhängen schien. Wie als Ausgleich für seinen kahlen Schädel hing ein graubrauner Schnäuzer in seinem Gesicht, der sich in zwei buschige Bartspitzen zu beiden Seiten des Kinns teilte. Er betrachtete mich durch eine ovale Goldrandbrille auf eine freundliche, aber irgendwie auch ängstliche Weise. Seine Stimme klang tief und barsch, er betonte scharf die einzelnen Silben, trotz seiner Furcht.

»Und Ihr ...« (klipp-klipp), der Kerzenhalter zitterte, »müßt Armand de Lafayette sein. Ich habe erwartet, daß Ihr heute mit dem Dampfpostschiff ankämt. Und nun seid Ihr hier. Ich fürchte nur, es ist ein närrisches, sinnloses Unternehmen.«

»Aber warum?« (Ich schrie ihn an, Maurice!)

»Monsieur Duroc! Ihr habt meinem Bruder geschrieben, daß Ihr Madame Thevenet davon überzeugen konntet, ihre Hartherzigkeit ihrer Tochter gegenüber zu bereuen«, protestierte ich.

»War das Eure Pflicht?« fragte die Jezebel, während sie Monsieur Duroc mit ihren grünen Augen fixierte. »Hattet Ihr das Recht dazu?«

»Ich bin ein Mann des Gesetzes«, erwiderte Monsieur Duroc. Die Silben kamen fast geisterhaft zwischen den Bartspitzen hervor. »Ich bin korrekt. Sehr korrekt. Und dennoch ...«

»Wer hat sie gepflegt?« fragte die Jezebel. »Wer hat sie beruhigt, gefüttert, ihre schäbigen Kleider aufgetragen, wer besänftigte sie, wenn sie ihre Launen hatte, wer hat ihre immerwährenden Beschimpfungen ertragen? *Ich!*«

Während der ganzen Zeit, die sie sprach, lehnte sich diese Frau gegen mich, ja rieb sich fast an mir, als ob sie sich immer wieder meiner Gegenwart vergewissern müßte.

»Nun!« meinte der Anwalt. »Das ist jetzt nicht mehr wichtig. Dieses Rätsel ...«

Du kannst Dir vorstellen, daß mich alles fast in den Wahnsinn getrieben hat: all diese unverständlichen Andeutungen wie auch die Anspielung auf ein Rätsel oder einen Akt höherer Gerechtigkeit. Ich verlangte zu erfahren, was er damit gemeint hatte.

»Letzte Nacht verschwand ein gewisses Dokument.«

»Ja, und?«

Monsieur Duroc stand kerzengerade da wie ein Grenadier und meinte: »Es verschwand, obwohl es unmöglich hatte verschwinden können. Das schwöre ich! Unsere einzigen Hinweise darauf, wie dies dennoch hat geschehen können, sind ein Spielzeugkaninchen und ein Barometer.«

»Sir, ich möchte nicht unhöflich erscheinen, aber ...«, entgegnete ich.

»Ihr fragt Euch, ob ich verrückt geworden bin?«

Ich nickte.

Falls jemals ein Mann dazu in der Lage gewesen war, gleichzeitig in sich zusammengesunken und unsicher und doch stattlich und würdevoll zu erscheinen, so gelang es Monsieur Duroc in diesem Moment. Schließlich gewann die Würde.

Er deutete mit der Kerze auf den hinteren Teil des Hauses und antwortete: »Sir, Madame Thevenet liegt gelähmt in ihrem Bett. Sie kann nur noch ihre Augen und ein wenig ihre Lippen bewe-

gen, ist aber nicht in der Lage zu sprechen. Möchtet Ihr sie
sehen?«

»Wenn ich darf.«

»Ja, natürlich. Folgt mir.«

Und dann sah ich die arme, alte Frau. Nenn sie alte Vettel,
wenn Du willst. Es war ein großer, quadratischer Raum, dessen
Fensterläden schon seit Jahren nicht mehr geöffnet worden
waren. Kann man Rost riechen? In diesem Raum mit seinen ver-
blaßten grünen Tapeten konnte man es.

Eine einzelne Kerze spendete einen schwachen Lichtschein.
Sie brannte auf dem Kaminsims genau gegenüber dem Fußende
des Bettes. Ein schäbig wirkender Mann saß in einem grün gepolsterten Lehnstuhl am Kamingitter. Kohlen waren im Kamin für
ein Feuer aufgeschichtet, aber nicht angezündet worden. Der
Mann stocherte mit einem Messer in seinen Zähnen herum. Später erfuhr ich, daß es sich bei ihm um einen Polizisten handelte.

»Bitte, Dr. Harding!« rief Monsieur Duroc leise auf englisch.

Der große und magere amerikanische Arzt, der sich über das
Bett gebeugt hatte, als ob er den Kopf und die Schultern Madame
Thevenets vor unseren Blicken verbergen wollte, drehte sich um.
Aber sein ausgemergelter Körper – er hatte nicht mehr Fleisch auf
den Knochen als Madame Thevenet – verdeckte immer noch ihr
Gesicht.

»Hat sich ihr Zustand verändert?« wollte Monsieur Duroc
wissen.

»Nur zum schlechteren hin«, erwiderte Dr. Harding, der, wie
ich jetzt erkannte, eine dunkle Hautfarbe hatte.

»Sollen wir sie woanders hinbringen lassen?«

»Dazu hat nie eine Notwendigkeit bestanden«, meinte der
Arzt und nahm seinen Biberhut vom Bett. Er hatte eine nüchterne
Art zu reden. »Wenn Ihr jedoch mehr über das Spielzeugkaninchen und das Barometer erfahren wollt, dann solltet Ihr Euch
beeilen. Die Lady wird in einigen Stunden sterben, vielleicht
sogar schon früher.«

Er blieb auf einer Seite des Bettes stehen.

Es war ein schweres Bett mit vier Pfosten und einem Baldachin. Die Bettvorhänge aus einem schweren grünen Stoff waren
auf allen Seiten zugezogen, außer auf der Längsseite, wo wir

Madame Thevenet im Profil sehen konnten. Abgemagert bis auf die Knochen und starr lag Madame Thevenet da, auf Kissen gestützt. Die Bänder ihrer baumwollenen Nachthaube waren straff unter dem Kinn zusammengebunden. Nur ein Auge wandte sich uns gräßlich rollend zu.

Bis zu diesem Augenblick war unsere Jezebel stumm geblieben. Sie wählte diesen Moment, um sich wieder an mich zu lehnen. Ihre grünen Augen waren halb geschlossen und funkelten im Licht von Monsieur Durocs Kerze. »Ihr haßt mich doch nicht wirklich, nicht wahr?«

Maurice, ich mache eine Pause. Nachdem ich den letzten Satz geschrieben hatte, habe ich die Feder niedergelegt, das Gesicht in die Hände gelegt und noch einmal über alles nachgedacht. Aber laß es mich noch einmal versuchen …

Ich verweilte zwei Stunden im Schlafzimmer von Madame Thevenet. Danach – oh, Du wirst erfahren, warum! – stürzte ich wie von Sinnen aus diesem Schlafzimmer, aus dem Haus Nr. 23 in der Thomas Street.

Es war früher Abend, und die Straßen waren voll von Menschen, Fuhrwerken und jenen großen Kutschen, in denen viele Menschen befördert werden können. Da ich keine andere Zufluchtsstätte kannte als den Saloon, aus dem ich gekommen war, gab ich dem Kutscher die Adresse. Da ich immer noch nichts gegessen hatte, mag ich ein wenig wirr im Kopf gewesen sein. Ich wollte mein Herz meinen Freunden ausschütten, die mich um meine Rückkehr gebeten hatten. Ob sie wohl noch da waren und auf mich warteten?

Neue Gäste standen an der Theke, beschienen von hellerem Gaslicht. Von all denen, die mir auf den Rücken geschlagen und mir zugejubelt hatten, war niemand mehr da außer dem alten Riesen, der angedeutet hatte, mit General Washington bekannt zu sein. Doch er lag hilflos auf dem Boden, den Kopf neben einem mit Sägespänen gefüllten Spucknapf. Dennoch war ich so gerührt, daß ich mir die Freiheit nahm und ihm eine Handvoll Banknoten in die Tasche stopfte. Er war als einziger da geblieben.

Doch halt, da war noch ein anderer!

Ich glaube zwar nicht, daß er meinetwegen ausgeharrt hatte, aber Monsieur Thaddeus Perley saß immer noch allein an dem kleinen Tisch neben dem Pfeiler mit der Gaslampe und starrte ausdruckslos auf das leere Glas in seiner Hand.

Er hatte sich selbst einen Fremden genannt; wahrscheinlich war er Franzose. Das war auch gut so. Denn als ich gegen den Tisch torkelte, war ich verwirrt, und alle meine Kenntnisse des Englischen waren meinem Kopf entflohen.

»Sir«, begann ich, »würdet Ihr einem Mann, der den Verstand verloren hat, erlauben, an Eurem Tisch Platz zu nehmen?«

Monsieur Perley zuckte zusammen, als hätte ich ihn aus seinen Träumen gerissen. Er war nun nüchtern, das konnte ich sehen. Daß er zitterte und sein Gesicht so eingefallen war, lag eher an einem Mangel an Alkohol als an zuviel davon.

Er richtete sich auf und stammelte: »Sir, Eure … Eure Gesellschaft wäre mir eine Ehre.« Unwillkürlich wollte er den Kellner rufen, aber als seine Hand in seine Tasche wanderte, hielt er inne.

»Nein, nein, nein! Monsieur Perley, wenn Ihr darauf besteht, könnt Ihr die zweite Flasche bezahlen, aber die erste geht auf meine Rechnung! Ich habe Kummer, und ich würde mich gern mit einem Gentleman unterhalten.«

Bei diesen letzten Worten veränderte sich Monsieur Perleys Gesichtsausdruck. Er setzte sich aufrecht und bedeutete mir mit einem höflichen Nicken, Platz zu nehmen. Seine Augen, die das Ausdrucksvollste in seinem Gesicht waren, musterten meine Miene und registrierten meinen aufgelösten Zustand.

»Ihr seid krank, Monsieur de Lafayette«, bemerkte er. »Sind Kummer und Gram so schnell über Euch gekommen in diesem – diesem zivilisierten Land?«

»Ja, aber nicht durch Zivilisation oder einen Mangel daran.« Ich hieb mit der Faust auf den Tisch. »Kummer und Gram brachen über mich herein durch ein Wunder oder Zauberei, durch ein Problem, das kein menschlicher Geist zu lösen vermag.«

Monsieur Perley schaute mich auf eine seltsame Art an. Doch dann hatte jemand eine Flasche Brandy mit Gläsern gebracht, und Monsieur Perley goß mit zitternder Hand einen großzügig bemessenen Schluck in mein Glas und einen noch großzügigeren in sein eigenes Glas.

»Das ist sehr merkwürdig«, stellte er fest. »Handelt es sich etwa um einen Mord?«

»Nein, aber ein wertvolles Dokument ist verschwunden. Selbst die gründliche Suche durch die Polizei blieb erfolglos.«

Aus irgendeinem besonderen Grund schien Monsieur Perley zu glauben, daß ich mich über ihn lustig machte.

»Ein Dokument, sagt ihr?« Sein Lachen klang unnatürlich. »Nun kommt! War es vielleicht ein Brief?«

»Nein, nein. Es handelt sich um ein Testament. Drei große Bogen Pergament – Kanzleipapier, wie Ihr es nennt.«

Während Monsieur Perley Wasser in seinen Brandy goß und etwa ein Drittel des Getränks hinunterstürzte, beugte ich mich über den Tisch. »Hören Sie zu! Madame Thevenet, von der ich in diesem Lokal bereits erzählt habe, war ein Pflegefall, aber bis heute morgen nicht bettlägerig. Sie war in der Lage, sich zu bewegen, konnte in ihrem Zimmer herumgehen und so weiter. Eine Frau mit grünen Augen und dem Namen Jezebel hatte sie von Paris und ihrer Familie weggelockt.

Aber ein freundlicher Anwalt in dieser Stadt glaubte, daß Madame litt und ein schlechtes Gewissen ihrer eigenen Tochter gegenüber hatte. Letzte Nacht nun überredete er Madame endlich, trotz des Einflusses der Jezebel, ein Testament zu unterzeichnen, in dem sie all ihr Geld der Tochter vermacht.

Denn für Claudine, ihre Tochter, bedeutete dieses Geld Leben oder Tod! Sie weigert sich, von meinem Bruder oder mir auch nur einen Sou anzunehmen, obwohl wir mehr als genug Geld haben. Ihr Verlobter, Leutnant Delage, ist genauso arm wie sie.

Ich möchte Euch nicht verheimlichen, daß Claudine an jener furchtbaren Krankheit leidet, die wir verharmlosend Schwindsucht nennen. Deshalb wird sie sterben, wenn sie Frankreich nicht verläßt und sich in die Schweiz begibt.«

Monsieur Perley, der gerade das Glas zum Mund hatte führen wollen, hielt mitten in der Bewegung inne. Ich spürte, daß er mir jetzt glaubte. Das dunkle Haar fiel ihm in die Stirn, und sein Gesicht wurde so heiß wie die ordentlichen, geflickten Rüschen an seinem Hemd.

»Dieses Geld!« flüsterte er. »Dieses elende Geld!«

Er hob sein Glas und leerte es in einem Zug.

»Glaubt Ihr immer noch, ich würde mich über Euch lustig machen, Sir?«

»Nein, nein!« erwiderte Monsieur Perley und schützte seine Augen mit einer Hand vor dem Licht. »Ich selbst kenne auch einen solchen Fall. Sie ist tot. Bitte, fahrt fort!«

»Wie ich schon erwähnt habe, hat Madame Thevenet letzte Nacht ihre Meinung geändert. Als Monsieur Duroc Madame seine wöchentliche Visite abstattete und davon sprach, daß ich heute eintreffen sollte, redete Madame plötzlich wie ein Wasserfall, aber man konnte auch eine gewisse Furcht heraushören. Der Tod streckte bereits seine Hände nach ihr, sagte sie. Sie hätte eine Vorahnung.«

Während ich all dies berichtete, Maurice, sah ich immer wieder den dunklen, giftgrünen Schlafraum in dem düsteren Haus vor mir und hörte erneut, was Monsieur Duroc zu mir gesagt hatte.

Ich fuhr fort: »Madame rief Monsieur Duroc an, er solle die Schlafzimmertür verriegeln. Sie fürchtete die Jezebel, die nie weit entfernt war, aber nichts sagte. Monsieur Duroc stellte ein tragbares Schreibpult an ihr Bett, auf dem zwei schöne Kerzen standen. Madame redete sehr lange. Sie redete sich alles von der Seele, ihre Enttäuschung ihre Selbsterniedrigung, die Geschichte einer glücklichen Ehe. Monsieur Duroc mußte, vor Verlegenheit schwitzend, alles genau niederschreiben, bis schließlich drei große Pergamentbögen voll waren.

Aber dann war es geschafft, Monsieur Perley! Mit diesem Testament vermachte sie alles ihrer Tochter Claudine und hob damit jenen anderen letzten Willen auf, in dem sie (wir beide wissen, daß dies nach französischem Recht möglich ist) ihr gesamtes Vermögen der Jezebel mit dem schmutzigen Teint und den schmutziggelben Haaren hinterlassen hatte.«

»Also dann ...«

»Monsieur Duroc lief hinaus auf die Straße, wo er zwei nüchterne Kerle findet, die er ins Haus bittet. Madame unterzeichnet ihren letzten Willen, Monsieur Duroc streut Sand auf die Unterschrift, und die zwei Männer von der Straße setzen ihre Namen als Zeugen darunter. Dann sind sie wieder fort. Monsieur Duroc faltet das Dokument der Länge nach und will es in seine Tasche stecken.

Monsieur Perley, paßt auf, was nun folgt!

›Nein, nein!‹ schreit Madame, und der Schatten ihrer spitzen Nachthaube hüpft auf den geschlossenen Fensterläden auf und ab. ›Ich möchte es bei mir haben – nur diese eine Nacht.‹

›Diese eine Nacht?‹ fragt Monsieur Duroc.

›Ich möchte es an mein Herz pressen. Ich möchte es einmal, zweimal, tausendmal lesen! Monsieur Duroc, wie spät ist es?‹ fragt Madame.

Daraufhin holt er seine goldene Repetieruhr heraus und öffnet sie. Zu seinem Erstaunen ist es schon ein Uhr morgens. Er berührt die Feder der Uhr, und das Uhrwerk schlägt eins.

›Monsieur Duroc, bleibt den Rest der Nacht bei mir!‹ bittet Madame Thevenet.

›Madame!‹ rief Monsieur Duroc, schockiert bis in die Bartspitzen. ›Das wäre nicht korrekt!‹

›Ja, Ihr habt recht!‹ gab Madame Thevenet zu. Und der Anwalt schwört, daß er sie niemals mit klareren Augen, niemals lebhafter mit mehr Witz und Verstand, niemals mehr als große Dame des Ruins gesehen habe als in diesem grünen, dunklen und übelriechenden Zimmer.

Doch je klarer sie bei Verstand ist, desto mehr wächst ihre Furcht vor der Jezebel, die sich die ganze Zeit nicht sehen ließ. Madame zeigt auf Monsieur Durocs große Tasche.

›Ich denke, Ihr habt viel zu arbeiten, mein Lieber?‹

Monsieur Duroc seufzte. ›Gott weiß, daß es so ist!‹

›Draußen vor der einzigen Tür, die in diesen Raum führt, befindet sich ein kleiner Ankleideraum. Stellt Euer Schreibpult dort neben die Tür, so daß niemand mein Zimmer betreten kann, ohne von Euch bemerkt zu werden. Erledigt dort Eure Arbeit, Ihr werdet eine Lampe oder viele Kerzen erhalten. Tut es!‹ ruft sie mit schriller Stimme. ›Um Claudines und einer alten Freundschaft willen!‹

Verständlicherweise zögerte Monsieur Duroc.

›Sie wird mich belauern‹, jammert Madame und preßt ihren letzten Willen an ihren Busen. ›Das hier werde ich wieder und wieder lesen und mit meinen Tränen heiligen. Wenn ich merke, daß ich einzuschlafen drohe …‹ und nun schaute die alte Dame listig drein, ›dann werde ich es verstecken. Aber das wird nichts ändern. Selbst *sie* kann nicht durch geschlossene Fensterläden und eine bewachte Tür gelangen.‹

Nun, schließlich gab der Anwalt nach. Er stellte sein Schreibpult genau gegen die Türpfosten draußen vor der Tür. Als er Madame zum letzten Mal betrachtete, bevor er die Tür schloß, sah er sie im Profil, den Rücken durch Kissen gestützt; rechts neben ihr brannte eine große Kerze auf einem Tisch. Auf den anderen drei Seiten waren die grünen Bettvorhänge zugezogen.

Ach, diese Nacht! Ich sehe Monsieur Duroc förmlich vor mir, wie er es mir beschrieben hat, an seinem Schreibpult in dem stickigen Ankleideraum, in dem keine Uhr tickte. Ich sehe ihn, wie er von Zeit zu Zeit seine Brille abnimmt und sich die schmerzenden Augen reibt. Ich sehe, wie er sich wieder seinen Akten zuwendet, während seine Schreibfeder die schlimmen Stunden der Nacht mit ihrem Kratzen füllt.

Er hörte nichts, nichts Wichtiges jedenfalls, bis um fünf Uhr in der Frühe. Dann vernahm er einen Schrei, wie von einer gequälten Seele ausgestoßen; einen Schrei, der ihn erschauern und seine Knie weich werden ließ.

Die Verbindungstür war nicht von innen verschlossen worden für den Fall, daß Madame Thevenet Hilfe gebraucht hätte. Monsieur Duroc stürzte in das andere Zimmer.

Die Kerze auf dem Tisch zu Madames rechter Seite war zu einer flachen Wachsmasse heruntergebrannt, über der immer noch eine schwach bläuliche Flamme flackerte. Madame selbst, die spitze Nachthaube auf dem Kopf, lag starr da. Der lichte Moment der letzten Nacht, in dem sie wieder klar zu denken vermochte, oder die Gewissensbisse, die ihr verbittertes Herz plagten, hatten diese letzte Lähmung herbeigeführt. Als Monsieur Duroc sie zu fragen versuchte, was geschehen war, konnte sie nur noch ihre Augen bewegen.

Dann bemerkte Monsieur Duroc, daß sich das Testament, welches sie an sich gepreßt hatte, wie ein verurteilter Christ das Kruzifix umklammern mag, weder in ihrer Hand noch auf ihrem Bett befand.

›Wo ist das Testament?‹ schrie er sie an, so laut, als wäre sie auch noch taub geworden. ›Wo ist das Testament?‹

Madame Thevenets Augen sahen ihn an. Dann richtete sie den

Blick nach unten, genau auf ein kitschiges Spielzeug – ein Kaninchen, etwa zehn Zentimeter groß, aus rosa Samt oder etwas Ähnlichem, das auf ihrem Bett lag. Wieder sah sie Monsieur Duroc an, als ob sie etwas nachdrücklich betonen wollte.

Dann richtete sie ihren Blick, diesmal unter furchtbarer Anstrengung, auf ein großes Barometer, das an der Wand neben der Tür hing und die Form einer Bettpfanne hatte. Das alles wiederholte sie dreimal, bis die bläulich flackernde Kerzenflamme erlosch.«

Und ich, Armand de Lafayette, unterbrach hier an dieser Stelle meinen Bericht an Monsieur Perley.

Mir wurde wieder bewußt, daß ich in einem grellen Salon saß, Brandy in mich hineinkippte, während um mich herum die Gäste sich lautstark unterhielten. Aus dem Theater über uns drangen ein Stampfen und leise Musikfetzen zu uns herunter.

»Das Testament wurde nicht gestohlen«, fuhr ich fort. »Nicht einmal die Jezebel hätte sich durch geschlossene Fensterläden zwängen oder unbemerkt durch eine bewachte Tür gelangen können. Das Testament wurde auch nicht versteckt, denn jeder Zentimeter des Zimmers ist abgesucht worden. Dennoch ist es verschwunden.«

Über den Tisch hinweg warf ich einen Blick auf Monsieur Perley. Der Brandy hatte, dessen bin ich mir sicher, mich gestärkt und mir die Nerven beruhigt. Bei Monsieur Perley war ich mir nicht so sicher. Röte war in seine Wangen gestiegen. Dieser leicht wilde Ausdruck, den ich schon vorher an ihm beobachtet hatte, zeigte sich nun wieder, besonders in einem Auge, was sein ganzes Gesicht irgendwie schief erscheinen ließ. Dennoch hatte er sein Selbstvertrauen wiedererlangt. Er schenkte mir ein Lächeln.

Ich hieb auf den Tisch.

»Schenkt Ihr mir Eure Aufmerksamkeit, Monsieur Perley?«

»Welches Lied sangen die Sirenen, oder welchen Namen gab sich Achilles, als er sich unter den Frauen verbarg? Wie schwierig und verwirrend solche Fragen auch sein mögen, so lassen sie doch stets Vermutungen zu.«

»Ich jedoch sehe *keine* Lösungsmöglichkeiten dafür!« rief ich aus. »Und schon gar nicht in diesem besonderen Fall.«

Monsieur Perley streckte seine Hand aus, spreizte die Finger und betrachtete sie wie jemand, dem das Universum gehört. »Es ist schon einige Zeit her, daß ich mich mit solchen Lappalien befassen mußte«, bemerkte er, und es schien, als ob er mit offenen Augen zu träumen begänne. »Damals konnte ich dem Präfekten der Pariser Polizei meine unbedeutende Hilfe anbieten.«

»Dann seid Ihr Franzose! Ich habe es gewußt. Und Ihr habt der Polizei geholfen!« Ich gewahrte seinen stolzen Blick und fügte fragend hinzu: »Als Amateur, selbstverständlich?«

»Selbstverständlich.« Dann schoß seine schmale Hand – es wäre ungerecht, wollte ich sie klauenartig nennen – über den Tisch und packte mich am Arm. Seine seltsamen Augen schienen zu glühen. »Verratet mir noch ein paar Einzelheiten!« bat er. »Erzählt mir ein wenig mehr, ich bitte Euch! Diese Frau zum Beispiel – Ihr nennt Sie Jezebel?«

»Sie war es, die mir die Haustür öffnete.«

»Und dann?«

Ich beschrieb ihm mein Zusammentreffen mit der Jezebel, mit Monsieur Duroc, wie wir in das Krankenzimmer gegangen waren, wo der abgerissene Polizeibeamte im Lehnstuhl saß und der melancholische Arzt, der neben dem Bett stand, sich uns zuwandte.

»Diese Frau«, erklärte ich, während ich das Zimmer wieder lebhaft vor meinen Augen stehen sah, als ich es beschrieb, »scheint eine gewisse Leidenschaft für mich (verzeih mir!) zu empfinden. Wahrscheinlich, weil ich ihr damals in Paris einige unbedeutende Komplimente gemacht habe.

Wie ich bereits erklärt habe, wäre die Jezebel nicht unattraktiv, wenn sie sich doch nur einmal (vergib mir erneut!) die Haare waschen würde. Dennoch überkam mich fast Entsetzen, als sie mich streifte und mir zuflüsterte: ›Ihr haßt mich doch nicht wirklich, oder?‹ Es kam mir vor, als wäre ich auf irgendeine Art und Weise für die ganze Tragödie verantwortlich gewesen.

Während wir neben dem Bett standen, sprudelte die Geschichte, die ich wiedergegeben habe, aus Monsieur Duroc, dem Anwalt, heraus. Dort lag die arme Gelähmte und bestätigte sie mit ihren Augen. Das Spielzeugkaninchen, in abscheulichem Rosa, lag unverändert auf dem Bett. Hinter mir hing das große Barometer an der Wand neben der Tür.

Wohl ganz allein meinetwegen wiederholte Madame Thevenet das stumme Schauspiel mit ihren flehentlich blickenden Augen. Sie schaute auf das Kaninchen, danach (was Monsieur Duroc nicht erwähnt hatte) ließ sie ihre Augen kreisen – es schien, als wollte sie aus irgendwelchem verzweifelten, doch unerklärlichen Grund den Blick auf sich selbst richten, bevor sie dann das Barometer fixierte.

Was hatte das zu bedeuten? Dann sprach der Anwalt: ›Mehr Licht!‹ rief Monsieur Duroc. ›Wenn schon die Fenster und Fensterläden geschlossen bleiben müssen, dann gebt uns wenigstens mehr Licht!‹

Die Jezebel glitt hinaus, um Kerzen zu holen. Während seiner Erklärung hatte Monsieur Duroc ein paarmal meinen Namen erwähnt. Als er ihn zum erstenmal nannte, zuckte der schäbige Polizeibeamte zusammen und steckte sein Klappmesser weg. Er winkte dem Arzt, Dr. Harding, zu, der herüberkam, um sich flüsternd mit ihm zu unterhalten.

Daraufhin sprang der Polizeibeamte auf. ›Mr. Lafayette! Wenn ich gewußt hätte, daß Ihr es seid, Mr. Lafayette, hätte ich nicht so dagesessen wie ein Tölpel auf einem Holzklotz‹, entschuldigte er sich und schüttelte mir dabei überschwenglich die Hand.

›Ihr seid Polizist, habt Ihr eine Erklärung für das, was hier geschehen ist?‹ fragte ich.

Er schüttelte den Kopf.

›Diese Menschen hier sind Franzleute, Mr. Lafayette, und Ihr seid Amerikaner‹, bemerkte er mit einem auffallenden Mangel an Logik. ›*Falls* sie die Wahrheit sagen …‹

›Davon wollen wir ausgehen!‹

›Ich kann Euch nicht sagen, wo sich das Testament der alten Lady befindet‹, stellte er fest. ›Aber ich kann Euch sagen, wo es nicht ist. Es ist nicht in diesem Raum versteckt!‹

›Aber doch sicherlich …‹, begann ich verzweifelt.

Genau in diesem Moment betrat die Jezebel wieder das Zimmer. Ihr braunes Taftkleid raschelte, und sie trug eine Handvoll Kerzen und eine Blechdose mit diesen neumodischen Luzifer-Streichhölzern. Sie zündete mehrere Kerzen an, träufelte das flüssige Wachs, wohin auch immer es ihr beliebte, und drückte die Kerzen hinein.

In dem Zimmer standen ein oder zwei wertvolle Möbelstücke, aber die Marmoroberflächen waren angeschlagen und fleckig und die vergoldeten Verzierungen geborsten. Der Widerschein in den Spiegeln schuf gespenstisches Leben. Ich konnte nun die verblaßte grüne Tapete etwas besser erkennen und sah, daß die Tür eines Schranks teilweise offenstand. Der Fußboden bestand aus einfachen Holzdielen.

Die ganze Zeit über war ich mir der beiden Augenpaare bewußt, die auf mich gerichtet waren: die flehenden Blicke Madame Thevenets, und die verliebten der Jezebel. Die Blicke einer allein hätte ich ertragen können, aber die von beiden zusammen drohten mich zu ersticken.

›Um 5 Uhr 30 heute morgen sandte uns Monsieur Duroc einen Boten in einer Droschke‹, sagte der schäbige Polizist und klopfte dem bekümmerten Rechtsanwalt auf die Schulter. ›Tja, und um wieviel Uhr waren wir hier am Ort des Geschehens, frage ich Euch? Nun, ich will Euch gleich selbst antworten: Punkt sechs Uhr!‹

Dann machte er eine Handbewegung, als wollte er betonen, wie stolz er auf die Tüchtigkeit der Polizei sei.

›Nun, Mr. Lafayette, vierzehn Männer haben diesen Raum untersucht, von heute morgen sechs Uhr an bis kurz bevor Ihr gekommen seid.‹

›Ihr meint, um Madame Thevenets letzten Willen zu suchen?‹

Der schäbige Mann nickte und verschränkte die Arme unter der Brust.

›Der Boden ist massiv.‹ Er stampfte auf die Holzdielen. ›Wände und Zimmerdecke? Nicht ein Zentimeter wurde ausgelassen. Wir halten uns für ziemlich klug, und wir sind es auch.‹

›Aber Madame Thevenet war bis heute morgen noch nicht an ihr Bett gefesselt‹, gab ich zu bedenken. ›Sie konnte sich bewegen und umhergehen. Falls sie nun Angst bekommen hat vor ...‹ der Name der Jezebel wollte mir nicht über die Lippen kommen, ›falls sie Angst bekommen und deshalb das Testament versteckt hätte ...‹

›Wo soll sie es denn versteckt haben? Verratet es mir!‹

›In den Möbeln vielleicht?‹

›Es waren Tischler da, Mr. Lafayette. Keine Geheimfächer.‹

›In einem Spiegel?‹

›Wir haben bei allen die Rückseiten abgemacht. Nirgendwo ein Testament versteckt.‹

›Im Kamin!‹ rief ich.

›Wir haben einen Schornsteinfeger hochgeschickt‹, leierte mein Gegenüber herunter. Jedesmal, wenn ich eine Vermutung äußerte, warf er mir freundlich und selbstzufrieden einen herausfordernden Blick zu. ›Tja, wie gesagt, schätze, wir sind schon verdammt schlau. Aber wir konnten das Testament nicht finden.‹

Auch das rosa Kaninchen schien vom Bett herüberzuschielen. Noch einmal, so wie ein verzweifelter Geist sich an Kleinigkeiten klammert, betrachtete ich die Bänder der Nachthaube unter ihrem knochigen Kinn. Dann sah ich wieder zu dem Kaninchen hin.

›Habt Ihr daran gedacht, das Bett und das Bettgestell von Madame Thevenet untersuchen zu lassen?‹ sagte ich triumphierend.

Mein schäbiger Freund trat an ihr Bett. ›Arme, alte Frau‹, sagte er, als ob er schon an ihrem Leichnam stünde. Dann drehte er sich um. ›Wir haben Sie so vorsichtig wie ein neugeborenes Baby herausgehoben, nicht wahr, Madame? Keine hohlen Bettpfosten! Nichts im Baldachin! Nichts im Rahmen, nichts im Federbett, in den Vorhängen oder im Bettzeug!‹ Plötzlich wurde der Polizist zornig, als ob er sich wünschte, die ganze leidige Angelegenheit endlich loswerden zu können. ›Und es befindet sich auch nichts in dem Spielzeugkaninchen‹, meinte er, ›denn wenn Ihr genau hinschaut, könnt Ihr erkennen, daß wir das Kaninchen aufgeschnitten haben. Und in diesem Barometer ist das Testament auch nicht. Es ist – einfach nicht hier!‹

Es trat eine Stille ein, die so schwer auf allen lastete wie die stickige heiße Luft in diesem Zimmer.

›Es ist hier‹, murmelte Monsieur Duroc mit seiner schroffen Stimme. ›Es *muß* hier sein!‹

Demütig, mit niedergeschlagenen Augen, stand die Jezebel da.

Was mich anbetrifft, so gestehe ich, daß ich im Begriff war, den Verstand zu verlieren. Ich schlich zum Barometer und klopfte dagegen. Die Nadel, die bereits ›Regen, Kälte‹ anzeigte, bewegte sich noch weiter in den Schlechtwetterbereich.

Wenigstens war ich noch nicht so verrückt, daß ich mit der Faust daraufgeschlagen hätte, aber ich kroch über den Boden auf der Suche nach einem Geheimversteck. Ich tastete die Wände ab. Ich ignorierte den Polizeibeamten, der fortwährend erklärte, daß niemand etwas berühren dürfe, solange er im Dienst wäre, sonst könne er keine Verantwortung dafür übernehmen.

Was mich endlich veranlaßte, einen Moment innezuhalten, war der Schrank, der bereits gründlich untersucht worden war. Darin hingen einige verblichene Kleidungsstücke, so faltig und zerknittert, als ob sie zusammen mit Madame Thevenets Körper geschrumpft wären. Aber auf dem obersten Brett des Schranks ...

Auf dem oberen Brett standen viele Parfümflakons. Ich fürchte, daß auch heute noch viele meiner Landsleute Parfüm für einen Ersatz für Wasser und Seife halten, und das Aussehen von Madame Thevenets Händen bestätigte dies. Weiterhin lagen dort oben einige verstaubte Romane sowie die zusammengeknüllte und beschmutzte Ausgabe der *New York Sun* vom Vortag. Diese Zeitung enthielt kein Testament, wohl aber einen schwarzen Käfer, der mir über die Hand lief.

Mit nicht zu beschreibendem Ekel schleuderte ich den Käfer zu Boden und trat auf ihn. Ich schloß die Schranktür und gestand mir meine Niederlage ein. Madame Thevenets Testament war verschwunden. Und dann waren zwei Stimmen zugleich in diesem dunklen grünen Raum zu hören, der immer noch schlecht beleuchtet war, trotz der Kerzen, die man zusätzlich angezündet hatte.

Die eine Stimme war meine:

›Wo in Gottes Namen ist es?‹

Die andere war die tiefe Stimme von Monsieur Duroc.

›Schaut Euch diese Frau an! Sie weiß es!‹

Er meinte die Jezebel.

Seine Bartstoppeln zitterten, als Monsieur Duroc auf einen Spiegel deutete, der leicht getrübt war, wie jene anderen Spiegel es auch waren. Unsere Jezebel hatte in diesen Spiegel geschaut, wobei sie uns den Rücken zugekehrt hatte. Nun duckte sie sich, als ob ein Stein auf sie geworfen worden wäre.

Geistesgegenwärtig verwandelte unsere Jezebel diese Bewegung in einen Knicks und drehte sich zu uns um. Doch nicht schnell genug, denn auch ich hatte im Spiegel dieses Lächeln bemerkt – ein Lächeln wie ein Schnitt mit einem Rasiermesser, bevor das Blut zu fließen beginnt – und in ihren Augen gelesen, daß *sie* Bescheid wußte und uns mit diesem Wissen verspottete.

›Monsieur Duroc, habt Ihr mit mir geredet?‹ antwortete sie ebenfalls auf französisch. Ihre Stimme war nur ein Murmeln.

›Hört mir gut zu!‹ entgegnete der Anwalt förmlich. ›Das Testament ist *nicht* verschwunden. Es befindet sich immer noch in diesem Zimmer. Ihr wart letzte Nacht nicht in diesem Raum. Irgend etwas hat Euch jedoch den richtigen Hinweis gegeben. Ihr wißt, wo es ist.‹

›Seid Ihr denn nicht fähig, es zu finden?‹ fragte die Jezebel überrascht.

›Haltet Euch zurück, junger Mann!‹ sagte Monsieur Duroc zu mir. ›Mademoiselle, im Namen der Gerechtigkeit muß ich Euch etwas fragen.‹

›Fragt!‹ antwortete die Jezebel.

›Wenn Claudine Thevenet das Geld, das ihr zusteht, erbt, werdet ihr reichlich belohnt, überreichlich sogar! Ihr kennt Claudine und wißt das.‹

›Ich weiß.‹

Monsieur Duroc gab mir ein Zeichen, mich nicht einzumischen und fuhr fort: ›Wenn aber das neue Testament nicht gefunden wird, dann werdet Ihr alles erben, und Claudine wird sterben. Denn man wird annehmen …‹

›Ja!‹ sagte die Jezebel und preßte eine Hand auf ihre Brust. ›Ihr selbst, Monsieur Duroc, habt bezeugt, daß die ganze Nacht hindurch eine Kerze neben Madames Bett gebrannt hat. Nun! Die arme Frau, die ich geliebt und gepflegt habe, bereute ihre Undankbarkeit mir gegenüber und verbrannte das neue Testament. Sie hielt es in die Flamme, zerrieb das verkohlte Papier zu Asche und blies diese in den Raum.«

›Das soll wahr sein?‹ schrie Monsieur Duroc.

›Man wird es annehmen, wie Ihr so richtig sagtet.‹ Die Jezebel lächelte. Dann sah sie mich an. ›Und was Euch betrifft, Monsieur Armand!‹ Sie kam näher. Ich kann nur sagen, daß ich in ihren

Augen keine Verstellung mehr erkannte, oder wenn Ihr so wollt, sie zeigte nun ihr wahres Ich.

›Ich würde Euch alles, alles auf der Welt geben, niemals jedoch jenes Puppengesicht in Paris!‹

›Hört mir zu!‹ sagte ich zu ihr und war so erregt, daß ich sie an den Schultern packte. ›Ihr seid von Sinnen! Ihr könntet mir Claudine überhaupt nicht geben. Sie wird einen anderen Mann heiraten!‹

›Und Ihr glaubt, das hätte irgendeine Bedeutung für mich, solange Ihr sie immer noch liebt?‹ fragte die Jezebel und starrte mit ihren grünen Augen direkt in meine.

Ein hartes Geräusch war zu hören, als jemand ein Messer zu Boden fallen ließ.

Ich fürchte, wir drei hatten völlig vergessen, daß wir nicht allein waren. Es gab zwei Zuschauer, auch wenn diese unsere Worte nicht verstanden.

Der melancholische Dr. Harding hatte nun in dem grünen Lehnstuhl Platz genommen. Seine langen, spinnendünnen Beine, die in engen schwarzen Steghosen steckten, hatte er übereinandergeschlagen. Der hohe Biberhut schimmerte auf seinem Kopf. Dem Polizeibeamten, der, als ich ihn das letzte Mal sah, gerade die Zähne mit einem Messer säuberte, war nun beim Nägelschneiden das Messer aus der Hand gefallen.

Beide Männer spürten, wie angespannt die Atmosphäre war. Beide waren wachsam, ihre Nerven aufs Äußerste angespannt.

Der Polizeibeamte schrie mich an: ›Was soll das Geschwätz? Was geht in Euren Köpfen vor?‹

Seltsamerweise war es das Wort ›Kopf‹, das mich neu inspirierte.

›Die Nachthaube!‹ entfuhr es mir auf englisch.

»Welche Nachthaube?‹

Madame Thevenets Nachthaube hatte eine hohe Spitze; sie war groß und straff unter dem Kinn zusammengebunden. Man hätte leicht ein flach zusammengefaltetes Dokument darin verbergen können, das – aber Ihr versteht. Der Polizist, so einfältig er auch wirken mochte, begriff die Bedeutung sofort. Oh, wie ich mir wünschte, ich hätte kein Wort gesagt! Der Kerl meinte es zwar gut, aber er war nicht taktvoll.

Als ich um die mit Vorhängen zugezogenen Seiten des Bettes herumrannte, riß der Polizist, der in der einen Hand eine Kerze hielt, mit der anderen schon Madame die Nachthaube vom Kopf. Doch er fand dort weder das Testament noch ein anderes Dokument; wir sahen nichts als ein paar vereinzelte Haarsträhnen auf einem kahlen Schädel.

Madame Thevenet war einst eine große Dame gewesen. Dies nun war die letzte, schlimmste Demütigung, und zwei Tränen rannen ihr über das Gesicht. Sie hatte so viele Kissen im Rücken, daß sie sich fast in einer sitzenden Position befand, doch irgend etwas schien sie innerlich zu krümmen.

Sie schloß die Augen für immer. Und die Jezebel lachte.

Das ist das Ende meiner Geschichte. Darum stürzte ich wie ein Verrückter aus dem Haus. Das Testament ist wie durch Zauberei verschwunden – oder ist es wie durch Zauberei noch dort?

Doch wie auch immer, Ihr seht mich nun hier sitzen: schmutzig, aufgelöst und tief beschämt.«

Nachdem ich Monsieur Perley meine Geschichte zu Ende erzählt hatte, schien es mir für einen Moment, als ob es an der Theke ein wenig ruhiger geworden wäre. Aber das schwache Stampfen aus dem Theater über uns war noch immer zu vernehmen. Dann war plötzlich alles still, bis ein Chor anschwoll zum Geklimper vieler Banjos.

> Oh, I come from Alabama
> With my banjo on my knee
> I depart for Louisiana …

Genug! Das Lied verklang, und Monsieur Perley hatte es nicht einmal wahrgenommen.

Er hielt den Kopf gesenkt und starrte in sein leeres Glas, so daß ich sein Gesicht nicht sehen konnte.

»Sir«, bemerkte er fast bitter, »Ihr habt ein gutes Herz. Ich bin glücklich, daß ich Euch bei einem so geringfügigen Problem wie diesem behilflich sein kann.«

»*Geringfügig?*«

Seine Stimme klang etwas heiser, aber nicht undeutlich. Er drehte unentwegt das Glas in seiner Hand.

»Gestattet Ihr mir zwei Fragen?« bat Monsieur Perley.

»Zwei Fragen? Zehntausend, wenn Ihr wollt!«

»Zwei sind genug.« Monsieur Perley schaute immer noch nicht auf.

»Dieses Spielzeugkaninchen, von dem so oft die Rede war. Ich würde gern wissen, wo genau es sich auf dem Bett befand.«

»Es befand sich fast am Fußende des Bettes und dort etwa in der Mitte.«

»Genauso habe ich es mir vorgestellt. Waren die drei Pergamentbögen des Testaments auf beiden Seiten beschrieben oder nur auf jeweils einer?«

»Bis jetzt habe ich es Euch noch nicht erzählt, Monsieur Perley, aber nach Monsieur Durocs Aussage waren sie immer nur auf einer Seite beschrieben.« Monsieur Perley hob den Kopf. Sein Gesicht war gerötet und verzerrt vom Alkohol. Seine Augen blickten wild. Er wirkte nun sehr überheblich, und es schien, als ob er die Intelligenz anderer nur als sehr gering einschätzte, wenn er so viel getrunken hatte. Dennoch sprach er mit Würde und wählte vorsichtig seine Worte: »Ist es nicht reine Ironie, Monsieur de Lafayette, daß gerade ich Euch sagen kann, wie das verschwundene Testament wieder in Eure Hände gelangen und das Geld somit gesichert werden kann, während ich mir selbst einen solchen Dienst nie erweisen konnte, mein Wort darauf.«

Er lächelte wie über einen geheimen Scherz.

»Vielleicht«, fügte er hinzu, »ist es ja die Einfachheit der Lösung, die Euch auf die falsche Fährte führte.«

Ich blickte ihn verwirrt und bestürzt an.

»Vielleicht ist das Geheimnis ein wenig *zu* leicht zu durchschauen! Die Lösung ein wenig *zu* selbstverständlich!«

»Ihr verspottet mich, Monsieur! Ich werde nicht ...«

»Nehmt mich, wie ich bin, oder geht!« entgegnete Monsieur Perley, während er mit dem Glas auf den Tisch klopfte.

»Übrigens«, fuhr er fort, wobei seine umherschweifenden Blicke auf eine Liste mit den Abfahrtszeiten der Dampfschiffe trafen, die an die Wand geheftet war, »ich werde morgen mit der

Parnassus in See stechen, in Richtung England, danach weiter nach Frankreich.«

»Ich wollte Euch nicht beleidigen, Monsieur Perley! Wenn Ihr also etwas wißt, so sprecht bitte!«

»Madame Thevenet hat ihren letzten Willen mitten in der Nacht versteckt«, begann er und schüttete sich vorsichtig einen weiteren Brandy in sein Glas. »Bereitet es Euch Kopfschmerzen, daß sie solche Vorsichtsmaßnahmen traf, um das Testament zu verbergen? Dabei ist ihr Verhalten nachvollziehbar. Das Testament durfte auf keinen Fall in die Hände von Jezebel gelangen. Aber Madame Thevenet traute niemandem – nicht einmal dem achtbaren Arzt, der sie behandelt. Falls Madame an einem Schlaganfall sterben sollte, würde die Polizei kommen und schon bald ihren einfachen Plan durchschauen, dessen war sie sich sicher. Auch wenn sie gelähmt wäre, würde die Anwesenheit anderer Personen im Zimmer sicherstellen, daß diese unwissentlich als Wächter fungierten.

Der Hauptfehler, den Ihr gemacht habt«, fuhr Monsieur Perley gelassen fort, »lag in der Dialektik Eures Denkens. Ihr habt mir erzählt, daß Madame Thevenet sehr auffällig einen bestimmten Punkt am Fußende des Bettes fixierte, um Euch einen Hinweis zu geben. Was glaubt Ihr, warum hat sie das Spielzeugkaninchen angeschaut?«

»Weil das Spielzeugkaninchen das einzige Objekt war, das sie ansehen konnte«, erwiderte ich hitzig.

»Entschuldigt, aber das ist nicht richtig! Ihr selbst habt mir mehrfach berichtet, daß die Bettvorhänge auf drei Seiten dicht zugezogen waren. Nur die Längsseite zur Tür hin war offen. Deshalb würde jemand, der den Fall rational betrachtet und ohne daß er das Zimmer gesehen hat, sicher meinen, daß die Vorhänge am Fuß des Bettes zusammengezogen waren.«

»Ja, ganz gewiß.«

»Nachdem sie auf diesen Punkt, wo auch das Spielzeugkaninchen lag, gestarrt und ihn mit ihren Augen fixiert hatte, ließ Madame Thevenet, um mit Euren eigenen Worten zu sprechen, die Augen kreisen, als wollte sie den Blick auf sich selbst richten.

Unterstellen wir einmal, sie wollte, daß man die Vorhänge

zurückziehen sollte, damit sie etwas sehen konnte, was sich jenseits des Bettes befand.«

»Ja – das wäre möglich.«

»Es ist mehr als möglich, wie ich beweisen werde. Richten wir unser Augenmerk kurz auf das widersprüchliche Phänomen des Barometers an der Wand. Das Barometer zeigte ›Regen‹ und ›Kälte‹ an.«

Bei diesen Worten zogen sich Monsieur Perleys schmale Schultern unter dem alten Militärmantel zusammen.

»Nun«, meinte er, »wir werden wieder Kälte bekommen, doch der heutige Tag war für den April ungewöhnlich heiß, nicht wahr?«

»Ja, natürlich.«

Monsieur Perley betrachtete seine Fingernägel und fuhr mit seinen Ausführungen fort: »Ihr habt mir auch erzählt, was sich direkt gegenüber dem Bett befindet. Laßt uns einmal annehmen, die Bettvorhänge seien aufgezogen. Madame Thevenet, durch die Kissen hochgestützt, blickt nach *unten*. Was würde sie sehen?«

»Die Feuerstelle!« schrie ich. »Den Feuerrost!«

»Wir haben nun eine Verbindung zu dem Wetter. Und weiter, was befand sich in dem offenen Kamin, wie Ihr mir ebenfalls mehrfach berichtet habt?«

»Für ein Kohlefeuer bereits aufgeschichtetes Brennmaterial, das aber noch nicht angezündet war.«

»Genau, und was ist von äußerster Wichtigkeit für ein solches Feuer? Man benötigt Kohle, man benötigt Holz, aber zuallererst braucht macht …«

»Papier!« entfuhr es mir.

»In dem Schrank, der in diesem Raum stand, lag eine zusammengeknüllte und verschmutzte (beachtet dies – sie war nicht staubig!) Ausgabe der New York Sun vom Vortag«, bemerkte Monsieur Perley mit einem kleinen, verächtlichen Lächeln. »Es ist üblich – und übrigens auch das Vernünftigste, das man damit machen kann –, die Tageszeitung zu benutzen, um damit Feuer zu entzünden. Diese Zeitung also hatte man gestern genommen, um alles fürs Anzünden des Feuers vorzubereiten. Aber sie war während der Nacht durch etwas anderes ersetzt worden. Euch war aufgefallen, wie außerordentlich schmutzig Madame Thevenets Hände waren.«

Monsieur Perley schluckte den Brandy hinunter, und die Röte in seinem Gesicht vertiefte sich.

»Sir«, sagte er laut, »Ihr werdet das Testament zusammengeknüllt mit sehr augenfällig hervorstehenden Enden unter der Kohle und dem Holz auf dem Feuerrost im Kamin finden. Selbst wenn jemand darin herumgestochert hätte, so hätte er doch nichts anderes als schmutziges unbeschriebenes Papier gefunden und wäre niemals auf die Idee gekommen, daß es sich dabei um das wertvolle Testament handeln könnte. Es war so offensichtlich, daß Ihr alle es übersehen habt. Geht nun.«

»Gehen?« wiederholte ich verwirrt.

Monsieur Perley erhob sich von seinem Stuhl.

»Geht, sage ich!« schrie er, und sein Blick wurde immer wilder. »Die Jezebel konnte dieses Feuer noch nicht anzünden. Erstens war es zu warm, zum anderen waren den ganzen Tag über Polizisten da, die jedem untersagt hatten, irgend etwas zu berühren. Aber jetzt? Madame Thevenet hat versucht, Euch zu warnen, daß das Feuer auf keinen Fall angezündet werden dürfte, andernfalls würde das Testament vernichtet werden!«

»Werdet Ihr hier auf mich warten?« fragte ich über meine Schulter hinweg.

»Ja, ja! Und vielleicht wird sich alles zum Guten wenden für das arme, kranke Mädchen mit den – mit den Problemen mit der Lunge.«

Gerade als ich aus der Tür rannte, sah ich ihn, wie er grotesk und erbärmlich über dem Tisch zusammensank. Die Hoffnung, die er in mir geweckt hatte, wuchs und schien mich hin und her zu schleudern wie der Peitschenknall des Droschkenkutschers. Aber als ich mein Ziel erreichte, verflüchtigte sich diese Hoffnung wieder.

Der schäbige Polizist kam gerade die Eingangsstufen herunter.

»Wir sind fertig hier, Mr. Lafayette!« rief er fröhlich.

»Die alte Mrs. Wie-war-doch-gleich-ihr-Name? hat das Testament letzte Nacht an der Kerze verbrannt. – He, was bringt Euch eigentlich zurück?«

Die Vordertür war geöffnet. Ich rannte durch das düstere Haus, stürzte in das hintere Schlafzimmer Der Leichnam lag immer noch in dem großen, dunklen Bett. Die Kerzen waren alle fast bis auf den Docht heruntergebrannt. Das Klappmesser des Polizisten, das dieser vergessen hatte, nachdem es ihm heruntergefallen war, lag immer noch auf den nackten Holzdielen. Und die Jezebel war da.

Sie kniete vor dem Kamin und hielt die Blechschachtel mit den Luzifer-Streichhölzern, die sie früher am Tag hereingebracht hatte, in den Händen. Ein Streichholz flackerte auf, mit bläulicher Flamme. Ich sah ihren Eifer und ihre Gier. Sie hielt das brennende Streichholz an den Feuerrost.

»Ein Luzifer in der Hand einer Jezebel!« rief ich und stieß sie weg vom Feuerrost, so daß sie gegen einen Stuhl schlug und fiel. Große und kleine Stücke Kohle polterten herunter und ließen schwarzen Staub aufwirbeln, als ich meine Hände in das nicht entzündete Feuer grub. Kleine Zweige und zersägte Äste, und dann – dann fand ich es: zusammengeknüllte Pergamentbögen, ohne jeden Zweifel Madames letzter Wille.

»Monsieur Duroc!« rief ich. »Monsieur Duroc!«

Maurice, mein Bruder, wir haben gegen den Bürgerkönig gekämpft, genauso, wie wir nun Bonaparte, diesen Emporkömmling, bekämpfen. Wir brauchen uns unserer Tränen nicht zu schämen. Ich gestehe, daß mir in diesem Moment Tränen aus den Augen liefen und mir die Sicht nahmen. Ich konnte kaum erkennen, wie Monsieur Duroc in das Zimmer eilte.

Ganz sicher sah ich nicht, wie die Jezebel heimlich das Messer des Polizisten aufhob. Ich nahm nichts davon wahr, bis sie sich auf mich stürzte und mir das Messer in den Rücken stieß.

Ruhe, mein Bruder: Ich habe Dir bereits versichert, daß alles gut ausgegangen ist. Zu diesem Zeitpunkt, glaube mir, merkte ich kaum, daß ich verletzt war. Ich bat den zitternden Monsieur Duroc, mir die Klinge herauszuziehen. Ich lieh mir seinen zweiten Überzieher, um das Blut zu verbergen: Ich mußte eilen, eilen, eilen, zurück zu dem kleinen Tisch unter der Gaslampe.

Auf meinem Weg dorthin plante ich alles. Monsieur Perley, der offenbar ein Fremder in diesem Land war und es nicht mochte, war augenscheinlich sehr arm, auch in Frankreich. Wir jedoch haben mehr als nur ein paar Sous übrig. Auch mit seinem ausgeprägten Stolz könnte er sich nicht weigern, für den Dienst, den er uns erwiesen hat, eine Summe anzunehmen, die es ihm ermöglichen würde, den Rest seines Lebens in Wohlstand zu verbringen.

Wieder stürzte ich mich in den Saloon und rannte hindurch. Dann hielt ich inne. Der kleine runde Tisch an der Säule unter der Gaslampe war leer.

Wie lange ich dort wohl gestanden haben mochte, kann ich nicht sagen. Der blutige Stoff meines Hemdes klebte nun an dem geliehenen Überzieher. Plötzlich fiel mein Blick auf den Bartender mit dem aufgedunsenen Gesicht und den Goldzähnen, der früher an diesem Tag Dienst gehabt hatte und nun zurückgekehrt war. Als Zeichen seines Respekts kam er hinter der Theke hervor, um mich zu begrüßen.

»Wo ist der Gentleman, der an diesem Tisch gesessen hat?«

Ich zeigte darauf. Meine Stimme muß wohl heiser und fremd geklungen haben, daß er es als Ärger mißverstand.

»Macht Euch deswegen keine Sorgen, Monsieur«, sagte er beruhigend. »Es ist alles geregelt. Wir haben diesen betrunkenen Herumtreiber rausgeworfen.«

»Ihr habt ihn raus…«

»Mitten in die Gosse. Mußte ein Stück darin kriechen, bevor er aufstehen konnte.« Auf dem Gesicht des Bartenders spiegelte sich boshafte Freude wider. »Hat eine Flasche vom besten Brandy bestellt und konnte sie nicht bezahlen.« Sein Gesichtsausdruck veränderte sich erneut. »Allmächtiger Gott, Monsieur, was habt Ihr?«

»*Ich* habe diesen Brandy bestellt.«

»Davon hat er nichts gesagt, als der Kellner mich an den Tisch holte. Sah mich nur von oben bis unten an und meinte, als Gentleman würde er für seine Schulden mit einem persönlichen Schuldschein geradestehen.«

»Monsieur Perley ist ein Freund von mir«, entgegnete ich und unterdrückte den Wunsch, dem Bartender den Hals umzudrehen. »Er sticht morgen sehr früh in See nach Frankreich. Wo ist sein Hotel? Wo kann ich ihn finden?«

»Perley?« spottete mein Gegenüber. »Das ist noch nicht mal

sein richtiger Name, habe ich sagen hören. Glaubt vielleicht, er sei was Besseres, hält sich für jemand vom Upper Broadway. Aber sein richtiger Name steht auf dem Schuldschein.«

Noch einmal keimte Hoffnung in mir auf. »Habt Ihr den Schuldschein aufgehoben?«

»Ja, ich habe ihn behalten«, brummte der Bartender und fischte in seiner Tasche herum. »Gott weiß warum, aber ich habe ihn behalten.«

Und endlich triumphierte ich, Maurice!

Dann brach ich zusammen, durch meine Verletzung geschwächt, und das Fieber ließ mich vergessen, daß ich am nächten Morgen bei den Docks zu sein hatte, wenn das Dampfpostschiff *Parnassus* New York verlassen würde. Ich muß hierbleiben, eingeschlossen in einem Hotelzimmer. Ich kann nachts nicht schlafen, und das wird auch so bleiben, bis ich ein Schiff nach Hause besteigen kann. Aber wo ich versagt habe, kannst Du Erfolg haben. Er sollte an jenem Morgen mit der *Parnassus* nach England fahren. Von dort würde die Reise nach Frankreich weitergehen – wie er mir erzählte. Du wirst wohl nicht länger als sechs Monate brauchen, um ihn zu finden. In spätestens sechs Monaten wird er für immer aus dem Elend heraus sein, darauf hast du mein Wort!

Ich schulde Euch, steht auf dem kleinen Zettel zu lesen, *fünfundvierzig Cents für eine Flasche von Eurem besten Brandy. Gezeichnet: Edgar A. Poe.*

Ich verbleibe, lieber Maurice,
in Zuneigung.
Dein Bruder
Armand

Originaltitel: *The Gentleman from Paris*
Ins Deutsche übertragen von Lothar Woicke

Pokerspiel im Goldenen Nugget

Edward D. Hoch

Der Romanautor Edward Hoch, geboren 1930, wurde berühmt durch seine Kurzgeschichten. Er gehört wohl zu den produktivsten Schriftstellern von Kriminal- und Detektivkurzromanen aller Zeiten. Seiner ersten Veröffentlichung im Jahre 1955 folgten mehr als siebenhundert weitere. Trotz der Vielzahl seiner Werke mangelt es keiner seiner Geschichten an Ausdruckskraft und Originalität. Mittels vieler verschiedener Handlungsfiguren wie Simon Ark, Captain Leopold, Nick Velvet und Jeffrey Rand, um hier nur einige zu nennen, wahrt Hoch den Abwechslungsreichtum seiner Fortsetzungsromane. Seine Geschichten von dem in Neuengland lebenden Landarzt Dr. Sam Hawthrone sind im Grunde genommen historische Kriminalromane. Hawthrones Erzählungen von Erlebnissen seiner Jugendzeit vermitteln einen Eindruck in die zwanziger und dreißiger Jahre dieses Jahrhunderts.

In diesem Band sollen Ihnen jedoch die Geschichten des Revolverhelden Ben Snow vorgestellt werden. Die Reihe dieser Werke umfaßt den Zeitraum zwischen 1881 und 1905. Handlungsorte sind sowohl der Wilde Westen als auch das im Norden von Westkanada gelegene Gebiet Yukon, Schauplatz der folgenden Geschichte.

Ben Snow griff nach den Karten, die ihm soeben ausgeteilt worden waren und nahm sie vorsichtig auf. Bei diesem Spiel konnten schnelle Bewegungen leicht mißverstanden werden. Mit einem kurzen Blick auf seine fünf Mitspieler gelangte er zu der Ansicht, daß er solch zwielichtigen Gestalten noch nirgendwo, das heißt, nicht einmal in der dunkelsten Ecke von Dodge City, begegnet war.

Manche behaupteten, daß schon seit der Eröffnung des Golden Nugget im vergangenen Sommer ununterbrochen im Hinterzimmer des Saloons gepokert wurde. Diesen richtete man damals in einer der Holzhütten ein, die an der Hauptstraße von Dawson wie über Nacht aus dem Boden geschossen waren. Im Sommer des Jahres 1889 hatte der Saloon seine Glanzzeit, denn seinerzeit wurden dort, wie auch in allen anderen Bars und Freudenhäusern im Gebiet Yukon, neben Silberdollar auch Goldnuggets als Zahlungsmittel akzeptiert. Meist standen kleine Waagen zur Verfügung, um das Gewicht und den Wert der Goldstücke gleich vor Ort bestimmen zu können.

Ben Snow war jedoch nicht nach Norden gereist, um nach Gold zu suchen. Er kam vielmehr als eine Art bezahlter Leibwächter für einen Goldsucher namens Race Johnson hierher, der zwar eine Menge vom Goldwaschen verstand, aber mit dem Schießeisen weniger gut umzugehen vermochte. Auch als Achtunddreißigjähriger machte Ben nach wie vor seinem Ruf im Umgang mit einem sechsschüssigen Revolver alle Ehre. Anders als in seinen jungen Jahren hielt man ihn nun zwar nicht mehr für *Billy The Kid*, aber wenn man jemanden mit einem scharfen Verstand und einem schnellen Finger am Abzug brauchte, bat man ihn immer noch um Hilfe.

Schon in den ersten Frühlingstagen, und somit genau ein Jahr nach der ersten Goldrauschwelle, hatten er und Race Johnson sich auf den Weg nach Norden gemacht. In San Francisco stiegen sie auf einen Trampdampfer. Eingepfercht zwischen den Dollbords und all den anderen Goldsuchern, fuhren sie auf der Wasserstraße zwischen den vor Alaska liegenden Inseln und dem Festland bis nach Skagaway. Von dort aus war der Weg zu dem nördlich gelegenen Dawson sehr mühsam. Für die erste Etappe über den steinigen Chilkoot-Paß baten sie ein paar Indianer, ihnen gegen Bezahlung beim Tragen des Gepäcks behilflich zu sein.

Die ersten Mitreisenden machten schon jetzt kehrt, denn ihre kärglichen Vorräte waren bereits aufgebraucht. Als Johnson und Ben nach ungefähr 40 Kilometern den See Linderman erreichten, blieb ihnen nichts anderes übrig, als sich für die Überfahrt zum Quellgewässer des Yukons ein Boot zu leihen. Dawson lag jedoch noch mehr als 300 Kilometer flußabwärts, und von einer angenehmen Reise konnte da nicht die Rede sein. Statt in einem Boot zu sitzen und mit einem reißenden Fluß zu kämpfen, hätte Ben lieber auf einem bockenden Pferd gesessen.

Als sie Dawson endlich erreichten, mußten sie ihr Boot an vereinzelt auftauchenden Eisschollen vorbeilenken, die auf den viel zu späten Abschied eines sehr harten Winters hinwiesen, denn es war inzwischen Juni geworden. Die Nächte hatten sie entweder in den verlassenen Hütten am Flußufer oder aber auf dem Boot verbracht. Je weiter sie nach Norden vorgedrungen waren, desto seltener begegneten sie einem Menschen. Aus diesem Grund traf sie beim ersten Blick auf Dawson der Schlag. Es handelte sich um eine aus Zelten und Schuppen errichtete Stadt, deren Bevölkerung innerhalb eines Jahres auf nahezu 500 000 Einwohner emporgeschnellt war. In den Saloons, die, wie auch der Golden Nugget, die matschige Hauptstraße säumten, aßen und tranken die Goldsucher, kauften ihren Proviant dort ein und verbrachten gewöhnlich auch ein paar Stunden mit den abgebrüht wirkenden Freudenmädchen. In den meisten Saloons bestand sogar die Möglichkeit, sich wochen- und auch monatsweise ein Zimmer zu mieten.

Die üblichen Zahlungsmittel waren Goldstücke, oder wie in den meisten Fällen eher zutreffend, Goldstaub. Dann gab es da noch die Profispieler, die unter anderem auch im Golden Nugget verkehrten, deren einziges Anliegen darin bestand, sich dieses Goldes zu bemächtigen. Waren die Taschen der Goldsucher dann immer noch nicht leer, besorgten sie sich von dem, was übrig geblieben war, etwas zu essen. Nicht selten bezahlte man für eine Mahlzeit, aus Eiern und Schinken bestehend, den stolzen Preis von drei Dollar und fünfzig Cent.

Auch wenn Tänzerinnen in den Saloons ein und ausgingen, hieß das nicht, daß die örtliche berittene Polizei, *Northwest Mounted Police* oder kurz auch *Mounties* genannt, nicht alles getan hätte, um die Prostituierten auf der anderen Seite des Flusses zu halten, in einer Gegend, die man *Louse Town* oder *Paradise Alley* nannte. Dorthin gelangte man über über eine Seilbrücke, die sich ganz in der Nähe der Stelle befand, wo sich der Klondike, ein Arm des Yukon, bildet. Eine geeignete Brücke für Pferd und Wagen fand man etwa eineinhalb Kilometer flußaufwärts.

Schon bald erfuhren Race und Ben von zwei wichtigen Ereignissen, die sich während ihrer achtwöchigen Reise zugetragen hatten. Die Vereinigten Staaten hatten Spanien am 25. April den Krieg erklärt und, dem wurde hier viel mehr Bedeutung beigemessen, das Staatsgebiet Yukon war am 13. Juni der kanadischen Konföderation beigetreten.

Sam Wellman, der Eigentümer des Golden Nugget, war es, der ihnen das Ausmaß dieses Handels darlegte: »Dieses Fleckchen Erde hier ist so was wie das Ende der Welt, und bis eben noch waren wir das Gesetz. Mit diesem Gemache von Staatenbündnis erlangt die Mounted Police mehr Macht. Die Prostituierten müssen jetzt in ihrem Bezirk bleiben, und ein paar Spieler sind schon verhaftet worden. Dawson wird nicht mehr wiederzuerkennen sein.«

»Aber selbst in einer Stadt am Ende der Welt braucht man Gesetze«, erklärte Ben.

Sam Wellman war ein großer, schwerer Mann, der sich gerne seine eigenen Gesetze schuf. Er war verärgert. »Seit ich diesen Laden vor einem Jahr eröffnet habe, ist im Hinterzimmer immer gepokert worden, und die wollen mir nun erzählen, daß ich den Laden dichtmachen soll?«

Auch Race Johnson kannte seine eigenen Gesetze. »Aber Sam, sieh doch mal, wenn diese Mounties hier auch nur irgend etwas mit unseren Bullen zu Hause gemein haben, dann reichen ein paar Dollar oder ein wenig Goldstaub doch wohl aus, um die Kerle dazu zu bewegen, ein Auge zuzudrücken.«

Wellman hätte ihm gerne zugestimmt. »Nun, da kann man nicht alle über einen Kamm scheren. Sergeant Baxter, der örtliche Polizeichef zum Beispiel, ist mir noch nicht so ganz geheuer. Wenn ich dem Geld anböte, nähme er es vielleicht. Aber erst wenn ich herausgefunden habe, *wie* er reagieren würde, weiß ich, was ich zu tun habe.«

Sam Wellman wohnte nur selten den endlosen Pokerspielen in seinem Haus bei. Das gleiche galt für Ben, zumindest am Anfang. Doch es dauerte nicht lange, bis ihm klar wurde, daß es nicht viel Sinn machte, Johnson Tag für Tag zum Wasser zu begleiten. Das Angebot an Unterhaltung beschränkte sich in Dawson auf Frauen, Alkohol und Karten.

Nach Abwägung dieser drei Möglichkeiten entschied Ben sich für die letzte.

Goldsucher, die an den Pokerspielen teilnahmen, waren meist Neuankömmlinge, die noch keine Bekanntschaft mit Yancy Booth gemacht hatten. Es war einer der Falschspieler, die ihren Lebensunterhalt auf Kosten anderer bestritten. Ben mußte zugeben, daß Yancy Booth von diesen fünf Männern, die mit ihm an diesem ersten Abend, Anfang Juli, um den Tisch herumsaßen, derjenige mit dem gepflegtesten Erscheinungsbild war; selbst ein Banker hätte sich auf diesen Halsriemen und den schwarzen Mantel etwas eingebildet. Aber schon nach ein paar Tagen, die er mit ihm am Pokertisch verbracht hatte, merkte er, daß er es da mit einem knallharten Burschen zu tun hatte. Als Yancy dann schließlich einen recht zäh wirkenden Goldsucher um alles brachte, was er besaß und ihm auch noch die Tränen in die Augen trieb, war Ben der Ansicht, an diesem Abend genug gesehen zu haben. Als er vom Tisch aufstand, kam ihm Tess, eine der Bardamen, entgegen. »Mister, wollen Sie Ihr Glück nicht mal bei mir zu Hause versuchen?«

»Und wo wäre das?« Ben setzte sich auf einen Barhocker.

»Drüben auf der anderen Seite des Flusses, in Paradise Alley.«

»Ich traue dieser Brücke nicht.«

Sie lachte und schlug ihm dabei aufs Knie. »Na, dann trage ich Sie eben hinüber.«

»Ich werde es mir bei einem gemeinsamen Drink noch mal durch den Kopf gehen lassen.«

»Das ist ein Wort. Pete, mach mir 'nen Whisky.«

Der Name des Barmanns war Pete Waters, und Ben wußte, daß er eine Schrotflinte hinter der Bar versteckt hielt. Er überlegte, ob sie wohl jemals benutzt worden war.

»Bitte schön«, sagte Pete und schob Tess den Whisky hinüber.

»Und, schon lange hier?« fragte Ben das Mädchen. Sie war hübscher als die meisten anderen. Ihr weiches Gesicht, das eine gewisse Neugier verriet, war von dunklem Haar umrahmt.

»Ich bin im vergangenen August hierhergekommen. Das ist nun schon fast ein Jahr her.«

»Wie ist denn der Winter hier oben?«

»Kalt, aber es schneit nicht soviel, wie man vermuten würde. Den ganzen Winter über lag der Schnee nie höher als ungefähr einen Meter zwanzig. Da bin ich von den Staaten her ganz anderes gewohnt. Aber schon Ende August kann's frieren, und vor Juni taut's nicht mehr auf. Der Sommer ist angenehm, so zwischen fünfzehn und zwanzig Grad, aber viel zu kurz.«

»Gefällt's dir hier im Nugget?«

Sie zuckte mit den Schultern. »Sam ist gut zu mir. Jede Bar hat ihre eigenen Mädchen … die meisten mögen's nicht, wenn man sich da herumtreibt. Ich hab' dich beobachtet. Warum bist du nicht da draußen bei den anderen und suchst nach Gold?« fragte sie.

»Ich bin mit Race Johnson hierhergekommen. Man könnte mich als seinen Reisebegleiter bezeichnen«, erklärte Ben.

Tess antwortete mit einem kurzen schrillen Lachen. »Du meinst wohl, du bist sein Leibwächter oder ein bezahlter Revolverheld!

Wie läuft's denn bei ihm?«

»Gestern kam er mit einem kleinen Goldstück zurück.«

»Er sollte lieber ein Stück weiter den Klondike entlang, in die Gegend des Flüßchens Bonanza laufen. Dort wurde vor zwei Jahren das erste Gold gefunden. Da oben stehen viele dieser kleinen Hütten herum, da kann er übernachten.«

»Das könnte er wohl tun, aber dann müßte ich ja mit ihm gehen. Ich ziehe es aber vor, in Dawson zu bleiben, zumindest im Moment.«

Tess nutzte dies als Gelegenheit, um noch einmal auf ihre Einladung zurückzukommen. »Bist du dir ganz sicher, daß du mich nicht doch nach Paradise Alley begleiten möchtest? Falls du vorhast, in Dawson zu überwintern und die Temperatur erst einmal auf minus fünfzig Grad abfällt, wirst du 'n warmes Plätzchen brauchen.«

»Du hast mich schon überzeugt«, sagte Ben.

Sie grinste vor Freude und über ihre Eroberung. »Wenn du 'ne Flasche Whisky mitbringen möchtest, kannst du Pete eine abkaufen.«

»Hört sich gut an.«

Wie es sich für einen nordischen Sommer gehörte, war es immer noch recht hell, und Ben konnte ihr problemlos über die Seilbrücke folgen. Hinter dem Namen Paradise Alley verbarg sich eine Anzahl von Hütten, die recht nah beisammen standen.

Als sie dort eintrafen, wurde Tess von verschiedenen jungen Frauen begrüßt; eine von ihnen kam auf sie zu.

»Tess, Sonntag nachmittag steigt bei uns 'ne Whiskyparty für die Jungs. Bist du mit dabei?«

»Klar, wieso nicht? Mary, das ist Ben Snow. Er ist erst seit ein paar Wochen in Dawson.«

Mary war Anfang Zwanzig, nicht gerade eine Schönheit und ein wenig zu dick. »Hallo. Ben. Willkommen in Dawson. Sind Sie zum ersten Mal in Paradise?«

»Es ist das erste Mal, daß ich mich über die Brücke gewagt habe.«

»Jetzt, wo Sie den Weg kennen, müssen sie am Sonntag zur Party kommen.«

»Das werde ich«, versprach Ben.

Am Sonntag nachmittag nahm er Race Johnson mit, und es stellte sich heraus, daß es auf einer Whiskyparty in Paradise Alley ähnlich wie auf einer Teeparty zu Hause zuging. Die Freudenmädchen waren in ihre besten Klamotten geschlüpft, und als Krönung trugen sie Strohhüte, Seemannsmützen und diverse andere Kopfbedeckungen. Vor den Hütten standen gedeckte Tische, die vielen Whiskyflaschen und Gläser waren nicht zu übersehen. Manche Mädchen hielten sich Haustiere, kleine Hündchen oder eine Katze, und eine hatte sogar einen halb ausgewachsenen Husky.

Für Johnson waren die letzten Tage sehr erfolgreich gewesen. Bis zum Ende der Woche hatte er es auf eine Handvoll Goldnuggets gebracht, für die er wohl ein paar tausend Dollar bekommen würde. Ben beschloß, ihn von nun an nicht mehr aus den Augen zu lassen, denn dafür wurde er ja schließlich bezahlt. Das war ihm auf der Whiskyparty ein ganz besonderes Anliegen, denn hier waren wieder alle Sorten von Typen vertreten, die man sonst im Golden Nugget um den Pokertisch versammelt sah. Als Ben Yancy Booth über den Weg lief, der gerade mit Tess' Freundin Mary Whisky schlürfte, konnte er sich die Frage nicht verkneifen, wer an diesem Nachmittag denn eigentlich noch Poker spiele.

Yancy brachte nur ein gezwungenes Lachen hervor. »Als ich wegging, spielten Pete Waters, diese Heulsuse Grogan und ein paar Fremde.«

»Wo hat Grogan das Geld denn aufgetrieben? Ich dachte, du hättest ihn neulich abends ausgenommen.«

»Wer weiß, wahrscheinlich hat er etwas Goldstaub aus dem Fluß gewaschen.«

Je weiter es auf den Abend zuging, desto ausgelassener wurde die Party. Race Johnson war mit einem der Mädchen in einer Hütte verschwunden, und für Ben stand fest, daß auch er bleiben würde, um ihn unversehrt in ihr Zimmer im Golden Nugget zurückzubringen.

Unglücklicherweise kamen gerade zwei Polizisten auf ihren Pferden des Weges, die der Lärm neugierig gemacht hatte. Der ältere der beiden trug die Streifen eines Sergeants, und Bens Vermutung, es könne sich hier nur um Sergeant Baxter handeln, von dem er ja schon einiges gehört hatte, bewahrheitete sich.

»Sie da!« brüllte der Mountie, stieg von seinem Pferd ab und ging auf Ben zu. »Soweit ich mich erinnern kann, habe ich Sie hier noch nie gesehen – wie heißen Sie?«

»Ben Snow.«

»Ich bin Sergeant Baxter. Woher kommen Sie?«

»Aus den Staaten. San Francisco, noch gar nicht so lange her.«

»Wann sind Sie angekommen?«

»Dritte Juniwoche.«

Der Sergeant zückte sein Notizbuch. »Geben Sie mir Ihr Schießeisen.«

»Ich ...«

»Her damit! Ich frag' nicht gerne ein zweites Mal!«

Baxters wettergegerbtes Gesicht gab Anlaß zu der Annahme, daß mit ihm nicht zu spaßen war. Außerdem stärkte ihm ein zweiter Mountie den Rücken. Ben zuckte mit den Achseln und überreichte ihm seinen Revolver.

Der Sergeant prüfte die Anzahl der Patronen und schrieb sich dann die Fabrikationsnummer sowie Bens Namen auf.

»Wozu soll das denn gut sein?« fragte Ben.

»Meine ganz persönliche Methode, Schußwaffen zu registrieren. Bei so vielen Leuten, die alle ihre eigenen Waffen mit sich herumtragen, brauche ich doch irgendwelche Anhaltspunkte, damit ich dafür sorgen kann, daß es hier weiterhin friedlich zugeht. Und das dient mir dabei als kleine Hilfe.« Er gab ihm den sechsschüssigen Revolver zurück. »Noch irgend etwas anderes dabei? Vielleicht 'ne kleine Derringer, im Stiefel?«

»Nein.«

»Na gut. Solange Sie nicht gegen das Gesetz verstoßen, Mr. Snow, bekommen Sie auch mit mir keinen Ärger.«

Baxter nahm sein Pferd an den Zügeln und machte sich aus dem Staub. Ohne Zweifel ging er auf die Suche nach weiteren unbekannten Gesichtern.

Ben sah, wie Race Johnson gerade aus der Hütte kam. »Schöne Party«, grinste Race. »Eine nette Art, sich an einem Sonntag zu entspannen.«

»Der Mountie hat mich angehalten, dieser Baxter.«

»Ich hab' schon gehört, daß der hier herumschleicht. Flußaufwärts machen die auch ihre Runde. Dagegen ist wohl nichts einzuwenden. Es ist doch 'n recht lockeres Leben hier.«

Manchmal glaubte Ben, der lockende Ruf von Abenteuern sowie der ungehemmte Umgang mit Glücksspielen und Sex habe Johnson ebensoviel Anlaß für die Reise in den Norden gegeben wie die Hoffnung, auf Gold zu stoßen. Irgendwann einmal hatte er Ben erzählt, er stamme aus einer wohlhabenden Familie. Als Ben eines Tages in Races Gegenwart das endlose Pokerspiel im Golden Nugget erwähnte, konnte Race der Versuchung, daran teilzunehmen, nicht länger widerstehen.

Da ihn tagsüber bei der Goldsuche das Glück nicht verließ, glaubte er vielleicht, es müsse ihm auch am Abend zur Seite stehen. Als Ben ihm am Dienstag und Mittwoch derselben Woche am Pokertisch Gesellschaft leistete, stellte er fest, daß er recht gute Karten zog und somit ein paar Nuggets und etwas Bargeld gewann.

Mit Yancy Booth's erstmaligem Erscheinen in dieser Woche, schnellten die Einsätze sofort in die Höhe. Niemand konnte genau sagen, wo er sich seit der Party am Sonntag aufgehalten hatte. Manche behaupteten, er habe sich in eines der Mädchen in Paradise Alley verliebt, doch allzu ernst nahm das niemand. Wie dem auch gewesen sein mochte, er war zurück, und seine Anwesenheit wirkte sich sofort auf die Höhe des jeweiligen Spielpools aus. Auch Race und Ben spielten in dieser Nacht, ihre Mitspieler waren Grogan und der Barmann, Pete Waters. Tess war nicht anwesend, nur Mary schaute von einem Barhocker aus zu. Und sogar Sam Wellman trat dann und wann, wenn es in den spannendsten

Momenten am Tisch entweder besonders laut oder aber mucks-mäuschenstill wurde, aus seinem Büro hervor. Race war von Anfang an schlechter Laune, weil auch er Sergeant Baxter in die Arme gelaufen war. Doch als er einen Batzen Geld gewann, da er mit drei Assen aufwarten konnte, war sein Ärger schon wieder verflogen. Seine Glückssträhne hielt noch ein paar Stunden an. Ben hatte zwar bemerkt, daß Yancy bitterböse Verluste machte, hatte sich aber nichts weiter dabei gedacht, bis zu dem Punkt, als es um Yancys gute Laune geschehen war. Immer wieder schlug er mit der Hand auf den Tisch und verspielte seine Karten völlig planlos.

So hatte Ben ihn noch nie erlebt, und seinem Ruf, ein Profispieler zu sein, wurde er nun wohl nicht mehr so ganz gerecht.

Und dann, gegen Ende einer Pokerrunde, kam es fast soweit, daß er Race der Falschspielerei beschuldigte. Ben war innerlich angespannt, denn er sah schon Ärger auf sich zukommen. Wellman war jedoch gleich zur Stelle und sorgte für Ruhe.

»Sollte einer von euch auf die Idee kommen, hier 'ne Schießerei anzufangen, seid ihr beide schneller draußen, als ihr gucken könnt, darauf könnt ihr Gift nehmen! Ich werde nicht zulassen, daß die Mounties mir gerade jetzt im Sommer, wo das Geschäft so blüht, den Laden dichtmachen.«

Yancy beruhigte sich wieder, bis Grogan mit zwei Fünfen bluffte und dann den Fehler machte, dies mit einem schadenfrohen Gelächter zu unterstreichen. Der Gesichtsausdruck des Spielers verhärtete sich so sehr, daß seine Augen zu schmalen Schlitzen wurden. Seine Hand schnellte kurz zum Mantel, doch dann schien er sich wieder zu beruhigen und unter Kontrolle zu haben. Aus diesem Grund war Ben nicht mehr auf der Hut, als Yancy ein paar Runden später plötzlich aufsprang.

»Du hast dir jetzt zum letzten Mal ein As unter dem Stapel herausgezogen!« schrie er Race an und zog dabei blitzschnell eine kleine Derringer unter seinem Mantel hervor.

Bens Reaktion war gut, doch Race war schneller. Der hielt nämlich seinen sechsschüssigen Revolver schon in der Hand und schoß, bevor Ben auch nur ziehen konnte. Wie ein Tänzer wirbelte Yancy Booth in eine Richtung und fiel dann zu Boden. Mary, die immer noch auf ihrem Barhocker saß, schrie los, und Sam Wellman stürzte mit gezogener Pistole aus seinem Büro.

Ben saß da und kam sich vor wie der letzte Idiot. Bis zum Ende der Welt war er gereist, als Leibwächter für einen Mann, der schneller am Abzug war als er selbst.

In Windeseile schleppten Sam Wellman und Pete Waters den Leichnam beiseite, doch schon war auch Sergeant Baxter in Begleitung eines anderen Mounties zur Stelle, und Race wurde verhaftet. Grogan und Ben wurde befohlen, als Zeugen zur Verfügung zu stehen.

»Das heißt, Sie sollten gar nicht erst versuchen, die Stadt zu verlassen«, erklärte Baxter. »In der ganzen Gegend gibt es keinen Ort, wo ich Sie nicht finden würde.«

Wellman erklärte Ben, daß man Race so lange im hiesigen Gefängnis einsperren würde, bis der für diesen Bezirk zuständige Wanderrichter in der nächsten Woche zur Anklageerhebung erscheinen würde. Kurz darauf folge die Verhandlung.

Befände man Race für schuldig, würde man ihn in den größeren Knast nach Whitehorse bringen, wo er seine Strafe abzusitzen hätte.

Am nächsten Morgen stattete Ben seinem Arbeitgeber einen Besuch im Gefängnis ab. »*Ich* hätte ihn erschießen müssen, nicht *du*. Dafür bin ich doch die ganze Zeit über bezahlt worden.«

»Verdammt noch mal, mach dir keine Sorgen«, sagte Race. »Das ist doch ein klarer Fall von Notwehr. Wenn der Richter erst einmal die Zeugenaussagen gehört hat, ist der Fall für ihn abgehakt.«

»Na, hoffentlich«, antwortete Ben, doch davon war er nicht einmal annähernd so überzeugt wie Race. Dies war ein seltsames Fleckchen Erde, und unter den Menschen hier oben zählte niemand zu ihren Freunden. Ben war deprimiert, zu allem Überfluß war auch noch der Himmel verhangen, und es war recht frisch geworden. Als er aus dem Gefängnis kam, dachte er sich, daß ein Besuch bei Tess ihn bestimmt wieder auf andere Gedanken bringen würde. Als er von der Seilbrücke auf Paradise Alley blickte, war vor den Hütten kaum jemand zu sehen. Die Männer waren auf Goldsuche, und die Frauen schliefen noch.

Tess hörte sein Klopfen, sie öffnete ihm in einem flauschigen, rosafarbenen Morgenrock die Tür. »Na, komm schon herein«, sagte sie.

»Tut mir leid, wenn ich dich geweckt habe.«

Sie gähnte. »Ich hab' 'ne lange Nacht hinter mir. Möchtest du Frühstück?«

»Was gibt's denn?«

»Eier mit Speck.«

»Hört sich gut an.«

Er schaute ihr zu, wie sie im Herd ein Holzfeuer machte. Sie unterhielten sich über das Wetter, bis Tess schließlich meinte: »Wie ich gehört habe, hat Yancy sich letzte Nacht mal wieder erschießen lassen.«

»Wieder?«

Ihm den Rücken zugewandt, briet sie in einer riesigen Eisenpfanne den Speck und die Eier an. »Ach, ich weiß nicht. Vergiß es einfach.«

»Sag schon, du mußt doch etwas damit gemeint haben.«

»Nein, es ist nur so, daß genau das gleiche im vergangenen Herbst schon einmal passiert ist, ungefähr einen Monat nach meiner Ankunft. Während einer Pokerrunde bei Sam gab's Streit zwischen Yancy und 'nem anderen Kerl, der dann auf Yancy geschossen hat. Damals hieß es, er habe ihn getötet. Doch dann wurde alles vertuscht, und der Bursche, der die Tat begangen hatte, war wie vom Erdboden verschluckt. Nachdem ein paar Wochen ins Land gezogen waren, tauchte Yancy wieder auf und war wie neu geboren. Er sagte, er sei mit einer Fleischwunde davongekommen und habe sich nur so lange verstecken wollen, bis Gras über die Sache gewachsen sei.«

»Daß sich das *Opfer* versteckt, habe ich ja noch nie gehört. Hast du die Schießerei mit eigenen Augen gesehen?«

»Nein.«

»Wer denn?«

»Die meisten sind schon fortgezogen, glaub' ich. Ach nein, einer ist noch da – dieser Bursche, Grogan ist sein Name. Ich bin mir ziemlich sicher, daß der auch dabei war.«

»Wie steht's mit Sam Wellman oder Pete Waters?«

»Nun ja, bestimmt. Ich glaube Pete hat an diesem Abend gearbeitet.«

»Vielen Dank«, sagte er, als er sich erhob.

»Willst du denn deine Eier mit Speck nicht mehr?«

»Vielleicht ein anderes Mal. Vielen Dank, Tess.«

Ein Stück weiter flußabwärts, in einer Gegend, wo wahrscheinlich jeder Goldsucher in Dawson sein Glück schon einmal versucht hatte, war seine Suche nach Grogan erfolgreich. An dieser seichten Flußstelle wusch er gerade Goldstaub. »Na, wie steht's?« rief Ben dem zerzausten Mann entgegen.

»Hab' was Goldstaub gefunden. Nicht der Rede wert. Muß wohl weiter flußaufwärts.«

»Haben Sie 'ne Minute Zeit? Ich würde Sie gerne etwas fragen. Es geht um Yancy Booth.«

Grogan sprang sofort darauf auf. »Worum geht's denn? Tot ist er, mehr weiß ich auch nicht.«

»Man munkelt, es sei schon einmal so etwas vorgefallen. Jedermann dachte, er sei tot, doch dafür war er anschließend wieder erstaunlich lebendig.«

»Das höre ich zum ersten Mal.«

»Sie waren dabei, Grogan, Sie haben das alles mit Ihren eigenen Augen gesehen.«

»Ich weiß nicht recht. Mein Gedächtnis ist nicht mehr das beste.«

»Was sind Sie diesen Brüdern denn schuldig? Vergangene Woche noch war ich Zeuge, wie Yancy Sie skrupellos um den letzten Cent gebracht hat.«

»Das war vergangene Woche.«

Ben zog ein kleines Goldstück aus seiner Tasche hervor. Es war eines von denen, das er bisher von Race Johnson als Lohn erhalten hatte. »Wie wär's, wenn ich Ihnen die Hälfte davon abbrechen würde? Damit kämen sie wieder auf die Füße. Falls jemand fragen sollte, haben Sie's eben aus dem Fluß gefischt.«

Grogan blickte sich um, er wollte sichergehen, daß sie von niemandem beobachtet wurden.

Mit nahezu flüsternder Stimme ging er auf das Angebot ein. »Nun ja, ich könnte Ihnen schon was dazu sagen.«

Ben nahm sich Grogans kleinen Hammer, hielt das Nugget vorsichtig gegen einen Stein und schlug zu. Es war in unterschiedlich große Hälften gespalten, den kleineren Teil gab er Grogan. Der zerzauste Mann gab keine Widerworte. »Jetzt will ich aber was hören.«

»Es war alles eine abgekartete Sache; es ging darum, diesen Neuling in Dawson zu schröpfen. Yancy stellte sich tot, und man trug ihn hinaus.«

»War Sam Wellman dabei?«

»Ich weiß nicht. Aber Pete Waters war dabei. Er half die Leiche hinauszutragen. Sie gaben dem Opfer die Möglichkeit, sich mit einer Geldsumme freizupressen, dann ließen sie es laufen. Als die Luft wieder rein war, tauchte der lebendige Yancy wieder auf.«

»Wie konnte er denn noch am Leben sein, wenn er doch erschossen worden war?«

Grogan zuckte mit den Schultern.

»Das war irgendein Trick. Ich weiß auch nicht, wie sie das gemacht haben.«

»Schon gut. Vielen Dank.«

»Und Sie sagen nicht, daß Sie's von mir wissen?«

»Seien Sie unbesorgt, Grogan.«

Ben erfuhr von ihm nicht viel mehr als von Tess, außer daß auch der Barmann in die Sache verwickelt war. Trotzdem, Grogan hatte sich das Goldstück verdient, denn er konnte ja immerhin Tess' Schilderung bestätigen. Sein nächstes Ziel war das Gefängnis. Sergeant Baxter widmete sich gerade der mühevollen Aufgabe, einen Stapel Formulare auszufüllen.

»Dieser Beruf wird bald nur noch aus Schreibarbeit bestehen«, brummelte er. »Wie kann ich Ihnen denn heute behilflich sein, Mister Snow?«

»Sie haben ein gutes Namensgedächtnis.«

Baxter lächelte. »Das ist mein Job.«

»Ich bin wegen dieser Schießerei gekommen, bei der Yancy Booth ums Leben kam.«

»Ja, Race Johnson ist ein Freund von Ihnen, nicht wahr? Sie haben ihn doch vorhin schon einmal besucht.«

»Ich will, daß er wieder freikommt.«

»Dann wünschen Sie sich das mal nicht zu sehr, sonst landen Sie gleich in der anderen Zelle.«

»Mir ist zu Ohren gekommen, daß Yancy unter gleichen

Umständen im vergangenen Herbst schon einmal erschossen wurde, nur damals war er gar nicht wirklich tot. Da kam mir in den Sinn, daß es ja sein könnte, daß er auch diesmal überlebt hat.«

Baxter stand auf und knöpfte sich den Kragen seiner roten Uniformjacke zu. »Dann schauen wir doch einmal nach. Er liegt drüben im Eiskeller.«

Ben folgte ihm durch die Hintertür des Gefängnisses. Während sie eine schmale Straße überquerten, rückte Baxter sich seinen Hut zurecht. »Hier bin ich noch nie gewesen«, sagte Ben.

Am Flußufer schloß Baxter die Tür eines Gebäudes auf. »Im Winter werden aus dem Fluß Eisblöcke herausgesägt und dann hier, genau wie in den Großstädten, bis zu ihrer Nutzung im Sommer gelagert. Ich finde, daß sich dieser Ort hervorragend dazu eignet, *herrenlose* Leichen aufzubewahren.«

»Booth hatte *keine* Angehörigen?«

»Nicht, daß ich wüßte.«

Ben folgte an den aufeinandergestapelten Eisblöcken vorbei; durch die Sägearbeiten sah ihre Oberfläche wie Rauhreif aus. Innerhalb des Gebäudes war es wohl zehn Grad kälter als draußen.

»Wenn bis zur nächsten Woche immer noch niemand Anspruch auf seine Leiche erhoben hat, werden wir ihn auf dem Armenfriedhof begraben.«

Sie blieben vor einem grob gefertigten Holzsarg stehen. Der Sergeant öffnete ihn.

»Sehen Sie selbst.«

Da lag er, Yancy Booth, so tot wie man nur sein konnte. Obwohl die Leiche in ein Tuch gewickelt war, konnte Ben die beiden Wunden in der Nähe des Herzens erkennen, die von Races Kugeln stammten. »Schon gut, er ist tot«, konnte Ben nur zustimmen. »Das da, um die Wunden herum, sind das Verbrennungen vom Schießpulver?«

»Nicht ganz, eher Rückstände des Schießpulvers. Bei einer Entfernung von bis zu zwei Metern hinterläßt das Schwarzpulver Rückstände. Ich würde sagen, diese Schüsse sind aus etwas mehr als einem Meter Entfernung gefallen.«

»Das könnte ungefähr hinhauen«, stimmte Ben zu. »Er handelte eindeutig aus Notwehr.«

»Darüber wird das Gericht entscheiden.«

»Und so lange wird Race im Gefängnis bleiben?«

»So ist es«, erwiderte der Mountie. Er trat zur Seite, damit Ben, ihm voran, den Eiskeller verlassen konnte. »Für gewöhnlich lasse ich einen Gangster nicht laufen, nur um ihm die Möglichkeit zu geben, noch mehr Unheil mit seinem Schießeisen anzurichten.«

Ohne Race noch einmal besucht zu haben, verließ Ben das Gefängnis. Seine Hoffnung, herausfinden zu können, daß Yancy noch lebte, war wie eine Seifenblase zerplatzt. Es schien nun keine Lösung mehr zu geben, es sei denn, Grogans Aussage, daß der Barman in die Sache verwickelt war, traf zu. Es war zwar kein eindeutiges Indiz, doch es war die einzige Spur, die Ben hatte.

Vergebens suchte Ben den ganzen Nachmittag nach Pete Waters. Mary sagte, sie glaubte, er sei mit ein paar Männern den Klondike flußaufwärts zum Goldwaschen unterwegs. Das konnte alles bedeuten: daß sie lediglich über Nacht blieben, oder auch erst in ein paar Monaten zurückkommen würden.

Drüben im Golden Nugget wurde weiterhin gepokert. Um diesem Spiel ein Ende zu setzen, war es mit einer Schießerei allein jedenfalls nicht getan. Sam Wellman war auch mit von der Partie, er teilte gerade drei Fremden Pokerkarten aus. »Arbeitet Pete heute abend?« wollte Ben wissen.

»Das sollte er eigentlich, aber bisher habe ich ihn noch nicht gesehen. Wenn er nicht bald auftaucht, muß ich seine Schicht wohl selbst übernehmen.«

Als Ben sich entschloß, Tess drüben in Paradise Alley zu besuchen, wurde es schon langsam dunkel. Es hätte keinen Sinn mehr gemacht, noch länger auf Waters zu warten.

Als er das erste Stück der Seilbrücke überquerte, war es schon dunkel. Hinter ihm hörte er eine Stimme seinen Namen rufen.

»Snow! Ben Snow!«

Ben drehte sich um, und am Ende der Brücke nahm er eine kaum erkennbare, dunkle Gestalt wahr.

»Wer ist das?« rief er zurück.

»Pete Waters – ich hörte, Sie haben nach mir gesucht!«

»Ja, das stimmt, das habe ich!« Ben machte kehrt, Richtung Ufer. Der Boden der Brücke schaukelte ein wenig.

»Nun, Sie haben mich gefunden, oder besser gesagt, *ich* habe *Sie* gefunden!«

Plötzlich wurde Ben von dem Funken und Donnern einer Schrotflinte überrascht. Das Seilgeländer, an dem er sich festgehalten hatte, löste sich; die Schnüre waren durch den Schrothagel zerrissen worden. Er wollte gerade seinen Revolver ziehen, als ein Schuß aus dem zweiten Lauf der Flinte fiel. Immer noch an das lose Seil geklammert, stürzte er von der Brücke.

Wie durch ein Wunder schwang ihn das Seil in Richtung Ufer. Seine Füße streiften das Wasser, doch bald hatte er trockenen Boden unter sich. Um in der Dunkelheit unerkannt zu bleiben, machte er eine Bauchlandung. Er hörte, wie Waters, ungefähr sechs Meter über ihm, seine Flinte zum Nachladen öffnete.

»Ben! Ben, bist du verletzt?« schrie plötzlich jemand vom anderen Ufer.

Es war Tess' Stimme, die durch die dunkle Nacht zu ihm drang. Ben schwieg. Er wußte, wenn er ihr jetzt antworten würde, war er geliefert. Sie hatte in der Dämmerung erkannt, daß er derjenige war, der erst die Brücke überquert hatte und dann hinabgestürzt war. Nun bangte sie um sein Leben. Durch die fehlende Unterstützung des Seiles war die Brücke in eine Schräglage geraten. Tess' Konturen hoben sich vor dem nächtlichen Himmel ab. Vorsichtig wagte sie sich ein paar Schritte voran, dabei rief sie immer wieder seinen Namen.

Ben hörte, wie das Gewehr zuschnappte und der Hahn gespannt wurde. »Geh zurück, Tess!« schrie er ihr entgegen. Er kletterte auf allen vieren die Böschung hinauf. »Das ist Waters, er hat eine Schrotflinte!«

Der Barman orientierte sich an der Richtung, aus der seine Stimme kam, und feuerte zu ihm hinunter. Ben hörte, wie ringsum Schrotkörner auf die Felsen prasselten. Auf einmal merkte er, daß sein Arm blutete. War er von dem ersten Schuß getroffen worden, oder hatte er sich die Verletzung beim Sturz zugezogen?

»Ben!« schrie Tess zum wiederholten Male.

Noch einmal donnerte die Flinte des Barmannes, doch fast im

selben Augenblick war diesmal auch ein Pistolenschuß zu hören. Ben sah, wie Waters auf der Brücke umhertaumelte, sich in dem losen Seil verfing und dann zu Boden ging. Seine Flinte war ihm aus der Hand gerutscht und platschte nun ins Flußwasser.

»Sie können jetzt aufstehen!« Es war Sergeant Baxter, der zu Ben hinunterrief. »Es ist alles vorbei!«

Eine Stunde später, Mary und Tess hatten Bens Fleischwunden bereits verarztet, saß er in Sam Wellmans Büro des Golden Nugget und versuchte zu beschreiben, was geschehen war. Die Versammlung bestand aus Wellman, den beiden Mädchen und Sergeant Baxter, der versprochen hatte, Race Johnson freizulassen, sobald Ben ihn von seiner Unschuld überzeugen konnte. Ben hoffte auf Grogans Unterstützung und bat ihn, sein Pokerspiel zu unterbrechen, um zu ihnen ins Büro zu kommen. Er wiederholte genau das, was er auch zuvor Ben berichtet hatte.

»Warum haben Sie das denn nicht schon früher gemeldet?« wollte Sergeant Baxter wissen.

»Weil ich mich vor Waters und Yancy gefürchtet habe. Jetzt, wo sie beide tot sind, können sie mir ja nichts mehr anhaben.«

»Sie wollen also behaupten, daß die ganze Sache mit Yancys Tod von den beiden bloß inszeniert worden war, um die Goldsucher zu erpressen?«

»So ist es. Yancy trug unter seinem Hemd eine Goldpfanne, die mit Sägemehl gefüllt war. Irgendwie war es Pete Waters gelungen, den Kugeln etwas Schießpulver zu entnehmen, so daß, wenn damit auf Yancys Brust gefeuert wurde, sie lediglich mit einem dumpfen Geräusch in dem Sägemehl versackten. Yancy stellte sich tot, um denjenigen, auf den sie es abgesehen hatten, hinter Gitter zu bringen. Drückte dieser eine ausreichend hohe Geldsumme an Waters ab, erholte Yancy sich dann plötzlich auf wundersame Weise.«

»Ja, im Herbst des vergangenen Jahres lief's so ab«, gestand Wellman. »Ich hätte jedoch nicht gedacht, daß die Schießerei von vor ein paar Tagen irgend etwas damit zu tun haben könnte.«

»Bevor sie hierhergekommen sind, müssen sie in Whitehorse wohl die gleiche Show abgezogen haben«, meinte Grogan.

Doch Baxter schüttelte den Kopf.

»Das ändert aber nichts an der Tatsache, daß Yancy dieses Mal tatsächlich getötet wurde, und zwar von den beiden Kugeln, die ihm Race Johnson in die Brust schoß. Sie haben den Leichnam selbst gesehen, Snow.«

»Ja, das hab' ich«, gab Ben zu. »Aber was ich gesehen habe, hat mich dennoch von Races Unschuld überzeugt.«

»Wie soll ich das denn verstehen?«

»Erinnern Sie sich, daß um die Wunden herum Rückstände des Schwarzpulvers zu sehen waren? Es mag zwar sein, daß der Abstand der zum Zeitpunkt der Schießerei zwischen Yancy und Race bestand, dafür spricht, daß es seine Kugeln waren, die diese Rückstände hinterlassen haben, doch eine andere Tatsache beweist das genaue Gegenteil. Das Pulver hätte nämlich auf Yancys Hemd oder auf seinem Mantel zu sehen sein müssen und nicht, wie in diesem Fall, auf seiner bloßen Haut. Erschossen wurde er erst später, also nachdem er sein Hemd und die kugelsichere Metallpfanne abgelegt hatte. Somit trifft Race keine Schuld.«

»Einen Augenblick«, sagte Sergeant Baxter mit erhobener Hand, denn plötzlich redeten alle durcheinander. »Sie behaupten also, daß Yancy, als Sam und Waters ihn hinaustrugen, sich nur tot *stellte,* in Wirklichkeit jedoch noch lebte?«

»Genau. Getötet wurde er erst später.«

»Aber warum?«

»Ich vermute, daß unter Gaunern auf diese Weise Meinungsverschiedenheiten geklärt werden. Hätte es eine günstigere Gelegenheit geben können, Yancy zu töten, als zu einem Zeitpunkt, als jeder davon ausging, daß er bereits tot sei?«

»In Ordnung, Sie haben mich überzeugt«, gab Baxter sich geschlagen. »Wenn es denn so ist, daß Pete Waters Yancy getötet hat, dann soll Ihr Freund ein freier Mann sein. Yancy hatte Johnson dann wohl aus Mittel zum Zweck, um von ihm erschossen zu werden, gegen sich aufgehetzt.«

»Ganz genau«, antwortete Ben. »Damit habe ich aber nicht sagen wollen, daß Waters derjenige war, der Yancy getötet hat.«

»Wie? Wer soll's denn sonst gewesen sein?«

»Jemand muß sich an den Kugeln in Races Revolver zu schafen gemacht haben, um zu verhindern, daß sie mit voller Ladung geschossen werden konnten. Und das ist noch nicht alles. Wer auch immer das gewesen sein mag, er muß das gleiche auch mit meinem Revolver gemacht haben; ich war schließlich Races Leibwächter. Diese Person konnte einfach nicht wissen, *wer* von uns beiden den ersten Schuß abgeben würde, wenn Yancy seine Pistole zog.«

»Sie meinen also, es sei ausgeschlossen, daß Waters an Ihrem Revolver herumhantiert hat?«

»Jawohl. Nur Sie, Sergeant, können das gewesen sein, damals, als Sie die Seriennummer kontrolliert haben. Sie sagten zwar, Sie wollten die Anzahl der Patronen prüfen, doch statt dessen haben Sie sie mit einer schnellen und geschickten Handbewegung gegen halbvolle Kugeln ausgetauscht, die die Metallpfanne unter Yancys Hemd nicht durchstoßen konnten. Sie waren dabei, als er sie ablegte, und Sie sind derjenige, der ihn tötete, so, wie Sie später auch Pete Waters töteten, um nicht Gefahr zu laufen, von ihm verraten zu werden.«

Mit einem Grinsen auf den Lippen zog Baxter seine Pistole. »Jetzt habe ich aber genug von Ihnen gehört. Wagen Sie's doch, gegen mich anzutreten!«

»Nicht mit diesen Kugeln«, antwortete Ben.

Alle anderen standen wie versteinert da und beobachteten die Schußwaffe in der Hand des Mounties. Tess war diejenige, die als erste wieder zu sich kam. Sie schnappte sich eine Whiskyflasche und zog sie Baxter über den Schädel.

Als Race Johnson am nächten Tag entlassen wurde, befand Ben, es sei nun an der Zeit, weiterzureisen. »Wir haben bereits unsere Aussagen unter Eid abgelegt, das sollte reichen. Wenn du dich aber noch länger in der Gegend von Dawson aufhältst, kommt noch jemand auf die Idee, dich als Zeuge zu Baxters Verhandlung vorzuladen.«

»Aber was ist mit dem Gold? Es gibt hier noch so viel davon.«

»Vielleicht sollten wir uns dann lieber nach Alaska aufmachen«, antwortete Ben. »Ich möchte Baxters Freunden, diesen Mounties lieber aus dem Weg gehen. Ich könnte mir vorstellen, daß sie nicht gerade begeistert davon sind, durch uns ihren guten Ruf verloren zu haben.«

Race hatte immer noch Schwierigkeiten, die Zusammenhänge zu verstehen. »Wie wollte Baxter mir mein Gold denn noch abknöpfen, wo Yancy doch nun tatsächlich tot war?«

»Wahrscheinlich hätte er dir erst zur Flucht verholfen, dein Gold vorher kassiert und dich dann anschließend abgeknallt. Ich schätze, es war ihm klar, daß er Yancy nicht ein zweites Mal in ein und derselben Stadt auferstehen lassen konnte. Dann dachte er sich, er könne sich aus der Affäre ziehen, indem er erst Yancy und dann Pete Waters erschießt, um so alle gegen ihn vorhandenen Beweise auszulöschen. Eigentlich hätte ich ihn schon früher im Verdacht haben müssen. Es ist doch logisch; ausgegangen von der Tatsache, daß *er* die Leiche untersucht hat, hätte *er* ja auch die Metallpfanne unter Yancys Hemd entdecken müssen. Er mußte also in die Sache verwickelt sein.«

Races trauriger Blick schweifte die Hauptstraße von Dawson entlang. »Dabei fing's gerade an, mir hier zu gefallen. Wieviel Zeit bleibt uns noch?«

»Na, vielleicht können wir noch ein bis zwei Tage bleiben«, beschloß Ben. »Ich hab' doch den Mädchen versprochen, ihnen bei der Reparatur der Brücke zu helfen.«

Originaltitel: *The Golden Nugget Poker Game*
Ins Deutsche übertragen von Uschi Trauden

Der Gesang des kubanischen Nachtvogels

Adrian Conan Doyle

Bei der Zusammenstellung eines Bandes wie dem vorliegenden führt an der berühmtesten aller von Schriftstellern erschaffenen Detektivfiguren kein Weg vorbei: Sherlock Holmes. Zwar sind die Kriminalgeschichten mit Holmes als Hauptperson trotz des Umstandes, daß einige davon mehrere Jahrzehnte vor ihrer Veröffentlichung spielen, im engeren Sinne nicht als historisch zu bezeichnen, doch haben seit Doyles Tod zahllose Autoren versucht, die berühmte Figur am Leben zu erhalten.

Für den vorliegenden Band wollte ich zum einen etwas Besonderes aussuchen, sah zum anderen aber auch den Reiz, es in der Familie zu belassen. Denn trotz der weltweiten Popularität der Holmes-Geschichten haben viele Anhänger anscheinend vergessen, daß Conan Doyles Sohn Adrian mehrere Folgen verfaßte. Adrian Conan Doyle (1910–1970) war Doyles jüngster Sohn, der seinen Vater auf dessen Reisen häufig begleitete und das Andenken an ihn hochhalten wollte. Nach dem Zweiten Weltkrieg beauftragte Adrian John Dickson Carr mit der Niederschrift einer Biographie seines Vaters. Carr und Adrian freundeten sich an und beschlossen 1952, einige der fehlenden Fälle aufzuschreiben, und zwar jene, auf die sich Dr. Watson in seinen Schilderungen bezieht, die aber nie veröffentlicht wurden. Nachdem sie gemeinsam mit der Ausarbeitung der Geschichten begonnen hatten, mußte Adrian die Serie nach einer Erkrankung Carrs allein fertigstellen. Die zwölf Geschichten wurden unter dem Titel The Exploits of Sherlock Holmes *(1954) veröffentlicht.*

Die nachfolgende Geschichte nimmt Bezug auf den verführerischen Verweis in The Adventure of Black Peter *(1904) auf den Fall* Wilson, *der berühmt-berüchtigte Kanarienvogeldompteur. Darüber hinaus verdankt sie ihr Entstehen meiner Meinung nach auch ein wenig einem der bekanntesten Holmes-Abenteuer,* The Speckled Band.

Ich habe bereits an anderer Stelle darauf hingewiesen, daß mein Freund Sherlock Holmes, wie alle großen Künstler, um der Kunst willen lebte und außer im Fall des Herzogs von Holderness kaum jemals ein nennenswertes Honorar verlangt hat.

So mächtig oder wohlhabend ein Klient auch sein mochte, lehnte Holmes jeden Fall ab, der ihn nicht reizte, doch nahm er sich mit aller ihm zur Verfügung stehenden Energie der Sache eines einfachen Menschen an, wenn die Einzigartigkeit dessen Falles seine Fantasie herausforderte.

Wenn ich mir meine Unterlagen für dieses denkwürdige Jahr 1895 so ansehe, fallen mir die Einzelheiten eines Falles auf, den man als typisches Beispiel für sein Desinteresse an materiellen Werten, ja seinen Altruismus heranziehen kann, aufgrund dessen er einen Freundschaftsdienst einem möglichen materiellen Gewinn vorzog. Ich spreche natürlich von der furchtbaren Geschichte mit den Kanarienvögeln und den Rußspuren an der Zimmerdecke.

Es war Anfang Juni, als mein Freund seine Ermittlungen über das plötzliche Ableben des Kardinals Tosca abschloß, eine Untersuchung, die er auf ausdrücklichen Wunsch des Papstes hin übernommen hatte. Der Fall hatte Holmes die Mobilisierung aller Kräfte abverlangt und, wie ich befürchtet hatte, große innere Unruhe und Nervosität zur Folge, was mir sowohl als Freund wie auch als ärztlichem Ratgeber einige Sorgen bereitete.

An einem verregneten Abend gegen Ende des gleichen Monats konnte ich ihn überreden, mit mir bei Frascatti zu Abend zu essen, und danach gingen wir noch in das Café Royal, um Kaffee und einen Likör zu trinken. Wie ich gehofft hatte, sorgten der rege Betrieb und der große Raum mit den roten Polstersesseln und prächtigen Palmen, über die sich das Licht zahlreicher Kristallkronleuchter breitete, dafür, daß sich seine Nervosität ein wenig legte. Als er sich auf unserem Sofa zurücklehnte, stellte ich mit Befriedigung fest, daß er aus seinen scharfen grünen Augen einen interessierten Blick über die künstlerisch angehauchten Gäste wandern ließ, die in großer Zahl Tische und Alkoven besetzten.

Ich war gerade im Begriff, auf eine Bemerkung zu antworten, als Holmes plötzlich in Richtung Tür nickte.

»Lestrade«, sagte er. »Was mag der hier wollen?«

Ich warf einen Blick über die Schulter. Schlank und rattengesichtig stand der Mann von Scotland Yard auf der Schwelle. Langsam ließ er den Blick durch den Raum wandern.

»Vielleicht sucht er Sie«, meinte ich. »Womöglich in einem dringenden Fall.«

»Wohl kaum, Watson. An seinen nassen Stiefeln sieht man, daß er zu Fuß hergekommen ist. Wäre es dringend, hätte er eine Kutsche genommen. Aber da kommt er ja schon.«

Der Polizeibeamte hatte uns gesehen. Auf einen Fingerzeig von Holmes bahnte er sich einen Weg durch die Menge und zog einen Stuhl an unseren Tisch.

»Nur ein Kontrollbesuch«, antwortete er auf die Frage meines Freundes. »Aber Dienst ist Dienst, Mr. Holmes, und ich kann Ihnen sagen, daß mir an diesen angesehenen Orten mittlerweile schon viele sonderbare Fische ins Netz gegangen sind. Während Sie sich in aller Ruhe in der Baker Street Ihre Theorien ausdenken, erledigen wir armen Teufel von Scotland Yard die praktische Arbeit. Keine Dankesreden von Päpsten und Königen, nur eine Strafpredigt vor dem Schreibtisch des Direktors, wenn es einmal nicht klappt.«

»Aber, aber«, gab Holmes lächelnd und gutgelaunt zurück. »Ihre Vorgesetzten haben doch bestimmt eine hohe Meinung von Ihnen, seit ich den Mord an Ronald Adair, den Bruce-Partington-Raub, den ...«

»Natürlich, natürlich«, warf Lestrade eilig ein. »Und jetzt«, fügte er hinzu, wobei er mir kräftig zuzwinkerte, »habe ich etwas für Euch. Obwohl eine junge Frau, die Angst vor Schatten hat, wohl eher etwas für Dr. Watson wäre.«

»Wirklich, Lestrade«, wandte ich mild protestierend ein, »ich kann Ihre ...«

»Einen Augenblick, Watson. Hören wir es uns erst einmal an.«

»Nun, Mr. Holmes, die Geschichte ist schon reichlich absurd«, fuhr Lestrade fort, »und ich würde Ihre Zeit bestimmt nicht in Anspruch nehmen, wenn ich nicht wüßte, daß Sie anderen schon einige Male eine Gefälligkeit erwiesen haben und Ihr Rat in diesem Fall eine junge Frau davon abhalten könnte, etwas Unbedachtes zu tun. Gut, die Lage ist folgende:

Am Weg nach Deptford liegen am Fluß einige der schlimmsten Ghettos des Londoner Ostens, doch kann man mitten zwi-

schen ihnen immer noch ein paar schöne alte Häuser finden, die
vor Jahrhunderten einmal wohlhabenden Kaufleuten gehörten.
In einem dieser verfallenen Herrenhäuser wohnte seit mehr als
hundert Jahren eine Familie namens Wilson. Soweit ich weiß,
handelte sie ursprünglich mit Porzellan, und als dieses Geschäft
vor einer Generation keinen Gewinn mehr abwarf, hat man sich
rechtzeitig in dieses Haus zurückgezogen. Zuletzt wohnten dort
Horatio Wilson mit Frau, Sohn und Tochter und dazu noch Hora-
tios jüngerer Bruder Theobold, der nach seiner Rückkehr aus
dem Ausland zu ihnen gezogen war.

Vor ungefähr drei Jahren wurde die Leiche Horatio Wilsons
aus dem Wasser gefischt. Er war ertrunken, und da er bekanntermaßen immer sehr viel getrunken hatte, ging man davon aus,
daß er im Nebel den Weg verfehlt hatte und ins Wasser gefallen
war. Ein Jahr später starb seine Frau, die ein schwaches Herz
hatte, an einem Herzinfarkt. Wir wissen das, weil der Arzt nach
den Aussagen eines Streifenpolizisten und eines Nachtwächters,
der auf einem Themseschiff beschäftigt war, die Leiche einer
gründlichen Untersuchung unterzog.«

»Was für Aussagen?« wollte Holmes wissen.

»Nun, es hieß, aus dem alten Haus der Wilsons seien Geräusche nach außen gedrungen. Aber da nachts an der Themse oft
Nebel aufzieht, hatten sich die Männer wahrscheinlich geirrt.
Der Streifenpolizist beschrieb das Geräusch als einen grauenhaften Schrei, der einem das Blut in den Adern gefrieren ließ. Wäre
er in meiner Abteilung, würde ich ihn lehren, daß solche Worte
eines Gesetzeshüters unwürdig sind.«

»Um welche Zeit war das?«

»Zehn Uhr abends, die Zeit, als auch die alte Dame starb.
Allerdings ist das bloßer Zufall, denn daß der Herzinfarkt die
Todesursache war, daran besteht kein Zweifel.«

»Erzählen Sie weiter.«

Lestrade sah kurz auf seinen Notizblock. »Ich habe alle Tatsachen zusammengetragen«, fuhr er fort. »In der Nacht des 17. Mai
ging die Tochter in Begleitung einer Hausangestellten zu einer
Laterna-Magica-Vorstellung. Bei ihrer Rückkehr fand sie ihren
Bruder, Phineas Wilson, tot in seinem Sessel sitzend vor. Er hatte
das schwache Herz und die Schlaflosigkeit seiner Mutter geerbt.

Dieses Mal gab es keine Gerüchte über Schreie, aber wegen des Gesichtsausdrucks des Toten bat der örtliche Arzt den Polizeiarzt um Mithilfe bei der Untersuchung. Es war eindeutig das Herz, und wie unser Mann bestätigt, kann sich bei einem Infarkt das Gesicht schon einmal so verzerren, daß bei einem Betrachter der Eindruck großer Angst entsteht.«

»Stimmt genau«, warf ich ein.

»Inzwischen ist Janet, die Tochter, mit ihren Nerven anscheinend so am Ende, daß sie nach Aussage ihres Onkels das Eigentum verkaufen und auswandern will«, fuhr Lestrade fort. »Es ist wohl nur zu verständlich, was in ihr vorgeht. Schließlich ist der Tod in der Familie zum Stammgast geworden.«

»Und was ist mit diesem Onkel? Theobold, oder wie er heißt?«

»Tja, ich denke, daß er morgen früh bei Ihnen auftauchen wird. Er kam zum Yard in der Hoffnung, daß die Polizei seiner Nichte die Ängste nehmen und sie zur Vernunft bringen könne. Da wir aber Wichtigeres zu tun haben, als hysterische junge Frauen zu beruhigen, habe ich ihm geraten, sich mit Ihnen in Verbindung zu setzen.«

»Tatsächlich! Nun, es ist nicht schwer zu verstehen, daß er den unnötigen Verlust eines gemütlichen Heims abwenden will.«

»Von Abwenden kann nicht die Rede sein, Mr. Holmes. Wilson scheint für seine Nichte aufrichtige Zuneigung zu empfinden und nur um ihre Zukunft besorgt zu sein.« Lestrade schwieg einen Augenblick und verzog das Gesicht zu einem Lächeln. »Dieser Mr. Theobold ist nicht gerade von dieser Welt. Ich habe in meiner Laufbahn zwar schon einige eigenartige Berufe kennengelernt, aber der hier übertrifft alles. Der Mann ist Gesangslehrer für Kanarienvögel.«

»Das ist ein anerkannter Beruf.«

»Ach ja?« Aufreizend selbstgefällig stand Lestrade auf und nahm seinen Hut. »Ganz offensichtlich leiden Sie nicht an Schlaflosigkeit, Mr. Holmes«, sagte er, »denn dann wüßten Sie, daß von Theobold Wilson dressierte Kanarienvögel anders sind als normal. Gute Nacht, meine Herren.«

»Was er damit bloß meint?« fragte ich, als Lestrade zur Tür ging.

»Nichts weiter, als daß er etwas weiß, was wir nicht wissen«, gab Holmes trocken zurück. »Aber da Mutmaßungen nutzlos sind und den Verstand nur in die Irre führen, warten wir lieber bis morgen. Allerdings habe ich nicht vor, meine Zeit mit einer Angelegenheit zu verschwenden, die beim Ortspfarrer offenbar besser aufgehoben wäre.«

Zur Erleichterung meines Freundes sprach am nächsten Morgen kein Besucher vor. Als ich jedoch bei meiner Rückkehr von einem dringenden Fall, zu dem ich kurz nach dem Mittagessen gerufen worden war, unser Wohnzimmer betrat, saß in unserem Gästestuhl ein Mann mittleren Alters mit Brille. Als er sich erhob, fiel mir auf, daß er übertrieben dünn war. Sein Gesicht, dessen Züge gelehrt wirkten, war von Falten übersät und von jener stumpfen pergamentgelben Färbung, die sich nach jahrelangem Aufenthalt unter tropischer Sonne einstellt.

»Ah, Watson, Sie kommen genau richtig«, sagte Holmes. »Das hier ist Mr. Theobold Wilson, über den wir uns gestern mit Lestrade unterhalten haben.«

Unser Besucher gab mir herzlich die Hand. »Ihr Name ist mir natürlich gut bekannt, Dr. Watson«, sagte er. »Mr. Holmes möge mir die Bemerkung verzeihen, aber es ist in erster Linie Ihnen zu verdanken, daß wir etwas über sein Genie erfahren. Da Sie als Arzt mit der Behandlung von Nervenkrankheiten zweifellos bestens vertraut sind, dürfte Ihre Anwesenheit für meine arme Nichte von großem Nutzen sein.«

Holmes sah mich mit resigniertem Blick an. »Ich habe Mr. Wilson zugesagt, mit ihm nach Deptford zu fahren, Watson«, sagte er, »denn anscheinend ist die junge Dame entschlossen, ihr Zuhause schon morgen zu verlassen. Ich muß aber nochmals betonen, Mr. Wilson, daß ich beim besten Willen nicht erkenne, inwieweit ich durch meine Anwesenheit auf die Angelegenheit Einfluß nehmen kann.«

»Zuviel der Bescheidenheit, Mr. Holmes. Ich habe mich an die Polizei gewandt in der Hoffnung, sie könne Janet davon überzeugen, daß die Todesfälle in unserer Familie trotz des Umstandes, daß sie sich alle in den letzten drei Jahren zugetragen haben, ausnahmslos auf natürliche Ursachen zurückzuführen sind und daß es für sie keinen Grund gibt, ihr Zuhause aufzugeben. Ich hatte den Eindruck«, fügte er mit einem kehligen Lachen hinzu, »daß der Inspektor etwas bekümmert darüber war, daß ich seinen eigenen Vorschlag, Ihre Hilfe in Anspruch zu nehmen, so bereitwillig angenommen habe.«

»Ich werde bestimmt nicht vergessen, daß ich nun ein wenig in Lestrades Schuld stehe«, erwiderte Holmes trocken, während er sich erhob. »Watson, vielleicht sollten Sie Mrs. Hudson bitten, uns eine vierrädrige Kutsche zu besorgen, damit Mr. Wilson mir auf der Fahrt nach Deptford noch einiges erklären kann.«

Es war einer jener grauen, drückend heißen Sommertage, an denen es in London nicht auszuhalten ist. Als die Räder der Kutsche über die Brücke von Blackfriars ratterten, fielen mir die Nebelschwaden auf, die sich wie giftige Dämpfe aus einem Sumpf über den Fluß erhoben. Die weniger befahrenen Straßen von West-London waren den großen Handelsstraßen gewichen, die vom Schnauben der Zugpferde und dem Klappern ihrer Hufe widerhallten. Diese wiederum lösten sich schließlich in ein Gewirr von schmuddeligen Straßen auf, die in ihrem Schmutz immer erbärmlicher wurden, je weiter wir den Fluß entlangfuhren und uns dem Labyrinth aus Flutbecken und dunklen, übelriechenden Gassen näherten, die vor langer, langer Zeit einmal die Wiege des englischen Seehandels und des Wohlstands einer großen Nation gewesen waren. Ich sah, daß Holmes' Lustlosigkeit und Langeweile schon an Gereiztheit grenzten, und versuchte deshalb im Rahmen meiner Möglichkeiten, mit unserem Begleiter ein Gespräch in Gang zu bringen.

»Wie ich höre, sind Sie Experte für Kanarienvögel«, sagte ich.

Es war nicht zu übersehen, wie Theobold Wilsons Augen hinter den mächtigen Brillengläsern vor Begeisterung aufleuchteten. »Nur ein Student, Sir, aber mit dreißig Jahren praktischer Forschungserfahrung«, sagte er. »Sie etwa auch? Nein? Wie schade! Studium, Aufzucht und Ausbildung des Fringilla Canaria ist eine Aufgabe, für die es sich zu leben lohnt. Sie glauben ja nicht, Dr. Watson, welch große Unwissenheit darüber selbst in den erlauchtesten Kreisen herrscht. Als ich vor der britischen ornithologischen Gesellschaft meine Abhandlung über die Kreuzung der auf Madeira und den kanarischen Inseln lebenden Gattungen vorstellte, war ich entsetzt darüber, wie kindisch die nachfolgenden Fragen waren.«

»Inspektor Lestrade deutete an, es gebe bei Ihrer Ausbildung dieser kleinen Sänger eine Besonderheit.«

»Sänger? Aber, Sir! Eine Drossel ist ein Sänger. Der Fringilla ist das beste Ohr der Natur, er besitzt eine einzigartige Gabe zur Imitation, die sich zum Nutzen und zur Erbauung des Menschen fördern läßt. Aber der Inspektor hatte insofern recht«, fuhr er ruhiger fort, »als ich meinen Vögeln etwas Besonderes beibringe. Sie sollen nachts bei künstlichem Licht singen.«

»Ohne Zweifel ein ziemlich ausgefallener Zeitvertreib.«

»Ein sinnvoller und gut gemeinter, wie ich glaube. Meine Vögel werden zum Nutzen jener ausgebildet, die an Schlaflosigkeit leiden, und ich habe Kunden in allen Teilen des Landes. Der melodische Gesang hilft ihnen, sich die langen Nachtstunden zu vertreiben. Sobald das Licht gelöscht wird, endet auch der Gesang.«

»Mir scheint, daß Lestrade recht hatte«, meinte ich. »Ihr Beruf ist wirklich einzigartig.«

Während unserer Unterhaltung hatte Holmes den schweren Stock unseres Begleiters zur Hand genommen und ihn aufmerksam betrachtet.

»Wie ich hörte, sind Sie vor ungefähr drei Jahren nach England zurückgekehrt«, sagte er.

»Das stimmt.«

»Aus Kuba, nehme ich an.«

Theobold Wilson sah überrascht auf. Einen Augenblick lang war mir, als sähe ich so etwas wie Argwohn in dem kurzen Blick, den er Holmes zuwarf.

»Das ist richtig«, sagte er. »Aber woher wissen Sie das?«

»Ihr Stock ist aus kubanischem Ebenholz gefertigt. Die grünliche Färbung und der ungewöhnlich starke Glanz sind unverwechselbar.«

»Ich kann ihn doch auch nach meiner Rückkehr aus, sagen wir einmal, Afrika in London gekauft haben.«

»Nein, Sie besitzen ihn schon mehrere Jahre.« Holmes hob den Stock an das Fenster der Kutsche und hielt ihn so, daß das Tageslicht auf den Griff fiel. »Wie Sie sehen«, fuhr er fort, »ist der Deckglanz auf der linken Seite des Griffs durchgescheuert, genau an der Stelle, wo der Ringfinger eines Linkshänders sitzen würde, der durch Reibung die Glanzschicht langsam, aber sicher zerstört. Da Ebenholz zu den härtesten Holzarten überhaupt gehört, ist eine solche Abnutzung nur nach entsprechend langer Zeit und beim Tragen eines Rings möglich, der aus einem Metall besteht, das härter als Gold ist. Sie sind Linkshänder, Mr. Wilson, und Sie tragen am Mittelfinger einen Silberring.«

»Du meine Güte, wie einfach. Einen Augenblick lang dachte ich, es hätte besonderer Raffinesse bedurft. Ja, ich war zufällig in Kuba im Zuckerhandel tätig und habe den Stock von dort mitgebracht. Aber da ist ja schon das Haus, und wenn Sie meiner Nichte ihre dummen Ängste genauso schnell nehmen können, wie Sie mir meine Vergangenheit gedeutet haben, dann stehe ich in Ihrer Schuld, Mr. Holmes.«

Als wir aus der Kutsche ausstiegen, standen wir in einer Gasse mit armseligen, ungepflegten Häusern, die, soweit ich in dem dichten Nebel, der vom tiefer liegenden Ende der Gasse bereits heraufzog, beurteilen konnte, zum Flußufer hin abfiel. Auf der einen Seite erhob sich eine hohe Mauer aus bröckelndem Gestein, durch die ein eisernes Tor zu einem großen Herrenhaus führte, das von einem Garten umgeben war.

»Das alte Haus hat auch schon bessere Tage gesehen«, meinte unser Begleiter, als wir ihm durch das Tor und den Weg hinauf folgten. »Es wurde in dem Jahr erbaut, als Peter der Große nach Scales Court zog, dessen verwilderter Park vom oberen Stockwerk aus zu sehen ist.«

Für gewöhnlich lasse ich mich von meiner Umgebung nicht übermäßig beeinflussen, doch muß ich gestehen, daß ich angesichts des traurigen Anblicks, der sich uns bot, ein bedrückendes Gefühl verspürte. Das Haus machte zwar noch einen ehrwürdigen Eindruck und war auch von beeindruckender Größe, doch fiel der vom Wetter fleckig gewordene Putz bereits von den Wänden und gab das uralte Mauerwerk frei. Eine Wand war von einem Gewirr aus Efeuranken bedeckt, die sich bereits auf das spitze Dach vorgearbeitet hatten und die Schornsteine umklammert hielten.

Der Garten war völlig verwildert, und überall in der feuchten Luft hing der modrige Geruch des Flußwassers.

Theobold Wilson führte uns über eine kleine Diele in einen mit bequemen Möbeln ausgestatteten Salon. Als wir eintraten, erhob sich von ihrem Platz an einem Schreibtisch eine junge Frau mit rotbraunem Haar und Sommersprossen, die dort einige Papiere geordnet hatte. »Das hier sind Sherlock Holmes und Dr. Watson«, verkündete unser Begleiter. »Und das ist meine Nichte Janet, die Sie vor ihrer eigenen Unvernunft schützen sollen.«

Die junge Frau sah uns recht entschlossen an, obwohl ihre zitternden Lippen mir zeigten, daß sie hochgradig angespannt war. »Ich reise morgen ab, Onkel«, sagte sie, »und nichts, was diese Herren sagen, kann mich davon abbringen. Hier gibt es nichts als Leid und Furcht – vor allem Furcht!«

»Furcht wovor?«

Das Mädchen legte eine Hand über die Augen. »Ich – ich kann es nicht erklären. Ich hasse die Schatten und diese merkwürdigen Geräusche.«

»Du hast Geld und das Haus geerbt, Janet«, sagte Wilson mit ernster Stimme. »Willst du wegen ein paar Schatten das Haus deines Vaters aufgeben? So nimm doch Vernunft an.«

»Wir wollen Ihnen doch nur helfen, junge Frau«, sagte Holmes mit sanfter Stimme, »und versuchen, Ihnen die Angst zu nehmen. Es ist im Leben oft so, daß wir uns durch unsere Voreiligkeit selbst Schaden zufügen.«

»Ihr gebt nichts auf die Intuition einer Frau, Sir.«

»Keineswegs. Sie ist oft ein Wegweiser der Vorsehung. Sie sollen wissen, daß es ganz allein bei Ihnen liegt, ob Sie bleiben oder gehen. Aber wo ich schon hier bin, bringt es Ihnen vielleicht etwas Erleichterung, wenn Sie mir das Haus zeigen.«

»Ein ausgezeichneter Vorschlag!« rief Theobold Wilson erfreut. »Komm, Janet, es wird nicht lange dauern, dann haben wir deine Schatten und Geräusche vertrieben.«

»Ich zeige Ihnen die Schlafzimmer«, sagte Janet, als wir vor der Treppe stehenblieben.

»Gibt es in einem Haus dieses Alters keine Kellerräume?«

»Doch, Mr. Holmes, einen, aber er wird so gut wie nicht genutzt. Wir lagern dort nur Holz und ein paar von Onkels alten Nistkästen. Hier entlang, bitte.«

Der Kellerraum war eine dunkle, steinerne Kammer. An einer Wand war ein Stapel Holz aufgeschichtet, und in der dem Eingang gegenüberliegenden Ecke stand ein Kanonenofen, dessen Eisenrohr nach oben durch die Decke führte. Durch eine Glastür, die über eine Treppe zu erreichen war, fiel schwaches Licht auf die steinernen Bodenplatten. Holmes sog scharf die Luft ein, und auch ich erkannte jetzt den noch modrigeren Geruch des nahen Flusses.

»Die Ratten sind sicher auch bei Ihnen eine Plage, wie in vielen anderen Häusern an der Themse«, sagte Holmes.

»Früher ja. Aber seit Onkel hier ist, hat er sie vertrieben.«

»Das kann man wohl sagen. Sieh an«, fuhr er mit einem Blick auf den Boden fort. »Was für fleißige kleine Kerle!«

Ich folgte seinem Blick und sah, was seine Aufmerksamkeit erregt hatte. Ein paar Gartenameisen krabbelten unter dem Ofen hervor und huschten über den Boden und die Treppe zur Gartentür. »Nur gut für uns, Watson«, sagte er mit einem kehligen Lachen, wobei er mit seinem Stock auf die winzigen Gegenstände zeigte, die von den Ameisen transportiert wurden, »daß wir nicht auch Mahlzeiten schleppen müssen, die dreimal soviel wiegen wie wir. Sie erteilen uns eine Lektion in Geduld.« Er hielt inne und betrachtete nachdenklich den Fußboden. »Eine Lektion«, wiederholte er leise.

Wilson preßte die dünnen Lippen aufeinander. »Was ist das auch für eine Dummheit«, meinte er. »Die Ameisen sind nur hier, weil die Bediensteten früher den Abfall in den Ofen geworfen haben, nur um sich den Weg zum Mülleimer zu ersparen.«

»Weshalb Sie an der Klappe ein Schloß angebracht haben.«

»Richtig. Wenn Sie wünschen, hole ich den Schlüssel. Nein? Gut, dann zeige ich Ihnen jetzt die Schlafzimmer, wenn Sie keine Fragen mehr haben.«

»Dürfte ich vielleicht das Zimmer sehen, in dem Ihr Bruder gestorben ist?« fragte Holmes, als wir in den ersten Stock kamen.

»Es ist das hier«, entgegnete Janet Wilson und öffnete die Tür.

Es war eine große Kammer, die geschmackvoll und nicht ohne Luxus eingerichtet war. Zwischen zwei tief ins Mauerwerk eingelassenen Fenstern stand ein weiterer, gelb gekachelter Kanonenofen, dessen Farbe mit dem Anstrich des Raums harmonierte. Am Ofenrohr hingen zwei Vogelkäfige.

»Wohin führt die Seitentür dort?« wollte Holmes wissen.

»Dort ist ein Durchgang zu meinem Zimmer, das früher meine Mutter genutzt hat.«

Holmes wanderte eine Zeitlang unruhig auf und ab.

»Wie ich sehe, hat Ihr Bruder nachts viel gelesen«, sagte er.

»Ja. Er litt an Schlaflosigkeit. Aber wie …«

»Oh, der Teppichflor rechts neben dem Sessel ist dick mit Kerzenwachsresten bedeckt. Aber was haben wir denn da?«

Holmes war neben dem Fenster stehengeblieben und betrachtete aufmerksam die obere Hälfte der Wand. Dann stellte er sich auf die Fensterbank, strich mit ausgestreckten Fingern hier und da leicht über den Putz und roch an den Fingerspitzen. Stirnrunzelnd stieg er von der Fensterbank herunter. Dann begann er, langsam in einem Kreis durch das Zimmer zu gehen, wobei er den Blick nicht von der Decke wandte.

»Höchst eigenartig«, murmelte er.

»Stimmt etwas nicht, Mr. Holmes?« fragte Janet.

»Ich suche nur nach einer Erklärung für diese seltsamen Kreise und Linien auf dem Putz.«

»Das muß von diesen verflixten Kakerlaken sein, die den Staub überall hintragen«, erklärte Wilson entschuldigend. »Ich habe dir doch gesagt, Janet, daß du dir mehr Gedanken um die Beaufsichtigung der Hausangestellten machen solltest. Und jetzt, Mr. Holmes?«

Mein Freund, der die Seitentür geöffnet und einen Blick in das Nachbarzimmer geworfen hatte, schloß die Tür wieder und ging ans Fenster.

»Mein Besuch war vergeblich«, meinte er, »und da der Nebel steigt, müssen wir uns jetzt leider auf den Weg machen. Das sind vermutlich Ihre berühmten Kanarienvögel?« fügte er mit einem Fingerzeig auf die Käfige über dem Ofen hinzu.

»Nur eine Kostprobe. So, kommen Sie bitte hier entlang.«

Wilson ging vor uns über den Flur und öffnete eine Tür.

»Da!« sagte er.

Es handelte sich offenbar um sein Schlafzimmer, und doch war es anders als alle Schlafzimmer, die ich in meinem ganzen Berufsleben bis dahin betreten hatte. Vom Fußboden bis zur Decke war es vollgestopft mit zahllosen Käfigen, in denen die kleinen goldfarbenen Vögel die Luft mit ihrem herrlichen Gesang erfüllten.

»Tageslicht oder Kunstlicht, ihnen ist es egal. Hallo, Carrie, hör mir zu!« Er pfiff ein paar fließende Laute, die ich zu erkennen glaubte. Der Vogel nahm sie auf und stimmte eine wunderbare Melodie an.

»Eine Feldlerche!« rief ich.

»Stimmt genau. Wie ich schon sagte, Kanarienvögel sind bei sachgemäßer Ausbildung die besten Imitatoren, die es gibt.«

»Ich muß gestehen, daß ich diesen Gesang nicht erkenne«, sagte ich, als einer der Vögel zu einem leisen Zwitschern ansetzte, das in einem eigenartigen Tempo endete.

Wilson warf ein Handtuch über den Käfig. »Es ist das Lied eines tropischen Nachtvogels«, sagte er kurz, »und da ich den törichten Stolz habe, daß meine Vögel tagsüber auch nur Tagesgesänge anstimmen sollen, bestrafen wir Peperino dadurch, daß wir seinen Käfig abdunkeln.«

»Es überrascht mich, daß Sie hier einen offenen Kamin einem Ofen vorziehen«, sagte Holmes. »Es muß doch fürchterlich ziehen.«

»Ich habe noch nichts bemerkt. Du meine Güte, der Nebel steigt tatsächlich. Ich fürchte, Mr. Holmes, daß Ihnen eine unangenehme Fahrt bevorsteht.«

»Dann müssen wir jetzt aufbrechen.«

Wir gingen die Treppe hinunter in die Diele. Während wir auf Wilson warteten, der unsere Hüte holte, beugte sich Holmes zu unserer jungen Begleiterin hinunter.

»Ich möchte Sie an das erinnern, Miss Wilson, was ich zuvor über weibliche Intuition gesagt habe«, sagte er leise. »Manchmal ist die Wahrheit leichter zu fühlen als zu sehen. Gute Nacht.«

Kurz darauf tasteten wir uns den Gartenweg entlang zu den Lichtern unserer Kutsche, die matt durch den aufziehenden Nebel schimmerten.

Mein Begleiter war in Gedanken versunken, während wir über die armseligen Straßen, deren Elend in dem grellen Licht der Gaslaternen, die draußen an zahllosen Gasthäusern flackerten, noch deutlicher zutage trat. Es würde eine unangenehme Nacht werden, und schon jetzt waren die wenigen Passanten, die in dem immer dichter werdenden, gelblichen Dampf an uns vorübereilten, nicht mehr als verschwommene Schatten.

»Ich hätte mir gewünscht, alter Freund«, sagte ich, »daß Sie sich diese Verschwendung wertvoller Kräfte, die Sie ohnehin schonen müssen, hätten ersparen können.«

»Schon gut, Watson. Ich dachte mir schon, daß die Angelegenheiten der Familie Wilson uns nichts angehen würden. Und doch ...« – er ließ sich in seinem Sitz zurücksinken und hing seinen Gedanken nach – »und doch stimmt da etwas nicht, stimmt nicht, stimmt nicht!« Ich hörte, wie er leise vor sich hin sprach.

»Ich habe nichts Böses entdecken können.«

»Ich auch nicht. Aber in meinem Kopf schrillen alle Alarmglocken. Warum ein Kamin, Watson, warum ein offener Kamin? Sie haben ja wahrscheinlich auch bemerkt, daß das Rohr aus dem Keller mit den Schlafzimmeröfen verbunden war?«

»Mit einem, ja.«

»Nein. Im benachbarten Schlafzimmer, wo die Mutter zu Tode kam, gab es genau die gleiche Anordnung.«

»Abgesehen davon, daß es ein altmodisches Heizungssystem ist, kann ich daran nichts Auffälliges entdecken.«

»Und was ist mit den Spuren an der Decke?«

»Sie meinen die Staubkringel.«

»Nein. Ich meine die Rußkringel.«

»Ruß! Aber das muß ein Irrtum sein, Holmes!«

»Ich habe sie angefaßt, daran gerochen und sie untersucht. Die Kreise und Linien stammten von Holzruß.«

»Wahrscheinlich gibt es dafür eine ganz logische Erklärung.«

Eine Weile saßen wir schweigend da. Unsere Kutsche hatte den Stadtrand erreicht. Ich sah aus dem Fenster und trommelte geistesabwesend mit den Fingern auf der halb geöffneten Scheibe, die schon feucht vom Nebel war, als mich plötzlich ein scharfer Ausruf von Holmes in die Gegenwart zurückholte.

»Das Glas«, preßte er hervor.

Dort, wo meine Finger ziellos über die beschlagene Fensterscheibe gewandert waren, lag nun ein wirres Netz aus Kreisen und Linien.

Holmes schlug sich mit der flachen Hand gegen die Stirn, öffnete das andere Fenster und rief dem Mann auf dem Bock etwas zu. Das Fahrzeug wurde auf der Stelle gewendet, und dann trieb der Kutscher die Pferde peitschenschwingend zurück in die neblige Nacht.

»Ah, Watson, Watson, wie wahr es doch ist, daß niemand so blind ist wie die, die nicht sehen wollen!« zitierte Holmes mit bitterem Unterton und ließ sich in seine Ecke zurückfallen. »Die Hinweise lagen klar auf der Hand, sprangen mir förmlich ins Gesicht, und doch hat der Verstand nicht reagiert.«

»Was denn für Hinweise?«

»Neun insgesamt. Vier davon hätten schon genügt. Wir haben hier einen Mann aus Kuba, der nicht nur Kanarienvögel auf eine einzigartige und merkwürdige Weise dressiert, sondern auch die Rufe tropischer Nachtvögel beherrscht und in seinem Schlafzimmer einen Kamin hat. Da ist eine Teufelei im Gange, Watson. Halt, Kutscher, halten Sie!«

Wir fuhren soeben über eine Kreuzung zweier vielbefahrener Durchgangsstraßen, an der über einer Straßenlaterne die goldenen Kugeln eines Pfandhauses glitzerten. Holmes sprang aus der Kutsche, doch schon nach wenigen Minuten war er wieder zurück, und wir setzten die Fahrt fort.

»Ein Glück, daß wir noch in der Stadt sind«, sagte er mit einem kehligen Lachen, »denn ich glaube nicht, daß die Pfandhäuser sich ihre Kunden bei den Golfclubs suchen.«

»Du meine Güte …«, begann ich, hielt jedoch inne und betrachtete schweigend den Golfschläger, den er mir in die Hand gedrückt hatte. In meinem Kopf entstand die erste, vage Andeutung einer grauenhaften Vorstellung.

»Wir sind zu früh«, meinte Holmes mit einem Blick auf seine Uhr. »Ein Imbiß und ein Glas Whisky in dem nächsten Gasthaus wären gar nicht verkehrt.«

Die Kirchenuhr von St. Nicholas schlug gerade zehn, als wir von neuem den übelriechenden Garten betraten. Der dunkle Schatten des Hauses wurde nur von einem einzelnen Licht im oberen Stockwerk durchbrochen, das durch den Nebel hindurch schwach zu erkennen war. »Das ist das Zimmer von Miss Wilson«, sagte Holmes. »Hoffen wir, daß wir sie mit einer Handvoll Kieselsteine auf uns aufmerksam machen können, ohne daß der Hausherr etwas bemerkt.«

Kurz darauf hörte man, wie ein Fenster geöffnet wurde.

»Wer ist da?« fragte eine bebende Stimme.

»Sherlock Holmes«, rief mein Freund leise zurück. »Ich muß Sie sofort sprechen, Miss Wilson. Gibt es einen Nebeneingang?«

»In der Wand links von Ihnen. Aber was ist denn passiert?«

»Bitte kommen Sie sofort herunter. Und kein Wort zu Ihrem Onkel.«

Wir tasteten uns an der Wand entlang und erreichten die Tür genau in dem Augenblick, als sie sich öffnete und Miss Wilson erschien. Sie war im Morgenmantel, und das Haar fiel ihr wirr auf die Schultern. Erschrocken sah sie uns über die Kerze in ihrer Hand hinweg an, die gespenstische Schatten an die Wand hinter ihr warf.

»Was ist denn los, Mr. Holmes?« fragte sie atemlos.

»Es wird alles gut, wenn Sie meine Anweisungen befolgen«, erwiderte mein Freund leise. »Wo ist Ihr Onkel?«

»In seinem Zimmer.«

»Gut. Während Dr. Watson und ich auf Ihr Zimmer gehen, werden Sie in die Schlafkammer Ihres verstorbenen Bruders umziehen. Wenn Ihnen Ihr Leben lieb ist«, fügte er mit ernster Stimme hinzu, »werden Sie auch nicht versuchen, es zu verlassen.«

»Sie machen mir angst!« jammerte sie.

»Seien Sie versichert, daß wir auf Sie achtgeben werden. Und jetzt noch zwei letzte Fragen, bevor Sie gehen. War Ihr Onkel heute abend noch einmal bei Ihnen?«

»Ja. Er brachte Peperino und steckte ihn zu den anderen Vögeln in den Käfig, der in meinem Zimmer hängt. Er sagte, daß er mir die beste Unterhaltung bieten wolle, die er mir geben könne, weil es mein letzter Abend zu Hause sei.«

»Ha! Wie treffend. Ihr letzter Abend! Sagen Sie, Miss Wilson, leiden Sie eigentlich an der gleichen Krankheit wie Ihre Mutter und Ihr Bruder?«

»Ein schwaches Herz? Ja, das kann ich nicht abstreiten.«

»Gut. Wir bringen Sie leise nach oben, wo Sie sich in das Nachbarzimmer zurückziehen. Kommen Sie, Watson.«

Im Licht von Janet Wilsons Kerze gingen wir schweigend in den ersten Stock und dann weiter in die Schlafkammer, die Holmes zuvor untersucht hatte. Während die junge Frau ihre Sachen zusammenpackte, ging Holmes umher, hob die Tücher an, die jetzt zwei Vogelkäfige abdeckten, und betrachtete die kleinen schlafenden Bewohner.

»Das Böse im Menschen ist ebenso erfindungsreich wie unergründlich«, sagte er, und mir fiel auf, daß seine Miene sehr ernst war.

Als Miss Wilson zurückgekehrt war und ich mich davon überzeugt hatte, daß sie sicher ruhen konnte, folgte ich Holmes in das Zimmer, das sie bis dahin bewohnt hatte. Es war zwar klein, aber liebevoll eingerichtet. Licht spendete eine schwere silberne Öllampe. Unmittelbar über einem gekachelten Kanonenofen hing ein großer Käfig mit drei Kanarienvögeln, die bei unserem Näherkommen ihren Gesang unterbrachen und uns die kleinen goldenen Köpfe entgegenreckten.

»Ich glaube, Watson, wir können uns auch noch eine halbe Stunde ausruhen«, flüsterte Holmes. Wir nahmen in zwei Sesseln Platz. »Machen Sie doch bitte das Licht aus.«

»Aber, alter Freund«, wandte ich ein, »wenn wirklich Gefahr droht, ist das doch purer Leichtsinn!«

»Im Dunkeln besteht keine Gefahr.«

»Wäre es nicht besser«, sagte ich mit ernster Stimme, »wenn Sie offen zu mir wären? Sie haben zwar klargemacht, daß die Vögel irgendeinem üblen Zweck dienen, aber was ist das für eine Gefahr, die nur bei künstlichem Licht besteht?«

»Ich habe schon eine Idee, Watson, aber es ist besser, wenn wir einfach nur abwarten. Trotzdem möchte ich Ihre Aufmerksamkeit auf die Ofenklappe lenken, die das Schürloch von oben verschließt.«

»Scheint mir für einen Ofen ganz normal zu sein.«

»Grundsätzlich schon. Aber hat es nicht vielleicht etwas zu bedeuten, wenn das Schürloch eines eisernen Ofens mit einer Klappe verschlossen wird, die aus Zinn besteht?«

»Teufel auch, Holmes!« rief ich, als ich plötzlich die Zusammenhänge durchschaute. »Sie meinen, dieser Wilson hat über die Verbindungsrohre zwischen dem Ofen im Keller und jenen in den Schlafzimmern ein tödliches Gift verteilt, um seine eigene Familie auszulöschen und sich so deren Besitz anzueignen? Deshalb hat er also in seinem eigenen Schlafzimmer einen Kamin. Jetzt verstehe ich.«

»Nicht weit gefehlt, Watson, wenn ich auch glaube, daß Meister Theobold noch raffinierter ist, als Sie vermuten. Er besitzt genau die zwei Eigenschaften, die einen erfolgreichen Mörder ausmachen – Rücksichtslosigkeit und Fantasie. Aber jetzt seien Sie so gut und löschen das Licht, damit wir uns noch ein wenig ausruhen können. Wenn meine Vermutungen zutreffen, werden unsere Nerven auf eine harte Probe gestellt, noch bevor der Morgen graut.«

Ich lehnte mich in der Dunkelheit zurück und suchte eine Erklärung für die Warnung, die aus Holmes' Worten sprach, wobei mich der Gedanke ein wenig beruhigte, daß ich seit der Affäre mit Oberst Sebastian Moran stets einen Revolver in der Tasche trug. Doch muß ich wohl müder gewesen sein, als ich gedacht hatte. Ich war immer weniger in der Lage, einen klaren Gedanken zu fassen, und schließlich schlief ich ein.

Als etwas meinen Arm berührte, wachte ich auf. Die Lampe war wieder entzündet worden. Mein Freund stand über mich gebeugt und warf einen langen schwarzen Schatten an die Zimmerdecke.

»Entschuldigen Sie die Störung, Watson«, flüsterte er, »aber die Pflicht ruft.«

»Was soll ich tun?«

»Sitzen Sie still und hören Sie zu. Peperino singt.«

Es war eine Nachtwache, an die ich noch lange zurückdenken werde. Holmes hatte den Lampenschirm so zur Seite geneigt, daß das Licht auf die gegenüberliegende Wand mit den Fenstern und dem großen gekachelten Ofen fiel, an dem der Vogelkäfig hing. Der Nebel war noch dichter geworden, und der durch die Scheiben nach außen dringende Lichtstrahl verlor sich in hellen wabernden Wolken.

Eine böse Vorahnung verfinsterte meine Gedanken, obwohl ich unsere Umgebung auch ohne den gespenstischen, auf und ab schwellenden Gesang aus dem Vogelkäfig traurig genug gefunden hätte. Es war eine Art Pfeifen, das mit einem tiefen, kehligen Trällern begann und allmählich zu einem einzigen Ton anschwoll, der den Raum ausfüllte wie der Klang eines großen Weinglases; ein Ton, der durch seine Wiederholung so hypnotisierend wirkte, daß die Gegenwart sich beinahe unmerklich aufzulösen und meine Fantasie durch die nebelverhangenen Fenster in die dunkle, üppige Tiefe eines exotischen Dschungels hinauszutreiben schien.

Ich hatte völlig die Zeit vergessen, und erst die Stille nach dem plötzlichen Ende des Vogelgesangs brachte mich in die Wirklichkeit zurück. Ich schaute mich im Zimmer um. Da schlug mir plötzlich das Herz bis zum Hals, und dann schien es ganz und gar auszusetzen.

Langsam hob sich der Ofendeckel.

Meine Freunde wissen, daß ich weder nervös noch leicht zu beeindrucken bin, aber ich muß gestehen, daß mir meine Gliedmaßen in dem Augenblick, in dem ich dort saß und mich an den Sessellehnen festhielt und das abscheuliche Wesen anstarrte, das allmählich in Sicht kam, den Dienst versagten.

Der Deckel hatte sich ein paar Zentimeter nach hinten geneigt, und durch die so entstandene Öffnung hindurch versuchte ein Gewirr aus stockähnlichen Gebilden tastend und rutschend einen Halt zu finden. Und dann, urplötzlich, war es heraus und stand reglos oben auf dem Ofen. Obwohl ich schon die vogelfressenden Taranteln Südamerikas stets mit Schrecken betrachtet habe, so versanken sie doch in der Bedeutungslosigkeit angesichts dieser abstoßenden Kreatur, der wir uns in jenem Raum nun gegenübersahen. Sie war größer als ein großer Tafelteller und hatte einen festen, glatten, gelben Körper. Die Beine reichten weit darüber hinaus, so daß der unheimliche Eindruck entstand, das Wesen bereite sich auf den Sprung vor. Bis auf Büschel steifer Borsten an den Beingelenken war es vollkommen unbehaart, und über den glänzenden, giftigen Mundwerkzeugen ragten wache Augen hervor, die im Lampenlicht böse schimmerten.

»Nicht bewegen, Watson«, stieß Holmes leise hervor. In seiner Stimme schwang eine Form des Schreckens mit, wie ich sie noch nie zuvor bei ihm gehört hatte.

Das Sprechen störte das Tier auf, denn mit einem einzigen, blitzschnellen Satz landete es oben auf dem Vogelkäfig. Von dort huschte es mit fiebrigen Bewegungen so schnell durch den Raum und an der Decke entlang, daß unsere Blicke ihm kaum zu folgen vermochten.

Holmes ging auf die Kreatur los wie ein Besessener.

»Schlagen Sie zu! Schlagen Sie sie tot!« rief er mit belegter Stimme und hieb wieder und wieder mit seinem Golfschläger auf das nur verschwommen wahrnehmbare Wesen ein.

Staub von abgeplatztem Putz schwebte in der Luft, und polternd fiel ein Tisch um, als ich mich in dem Augenblick zu Boden warf, in dem die Riesenspinne mit einem einzigen Satz den Raum querte und sich im Landen umdrehte. Seinen Schläger schwingend, sprang Holmes über mich hinweg. »Bleiben Sie, wo Sie sind!« rief er, und noch während seine Stimme erklang, wurde das dumpfe Krachen der Schläge unterbrochen von einem abstoßenden, knackenden Geräusch. Einen Moment lang hing das Tier an der Wand, dann rutschte es langsam zu Boden, wo es mit drei noch zuckenden Beinen wie eine gelbe Masse aus zerbrochenen Eiern liegenblieb.

»Gott sei Dank hat das Vieh Sie verfehlt, als es gesprungen ist«, sagte ich schwer atmend und stand auf.

Holmes antwortete nicht, und als ich den Blick hob, konnte ich kurz sein Gesicht in einem Wandspiegel sehen. Er sah blaß und angespannt aus, und sein Antlitz war seltsam starr.

»Ich fürchte, jetzt sind Sie an der Reihe, Watson«, sagte er leise. »Sie hat noch einen Freund mitgebracht.«

Ich fuhr herum und sah mich einem Anblick gegenüber, den ich mein Leben lang nicht vergessen werde. Holmes stand absolut regungslos nur einen halben Meter vom Ofen entfernt, wo aufgerichtet auf den Hinterbeinen und zitternd auf den Sprung wartend, noch eine riesige Spinne stand.

Ich wußte instinktiv, daß jede schnelle Bewegung den Sprung des Ungeheuers geradezu herausfordern würde. Ganz langsam zog ich meinen Revolver aus der Tasche und feuerte direkt aus der Hüfte.

Durch den Pulverdampf sah ich, wie das Tier zusammenzuckte, langsam rückwärts stolperte und durch den offenen Deckel in den Ofen fiel, aus dem ein Kratzen und Rutschen nach oben drang, das schnell leiser wurde und schließlich verstummte.

»Sie ist das Ofenrohr hinuntergefallen«, sagte ich. Mir fiel auf, daß meine Hände in einer Schockreaktion zu zittern begannen. »Alles in Ordnung, Holmes?«

Als er mich ansah, lag ein sonderbarer Ausdruck in seinen Augen.

»Dank Ihnen, alter Freund!« entgegnete er erleichtert. »Wenn ich mich bewegt hätte, dann … Aber was war das?«

Unten war eine Tür krachend ins Schloß gefallen, und gleich darauf hörten wir auf dem Kiesweg Schritte, die sich rasch entfernten.

»Ihm nach!« rief Holmes und lief zur Tür. »Ihr Schuß hat ihn gewarnt, er weiß jetzt, daß sein Spiel aus ist. Er darf nicht entwischen!«

Das Schicksal hatte jedoch anders entschieden. Obwohl wir die Treppe hinunterflogen und in den Nebel hinausliefen, konnten wir seinen Vorsprung nicht mehr aufholen, und außerdem hatte er den Vorteil, daß er die Gegend kannte. Wir folgten seinen leiser werdenden Schritten noch durch die Gassen bis zum Fluß, doch schließlich verloren sich die Geräusche in der Ferne.

»Das ist schlecht, Watson«, sagte Holmes schwer atmend. »Wir haben unseren Mann nicht erwischt. Jetzt könnte uns die Polizei nützlich sein. Aber hören Sie! War das nicht ein Schrei?«

»Ich meine auch, ich hätte etwas gehört.«

»Wie dem auch sei – im Nebel weiterzusuchen hat keinen Sinn. Gehen wir zurück und trösten das arme Mädchen mit der Gewißheit, daß ihre Probleme jetzt ein Ende haben.«

»Diese Ungeheuer waren ein Alptraum, Holmes«, sagte ich, als wir den Weg zurück zum Haus einschlugen, »und von unbekannter Art.«

»Ich glaube nicht, Watson«, widersprach er. »Es war die Spinne Galeodes, der Schrecken der kubanischen Wälder. Vielleicht ist es ein Glück für die übrige Welt, daß sie sonst nirgendwo anzutreffen ist. Die Galeodes ist nachtaktiv und besitzt, wenn mich mein Gedächtnis nicht im Stich läßt, soviel Kraft, daß sie kleineren Tieren mit einem einzigen Biß das Genick brechen kann. Sie erinnern sich bestimmt noch, daß Miss Janet erwähnte, es gebe seit der Rückkehr ihres Onkels im Haus keine Ratten mehr. Zweifellos hat Wilson die Ungeheuer mitgebracht«, fuhr er fort, »und hatte dann die Idee, einige seiner Kanarienvögel so zu dressieren, daß sie den Gesang eines kubanischen Nachtvogels imitieren, auf den die Galeodes Jagd macht. Die Spuren an der

Zimmerdecke waren natürlich durch den Ruß verursacht, der an den Beinen der Spinnen hängenblieb, wenn sie durch die Rohre kletterten. Vielleicht sollte sich der Detektiv glücklich schätzen, daß der Staubwedel einer gewöhnlichen Hausangestellten selten über die Höhe eines Kaminsimses hinauskommt.

Ich finde keine Entschuldigung für meine bedauernswerte Langsamkeit bei der Lösung dieses Falles, denn zum einen waren die Tatsachen von Anfang an klar, und zum anderen lag der Fall ganz einfach.

Trotzdem muß man gerechterweise anerkennen, daß Theobold Wilson eine nahezu teuflische Verschlagenheit entwickelt hat. Hatte man die Spinnen erst einmal in dem Kellerofen versteckt, war nichts einfacher, als diesen über zwei Rohre mit den oben gelegenen Schlafzimmern zu verbinden. Dadurch, daß Wilson die Käfige über den Öfen aufhängte, funktionierten die Rohre für den Gesang wie ein Verstärker. Geleitet von ihrem Raubinstinkt, würden die Spinnen unweigerlich genau durch das Rohr nach oben klettern, das zu ihrer Beute führte. Nachdem Wilson sich einen Trick ausgedacht hatte, sie wieder in ihr Versteck zurückzuholen, konnte er sich ihrer auf relativ sichere Weise bedienen, um alle auszulöschen, die zwischen ihm und dem Vermögen standen.«

»Dann ist ihr Biß also tödlich?« warf ich ein.

»Für jemanden mit schwacher Gesundheit wohl schon. Aber genau dort liegt auch der teuflische Trick des Plans, Watson. Es war der Anblick der Spinnen und nicht so sehr der Biß, auch wenn er vielleicht giftig ist, auf den Wilson sich bei der Ermordung seiner Opfer verließ. Können Sie sich die Wirkung vorstellen, die ein solches Monstrum auf eine ältere Frau und auch ihren Sohn hat, die beide an Schlaflosigkeit und Herzkrankheiten leiden, wenn es plötzlich mitten im scheinbar unschuldigen Vogelgezwitscher dem Ofen entsteigt? Wir haben ja selbst eine Kostprobe davon erleben dürfen, und wir sind gesund und kräftig. Der Anblick hat sie ebenso sicher umgebracht wie eine Kugel mitten ins Herz.«

»Eines verstehe ich nicht, Holmes. Warum hat er sich an Scotland Yard gewandt?«

»Weil er eiserne Nerven hat. Seine Nichte war instinktiv verängstigt, und als er feststellen mußte, daß sie sich von ihrem Entschluß, wegzugehen, nicht abbringen lassen würde, plante er sofort ihren Tod mit der gleichen Methode.

Und wer würde es schon wagen, wenn Wilsons Plan gelang, mit dem Finger auf ihn zu zeigen und ihn anzuklagen? Hatte er sich denn nicht an Scotland Yard gewandt und sogar die Hilfe von Sherlock Holmes höchstpersönlich in Anspruch genommen, um alle zufriedenzustellen? Das Mädchen wäre an Herzversagen gestorben wie die anderen auch, und ihr Onkel hätte von allen Seiten Beileidswünsche entgegengenommen.

Denken Sie an den mit einem Vorhängeschloß gesicherten Deckel des Kellerofens. Bewundernswert, mit welcher Kaltblütigkeit er anbot, den Schlüssel zu holen. Es war selbstverständlich nur ein Täuschungsmanöver, denn er hätte natürlich festgestellt, daß der Schlüssel ›verloren‹gegangen sei. Hätten wir darauf bestanden und das Schloß geöffnet, wage ich lieber nicht daran zu denken, was uns erwartet hätte.«

Von Theobold Wilson wurde nie wieder etwas gehört, doch ist es vielleicht aufschlußreich, daß zwei Tage später die Leiche eines Mannes aus der Themse gezogen wurde. Der Leichnam war, wahrscheinlich durch eine Schiffsschraube, bis zur Unkenntlichkeit entstellt, und die Polizei fand in den Taschen des Toten keinerlei Hinweise auf seine Identität. Das einzige, was gefunden wurde, war ein kleines Notizbuch mit Aufzeichnungen über die Brutperiode des Fringilla Canaria.

»Wer klug ist, hält sich Bienen«, meinte Sherlock Holmes, als er den Polizeibericht las. »Bei ihnen weiß man, woran man ist, und zumindest versuchen sie nicht, etwas darzustellen, was sie nicht sind.«

Originaltitel: *The Case of the Deptford Horror*
Ins Deutsche übertragen von Uwe Brinkmann

Aus ›Black Peter‹ (THE RETURN OF SHERLOCK HOLMES)
»In dem denkwürdigen Jahr 1895 hatte eine sonderbare und widersinnige Abfolge von Fällen seine Aufmerksamkeit beansprucht, die von … dem plötzlichen Tod des Kardinals Tosca bis hin zur Verhaftung des berühmt-berüchtigten Kanarienvogeldompteurs Wilson* reichte, was für den östlichen Teil Londons eine Plage weniger bedeutete.«

---

* Im Wilson-Fall wurde Wilson in Wirklichkeit nicht von Holmes verhaftet, weil er ertrank. Hierbei handelt es sich um einen Fehler, der durch Watsons übereilte Nennung dieses Falles zustande kam und typisch für ihn war.

Fünf goldene Ringe

R. L. Stevens

Stevens ist eines der Pseudonyme des sehr produktiven Edward D. Hoch, dem wir in dieser Anthologie bereits begegnet sind. Ich könnte mir keine bessere Möglichkeit vorstellen, diese Sammlung zu beenden, als mit einer Geschichte, in der Conan Doyle höchstselbst als Detektiv in Erscheinung tritt. Aus diesem Grund habe ich mir eine Ausnahme von der Regel erlaubt, in diesem Band ausschließlich Erzählungen des 19. Jahrhunderts zu sammeln – oder solche, die sogar noch älter sind. Die folgende Geschichte spielt im Jahre 1910 und geleitet unsere historischen Detektive in das moderne Zeitalter.

In seiner exzellenten Biographie Das Leben des Sir Arthur Conan Doyle erzählt uns John Dickson Carr, daß Doyle als Schiedsrichter zum Weltmeisterschaftsboxkampf im Schwergewicht zwischen Jack Johnson und Jim Jeffries nach Reno, Nevada, eingeladen wurde. Der Kampf sollte am 4. Juli im Jahre 1910 stattfinden. Doyle sagte unverbindlich, aber mit großer Freude zu, änderte jedoch eine Woche später seine Meinung und ließ sich entschuldigen.

Wie jedoch könnte es gewesen sein, wäre Doyle doch nach Reno gefahren ...?

Arthur Conan Doyle stieg am Bahnhof in Reno aus dem Zug und schaute sich ein wenig befremdet um. Nachdem er einen Ozean und einen Kontinent überquert hatte, um diese kleine Stadt am Fuß der Sierra Nevada zu erreichen, hätte er zumindest erwartet, daß hier jemand bereitstehen würde, um ihn zu begrüßen und ihm sein Gepäck abzunehmen.

»Sir Arthur!« hörte er plötzlich eine Stimme, und als er sich umdrehte, entdeckte er einen schlanken jungen Mann mit blondem Haar, der sich zu ihm durchdrängte.

»Dies ist mein Gepäck«, sagte Doyle und wies auf zwei Gladstone-Koffer, die schon einige Reisen hinter sich zu haben schienen. »Sind Sie Mr. Summons?«

»Charlie Summons. Zu Ihren Diensten, Sir Arthur.«

»Der Titel, auf den ich am meisten Wert lege, ist Doktor. Wenn es Ihnen also nichts ausmacht …«

»Oh, sicher, Dr. Doyle! Hier entlang, bitte.«

»Irgendwie hatte ich mir Reno größer vorgestellt.«

Charlie Summons wandte sich mit einem entschuldigenden Lächeln um. »Nun, es ist nicht London, Sir … Dr. Doyle, aber wir sind stolz darauf, in der größten Kleinstadt des Westens zu leben. Und dieser Kampf wird uns gewiß berühmt machen.«

»Mit der Bahn ist es eine ziemlich lange Reise«, bemerkte Doyle. »Ich habe bereits gelegentlich über den amerikanischen Westen geschrieben, aber erst jetzt lerne ich ihn persönlich kennen. Als ich die Staaten 1894 besucht habe, bin ich nicht weiter westwärts gekommen als Chicago und Milwaukee.«

»Ich habe gelesen, was Sie in *Eine Studie in Scharlach* über die Mormonen in Utah geschrieben haben. Und ich hätte darauf schwören können, daß Sie wirklich dort gewesen sind.«

Doyle lächelte über das Kompliment. »Ich habe eine Menge über Ihr Land gelesen, bevor ich hergekommen bin.«

Sie hatten die Straße vor dem Bahnhof erreicht, und Summons lud das Gepäck auf den hinteren Sitz eines eleganten schwarzen Automobils mit polierten Messingzierleisten. »Dies ist ein Packard, ein Modell von 1908«, erklärte Summons. »Man sieht noch nicht viele Automobile hier im Westen, aber wir haben ein paar für spezielle Anlässe.«

»Es ist ein recht elegantes Gefährt«, gab Doyle zu und stieg auf den Beifahrersitz. »Ich glaube, daß es auch in London bald mehr Automobile geben wird, aber mir gefällt der Gedanke nicht, daß sie bald überall die Kutschen ersetzen werden.«

Charlie Summons warf den Motor an und sprang auf den Fahrersitz, als das Vehikel röchelnd zum Leben erwachte. »Die Zeiten ändern sich, Dr. Doyle. Letzten Monat ist auf einer Straße in Washington, direkt neben dem Weißen Haus, ein Doppeldecker gestartet.«

»Ich bleibe lieber mit beiden Füßen auf dem Boden, vielen Dank«, erwiderte Doyle lächelnd.

»Wir haben ein schönes Zimmer im Reno Hotel für Sie reservieren lassen. Alle wichtigen Leute wohnen dort. Zur Zeit logiert dort noch ein anderer Schriftsteller – Jack London. Er berichtet für den San Francisco Chronicle und den New Yorker Herald über den Kampf.«

Doyles Miene hellte sich auf. »Es wird mir eine Freude sein, Jack London kennenzulernen. Verschiedene Leute haben ein paar Ähnlichkeiten in unseren Geschichten entdeckt. Als ich das letztemal durch Amerika gereist bin, habe ich in Vermont Rudyard Kipling getroffen, und wir sind gute Freunde geworden …

Summons parkte den Wagen vor dem Hotel. »Oh, oh! Da drüben ist Monica Malone – das bedeutet Ärger.«

Doyle amüsierte sich über die Bemerkung des Mannes. »Und was für eine Art von Ärger kann eine so hübsche junge Dame verursachen?«

»Sie hat darüber gelesen, wie Sie vor einigen Jahren diese geheimnisvolle Sache in England aufgeklärt haben, und sie glaubt, daß Sie Sherlock Holmes höchstpersönlich sind. Sie wird Sie um Ihre Hilfe bitten.«

»Holmes! Verfolgt mich dieser Name tatsächlich bis hierhin?«

Gleich darauf jedoch stieg er aus dem Wagen und ging der jungen Frau entgegen.

»Dr. Conan Doyle?« fragte sie. »Ich muß Sie in einer höchst dringlichen Angelegenheit sprechen!«

»Nichts ist zur Zeit so dringlich wie der Kampf, der hier in zwei Tagen stattfinden soll. Ich bin hier nicht in meiner Funktion als Autor oder als Arzt hergekommen, sondern als Schiedsrichter.« Obwohl er einundfünfzig Jahre zählte und erst seit kurzem mit seiner zweiten Frau verheiratet war, genoß Doyle noch immer den Anblick einer schönen Frau. Miss Malones zartes Gesicht erinnerte ihn an ein Mädchen, das er vor langer Zeit an der Universität kennengelernt hatte.

»Mir ist bewußt, daß ich Ihnen Ihre Zeit raube«, erklärte sie entschuldigend, »aber wenn Sie meine Geschichte dennoch anhören könnten …«

»Meine verehrte junge Dame, ich bin soeben erst in Ihrer Stadt angekommen. Ich habe einige wichtige Verabredungen mit den Teilnehmern dieses Kampfes, und Sie werden verstehen, daß ich erst meinen Pflichten nachkommen muß. Aber sollten Sie heute am frühen Abend zufällig in der Nähe sein, werde ich versuchen, eine Gelegenheit zu finden, mich mit Ihnen zu unterhalten.«

»Das ist sehr freundlich«, sagte sie.

Bevor Doyle noch etwas hinzufügen konnte, zog Charlie Summons ihn mit sich. »Wir sind ein wenig spät dran, Dr. Doyle. Man wartet schon auf uns.«

Summons brachte ihn in einem Zimmer unter, das nach vorn zur South Virginia Street lag. Das Hotel war überfüllt, und sogar auf den Fluren bemerkte Doyle mehrfach, wie Geld den Besitzer wechselte. Offensichtlich war das Wettgeschäft, das jeden Kampf begleitete, in vollem Gange.

Nach einer halben Stunde, in der Doyle ein wenig Zeit hatte, seine Sachen auszupacken und sich etwas frisch zu machen, holte Summons ihn ab und geleitete ihn zu einem kleinen Besprechungsraum im ersten Stock, in dem bereits mehrere Männer auf ihn warteten. Doyles erster Eindruck war, daß die Leute, die hier in Amerika das Sportgeschäft betrieben, der entsprechenden Gruppe in England sehr ähnelten. Colonel Raff Grayson, der einer der Promoter des Kampfes zu sein schien, hätte leicht eine Rolle in Doyles Boxkampf-Drama *Das Haus von Temperley* spielen können, das am Londoner Adelphi Theater aufgeführt wurde.

»Wir sind Ihnen so dankbar, daß Sie diese Reise auf sich genommen haben, Dr. Doyle«, sagte er und erhob sich, um dem Schriftsteller die Hand zu schütteln. »Es war ungeheuer schwierig, einen Schiedsrichter auszuwählen, den beide Parteien akzeptieren. Das Problem der Hautfarbe – schwarz gegen weiß –, hat die Gemüter auf beiden Seiten unsinnig erhitzt. Um es auf den Punkt zu bringen: Sie waren der einzige Mann, den beide Manager akzeptiert haben.«

Doyle verbeugte sich leicht. »Ich betrachte das als aufrichtiges Kompliment. Schließlich kann ich nicht behaupten, viel vom amerikanischen Boxsport zu verstehen.«

»Die Regeln sind fast die gleichen wie bei Ihnen in England«, versicherte Colonel Grayson. »Der Marquis von Queensberry ist auch bei uns wohlbekannt. Aber unser größtes Problem war, einen Schiedsrichter zu finden, dem beide Seiten vertrauen. Wie Sie wissen, hatte Jeffries sich bereits zur Ruhe gesetzt. Jetzt will er den Schwergewichtstitel von Jack Johnson zurückgewinnen, dem schwarzen Champion. Die Gemüter sind erhitzt, und es gibt sogar Gerüchte von Rassenunruhen in einigen amerikanischen Städten.«

»Hier jedoch scheint alles ruhig zu sein«, bemerkte Doyle.

»Lassen Sie sich nicht täuschen. Vor zwei Tagen wurde in der Nähe des Bahnhofs ein Mann erstochen – ein Reporter, der über den Kampf berichten sollte. Seinen Mörder hat man immer noch nicht gefunden.«

»Ich weiß genug über den amerikanischen Westen«, sagte Doyle, »um zu begreifen, daß hier ein Menschenleben wenig zählt. Ein falsches Wort während eines Pokerspiels, so habe ich gehört, kann eine Messerstecherei oder eine Schießerei auslösen.«

Grayson tauschte einige Blicke mit den anderen anwesenden Männern, die Doyle noch immer nicht vorgestellt worden waren. »Kommen Sie, Dr. Doyle, ein bißchen zivilisierter geht es bei uns doch zu! Der Westen Anfang des 20. Jahrhunderts unterscheidet sich sehr vom Westen Ende des 19. Jahrhunderts.«

»Vielleicht«, gab Doyle zu. »Sogar auf meiner Reise hierher habe ich von einem Diamantenraub und einem Mord in New York gehört. Kriminalität gibt es gewiß nicht nur in den westlichen Staaten.«

»Auf jeden Fall haben wir für den Kampf am Montag Vorsorgemaßnahmen ergriffen. Ich als einer der Promoter kann Ihnen versichern, daß wir die Menge vollständig unter Kontrolle haben werden.«

Ein korpulenter Mann undefinierbaren Alters mischte sich ein: »Ich war selbst einmal Boxer, Dr. Doyle. Ich weiß, was es bedeutet, im Ring zu stehen und nach einer unpopulären Entscheidung die Rufe der Menge nach Blut zu hören.«

Verspätet stellte der Colonel den Sprecher vor: »Das ist Nevada-Wade, Dr. Conan Doyle.«

Doyle lächelte. »Das hört sich wie ein Cowboyname an.«

»Cowboys und Boxer sind einander in vielem ähnlich«, stimmte Nevada-Wade zu. »Zu meiner Zeit war ich in der Schwergewichtsklasse, aber ich habe es nie bis zum Champion geschafft.«

Er wirkte wie jemand, der im Ring immer noch seinen Mann stehen konnte, und Doyle fragte sich, warum er sich aus dem Boxsport zurückgezogen hatte. Der große Diamantring an seinem kleinen Finger ließ vermuten, daß er nicht schlecht verdient hatte. »Wann werde ich die Örtlichkeiten sehen, in denen am Montag der Kampf stattfindet?« fragte Doyle und wandte sich damit wieder dem Colonel zu.

»Wir werden Ihnen morgen früh alles zeigen. Der Ring und die Bänke sind schon aufgestellt, aber zur Zeit erledigen die Arbeiter noch die letzten Handgriffe.« Er blickte auf die reich verzierte Wanduhr. »Nur noch achtundvierzig Stunden bis zum Kampf, Dr. Doyle. Sogar noch weniger, wenn wir genau sein wollen.«

Endlich übernahm er es, auch die anderen Männer im Raum vorzustellen – Geldgeber, Manager und Promoter –, doch Doyle befand sich bereits wieder im Gespräch mit Nevada-Wade. »Ich habe gehört, daß in diesem Sommer ein neues Sherlock-Holmes-Theaterstück aufgeführt wurde.«

Doyle nickte. »*Das gefleckte Band* hatte letzten Monat Uraufführung, und bisher läuft es recht erfolgreich.«

»Eine meiner Lieblingsstorys, diese Geschichte mit der Schlange.« Die Amerikaner schafften es immer wieder, ihn zu verblüffen. Dieser Mann mit dem Cowboynamen und den Boxerfäusten hatte tatsächlich seine Geschichten gelesen! »Genau die ist es. Anfangs haben wir versucht, auf der Bühne mit einer echten Schlange zu arbeiten – einer ungiftigen natürlich –, aber es hat leider nicht funktioniert. Jetzt haben wir eine hervorragende Attrappe, die wie eine Marionette an Schnüren bewegt wird. Das klappt ausgezeichnet.«

»Ich würde das Stück gern einmal aufgeführt sehen«, sagte Wade.

»Vielleicht kommt es irgendwann auch auf die amerikanischen Bühnen.«

Charlie Summons tauchte an Doyles Seite auf. »Wenn Sie von hier abhauen wollen, dann helfe ich Ihnen natürlich«, flüsterte er.

»Abhauen?«

»An Wochenenden, an denen ein großer Kampf stattfindet, trinken diese Leute normalerweise die halbe Nacht. Aber ich habe dem Colonel bereits gesagt, daß Sie nach einer so langen Reise Ruhe brauchen würden.«

»Vielen Dank«, sagte Doyle, und dankbar war er tatsächlich.

Wenig später aß er mit Summons im Hotelrestaurant und hörte, was der schlanke junge Mann über das sportliche Leben in Reno erzählte. »In was für einer Beziehung stehen Sie eigentlich zu Colonel Grayson?« fragte er Summons schließlich.

»Oh, ich stehe auf seiner Gehaltsliste. Ich erledige Sachen für ihn – alles mögliche.«

Doyle war die Ausbuchtung unter dem Mantel seines Gegenübers schon früher aufgefallen, und jetzt wies er darauf. »Arbeiten Sie auch als Bodyguard?«

»Wie? Ach, Sie meinen wegen der Waffe. Wir leben hier im Westen, Dr. Doyle. Sie werden sehen, daß viele Männer hier Pistolen bei sich tragen.«

»Interessant.«

»Ich nehme an, daß die Männer in London keine Waffen tragen?«

»Nein, das tun sie nicht. Noch nicht einmal unsere Polizisten.«

Charlie Summons nahm einen Schluck von dem Wein, den Doyle zum Essen bestellt hatte. »Wirklich nicht schlecht, dieser Tropfen.«

»Ich selbst bevorzuge eher französischen als kalifornischen Wein, fürchte ich. Aber Sie haben recht, dieser hier ist nicht schlecht.« Aus irgendeinem Grund gefiel ihm der junge Mann am Tisch immer besser. Vielleicht, weil Summons so typisch amerikanisch war.

»Werden Sie sich mit Monica Malone treffen?« fragte Summons unvermittelt.

»Mit wem?«

»Mit dem Mädchen, das Sie angesprochen hat, als Sie vorhin ankamen.«

»Ach, ich hatte sie vollkommen vergessen.«

»Wahrscheinlich wird sie heute abend noch einmal herkommen, um mit Ihnen zu reden.«

Tatsächlich bewahrheitete diese Voraussage des jungen Mannes sich schon in der nächsten Stunde. Doyle hatte sich gerade von Summons verabschiedet und war dabei, sein Zimmer aufzusuchen, als Monica Malone ihm in den Weg trat. In einer Hand trug sie eine zusammengefaltete Zeitung. Als sie zu sprechen begann, schimmerten Tränen in ihren Augen. »Ich muß mit Ihnen reden, Dr. Doyle. Sie haben mir versprochen, daß Sie mir zuhören werden.«

»Und ich werde mein Wort halten. Aber ich kann Sie schlecht auffordern, mit in mein Zimmer zu kommen. Lassen Sie uns dort vorn in der Ecke der Lobby Platz nehmen. Dort wird uns niemand stören.«

Sie folgte ihm zu einem roten Plüschsofa, das zum Teil von einem riesigen Farn in einer üppig dekorierten Schale verborgen war. »Ich danke Ihnen so sehr, Dr. Doyle. Die letzten Tage waren wirklich ein Alptraum für mich.«

Er setzte sich neben sie. »Ich nehme an, daß Sie auf den brutalen Mord an Ihrem Verlobten anspielen, der vor zwei Nächten in der Nähe des Bahnhofs verübt wurde.«

»Also hat jemand Ihnen gesagt, wer ich bin!«

»Nein, das nicht, Miss Malone. Aber ich habe bemerkt, wie aufgewühlt Sie waren – und daß Sie eine Ausgabe der Zeitung von gestern bei sich tragen, so gefaltet, daß der Bericht über den Mord sichtbar ist. Außerdem tragen Sie einen Verlobungsring, den Sie mehrfach so am Finger gedreht haben, als würden Sie mit dem Gedanken spielen, ihn abzulegen. Die Schlußfolgerung ist also nur konsequent.«

»Sie hören sich an wie Sherlock Holmes persönlich.«

»Bitte!« Er hob eine Hand, um sie zum Schweigen zu bringen. »Es war wirklich nicht schwierig, zu diesem Ergebnis zu kommen. Nun erzählen Sie bitte, was geschehen ist.«

»Tom Andrews, mein Verlobter, kam letzten Monat hierher, um über die Vorbereitungen für den Kampf zu berichten. Er war Reporter bei Ring & Turf, einer Sportzeitschrift an der Ostküste. Ich kam erst gestern an, um ihn hier zu besuchen, und mußte erfahren, daß er ermordet worden ist.«

»Ich habe gehört, daß der bevorstehende Kampf wegen seines Rassenaspekts schon einige Unruhen hervorgerufen hat.«

»Niemand kann Tom aus diesem Grund getötet haben; er war fair zu beiden Seiten. Da hätten sie vermutlich eher Jack London getötet. Er hat den Schwarzen öffentlich einen Feigling genannt.«

»Was ist mit den anderen Reportern? Hatte Ihr Verlobter Schwierigkeiten mit einem von ihnen?«

Sie schüttelte den Kopf und kämpfte wieder mit den Tränen. Doyle überlegte, wie er sie trösten könnte. Um ihr ein wenig Gelegenheit zu geben, sich wieder zu beruhigen, nahm er ihr die gefaltete Zeitung aus der Hand und las den kurzen Artikel über den Mord. Es hatte keine Zeugen gegeben, und auch die Brieftasche des jungen Reporters war nicht gestohlen worden. Ein Raubmord schied damit aus. Der entsetzliche Mord in der Nähe des Bahnhofs mußte einen anderen Grund haben.

»Könnte es sein, daß er zum Bahnhof gegangen ist, um dort jemanden vom Zug abzuholen?« fragte Doyle.

»Aber wen denn nur? Mich hat er nicht vor gestern erwartet.«

»Jeden Tag treffen viele neue Besucher wegen des Kampfes hier ein. Vielleicht wollte er sich mit einem von ihnen treffen.«

»Ich glaube, er wußte, daß er getötet werden könnte, Dr. Doyle.«

»Wie kommen Sie dazu, so etwas zu sagen?«

»Weil er im Hotel eine Nachricht für mich hinterlassen hat. Nur eine kurze Notiz – ich habe sie bei mir.« Sie öffnete ihre Tasche und zog einen Briefumschlag hervor, in dem ein gefaltetes Stück Papier steckte.

Doyle las laut: *Liebste Monica: Falls mir irgend etwas zustoßen sollte, bevor Du ankommst, erinnere Dich an den fünften Weihnachtstag. In Liebe – Tom.* Er runzelte die Stirn und blickte nachdenklich auf das Papier. »Der fünfte Weihnachtstag? Was bedeutet das?«

»Aus genau diesem Grund bitte ich Sie um Ihre Hilfe, Dr. Doyle: Ich weiß es auch nicht. Ich habe versucht, mit der Polizei darüber zu reden, aber sie haben nur abgewinkt. Sie sind viel zu sehr damit beschäftigt, die Leute hier bis Montag ruhigzuhalten, als sich darum zu kümmern.«

Noch immer blickte er auf die Nachricht, die einzige Mitteilung eines Mannes, den er niemals gekannt hatte und der jetzt tot war. »Kannten Sie Tom letzte Weihnachten schon?«

»Sicher. Er hat mir damals diesen Ring geschenkt.«

Doyle wirkte plötzlich hellwach. »Nur *einen* Ring?«

»Natürlich. Warum fragen Sie?«

»In der alten Volksweise *Die zwölf Tage des Weihnachtsfestes* gibt es einen Vers, der heißt *Am fünften Weihnachtstag schenkte mir mein Liebster fünf goldene Ringe.*«

»Ja, natürlich! Wir haben das zu Weihnachten immer gesungen. In seinem Brief spielt Tom auf die fünf goldenen Ringe an. Aber um was für Ringe handelt es sich?«

»Das weiß ich nicht«, gab Doyle zu.

»Verlobungsringe?«

»Es gibt noch eine ganz andere Möglichkeit. An diesem Wochenende hat das Wort Ring in Reno eine andere Bedeutung.«

»Sie meinen den Boxring?«

»Vielleicht.« Er faltete die Notiz und steckte sie wieder in den Umschlag. »Und er hat den Brief im Hotel für Sie hinterlegt?«

»Ja, an der Rezeption.«

»Ich würde ihn gern für eine Weile behalten. Möglicherweise fällt mir etwas ein.«

»Vielen Dank, Dr. Doyle. Wenn Sie denjenigen finden, der Tom getötet hat …«

»Wir sollten nicht gleich davon ausgehen, daß ich den Fall tatsächlich lösen kann.« Er erhob sich. »Bitte entschuldigen Sie mich nun. Ich habe eine anstrengende Reise hinter mir und wünsche mir nichts sehnlicher, als endlich ein wenig zu schlafen.«

»Ich werde morgen nach Ihnen Ausschau halten.«

»Morgen muß ich mir den Festplatz anschauen, um zu sehen, wo alles stattfindet, und mit den beiden Teilnehmern des Kampfes sprechen. Aber ich werde mir Mühe geben, Ihnen zu helfen, wo ich nur kann.« Er lächelte sie an.

»Herzlichen Dank, Mr. Holmes … ich meine natürlich, Mr. Doyle.«

Er sah ihr nach, wie sie durch die Lobby ging und dann durch die Tür auf die Straße trat, anschließend stieg er die Treppe zu seinem Zimmer hinauf. Wie kam es nur, daß die Leute ihn immer wieder für Sherlock Holmes hielten, die literarische Figur, die er nur erfunden hatte?

Am Sonntag morgen machte er sich auf den Weg zur Bahnstation von Reno. Der Zeitungsartikel über den Mord half ihm, die Stelle zu finden, an der die Tragödie stattgefunden hatte. Gerade meinte er, den Ort des Verbrechens gefunden zu haben, und wollte sich eben bücken, um einen auffälligen dunklen Fleck auf dem Bürgersteig näher zu betrachten, da ertönte eine bekannte Stimme hinter ihm:

»Dr. Conan Doyle! Was treibt Sie schon so früh hierher?«

Es war Colonel Raff Grayson, der eben aus seinem Automobil stieg. Offensichtlich war er allein.

»Guten Morgen, Colonel. Ich schaue mir gerade ein wenig Ihre Stadt an.«

»Hier am Verladebahnhof gibt es doch nichts zu sehen! Aber wenn Sie sich ein paar Minuten gedulden, lade ich die Güter ein, die hier für mich angekommen sind. Anschließend fahre ich Sie zum Festplatz hinaus.«

Bei den Gütern handelte es sich um einen hölzernen Käfig mit Fasanen, wie Doyle gleich darauf erfuhr. Er half Colonel Grayson, die Tiere zum Automobil zu tragen und auf den Rücksitz zu verfrachten. »Planen Sie eine Fasanenjagd nach dem Boxkampf?« fragte er.

»Nein, nur ein kleines Grillfest. Diese Vögel wiegen jeder nur zwei bis drei Pfund, aber wenn man pro Tier zwei Portionen rechnet, reicht es immerhin für zehn Leute. Meine Frau und mich natürlich, Nevada-Wade und Begleitung, die beiden Boxer und ihre Frauen, Sie, Dr. Doyle und Jack London. Ich hoffe, Sie geben uns die Ehre.«

»Mit Vergnügen«, erwiderte Doyle, »allerdings kann ich mir kaum vorstellen, daß Mr. Johnson und Mr. Jeffries nach fünfzehn Runden im Ring Lust auf gebratenen Fasan haben werden.«

Colonel Grayson lächelte. »Oh, ich glaube, daß Jeffries den schwarzen Burschen sehr viel schneller erledigen wird. Das bleibt natürlich unter uns!«

Doyle schwieg. Der Tag vor dem Kampf, dem er selbst als Schiedsrichter vorstehen würde, war nicht der richtige Zeitpunkt, einen persönlichen Favoriten zu benennen. Er wartete, bis sie auf der Straße zum Festplatz waren, dann wandte er sich wieder an den Colonel: »Kannten Sie den Reporter, der neulich nachts ermordet worden ist?«

Colonel Grayson lächelte. »Bricht bei Ihnen wieder der Jagdinstinkt durch, Dr. Doyle? Nein, ich kannte den Mann nicht, aber Charlie Summons hat während der letzten Wochen mehrfach

Karten mit ihm gespielt. Charlie sagt, es war ein ziemlich netter Bursche.«

»Wer, glauben Sie, hat ihn erstochen?«

»Der Kampf zieht jede Menge übles Publikum nach Reno, Dr. Doyle. Traurig genug, aber wahr.«

Der Festplatz von Reno lag am nordöstlichen Stadtrand. An diesem warmen Julitag ging es dort so geschäftig zu wie in einem Bienenkorb. Es wimmelte nur so von Automobilen und Kutschen, und unzählige Arbeiter kletterten auf der Tribüne herum, um an den Sitzen und Erfrischungsständen die letzten Handgriffe zu erledigen.«

Nachdem sie das Automobil abgestellt hatten und ausgestiegen waren, drängte Charlie Summons sich zu ihnen durch. »Beeilen Sie sich, Colonel! Johnson und Jeffries sind hier, und ich fürchte fast, daß sie ihren Kampf um einen Tag vorverlegen wollen!«

Sie fanden die beiden Schwergewichtler inmitten einer wachsenden Anhängerschar. Jack Johnson, dessen schwarze Stirn in der Mittagssonne glänzte, verspottete den bärenstarken Jim Jeffries. Allerdings lächelte er dabei, auch dann noch, als plötzlich eine Stimme aus der Menge ertönte: »Wie kommt's, daß du dich so etwas traust, Johnson, du Feigling?«

»Ich werde euch morgen zeigen, wer hier ein Feigling ist«, konterte Johnson. Immer noch lächelnd, wandte er sich wieder Jeffries zu.

Colonel Grayson trat rasch zwischen die Kämpfer und stellte ihnen Conan Doyle vor. Jim Jeffries schüttelte kraftvoll die Hand des Neuankömmlings. »Ich habe Ihre Sherlock-Holmes-Geschichten gelesen. Er ist wirklich einer der ganz Großen!«

Johnson war um nichts weniger enthusiastisch. Doyle war mehr als erstaunt, daß keiner von beiden etwas gegen einen englischen Schiedsrichter einzuwenden hatte. Zum erstenmal seit seiner Ankunft fühlte er sich richtig wohl. Unvermittelt gesellte sich Nevada-Wade mit einem kleinen, blonden Mann zu ihnen, der etwa Mitte Dreißig sein mußte.

»Dr. Arthur Conan Doyle, darf ich Ihnen einen großen Bewunderer Ihrer Kunst vorstellen: Mr. Jack London.«

London schüttelte Doyles Hand nicht weniger kraftvoll, als

Jeffries es zuvor getan hatte. »Es ist mir wirklich eine Freude, Sie kennenzulernen, Dr. Doyle – oder Sir Arthur.«

»Bleiben Sie bei Dr. Doyle. Ich lese gerade Ihr Buch *Menschen am Abgrund*, und ich finde es äußerst interessant, Mr. London.«

»Ich habe es geschrieben, als ich 1901 einige Monate in London verbracht habe. Da es um meine Finanzen nicht gut stand, habe ich tatsächlich mit diesen armen Leuten vom East End gelebt.« London lächelte. »Später habe ich mir ein Zimmer im Haus eines Londoner Detektivs gemietet. Natürlich war es nicht die Baker Street 221b.«

»Das will ich hoffen«, erwiderte Doyle schmunzelnd. Summons und der Colonel waren mittlerweile zum Wagen gegangen, um die Fasanen abzuladen, während Nevada-Wade dem Gespräch der beiden Autoren lauschte. Doyle wollte sich endlich den Boxring ansehen, um ein Gefühl dafür zu bekommen und sich mit den Gegebenheiten vertraut zu machen. Als sie den Ring erreicht hatten, kletterte er die wenigen Stufen empor und zwischen den Seilen hindurch. Jack London folgte ihm.

»Es gibt nichts Stimulierenderes als einen Boxring«, sagte der Amerikaner. »Ich bin bereits seit zehn Tagen hier und habe mir unzählige Notizen zum Training und den anderen Kampfvorbereitungen gemacht.«

Doyle beugte sich hinab, um das eine Auge Londons näher zu betrachten. »Als Arzt, der sich mit diesen Dingen auskennt, sind mir keinesfalls die letzten Spuren Ihres blauen Auges entgangen, das Sie sich offenbar vor einiger Zeit eingehandelt haben! Haben Sie es sich nicht entgehen lassen, selbst an einem kleinen Kampf teilzunehmen?«

»Das blaue Auge habe ich mir vor zwei Wochen geholt, in einer Bar in Oakland. Die Zeitungen haben darüber berichtet, fürchte ich. Eine Schlägerei unter Betrunkenen, so haben sie es dargestellt.«

»Und war es das?«

London seufzte, starrte auf eine leere Sitzreihe – und wechselte abrupt das Thema. »Am 19. Juni bin ich Vater eines Mädchens geworden. Doch sie ist nach drei Tagen gestorben.«

»Das tut mir leid«, sagte Doyle.

Mittlerweile war auch Nevada-Wade in den Ring geklettert.

»Wer von euch zwei Burschen hat bisher am meisten veröffentlicht?« fragte er. Sein Diamantring funkelte in der Sonne.

Doyle lachte. »Oh, in dieser Hinsicht hat mir Mr. London einiges voraus. Wie viele Bücher sind es mittlerweile?«

»Vierundzwanzig«, antwortete London mechanisch. »Trotzdem habe ich es nicht geschafft, so berühmt zu werden wie Sie.«

»Eines möchte ich gern wissen«, fuhr Doyle fort. »In Ihrem Buch *Menschen am Abgrund* zeigen Sie echtes Mitleid für die armen und unterdrückten Leute vom Londoner East End. Doch das, was Sie bisher über den Kampf geschrieben haben, der uns hier bevorsteht, kennzeichnet Sie deutlich als Rassist. Wie können Sie mir diesen offensichtlichen Widerspruch erklären?«

Jack London zuckte mit den Schultern. »Ich bin, wie ich bin, Dr. Doyle. Und morgen werden wir wissen, wer von beiden der bessere Kämpfer ist.«

»Jeffries wird kein Comeback schaffen«, mischte sich Nevada-Wade wieder ein. »Wer sich einmal aus dem Boxsport zurückgezogen hat, schafft es nicht mehr.«

»Wir werden sehen.« London deutete eine Verbeugung in Doyles Richtung an. »Bis morgen.«

Doyle sah zu, wie der jüngere Schriftsteller aus dem Ring kletterte, dann wandte er sich Nevada-Wade zu. »Ein merkwürdiger Bursche – so voller Widersprüche.«

»Er hat eine schlimme Zeit hinter sich, Dr. Doyle.«

»Ja, er hat vom Tod seiner Tochter berichtet.«

»Das ist nur eine Sache.«

Unvermittelt fiel Doyle wieder der andere Todesfall ein, der sich hier vor wenigen Tagen ereignet hatte, und er erinnerte sich an die kurze Notiz, die Tom Andrews für Monica hinterlassen hatte. »Sagen Sie, Mr. Wade, ist dies hier der einzige Ring, den man für Boxkämpfe aufgebaut hat?«

»Aufgebaut?« Nevada-Wade verstand nicht ganz.

»Ich meine, ob es noch andere Boxringe in Reno gibt.«

»Aber sicher.« Er nahm seinen Cowboyhut ab und kratzte sich am fast kahlen Kopf. »Der Athletikclub hat noch einen und der Boxclub. Und außerdem verfügt zur Zeit jede der beiden Trainingsparteien über einen eigenen Ring.«

»Wenn man diesen hier mitzählt, macht das zusammen fünf.«

»Sieht so aus«, stimmte Nevada-Wade zu. »Aber wieso fragen Sie danach?«

Doyle zuckte mit den Schultern. »Ach, erzählen Sie mir lieber etwas über sich! Sie sagten, daß sie einst selbst Profiboxer waren.«

»Das ist mittlerweile schon ein paar Jährchen her. Aber damals war Sport mein Leben.«

»Warum haben Sie aufgehört?«

»Hier im Westen muß ein Mann selbst erkennen, was für ihn am besten ist. Ein paar Spieler, die hoch gewettet hatten, wollten damals, daß ich verliere. Als ich statt dessen gewann, haben sie mir beide Hände gebrochen. Ich entschied, daß es zukünftig besser für mich sein würde, ebenfalls zu wetten, statt selbst zu kämpfen.«

»Haben Sie auch auf den Kampf morgen gewettet?«

»Sicher.«

»Auf wessen Sieg haben Sie gesetzt?«

»Wie ich schon sagte, ich glaube nicht, daß Jeffries ein Comeback schaffen wird. Wenn es eine große Hoffnung für die Weißen gibt, dann ist das gewiß nicht Jeffries.«

»Auf welcher Seite steht der Colonel?«

»Auf der anderen«, antwortete Nevada-Wade schmunzelnd. »Er steht immer auf der anderen Seite.«

Einen Augenblick stand Doyle in der Mitte des Rings, wandte sich zuerst in die eine, dann in die andere Richtung, und stellte sich dabei vor, welch ein Aufruhr am nächsten Tag hier herrschen würde. Er strich sich über seinen Schnurrbart und glättete die Enden, die er frisch gewachst hatte. »Man sagt, daß Johnson im Ring ein ziemlicher Clown ist, der seinen Kontrahenten neckt und an der Nase herumführt.«

»Er zieht eine richtige Schau ab, das stimmt«, stimmte Nevada-Wade zu. »Trotzdem wird die Menge morgen hinter Jeffries stehen.«

»Ich bin sicher, es wird ein interessanter Kampf.«

An diesem Abend dinierte Doyle wieder mit Charlie Summons. Er stellte fest, daß ihm der junge Mann immer sympathischer wurde. Doch bevor die beiden noch Gelegenheit fanden, sich bei Kaffee und Zigarren zu entspannen, erschien Monica Malone an ihrem Tisch. »Dr. Doyle, ich muß mit Ihnen reden! Werden Sie bald mit dem Essen fertig sein? Ich habe überall nach Ihnen gesucht.«

Doyle entschuldigte sich bei Summons und folgte der jungen Frau nach vorn in die Hotellobby. »Was hat Sie so aufgeregt, meine Liebe?«

»Ich wollte nicht vor diesem Mann mit Ihnen reden.«

»Summons? Er war doch ein Freund Ihres Verlobten.«

»Das bezweifle ich«, widersprach sie. »Aber was ich Ihnen zu sagen habe, ist folgendes: Ich habe hier einen Mann gesehen, den Tom kannte. Sein Name ist Draco. Im Osten hat er irgendwas mit dem Renngeschäft zu tun. Tom hat etwas über ihn geschrieben – darüber, wie er ein Rennpferd gedopt hat.«

»Und ihm damit ein Motiv für einen Mord gegeben, meinen Sie. Wo also kann ich diesen Mann finden?«

»Ich habe gerade gesehen, wie er am Ende der Straße eine Bar betreten hat.«

»Hat er sie ebenfalls erkannt?«

»Ich glaube nicht. Er wird sich kaum an mich erinnern.«

Doyle verabschiedete sich von Charlie Summons und machte sich mit Monica auf den Weg zu der Bar. Dort angekommen, wies sie auf einen großen, dunkelhaarigen Mann in der Ecke, und Doyle trat zu ihm.

»Mr. Draco, nehme ich an?«

Das Gesicht, das sich ihm daraufhin zuwandte, war vernarbt und häßlich. Kein Wunder, daß Monica diesen Mann sofort erkannt hatte! Doyle dachte an das blaue Auge, das Jack London bei der Schlägerei in der Bar davongetragen hatte, und er hoffte inbrünstig, daß der junge Schriftsteller nie so enden würde wie dieser Mann hier.

»Was wollen Sie?« fragte Draco.

»Nur mit Ihnen reden. Mein Name ist Arthur Conan Doyle.«

Offensichtlich sagte dieser Name dem Mann nichts. »Sind Sie Engländer?«

»Ja, das bin ich. In dem Kampf morgen werde ich als Schiedsrichter fungieren.«

»Tatsächlich?« Der Mann wirkte interessiert.

»Ich glaube, Sie kennen jemanden namens Tom Andrews.«

Draco murmelte irgendeine Obszönität vor sich hin.

»Er wurde vor drei Nächten hier in Reno ermordet. Wußten Sie das?«

»Wenn ich zu der Zeit in der Stadt gewesen wäre, hätte ich diesen Job selbst erledigt.«

»Aber Sie waren nicht in der Stadt?«

»Bin heute erst angekommen. Gerade rechtzeitig zum Kampf.«

Doyle hatte das Gefühl, daß der Mann die Wahrheit sagte. Außerdem konnte seine Behauptung leicht nachgeprüft werden.

»Mir ist zu Ohren gekommen, daß Sie Rennpferde dopen. Hätten Sie nicht auch Lust, Ihre Kenntnisse einmal an einem Preisboxer auszuprobieren?«

»Nie und nimmer! Hören Sie, ich sollte Ihnen etwas über Ihren Freund Tom Andrews erzählen – nur für den Fall, daß Sie ihn vielleicht für einen Heiligen halten.« Der Mann trat einen Schritt näher, und Doyle konnte den Alkoholdunst in seinem Atem riechen. »Stimmt schon, ich habe seinerzeit hin und wieder ein Pferd gedopt. Andrews fand die Sache heraus und schrieb seine Geschichte dazu. Aber er schickte sie nicht sofort seinem Verleger. Das tat er nicht. Zuerst zeigte er sie mir. Versprach mir, sie zu zerreißen, wenn ich ihm fünftausend Dollar zahle.«

»Interessant. Was haben Sie getan?«

»Ihm gesagt, daß ich mich nicht erpressen lasse, und ihn aus meinem Büro hinausgeschmissen.« Er lächelte bei dieser Erinnerung. »Außerdem hatte ich ohnehin nicht so viel Geld.«

»Also brachte er den Artikel?«

»Verdammt richtig. Und ruinierte damit meine Karriere!«

»Was machen Sie jetzt?«

»Einen schnellen Dollar, wo immer es geht.«

»Hat der Ausspruch ›fünf Ringe‹ irgendeine Bedeutung für Sie? Fünf Ringe in Reno?«

Draco zeigte keine Regung. »Überhaupt keine.«

Doyle legte Geld für einen Drink auf den Tresen und ließ den Mann stehen. Auf der Straße wartete Monica auf ihn. Sie hatte

Mühe, ihren Platz auf dem überfüllten Bürgersteig zu verteidigen.

»Was haben Sie herausgefunden?« wollte sie wissen.

»Nichts. Draco ist erst kürzlich angekommen.«

»Das sagt er!«

»Lassen Sie mich Sie zu Ihrem Hotel zurückbegleiten, Miss Malone. Diese Stadt wird von Stunde zu Stunde überfüllter, und vielleicht sind die Straßen nicht mehr sicher genug für eine junge Dame.«

»Ich kann auf mich selbst aufpassen!«

»Ich bin sicher, daß Sie das können. Aber derjenige, der Tom getötet hat, könnte es auch auf Sie abgesehen haben. Es wäre ein leichtes, Sie in der Menge zu erstechen. Vielleicht fühlt er sich durch Ihre Nachforschungen bedroht.«

Sie war blaß geworden. »Möglicherweise haben Sie recht.«

»Dann lassen Sie uns gehen.«

»Ich war dumm, daß ich Sie für Sherlock Holmes gehalten habe. Sie können nichts für Tom oder mich tun.«

»Ich habe nie behauptet, daß ich Sherlock Holmes bin«, erwiderte er. Aber meinte er das allen Ernstes?

Fünf goldene Ringe …

Während sie gingen, summte er leise eine Melodie. Sieben Schwäne schwimmen, sechs Gänse sitzen, fünf goldene Ringe, vier Kolibris, drei französische Hennen, zwei Turteltauben – und ein Rebhuhn, das im Birnbaum hockt.

Ein Stückchen vor ihnen zündete ein Junge Böller im Rinnstein, die laut krachend explodierten. Es war der Abend vor dem amerikanischen Unabhängigkeitstag und ein höchst merkwürdiger Zeitpunkt, um Weihnachtslieder zu summen.

Fünf goldene Ringe …

»Sie hatten recht«, sagte er ihr, als sie vor ihrem Hotel angekommen waren. »Ich bin nicht Holmes.«

Sie wandte sich ihm zu und sah ihm in die Augen. »Aber ich wünschte so sehr, daß Sie es wären …«

Der folgende Morgen war warm und sonnig. Die meisten Zuschauer des Kampfes, der in wenigen Stunden begann, würden in Hemdsärmeln erscheinen. Doyle hoffte sehr, daß es einen eindeutigen Sieger geben würde. Eine Entscheidung nach Punkten, ein unklares Ergebnis, würde eine Unruhe im Publikum schaffen, die jederzeit in Streit oder gar in eine Schlägerei ausarten konnte.

Charlie Summons holte Doyle pünktlich um neun Uhr ab und führte ihn zum Automobil. »Ein wundervoller Tag für einen Kampf, Dr. Doyle.«

»Das kann man wohl sagen, Charlie.«

»Der Colonel hat ein Zelt auf dem Festplatz aufgeschlagen, in dem später die Siegesfeier stattfinden soll.«

»Schade, daß Sie nicht auf der Gästeliste stehen.«

Charlie kicherte. »Colonel Grayson meint, daß ich dazukommen kann, wenn einer der Boxer nach dem Kampf keine Lust aufs Essen hat.«

Obwohl es noch einige Stunden bis zum Kampf waren, strömten die Leute schon in Richtung der Ränge. Viele von ihnen trugen Picknickkörbe oder Erfrischungsgetränke in Flaschen. Und das Krachen der Böller war nun permanent zu hören. »Feiern Sie hier so den 4. Juli?« wollte Doyle wissen.

»Sie werden sich bald an den Krach gewöhnt haben«, erwiderte Summons.

In dem gestreiften Zelt in der Nähe des Parkplatzes fanden sie Colonel Grayson, der gerade die letzten Vorbereitungen traf. »Ich habe Köche engagiert, die nach dem Kampf das Essen zubereiten«, erklärte er Doyle. »Bis dahin werden Sie gewiß Appetit haben.«

Doyle nickte.

Gleich darauf betrat Nevada-Wade in Begleitung einer jungen Frau das Zelt. »Die Leute von der Presse suchen Sie, Dr. Doyle. Sie wollen ein Interview mit Sherlock Holmes.«

»Ich bin nicht …«, begann Doyle, verstummte dann aber. Was für einen Unterschied machte das schon? Wenn sie ihn unbedingt für Sherlock Holmes halten wollten, gut, dann sollten sie es eben tun!

Draußen, auf dem Weg zum Pressezelt, traf er Monica Malone. »Wollen Sie sich den Kampf anschauen?« fragte er sie.

»Ich bin hier, um mit Toms Mörder abzurechnen.«

»Wie bitte?«

»Einer der Reporter hat mir gesagt, daß Tom in irgendeiner Sache wegen Draco recherchierte. Er war sicher, daß Draco nach Reno kommen würde, um ein schmutziges Geschäft zu machen. In meiner Handtasche habe ich eine Waffe, Dr. Doyle, und sobald ich Draco sehe ...«

»Meine Liebe, reden Sie nicht solchen Unfug!« Er griff nach ihrer Tasche und spürte das Gewicht und die metallische Kälte des Revolvers. »Den nehme ich besser an mich!«

Er zog die Waffe heraus und ließ sie in seine Jackentasche gleiten.

»Das wird mich nicht von dem abhalten, was ich vorhabe«, erwiderte sie entschlossen. »Wenn Sie nichts unternehmen können, muß ich es eben tun!«

Die Menschenmenge um sie herum wurde dichter. Souvenirverkäufer mischten sich unter die Zuschauermassen, und plötzlich fiel Doyles Blick auf einen goldenen amerikanischen Adler auf dem Titelblatt eines Programmheftes für den Unabhängigkeitstag.

»Vögel«, murmelte er leise vor sich hin.

»Was haben Sie gesagt?« wollte Monica wissen.

»Natürlich! Es waren alles Vögel. Jetzt weiß ich, worum es geht!«

»Was reden Sie da?«

Er spürte die Aufregung in sich wachsen. »Beeilen Sie sich, junge Frau. Gehen Sie, halten Sie Ausschau nach ein paar Polizisten, und führen Sie diese zu Colonel Graysons Zelt!«

Gleich darauf marschierte er los. Die erste Person, die er sah, als er ins Zelt trat, war Draco. Der entstellte Mann wandte sich ihm zu. Offenbar war er mehr als erstaunt über den unvermuteten Eindringling. »Sie schon wieder!«

Dann trat Colonel Grayson aus dem Schatten. »Kann ich Ihnen irgendwie helfen, Dr. Doyle?«

»Ganz im Gegenteil, Colonel. Ich komme, um Ihnen dabei zu helfen, diese Vögel hier für das Essen vorzubereiten.«

Grayson warf einen nervösen Blick auf den Tisch hinter sich. »Sie brauchen sich wirklich nicht ...«

Doyle spürte Monica Malones Waffe in seiner Tasche, und er zog den Revolver hervor. »Bleiben Sie beide, wo Sie sind. Die Polizei wird gleich hier sein.«

»Polizei? Wieso das denn?«

»Um Sie wegen Mordes festzunehmen, Colonel. Sie haben Tom Andrews getötet, als dieser versuchte, Sie zu erpressen.«

»Aber das ist doch irrsinnig!«

»Wirklich? Andrews wurde in der Nähe des Bahnhofes getötet, weil er wußte, daß Sie dort Ihre Sendung abholen würden. Genau dort, wo ich sie gestern morgen getroffen habe. Er ließ eine Nachricht für Monica Malone zurück, in der er sie aufforderte, an den fünften Weihnachtstag zu denken. In der alten Volksweise besteht das Geschenk, das man am fünften Tage erhält, aus fünf goldenen Ringen. Keine Eheringe und natürlich auch keine Boxringe. Glücklicherweise habe ich mich an etwas erinnert, das ich vor langer Zeit einmal gelesen habe. In dem Lied ist von Geschenken die Rede, die man an den ersten sieben Tagen erhält. Es sind alles Vögel. Und die fünf goldenen Ringe beziehen sich auf geringelte Fasanen – genau wie die, die jetzt auf dem Tisch hinter Ihnen liegen. Gestern, am Bahnhof, habe ich die Vögel, die Sie dort abgeholt haben, nicht gezählt, aber ich erinnere mich daran, daß sie für zehn Gäste reichen sollten, zwei Portionen pro Vogel gerechnet. Fünf Vögel also – fünf geringelte Fasanen!«

Grayson wollte eben zu einer Bewegung ansetzen, als Monica Malone das Zelt betrat. Mehrere Polizisten begleiteten sie. »Was soll das alles hier?« fragte einer von Ihnen. »Sind Sie nicht Arthur Conan Doyle?«

Doyle reichte ihm die Waffe und griff statt dessen nach einem Tranchiermesser. »Wenn Sie jetzt auf den Colonel achten, werde ich einmal nachschauen, was sich in diesen fünf Vögeln hier befindet.«

Er schnitt sie einen nach dem anderen auf und zog vorsichtig einige harte Gegenstände hervor. »Waschen Sie das ab, und sie werden feststellen, daß es sich um Diamanten handelt – ohne Frage aus dem Raubüberfall, der vor einigen Wochen in New York stattgefunden hat. Colonel Grayson ist der Hehler, der die Beute loswerden sollte. Offenbar hatte er vor, sie jetzt an Draco zu verkaufen. Andrews muß irgendwie herausgefunden haben, daß Draco an der Sache beteiligt war, und er versuchte, den Colonel zu erpressen. Aus diesem Grunde wurde er getötet. Schließlich schickte Grayson Charlie Summons, um mich vom Bahnhof abzuholen, aber er selbst machte sich auf den Weg, um diesen schweren Käfig mit Fasanen abzuholen, allein, ohne Begleitung!«

»Aber woher wußten Sie, daß diese Juwelen in den Vögeln versteckt sind?« wollte Monica Malone wissen.

Arthur Conan Doyle lächelte. »Die Diamanten? Nun, vielleicht werden Sie sich daran erinnern, daß Sherlock Holmes einmal einen Fall löste, in dem ein Karfunkelstein in einer Weihnachtsgans versteckt war. – Aber kommen Sie jetzt, gleich beginnt der Kampf, und ich muß mich für den Ring vorbereiten!«

Jack Johnson besiegte Jim Jeffries in der fünfzehnten Runde und verteidigte so seinen Titel als Schwergewichts-Weltmeister. Dazu schrieb Jack London: ›Jeff hat heute ein für allemal eine Sache geklärt: Es gibt für ihn kein Comeback. Auch Johnson hat seinerseits etwas endgültig bewiesen: Er ist kein Feigling.‹

Doch mit keinem Wort erwähnt dieser Artikel Sir Arthur Conan Doyle.

Originaltitel: *Five Rings in Reno*
Ins Deutsche übertragen von Karin Schmidt

Nachwort
Detektivarbeit in alter Zeit

Der nachfolgende Artikel erschien im Jahr 1902 in der Aprilausgabe der Zeitschrift Cassel's Magazine. *Er könnte für den Leser insofern von Interesse sein, als darin die Entwicklung von Detektiven, die tatsächlich gelebt haben, geschichtlich dargestellt wird. Arthur Griffiths (1838–1908) war ein berühmter Heeresoffizier, der bis zum Dienstgrad eines Majors aufstieg. Bekannt für seine Disziplin, trat er im Jahr 1870 in den Strafvollzugsdienst ein, wo er seine Laufbahn als stellvertretender Direktor in Chatham begann. Später dann wurde er zum königlichen Gefängnisinspektor ernannt, ein Posten, den er bis 1896 bekleidete. Nach seinem Ausscheiden aus der Armee im Jahre 1875 betätigte er sich in seiner Freizeit als Schriftsteller und Redakteur. In seinen frühen Romanen, so dem Erstlingswerk* The Queen's Shilling *(1873), schöpfte Griffiths aus seinen Erfahrungen im Krimkrieg, später jedoch schrieb er eine Reihe beliebter Detektivromane und mehrere aufsehenerregende Erzählungen über das Leben im Gefängnis, darunter das sehr bekannte* Criminals I Have Known *(1895). Im Hinblick auf Geschichte und Entwicklung des Polizeidienstes zählte Griffiths zu den anerkannten Fachleuten seiner Zeit.*

Zum modernen Detektiv, ob er nun erfunden ist oder tatsächlich gelebt hat, gibt es in der Vergangenheit kein vergleichbares Gegenstück. Der einfache Gendarm, der in seiner Funktion als Gesetzeshüter an einen bestimmten Bezirk gebunden war, schlug lediglich Alarm und nahm die Ganoven fest, wenn sie gefaßt wurden, doch davon abgesehen erfüllte er kaum die Aufgaben eines Polizeibeamten. Vor etwa einhundert Jahren gab es in der Londoner Bow Street, dem Sitz des Polizeigerichts, ungefähr ein rundes Dutzend Büttel, deren Dienste von Privatleuten in Anspruch genommen werden konnten, doch zeichneten sie sich nicht gerade durch besonderen Scharfsinn aus. Das geschickte Kombinieren von Hinweisen, das Verfolgen kleinster und rätselhafter Spuren war in der Regel die Domäne der von den Geschädigten beauftragten Anwälte.

Einer der ersten Fälle, für den die Aufdeckung eines großangelegten Betrugs belegt ist, ereignete sich im Jahre 1864, als eine gewisse Lady Ivy Anspruch auf ein großes Grundstück in Shadwell erhob. Dabei ging es um eine Liegenschaft in der Größenordnung von fast 30.000 Quadratmetern, wobei sich ihre Ladyschaft, die Witwe von Sir Thomas Ivy, auf Urkunden berief, die im zweiten und dritten Jahr der Herrschaft Philipps des Zweiten und Maria der Ersten Tudor, nämlich 1555/56, ausgefertigt oder angeblich ausgefertigt worden waren und ihren Vorfahren das Land zubilligten. In der Verhandlung des Falles unter Vorsitz des berühmt-berüchtigten Richters Jeffreys wurde für die Geschworenen überzeugend nachgewiesen, daß es sich bei den Urkunden um Fälschungen handelte. Man hatte festgestellt, daß die in den Urkunden für König und Königin verwendeten Anreden und Titel nicht denen entsprachen, die sie selbst in jener Zeit verwendeten. In den Präambeln der in den Jahren 1555/56 erlassenen Gesetze wurden Philipp und Maria als ›König und Königin von Neapel, Prinzen von Spanien und Sizilien‹ angeredet und nicht, wie in den Urkunden, als ›König und Königin von Spanien und beider Sizilien‹. Außerdem erschien in den Urkunden das Herzogtum Burgund vor Mailand; in den Gesetzen war es genau umgekehrt. Die verwendete Anrede wurde später zwar tatsächlich offiziell, doch konnte der Aussteller der Urkunden das nicht vorausgesehen haben, so daß gerechterweise geschlossen wurde, bei den Urkunden handele es sich um Fälschungen. Darüber hinaus wurden Beweise dafür erbracht, daß Lady Ivy auch andere Urkunden gefälscht hatte, was Richter Jeffreys mit seinem Urteil bestätigte. ›Werden Urkunden mit Titeln ausgefertigt, die zur Zeit der Ausfertigung nicht verwendet wurden, und Ihr behauptet, dem sei doch so, dann ergibt sich daraus, daß Eure Urkunden eindeutig gefälscht sind. Und obwohl die Tat mit großer Sorgfalt und Findigkeit geplant war, zeigt sich, daß mit Gottes Hilfe, dessen Hand uns den Weg weist, die Wahrheit über kurz oder lang doch ans Licht kommt und die Gerechtigkeit ihren Lauf nimmt.‹

Entsprechend fiel das Urteil zuungunsten unserer Lady Ivy aus, die anschließend wegen Urkundenfälschung unter Anklage gestellt wurde, doch ist nicht bekannt, mit welchem Ergebnis.

Fünfzig Jahre später konnte ein gewissenhaft arbeitender

Anwalt in Berkshire einen weiteren Betrugsfall lösen, der die Fähigkeiten der damals mangelhaft ausgebildeten Polizei überstiegen haben muß. Es handelte sich um einen raffinierten Versuch, den örtlichen Behörden eine Entschädigung für einen Landstraßenraub abzuverlangen, der nie stattgefunden hatte.

Am 24. März 1847 war ein gewisser Thomas Chandler, ein Anwaltsgehilfe, zu Fuß auf der Landstraße von London nach Reading unterwegs. Nachdem er das Waldgebiet von Maidenhead hinter sich gelassen hatte, wurde er in der Gegend von Hare Hutch, etwa fünfzig Kilometer weiter, von drei Männern überfallen, Lastschiffern, die ihm seine gesamte Habe abnahmen – seine Uhr und Banknoten im Wert von 960 Pfund. Nach dem Raub wurde er gefesselt und in einen Straßengraben geworfen. Dort blieb er ungefähr drei Stunden lang liegen, bis weit nach Einbruch der Dunkelheit, ohne daß es ihm gelang, sich aus seiner mißlichen Lage zu befreien – obwohl auf der Straße viel Verkehr war und er eine Reihe von Kutschwagen und Fußgängern vorbeikommen hörte. Schließlich kam er, immer noch an Händen und Füßen gefesselt, ohne fremde Hilfe aus dem Graben heraus und sprang mehr, als daß er ging, knapp einen Kilometer einen Hügel hinauf, wobei er lauthals um Hilfe rief. Der erste Passant war ein Herr, der einen großen Bogen um ihn schlug; dann kam ein Schäfer des Wegs, der seine Fesseln durchschnitt und ihn auf sein flehentliches Bitten hin zum Gendarmen oder dem Manne brachte, der im Bezirk Sunning in der Grafschaft Berkshire den Zehnten einsammelte.

Dort gab er das Unglück, das ihm widerfahren war, mit einer genauen und vollständigen Beschreibung der Räuber zu Protokoll, nicht ohne darauf hinzuweisen, daß er den Bezirk zu gegebener Zeit auf den ihm gesetzlich zustehenden Betrag verklagen werde. Nach Abschluß aller Formalitäten wurde dem Polizeipräsidenten von Sunning die Klageschrift zugestellt, und die Bewohner des Bezirks, aufgeschreckt von der Forderung, die bei ihrer Aufrechterhaltung der ›vollständige Ruin vieler armer Familien‹ sein würde, beauftragten einen Anwalt, Edward Wise aus Wokingham, mit ihrer Verteidigung.

Wise besaß genau die Qualitäten, die einen guten Detektiv auszeichnen: Geschick und Geduld. Klug fügte er die Tatsachen, die er schon bald über Chandler herausfand, zu einem Bild zusammen. Einige davon schienen anfangs stark gegen ihn zu sprechen. Daß ein Mann mit fast 1.000 Pfund in der Tasche allein eine Straße entlangging, war schon sehr ungewöhnlich, und auch, daß er sich erst nach Einbruch der Dunkelheit aus dem Graben befreien konnte und daß seine Fesseln lediglich aus einem einfachen Band bestanden hatten, von dem sich ein Stück an der Stelle fand, wo ihm die Fesseln gelöst worden waren. Darüber hinaus schien ihn sein großer Verlust nach der Aussage vor dem Gendarmen kaum noch zu beunruhigen, wobei er auf der anderen Seite seltsam gut informiert war, kannte er sich doch mit den Gesetzen so gut aus, als hätte er sie zuvor auswendig gelernt. In der Schenke ›Hare and Hounds‹ in Hare Hatch bestellte er sich ein warmes Abendessen und blieb dort bis spät in die Nacht. Auch hatte er keine Eile, in die Stadt zurückzukehren und die Banknoten sperren zu lassen; erst spät und in aller Ruhe ritt er nach London.

Ihn dort aufzuspüren war sehr einfach, denn er hatte seine Anschrift zu Protokoll gegeben. Es stellte sich heraus, daß er der Gehilfe eines Anwalts namens Hill in Clifford's Inn war. Außerdem ergab sich, daß Chandler für einen Klienten seines Arbeitgebers über die Aufnahme einer Hypothek in Höhe von 500 Pfund auf bestimmte Grundstücke in der Gegend von Devizes verhandelt hatte. Zugunsten der neuen Hypothek sollte eine alte getilgt werden, und Chandler war an dem genannten Tag aufgebrochen, um das Geschäft zum Abschluß zu bringen. Neben den hierfür erforderlichen 500 Pfund trug er weitere 460 Pfund bei sich, die wohl ihm selbst gehörten, wenn auch nie geklärt wurde, wie er in deren Besitz gelangt war. Auch was er in den Tagen zuvor getan hatte, konnte ermittelt werden. Nach Ausfertigung der Urkunde und Übergabe des Geldes in Scheinen hatte er mit dem Hypothekar zu Abend gegessen. Bei diesen Banknoten handelte es sich hauptsächlich um kleine Scheine, die ein so dickes Bündel ergaben, daß es sich nicht bequem unter seinen Strumpfbändern (der sicherste Platz dafür, wie er meinte) transportieren lassen würde, weshalb er zweimal einen Teil eingetauscht hatte – 440 Pfund bei der Bank von England gegen zwei Scheine, und dann noch einmal 300 Pfund von einem Laden, dem ›Sir Richard Hoare's Shop‹, gegen zwei Noten zu 100 und eine zu 200 Pfund. Dann begab er sich mit dem ganzen Geld auf einen Fußweg von fast einhundertfünfzig Kilometern, die er in vierundzwanzig Stunden zurücklegte, weil er am nächsten Tag zur Ablösung der Hypothek in Devizes erwartet wurde.

Hill hatte eine von Chandler geschriebene Liste mit den Banknoten aufbewahrt, die Chandler zurücknahm, um, wie er sagte, die Scheine bei der Bank sperren zu lassen. Seine wahre Absicht bestand in der Änderung der Nummern von drei Noten, die er im Laden von Hoare erhalten hatte, um sie für den eigenen Gebrauch einzulösen, was er dadurch erreichte, daß er eine neue Liste anfertigte, auf der diese Scheine neue, falsche Nummern erhielten. Folglich würden die Scheine mit den echten Nummern bei der Vorlage auch eingelöst werden. Er stellte es klug an, änderte 102 in 112, 195 in 159 und 196 in 190, so geringfügige Abweichungen, daß sie von Hill bei Erhalt der (abgeschriebenen) Liste nicht bemerkt wurden. Diese drei Scheine wurden nach ihrer Einlösung bis zu Chandler zurückverfolgt. Außerdem wurde zweifelsfrei nachgewiesen, daß er diese Noten im Laden von Hoare im Tausch gegen die 400-Pfund-Note erhalten hatte, denn diese gelangte umgehend durch einen Herrn zu Hoare zurück, der sie als Teilzahlung für die Offizierspatente von Dragonern erhielt; es war klar, daß sie ursprünglich von Chandler stammte.

Während Wise mit den Untersuchungen beschäftigt war, begann im Juni die Verhandlung über Chandlers Fall vor dem Assisengericht von Abingdon. Das Urteil lautete auf Zahlung von 975 Pfund an Chandler, und zwar in erster Linie deshalb, weil Herr Hill mit der Hypothek verbunden war, der einen guten Ruf genoß. Da Chandler jedoch bei der Meldung seines Verlustes nicht die gesetzlich vorgeschriebene vollständige Beschreibung der Banknoten gegeben hatte, wurde Rechtsbeschwerde zugelassen.

Nun aber verschwand Chandler, weil er glaubte, daß die Rechtsbeschwerde zu seinen Ungunsten ausgehen und der Hypothekar auf Rückgabe der 500 Pfund drängen würde, die Chandler durch das Urteil vom Bezirk erstattet worden waren, und weil er dachte, daß sein Arbeitgeber, Herr Hill, nun starke

Zweifel an seiner Aufrichtigkeit hegen würde. Die erste Annahme erwies sich als zutreffend; Das Urteil von Abingdon wurde aufgrund der Rechtsbeschwerde aufgehoben. Auch seine übrigen Befürchtungen waren nicht unbegründet. Mittlerweile war bekannt geworden, daß der große Rest der übrigen Banknoten über eine Maklerfirma namens Solomon bei der Bank von Amsterdam vorgelegt worden war. Die Firma Solomon hatte sie von einem gewissen ›John Smith‹ erworben, dessen Beschreibung auf Chandler zutraf und der bei Unterzeichnung der Quittung ›seinen Namen schrieb, als schreibe er mit einem Fleischspieß‹. Wise, unermüdlich und rastlos, stellte bald fest, daß sich Chandler mit einem Händler namens Casson in Holland aufgehalten hatte, und konnte Casson auch ausfindig machen.

Hill stand indirekt mit Chandler in Verbindung, indem er diesem unter dessen Namen Briefe nach ›Easton, in Suffolk‹ schickte, die ›für ihn im »Crown« in Ardley, nahe Colchester, in Essex‹ hinterlassen werden sollten. Dorthin folgte Wise ihm in Begleitung des Hypothekars Winter und des ›holländischen Händlers‹ Casson, der sich bereit erklärt hatte, Chandler zu identifizieren. Als sie am ›Crown‹ in Ardley ankamen, sahen sie tatsächlich einen Brief ›hinter die Teller in der Anrichte geklemmt‹, der für Chandler bestimmt war. Dieser kam einmal in zwei Wochen aus einiger Entfernung vorbeigeritten, denn ›sein Pferd schien immer einen anstrengenden Weg hinter sich zu haben‹. Ein Ort namens Easton war nicht bekannt, doch wurden Aston und Assington als weiter östlich liegend erwähnt. Auf der Suche danach ritten Wise und seine Freunde durch Ipswich bis nach Southwold, und dort fanden sie Easton. Es lag genau an der Küste, weshalb es ›wohl kaum noch weiter nach Osten gehen konnte‹. Doch die Spur erwies sich als falsch; zwar stießen sie auf einen jungen Mann, dem sie androhten, ihn ›mit Hilfe von drei Männern, die anscheinend Schmuggler waren, denn sie hatten viele Narben und Versehrungen davongetragen‹, zu verhaften, doch handelte es sich bei diesem eindeutig nicht um Chandler. In der Erkenntnis, ›daß wir den falschen Hasen gejagt hatten, trollten wir uns nach Ipswich zurück und waren den ganzen Weg über sehr still‹.

Auf dem Heimweg machten sie in einer Taverne in Col-

chester – sie hieß ›Three Crowns‹ oder Three Cups‹ – Station, wo
Chandler einige Monate zuvor gesehen worden war. Nachdem
sie ihr Wild um fast einhundertdreißig Kilometer überholt hatten, ›waren wir hier schließlich mitten im Nest des Hasen gelandet – und doch verpaßten wir ihn selbst dort‹. Chandler betrieb
diese Schenke zu jener Zeit gemeinsam mit seinem Schwager
Smart, der ihn natürlich nicht verriet, obwohl er sich in diesem
Augenblick in dem Haus aufhielt.

Nach diesem Ergebnis befand Chandler, Colchester sei ›als
weiterer Aufenthaltsort für mich äußerst ungeeignet‹; da in
Essex, Suffolk und Norfolk Haftbefehl gegen ihn erlassen worden war, verkaufte er seine Habe und zog nach Coventry um, wo
er sich in einem Gasthaus namens ›Sign of the Golden Dragon‹
als John Smith eintrug. Immer noch in Furcht vor der Verhaftung
lebend, wollte er Winter, den Hypothekar, mit einer Zahlung
bestechen und sandte ihm 130 Pfund. Doch Winter war wütend
auf ihn, und so kam es zur Ausstellung eines Haftbefehls auch für
die Grafschaft Warwickshire. Chandler hatte sich irgendwie der
Fürsprache von Lord Willoughby de Broke versichert; da er sich
außerdem mit den Polizeibeamten von Coventry angefreundet
hatte, war seine Verhaftung nicht einfach herbeizuführen. Aber
schließlich wurde er doch gefaßt und ins städtische Gefängnis
überführt. Zwei Jahre hartnäckiger Verfolgung waren bis dahin
vergangen; Anwalt Wise wurde ob seines Eifers hoch gelobt und
erhielt in Anerkennung seiner Leistung ein wertvolles Geschenk.

Es wurde entschieden, Chandler habe die ganze Sache unter
dem Vorsatz geplant, sich einer beträchtlichen Summe Bargelds
zu bemächtigen, und er wurde des Meineids für schuldig befunden. Am nächsten Tag sollte er von zwölf bis ein Uhr in Reading
an den Pranger gestellt und danach für sieben Jahre deportiert
werden.

Das Herausragende an dem Verfahren war die Identifizierung
Chandlers als John Smith durch Casson, der aussagte, wie er
(Chandler) in Amsterdam einen Teil seiner Banknoten in Silber
und spanische Dukaten eingetauscht habe. Durch das Gewicht
seien ihm beide Taschen gerissen, so daß Casson alles in einen
Jutesack packen und es mit einem geliehenen Schubkarren zu
einem ›Helfer‹ nach Delft transportieren mußte, wo das Silber

und die Münzen in eine Kiste umgeladen und darin nach England verschifft wurden.

Nach einigen Jahren wurde für die Beamten der Bow Street in Anspruch genommen, daß sie viele Verhaftungen durchführten, und die Fähigkeiten von Männern wie Vickery, Lavender, Sayer, Donaldson und Townshend sind nach wie vor unvergessen. Sie alle wurden jedoch übertroffen von einem gewissen Denovan, einem schottischen Polizisten von hoher Intelligenz und unerschütterlicher Geduld, der von der Paisley Union Bank mit deren Verteidigung gegen die anmaßenden Ansprüche eines Mannes beauftragt wurde, der sie zuerst beraubt hatte und dann auch noch die Frechheit besaß, sie auf Rückgabe von Eigentum zu verklagen, das eindeutig der Bank und nicht ihm gehörte. So kam es zu dem ersten und wohl auch einzigen bekannten Fall in Großbritannien, in dem sich ein bekannter Dieb in öffentlicher Verhandlung mit jenen um Eigentum stritt, die er zuvor bestohlen hatte.

Held dieser merkwürdigen Episode war ein Gewohnheitsverbrecher namens Mackcoull, der, um der Verhaftung zu entgehen, in die königliche Kriegsmarine eingetreten war. Dort hatte er ehrenhaft gedient; nach seiner Entlassung im Jahre 1785 jedoch war er vom rechten Weg wieder abgekommen und rückfällig geworden, und es heißt, er habe mit den von ihm begangenen Missetaten all seine früheren Kumpane in den Schatten gestellt. Seine Fähigkeiten stellte er in jeder Profession unter Beweis, ob nun als ›Faustkämpfer, bei Pferderennen und Hahnenkämpfen, als Spieler, Hochstapler oder Taschendieb‹, und er ›wählte Kirchen als sein bevorzugtes Betätigungsfeld‹. Seine Selbstbeherrschung war so groß, daß er von seinen Komplizen häufig der ›unzivilisierte Philosoph‹ genannt wurde. Mittlerweile schien das Bankraubgeschäft einträglicher als jedes andere zu sein, und er begann seine Tätigkeit darin mit der besten Ausrüstung und sorgfältig ausgewählten Mitstreitern.

Der Raubzug in der Paisley Union Bank von Glasgow war raffiniert geplant und mutig ausgeführt. Er hatte zwei Komplizen, French und Huffey White, wobei letzterer Sträfling auf ausgedienten Schiffen gewesen war, und für dessen Flucht Mackcoull ganz bewußt gesorgt hatte. Der Einbruch fand in der Nacht des

14. Juli 1811, einem Sonntag, mit Hilfe von lange im voraus sorgfältig gefertigten Nachschlüsseln statt. Im Handumdrehen waren
Tresor und Schließfächer um Gold und Banknoten im Wert von
20.000 Pfund erleichtert. Natürlich verließen die Täter Glasgow,
so schnell sie konnten, rasten mit einer vierspännigen Postkutsche nach Edinburgh und anschließend über Haddington und
Newcastle in Richtung Süden, nach London. Bei der nun folgenden Aufteilung der Beute brachte Mackcoull es fertig, den
Löwenanteil für sich zu behalten. White wurde verhaftet, und
um sein Leben zu retten, wurde der Bank eine bestimmte Summe
zurückgezahlt, doch blieb ein Teil davon offenbar in den Fingern
eines Beamten aus der Bow Street namens Sayer hängen, der zwischen Mackcoull und der Bank vermittelt hatte. Mackcoull selbst
hatte ungefähr 8.000 Pfund für sich behalten.

Vermutlich nach einer Reise auf die Westindischen Inseln
tauchte er 1812 wieder in London auf, wo er wegen Vertrauens-
bruchs gegenüber der Bank verhaftet und für das Gerichtsverfah-
ren nach Glasgow überstellt wurde. Da er versprach, eine weitere
Rückzahlung zu leisten und die Bank ihm zu jener Zeit die Mit-
gliedschaft bei dem Einbruch nicht beweisen konnte, kam er
noch einmal davon. Ein Agent, der in Mackcoulls Namen 1.000
Pfund übergeben hatte, wurde von diesem verklagt, weil er ohne
ordnungsgemäße Vollmacht gehandelt habe, und mußte das
Geld zu einem großen Teil zurückzahlen. Mackcoulls Frechheit
war durch nichts zu übertreffen. Unter dem Namen James Mar-
tin arbeitete er offen als Wechselmakler für Schottland, kaufte die
Wechsel mit den gestohlenen Banknoten und hatte zeitweise
mehr als 20.000 Pfund an Einlagen bei einer anderen Bank. Als er
schließlich doch verhaftet wurde, fanden sich bei ihm viele Banknoten und Wechsel, die beschlagnahmt wurden. Mackcoull
wurde schon bald freigelassen, doch die Noten und Wechsel blieben weiterhin konfisziert. Nach und nach begann er, ›sein Eigentum‹, also in Wahrheit den Gegenwert des Bankraubs, beizu-
treiben. Sein Auftreten vor Gericht war an Dreistigkeit nicht zu
überbieten. Wenn er frech und unverschämt seine Aussage
machte und sich immer wieder als unschuldigen und tief verletzten Bürger darstellte, war der Gerichtssaal überfüllt.

Die Bank mußte dieses unwürdige Schauspiel, diese Farce

einer Gerichtsverhandlung, beenden; entweder man bewies Mackcoulls Schuld, oder der Prozeß ging verloren – ein Prozeß, das darf man nicht vergessen, der von einem notorischen Plünderer gegen eine ehrbare Bank angestrengt worden war, weil diese versuchte, einen Teil des Eigentums zurückzuerhalten, um das er sie beraubt hatte. In dieser schwierigen Lage wandte sich die Bank an Denovan und beauftragte ihn mit der Beschaffung von Beweisen, anhand derer sich eine Beteiligung Mackcoulls an dem Raub von 1811 belegen ließ.

Denovan verließ Edinburgh am 18. Januar 1820 mit der Absicht, auf demselben Weg wie die Flüchtigen nach Süden zu reisen. Überall entlang des Weges stieß er auf ihre Spur in den ›Postbüchern‹ oder in der Erinnerung von Gastwirten, Kellnern und Stallknechten. Denovan reiste durch Dunbar, Berwick und Belford, wobei er in diesem Ort einen Halt einlegte und einen gewissen George Johnson ausfindig machte, der Mackcoull angeblich identifizieren konnte. Doch Johnson, der im Jahre 1811 als Kellner in einem Gasthof namens ›Talbot‹ in Darlington gearbeitet hatte, war verschwunden; wohin, konnten seine Eltern (die in Belford wohnten) nicht sagen. »Doch als ich sah«, schreibt Denovan, »daß sich hinter dem Gasthof eine Kirche befand, kam mir der Gedanke, daß ich vielleicht am Sonntag morgen auf dem Kirchhof etwas erfahren könnte«. Dieser Gedanke wurde mit der Anschrift des ›Hausierers oder fliegenden Händlers‹ Thomas Johnson, eines Bruders von George, belohnt. »Ich setzte mich sofort in eine Postkutsche und machte Thomas Johnson ausfindig, der mir Neuigkeiten von George berichtete.« Er lebte noch und arbeitete als Kellner entweder im ›Bay Horse‹ in Leeds oder irgendwo in Tadcaster, oder in einem kleinen Gasthof in Spittal-on-the-Moor in Westmoreland, aber sein Schwiegervater, Thomas Cockburn von York, würde es bestimmt wissen.

Kurz darauf, in Alnwick, erhielt Denovan weitere Informationen. Sein Mann hatte sich bei einem dort ansässigen Frisör rasieren lassen. »Ich wollte den Frisör unbedingt treffen, mußte jedoch feststellen, daß er sein Geschäft schon einige Jahre zuvor aufgegeben hatte«. Der Gasthof in Morpeth, an dem die Flüchtigen gehalten hatten, war ebenfalls geschlossen. In Newcastle war das Postbuch verlorengegangen, und als man es unter der Theke des

›Crown and Thistle‹ fand, war es ›so zerfleddert, daß es nutzlos war‹. Im ›Queen's Head‹, in Durham, fand sich jedoch ein Eintrag: ›Kutsche mit vier Pferden nach Darlington, Will und Will‹. Der zweite ›Will‹ lebte noch – ein uralter Postkutscher, dem Mackcoull als der älteste in Erinnerung geblieben war, ›ein unbeweglicher Mann mit rotem Gesicht‹. Das entsprach der Beschreibung, die man von Mackcoull für gewöhnlich erhielt. Jane Escott, die Wirtin dort, erinnerte sich an die Ankunft von drei Männern in einer Kutsche, die nach eigenen Worten mit schottischen Banknoten nach London unterwegs waren. Die Spur verlor sich im Gasthof ›Talbot‹ in Darlington, wo George Johnson lebte, doch schließlich berichtete der Wirt einer anderen Schenke namens ›King's Head‹ Denovan von drei Männern, die von Durham mit der Postkutsche gekommen seien, und daß er sich gefragt habe, warum drei so verdächtig aussehende Gestalten darin saßen.

In Northallerton fand sich ein Beweis dafür, daß dort schottische Banknoten umgetauscht worden waren, und in York gab es Hinweise auf George Johnson, der schließlich bei einem Fischhändler in Tadcaster aufgespürt werden konnte. Johnsons Aussage war höchst wertvoll, und er stimmte bereitwillig zu, sie auch vor Gericht in Edinburgh zu wiederholen. Er hatte in Dunbar drei Männer gesehen, von denen der älteste ›unbeweglich und untersetzt war und ein rotes Gesicht hatte, er war wohl der Anführer und bezahlte die Kutscher‹. Er hatte zwei Gläser Sherry und ein paar Kekse mit einem schottischen 20-Pfund-Schein bezahlen wollen, doch es war nicht genug Wechselgeld im Haus. Daraufhin forderte er White auf, ihm kleinere Noten zu geben, doch waren die vielen Scheine in dessen Geldbeutel so groß, daß Johnson den zuerst erhaltenen in der Bank von Darlington wechseln mußte. Johnson war sicher, daß er den Unbeweglichen auch unter Hunderten und in jeder Kleidung wiedererkennen würde.

Der nächste Hinweis fand sich erst wieder im ›White Hart‹ in Welwyn, wo die Flüchtlinge in die leichte Postkutsche umstiegen. Dort hatten sie auch einen Handkoffer aufgegeben, der später wiederbeschafft werden konnte und auf dem handschriftlich die Adresse des Empfängers vermerkt war, was nur Mackcoull gewesen sein konnte, weil die zwei anderen des Schreibens nicht mächtig waren. In Welwyn wurde Denovan von einem gewissen

Cunington berichtet, der 1811 in der Taverne als Kellner gearbeitet hatte und angeblich etwas über den Fall wußte, 1813 aber nach London gegangen war. Denovans nächste Aufgabe bestand also darin, diesen Cunington zu finden, und so brach er mit dieser Hoffnung nach London auf. »In Begleitung eines persönlichen Freundes ging ich in Holborn von Straße zu Straße, von Haus zu Haus, und fragte bei jedem Bäcker, bei jedem Lebensmittelhändler und in jedem Gasthof nach ihm«, konnte aber nichts in Erfahrung bringen. Auch in den Postkutschenstationen holte Denovan Erkundigungen ein, bis er schließlich auf einen Wachmann traf, der ihm mitteilte, Cunington habe gesagt, er sei in Brighton. Doch der Mann hatte Brighton schon wieder verlassen, war zuerst nach Horsham, anschließend nach Margate und dann wieder zurück nach London gegangen, wo Denovan ihn endlich im Krankenhaus Middlesex, wo er als Patient lag, aufspüren konnte.

Cunington war als Zeuge ebenso wichtig wie Johnson. Er erklärte, er würde Mackcoull unter Tausenden wiedererkennen. Er hatte die drei Männer im ›White Hart‹ beim Geldzählen beobachtet; Mackcoull schien nicht zu den übrigen zwei zu passen, er führte das Wort und war der einzige, der Feder, Tinte und Papier benutzte. Cunington erklärte sich bereit, nach Edinburgh zu reisen, wenn seine Gesundheit dies zuließe.

Seit Denovan in London eingetroffen war, hatte er in der Bow Street nur wenig Unterstützung erfahren. Die Büttel waren über die Art und Weise, wie der Fall gehandhabt wurde, verärgert. Einer von ihnen mit Namen Sayer, der mit der Rückerstattung befaßt gewesen war, stritt rundheraus ab, etwas mit der Sache zu tun zu haben, und weigerte sich, in Edinburgh auszusagen.

Für diese Haltung fand sich schon bald eine Erklärung, als ein anderer Beamter, der berühmte Townshend, andeutete, daß Sayer keine weiße Weste hatte und sich sehr gut mit Mackcoulls Frau stand, einer Dame recht zweifelhaften Charakters, die mit dem unrechtmäßig erworbenen Vermögen ihres Mannes ein bequemes Leben führte. Sayers Verhalten hatte zu einer ernsthaften Auseinandersetzung zwischen ihm und seinen Kollegen Lavender, Vickery und Harry Adkins geführt, weil er sie getäuscht hatte und ihnen zuvorgekommen war. Denovan allerdings war eng mit dem berühmten Lavender befreundet, den er zu seiner Unterstützung gewinnen konnte und der ihn auf die Spur des aus Welwyn abgeschickten Handkoffers führte, der bei Huffey Whites Festnahme beschlagnahmt worden war. Huffey war im Haus eines gewissen Scottock, eines Hufschmieds, in der Court Road in Tottenham verhaftet worden, wo sich neben dem Handkoffer auch eine Kiste mit Nachschlüsseln fand. Der Handkoffer enthielt zahlreiche Mackcoull belastende Papiere und Banknoten, die Kiste neben Dietrichen noch anderes Einbruchswerkzeug wie Rammknechte und Feilen sowie zwei beigefarbene Taschentücher mit breiter Borte, wie sie die drei Diebe in ihren Unterkünften in Glasgow unmittelbar vor dem Einbruch oft bei sich getragen hatten.

Wie Denovan Herrn Scottock ausfindig machte und für sich gewann, stellt die Krönung seiner Untersuchungen dar. Mit diesem Erfolg verblüffte er sogar die ältesten Beamten des Polizeigerichts. Als Freund und Komplize von Einbrechern stellte Scottock für sie regelmäßig Gerätschaften her. Auch für Mackcoull, mit dem er schon seit langem befreundet war, hatte er bereits viele Werkzeuge angefertigt, insbesondere die für den Raub bei der Paisley Union Bank, ein Coup, der von langer Hand vorbereitet war. Der erste von Scottock gelieferte Satz Schlüssel war an den Bankschlössern ausprobiert und für nutzlos befunden worden, weshalb er neue anfertigte und mit der Post verschickte. Doch da die Schlösser der Bank ›einfach und altmodisch‹ waren, paßten auch diese nicht, woraufhin Mackcoull aus Glasgow anreiste und ›ein Holzmodell der Schlüssellöcher und der Schließer‹ mitbrachte, mit deren Hilfe Scottock seine Arbeit problemlos beenden konnte. »Ich bin erstaunt«, sagte Scottock zu Denovan, »daß die Bank bei so simplen Sicherungen so viel Geld aufbewahrt hat«. Scottock wollte zwar keine seiner Aussagen schriftlich bestätigen, doch erklärte er sich bereit, sie in Edinburgh vor Gericht zu wiederholen, wo er auch beschwören wollte, daß er der Empfänger des Handkoffers gewesen war, den Mackcoull handschriftlich adressiert hatte.

Ein noch größerer Triumph gelang Denovan jedoch mit Frau Mackcoull. Sie führte zwar ein elegant eingerichtetes Haus, stand aber in keinem besonders guten Ruf. »Sie war zunächst äußerst zurückhaltend, und wie zufällig, doch um mir zu zeigen, daß sie auf alles vorbereitet war, hob sie eines der Kissen auf ihrem Sofa an, unter dem zwei Pistolen zum Vorschein kamen«, woraufhin Denovan eine kurzläufige Pistole und eine Karte mit seiner Anschrift beim ›Polizeigericht, Bow Street‹ zog. Dann reichte sie ihm die Hand, und ›wir verstanden uns‹. Trotzdem gab sie ihre Zurückhaltung noch nicht auf, handelte, so vermutete Denovan, gemäß dem Rat ihres Freundes Sayer. Sie fürchtete, man könne sie vorladen und von ihr die Rückerstattung des Teils der Beute verlangen, der ihr zugeflossen war. Denovan hegte den starken Verdacht, daß sie von ihrem Ehemann eine große Summe erhalten und sie ihm nicht zurückgegeben hatte – ›der wahre Grund für ihre Meinungsverschiedenheiten‹, die so tiefgreifend waren, daß er sie ohne große Probleme dazu bewegen konnte, ebenfalls in Edinburgh auszusagen.

So sah also das Ergebnis einer Untersuchung aus, die kaum einen Monat gedauert hatte. Es war so wasserdicht, daß sogar der berühmte Lord Cockburn, zu jener Zeit Rechtsberater der Bank, erklärte, »die Fähigkeiten Denovans sind unübertroffen, und die Untersuchung hat den großen Vorteil, daß sie sich in allen wichtigen Punkten auf umfassende Aussagen stützen kann«.

Als der Fall im Februar zur Verhandlung anstand und Denovan mit allen wichtigen Zeugen – Johnson, Cunington, Scottock und Mackcoull, dem Beklagten, denn es war lediglich ein Zivilprozeß – im Gerichtssaal erschien, konnte er seine Gefühle nicht verbergen und fiel in Ohnmacht.

Im folgenden Monat wurde Mackcoull im Rahmen eines Strafverfahrens unter Anklage gestellt, für schuldig befunden und zum Tode verurteilt. Doch er schlug dem Scharfrichter ein Schnippchen. Noch vor der Urteilsverkündung fiel den Prozeßteilnehmern sein geändertes Verhalten auf; er begann zu stottern, mahlte mit den Zähnen oder starrte mit leerem Blick vor sich hin. Nach Verkündung der Strafe brach er vollständig zusammen, und obwohl die Vollstreckung des Todesurteils ausgesetzt wurde, verlor er den Verstand.

Candace M. Robb
Das Geheimnis der Nonne

Mord und Mysterien in der Zeit Edwards III.

Band 13 736

Candace M. Robb
Das Geheimnis der Nonne
Deutsche Erstveröffentlichung

England im Jahre 1365.
Aus dem Kloster St. Clement in York ist eine junge Nonne entflohen, die Gerüchten zufolge kurz darauf an einer Krankheit starb und anschließend begraben wurde.
Ein Jahr später taucht jene totgeglaubte Joanna de Calverley völlig verwahrlost in York auf und behauptet, von den Toten wiederauferstanden zu sein. Zudem scheint Joanna über zwei mysteriöse Mordfälle, die sich unmittelbar nach ihrer Rückkehr ereignen, mehr zu wissen, als sie vorgibt . . .
Als Owen Archer, einst Hauptmann der Bogenschützen, von Erzbischof Thoresby den Auftrag erhält, Nachforschungen anzustellen, wird er Zeuge einer schrecklichen Tragödie . . .

BASTEI LÜBBE